Ostsee
Kieler Bucht
Puttgarden
Fehmarn
Mecklenburger Bucht
Insel Hiddensee
Darß
Insel Rügen
Sassnitz
Bergen
Gören
Stralsund
Oldenburg (H.)
Ribnitz-Damgarten
Bad Doberan
Rostock
Grimmen
Greifswald
Wolgast
Usedom
Travemünde
Poel
Wismar
Mecklenburg-Vorpommern
Demmin
Peene
Lübeck
Warnow
Güstrow
Malchin
Trebel
Mölln
Schwerin
Schweriner See
Mecklenburger Seenplatte
Neubrandenburg
Waren (M.)
Pasewalk
Parchim
Plauer See
Müritz
Ludwigslust
Neustrelitz
Lüneburg
Elbe
Pritzwalk
Wittstock
Templin
Uckermark
Oder
Wendland
Prignitz
Wittenberge
Uelzen
Kyritz
Neuruppin
Schwedt
Salzwedel
POLEN
Oranienburg
Eberswalde
Altmark
Stendal
Tangermünde
Havelland
Berlin
Wolfsburg
Mittellandkanal
Brandenburg
Potsdam
Fürstenwalde
Frankfurt a.d.O.
Königs Wusterhausen
Burg b. M.
Wolfenbüttel
Elm
Eisenhüttenstadt
Brandenburg
Spree
Magdeburg
Fläming
Zerbst
Lutherstadt Wittenberg
Jüterbog
Guben
Halberstadt
Sachsen-Anhalt
Lübben
Lübbenau
Wernigerode
Quedlinburg
Dessau
Cottbus
Brocken 1142 m
Bitterfeld
Finsterwalde
Lutherstadt Eisleben
Torgau
Senftenberg
Nordhausen
Bad Muskau
Goldene Aue
Eilenburg
Elsterwerda
Halle
Hoyerswerda
Sondershausen
Saale
Wurzen
Riesa
Kamenz
Leipzig
Bautzen
Naumburg
Sachsen
Görlitz
Sömmerda
Borna
Meißen
Dresden
Erfurt
Zeitz
Döbeln
Löbau
Weimar
Rochlitz
Neiße
1
24
11
4
12
2
9
16
22
15
13

BRUCKMANNS

MOUTAINBIKE ATLAS

DEUTSCHLAND

FRANK KLOSE

Über 200 Routen
zwischen
Hamburg und Alpen

BRUCKMANN

Inhalt

Einführung 6

Nördlich der Mittelgebirge 8
1 Hamburg – Harburger Berge 9
2 Dammer Berge – Rund um den Bergsee . . 10
3 Vom Dümmer in die Stemweder Berge . . . 10
4 Berlin – Grunewald 11
5 Über die Rehburger Berge 12

Teutoburger Wald 13
6 Westliches Wiehengebirge 14
7 Westlicher Teutoburger Wald 15
8 Von Bielefeld in den Teutoburger Wald . . . 16
9 Externsteine und Velmerstot 17

Weserbergland 18
10 Porta Westfalica 19
11 Benther Berg 20
12 Deister 21
13 Süntel 21
14 Vogler 22
15 Solling 23

Harz 24
16 Teufelsmauer 25
17 Rammelsberg und Schalke 26
18 Höhentour im Westharz 26
19 Über den Acker 27
20 Rund um das Siebertal 28
21 Hochharz 29
22 Brockenrunde 30

Kasseler Berge 31
23 Kaufunger Wald 32
24 Roringer Berg 33
25 Fuldatal – Weser 34
26 Gobert 34
27 Habichtswald 36
28 Rund um den Edersee 37
29 Kellerwald Hessen 38
30 Hoher Meißner 38
31 Franzosenstraße 39
32 Seulingswald 40
33 Knüll 41

Sauerland 42
34 Willinger Höhen 43
35 Über die Ziegenhelle 44
36 Didoll und Sackpfeife 44
37 Zum Olsberg 46
38 Rhein-Weser-Turm 47
39 Haard 47
40 Rund um den Baldeneysee 48

Thüringer Wald 50
41 Haselbachtal 51
42 Hohe Möst 52
43 Schmalwasser und Spitter 53

Starke Trails findet man überall in Deutschland

Rhön und Vogelsberg 54
44 Hoher Vogelsberg 55
45 Hohe Rhön – Wasserkuppe 55
46 Rhön-Gipfeltour 56
47 Kreuzberg 58
48 Schwarze Berge 58
49 Durch Frankens nördlichste Ecke 59
50 Kissinger Hütte 60

Bergisches Land 61
51 Talsperrentour 62
52 Vom Bergischen ins Ebbegebirge 63

Westerwald 64
53 Von der Lahn in den Westerwald 65
54 Über den Goethepunkt 66

Eifel 67
55 Lieserpfad 68
56 Gerolsteiner Dolomiten 68
57 Nürburgring 70
58 Vulkaneifel 71

Hunsrück 72
59 Binger Wald 73
60 Westlich am Rhein entlang 73
61 Baybachtal 75
62 Rheinhöhen 76
63 Vorderer Hunsrück 76
64 Über den Salzkopf 77

Taunus 78
65 Großer Feldberg 79
66 Rheingau 80
67 Zwischen Lahn und Rhein 80
68 Durch das Mühlbachtal 81
69 Loreley 82
70 Wiesbadener Höhen 82
71 Östliche Rheinhöhen 83

Spessart 85
72 Rund um Bad Orb 86
73 Durch Spessart und Rhön 87
74 Von Aschaffenburg zum Geiersberg 88
75 Hochspessart 88
76 Vom Main in den Spessart 90
77 Bayernschanz 91
78 Rund um Lohr 92
79 Bischborner Hof 92
80 Hahnenkamm 93

Elbsandsteingebirge 94
81 Panoramatour Elbtal 95
82 Lilienstein 95
83 Nationalpark Sächsische Schweiz 96

Erzgebirge 97
84 Fichtelberg 98
85 Klinovec 99

Fränkische Mittelgebirge 100
86 Gipfelrunde im Fichtelgebirge 101
87 Schneeberg 101

88 Ochsenkopf 102
89 Epprechtstein 103
90 Rennsteig Nord 104
91 Rennsteig West 105
92 Rennsteig Süd 106
93 Rodachtal Nord 107
94 Rodachtal Süd 108
95 Steinachtal 108
96 Döbraberg 109
97 Walberla 111
98 Zum Leienfels 111
99 Wiesentrunde 112
100 Oberes Wiesenttal und Ailsbachtal 114
101 Püttlachtal 114
102 Maintalrunde 115
103 Lug ins Land 116
104 Durchs Tal der Tauber 117

Odenwald 118
105 Felsberg, Neunkircher Höhe und Melibocus 119
106 Limestour 120
107 Nördlicher Odenwald 121
108 Juhöhe 122
109 Von Weinheim zum Eichelberg 122
110 Katzenbuckel 123
111 Neckarrunde 124
112 Königsstuhl 125
113 Von Leimen zum Königsstuhl 126
114 Weißer Stein 127
115 Von Schriesheim zum Weißen Stein 128
116 Wolfsgrube 128

Pfälzer Wald 130
117 Hambacher Schloss 131

Bayerischer Wald 132
118 Zwieseler Schnupperrunde 133
119 Großer Arber 133
120 Hochkamm 134

Schwäbische Alb 136
121 Rund um die Hohe Warte 137
122 Ermstal 138
123 Hohenneuffen 138
124 64 Serpentinen 139
125 Rund um Stuttgart 140

Schwarzwald 142
126 Mahlberg und Bernstein 143
127 Büchenbronner Höhe 143
128 Hohloh 144
129 Hornisgrinde und Badener Höhe 145
130 Über Mooswaldkopf und Windkapf 146
131 Zwischen Nagold- und Enztal 147
132 Murgtal 148
133 Zur Hornisgrinde 148
134 Über den Brandenkopf 150
135 Schöne Aussicht 151
136 Ödsbachrunde 151
137 Um die Schwend 152
138 Spitzenberg-Tour 153
139 Rund um Bad Peterstal-Griesbach 154
140 Grindenbachtour 155
141 Griesbacher Eck 156
142 Kandel 157
143 Hochschwarzwald 157
144 Von Todtnau zum Feldberg 158
145 Kessel, Brend und Rohrhardsberg 159
146 Schauinsland 160
147 Schluchsee 160
148 In den Südschwarzwald 162
149 Kaiserstuhl 163

Vogesen 164
150 Hohrodberg 165
151 Col de la Schlucht 166
152 Le Petit Ballon 166

Hegau 168
153 Markelfinger Winkel 169
154 Höri 170
155 Zum Hohentwiel 171

Berchtesgadener Land 172
156 Vom Königssee ins Salzachtal und retour . . 173
157 Gotzenalm 174
158 Rund um den Grünstein 174
159 Hirschbichl 175

Leoganger Achental 176
160 Über den Römersattel 177
161 Über Spielberg und Asitz 177
162 Stöcklalm 179

Singletrailsurf im Taunus

Chiemgau 180
163 Hochries 181
164 Schwarzries 181
165 Kampenwand 182
166 Um Hochlerch, Hochgern und Bischofsstuhl 183
167 Steinplatte 184
168 Um den Hochfelln 185
169 Um das Sonntagshorn 185
170 Predigtstuhlrunde 186
171 Rund um den Geigelstein 187

Kaisergebirge 188
172 Maukalm 189
173 Kirchdorfer Höhen 190
174 Kalkstein 191
175 Wilder Kaiser 192
176 Rund um das Unterberghorn 193
177 Rund ums Kitzbüheler Horn 194
178 Angerlalmrunde 195

Oberbayerische Alpen 196
179 Tatzelwurm 197
180 Rampoldplatte 197
181 Rund um den Wendelstein 199
182 Starnberger Schluchtentour 200
183 Isartal 201
184 Um Wallberg, Schinder und Risserkogel . . 202
185 Estergebirge 203
186 Karwendelumrundung 204
187 Um die Zugspitze 205
188 Eibsee 206
189 Rund um den Säuling 206
190 Plansee und Heiterwanger See 208
191 Um die Ammergauer Alpen 209
192 Tegelberg 209

Allgäu 210
193 Zwölferkopf 211
194 Rund um den Sorgschrofen 212
195 Vilstal 213
196 Rund ums Wertacher Hörnle 214
197 Unterjocher Schnuppertour 215
198 Grünten 216
199 Immenstädter Horn 216
200 Hochgrat 218
201 Rund um den Einstein 219
202 Sonthofner Hörnle 220
203 Hörnlepass 221
204 Gaisalpe 222
205 Fellhorn und Kanzelwand 222
206 Gerstrubental 224
207 Freibergsee 225
208 Söllereck 226
209 Über den Schrofenpass 227
210 Oytal 228
211 Rappenalptal 229
212 Nebelhorn 230
213 Trettachtal 231

Alpencross 232
214 Vom Chiemsee zum Gardasee 233
215 Von Lenggries in die Dolomiten 233
216 Von Garmisch zum Gardasee 234
217 Von Oberstdorf nach Riva 235

Register 236

Einführung

Zwischen den Harburger Bergen bei Hamburg und dem Wettersteingebirge in den Alpen präsentiert Bruckmanns Mountainbike-Atlas eine nahezu flächendeckende Auswahl an Genusstouren, deren Spektrum von der Genusstour für Einsteiger über die verblockte Singletrailrunde bis hin zum Alpencross reicht. So werden Anfänger wie Cracks gleichermaßen verwöhnt. Auch für die unterschiedlichen Geschmacksrichtungen ist gesorgt: Einmal stehen Felsen im Mittelpunkt der Tour, ein anderes Mal sind es Seen oder historische Stätten. Mal wird der »Mountain« betont und es geht steil hinauf, mal das »Bike« und es steht eine flotte Downhill-Strecke an. Wenn Sie nur einen Nachmittag lang Zeit haben, werden Sie hier fündig, aber auch eine Woche Urlaub lässt sich mit der einen oder anderen Mehrtagestour problemlos ausfüllen. Die meisten sind jedoch in einem Tag zu schaffen.

Viele Wege müssen oftmals mit Bergwanderern (und die haben stets Vorrang!) kameradschaftlich geteilt werden; dafür werden aber auch eigens für Mountainbiker angelegte Trails vorgestellt, die sich sicher kein Wanderer mitzubenutzen traut, wie etwa Bike- und Fun-Parks fürs rein sportliche Vergnügen. Alles in allem jedenfalls ein dichtes Wegenetz, das sich gegen Süden noch zunehmend verstärkt.

Bevor Sie nun zur ersten Tour aufbrechen, sollten Sie sich vergewissern, dass Sie auch das nötige Werkzeug für eine eventuelle Panne bei sich tragen. Die nächsten Fahrradgeschäfte werden zwar in den einzelnen Touren angegeben, aber weil diese ja bewusst mitten in der Natur gewählt sind, kann es sein, dass auch die kürzeste Strecke noch zu lang ist. Die jeweilige Karte gehört ebenso mit ins Gepäck wie der Kompass (und die Fähigkeit, diesen zu benutzen!). Ein Handy für alle Fälle und eine Taschen- bzw. Stirnlampe, falls man sich mal in der Zeit (oder Kondition) verschätzt, schaden nie. Ein Helm ist selbstverständlich.

Die akribischen Streckenbeschreibungen mit exakten Kilometer- und Höhenangaben ermöglichen ein leichtes Auffinden der einzelnen Touren. Wer die Tour nach Tacho fährt, muss dabei aber beachten, dass jeder Schlenker zur angegebenen Strecke hinzugerechnet werden muss. Außerdem sollte der Lenker-Laptop auf die jeweilige Reifengröße geeicht sein. Dennoch entstehende Differenzen in der Entfernung lassen sich durch Nachdrehen des Vorderrads im angehobenen Zustand ausgleichen. Um den Streckenverlauf am optimalsten nachzuvollziehen, sollte man zudem auf die jeweils angegebene topografische Karte zurückgreifen. Die Angabe der Fahrzeit ist jeweils subjektiv und dient nur als Anhaltspunkt. Jeder Stopp und alle Pausen müssen hinzugerechnet werden. Die Angabe »Höhenmeter« ermittelt sich aus der Addition aller Anstiege, die bei einer Tour bewältigt werden müssen. Die grafische Darstellung des Streckenprofils vermittelt einen optischen Eindruck der Charakteristik des Tourenverlaufs und bezeichnet markante Punkte wie Höhen oder Tallagen.

Achtung: An Kreuzungen oder Weggabelungen, wo keine Angabe in punkto Abbiegen gemacht wird, gilt die Devise: geradeaus. Wegmarkierungen sind meist in Klammern angegeben (im Text mit Anführungszeichen), Namen in Anführungszeichen sind Schilder die im Gelände vorhanden sind.

Zu guter Letzt sei noch der Hinweis erlaubt, dass sich die Beschaffenheit der Wege verändern kann – ins Bessere wie ins Schlechtere. Grundsätzlich gilt: Keine Touren über dem eigenen Niveau anpeilen, die dann bei der geringsten Abweichung zum Extremtrip werden können. Außerdem werden einige Wege aus Naturschutzgründen gesperrt, andere für Mountainbikes freigegeben. Die Existenz einer Tour in diesem Buch garantiert also nicht die Fahrerlaubnis! Am besten ist es, man erkundigt sich kurz vorher bei der zuständigen Touristeninformation (auch in den Touren angegeben).

Allgemeine Regeln

Seit das Mountainbiken Ende der 80er Jahre in Mode gekommen ist, wird dessen zerstörerisches Potential heftigst diskutiert – und auch gewaltig überschätzt. Solange sich die Fahrer jedoch genauso verantwortungsbewusst verhalten wie die anderen Bergsportler und gewisse Grundregeln dabei einhalten, ist diese Sportart absolut umweltverträglich.

1. Nur vorhandene Wege benutzen!
2. Niemals ohne Helm fahren!
3. Die Geschwindigkeit wird den Gegebenheiten angepasst. Der denkbare Bremsweg darf die halbe Sichtweite nicht überschreiten.
4. Fußgänger haben absoluten Vorrang. Wenn ausreichend Platz ist, fährt man im Schritttempo an ihnen vorbei. Ist der Weg hierfür zu schmal, steigt man ab und schiebt.
5. Lautes Gröhlen und Schreien wird unterlassen. Es gibt ruhigere Möglichkeiten, um auf sich aufmerksam zu machen.
6. Man fährt nur auf technisch einwandfreien Bikes. Andere Fahrräder sind für diese Touren nicht geeignet und stellen ein Gefährdungspotential dar.
7. Nur biologische Schmierstoffe am Bike verwenden.
8. Die Dunkelheit meiden, auch wegen der Tiere im Wald.
9. Keinen Müll hinterlassen!
10. Jeder Bergradler wird diese Regeln bei Bedarf an andere weitergeben, um weiteres Fehlverhalten zu vermeiden.

Solche Traumaussichten erlebt man bei vielen Bike-Touren.

Weglänge
Höhenunterschied
Fahrzeit

Kondition leicht
Kondition mittel
Kondition anspruchsvoll

Technik leicht
Technik mittel
Technik anspruchsvoll

Nördlich der Mittelgebirge

Vor etwa 200 000 Jahren schürfte der mächtige Gletscher der vorletzten Eiszeit aus dem norddeutschen Flachland Mulden heraus, die man heute als Dümmer oder Steinhuder Meer kennt. Etwas weiter wurden die Endmoränen dann abgelagert – man kennt sie als Dammer, Harburger oder Rehburger Berge. Obwohl sich die Hügel nur auf etwas mehr als 100 Meter über den Spiegel der Nordsee erheben, bieten diese Kleinstgebirge ausgezeichnete Bikemöglichkeiten.

1 Hamburg – Harburger Berge

25,7 km	414 Hm	1½–2½ Std.	leicht	leicht

Gleich am südlichen Stadtrand Hamburgs, sonst eher bekannt für Ohnesorg-Theater, Reeperbahn oder Fischmarkt, breitet sich eine Endmoräne der Eiszeit aus, die sich hier Harburger Berge nennt. Zahlreiche Wege – mal schmal, mal breit – durchschneiden das Hügelgelände und bieten engagierten Bikern beste Sportbedingungen.

Start: Diese Tour startet genau vor der S-Bahn-Station Neuwiedenthal an der B 73 bzw. »Cuxhavener Str.«.
Karte: Freizeit & Wandern 1:25.000 (topografische Qualität), Blatt »Harburger Berge«, Carl H. Brütt Verlag, Hamburg.
Info: Tourismus-Zentrale Hamburg, Buchardstr. 14, 20095 Hamburg, Tel. 040/30 05 13 00.
Geführte Touren: siehe Bikeshops.
Bikeshops: Bike Store, Holtenklinkerstr. 5, 21029 Hamburg-Bergedorf, Tel. 040/ 7 21 12 62. Bietet samstags (sommertags 16 Uhr, wintertags 14 Uhr) tolle Touren durchs Bergedorfer Gehölz und freut sich über jeden, der mit MTB samt Helm teilnehmen möchte.
Fahrrad Center Harburg, Schloßmühlendamm 16, 21973 Hamburg, Tel. 040/ 7 65 57 08. Sonntags um 11 Uhr Treffen am Gasthaus »Kärntner Hütte« (B 73 Nähe S-Bahnstation Neuwiedenthal) für alle, die Spaß an Touren durch die Harburger Berge haben.
Jody Bike & Ski, Hofweg 67/68, 22085 Hamburg, Tel. 040/22 73 94 74. Biketreff sonntags 14 Uhr (bitte vorher anrufen) vorm Geschäft. Hier gibt's Touren für Anfänger und Anspruchsvolle.
Renn + Sportrad, Barenfelder Str. 118, 22765 Hamburg, Tel. 040/3 90 48 44. Dienstags und donnerstags jeweils 17 Uhr bei Schönwetter Rennradtouren, bei Hamburger Schmuddelwetter MTB-Touren.

km 0,0 / 10 m Ab Parkplatz S-Bahn-Station »Neuwiedenthal« rechts auf Radweg an B 73 »Cuxhavener Str.« entlang.
3,2 / 10 m Bei Busstopp »Roßweg« links »Hogenbrook«. Nach 600 m am Waldrand etwas rechts durchs Fischbektal.
4,1 / 20 m An Abzweig rechts. Nach 650 m wieder rechts. Nun »X« bis nahe »Karlstein« folgen.
5,5 / 70 m An Gabelung links, weiter »X« folgen.
7,0 / 70 m Rechts Weiler »Tempelberg« passieren, weiter »X« folgen.
7,8 / 80 m Am Grundstück »Tempelberg 10« links. Nach 100 m an Gabelung rechts (»X«).
8,8 / 104 m Vor Freifläche 45° rechts. Nach 15 m geradeaus Weg kreuzen, Markierung »X« auf Waldweg folgen.
9,1 / 100 m Am Ende von Freifläche links, 10 m weiter an Gabelung rechts (»X«).
11,9 / 88 m An Abzweig nahe Straße geradeaus, nun »gelbem Pfeil, Ki« über Karlstein folgen.
14,4 / 124 m An Gabelung rechts. Nach 50 m Rückeweg geradeaus kreuzen (»gelber Pfeil, Ki«).
15,7 / 90 m An »Großer Moddereiche« 90° links über Platz, dann Waldweg folgen.
16,1 / 112 m An Kreuzung halb rechts »gelbem Pfeil, Ki« folgen.
16,4 / 116 m Kurz vor Treppe rechts bergab. In Mulde geradeaus Weg kreuzen, wieder steil bergan.
17,0 / 75 m Nach Wurzelabfahrt halb links »gelben Pfeil, Ki« verlassen, an Grenzstein »14« entlang.

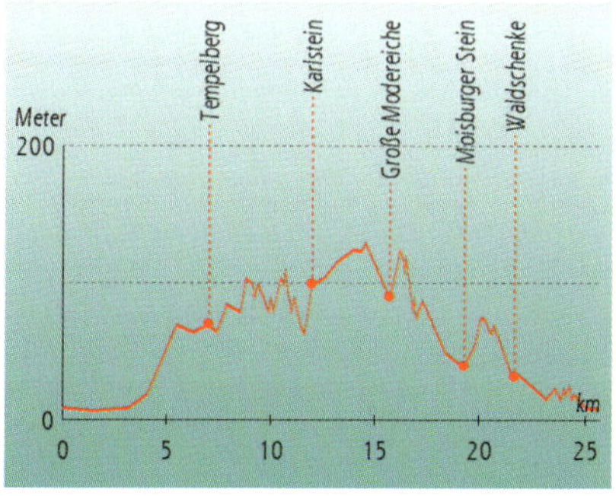

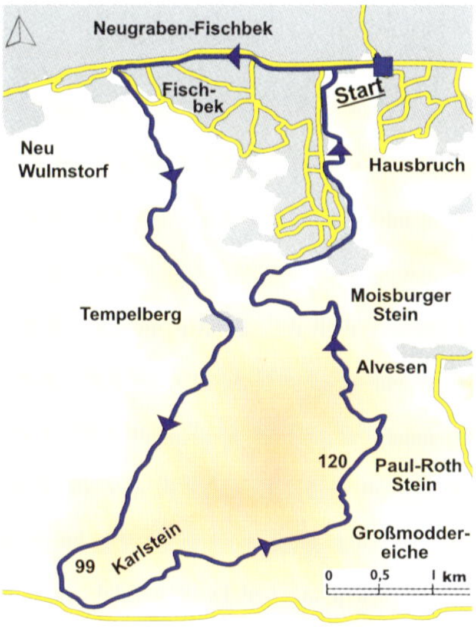

17,3 / 88 m Hart links und auf rechtem Weg etwa auf gleicher Höhe bleiben.
18,4 / 50 m Im Tal rechts auf Schotter weiter (»gelber Pfeil mit N«).
19,3 / 40 m Am »Moisburger Stein« geradeaus (»gelber Pfeil mit N«).
19,8 / 55 m An Gabelung 45° rechts (»N«). Nach 300 m an T-Kreuzung bei Häuschen links (»N«).
20,3 / 75 m An Abzweig »Fischbeker Heideweg« an T-Kreuzung rechts. 10 m weiter geradeaus. Nach weiteren 200 m rechts.
20,6 / 64 m »Bei den Heidehütten« rechts. Nach 150 m links auf Pfad durch Talgraben.
21,6 / 32 m Am Ortsrand an Schotterparkplatz links. Dann rechts vom »Falkenbergsweg« auf Pfad am Waldrand entlang.
21,7 / 32 m Am Gasthaus »Waldschenke« rechts, nach 200 m an Parkplatz links, Sandweg, bald Pfad.
23,0 / 19 m Links zur Straße. Dort rechts bis Busstopp »Lüttmattensteed«. Hier rechts über Steg und auf Pfad am Waldrand entlang.
24,5 / 20 m Vor großem, rotem Gebäude rechts in den Wald. Bald etwas links auf Pflaster an Sportplatz Opferberg entlang.
25,1 / 10 m Rechts auf Radweg an B 73 entlang. Nach 550 m Straße nach links queren und zurück.
25,7 / 10 m Ausgangspunkt an der S-Bahn-Station erreicht.

Auch im Norden gibt es starke Trails.

2 Dammer Berge – Rund um den Bergsee

16,3 km	180 Hm	ca. 1 Std.	leicht	leicht

Hier der Dümmer, ein Paradies für Surfer und Segler, und dort die Dammer Berge, ein absolutes Spaßterrain für Stollenfreaks. Engagierte Fans bezeichnen die Gegend daher auch etwas überschwänglich als Garda des Nordens. Wie auch immer, Trails gibt es jedenfalls genug und manche davon sind sogar richtig sportlich angelegt.

km 0,0 / 100 m Ab Hotel »Schemder Bergmark« rechts auf Teer Richtung »Aussichtsturm«. Nach 150 m rechts über Schotterparkplatz. Dann am Waldrand entlang. Nach weiteren 150 m am Weiderand 45° links, bald Weg kreuzen und etwas rechts versetzt weiter (»3«).

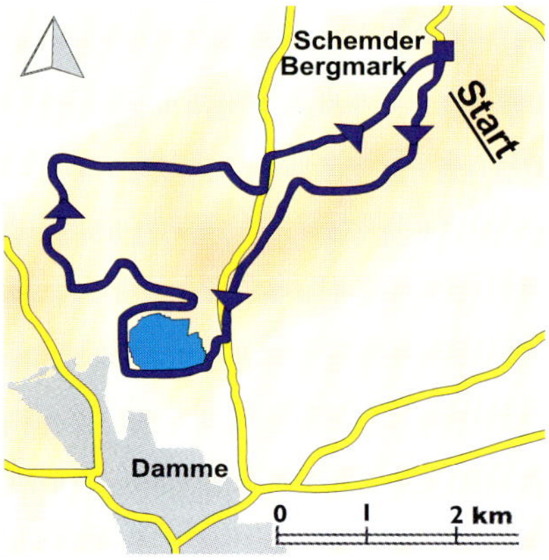

Start: Aus Richtung Osnabrück oder Bremen auf der A 1 bis zur Abfahrt »Holdorf«. Von dort auf der B 214 nach Steinfeld. Im Ort rechts halten und dem Hinweis »Erholungszentrum Dammer Berge« bzw. »Hotel Schemder Bergmark« folgen. Hier Tourstart.
Karte: Topografische Karte 1:50.000, »Naturpark Dümmer«, Landesvermessungsamt Niedersachsen. Leider ist diese Karte aber ungenau und fehlerhaft.
Info: Verbund Oldenburger Münsterland e.V. in Vechta, Tel. 04441/89 83 23.
Geführte Touren: Bright Side Tours, Jörg Böhse, Tel. 05447/99 70 73.
Bikeshop: Keines. Das Nötigste im Zweiradladen von Franz Goda in Damme. Tel. 05491/43 43.

1,3 / 108 m An Schutzhütte auf Teer geradeaus Richtung »Schweizer Haus«. Nach 1000 m an T-Kreuzung links, nochmals 300 m auf Teer. Dann links auf breitem Sandweg weiter bis km 3,7. Hier 600 m lang links auf Radweg an Straße entlang. Kurz vor zweitem Parkplatz (links) am Schild »Reitverbot« rechts auf breitem Waldweg weiter. Bald (km 4,4) neben Treppe geradeaus über Damm und dann links auf Singletrail am See (Baden verboten) entlang (je nach Wasserstand).
7,0 / 100 m Bei Schutzhütte noch für 500 m geradeaus am Ufer entlang. Dann an Gabelung links auf breitem Weg weiter zum nächsten Wege-T, hier wieder links. An nächster Gabelung ebenfalls links halten. Bei km 8,1 rechts, gleich wieder rechts und dann links über Damm von kleinerem Bergsee rollen.
8,3 / 105 m An Lichtung auf Trail Richtung »Altes Bergwerk«. Nach 500 m an Zaun von Möbelfabrik geradeaus über Kreuzung. Nächste rechts auf Schotter zur Teerstraße. Dort links. Kurz vor Bahngleis fast entgegengesetzt rechts auf breiten Schotterweg Richtung »Alte Ziegelei«. Bis zur Siedlung bei km 10,7 auf Hauptweg geradeaus. Dort auf Teer Richtung »Dersaburg«.
11,6 / 72 m Nach den Häusern rechts auf Teer 400 m weiter. Dann rechts (Schotter) geradeaus bis zum Parkplatz »Märchenpark« bergan. Hier links auf Waldweg unter Stromleitung weiter. Dann auf Radweg für 100 m links an Straße entlang. Bei nächster Möglichkeit Straße nach rechts queren und auf Waldweg weiter.
15,3 / 100 m Bis hierher immer geradeaus und querende Wege ignorieren. Nun rechts (»weißer Pfeil«) über Kuppe. Bei km 15,5 Weg queren. An Gabelung bei »Hünengrab« erst geradeaus. Nach 100 m dann rechts und auf breitem Schotterweg retour zum Ausgangspunkt (16,3 /100 m).

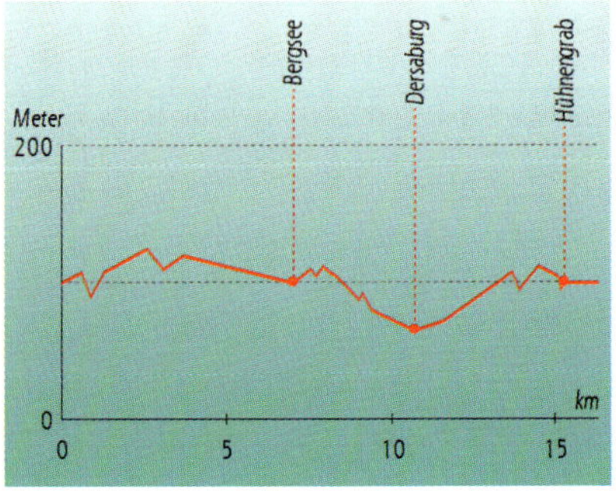

3 Vom Dümmer in die Stemweder Berge

46,4 km	180 Hm	2–3 Std.	leicht	leicht

Ganz in der Nähe vom Segel- und Surfparadies Dümmer erhebt sich auch der Stemweder Berg. Mit seinen knapp 200 Metern stellt er dabei ein kleines Juwel für Stollenfreaks dar. Er bietet nicht nur Abfahrten mit rund 150 Höhenmetern am Stück, sondern auch prima Singletrails, die Biken auch eine knappe Autostunde südlich der Nordsee zum Erlebnis machen.

km 0,0 / 30 m Ab Volksbank-Parkplatz (bei Hotel Seeschlösschen) in Lembruch auf »Gr. Straße« Richtung »Damme«. Nach 100 m am Abzweig »Diepholz« links auf »Birkenallee« an Campingplatz und Hotel »Seeblick» entlang zum Dümmersee. Hier nun rechts und auf dem Damm um den See herum.

Start: Auf der A 1 Osnabrück – Bremen bis zur Abfahrt »Neuenkirchen«, dann auf der Landstraße über Damme zum Ostufer des Dümmersees. Dort an der Volksbank in Lembruch diese Runde starten.
Karte: Topografische Karte 1:50.000, »Naturpark Dümmer«, Landesvermessungsamt Niedersachsen.
Info: Fremdenverkehrsverein und Zimmernachweis Lembruch, Tel. 05447/2 42.
Geführte Touren: Bright Side Tours, Tel. 05447/99 70 73.
Bikeshop: Bei Zweirad Schottler in Diepholz im Notfall Hilfe, Tel. 05441/34 05.

10,2 / 30 m Links über Huntebrücke. Dann wieder links auf Pflaster Richtung »Ochsenmoor«.
12,2 / 30 m An der Schutzhütte Damm nach rechts verlassen und links auf Teer weiter. Nach 700 m rechts, über Parkplatz, dann geradeaus auf Singletrail durchs Moor. Bei km 13,3 Pflasterweg queren, geradeaus auf Wiesenweg an Kanal entlang.
15,7 / 30 m An Kreuzung links, Radmarkierung »III» folgen. An zweiter Kreuzung bei km 17,2 rechts, Landstraße queren. Dann noch ein Stück auf Schotter und anschließend links Bahnunterführung passieren.
18,0 / 30 m Nach Unterführung am Bahnhof Lemförde Markierung (»weißer Punkt«) folgen. An Bushaltestelle rechts und für ein kurzes Stück auf »Bahnhofstr.«. Dann rechts in »Mühlenweg«. An dessen Ende links, Landstraße queren und auf »Oberer Bergstr.« bergan bis km 20,1. Hier an einzelnem Haus links.
20,3 / 100 m Rechts ab, Schranke passieren und auf Schotter bergan. Nach 200 m an Schotterkreuzung links. Dann bis km 21,2 auf Kammweg geradeaus. Hier an Gabelung rechts auf schmalerem Weg. Nach weiteren 100 m Schranke passieren.
21,9 / 125 m Nach Grenzstein Niedersachsen/Nordrhein-Westfalen am Waldrand links. 100 m weiter an Schutzhütte geradeaus Richtung »Wihelmshöhe«. Nach weiteren 100 m an Wege-T rechts bergab.
22,6 / 115 m An T-Kreuzung bei Haus links. Nach 1200 m an Schutzhütte geradeaus über Kreuzung.

24,3 / 170 m An Waldrand direkt vor Bauernhof links zur Schranke. Dort rechts. 200 m weiter an T links. Nach weiteren 600 m an nächstem Wege-T wieder links. Nach weiteren 5 m rechts halten. Bei km 25,3 rechts. Dann auf Kammweg geradeaus an Schutzhütte und Hügelgrab entlang.
27,0 / 116 m Vor Pflasterweg links. Bei km 27,7 kurz vor Schranke wieder links (»A 3,4«) und nun auf Singletrail bergab. Bei km 28,3, Markierung ignorieren und an T links.
29,2 / 86 m An Gabelung rechts (»B 4«). Nach 500 m rechts über Kuppe. Dann geradeaus bergab an Steinbruch entlang. Bei km 30,3 an Gabelung rechts, bald geradeaus über Schotterparkplatz und dann am Waldrand links auf Teer weiter bergab.
31,9 / 50 m Links auf Landstraße. Nach 200 m rechts auf Straße durch Brockum. Bis zur Feuerwehr geradeaus, dann links zum Ortsrand. Dort wieder links. Bei km 33,2 rechts auf »Mecklinger Str.« weiter. Bei km 35,0 links auf Pflasterweg. Nach 300 m geradeaus auf Teer weiter, man passiert »Hagewede« und rollt auf Teer nach »Marl«. Dort B 51 kreuzen.
38,4 / 30 m Kurz vor »Haßlinge» rechts Richtung »Hüde». Bei km 38,9 »Am Hasenklee« links. Nach 800 m rechts. Nach weiteren 200 m wieder rechts. Bei km 40,7 links nach Hüde.
41,0 / 30 m Links auf Schotterweg »Netzsegen« bis zum Graben. Dort

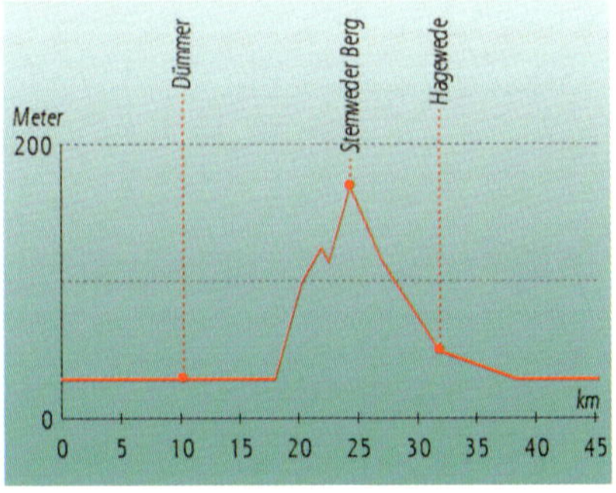

rechts und auf Damm am Dümmer entlang.
45,3 / 30 m Grawiedeschleuse queren und noch bis km 45,8 am Dümmer entlang. Bei Minischleuse links, sofort rechts und auf Straße »Arningshof« weiter. Bei km 46,2 auf Schotter zum Ausgangspunkt (km 46,4 / 30 m).

Nördlich der Mittelgebirge

4 Berlin – Grunewald

27,7 km | 486 Hm | 1½–2½ Std. | leicht | leicht

Das beste MTB-Revier Berlins ist ganz sicher der Grunewald. Im recht weitläufigen Gelände gibt es genug Platz für alle. So kommen sich Biker, Skater und Spaziergänger nur selten in die Quere. Außerdem locken schmale Wege und verblockte, kräftezehrende Sandpisten und ein fast alpiner Ausblick vom Trümmerhaufen Teufelsberg auf die Stadt.

Start: Am südlichen Bahnhofsportal (auch S-Bahn) Berlin-Grunewald.
Karte: Topografische Karte 1:25.000, Blatt 3545, Berliner Senatsverwaltung für Bauen, Wohnen und Verkehr 5, Vermessungswesen.
Info: Berlin Tourismus, Am Karlsbad 11, 10785 Berlin, Tel. 030/25 00 25.
Geführte Touren: Jeden Sonntag um 11 Uhr Treffen am S-Bahnhof Grunewald mit den Bikern von Bike Attack (siehe Bikeshops).
Bikeshops: Hier bietet Berlin riesige Auswahl, wie z.B. Bike Attack, Mecklenburgische Straße 16, 10713 Berlin, Tel. 030/8 21 15 42 und Bikecology, Belziger Straße 41, 10823 Berlin, Tel. 030/78 70 34 95 oder Peaks, Westfälische Straße 45, 10711 Berlin, Tel. 030/89 09 27 49.

km 0,0 / 48 m Am südlichen Portal der S-Bahnstation »Grunewald« starten, nach Bushaltestelle rechts die »Auerbacher Str.« 500 m bis zur Unterführung verfolgen. Hier 45° links, bald an Tennisstadion entlang (»X«).
1,5 / 35 m Straße geradeaus überqueren. Nach 30 m an Gabelung 45° rechts auf Waldweg (»X«) Richtung »Grunewaldsee«. Bei km 1,8 dann 45° links (»X«).
2,0 / 45 m Vor See geradeaus, links an

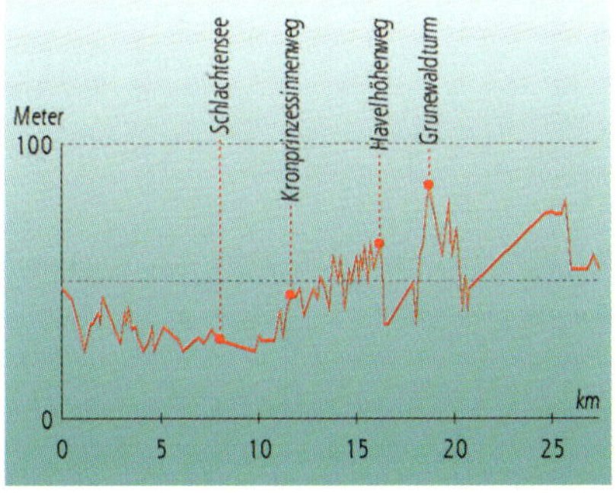

Treppen entlang (»X«). Dann rechts am Seeufer entlang (»X«).
3,5 / 33 m Nach Parkplatz am Forsthaus »Paulsborn« 90° links auf Radweg an der Straße entlang. Nach 200 m, kurz vor Brücke über »Fenngraben« 90° rechts und auf Waldweg links am Fenngraben entlang.
4,6 / 25 m An T-Kreuzung 90° links und weiter in diesem Grabental bleiben.
5,1 / 34 m An Kreuzung 90° rechts. Nach 15 m am Schild »Onkel Toms Hütte« Straße geradeaus queren, weiter längs des »Fenngrabens« (»roter Punkt«). Anschließend am See »Krumme Lanke« entlang.
7,4 / 30 m Nach Umrundung des Sees an Kreuzung 90° rechts auf Teerweg.
7,6 / 33 m An Abzweig 90° links. Nach 30 m an Wege-T vor Straße 90° rechts. Nach weiteren 60 m, kurz nach Straßenabzweig »Elvirasteig«, Straße nach links queren und per Treppe in Graben hinab.
8,0 / 29 m Vor »Alter Fischerhütte« an Gabelung links und auf Uferweg am Schlachtensee entlang.
10,8 / 29 m 200 m nach Seeende das Ufer per alter Treppe nach links verlassen. Danach rechts an Bahngleisen entlang.
11,4 / 40 m Links Bahn und Avus unterqueren, danach rechts auf geteertem »Kronprinzessinnenweg« weiter.
11,9 / 45 m An 1. Möglichkeit 90° links auf Waldweg. Nach 200 m rechts auf schmalerem Weg an Sandgrube

In Berlin kommt man am besten per Bike ins Grüne.

entlang. Bei km 12,6 links auf breiter Sandpiste weiter bis km 13,8, dort an Wege-T 90° links.
14,2 / 60 m Direkt vor Wannsee rechts auf Singletrail »Havelhöhenweg« (»gelbes X«) oberhalb parallel zur »Havelchaussee«. Anschließend zwei Mulden passieren.
16,2 / 64 m An Kreuzung 90° links auf Trail bergab zur »Havelchaussee« und auf Radweg an ihr entlang.
16,6 / 35 m 90° links zum Parkplatz. Einige Meter weiter etwas links, dann sofort rechts und auf breitem Sandweg an Ufer entlang bis zur »Lieper Bucht«. Dort rechts, bald links und wieder auf Höhenweg weiter.
18,0 / 35 m Am Havelufer an Kreuzung 45° rechts und auf Wurzeltrail steil bergan (»R«).
18,6 / 80 m An Trailgabelung rechts. 70 m weiter vor Straße 90° rechts auf Pflaster zum Grunewaldturm. Dort am Parkplatz 90° links, Landstraße queren und an Bushaltestelle entlang auf Sandweg.
19,7 / 80 m An der so genannten »Spinne« mit Schutzhütte geradeaus über Wegeplatz und neben markiertem Pferdeweg auf Trail weiter. Bis km 22,2 geradeaus halten. Dort links auf »Teltower Weg« abbiegen. Nach 80 m an Kreuzung rechts an eingezäuntem Naturschutzgebiet entlang.
23,7 / 50 m Unterhalb von Teufelsberg 45° rechts und auf Pflasterweg bergan.
23,9 / 60 m An Kreuzung zwischen beiden Hügeln 90° links und bergan bis zum Gipfel des Schuttberges.
24,1 / 95 m Am Gipfel rechts bergab in die Senke. Dort dann geradeaus über Kreuzung.
24,4 / 70 m Oberhalb breiter Rodelbahn an Singletrailkreuzung 90° links. Einige Meter weiter an Kreuzung rechts in den Wald hinein (»X«).
24,6 / 85 m Am Kletterfelsen rechts auf Trail bergab. Danach an T-Kreuzung links, nächste rechts, Holzbrücke queren und auf gleicher Höhe um den Berg mit der Radarstation herum. Bald Skipiste (!) kreuzen, bei km 25,4 Straße geradeaus queren und weiter auf gleicher Höhe bleiben.
25,7 / 80 m An Gabelung bei Weinberg 45° rechts auf schmalem Teerweg

bergab. Nach 300 m »Teufelsseechaussee« kreuzen und dem Hinweis »Zur Kolonie« folgen.
26,2 / 55 m An Gabelung 90° links an Schrebergartenkolonie entlang.
26,6 / 55 m Nach Holzbarriere auf breiter Schotterpiste geradeaus.
26,8 / 55 m An Gärtnerei 45° nach links auf breiter Schotterpiste weiter.
27,4 / 55 m Geradeaus über Schotterparkplatz »Schmetterlingsplatz« zum Ausgangspunkt am Bahnhof Grunewald (km 27,7 / 48 m).

5 Über die Rehburger Berge

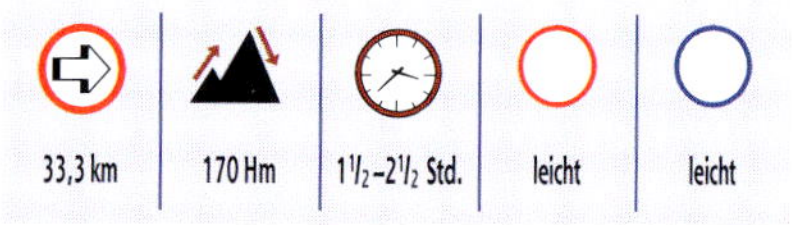

Gleich südlich vom Segel- und Surfparadies Steinhuder Meer erheben sich die Rehburger Berge auf maximal 161 Meter über den Spiegel der Nordsee (nicht des Steinhuder Meeres!). Genussbikern stellen wir hier eine tolle, aber fahrtechnisch unkomplizierte Runde vor, die man leicht mit einer Badepartie im Steinhuder Meer kombinieren kann.

Start: Von der A 2 Hannover-Ruhrgebiet über die Abfahrt »Wunstorf-Kohlenfeld« nach Hagenburg etwas südwestlich vom Steinhuder Meer. Dort am Parkplatz beim Findlingsgarten diese Runde starten.
Karte: Topografische Karte 1:50.000, »Naturpark Steinhuder Meer«, Landesvermessungsamt Niedersachsen.
Info: Touristinformation Steinhude, Meerstr. 2, 31515 Wunstorf, Tel. 05033/9 50 10, Fax 05033/95 01 20, E-Mail steinhude@t-online.de, Internet www.steinhuder-meer.de.
Geführte Touren: Geführte Fahrradtouren auf Anfrage bei Touristinformation Steinhude (s. o.).
Bikeshop: Zweiradcenter, Braustraße 5, 31515 Wunstorf, Tel. 05033/53 26.

km 0,0 / 40 m In Hagenburg zunächst auf Straße Richtung »Bad Rehburg«. Nach 800 m dann links ab, 100 m weiter wieder links; nun dem markiertem Weg (»2«) folgen.
2,7 / 70 m Nahe Düdinghausen rechts auf Straße in den Ort. Dort bei km 3,1 links auf Straße Richtung »Sachsenhagen«.
4,2 / 80 m Straße nach rechts verlassen und wieder dem markierten Weg »2« bzw. »XR« folgen.
5,7 / 86 m Ab »Steinbruch« geradeaus auf Straße durch Bergkirchen nach Wölpinghausen (oft schöne Aussicht auf das Steinhuder Meer). Dort bei km 8,5 rechts auf markierten Weg (»XR«) Richtung »Wilhelmsturm«.
12,1 / 115 m An Straße rechts nach Bad Rehburg. Nach 250 m links halten und weiter dem markierten Weg (»XR«) Richtung »Brunnenberg« folgen.
12,8 / 161 m An Kreuzung auf dem Brunnenberg geradeaus (»XR«), nun stets dem markierten Höhenweg folgen. Links (»13«) ist ein Abstecher (800 m) zu den bekannten Saurierfährten von Münchehagen möglich.
16,5 / 50 m Nach Abfahrt Landstraße kreuzen (»XR«), Richtung »Düsselburger Wall« folgen. Nach 400 m links halten. Nach weiteren 400 m dann rechts weiter.
18,7 / 38 m Nahe dem Düsselburger Wall Markierung »XR« schließlich ignorieren, rechts Richtung »Rehburg« abbiegen und nun Markierung »14« beachten.
22,0 / 37 m In Rehburg rechts auf Straße Richtung »Bad Rehburg«. Nach 400 m links ab und weiter der Markierung »14« Richtung »Hagenburg« folgen.
25,2 / 38 m Nahe dem Steinhuder Meer rechts ab, nun Markierung »1« folgen. Nach 2200 m links halten, weiter durch Sumpfgebiet mit Schilf.
30,3 / 38 m An Wege-T links nach Hagenburg, wo man den Ausgangspunkt dieser lockeren Bikepartie wieder erreicht (km 33,3 / 40 m).

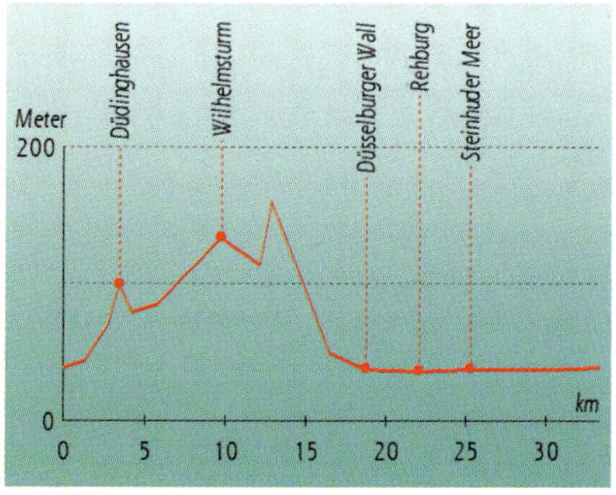

Teutoburger Wald

Der Teutoburger Wald mit seiner östlichen Fortsetzung, dem Eggegebirge, ist das westlichste und nördlichste Mittelgebirge Deutschlands zugleich, jedenfalls von seinem Ausgangspunkt her betrachtet. Als schmaler, aber recht markanter Kamm zieht es sich über etwa 250 Kilometer von Rheine Richtung Osnabrück, dann weiter nach Bielefeld und Detmold und schließlich nach Süden bis nach Diemelstadt.

6 Westliches Wiehengebirge

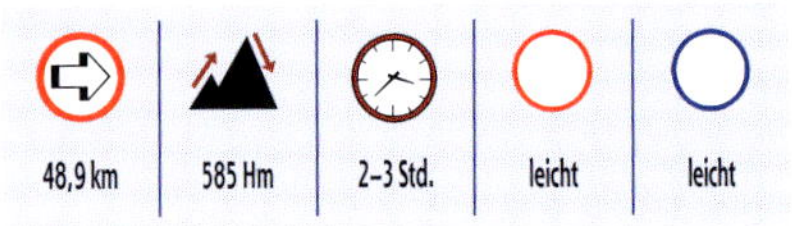

Auch in Osnabrück kann man ganz gut biken, selbst wenn diese Gegend oft als »Flachland« beschrieben wird. Stimmt so aber nicht, denn hier erhebt sich das Wiehengebirge als letzte Barriere vor der Norddeutschen Tiefebene. Ein wunderschöner Höhenzug, der viele Singletrails und kilometerlange Schotterpisten bietet.

km 0,0 / 50 m Ab Hauptbahnhof Osnabrück geradeaus über Parkplatz und Straße. Dann rechts auf »Radweg« an »Goethering« entlang. Am »Hasetor« (km 1,6) rechts der »Bramscher Str.« (B 68) Richtung »Lingen« folgen.

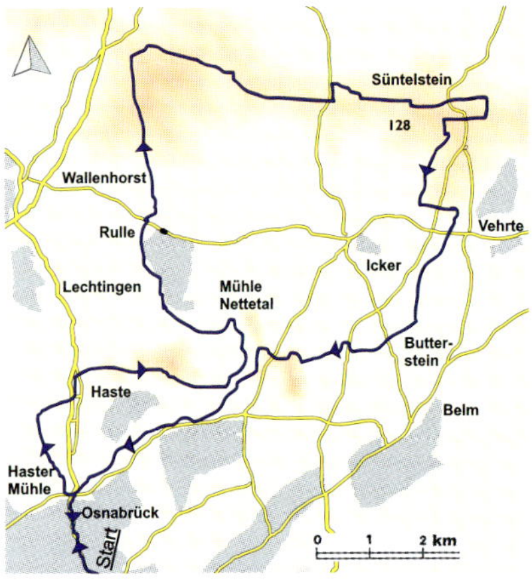

3,4 / 56 m An Haster Mühle links auf »Römereschstr.«, nächste rechts »An der Netter Heide«, bald an Kaserne entlang (» + «). Bei km 4,3 »Fürstenauer Weg« kreuzen. Dann vor Wiese Osnabrück links auf Teerweg (» + «) verlassen.
5,1 / 60 m An Verzweigung links Richtung »Stadtgärtnerei«. Etwas weiter, am Gutshof erst links, dann Barke passieren und geradeaus auf Grasweg, später Waldtrail. Bei km 5,6 an Kreuzung rechts, dann auf Teerweg B 68 unterqueren.
5,7 / 70 m Kurz vor nächster Straße 90° links, auf Waldtrail (» + «) weiter. Am »Honekreuz« rechts auf Trail bergan. Bald Straße queren, dann links. Nächste Möglichkeit rechts auf Waldweg bergan. An »Karlssteinen« rechts zum Waldrand. Dort links auf Singletrail bergan (» + «).
7,7 / 105 m Straße queren, Barke passieren und geradeaus auf breitem, verwachsenem Waldweg bis zum Waldrand. Dort bei km 8,5 links auf Hohlweg.
9,1 / 90 m Am Waldrand rechts auf Teer bergab, » + « ignorieren, gelb-rotem »O« folgen. 600 m weiter, kurz nach Heimgelände und Forellenteichen links über Schotterparkplatz, dann am Flüsschen Nette entlang (»X«) zur Wassermühle

Start: Mitten in Osnabrück am Bahnhof.
Karte: Topografische Freizeitkarte 1:50.000, Blatt 1, »Osnabrücker Land«, Landesvermessungsamt Nordrhein-Westfalen.
Literatur: Mountain Bike aktiv »Weserbergland, Teutoburger Wald«, Pietsch, Stuttgart.
Info: Amt für Tourismus in Osnabrück, Tel. 0541/3 23 22 02 oder 3 23 24 82.
Bikeshops: Der Fahrradladen, Tel. 0541/38 41 67, City Cycle, Tel. 0541/2 20 05 oder Radsport Bluschke, Tel. 0541/5 33 70.

Nettetal. Dort geradeaus auf Teerweg bergan.
11,8 / 100 m An Teergabelung rechts (»X«) weiter bis zum Ortsschild »Rulle«. Hier rechts auf Straße weiter. Bei km 12,9 links auf Straße am Ortsrand von Rulle entlang bis km 13,4. Nun kurz vor Abzweig »Höhenweg« links ab und der Markierung »X« auf Singletrail folgen.
14,0 / 70 m Straße queren und auf Singletrail an Nette entlang. Dann auf Straße geradeaus, Rulle verlassen.
15,3 / 70 m Straße Wallenhorst – Ostercappel queren und auf Grasweg (»X«) weiter. Nach 200 m am »Dammhus« rechts auf Teer. Nach weiteren 100 m links und breitem Schotterweg (»X«) folgen.
17,0 / 95 m An Kreuzung 45° rechts und auf breitem Schotterweg am Waldrand entlang.
19,2 / 70 m Kurz nach Schutzhütte an Schotterparkplatz rechts auf »Wittekindsweg« (»weiß-rot«) bergan.
21,2 / 135 m An Schotter-T links, nächste rechts und nach weiteren 300 m rechts auf geteerter »Ruller Str.« bergan.
21,7 / 135 m Auf der Höhe links auf zunächst geschottertem »Gevaweg« weiter. An dessen Ende bei km 23,3 links auf Straße. Kurz hinter Schild »Wasserschutzgebiet« rechts auf Schotter (»weiß-rot«).
24,0 / 100 m In Senke rechts herum und auf breiterem Waldtrail bergan. 700 m weiter an Wege-T rechts. Nach weiteren 40 m links, weiterhin Markierung »weiß-rot« beachten.
25,5 / 135 m Kurz nach »Vehrter Hütte« rechts auf breitem Schotterweg weiter. Einige Meter weiter links ab und auf Waldtrail weiter. Bei km 26,0 erst rechts, an nächstem Wege-T links auf breiten Schotterweg. Nach 200 m an Kreuzung mit Findlingshaufen rechts auf Waldweg.
26,5 / 120 m An Parkplatz »Süntelstein« Straße queren, dann rechts an Leitplanke entlang auf Singletrail (»weiß-rot«). Nach 400 m geradeaus über Kreuzung und auf breitem Weg bergan. Ab km 27,2 wieder geradeaus auf Singletrail.
27,3 / 128 m Am Süntelstein entlang bergab bis zum Waldrand. Dort rechts auf breiter Schotterpiste (»M«). Bald Straße geradeaus queren. Nach weiteren 400 m an Kreuzung links auf breiten Schotterweg (»M«) abbiegen.
30,0 / 85 m Am Bauernhof Straße queren und auf Wiesenweg. Nach 100 m am Waldrand rechts auf Waldweg bis Straße. Hier rechts. 40 m weiter, kurz vor Abzweig »Osnabrück«, links auf Schotter (»M«). An nächster Teergabelung links. Einige Meter weiter vor Bauernhof links.
31,2 / 110 m Auf der Höhe an zweiter Kreuzung nach Bauernhof rechts »M« folgen. Nach weiteren 300 m, kurz vor Straße, links auf Singletrail durch Wald.
31,9 / 110 m Rechts auf Teer, 30 m weiter links am Waldrand entlang (»M«). Bei km 32,6 breiten Forstweg queren, »M« jetzt ignorieren und geradeaus auf Waldtrail. Kurz vor dem Waldrand dann rechts und auf Trail zum »Butterstein« (Findling). Hier zunächst rechts zum nächsten Schotterweg und dort links weiter (» = «).
33,5 / 100 m Kurz vor Straße links (» = «) auf Singletrail. Anschließend rechts, Straße queren, geradeaus auf breitem Waldweg weiter. Bei km 34,6 Straße erneut queren. Bei km 35,2 an Kreuzung 45° rechts (»gelber Punkt«) auf Singletrail. Nach 300 m an Trail-T 90° rechts (» + «).
35,9 / 92 m Kurz vor Waldrand links. Nach 300 m an Gabelung rechts (»M«).
36,9 / 88 m An Wege-T links. Nach 300 m an Gabelung erneut links, jetzt bergab (» + «). Bei km 37,5 links und auf Trail oberhalb des Sträßchens ständig auf und ab, bald »X« folgen.
40,1 / 60 m Geradeaus auf Sträßchen. Nach 400 m links auf Schotterweg »Im Hollen« leicht bergan. Bei km 40,9 an Wegedreieck im Wald links (»X«).
41,0 / 90 m Am Waldrand rechts an Pferdekoppel entlang. Nach 200 m links auf Grasweg zur Straße. Dort rechts. An der Ampelkreuzung rechts bergab.
41,8 / 90 m Am Waldrand links auf Schotter. Nach 900 m dann rechts auf Trail bergab durch den Wald. Bei km 43,2 an Gabelung 90° links auf Wiesenweg durch die Feldmark.
43,3 / 60 m Rechts auf Straße. Nächste »Haneschstr.« wieder rechts und genau vor Nettebrücke links auf Schotter (»X«), weiter an Bach entlang. Nach wenigen Metern an Gabelung links. Bei km 43,8 nach Brücke rechts herum und auf Schotter weiter an Flüsschen entlang.
44,3 / 60 m Auf Pflaster zur blauen Brücke. Dort Teerweg queren und auf Singletrail an Feldrand entlang bis Klostermauer. Hier rechts auf »Vehrter Str.« zur Ampelkreuzung »Bramscher Str.«. Nun links auf Radweg an B 68 entlang zurück zum Hof Osnabrück (km 48,9 / 50 m).

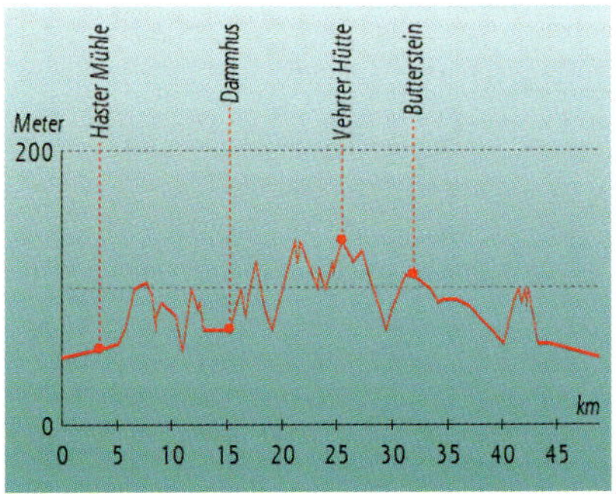

7 Westlicher Teutoburger Wald

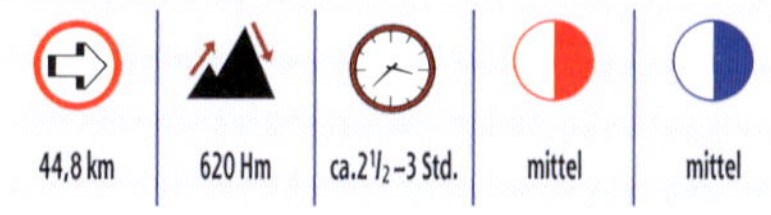

»Wo sind hier die Berge?« wird sich mancher fragen, der die Tour am so genannten »Nassen Dreieck« startet. Aber Vorsicht! Wer diese Runde auf die allzu leichte Schulter nimmt, wird sich wundern. Viele kurze, aber knackige Anstiege saugen an der Kondition und es wird schnell klar, dass auch der Teutoburger Wald aus Bergen besteht.

km 0,0 / 45 m Ab der Brücke über den Dortmund-Ems-Kanal rollt man für 400 m auf der Straße Richtung »Hörstel«. Dann rechts auf Singletrail (»H« für Hermannsweg) bergan.
1,8 / 65 m An Gabelung scharf rechts bergab zur Straße, dort geradeaus über Kanalbrücke (am so genannten »Nassen Dreieck«, wo Mittellandkanal und Dortmund-Ems-Kanal zusammentreffen), dann Straße queren und auf Teerweg bergan.
2,4 / 65 m Von Teerweg rechts Treppe hinauf und auf Trail bergan.
3,8 / 115 m Auf »Bergeshöveder Berg« an Gabelung links. Nach 400 m an Steinhütte mit Kruzifix rechts. Nach 10 m wieder rechts auf Schotterweg weiter. Nach 200 m links oder rechts (mit Aussicht!) halten (beides »H«).
5,8 / 128 m Rechts auf Hauptweg. Nach 700 m an Kreuzung rechts auf Trail weiter. Bei km 6,8 Teerweg am Parkplatz »Birgter Berg« geradeaus queren. Dann auf Trail bergab zum »Kaiserei« (km 7,2). Dort links auf breitem Sandweg weiter.

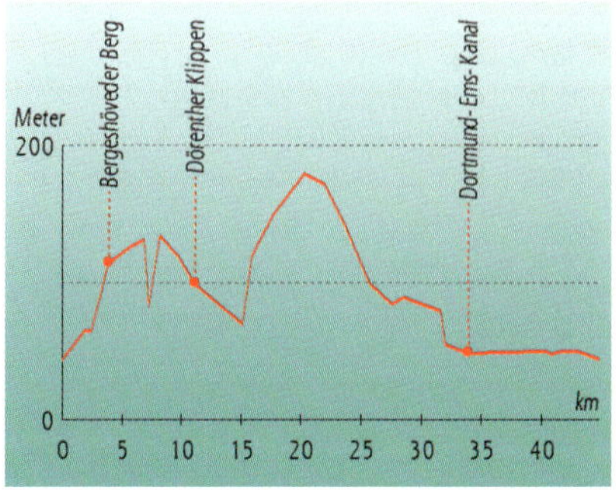

8,2 / 135 m Auf Kuppe geradeaus über Kreuzung bergab. Nach 700 m am Kriegsgräberdenkmal links, sofort wieder links (»H«) und bergan.
9,8 / 120 m An Hütte links auf Hohlweg bergab. 500 m weiter rechts auf Straße, dann links auf Teerweg Richtung »Brochterbeck«. An Campingplatz links auf breitem Weg weiter (»H«).
11,1 / 100 m An »Dörenther Klippen« rechts auf Trail bergan. Nach 700 m bei Kriegsgräbern an Wegedreieck geradeaus. Dann kurz vor Hütte rechts, sofort links, »H« beachten.

Start: Aus Richtung Ruhrgebiet oder Bremen auf der A 1 über Osnabrück und dann auf der A 30 Richtung Rheine. Von Holland oder Hannover auf der A 30 bis zur Abfahrt Hörstel. Dort auf Landstraße weiter Richtung Bevergern. Kurz vor dem Ort an der Kanalbrücke startet die Tour.

15,1 / 70 m In Brochterbeck links auf Straße und am Hotel »Teutoburger Wald« Straße queren. Dann links Gleise queren und erst auf Teer, dann Schotter, danach Trail bergan.
15,9 / 120 m An Gabelung links Richtung »Blücherfelsen«. Nach Kuppe vor Bauernhof rechts auf Singletrail (»H«) Richtung »Tecklenburg«.

17,7 / 150 m An Kreuzung links auf breitem Schotterweg bergan.
20,3 / 180 m Rechts auf Straße bergan. Nächste links Richtung »Jugendherberge«. Dann geradeaus bis km 21,3. Dort das Burggelände links auf »Hexenpfad« per Treppe bergab verlassen. Nach Treppe rechts und Tecklenburgs Fußgängerzone passieren.
22,0 / 172 m An Kreisverwaltung rechts Richtung »Ibbenbüren« bergab zur Bahnlinie. Kurz vorher dann rechts ab (»X 6«). 100 m weiter auf Rückseite von Bahnhof halbrechts Richtung »Brochterbeck«.
23,8 / 140 m 100 m nach kurzem Anstieg links bergab. 300 m weiter breiterem Weg nach rechts (»X«) folgen. Bei km 25,2 links ab. 100 m weiter Bahnlinie queren. 50 m weiter rechts auf schmleren Waldweg abbiegen.
25,7 / 100 m Rechts auf Pflasterweg weiter.
27,6 / 85 m Straße unterqueren (»K 24«). In Brochterbeck links Richtung Kirche. Bei km 28,3 rechts »Am Mühlenteich« (»X«).
28,5 / 90 m Bahngleis queren und kurz bergan, weiter »X«, »I« beachten.
31,6 / 80 m Vor einem Haus links auf Teer (»X«, »R 7«) bergab. Nach 100 m auf Schotter weiter, Bahnlinie queren.
32,0 / 55 m Rechts auf Landstraße weiter. Nach 500 m Bahnlinie wieder queren und dann an Straßenkreuzung mit B 219 geradeaus auf Teerweg (»I«) weiter.
33,9 / 49 m An Kreuzung links auf breitem Teerweg zum Dormund-Ems-Kanal. Bei km 34,8 in leichter Linkskurve rechts (»Betriebsgelände«) zum Kanal. Dort rechts auf holprigem Treidelweg am Kanal entlang.

Karte: Topografische Freizeitkarte 1:50.000, Blatt 4, »Tecklenburger Land«, Landesvermessungsamt Nordrhein-Westfalen.
Info: Touristinformation Hörstel, Tel. 05454/8 90.
Literatur: Mountain Bike aktiv »Weserbergland, Teutoburger Wald«, Pietsch, Stuttgart.

40,0 / 50 m Rechts auf Straße parallel am Kanal entlang. Nach 300 m links (»R 7«).
40,4 / 50 m Rechts Straße (»X 25«) folgen. Nach 100 m links »Drosselstr.«.
40,8 / 48 m Links auf schmalem Weg. Dann rechts am Kanal (»X«) entlang.
41,6 / 50 m Auf Straße am Kanal entlang. Nach 300 m links auf Straße über Kanalbrücke. 400 m weiter rechts auf Pflaster weiter.
42,7 / 50 m Teerweg queren und geradeaus auf Wiesenpfad (»X«). Nach 100 m links zwischen zwei Weiden durch.
43,0 / 50 m Nach Holzbrücke rechts (»X 25«). 100 m weiter an Gabelung rechts. Anschließend geradeaus über Parkplatz. Dann links am Kanal entlang. Bei km 43,5 links über Stahlbrücke. Danach wieder links halten, weiter am Kanal entlang bis km 44,5. Nun nach Brücke rechts auf breitem Schotterweg. Anschließend rechts auf Landstraße retour zum Ausgangspunkt (km 44,8 /45 m).

Trailspaß an den Dörenther Klippen

8 Von Bielefeld in den Teutoburger Wald

51,8 km | 1150 Hm | ca. 4½–5 Std. | anspruchsvoll | anspruchsvoll

Start: Bielefeld im Zentrum und zwar am »Adenauer Platz«. Parken am nahen Hauptbahnhof möglich (Hinweis »Tiefgarage«), für Bahnreisende evtl. Tourstart.
Info: Touristinformation Bielefeld, Tel. 0521/51 69 98.
Karte: Topografische Freizeitkarte 1:50.000, Blatt 5, »Ravensberger Land«, Landesvermessungsamt Nordrhein-Westfalen.
Literatur: Mountain Bike aktiv »Weserbergland, Teutoburger Wald«, Pietsch, Stuttgart.
Bikeshops: Freilauf in der August-Bebel-Straße, Tel. 0521/6 38 11 oder Power Slide in der Karl-Eller-Straße, Tel. 0521/13 35 33.

Bielefeld liegt zu Füßen des Osning, ein Höhenzug, der zum Teutoburger Wald gehört. Und hier gibt es absolute Spitzentrails, die garantiert für viel Spaß sorgen.

km 0,0 / 100 m Ab »Adenauer-Platz« rechts Richtung Bahnhof. Nach 200 m an »Urbanstraße« links auf »Albrecht-Delius-Straße« (»H«) bergan. 100 m weiter, nach Bahnunterführung links auf »Hochstraße« bergan. Bei km 0,6 am »Caroline-Oetker-Stift« rechts auf Straße »Johannisberg«. 100 m weiter links auf Pflasterstraße. An einzelnem Haus erst links, dann sofort rechts auf schmalem Teerweg bergan.
1,0 / 180 m Nach steilen Teerserpentinen auf der Höhe links auf Schotterweg (»H«) weiter. Am »Novotel« geradeaus. 600 m weiter rechts auf Teer. Nach nochmals 200 m links auf Straße (»H« verlassen) Richtung »Uerentrup«.

2,7 / 180 m Am Parkplatz »Tierpark« geradeaus auf Radweg an Straße entlang bis kurz vor Ortseingang »Uerentrup«. Hier rechts, Straße queren, auf Schotter weiter und Schranke passieren. Dann an Gabelung geradeaus, Barken passieren, auf Schotter leicht bergab.
3,6 / 180 m An Kreuzung bei Baumschule links, breiter Schotterweg bergan zum Waldrand. Dort zweite links (»Karo 2«) und auf Waldweg leicht bergab.
5,5 / 185 m Geradeaus auf »Poetenweg« weiter. Bei km 5,7 in der Senke links bergab, Markierung »X 25« bis Borgholzhausen beachten. Bald geradeaus nach Groß Dornberg. Im Ort rechts Richtung »Twellbachtal«. Nächste links auf Singletrail (»X 25«) abbiegen.
6,9 / 136 m Erst links, dann rechts bergan. Bei km 7,2 geradeaus, bei km 7,8 Teerweg kreuzen, am Sportplatz links, an nächstem Wege-T rechts (»X 25«).
8,6 / 145 m In Kirchdornberg rechts zum Gasthaus »Tie«. Dort rechts auf »Kirchturmberger Str.«. Am »Dorfkrug« links auf Pflasterweg (»X«). Nach Friedhof links auf Teer weiter.
9,0 / 140 m Rechts auf Singletrail (»X«) bergan. 400 m weiter nach Rechtskurve am Waldrand an T-Kreuzung links bergan. Bei km 9,7 an Wegedreieck links, nächste rechts, bald auf Teer weiter.
10,4 / 205 m Bei einer Bank links auf Feldweg bergan. 100 m weiter rechts auf Singletrail am Waldrand entlang. Bei km 11,0 bergab bis zum Teerweg, dort rechts und nach ca. 10 m wieder links auf Waldweg (»X«) über die Höhe. Ab km 11,7 dann geradeaus auf Teerweg weiter.
11,9 / 175 m An Strommast rechts auf Teer bergan, nächste sofort links und auf Schotter weiter. Bei km 13,1 an »Schützenhaus« erst rechts auf Teer, dann links auf »Weststraße« weiter.
13,4 / 155 m Rechts, »Meyerfeld«. Nach Schule bei km 13,5 links. 3 m weiter sofort etwas rechts (»X«) bergan. Bei km 13,7 Hauptstraße queren, geradeaus auf Weg »Egge« Richtung Pension »Schebaum« (»X«). Bei km 14,8 am Waldrand bei Bauernhof rechts auf Schotter weiter.
16,1 / 210 m An Gabelung rechts an Waldrand entlang bergab. Bei km 16,9 rechts auf Straße (»X«) bergab. Am Ortsschild »Theenhausen« 45° links (»X 25«). Nach 300 m an Bauernhof links auf Schotter bergan bis zu einem einzelnen Haus. Dort links auf Schotter (»X«) steil bergan. 50 m weiter, kurz vor Grillplatz, an Gabelung links.
18,7 / 170 An Wege-T bei kleinem Wäldchen links auf breiten Schotterweg. 200 m weiter an Kreuzung rechts (»X«).
19,4 / 170 m An Wege-T links auf Hohlweg steil bergan. Etwas weiter an Bauernhof rechts (»X«). Bei km 19,8 an Kreuzung erst etwas rechts, dann links (»X«). Bei km 20,1 links ab, breiter Schotterweg (»X«). An nächstem Wege-T rechts (»X«, »L«). Ab dem Waldrand dann geradeaus Richtung »Borgholzhausen«.
21,8 / 160 m An Kreuzung geradeaus »Heidbreder Weg«. Nach 1200 m rechts »Wichlinghauser Weg«. An der Schule links, nächste rechts »Vogelgitter«. Dann geradeaus auf Pflaster.
23,9 / 140 m Am Opel-Autohaus links zur Shell. Dort rechts »Jammerpatt«. Nun bis Bielefeld Markierung »H« folgen.
26,8 / 184 m An Burgruine »Ravensburg« links auf Singletrail. Nach 400 m rechts auf Teer. An Gebäuden gerade über Teerkreuzung, auf Schotter weiter.
27,6 / 145 m An Gabelung links bergan. Nach 1000 m an Wege-T rechts auf breitem Waldweg weiter. Ab km 30,0 auf »Hermannsweg« Richtung »Halle«. Am Tümpel links, Bach queren und nächste sofort rechts (»H«) bergan.
30,4 / 150 m Unter Starkstromleitung scharf links und steil bergan. An nächster Gabelung rechts, 100 m weiter wieder rechts. Nach nochmals 100 m von breitem Waldweg rechts auf Singletrail abbiegen.
33,4 / 240 m An Wege-T rechts bergab auf breitem Schotterweg. Nach 300 m an Schutzhütte links bergab, bald auf Teer. Dann auf Landstraße Richtung Stadt. Kurz vor dem Ortsschild »Halle« links auf geteerten Weg abbiegen. Bei km 35,1 rechts auf Waldtrail (»H«). Nach 100 m an Gabelung rechts und nach nochmals 100 m links, immer (»H«) beachten.
35,6 / 180 m Am Wasserbehälter links auf Waldweg bergan. An einzelnem Haus dann rechts. Nach 300 m, an Denkmal »Walter von der Vogelweide« 90° rechts auf Singletrail (»H«) bergab. An nächster Gabelung links.
36,9 / 224 m Ab Schutzhütte »Storkenberg« links auf Singletrail bergab. Nach 300 m rechts, bald links auf Landstraße weiter. An der »Werther Schanze« rechts auf Teer, sofort wieder rechts und auf Hohlweg steil bergan (»H«).
45,5 / 242 m Hotel »Peter auf'm Berge« Straße queren, rechts entlang und bei Barke geradeaus bergan (»H«).
47,0 / 295 m Links auf Teer weiter. Nach 200 m unterhalb Sendeanlage links auf Schotter bergab. Bei km 47,6 links auf Waldtrail bergab.
48,3 / 280 m Rechts zur Schutzhütte, dort sofort links, weiter (»H«) folgen.
49,3 / 208 m Links an Weide entlang, schiebend geradeaus durch Tierpark. Anschließend an Kreuzung rechts (»H«). 50 m weiter links auf Teer und geradeaus am Wolfsgehege entlang.
49,9 / 180 m Bei Bank links auf Schotter bergab (»H«). Nach 200 m geradeaus an Teich entlang. 50 m vor Straße »H« verlassen und rechts auf Schotter talwärts.
50,8 / 120 m Vor nächstem Teich geradeaus auf Singletrail weiter. Nach 100 m links auf »Uhlandstraße«, anschließend rechts auf Straße »Johannistal« weiter bergab. Bei km 51,6 geradeaus über Brücke und zurück zum Ausgangspunkt in Bielefeld (km 51,8 / 100 m).

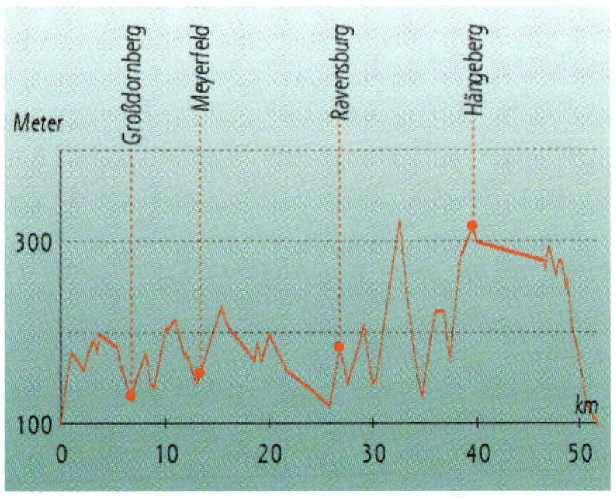

9 Externsteine und Velmerstot

59,2 km | 1150 Hm | 5–6 Std. | anspruchsvoll | mittel

Fast 60 Kilometer edelste Bikepiste warten auf uns. Dazu kommen landschaftliche Höhepunkte wie das sehenswerte Felsmassiv der Externsteine und die Aussicht vom Gipfel des Teutoburger Waldes, dem 441 Meter hohen Velmerstot.

Start: Vom Westen über A 44 und die A 33 nach Paderborn. B 1 nach Detmold folgen. Vom Osten auf B 1 über Hameln nach Detmold. Dort ein Stück weiter nach Berlebeck, Hinweise zur »Adlerwarte« beachten und Tour auf dem Parkplatz in der Hangsteinstraße starten.
Karte: Topografische Freizeitkarte 1:50.000, Blatt 6 »Lipper Land« und Blatt 11 »Oberwälder Land«, Landesvermessungsamt Nordrhein-Westfalen.
Info: Touristinfo Detmold, Tel. 05231/97 73 27 oder Heimat und Kurverein Berlebeck e.V., Tel. 05231/4 71 71.
Bikeshop: »tb-Bikes« in der Behringstraße, Tel. 05231/3 30 99.

km 0,0 / 212 m Ab Parkplatz »Hangsteinstr.« bergab. Nach 300 m links Richtung Dorfmitte. 80 m weiter rechts, »Kindergartenweg« und an Kirche entlang bergan (»H«). Bei km 0,5 nach Barriere links, zweimal rechts, und »X« auf Schotter bergan in Wald folgen.
1,2 / 245 m Links bergan, »H« bis Gipfel Velmerstot. 200 m weiter rechts.
2,0/ 290 m Links auf Singletrail. Nach 50 m wieder links auf Schotterweg (»H«).
3,4 / 332 m An »Vogeltaufe« links bergab nach Holzhausen. »H« durch den Ort folgen. An Gasthaus »Vogeltaufe« links ab. Bei km 4,3 rechts auf Radweg »Römerroute« zum »Hotel Bärenstein«. Dort auf Wurzelpfad geradeaus an Treppe entlang Richtung »Externsteine«.
5,9 / 250 m Am Teich vor Externsteinen rechts über Holzbrücke. Die Felsformation passieren und auf Singletrail (»H«).
7,6 /240 m Vor B 1 links Parkplatz queren, Straßenunterführung passieren, anschließend links Landstraße queren und der Markierung »H« bergan folgen. An Wasserbehälter links auf Schotter Richtung »Silbermühle«, Schranke passieren.
9,7 / 250 m Links auf Singletrail bergab. Rechts über Hotelparkplatz »Silbermühle«, Hinweis »Velmerstot« folgen (»H«).
10,9 / 280 m Rechts über Holzbrücke, auf Singletrail steil bergan Richtung »Kattenmühle«. Nach 600 m rechts auf Trail bergab.
11,6 / 300 m Bei der Lebenshilfe rechts auf geteertem (»X 10«) »Höhenpfad« weiter. 200 m weiter, an Parkplatz »Silberbach« scharf links auf Teer (»H«) bergan.
12,7 / 300 m Gegenüber Holzbrücke links auf Waldtrail (»H«) bergan. Nach 200 m links auf Teerweg rechts steil bis Gipfel »Velmertstot«. Dort retour und »Eggeweg« (»X«) bis Iburg folgen.
14,6 / 440 m An Wege-T rechts weiter bis zu einer Teerstraße. Hier links weiter.
17,2 / 440 m Etwas links und auf Schotter immer »X« folgen.
26,2 / 390 m Nach Schranke rechts (»X«) weiter. Nach 500 m an Wege-T rechts auf Schotter bergan.
27,2 / 400 m Bei Schutzhütte links (»X«). Bei km 27,8 links, nächste rechts und über Brücke der Bundesstraße. Anschließend über Parkplatz. Nächste links Richtung »Iburg«. 50 m weiter links, Schranke passieren, auf Schotterweg (»X«) weiter.
28,7 / 390 m An Schutzhütte rechts auf Singletrail. 300 m weiter links auf Teer. 20 m weiter 45° rechts auf Trail bergan (»X«). Bei km 29,8 geradeaus über Parkplatz, weiter auf »Eggeweg« (»X«).
30,8 / 400 m Weg (»X«) rechts verlassen, auf Singletrail (»Z«) Richtung Rundkurs »Butterpatt«. Nach 200 m links. Bei km 31,2 rechts auf Schotterpiste (»Z«) bergab.
33,1 / 329 m An »Mertensplatz« 45° rechts (»Z«). Bei km 34,2 km links durch Reelsberg. Bei km 34,8 über Hauptstraße, auf Weg »Reelsberg«, Ort verlassen.
35,6 / 300 m Kurz nach Wasserbehälter links auf »Schulweg« bergab. Nach 200 m links Bahnunterführung. Ab Parkplatz rechts an Straße entlang Richtung »Altenbeken«. Etwas weiter, vor Bach, rechts auf Schotterweg in den Wald.
36,6 / 220 m Links auf Teerweg. Bald rechts an Straße nach Altenbeken. Im Ort bei km 37,7 rechts auf »Bahnhofstr.«

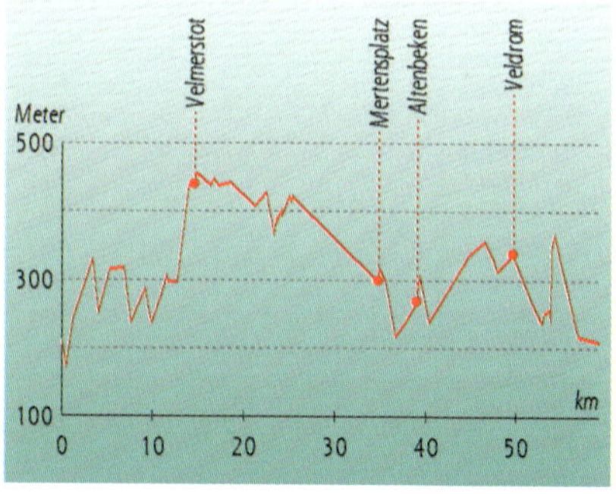

Höhenflug über den Velmerstot

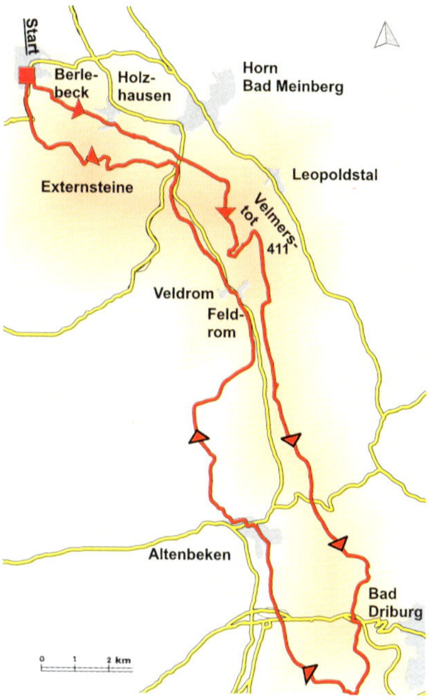

bergan. Nach 100 m links ab »Ortwaldstr.«, »Karo« folgen. Nach 400 m rechts ab und auf Straße »Bollaes« bergan (»Karo«). Bei km 38,5 auf Straße »Am Kalkofen« geradeaus, Ort bergan verlassen.
38,9 / 270 m Links Richtung Betonsteinwerk. Bei km 39,3 links bergab (»Karo«). 200 m weiter rechts Richtung »Madonna«.
40,3 / 242 m Rechts und durch das Durbeketal bergan (»Dreieck«).
44,7 / 340 m Kurz nach Campingplatz links zur Telefonzelle. Rechts (»Dreieck«) und auf Teerweg weiter durchs Durbeketal bergan Richtung »Feldrom«.
47,9 / 315 m Links auf »Altenbeker Str.« durch Feldrom Richtung »Veldrom«. Bei km 48,6 kurz nach Kirche links auf »H. Schachtweg« bergan. 100 m weiter rechts (»Radmarkierung 2«). Bei km 49,0 geradeaus auf schmalerem Teerweg (»13«).
49,7 / 340 m An Wege-T geradeaus auf Waldtrail, »X« beachten. Nach 200 m links auf Schotter (»X 10«). Nach 100 m an Gabelung geradeaus, »X« ignorieren.
52,0 / 265 m Kurz vor Landstraße links. 50 m weiter an Bächlein bei Sitzgruppe rechts auf Schotter bis Brücke. Diese links unterqueren, rechts über Parkplatz und links Radweg (»R 49«) folgen.
53,1 / 255 m An Holzplatz links, nächste rechts und Singletrail (»Waldlehrpfad«) talaufwärts. Nach 500 m rechts über Brücke, weiter links am Bach talaufwärts. Bei km 53,7 links Treppen hinunter, weiter am Bächlein. Nach »Waldlehrpfad« rechts auf Teer zur nächsten Kreuzung. Hier links.
54,0 / 350 m Kurz nach Schutzhütte »Krüppelige Buchen« rechts Richtung »Wiggengründe« (»X 6«). Nach 150 m an Gabelung rechts auf Hauptweg weiter.
56,9 / 220 m Rechts bergab, »X« ignorieren. Bei km 58,9 links auf »Hangsteinstr.« bergan zum Ausgangspunkt (km 59,2 / 212 m).

Weserbergland

Bodenwerders berühmtester Sohn, der allseits bekannte Lügenbaron Münchhausen, wählte seinerzeit bekanntlich die Kanonenkugel oder gar ein geteiltes Pferd zur Fortbewegung. Vermutlich würde der illustre Freiherr heutzutage wohl eher zum Freerider greifen – und Ross samt Kugel durch ein Mountainbike ersetzen. Denn seine Heimat, das Weserbergland, ist sicher eines von Deutschlands vielseitigsten Bikerevieren.

10 Porta Westfalica

24,2 km | 705 Hm | 2–3 Std. | anspruchsvoll | mittel

Start: Von der A 2 Hannover–Ruhrgebiet über die Abfahrt Porta Westfalica zum Parkplatz an der Porta Westfalica.
Karte: Topografische Freizeitkarte 1:50.000, Blatt 2 »Minden-Lübbecker Land«, Landesvermessungsamt Nordrhein-Westfalen.

Literatur: Mountain Bike aktiv »Weserbergland, Teutoburger Wald«, Pietsch, Stuttgart.
Info: Fremdenverkehrsamt Porta Westfalica, Tel. 0571/79 12 80.
Bikeshop: Radsport Lindemann in der Portastraße, Tel. 0571/7 67 35.

Dort, wo die Weser in Jahrmillionen langer Arbeit einen Durchbruch zwischen Wiehen- und Wesergebirge geschaffen hat, startet diese einmalige Runde, die es ganz schön in sich hat. Gleich ab der so genannten Porta Westfalica gilt es reichlich Stufen bergan zu überwinden, bevor ein mächtig steiler Singletrail für weiteren Schweiß sorgt.

km 0,0 / 45 m Brücke »Porta Westfalica« per Radweg queren. Danach links auf B 482 bis zum Bahnhof Porta. Hier rechts Treppe hinauf und (»XW«) »Wesergebirgsweg« folgen. Anschließend auf Trail steil bergan.
1,7 / 145 m An Wege-T rechts auf breitem Waldweg weiter. Etwas weiter dann

rechts ab (»XW«) und auf breitem Grasweg »Grottenweg« weiter. Bald Barke passieren.
3,7 / 150 m An Schranke vor Teerstraße links. Dann auf Trail an Straße entlang bergan und weiter »XW« bzw. »Kammweg« folgen. An Schotterparkplatz »Levernsiek« etwas links halten und auf breitem Schotterweg bergan. Bald an Wegeschranke geradeaus und weiter auf breitem geschotterten »Königsweg«. 200 m weiter an nächstem Abzweig ebenfalls geradeaus.
5,2 / 185 m An Kreuzung rechts auf »Eggeweg« bergab, später bergan.
7,0 / 195 m Auf der Höhe links dem Kammweg (»XW«) folgen. Nach 500 m an Wegestern zweite nach rechts folgen.
7,7 / 185 m An Hinweistafel »Familienrastplatz« »XW« verlassen und links bergan (»B«). 100 m weiter an Schutzhütte geradeaus. Im alten Steinbruchgelände (mit Grillplatz) vor Feuchtbiotop dann 45° rechts und an geologischen Tafeln entlang auf Singletrail bergan. Anschließend vor Sitzgruppe erst 45° rechts, bei nächster Sitzgruppe sofort links und auf Trail durch den Wald. Anschließend auf Treppenweg bergan.
8,2 / 250 m Am Linksknick der Treppe rechts, Wald verlassen und erst auf Trail, dann auf Schotterweg durch alte Deponie.
8,6 / 240 m Alte Deponie verlassen und vor Steinbruchgelände rechts. Dann auf Grasweg an oberer Kante des Steinbruchs entlang.
9,8 / 260 m Am Ende des Steinbruchgeländes auf Waldtrail bergan. Nach etwa 50 m auf der Höhe rechts auf tollem Trail (schlecht zu sehen) bergab.
10,2 / 205 m Nach schöner Abfahrt erreicht man breiten Schotterweg. Hier 90° rechts. Nach 200 m an Wegekreuzung rechts, Hinweis »Wesergebirgsweg« folgen. Einige Meter weiter links ab Richtung »Rote Klippe«. Es geht nun steil bergan (»X«).
10,6 / 225 m Nun Markierung »Dreieck« beachten, Wald verlassen und durchs ehemalige Steinbruchgelände auf Wiesenweg bergab.
11,4 / 160 m Am Waldrand an Infotafel »Magerwiese« rechts auf breitem Schotterweg bergab durch das ehemalige Grubengelände nach »Kleinen Bremen«.
11,9 / 115 m Am Tor des Besucherbergwerks »Kleinen Bremen« Bahngleise passieren und rechts auf Straße weiter.
12,8 / 155 m Nach Straßenserpentine am roten Backsteinhaus rechts, »XW« wieder beachten.
15,8 / 185 m Wieder am Abzweig Familienrastplatz, hier aber geradeaus (nicht wie bei Auffahrt).
16,0 / 175 m An Wegestern links halten. Nach 500 m rechts auf Kammweg (»XW«) bergab.

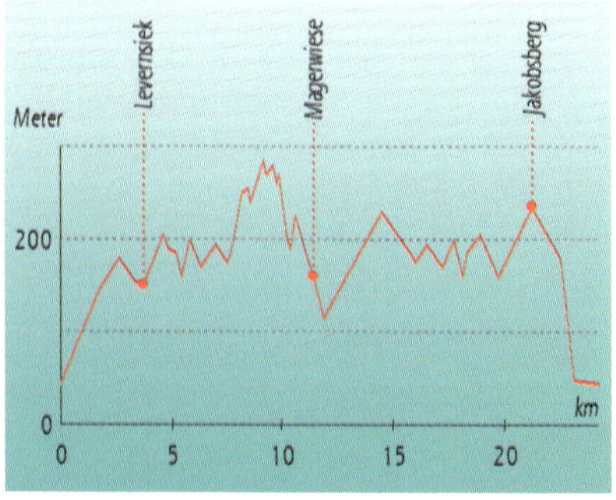

18,3 / 185 m Nach Auffahrt links auf breitem Schotterweg »Königsweg« (»XW«) zum Schotterparkplatz »Levernsiek«.
19,7 / 160 m Am Parkplatz etwas rechts, Teerweg kreuzen und auf Weg (»X 11«) bergan bis zum »Jakobsberg«.
21,2 / 235 m Ab dem Aussichtsturm weiter auf Trail bis zum nächsten Aussichtsturm. Hier nun auf Supertrail (»X 11«) bergab.
22,5 / 180 m Rechts, erst auf Schotterweg, bald auf Trail, zuletzt über Treppen bergab. Markierung »XW« beachten.
23,1 / 48 m Am Bahnhof »Porta« links auf B 482, bald rechts über Weserbrücke zurück zum Ausgangspunkt (km 24,2 / 45 m).

Unterwegs Richtung Porta Westfalica

11 Benther Berg

65,3 km	290 Hm	3–4 Std.	leicht	leicht

Start: Unsere Tour startet mitten in Hannover am Maschsee, direkt am Niedersachsenstadion. Parkplätze sind hier reichlich vorhanden.
Karte: Radwanderkarte RC 3922 1:75.000, »Hannover«, Landesvermessungsamt Niedersachsen.

Literatur: Mountain Bike aktiv »Weserbergland, Teutoburger Wald«, Pietsch, Stuttgart.
Geführte Touren: ATB-Sport, Bike-a-delic (Tel. siehe Bikeshops).
Bikeshops: (Auswahl) ATB-Sport, Tel. 0511/3 07 67 40, Bike-a-delic, Tel. 0511/88 80 75, Conni's, Tel. 0511/1 80 35.

Raus ins Grüne – und schon lockt der Benther Berg, der ganz ordentliche Bikemöglichkeiten zu bieten hat. Reichlich Singletrails schlängeln sich durch den Laubwald und sorgen für Kurbelgenuss pur. Und wer dann noch fit ist, kann eine Runde durch den Deister (Tour 12) anhängen.

km 0,0 / 53 m Ab dem Nordende des Maschsees Richtung Niedersachsenstadion halten. Dort links weiter. Nach 700 m rechts auf Pflasterweg abbiegen.
0,9 / 53 m Kurz vor dem Flüsschen Ihme rechts, dann links über die »Stadionbrücke« bis zur »Ritter-Brüning-Str.« weiter. Hier rechts ab. Kurz danach am Landesverwaltungsamt links dem »Allerweg« folgen.
2,1 / 69 m Links zum Deisterkreisel. Danach rechts auf Radweg am Westschnellweg entlang. 600 m weiter »Am Lindener Berg« leicht bergan steigen.
3,1 / 90 m Am Wasserbehälter zunächst geradeaus. Nach 600 m links auf Radweg an »Badenstedter Str.« entlang. Dann auf »Soltekamp«, später »Benther Chaussee« weiter.
6,7 / 60 m Kurz vor einem »Clubheim« links ab und an Schrebergärten entlang. 1000 m weiter, nach einem Sperrgitter links, sofort rechts und auf Schotterweg bergan zum Benther Berg. Bei km 8,3 rechts auf breiterem Weg bleiben.
8,8 / 120 m Etwas nach links (»weißes Dreieck«) halten.
9,8 / 110 m Links weiter bis zum Parkplatz »Benther Hotel«. Dort dann rechts auf Schotter bergan kurbeln. Nach 500 m an einer Gabelung links weiter bergan.
10,7 / 173 m Ab dem höchsten Punkt geradeaus bergab. Nach 900 m rechts halten. Bei km 11,9 links durch Everloh bis zur B 65 rollen. Dort dem Radweg nach Gehrden folgen.
14,5 / 72 m Im Ort rechts in die »Bahnhofstr.« abbiegen.
15,1 / 95 m Kurz vor »Ebert-Str.« links bergan. Anschließend rechts am Waldrand entlang. Bei km 15,5 an Gabelung den linken Weg wählen. Nach weiteren 300 m links.
16,4 / 120 m Auf Straße die Höhe queren und nach 200 m rechts auf Feldweg an Strommasten entlangrollen. Bei km 17,3 links ab. Nach weiteren 900 m auf Straße nach Redderse abbiegen und durch den Ort nach »Langreder« fahren.
21,5 / 72 m In Langreder links auf »Kapellenstr.« Richtung »Barsinghausen« kurbeln.

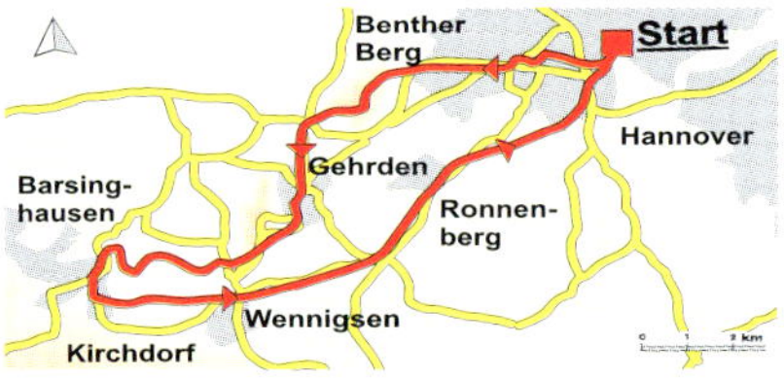

23,4 / 64 m Rechts auf Straße durch Kirchdorf fahren. An der Ampelkreuzung geradeaus am Deisterbad entlang.
26,2 / 144 m Am Straßenknick »Einsteinstr.« retour (hier startet Tour 12 »Deister«) durch Kirchdorf.
28,3 / 100 m Kurz vor dem Ende des ersten Ortsteils von Kirchdorf bei der Kirche rechts ab und auf Sträßchen nach Egestorf.
39,3 / 104 m Rechts, nach 100 m links auf »Wennigser Str.« weiter. An der nächsten Ampel links durch den Ort.

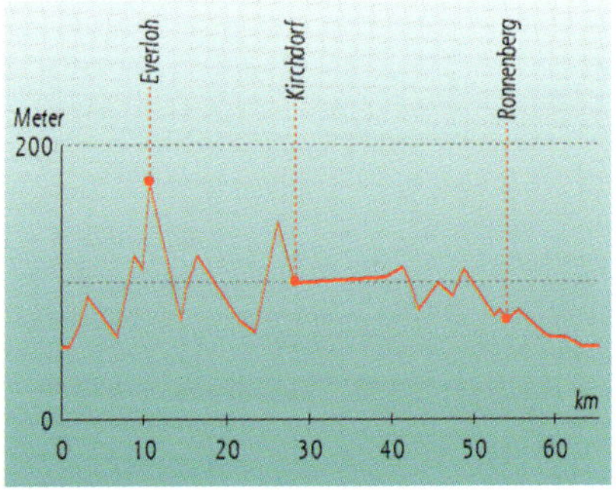

41,2 / 111 m Links auf »Nienstedter Stadtweg«, bald geradeaus Richtung »Langreder Mark«.
42,2 / 100 m Gabelung: Hier rechts auf Schotter weiter. Nach 300 m rechts halten.
43,2 / 80 m Links auf Feldweg nach Degersen. Bei km 44,5 rechts auf Plattenweg weiter. Nach weiteren 100 m links halten.
45,6 / 100 m Links auf Straße, nächste rechts und auf Feldweg weiter. Bei km 46,4 erst links, nach 500 m rechts herum und zum nächsten Ort.
47,4 / 90 m Links, nach 100 m rechts und auf Feldweg nach Lemmie.
48,8 / 110 m Rechts auf »Gehrdener Kirchweg«, dann zur Straße, dort links auf Radweg nach »Weetzen«.
52,4 / 76 m Rechts, Schranke passieren, dann links durch »Bahnhofstr.«.
53,1 / 80 m Am Bahnhof rechts, nächste Kreuzung geradeaus, dann auf Nebenstraße nach Ronnenberg.
53,9 / 72 m Am Ortsende Ronnenberg B 217 queren und auf Radweg an ihr entlang Richtung »Hannover«.
55,5 / 80 m Rechts nach »Wettbergen«. An der Kirche dann links, sofort rechts »In der Rehre«.
58,5 / 64 m An der »Göttinger Chaussee« links, bald rechts »Mühlenholzweg«. Dann bald links Richtung »Saxonia«.
59,4 / 60 m Am Sportplatz geradeaus, dann auf »Hahnensteg« weiter.
61,2 / 60 m Rechts in die Sackgasse, nach 400 m rechts zum Deichtor. Links und auf dem Deich, später an Ihme entlang.
63,2 / 53 m »Rote Brücke« queren, dann geradeaus bis zum Stadion. Hier etwas rechts und zurück zum Ausgangspunkt am Maschsee (km 65,3 / 53 m).

Mit dem Mountainbike lässt man die City schnell hinter sich.

Weserbergland

12 Deister

45,2 km | 1059 Hm | 3–4 Std. | leicht | mittel

Nur 25 Kilometer vor den Toren Hannovers bietet der Deister ein tolles Bikerevier. Auch wenn sich die Höhendifferenzen in Grenzen halten – der Höhenzug ist nun mal kaum 400 Meter hoch –, warten saftige Uphills und rassige Downhilldelikatessen.

Start: Von Hannover der B 65 Richtung »Bad Nenndorf«. In Nordgoltern nach Barsinghausen abbiegen zum Stadtteil Kirchdorf. Hauptstraße verlassen, am »Deisterbad« bis Straßenknick »Einsteinstr.«.
Karte: Topografische Karte 1:50.000, »Naturpark Weserbergland«, Landesvermessungsamt Niedersachsen.
Info: Fremdenverkehrsverein Barsinghausen, Tel. 05105/77 42 63.
Literatur: Mountain Bike aktiv »Weserbergland, Teutoburger Wald«, Pietsch, Stuttgart.
Geführte Touren: ATB-Sport, Bike-a-delic (Tel. siehe Bikeshops).
Bikeshops: Siehe Tour 11.

km 0,0 / 144 m Ab dem Straßenknick der »Einsteinstr.« (gleich bei Deisterbad in Kirchdorf) geradeaus auf Schotterweg Richtung »Schützenhäuser«.
0,3 / 155 m Links am Schützenhaus entlang. Nach 300 m rechts der Markierung (»T auf dem Kopf«) folgen.
1,0 / 140 m An der »Bärenhöhle« rechts auf der Straße bergan.
1,5 / 175 m Straße nach links verlassen und auf Schotter bergab.
2,3 / 135 m Rechts bis nächste Kreuzung fahren, wieder rechts. Nach 100 m links, sofort wieder links und dem Weg »5« folgen.
3,6 / 150 m Am alten »Wilhelmstollen« halbrechts auf schmaleren Weg. Nach 100 m links, dann rechts Richtung »Georgsplatz« (»T auf dem Kopf«).
4,7 / 160 m Am Georgsplatz rechts, sofort links, durch Furt und Richtung »Wasserräder«. Nach 100 m links.

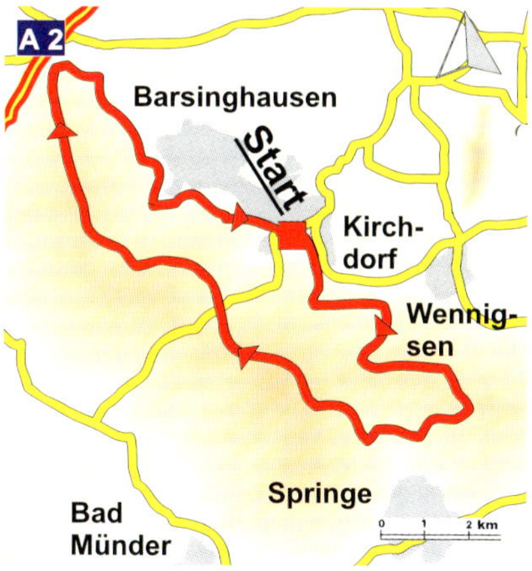

5,0 / 150 m Rechts über Wurzelpfad (»T auf dem Kopf«). Nach Kreuzung zweiter Weg rechts. Bei km 5,5 an Wege-T rechts.
7,1 / 200 m Bei Blanketeich und Wasserrädern geradeaus. Auf Hauptweg (»2«) bleiben. Bei km 7,4 rechts bergan Richtung »Kammweg«. Nach 800 m links Richtung »Laube«.
9,1 / 390 m Kurz nach »Müller's Höh« links auf Kammweg weiter.
9,6 / 385 m An der »Laube« geradeaus Richtung »Wöltjebuche«.
10,9 / 332 m Dort an Wegestern rechts »Bielstein« folgen.
11,5 / 344 m An der Bielsteinhütte rechts auf Singletrail bergab. Nach 500 m dann rechts auf Schotterweg weiter. Bei km 12,7 an Wege-T rechts.
13,3 / 208 m Nahe Springe rechts auf Teer, bald links über eine Brücke und auf »Jägersteig« heftig bergan.
14,0 / 300 m Nach starken Anstieg folgt man dem zweiten Forstweg nach links.
15,0 / 360 m An Wege-T links. Nach 200 m rechts auf Singletrail Richtung »Köllnischfeld«.
16,0 / 305 m Ab Gasthaus »Köllnischfeld« Hinweise »Annaturm« (»X«) folgen.
17,1 / 395 m Nach Anstieg am »Kammweg« links, bald am Annaturm entlang Richtung »Nienstedter Pass«. Straße queren, am Nordmannsturm entlang, »X«.
22,8 / 350 m Links ab, Kammweg verlassen und auf Singletrail bergab.
23,2 / 290 m Kurz vor Wallmannhütte rechts auf »Seelzer-Thurmer-Weg« in Richtung »Lauenau« (»L 2«) fahren.
24,5 / 310 m Wo Gefällstrecke des Schotterweges beginnt, rechts auf Waldweg. Nach 300 m geradeaus.
26,0 / 284 m Nach Schranke gerade auf Schotter Richtung »Kreuzbuche« (»X«).
27,6 / 319 m An Kreuzbuche links (»X, E 1«). Nach 200 m links Richtung »Teufelsbrücke«.
28,4 / 332 m Rechts auf Pflaster bergab.
29,8 / 230 m Am Gasthaus »Teufelsbrücke« Holzbrücke queren, dann auf Treppe bergan (»X«). Hinweis »Mooshütte«.
30,3 / 272 m Etwas links halten.
31,8 / 156 m Kurz vor Gasthaus »Mooshütte« rechts auf »Waldlehrpfad« weiter.
32,1 / 145 m Rechts auf breitem Schotterweg bergan (»T auf dem Kopf«). Nach 400 m an der Schutzhütte links.
33,1 / 200 m Nach Parkplatz zweite rechts am Gasthaus »Bantorfer Höhe« entlang. Nach 700 m links halten.
34,4 / 148 m Geradeaus zum Gasthaus »Walhalla«. Rechts, sofort links und auf

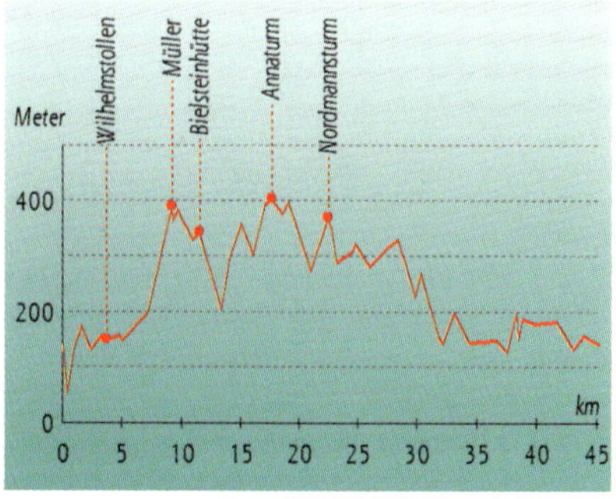

Schotterweg Richtung »Barsinghausen«.
36,6 / 150 m Teerweg kreuzen und links auf Weg talabwärts. Nach 200 m links.
37,5 / 130 m An Wegekreuz rechts hoch.
38,3 / 200 m Geradeaus durch Mulde.
38,8 / 190 m Kurz nach Haus rechts auf Pfad. Nach 300 m rechts breiter Weg.
39,8 / 180 m Am Teich links halten.
41,7 / 185 m Rechts Richtung »Kirchdorf«. Nach 500 m am Parkplatz links auf schmalerem Weg weiter.
43,0 / 135 m Rechts (»T auf dem Kopf«) auf Singletrail weiter.
43,9 / 160 m Rechts auf Schotter, dann links auf Pfad am Bach entlang.
44,3 / 155 m Links auf Schotter. Nach 300 m rechts und zurück zum Ausgangspunkt in Kirchdorf (km 45,2 / 144 m).

13 Süntel

30,7 km | 840 Hm | 2 Std. | mittel | mittel

Gleich nördlich der Rattenfängermetropole erhebt sich der Höhenzug Süntel. Hier mischen sich Singletrails und Schotterpisten zu einer absoluten Traumrunde. Der höchste Punkt ist zugleich das Highlight: der Felsabsturz am Hohenstein. Tiefe Erosionsrinnen zerklüften das Kalkgestein und geben dem Gelände eine ganz eigene Form – faszinierend!

Start: Am besten auf der A 2 bis zur Abfahrt Hameln und dann auf der B 83 nach Hessisch-Oldendorf. Kurz nach der Stadt nach Krückeberg abbiegen, dann weiter nach Zersen und von dort an den Hinweisen »Pappmühle« folgen.
Karte: »Naturpark Weserbergland«, 1:50.000, Landesvermessungsamt Niedersachsen.
Literatur: Mountain Bike aktiv »Weserbergland, Teutoburger Wald«, Pietsch, Stuttgart.
Info: Touristinfo Hameln, Tel. 05151/20 26 17, Fax 05151/20 25 00.
Geführte Touren: Sonntags um 10 Uhr gibt's ab dem Bikeshop Bunny Hop (s. u.) kostenlos geführte Touren ins Hamelner Umland.
Bikeshops: Bunny Hop am Berliner Platz, Tel. 05151/5 33 83,
Fun Corner in der Deisterstraße, Tel. 05151/1 43 43.

km 0,0 / 135 m Am Gasthaus »Pappmühle« rechts auf Schotter bergan. Nach 300 m an Gabelung am Waldrand

Harz

Ein fantastisches Wegenetz, das wie ein Spinnengewebe über dem Mittelgebirge liegt, lockt Tausende von Bikern jährlich in den Harz. Spitzentrails wie im Tränkebachtal oder der Salzstieg nach Bad Harzburg hinunter sind Insidern mittlerweile so geläufig wie Kräuterschnaps à la Schierker Feuerstein oder Hasseröder Premiumpils.

16 Teufelsmauer

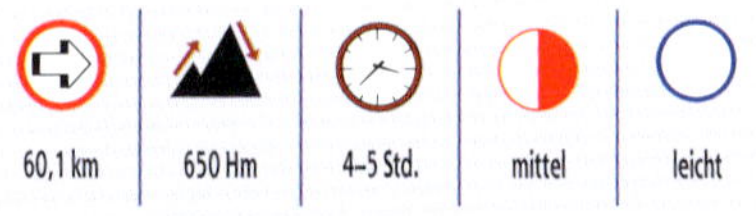

Mit dem Bike auf Entdeckungsreise – besser als am nördlichen Harzrand geht das wohl selten. Hier wunderschönes Fachwerk, dort die wilden Felsen des Nordharzes, dazu ein Blick von der aussichtsreichen Roßtrappe – ein Radltrip eben wider jegliche Langeweile.

km 0,0 / 135 m Ab Bahnhof Quedlinburg auf Straße (linkerhand Dampflok) flussaufwärts an Bode entlang. Nach 700 m an Ampel links auf Straße »Gernröder Weg« Richtung »Harzgerode« weiter.
1,3 / 140 m Nach Bahnschranke rechts durchs Gewerbegebiet. 100 m weiter abknickender Vorfahrt nach links folgen. Bei km 1,9 halbrechts über Gleise weiter.

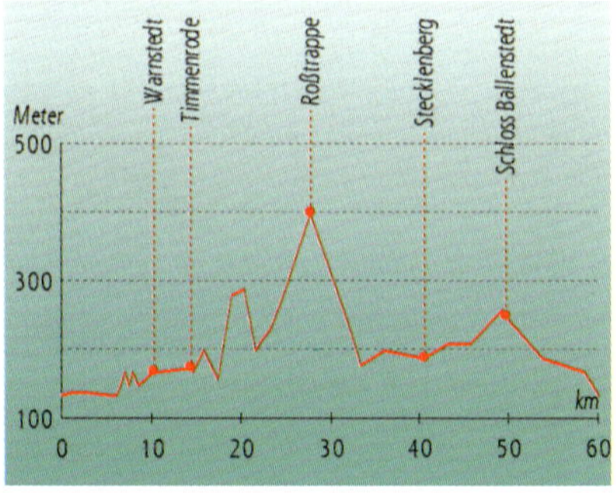

2,8 / 140 m Auf breiter Schotterstraße geradeaus Richtung »Neinstedt«.
5,5 / 135 m Geradeaus an ehemaliger LPG entlang. Nach 400 m rechts auf Straße über Bodebrücke, dann links Parkplatz »Schlangenecke« queren.
6,1 / 135 m An Bodeufer rechts zum Wehr, dort rechts über Steg, dann Schotterpfad folgen.
6,3 / 140 m Halbrechts auf Pfad steil bergan und an Felsgruppe »Teufelsmauer« entlang.
7,0 / 170 m Halbrechts auf Treppenpfad bergab. 200 m weiter rechts auf Schotterweg nach Weddersleben.
7,5 / 150 m Direkt am Ortsrand von Weddersleben links auf breiten Grasweg abbiegen.
7,9 / 170 m Rechts auf Grasweg bergab. Nach 300 m halbrechts durch Weddersleben.
8,5 / 150 m Im Ort links auf Pflaster. Danach halblinks und Weddersleben auf wenig befahrener Straße Richtung »Warnstedt« verlassen.
10,2 / 170 m In Warnstedt links auf Pflasterstraße »Wedderslebener Weg«. Nach 100 m halbrechts halten.
10,8 / 170 m Rechts und für 80 m an Ortsrand von Warnstedt entlang. Dann

Start: Aus Richtung Hannover oder Halle–Leipzig auf der B 6 nach Quedlinburg. Dort dem Stadtring bis zum Bahnhof folgen. Ebenfalls möglich: die Bahnanreise nach Quedlinburg.
Info: Radfahrer-Hotline, Tel. 01803/19 41 94.
Karte: Kompass-Karte 1:50.000, Blatt 1019 »Ostharz«.
Literatur: Mountain Bike aktiv »Harz«, Pietsch, Stuttgart.
Info: Quedlinburg-Tourismus, Markt 2, 06484 Quedlinburg, Tel. 03946/9 05 62 45, Fax 03946/90 56 29, E-Mail Q.T.M@t-online.de, Internet www.quedlinburg-info.de oder Harzer Verkehrsverband, Marktstr. 45, 38640 Goslar, Tel. 05321/3 40 40, Fax 03946/34 04 44, E-Mail harzer.verkehrs-verband@t-online.de, Internet www.harzinfo.de.
Bikeshop: Zweirad-Mente, Pölkenstr. 8, 06484 Quedlinburg, Tel. + Fax 03946/27 02.

halblinks und auf Straße (für Kfz gesperrt) Richtung »Timmenrode«.
14,4 / 175 m In Timmenrode rechts auf Hauptstraße. Nach 200 m rechts auf Straße Richtung »Helsungen«.
14,7 / 170 m An Gedenkstein »800 Jahre Timmenrode« auf »Bergstraße« abbiegen. Hinter dem Ortsrand rechts auf Schotter weiter Richtung »Blankenburg«.
15,9 / 200 m Geradeaus an Teufelsmauer (westlicher Teil) entlang Richtung »Blankenburg«.
17,5 / 160 m Links ab und auf Radweg an B 81 entlang Richtung »Cattenstedt«. Nach 500 m halblinks und dem Verlauf der B 81 folgen.
19,0 / 280 m In Cattenstedt kurz vor Bushaltestelle links auf »Steinweg«, später Wiesenweg weiter.
20,3 / 290 m Kurz links auf Landstraße, dann rechts auf Wiesenweg weiter Richtung »Forsthaus Eggerode«.
21,6 / 200 m Geradeaus an Forsthaus Eggerode entlang Richtung »Benneckenrode (Thale)«. Nach 200 m links halten.
22,6 / 220 m Halblinks und erst auf Betonplatten, dann auf Teer durch Benneckenrode.
23,2 / 230 m Scharf rechts und auf Schotterweg »Alte Roßtrappenchaussee« bergan.
24,9 / 290 m Rechts auf Straße bergan. Nach 700 m links zur »Roßtrappe«.
27,7 / 400 m Ab Hotel »Roßtrappe« auf gleichem Weg retour nach Benneckenrode.
32,2 / 230 m Wieder in Benneckenrode rechts auf Straße Richtung »Bahnhof Thale«.
33,4 / 180 m Rechts auf »Brückenstraße« durch Thale. Nach 300 m geradeaus über Bodebrücke, dann Thale geradeaus durchfahren.
36,0 / 200 m Halbrechts auf Waldweg »Stecklenberger Waldrand« abbiegen.
40,5 / 190 m Rechts auf Straße durch Stecklenberg, dann auf Straße weiter nach »Bad Suderode«.
43,2 / 210 m In Bad Suderode erst rechts Richtung »Güntersberge«. An nächster Möglichkeit dann links an Kurapotheke entlang nach »Gernrode«.
44,2 / 210 m An erster Kreuzung in Gernrode rechts bergan. 600 m weiter an Dorfteich links halten.
45,0 / 210 m In Gernrode rechts auf Straße bergan Richtung »Osterberg«.

Nach 200 m links auf »Mauerstr.« bergab.
45,7 / 210 m Gernrode rechts Richtung »Osterteich« verlassen. Ab km 46,8 (an Osterteich) geradeaus Richtung »Ballenstedt«.
49,3 / 260 m B 185 kreuzen und dann auf »Fürstenweg« zum Schloss Ballenstedt.
49,7 / 250 m Schlossgarten nach links verlassen, dann Straße kreuzen und Ballenstedt Richtung »Gersdorfer Burg« verlassen.
53,8 / 190 m Erst links, dann rechts zur Gersdorfer Burg. Dort halblinks weiter Richtung »Quedlinburg«.
58,5 / 170 m Links halten und durch Quedlinburg retour zum Ausgangspunkt (km 60,1 / 135 m).

Im nördlichen Harzvorland finden sich althergebrachte Ökoenergieerzeuger.

17 Rammelsberg und Schalke

52,4 km	1004 Hm	ca. 3½ Std.	anspruchsvoll	anspruchsvoll

Gleich dort, wo der Harz an seinem Nordrand steil abfällt, verläuft diese reizvolle, aber auch anspruchsvolle Runde. Kernigen Anstiegen folgen dabei verzwickte Downhills mit stets erstklassigen Panoramablicken. Und das Sahnehäubchen in Sachen Fahrtechnik erlebt man dann zum Schluss am Kästehaus, wo eine wilde Felslandschaft auf einen wartet.

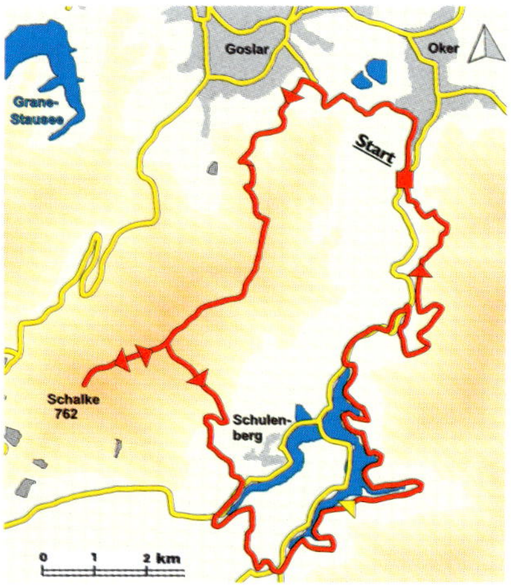

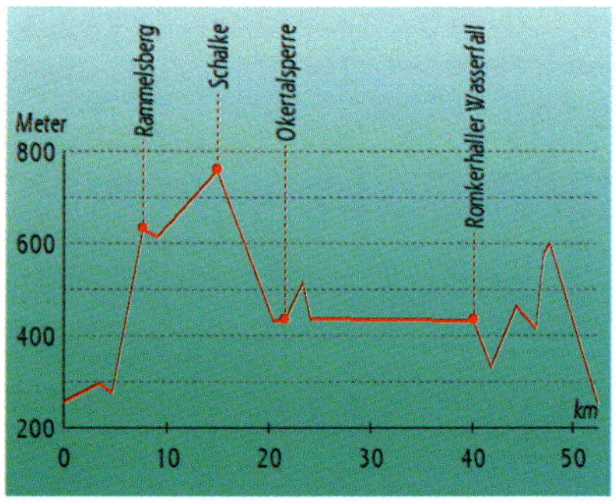

km 0,0 / 260 m Ab der Wandertafel am Ortsausgang von Oker auf Singletrail Richtung »Altenau«. Nach 300 m dann links auf Teer weiter (»rotes Dreieck«).
3,5 / 300 m Rechts halten, weiter nach »Goslar«. Dort am Stadtrand auf Straße geradeaus.
4,7 / 280 m Links halten. Nach 300 m wieder links, dann rechts an Gaststätte entlang und dem »grünen Punkt« Richtung »Rammelsberg« folgen. Bei km 6,2 rechts halten, weiter bergan.
7,7 / 635 m Auf dem Rammelsberg geradeaus weiter Richtung »Schalke«.
9,1 / 616 m Ab der »Waldschrathütte« folgt man dem »Borchersweg« Richtung »Schalke«.
15,0 / 762 m Auf der Schalke (tolle Aussicht) zunächst auf gleichem Weg retour. Bei km 15,9 dann rechts ab Richtung »Schulenberg«. 1100 m weiter dann links weiter Richtung »Okertalsperre«.
20,4 / 436 m Rechts auf Straße. Genau vor Okertalsperre links auf den »Uferweg« abbiegen. 500 m weiter scharf rechts und steil bergan Richtung »Altenau«. Nach weiteren 100 m rechts auf breitem Weg weiter.
23,3 / 520 m Erst rechts, nach 200 m wieder links abbiegen.
24,1 / 440 m Straße queren, danach links die Straße nach Altenau überqueren. Anschließend erst rechts halten und nach 30 m wieder links abbiegen. Man rollt nun auf »Uferweg« an der Okertalsperre entlang.
40,1 / 436 m Hauptdamm des Stausees nach links queren, dann rechts auf Straße bergab bis zum Romkerhaller Wasserfall.
41,9 / 336 m Kurz vor dem Wasserfall scharf rechts abbiegen, am Wasserwerk dann links und 500 m weiter rechts bergan.
44,4 / 469 m Bis hierher auf Hauptweg bleiben, dann links durch die Furt und danach sofort wieder links bergab.

Start: Am Ortsausgang von Oker in Richtung Altenau (B 498), kurz vor dem Hotel »Waldhaus«, startet diese Runde an einer größeren Wandertafel.
Karte: Topografische Karte 1:50.000, »Wandern im Westharz«, Landesvermessungsamt Niedersachsen.
Literatur: Mountain Bike aktiv »Harz«, Pietsch, Stuttgart.
Info: Harzer Verkehrsverband, Marktstr. 45, 38640 Goslar, Tel. 05321 /3 40 40, Fax 05321 /34 04 44, E-Mail harzer.verkehrsverband@t-online.de, Internet www.harzinfo.de.
Bikeshop: Harz Bike, Bornhardtstr. 3–5, 38644 Goslar, Tel. 05321 /8 20 11.

46,4 / 420 m An der Wegekreuzung rechts steil bergan Richtung »Kästeklippen«.
47,1 / 580 m Bei den ersten Klippen links weiter in Richtung »Kästehaus«.
47,8 / 605 m Am »Kästehaus« zunächst geradeaus. An der Bushaltestelle dann links ab Richtung »Oker-Waldhaus«. Bei km 49,0 am Ziegenrücken links bergab halten. Bei km 51,9 dann rechts, weiter bergab bis zum Ausgangspunkt (km 52,4 / 260 m).

Die Kästeklippen aus einer anderen Perspektive

18 Höhentour im Westharz

42,1 km	1020 Hm	3½–4½ Std.	mittel	anspruchsvoll

Ein Singletrail zum westlichen Höhenzug des Harzes dient gleichzeitig als Auf- sowie als Abfahrt. Zwischendurch erlebt man eine Mischung von Schotterpisten und schmalen Wegen, außerdem eine Superaussicht von den Altarklippen, sodass diese Tour zum echten Highlight wird.

km 0,0 / 260 m Am Kurpark Seesen die Straße nach Lautenthal queren. Dann

Start: Von der A 7 nach Seesen, dort den Hinweisen Lautenthal bis zum Parkplatz am Kurpark in Seesen folgen. Hier startet diese Runde.
Karte: Topografische Karte 1:50.000, »Wandern im Westharz«, Landesvermessungsamt Niedersachsen.
Literatur: Mountain Bike aktiv »Harz«, Pietsch, Stuttgart.
Info: Harzer Verkehrsverband, Marktstr. 45, 38640 Goslar, Tel. 05321/3 40 40, Fax 05321/34 04 44, E-Mail harzer.verkehrsverband@t-online.de, Internet www.harzinfo.de.
Bikeshop: Harz Bike, Bornhardtstr. 3–5, 38644 Goslar, Tel. 05321/8 20 11.

folgt man dem markierten Weg Richtung »Lautenthal« (»roter Punkt«).
0,9 / 270 m Links, Brücke queren, dann sofort rechts, wieder auf die andere Seite der Landstraße wechseln. Dort rechts auf Forstweg bergan. Nach 300 m geradeaus.
1,6 / 300 m Weiter geradeaus Richtung »Tränkebachhütte«. An Wildgatter dann etwas links, bei km 2,2 dann rechts, Wildtor passieren und auf Singletrail steil bergan.
3,2 / 508 m An der Tränkebachquelle (frisches Wasser sprudelt hier) links an gleichnamiger Hütte entlang. Dann auf Schotterweg weiter bergan. Nach 400 m rechts halten Richtung »Sternplatz«.
6,0 / 504 m Am Schnepfenplatz rechts zum Sternplatz, dort die Landstraße queren. Dann links auf alter Straße bergab nach Lautenthal. Hier links, Brücke über Innerste queren, dann Straße kreu- →

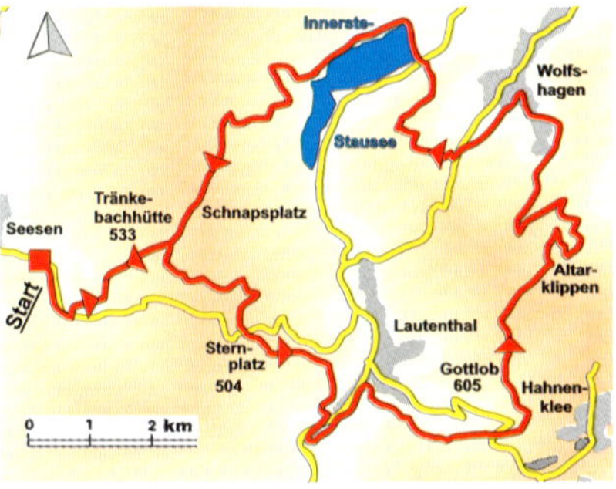

zen, nochmals etwas rechts und auf Singletrail bergan bis zum Lautenthaler Graben.

10,4 / 380 m Links am Lautenthaler Graben entlang. Bei km 11,7 rechts, nach weiteren 100 m scharf rechts und bergan Richtung »Hahnenklee«.

12,3 / 430 m Scharf rechts um Gasthaus herum. Dann auf Schotter weiter bergan. Nach 200 m scharf links halten. Bei km 13,5 dann rechts weiter.

14,6 / 560 m An Schranke rechts, 200 m weiter links, Landstraße queren, dann geradeaus Richtung »Altarklippen«.

17,2 / 552 m An Wegespinne links auf »Sommerbergweg«.

19,2 / 532 m Erst geradeaus, dann sofort rechts auf schmalem Weg an einer Forsthütte entlang. Anschließend rechts, Tragepassage bergab durch die Altarklippen. Danach rechts auf Schotter bergab Richtung »Wolfshagen«.

20,1 / 357 m An »Sommerberghütte« links. 1500 m weiter rechts. Ab km 22,2 auf geteertem Forstweg nach Wolfshagen.

24,1 / 300 m An Campingplatz geradeaus. 600 m weiter, am »Triftweg« dann links, bald Landstraße queren und nun weiter Richtung »Innerstetalsperre«.

26,9 / 300 m Links weiter Richtung »Schäferbaude«, dort Landstraße queren und anschließend auf rechtem Forstweg weiter Richtung »Innerstetalsperre«.

27,6 / 332 m Rechts auf Pfad abbiegen. Nach 200 m rechts auf Schotterweg, später geteert, weiter.

28,1 / 308 m Rechts auf schmalem Pfad weiter. Nach 300 m rechts halten. Bei km 29,0 rechts (90°) ab. Nach weiteren 200 m links, erst bergab, dann bergauf und Treppe hinunter. Danach die Staumauer der Innerstetalsperre queren und anschließend links am Stausee entlang.

33,5 / 270 m Uferweg nach rechts verlassen und nun bergan Richtung »Dicke Eiche«, später »Schnapsplatz«.

38,5 / 524 m Kurz nach dem »Schnapsplatz« rechts, bald wieder an »Tränkebachhütte« entlang. Dann auf tollem Trail umgekehrt wie bei der anfänglichen Auffahrt durch das Tränkebachtal bergab und über den »Forellenstieg« retour zum Ausgangspunkt (km 42,1 / 260 m).

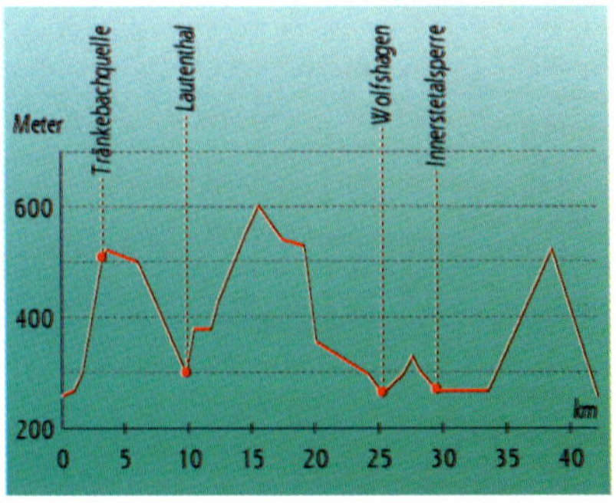

Harz

EXTRA: Harzüberquerung

52 km, 100 Hm, 1 Tag,
Kondition: mittel, Technik: mittel
Man startet in Osterode auf dem Parkplatz »Bleichstelle« (am Butterbergtunnel) und folgt zunächst der B 498 (bald Radweg) Richtung Sösetalsperre. Nach etwa 2500 Metern rechts weiter. Bald an der Sösetalsperre entlang. Nach insgesamt 8 Kilometern links auf der Straße über den Damm, dann rechts auf dem »Verlobungsweg« nach Riefensbeek. Dort auf der Straße taleinwärts. Am Ortsende von Kamschlacken (km 13,0) rechts auf den »Reitweg« abbiegen und durchs Sösetal bergan. Nahe dem »Großen Wehr« (km 20,4) rechts halten, nächste links und auf »Cavannaweg« bergan. Nach etwa 2,5 Kilometern erreicht man den Kamm des Acker. Nun weiter zum »Stieglitzeck«. Dort (km 25,0) links auf der B 242 bergab. Dann auf den nächsten Forstweg rechts Richtung »Altenau« abzweigen. Bei km 27,5, exakt nach »Philippsbrücke«, hart rechts auf Trail bergan. Bald links und steil bergan an den »Okersteinen« entlang. Anschließend rechts auf dem »Wolfswarter Weg« bergan. Bei km 30,2 rechts auf den Trail. An der Klippe »Wolfswarte« rechts bergab. Nach 1200 Metern Bachbetttrail die Straße queren, weiter auf schmalem Trailpfad bergab. Bei km 31,8 dann links auf »Magdeburger Weg« (teils verblockt) bergab zum Okerstausee (km 37,0). Dort den Damm der Vorsperre queren und anschließend der B 498 (Radweg) um den See herum folgen. Nach der Brücke über den See (km 40,0) links, nächste rechts und dem Hinweis »Dicker Kopf, Goslar« folgen. Anschließend auf »Borchers Weg« nach Goslar.

19 Über den Acker

62,2 km	1100 Hm	5–6 Std.	anspruchsvoll	anspruchsvoll

Der Acker im Harz hat nichts mit Feldern und Wiesen zu tun. Vielmehr ist er ein markanter Höhenzug im Oberharz, der sich von Osterode in nordöstliche Richtung zieht. Die höchsten Erhebungen erreichen dort locker die 800-Meter-Marke, was für lange Auffahrten, aber auch genauso lange Downhills sorgt.

km 0,0 / 228 m Ab dem Butterbergtunnel rechts auf der B 498 Richtung »Sösetalsperre«. Nach 300 m rechts auf Radweg neben der Straße weiter bis km 2,5. An Forsthäusern rechts, nächste links. Kurz vor Campingplatz an Teergabelung rechts, Schranke passieren. Ab der Staumauer auf Schotter stets an der Sösetalsperre entlang.

8,6 / 320 m Am Wegedreieck links. Bald Schranke passieren. Danach per Straße die Staumauer der Vorsperre queren. Danach rechts über Schotterparkplatz und an der Vorsperre entlang nach »Riefensbeek«. Dort links auf Straße weiter.

12,1 / 340 m Am Telefonhäuschen bei Gasthaus »Zur Linde« links, Straße verlassen und auf Schotter an Söse entlang. Nach 700 m wieder links und auf Straße durch den Ort Kamschlacken.

13,9 / 380 m Am Ortsende von Kamschlacken rechts auf geteerten »Reitweg« abbiegen und dann stets geradeaus bergan am Flüsschen Söse entlang.

18,0 / 570 m Im Talschluss (Abzweig schlecht sichtbar!) links zum »Großen Wehr« und dann auf Singletrail am »Morgenbrodstaler Graben« entlang Richtung »Dammhaus«.

21,7 / 564 m Nahe Dammhaus links auf Straße. Nach ein paar Metern rechts und auf Straße Richtung »Altenau«. Nach 1500 m dann wieder rechts ab und nun am Dammgraben entlang. Alle Abzweige bis zur nächsten Angabe ignorieren!

32,6 / 660 m Nach der »Wiege des Dammgrabens« rechts auf »Mag-

Start: Von der A 7 über die Abfahrt »Northeim-West« oder »Seesen« nach Osterode. Hier nun den Hinweisen Goslar (B 241) folgen. Die Tour startet gleich am Butterbergtunnel auf dem ausgeschilderten »Parkplatz Bleichstelle«.
Karte: Topografische Karte 1:50.000, »Wandern im Westharz«, Landesvermessungsamt Niedersachsen.
Literatur: Mountain Bike aktiv »Harz«, Pietsch, Stuttgart.
Info: Harzer Verkehrsverband, Marktstr. 45, 38640 Goslar, Tel. 05321/3 40 40, Fax 05321/34 04 44, E-Mail harzer.verkehrsverband@t-online.de, Internet www.harzinfo.de.
Bikeshop: Bei kleineren Problemchen hilft Rudi Klapproth, Hirtenweg 3, 37520 Osterode, Tel. 05522/8 29 85.

Harz

deburger Weg« bergan. 400 m weiter, am nächsten Grabenlauf links und dann auf markiertem »Magdeburger Weg« weiter steil bergan. Es folgt kurze Tragepassage!
34,9 / 760 m An Gabelung rechts Richtung »Wolfswarte« abbiegen. Nach 800 m die B 498 und etwas bergan den »Clausthaler Flutgraben« queren und dann auf bachbettähnlichem Weg bergan.
36,8 / 919 m Links an der Quarzitklippe »Wolfswarte« entlang. Nach 400 m links auf Schotterweg bergab. Kurz nach »Wilde-Sau-Hütte«, bei km 39,1, dann 90° links und auf Trail steil bergab an den Okersteinen entlang. Anschließend rechts halten.

Im Harz findet man Trails in Hülle und Fülle.

39,6 / 700 m Rechts auf Schotterweg Phillipsbrücke queren und wieder bergan. Bei km 41,7 erreicht man die Bundesstraße. Auf dieser links bergan zur »Magdeburger Hütte«. Dort rechts und auf Schotterweg Richtung »Hanskühnenburg«.
47,8 / 744 m Am »Teilungspfahl« rechts auf Schotterweg heftig bergan zur »Hanskühnenburg«. An der Baude (Einkehr möglich) erst links, dann rechts und anschließend bergab zum »Grünen Platz«. Dort links und auf Schotter weiter. Nun stets dem bergab führenden Hauptweg folgen.
48,4 / 812 m Hanskühnenburg.
54,1 / 530 m An Kreuzung »Schacht« geradeaus bergan. 400 m weiter links. Kurz vor der »Ackerquellhütte« dann rechts bergab Richtung »Osterode«. Bei km 57,7 rechts, Hauptweg verlassen und

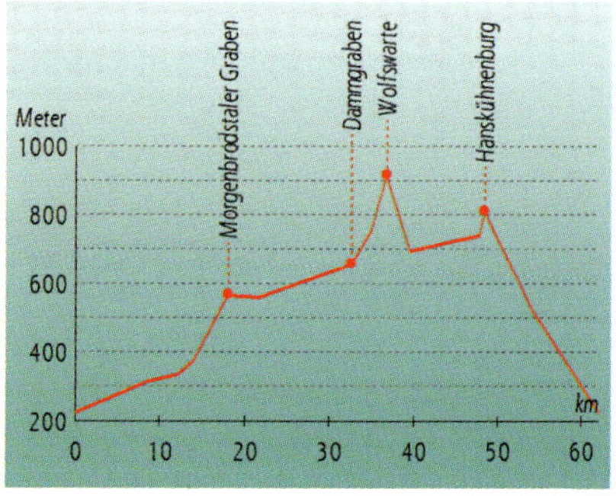

bald an »Feenhöher Köte« entlang. Anschließend auf »Nassem Weg« geradeaus nach Osterode. Dort geradeaus auf »Fuchshaller Weg«. Am Sportplatz »Lehmteich« links auf »Waldstraße« bis zur Total-Tankstelle. Hier links retour zum Ausgangspunkt (km 62,2 / 230 m).

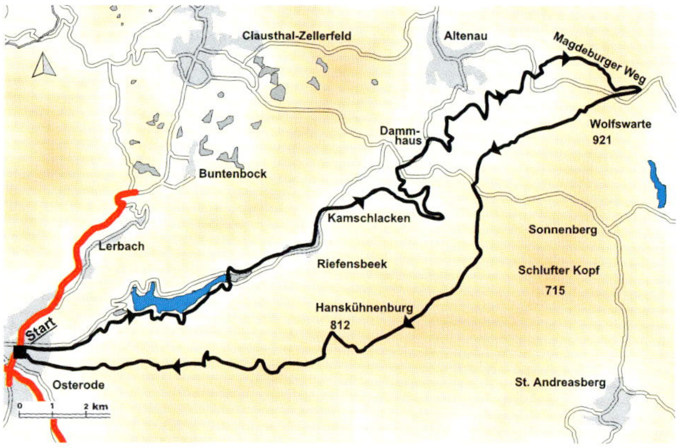

20 Rund um das Siebertal

54,0 km	1025 Hm	3–5 Std.	mittel	anspruchsvoll

Hanskühnenburg, Sonnenberg, Jordanshöhe, Aschenthalbe und Knollen – das sind die Berge, die sich rund um das Siebertal wie Perlen an der Schnur aufreihen und die es zu erklimmen gilt. Aber den oft heftigen Auffahrten folgen dafür so richtig starke Abfahrten. Da lohnt sich der Schweiß dann garantiert.

Start: In Herzberg biegt man von der B 243 in Richtung Sieber ab. Bald fährt man an der Papierfabrik entlang und kann nahe einem Getränkehandel parken.
Karte: Topografische Karte 1:50.000, »Wandern im Westharz«, Landesvermessungsamt Niedersachsen.
Literatur: Mountain Bike aktiv »Harz«, Pietsch, Stuttgart.
Info: Harzer Verkehrsverband, Marktstr. 45, 38640 Goslar, Tel. 05321/3 40 40, Fax 05321/34 04 44, E-Mail harzer.verkehrsverband@t-online.de, Internet www.harzinfo.de.
Bikeshop: Bei kleineren Problemen hilft Rudi Klapproth, Hirtenweg 3, 37520 Osterode, Tel. 05522/8 29 85.

km 0,0 / 252 m Herzberg auf Straße Richtung »Sieber« verlassen. Kurz nach Sieberbrücke und Abzweig nach Lonau links durch ein Holztor und dem »Autoschutzweg« folgen. Ein ganzes Stück weiter links auf Forstweg, dann sofort rechts weiter auf schmalem Weg.
3,5 / 304 m Am Gasthaus »Paradies« links auf geschottertem Forstweg bergan Richtung »Hanskühnenburg«. Bei km 6,1 geradeaus. Bei km 7,4 etwas links halten. Bei km 8,2 – 8,4 – 8,8 und 10,2 jeweils geradeaus.
10,7 / 620 m Rechts auf geteerter »Kirchtalstraße« bergan. Bei km 10,9 und km 11,1 wieder geradeaus.
12,1 / 744 m Am »Teilungspfahl« zunächst bergan zur Hanskühnenburg (bewirtschaftete Baude) und dann wieder hierher zurück und aus Richtung Hanskühnenburg gesehen links auf geschotterter »Ackerstraße« weiter. Bei km 15,9 und 17,4 jeweils geradeaus weiter.
17,9 / 772 m Rechts bergab. Nach 1200 m dann links halten und wieder bergan durch die »Schwarze Schluft«. 300 m weiter rechts halten.
23,2 / 780 m Rechts auf B 242 bzw. auf parallel laufendem Weg weiter bis zum Sonnenberg.
25,1 / 776 m Am Sonnenberg links zum Parkplatz mit dem Holztor. Dieses Richtung »Oderteich« passieren. Am Oderteich die Straße wieder nach rechts queren und auf dem Rehberger Grabenweg nun stets Richtung »Jordanshöhe«.
33,4 / 680 m Kurz hinter dem Rehberger Grabenhaus links Richtung »Jordanshöhe«.
34,7 / 723 m Auf der Jordanshöhe rechts zur Landstraße abbiegen. Dort bei km 35,2 erst links, dann rechts weiter zum Bergbauernhof. Dort links weiter.

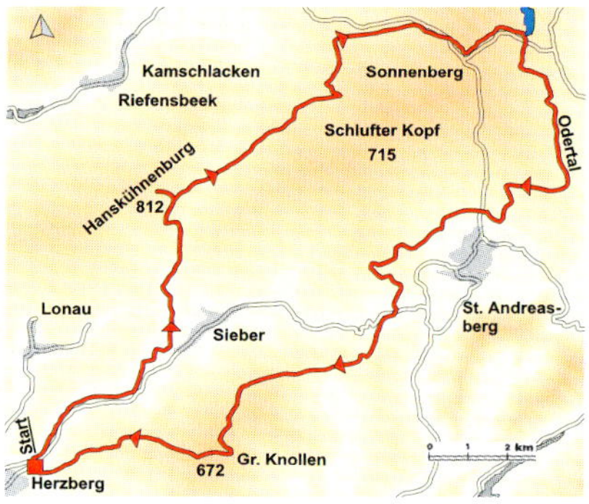

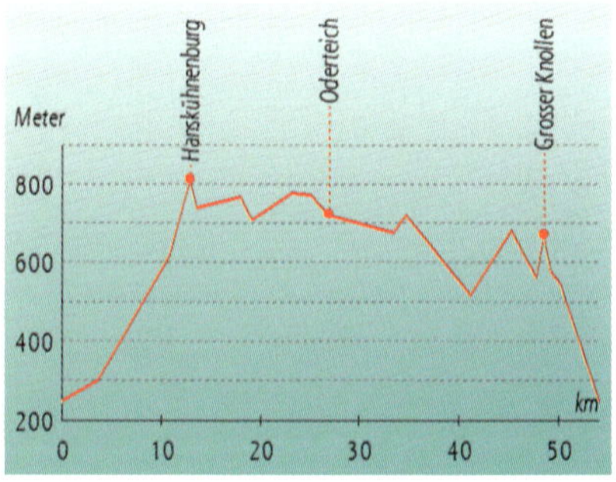

➘ Nach 1500 m rechts Richtung »Treibholz«. Dort dann 90° nach rechts Richtung »Sieberberg« abbiegen.
41,2 / 520 m Am »Sieberpass« Landstraße queren, dann rechts weiter in Richtung »Knollen«. Bei km 41,5 wieder rechts. Nach weiteren 900 m geradeaus und bei km 42,8 wieder nach rechts abbiegen.
45,2 / 685 m Kurz vor höchstem Punkt an Aschenthalbe rechts. 600 m weiter links ab, bei km 45,1 rechts und weiter den Hinweisen »Gr. Knollen« folgen.
47,7 / 564 m Kurz nach Köte links bergan zum »Knollen«. Dort am Gipfel (Einkehr möglich) dann geradeaus auf Trail bergab Richtung »Herzberg«.
49,1 / 580 m Geradeaus Forstweg queren, weiter Richtung »Jägerfleck«.
50,1 / 550 m Am Jägerfleck erst rechts, dann sofort links (Achtung: schwer zu sehen) auf tollem Trail Richtung »Herzberg« bzw. retour zum Ausgangspunkt in Herzberg (km 54,0 / 252 m).

21 Hochharz

81,9 km | 1830 Hm | 5–7 Std. | anspruchsvoll | anspruchsvoll

Dass der Harz das absolut Höchste im Norden ist, lässt sich auf dieser schönen, aber auch recht schweren Tour sehr leicht feststellen. Die Auffahrten werden dabei ganz sicher so an der Kondition saugen, dass man leicht vergisst, dass der Harz ja nur ein Mittelgebirge ist.

Start: Zu dieser Hammertour startet man in Braunlage auf dem Großparkplatz am Eisstadion bzw. an der Talstation der Wurmbergseilbahn.
Karte: Topografische Karte 1:50.000, »Wandern im Westharz«, Landesvermessungsamt Niedersachsen.
Literatur: Mountain Bike aktiv »Harz«, Pietsch, Stuttgart.
Info: Harzer Verkehrsverband, Marktstr. 45, 38640 Goslar, Tel. 05321/3 40 40, Fax 05321/34 04 44, E-Mail harzer.verkehrsverband@t-online.de, Internet www.harzinfo.de.
Bikeshop: Harz Bike, Bornhardtstr. 3–5, 38644 Goslar, Tel. 05321/8 20 11.

km 0,0 / 592 m Ab dem Eisstadion auf alter B 4 durch Braunlage. Bald auf Straße rechts den Berg hinauf Richtung »Göttingen«. Bei zwei Telefonzellen dann wieder rechts Richtung »Dobberstein«. An der Weide links, dann halblinks und auf »Blankenburger Straße« bergan.

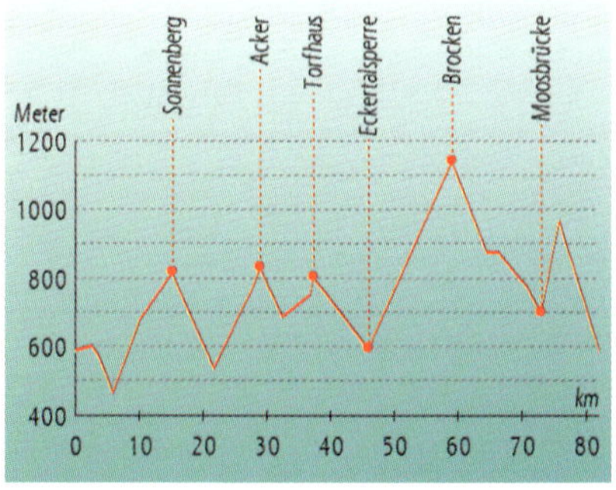

3,6 / 576 m An der »Waldmühle« halbrechts und durch das »Morgensterntal« bergab.
5,8 / 468 m Im Odertal rechts. Nach 1500 m links auf »Lochstraße« abbiegen.
10,0 / 680 m Am Rehberger Graben geradeaus zur Straße, diese zum Parkplatz queren, dort rechts und bald am »Sonnenberger Graben« entlang. Bei km 13,1 an Hütte rechts Richtung »Sonnenberg«, Gipfel queren, dann am Skihang entlang bergab zu den Gasthäusern am Sonnenberg.
16,0 / 776 m Auf dem Parkplatz vor Landstraße nun links in Richtung »Schluft« abbiegen. Bei km 18,5 rechts ab. Nach 600 m nochmals rechts (90°), weiter bergab. Bei km 20,3 dann hart rechts und auf Teer durch das »Fischbachtal« bergab.
21,6 / 540 m Links auf ehemaliger Schluftstraße 250 m weiter. Dann bergan Richtung »Hanskühnenburg«. Bei km 22,7 rechts halten. Nach weiteren 700 m wieder rechts, um Kurve herum auf Forstweg bergan.
27,6 / 772 m Rechts und auf »Ackerstraße« weiter zum »Stieglitzeck«. Dort bei km 30,0 links auf B 242 für ein paar Meter bergab und auf nächsten Forstweg rechts Richtung »Altenau« abzweigen.
32,3 / 690 m Nach »Philippsbrücke« hart rechts auf Trail. Nach 400 m links und steil bergan an den Okersteinen entlang. Anschließend bei km 32,9 rechts auf »Wolfswarter Weg« bergan. Bei km 35,2 rechts auf Trail abbiegen. An Klippe »Wolfswarte« rechts bergab. Nach 1200 m Bachbetttrail Straße queren, weiter auf schmalem Trailpfad bergab.
36,8 / 755 m An Abzweig praktisch geradeaus Richtung »Torfhaus«. Nach 200 m auf Forstweg links, dann am Skihang wieder rechts bergauf.
37,3 / 805 m Am Torfhaus links auf B 4. Am Ende des Großparkplatzes rechts bergab. Am Skilift (Talstation) halblinks. Bald danach wieder links abbiegen und auf dem »Kaiserweg« weiter in Richtung »Eckertalsperre«. Am »Abbestein« rechts halten. Nach weiteren 1100 m links.
42,4 / 680 m An der Schutzhütte »Skidenkmal« links bergab zur Eckertalsperre. Dort links, bald Staumauer nach rechts queren und danach rechts am Ufer weiter. Bei km 47,1 rechts weiter und bald auf Betonplattenweg bergan bis zum Brocken. ➘

Einsame Bergbauwege, die sonst kaum jemand kennt

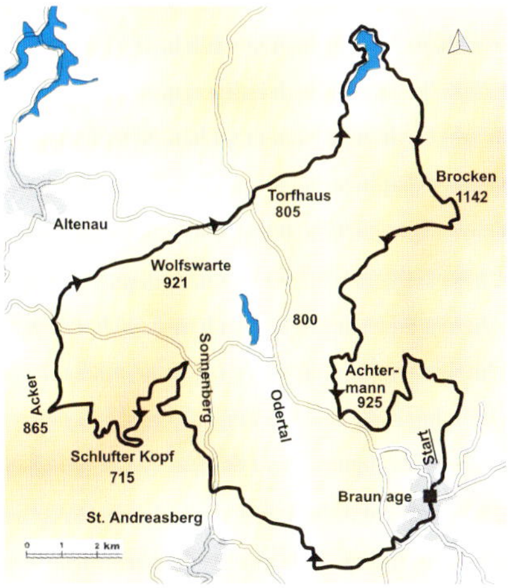

Harz

58,9 / 1142 m Ab Brocken-Gipfel auf Straße bergab. Nach 1500 m dann rechts auf »Goetheweg« (Schiebestrecke) bergab. Am alten Goethebahnhof (km 62,9) rechts an Landesgrenze (früher DDR-Grenze) entlang bergab. Nach 200 m dann geradeaus weiter Richtung »Dreieckiger Pfahl«.
64,5 / 880 m Am alten Grenzstein »Dreieckiger Pfahl« links weiter Richtung »Achtermann«.
66,2 / 904 m Nahe dem Gipfel Achtermann links Richtung »Königskrug«.
70,6 / 780 m Am Gasthaus »Königskrug« links ab in Richtung »Wurmberg«. Bald die »Moosbrücke« nach rechts, 900 m weiter die »Bärenbrücke« überqueren. Danach gleich rechts, 200 m weiter links, dann nochmals links und auf geteertem Fahrweg bergan.
75,7 / 971 m Auf dem Wurmberg weiter Richtung Schanze. Hier links auf »Serpentinenweg« bergab. 900 m weiter links, am Schanzenauslauf dann rechts und ab der Seilbahntrasse links auf »Skiabfahrt Nr. 1« zurück zum Ausgangspunkt (km 81,9/ 592 m).

22 Brockenrunde

64,5 km | 1200 Hm | 3½–4½ Std. | anspruchsvoll | anspruchsvoll

Hier geht's nicht auf Norddeutschlands höchsten Berg, dafür aber einmal um ihn herum. Es bieten sich ständig neue Perspektiven, aber auch die Trails sind abwechslungsreich und bieten verblockte Trailpfade oder breite Forstwege, die alle eines gemein haben: Anders als auf dem Brocken selbst, kurbelt man hier meist durch Einsamkeit.

km 0,0 / 240 m Ab Parkplatz flussaufwärts durchs Eckertal. Nach 900 m den geteerten Weg nach links verlassen und dem ausgeschilderten »Fernwanderweg« Richtung »Ilsenburg« folgen. Bei km 2,5 geradeaus, 400 m weiter rechts bergan.
3,8 / 240 m In Ilsenburg links an Teich entlang. Nach 500 m an der Hirschapotheke links, bald wieder rechts und den Hinweisen ins »Ilsetal« folgen. Bei km 7,0 (alternativ geradeaus auf Forststraße) dann links über Brücke und weiter auf »Heinrich-Heine-Weg« bergan. Bei km 9,4 links über eine Brücke, dann Forstweg queren und weiter auf markiertem Weg Richtung »Ilsefälle«. Anschließend den Hinweisen »Brockenchaussee« folgen.
15,9 / 900 m An der Brockenchaussee geradeaus bis zur Schutzhütte. Dort rechts auf dem »Glashüttenweg« Richtung »Schierker Bahnhof«. Bei km 19,0 links ab. Bei km 20,4 wieder rechts.
21,9 / 696 m Am Bahnhof Gleise queren und auf geteertem Weg nach »Schierke« hinunter.
23,9 / 620 m An der Kirche rechts und auf Straße durch den Ort. Bei km 25,8 links die Bodebrücke queren, dann rechts am Flüsschen entlang talaufwärts Richtung »Dreieckiger Pfahl«.
32,9 / 880 m Am »Dreieckigen Pfahl« weiter Richtung »Oderbrück«. Bei km 34,1 links auf dem »Kaiserweg« weiter.
35,9 / 800 m Am Gasthaus »Oderbrück« quert man die B 4 und folgt geradeaus dem Hinweis »Oderteich«. Bald an Brücke rechts halten und auf dem »Märchenweg« Richtung »Sonnenkappe« halten. Dann geht es auf dem »Bohlweg« (»Auerhahnweg«) weiter.

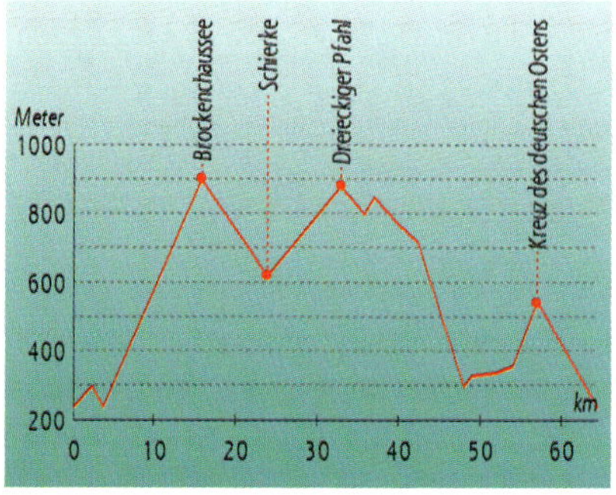

39,9 / 776 m Straße queren und dann rechts bergan. Nach 200 m links, dann rechts und danach einen Sportplatz überqueren. Weiter zur B 4. Dort links auf Straße bis zum Großparkplatz. Diesen in nördlicher Richtung queren und an dessen Ende rechts bergab.
42,5 / 720 m An der Talstation des Skilifts hart links. Bei km 43,0 dann scharf rechts und auf dem »Salzstieg« weiter bergab Richtung »Bad Harzburg«. Nach 700 m an Gabelung rechts halten, weiter auf Singletrail. Bei km 44,6 wieder rechts halten. Bei km 45,6 nach einer Brücke links und nun stets an Radau entlang talabwärts.
48,0 / 300 m Nach Schranke rechts auf Singletrail an Schutzhütte entlang. Nach kurzem Anstieg hält man sich dann links und rollt auf dem oberen Weg am Graben entlang.
48,9 / 330 m Am Wasserfall geradeaus weiter auf steinigem Weg. Bei km 50,4 dann etwas rechts. 200 m weiter links Richtung »Märchenpark«. Bald fährt man wieder oberhalb eines Grabens weiter Richtung »Sennhütte«.
51,9 / 340 m An Gasthaus »Sennhütte« rechts über Terrasse schieben. Dann auf oberem Weg weiter geradeaus. Bei km 52,9 eine geteerte Forststraße Richtung »Burgberg« queren.
54,1 / 460 m Ab Kreuzung nun den Hinweisen »Kreuz des deutschen Ostens« folgen.
57,0 / 540 m Am »Kreuz des deutschen Ostens« fährt man weiter Richtung »Wernigeröder Bank«.
57,6 / 530 m Nun links bergan und an »Paulischneise« entlang Richtung »Kattnäse«. Danach folgt man der Markierung »20 E« vorbei an der Wernigeröder Bank hinab zum Ilsenburger Stieg. Hier rechts und hinab ins Eckertal. Dort links zurück zum Ausgangspunkt (km 64,5 / 240 m).

Start: Im ehemaligen Grenzörtchen Eckertal, an der B 6 zwischen Bad Harzburg und Ilsenburg gelegen, biegt man nach Süden Richtung »Eckertal« ab und startet die Tour auf dem nächsten Parkplatz.
Karte: Topografische Karte 1:50.000, »Wandern im Westharz«, Landesvermessungsamt Niedersachsen.
Literatur: Mountain Bike aktiv »Harz«, Pietsch, Stuttgart.
Info: Harzer Verkehrsverband, Marktstr. 45, 38640 Goslar, Tel. 05321/3 40 40, Fax 05321/34 04 44, E-Mail harzer.verkehrsverband@t-online.de, Internet www.harzinfo.de.
Bikeshop: Harz Bike, Bornhardtstr. 3–5, 38644 Goslar, Tel. 05321/8 20 11.

Immer wieder erhascht man einen Blick zum Brocken.

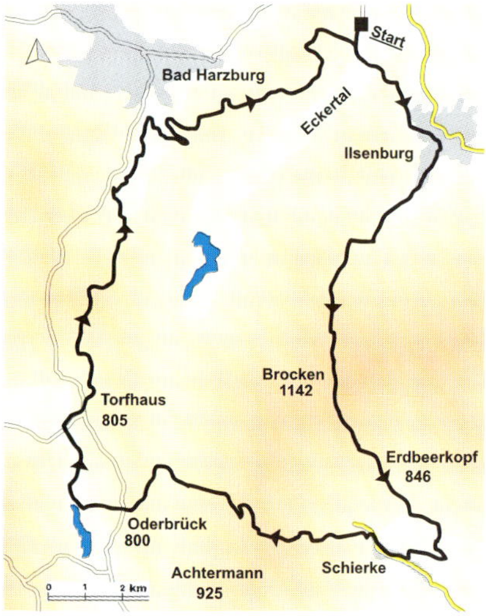

Kasseler Berge

Rund um Kassel und Hannoversch Münden spuckten Vulkane in grauer Vorzeit reichlich Lava und prägten die Landschaft nachhaltig. Zu bewundern im Habichtswald beispielsweise, wo sich am Helferstein Basaltfragmente abrupt und schroff in die Lüfte recken. Oder am Hohen Meißner, wo man auf immerhin 750 Metern die sensationellsten Aussichten über Nordhessen und Südniedersachsen geboten bekommt.

23 Kaufunger Wald

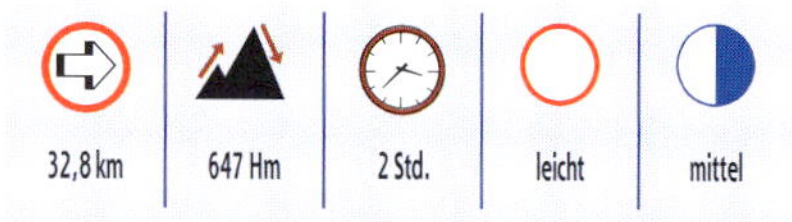

Hannoversch Münden samt Umgebung gehört zu den Gegenden, wo schmale Traumpfade in hoher Konzentration die Wälder durchziehen. Deshalb wird hier die Länge der Trails nicht, wie meist üblich, in »Metern«, sondern in »Kilometern« angegeben. Wer also mal wieder auf der A 7 unterwegs ist, sollte hier unbedingt einen Zwischenstopp einplanen.

km 0,0 / 125 m Am Gasthaus Weserstein die überdachte Brücke passieren, dann links auf »Bremer Schlagd« weiter.

An Brücke geradeaus (»Dielengraben«) an Werra entlang (»E 6«). Nach 700 m links an Straße »Werraweg« entlang. Bei km 1,4 geradeaus über Straßenkreuzung, dann alte Eisenbahnbrücke unterqueren (»E 6«).

1,5 / 140 m Links ab, auf geteertem »Rosentalsweg« weiter. Nach 150 m geradeaus auf Schotter (»27« – »E 6« ignorieren). Ab km 2,5 geradeaus auf Singletrail an Werra entlang.

5,5 / 140 m Unter Autobahnbrücke links auf Straße, nächste rechts am Hotel entlang bergan (»27«). Bald Eisenbahnunterführung passieren und auf Schotter bergan.

6,5 / 175 m In Laubach an Teer-T links. Nach 300 m am Ortsrand rechts auf Schotter unter Starkstromleitung weiter (»27« vorübergehend ignorieren). Dann am Waldrand entlang bis zu einer überdachten Sitzgruppe. Dort links auf Trail geradeaus bergab. Bei km 7,3 an der »Traubeneiche« rechts auf Trail (»27«) weiter.

8,1 / 140 m An Schotter-T links zur Straße. Vor dieser rechts auf Singletrail bergan. 300 m weiter, nach Treppe im Spiegelbachtal rechts auf breitem Schotterweg bergan. Bei km 8,8 an Gabelung links bergan.

9,1 / 205 m An verfallener Schutzhütte weiter zur nächsten Gabelung. Dort links (»21« + »27«) folgen. Nach 400 m links am Waldrand entlang. Bei km 9,9 an Wegedreieck geradeaus, wieder bergan.

10,4 / 230 m An Gabelung »Lehnesruh« links am Waldrand entlang. Nach 700 m geradeaus auf Teer bergab. Bei km 11,2 auf Schotter Richtung »Ziegenhagen«. An nächster Gabelung links (»21«). 400 m weiter rechts bergan.

Start: Auf A 7 zur Abfahrt Lutterberg oder Werratal. Dann auf B 496 oder B 80 nach Hannoversch Münden. Dort Hinweisen »Parkpklatz Weserstein« folgen. Hier startet die Tour.
Karte: Topografische Karte 1:50.000, »Göttingen und Umgebung«, Landesvermessungsamt Niedersachsen.
Info: Verkehrsverein Naturpark Münden e.V., Tel. 05541/75 31 3.
Bikeshop: Das Radstudio, Tel. 05541/ 67 61.

12,2 / 230 m An Gabelung links bergab. Nach 700 m ab Ortsrand Ziegenhagen geradeaus bergab auf Teer. Im Ort rechts auf »Sebastian-Kneipp-Straße« weiter.

13,7 / 200 m Am Gasthaus »Zur Krone« links (»K«) in Weg »Am Bökelberg« einbiegen. Anschließend auf Schotter am Rautenbach entlang talaufwärts. Bei km 14,2 Markierung »21« ignorieren, »K« beachten.

14,8 / 215 m An Gabelung rechts, weiter durchs Bachtal bergan. Nach 800 m an Gabelung rechts (»K«). Ein paar Meter weiter links, weiter durchs Bachtal bergan. Bei km 17,0 an Gabelung rechts auf Schotter bergan (»K«).

18,5 / 400 m An Gabelung zunächst geradeaus. Nach 200 m scharf rechts (»K«). Bei km 19,6 scharf links auf Schotter bergan (»K«).

19,8 / 480 m An Kreuzung rechts auf »Frau-Holle-Pfad« Richtung »Münden« (»X4«). Man folgt diesem Singletrail, der parallel zum breiten Schotter- bzw. Teerweg verläuft, bis km 27,6.

23,2 / 495 m Teerweg nach links queren, dann auf Singletrail weiter. Nach 800 m geradeaus über den Parkplatz (»X«) und weiter auf Singletrail. →

Uphill im Kaufunger Wald

Bei km 25,2 wechselt der Singletrail erneut die Wegseite.
27,6 / 430 m Geradeaus auf geteertem »Buddeleichenweg« bergab (»X«). Bei km 28,7 kurz nach Autobahnbrücke bzw. Schutzhütte »Buddeleiche«, rechts auf Singletrail (»X«) durchs Eselsbachtal.
30,1 / 240 m Geradeaus auf »Buddeleichenweg« (»X«) bergab nach Hannoversch Münden. Nach 200 m an »Ebertstr.« entlang geradeaus. Kurz vor Bach dann links auf Singletrail bergab.
30,7 / 200 m Geradeaus auf der Straße »Finkenstieg«, anschließend den »Vogelsang« bergab. 200 m weiter rechts schließlich den Bach queren, dann links auf der Straße bergab.
31,9 / 155 m Nach Bahnunterführung »X« ignorieren, rechts auf B 496 durch Hannoversch. Münden. 400 m weiter vor Fuldabrücke rechts Richtung »Weserstein«. Nach weiteren 200 m links über Brücke, dann rechts zurück zum Ausgangspunkt (km 32,8 / 125 m).

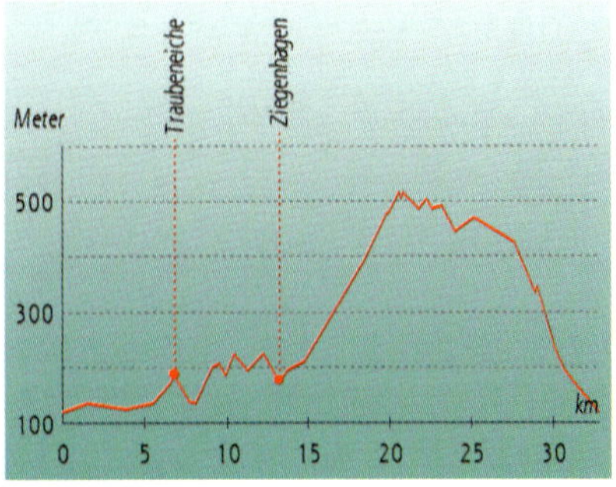

24 Roringer Berg

Start: A 7 über die Abfahrt Göttingen-Nord verlassen und Autobahnzubringer nach Göttingen-Weende folgen. Dort zunächst »Weender Landstr.« kreuzen und ein Stück auf B 27 Richtung »Braunlage«. Auf dem Schotterparkplatz unter der Straßenbrücke, kurz vor dem »Weender Krankenhaus«, startet diese Tour.

Karte: Topografische Karte 1:50.000, »Göttingen und Umgebung«, Landesvermessungsamt Niedersachsen.
Info: Stadtverwaltung Göttingen, Tel. 0551/40 00.
Bikeshop: Gibt es in Göttingen reichlich, z. B. Velo Sport, Tel. 0551/5 76 67.

Gleich etwas östlich der Universitätsstadt Göttingen erhebt sich der Roringer Berg, den man zum Leinebergland rechnet. Obwohl so nahe der Stadt gelegen, bietet er tolle Bikemöglichkeiten, wie die im Folgenden vorgestellte Runde unschwer beweisen wird.

km 0,0 / 165 m Vom Parkplatz auf »Lutteralstr.« (B 27) an »Weender Krankenhaus« entlang. Nach 700 m links auf Schotterweg Richtung Neubaugebiet abbiegen.
1,0 / 195 m Am Gewächshaus rechts auf Teer. Dann vor Fachwerkhaus links weiter. Bei km 1,4 rechts auf Schotterweg bergan.
1,6 / 220 m Bei Uni-Gebäuden geradeaus auf Teer bergan. Nach 200 m, kurz nach »Isotopenlabor«, links auf Radweg an Straße entlang. Am Waldrand bei km 2,1 rechts bergan durch die so genannte »Billingshäuser Schlucht«. Bis km 7,6 alle Abzweige ignorieren.
7,6 / 385 m Kurz nach Schranke rechts auf Schotter, bald Mulde geradeaus passieren.
9,2 / 406 m Rechts ab Richtung »Hünstollenturm«. 300 m weiter links (»violetter Punkt«), dann weiter bis zum Aussichtsturm auf dem Hünstollen (alte Befestigungsanlage). Dort bei km 10,5 rechts auf Singletrail an Holzgeländer entlang (»grüner Punkt«).
11,3 / 404 m An Gabelung links bergab. Nach 700 m geradeaus (»grüner Punkt«).
12,2 / 350 m Rechts auf Teerweg bergab. Bei km 13,0 geradeaus über Kreuzung. Dann B 27 queren und auf anderer Seite rechts auf Schottertrail bergan.
13,4 / 340 m An Schotter-T links. Nach 100 m an Gabelung etwas links halten und auf verwachsenem Schotterweg bergab.
14,1 / 320 m In Senke rechts auf Waldweg bergan. Dann der Markierung (»roter Punkt«) geradeaus bis km 15,0 folgen.
15,0 / 370 m Auf der Höhe links herum. Nach 900 m etwas links, praktisch geradeaus Richtung »Mackenröder Spitze« (»roter Punkt«).
16,6 / 420 m Am Aussichtsturm »Harzblick« links und auf Singletrail durch den Wald.
17,3 / 415 m An Schutzhütte rechts auf Schotterweg abbiegen. Etwas weiter, wo Teer beginnt, links auf Singletrail an grünem Zaun entlang. Bei km 18,1 links halten, 600 m weiter dann rechts (»X«) Richtung »Göttingen« abbiegen.
21,9 / 380 m Betonplattenstraße queren, dann links auf Schotter (»X«) durch den Standortübungsplatz. Ab km 22,4 geradeaus (»X«) auf Betonplattenweg. Nach 200 m (!) rechts ab und auf Singletrail (»X«) weiter.
23,5 / 350 m Auf Schotter nach links, nächste rechts und auf Teer weiter. Am »Hainholzhof« geradeaus auf »Borheckstr.«. Einige Meter weiter am Parkplatz »Bismarckstr.« rechts auf breitem Schotterweg bergab.
24,4 / 320 m An Gabelung links Richtung »Sengerfeld«.
25,6 / 312 m An Gabelung geradeaus, Teer verlassen und auf schmalerem Schotterweg weiter. Nach 200 m rechts herum. An der »Osterholzbank« dann links auf Singletrail am Waldrand entlang.
26,4 / 305 m Geradeaus auf »Gerckenbreite«. Nach 400 m an Dreiergabelung geradeaus auf schmalerem Waldtrail bergab.
27,0 / 268 m Rechts auf Straße. Nach 300 m links auf Schotterparkplatz. An der Wandertafel erst links, dann halbrechts und auf Waldweg an Waldrand und bald an Aussichtsplattform entlang.
27,7 / 245 m Am Ortsrand von Göttingen links auf Singletrail bergab (parallel zum Teersträßchen).
28,0 / 228 m Geradeaus an Bushaltestelle »Klausberg« entlang, gleichnamige Straße queren und sofort nach den Barken rechts auf Singletrail (schlecht zu sehen) durch den Wald. Nach 30 m an Singletrail-T rechts bergab.
28,2 / 220 m Links auf Straße, nächste sofort rechts ab. Dann auf Singletrail bergab. Am Waldrand links Richtung Klinikum halten.
28,5 / 195 m Links auf »Sprangerweg«. Nach 150 m links bergab, wieder Richtung Klinikum halten.
29,6 / 170 m Am Hotel »Am Papenberg« rechts auf Radweg an Straße entlang Richtung »Uni Nordbereich«.
29,9 / 175 m Vor Straßenbrücke rechts auf Teerweg bergab zum Ausgangspunkt an der B 27 (km 30,0 / 165 m).

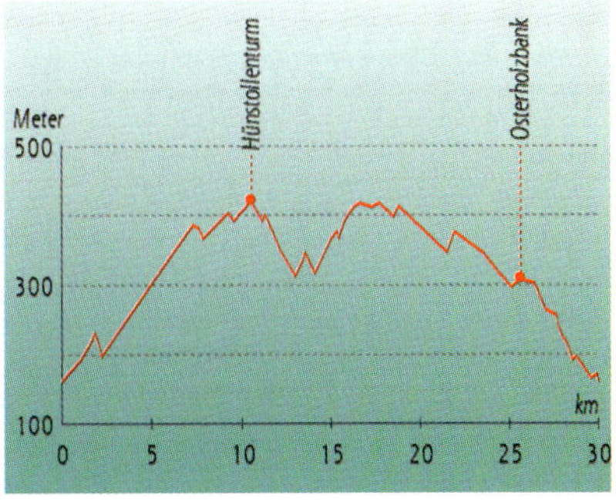

25 Fuldatal – Weser

34,3 km | 600 Hm | 2–3 Std. | mittel | mittel

Start: Von der A 7 nach Hannoversch Münden abfahren. Dort den Hinweisen »Weserstein« folgen, wo die Runde startet.
Karte: Topografische Karte 1:50.000, »Göttingen und Umgebung«, Landesvermessungsamt Niedersachsen.

Literatur: Mountain Bike aktiv »Hessen«, Pietsch, Stuttgart.
Info: Verkehrsverein Naturpark Münden e.V., Tel. 05541/7 53 13. Privatzimmer ab ca. 12 € pro Person.
Bikeshop: Das Radstudio, Tel. 05541/ 67 61.

Als Deutschland vor 1870 noch aus vielen Einzelstaaten bestand, gab es auch zwischen Kassel und dem benachbarten Hannoversch Münden diverse Schmugglerpfade. Heutzutage sind das die allerbesten Biketrails, die man unbedingt einmal ausprobiert haben sollte.

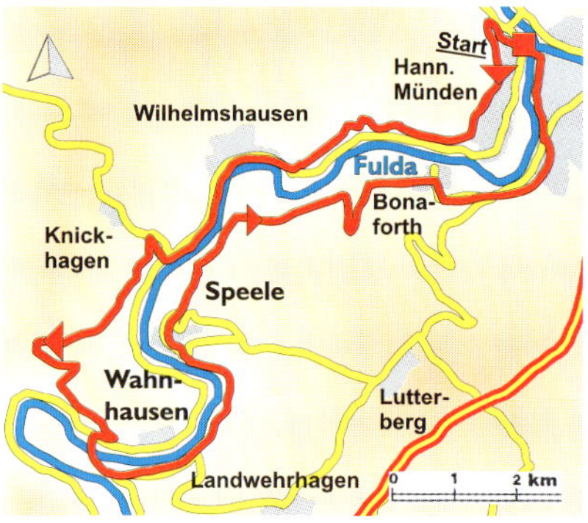

km 0,0 / 125 m Vom Parkplatz Weserstein links über die Hängebrücke. Dann links auf »Fischerweg« zur B 3. Hier rechts. An einer Telefonzelle links bergan. Nun Markierung »X 3« bis Wilhelmshausen folgen.
1,2 / 180 m Scharf links auf Schotter (»X 3«) Richtung »Tillyschanze«.
2,8 / 185 m Rechts auf Schotter weiter. 400 m weiter, kurz vor Parkplatz rechts bergan.
3,9 / 210 m An Gabelung links. Ein paar Meter weiter wieder links. Bei km 4,0 rechts auf Singletrail weiter.
5,2 / 200 m Links auf Schotter, nächste wieder links und bergab Richtung »Wilhelmshausen«. Bei km 5,9 »Hubertusbrücke« passieren und rechts auf Teer wieder bergan (»X«).
6,2 / 182 m Links auf verwachsenem Waldweg bergan. Nach 200 m links auf Schotter bergab. Bei km 7,5 Straße queren und dann rechts auf geteertem Radweg (»X«) durch Wilhelmshausen. Ab km 9,4 geradeaus (»X« ignorieren) auf geschottertem Radweg an Fulda entlang.
10,8 / 135 m Nach Holzbrücke rechts. An Busstopp »Knickhagen« B 3 queren und geradeaus auf Teer Richtung Campingplatz (»X«). Bei km 11,1 kurz vor Brücke links (»X«) auf Teerweg bergan. Nach ein paar Metern an Wasserreservoir links (»X 3«) auf Grasweg. Am Waldrand bei Schutzhütte geradeaus (»X«) auf Wiesenweg bergan. Bald links auf Waldweg weiter bergan (»X«).
12,5 / 280 m Kurz nach Wald auf Feldweg über die Höhe. Bei km 13,2 am Holzschredderplatz rechts.
14,4 / 250 m An überdachter Wanderbank scharf links (»X 17«). Bei km 15,0 an Gabelung rechts durch den Wald bergab.
15,4 / 232 m An Gabelung rechts, »X 17« ignorieren. Nun der Markierung »Raute« Richtung »Schleuse« folgen. Bei km 17,0 scharf rechts zum Waldrand. Dort links auf Wiesenweg bergab.
17,5 / 152 m Straße queren, Brücke über Schleuse passieren, anschließend

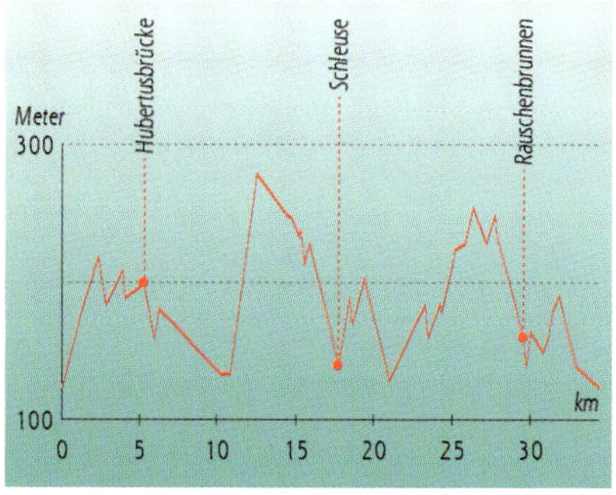

links auf Schotterweg bergan. Bei km 17,8 erst rechts, nächste links (»Raute«). 300 m weiter links auf Teer bergan. Nach Eisenbahnbrücke bei Haltepunkt »Kragenhof« links auf Straße (»X«) Richtung »Landwehrhagen«. Nach weiteren 200 m Straße nach links verlassen und auf Waldweg bergab.
19,4 / 205 m Rechts Richtung »Speele«. Nach 400 m (!) scharf links auf Grastrail bergab. Bei km 20,1 links Bahnlinie unterqueren. Dann rechts an Fulda entlang.
21,0 / 130 m An einer Bank rechts auf schmalem Waldweg (»X«) bergan. Bei km 22,3 am Ortsrand von Speele geradeaus auf Teer weiter. Anschließend rechts auf »Rotem Weg« bergan. Danach links auf Teerstraße an Bahngleisen entlang. Nach scharfer Rechtskurve links auf Schotter Richtung »Hannoversch Münden«.
25,1 / 225 m Rechts bergan. Nach 300 m links auf »Wemmbergweg«, bald Hinweis »Mordstein« folgen.
27,8 / 235 m Scharf links und auf Trail am Bach entlang talabwärts. Nach 700 m rechts auf Schotterweg weiter. Am Waldrand dann rechts Richtung »Bonaforth« halten.
29,5 / 160 m Rechts durch kleines Waldstück. Nach 100 m rechts durch den Ort bis Eisenbahnunterführung. Dort rechts bergan, bald auf B 496 weiter. Bei km 31,1 rechts auf Waldweg bergan. 300 m weiter, am »Rauschenbrunnen« links (wieder »X«). Bei km 31,8 links auf »Steinbachweg« bergab. Danach etwas links auf Straße »Galgenberg« bergab.
32,9 / 140 m In Hannoversch Münden links die Bahnunterführung passieren (»X« ignorieren), dann rechts Richtung Zentrum. Bei km 33,7 rechts Richtung Parkplatz »Weserstein« (km 34,3 / 125 m).

26 Gobert

39,2 km | 1005 Hm | 2½–3½ Std. | mittel | mittel

Start: Auf der B 27 nach Eschwege. Weiter Richtung Grebendorf. Kurz vor Kreuzung mit B 249 links auf Parkplatz bei Schrebergartenkolonie.
Karte: Topografische Karte 1:50.000, Blatt 16, »Meißner-Kaufunger Wald«, Hessisches Landesvermessungsamt.

Literatur: Mountain Bike aktiv »Hessen«, Pietsch, Stuttgart.
Info: Verkehrsbüro Eschwege, Tel. 05651/ 30 43 39.
Bikeshops: Pro Velo, Tel. 05651/7 64 31; Mangold, Tel. 05651/3 15 95; jeweils geführte Touren auf Anfrage.

Gleich östlich der Werra erhebt sich der Gobert – ein kleines, aber markantes Mittelgebirge, das früher hart an der Grenze zur DDR sein Dasein fristete. Für Biker ist es besonders wegen seiner kurzen, aber heftigen Anstiege und verwinkelten Singletrailabfahrten interessant.

km 0,0 / 156 m Ab Parkplatz am Ortsausgang Eschwege auf Radweg Richtung Grebendorf. Bald B 249 per Brücke überqueren, dann Grebendorf geradeaus Richtung »Neuerode« passieren.
1,3 / 170 m Kurz vor Ortsende rechts ab. Nächste wieder rechts und auf Schotter bergan. Nach 300 m an Wasserbehälter dem Hauptweg links durchs Tal folgen.
3,2 / 320 m An Jägerstuhl links (»23«, »24«) auf Schotter weiter. Nach 300 m auf Straße geradeaus. Bei km 4,1 links auf Feldweg zum Waldrand. Dort rechts weiter Richtung »Kella«. Nach

→ 600 m links der Markierung »weißer Balken« folgen.
5,2 / 400 m An Gabelung rechts bergan. Nach 700 m rechts (»23«). Bei km 6,0 rechts ab Richtung »Silberklippe« (»24«).
6,6 / 491 m Ab Silberklippe auf gleichem Weg retour. Bei km 6,9 rechts (»24«). Nach weiteren 100 m wieder rechts.
8,3 / 485 m Rechts auf breiter Schotterpiste (»X 5«) weiter. Nach 200 m links bergab (»X 5«) Richtung »Hörne«.
11,8 / 485 m An altem Grenzstreifen Teerweg kreuzen und geradeaus weiter auf Waldweg (»X 5«). Bei km 13,2 rechts

auf Hohlweg (»X«) bergan. Dann geradeaus weiter bis zu einer Schutzhütte. Dort auf Singletrail rechts bergab.
14,5 / 505 m Links dem alten Todesstreifen bis km 15,4 folgen. Nun links, nächste rechts und an »Schöner Aussicht« entlang.
16,0 / 490 m Rechts (»S 4«) bergab. Bei km 17,3 links steil bergab. 300 m weiter an Jägerstand rechts bergab. Bei km 18,4 rechts. Einige Meter weiter an Quelle »Holzborn« links, weiter bergab.
21,5 / 170 m Am Café »Wilhelmshöhe« links auf Teer weiter. Ab km 22,7 dann auf Schotter geradeaus bergan Richtung Burg. Bei km 24,1 hart links und auf Teerweg bergan.
25,0 / 300 m An Burg »Rothestein« links (»X 5«) auf Schotter bergab. Nach 1100 m rechts auf Singletrail (»X 5«) abbiegen. Nach weiteren 300 m rechts auf breitem Waldtrail weiter.
27,1 / 400 m Hart rechts (»23«, »24«) Richtung »Kleinvach«. 500 m weiter rechts halten.
28,2 / 330 m An der »Anna-Martha-Ruh« links (»23«, »24«) Richtung »Albpunkt«.
29,5 / 280 m Erst auf breitem Weg 40 m geradeaus, dann rechts Richtung »Eschwege« halten. Anschließend rechts auf Schotter, 10 m weiter wieder rechts.
30,7 / 235 m An Gabelung links bergab

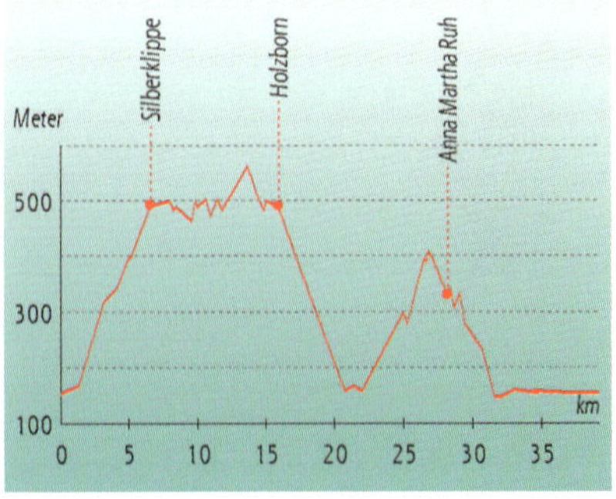

(»23«). Nach 400 m hart links auf breiter Schotterpiste (ohne Markierung) bergab. Bei km 31,4 an Gabelung rechts bergab, wieder »23«, »24« beachten. Ab km 31,5 geradeaus auf Teer. Dann links an Werra entlang, ab Fußgängerbrücke (nicht queren!) geradeaus auf Schotterweg am Fluss entlang. Ab km 34,8 dann auf Teer geradeaus durch Jestädt. Am Ortsende rechts auf »Hubertusstr.«. Einige Meter weiter auf Schotter (»EH«).
37,2 / 156 m Rechts Richtung »Eschwege«. Nach 300 m links auf Grasweg Richtung Kieswerk. Dort geradeaus auf Teer, B 249 unterqueren. Anschließend links auf Teerweg weiter. An nächster Möglichkeit bei Schrebergärten links zurück zum Ausgangspunkt (km 39,2 / 156 m).

Verwunschene Traumpfade führen durch den Gobert.

EXTRA: Frau-Holle-Pfad

165,9 km, 4280 Hm, 1–3 Tage, Kondition: mittel, Technik: mittel
In Bad Karlshafen beginnt der mit »X 4« bestens markierte »Frau-Holle-Pfad«. Er führt, oft als wunderschöner Singletrail, durch Reinhards- und Dammwald zunächst in die Fachwerkstadt Hannoversch Münden. Von dort aus geht es weiter über den Kamm des einsamen Kaufunger Waldes. Anschließend quert der Traumweg das Gipfelplateau des Hohen Meißner, passiert das hübsche Städtchen Waldkappel und taucht nach Waldhessen ein. Dort warten noch Richelsdorfer Gebirge und Seulingswald, bevor die Strecke in Schenklengsfeld zu Füßen der Rhön endet. Dieses weitgehend unbekannte Bikeabenteuer lohnt ungemein, bringt reichlich Fahrspaß und ein tolles Naturerlebnis, aber auch reichlich Up 'n Downs, mal lang und steil, mal eher sanft.

27 Habichtswald

31,7 km | 895 Hm | 2–3 Std. | mittel | leicht

Westlich Kassel erhebt sich der Habichtswald. Dort wartet neben kernigem Trailvergnügen auch Anschauungsunterricht in Sachen Geologie. Und zwar am Helferstein, wo sich Basaltfragmente als markante Felsen abrupt und schroff in die Lüfte recken und eine wunderbare Kulisse für diese Biketour schaffen.

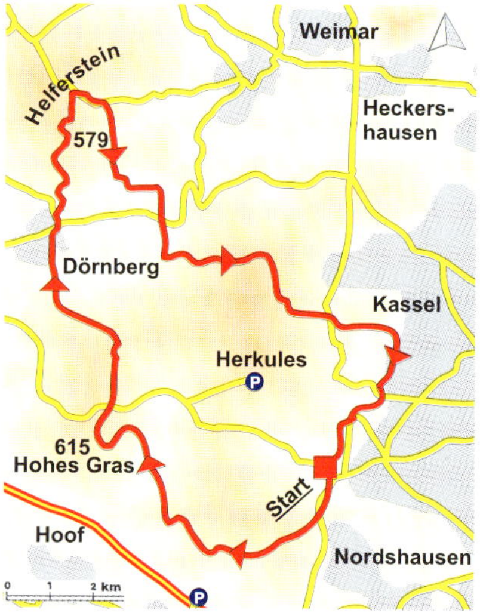

km 0,0 / 260 m Vom Parkplatz auf der Straße retour. Nach Kurve rechts (»E«), auf »Mulangstraße« bergan.
1,5 / 335 m An Forstamt links »Anthoniweg« (»E«). Nach 50 m links auf Trail bergab. Am Waldrand rechts (»E«), breiter Weg.

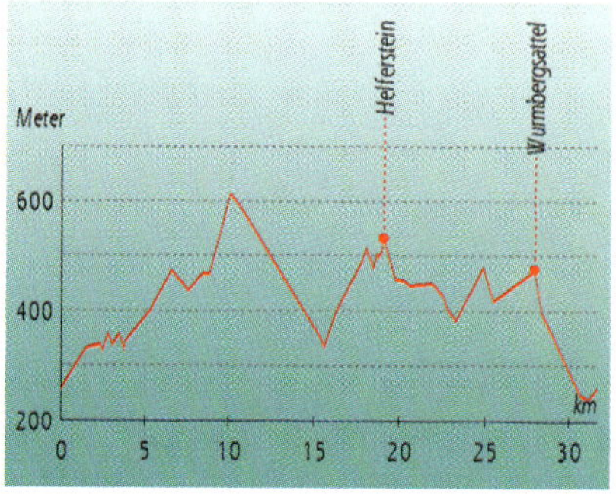

2,5 / 330 m Rechts an Straßenbahnstation entlang. Dann auf Schotter, bald Trail (»E«) bergan.
3,1 / 340 m Oberhalb Straße auf Schotter (»K 5«) weiter. Nach 450 m Teerweg queren, geradeaus auf Trail.
3,7 / 340 m An Kneippbecken links, sofort rechts (»T auf Kopf«) bergan. Bald links. Bei km 3,9 rechts (»E«) bergan.
5,3 / 400 m Rechts (»E«). Nach 200 m geradeaus (»T auf Kopf«) bergan Richtung »Herbsthäuschen«.
8,9 / 470 m 400 m nach »Herbsthäuschen« links Richtung »Hohes Gras« (»umgedrehtes T«). Bei km 9,5 links.
10,1 / 615 m Nach Aussichtsturm rechts auf Trail (»V«) an Straße entlang Richtung »Dörnberg«.
10,6 / 595 m Straße queren. Bald rechts an Militärzaun entlang. Nächste links, Teer. Dann links auf Schotter (»D 4«).
15,3 / 360 m In Dörnberg rechts auf B 251 zur Kirche. Dort links auf »Zierenberger Str.« (»^«) Richtung »Hoher Dörnberg«.
15,6 / 337 m Rechts. Unterhalb Sportplatz links auf Schotterweg (»^«).
16,3 / 400 m Hart rechts auf Schotterpiste bergan. Nächste hart links, 300 m weiter rechts. Bei km 17,3 links, Waldweg.

Start: Auf der A 7 bis zur Abfahrt Kassel-Nord. Dann Richtung Stadtmitte. Am großen Kreisel rechts, weiter Richtung »DB Wilhelmshöhe«. Am Bahnhof Wilhelmshöhe auf Wilhelmshöher Allee noch geradeaus. Direkt vor der Schlossanlage kurz nach Rechtskurve auf Parkplatz starten.
Karte: Topografische Freizeitkarte 1:50.000, Blatt 15 »Habichtswald«, Hessisches Landesvermessungsamt.
Literatur: Mountain Bike aktiv »Hessen«, Pietsch, Stuttgart.
Info: Touristinformation Kassel, Königsplatz 53, 34117 Kassel, Tel. 0561/7 07 71 63.
Bikeshops: Radhaus Neddermann, Kurt-Schumacher-Str. 27–29, Tel. 0561/1 69 65, Mauer's baik schopp, Leipziger Str. 211–213, Tel. 0561/5 32 79, Fahrradhof Wilhelmshöhe im ICE-Bahnhof, Tel. 0561/31 30 83, Fahrradhof VSF, Frankfurter Str. 285, Tel. 0561/47 11 32 und als reiner Händler ohne Beratung: Radsport Bornmann, Königstor, Tel. 0561/1 55 35.

17,8 / 490 m Rechts auf Grasweg bergan.
18,5 / 480 m In Senke rechts bergan. Bald links auf Pfad, Tor von Flugplatz passieren, dann rechts zum »Helferstein«.
19,0 / 510 m Zwischen den Felsen links bergan. Nach Grasabfahrt rechts, Tor passieren und an Felsgruppe Helferstein entlang.
19,8 / 460 m Am Jugendhof rechts auf Teer über Parkplatz, dann ab Schranke geradeaus auf Schotter.
20,6 / 448 m An der Kreuzung rechts auf den Trail (»II«) Richtung »Igelsburg« fahren.
22,8 / 408 m Links auf Teer. Nächste rechts, nach 500 m B 251 kreuzen und auf Teer (»II«) bergan bis »Igelsburg«.
24,9 / 480 m Am Gasthaus »Igelsburg« links. Bald wieder links auf Trail bergab (»T auf Kopf«) Richtung »Wurmbergsattel«.
28,0 / 475 m Am Wurmbergsattel links auf Trail (ohne Markierung) steil bergab. Weg (» + «) bald links queren.
28,4 / 400 m Links (» + «) bergab. An Wasserbehälter rechts (» + «). Straße queren, dann an Tramstation entlang. An Parkplatz rechts (»F«) auf Trail weiter.
30,7 / 250 m An »Prinzenallee« erst rechts, dann links auf »Ochsenallee« zurück zum Ausgangspunkt (km 31,7 / 260 m).

Blick auf Kassel vom Herkules

28 Rund um den Edersee

51,1 km | 1125 Hm | 3–4 Std. | mittel | mittel

Diese Tour führt einmal rund um den etwa zwölf Quadratkilometer großen Ederstausee. Dabei erobert man aussichtsreiche Höhen, surft auf tollen Waldpfaden bergab und erfährt so ein herrliches Moutainbike-Erlebnis.

km 0,0 / 260 m Ab Staumauer Edersee auf Straße ein Stück am See entlang. Nach 80 m direkt am Parkplatz rechts auf Singletrail (»X 13«) bergan. Bei km 0,6 kurz nach Aussichtskanzel links (»H 1«) Richtung »Waldeck«.
1,3 / 390 m Auf der Höhe geradeaus (ohne Markierung) an Stromleitung entlang. Nach 100 m links (»Raute«). Dann auf Radweg (»R 6«) weiter.
2,6 / 340 m Links, 10 m weiter praktisch geradeaus (»W 5«) durch den »Teufelsgraben«. Bei km 3,1 links bergab (»W 5«). 100 m weiter 180° (!) rechts, »W 5« wieder bergan folgen.
3,6 / 310 m Rechts bergan. Nach 300 m auf Teer geradeaus durch Waldeck. Bei km 4,2 an Kirche links auf Hauptstraße bergan. 100 m weiter 45° links über Gästeparkplatz am Hotel »Belvedere«. Dann auf Grasweg dem Hinweis »Edersee« bergab folgen.
4,7 / 350 m »Schloßbergrundweg« (»W 2«) bergab folgen. Bei km 5,7 nach Mulde geradeaus auf Waldweg. Anschließend auf Teer bergan.
6,0 / 380 m Links. 200 m weiter links auf Hauptstraße bergab. Bei km 6,6 kurz nach Linkskurve der Straße rechts auf Grasweg (»W 10«) Richtung »Grillhütte«.
7,2 / 372 m Links dem Hinweis »6 Buchen« folgen. Nach 200 m, am Waldrand, links halten.
7,5 / 380 m Geradeaus am Waldrand entlang, »W 10« Richtung »Jugendherberge« folgen. Bei km 9,1 »W 10« ignorieren und rechts auf Singletrail bergab.

Start: Aus Richtung Kassel über Fritzlar bzw. Bad Wildungen Richtung »Edersee«. Aus Richtung Marburg über die B 252 nach Herzhausen und dann auf Uferstraße zur Staumauer des Edersees (reichlich Parkmöglichkeiten). Hier Tourstart.
Karte: Wander- & Radkarte »Bad Wildungen« (topografische Qualität), 1:25.000, Grothus Verlag, Kassel.
Literatur: Mountain Bike aktiv »Hessen«, Pietsch, Stuttgart.
Info: Edersee Tourist-Information, Hemfurth, Tel. 05623/12 86.
Geführte Touren: Hotel »Mariann«, Thomas und Karin Fohmann, Bad Wildungen, Tel. 05621/41 00, Fax 05621/9 17 98.
Bikeshop: Gut sortierter Laden in Bad Wildungen: Bikers Point, Tel. 05621/9 11 12, Fax 05621/9 11 13.

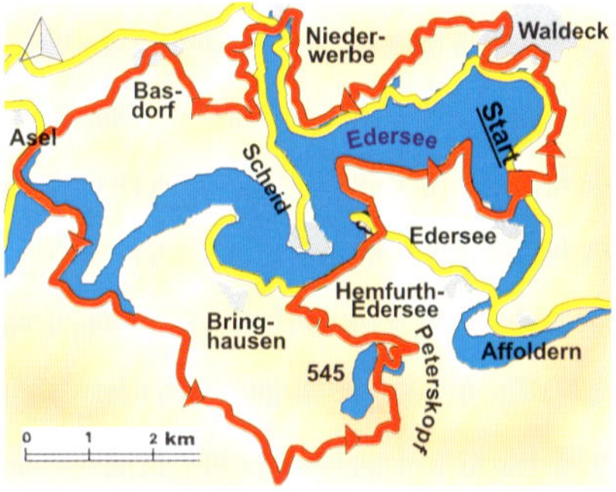

300 m weiter hart rechts und steil bergab (»Raute«).
9,6 / 270 m Im Tal geradeaus Brücke queren. Dann links (»Raute«) Richtung »Niederwerbe«. 200 m weiter, an Schottergabelung rechts auf breitem Weg bergan, bald bergab.
14,5 / 260 m Am Edersee rechts weiter. Nach 300 m in Niederwerbe links auf Teer weiter. 100 m weiter wieder links und auf Straße am See entlang. Bei km 15,4 rechts über Brücke Richtung »Sommerrodelbahn«. Dann gleich links Richtung »Scheid«. 10 m weiter rechts auf Teerweg »Geckesberg« Richtung »Basdorf« bergan (»X 7«).
15,7 / 290 m Links (»X«). An Ferienhaus rechts bergan. Nach 400 m dann links (»X« ignorieren) auf »Horstrundweg« Richtung »Basdorf«.
19,7 / 390 m Rechts auf Teer, Wald verlassen, geradeaus nach »Basdorf«. Dort an der Kirche links auf »Mühlenstr.«. Bei km 21,3 links Richtung »Weinkellerei«. Am Abzweig »Die Hute« geradeaus bergab (»Dreieck«). Nach weiteren 500 m rechts und auf Schotter talwärts durch das Altbachtal.
23,7 / 262 m Nach kurzem Stück auf Teer links auf Grasweg weiter. Nach 300 m vor Tümpel 90° rechts. Bald links auf Straße bergab bis zur Personenfähre. Hier zum anderen Ufer übersetzen.
25,7 / 270 m Nach Überfahrt am Campingplatz »Asel-Süd« links dem geteertem Radwanderweg »E« folgen. Bei km 29,4, nahe dem Fischhaus »Banse« links, Brücke queren, dann rechts der Markierung »O« talaufwärts folgen.
30,3 / 285 m An Gabelung rechts auf Schotterweg weiter durchs Tälchen bergan. Nach 1200 m an Abzweig geradeaus auf breitem Schotterweg Richtung »Gellershausen« weiter durchs Tal bergan. Bei km 32,1 an Gabelung rechts auf Hauptweg bergan.
33,5 / 450 m 30 m nach Kohlenmeilermodell links (»W«) Richtung »Hochspeicher«. Bei km 34,6 an Gabelung rechts auf Waldweg (»W«, »Raute«) bergan.
35,2 / 585 m Rechts über größeren Platz, dann auf Grasweg bergab. 600 m weiter an Jägerstuhl links auf breitem Waldweg bergab. Bei km 36,3 links. Nach 400 m auf Lichtung geradeaus auf breitem Schotterweg bergab.
37,2 / 450 m Nun links (»K 2«) bergan

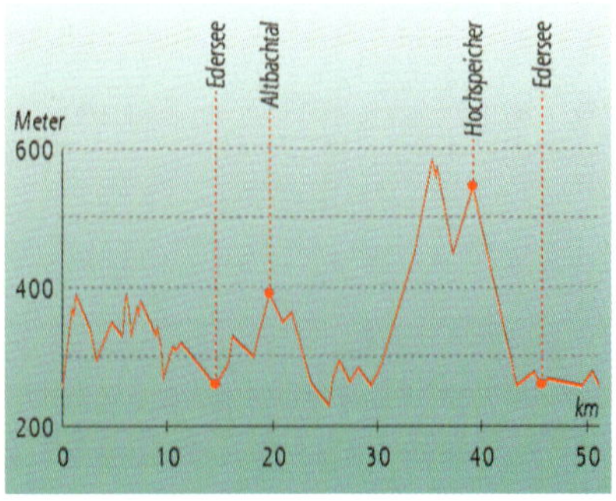

bis zu einem Fachwerkhäuschen. Dort rechts auf Teer bergan zum Speicherbecken. Bei km 38,7 halb links bergan Richtung »Sendeturm«.
39,1 / 545 m Am Hochspeicher links auf Teer zum höchsten Punkt mit schöner Aussicht. Dort auf gleichem Weg retour. Bei km 39,4 dann links auf Teer, 20 m weiter wieder links und bergab.

Felspartie am Edersee

39,6 / 515 m An kleinem Speicherbecken links auf Wiesenweg bergab. Bald Schotterweg queren, dann steil bergab, Teerweg queren und weiter auf Schottertrail bergab. Bei km 40,0 rechts auf Teer. 50 m weiter links auf Schotterweg bergab Richtung »Schöne Aussicht« (»H 3«). Bei km 41,2 an Wildfütterung links (»H 3«). Bei km 42,5 rechts bergab.
43,3 / 260 m Rechts auf Straße an Edersee entlang bis km 44,9. Dort an Bushaltehäuschen links durch »Rehbach«. Bei km 45,4 an Parkplatz kurz vor Ederseeufer rechts auf Teer bergab zum Edersee. Dort rechts am Ufer entlang bis zum Ausgangspunkt (km 51,1 / 260 m).

29 Kellerwald Hessen

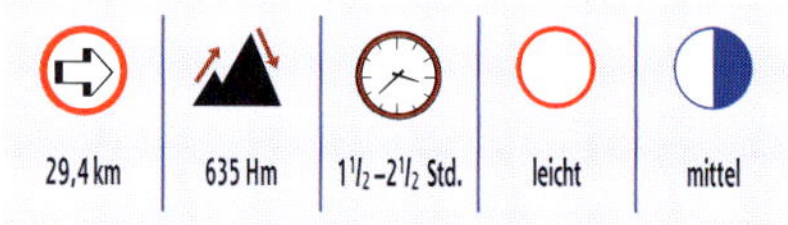

Ein allzu bekanntes Mittelgebirge ist der Kellerwald bei Bad Wildungen nun wirklich nicht. Aber genau hierin liegt auch der Vorteil: Die Wälder sind einsam, die Wege tatsächlich leer. Also genau das Richtige, um ungestört biken zu können, ohne auf Wanderer und Ausflügler achten zu müssen.

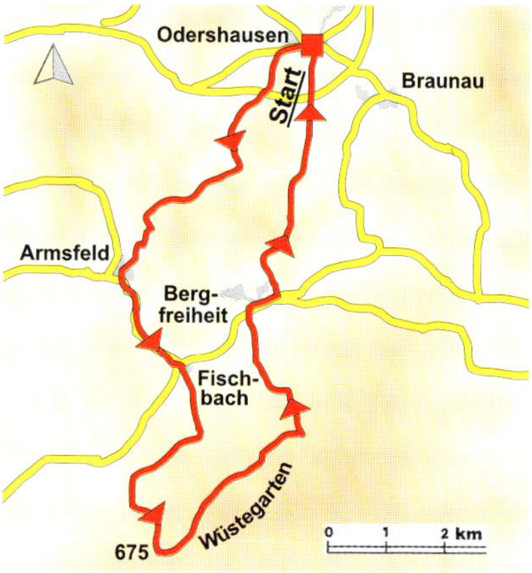

km 0,0 / 360 m Ab Odershausen auf der Straße in westliche Richtung. Bald links abbiegen und auf geteertem »Dörnbachweg« bergan kurbeln (»Raute«). Ab km 0,5 (nahe der Umgehungsstraße) geradeaus auf breitem Schotterweg (»Raute«).
2,8 / 468 m Rechts Richtung »Auenberg« (»Raute«). Bei km 4,0 links auf breitem Schotterweg (»Raute«) bergab Richtung »Armsfeld«.
4,7 / 484 m An Kreuzung hart rechts (135°) und bergab Richtung »Armsfeld« (»A 2«). Bis zum Waldrand alle Abzweige ignorieren. Dort bei km 6,1 links auf breitem Schotterweg bergab an Weide entlang.
6,7 / 372 m In Armsfeld links auf Teerstraße bergab. 50 m weiter rechts auf Teer leicht bergan. Bei km 6,9 links auf Straße leicht bergab (»K spiegelverkehrt«).
7,3 / 368 m Ort geradeaus verlassen. Bei km 9,1 links Richtung »Bad Wildungen«. 50 m weiter, in Fischbach, rechts auf Teer bergan (»X 13«) Richtung »Wüstegarten«.
9,2 / 360 m Links, dann auf Hauptweg (»X«) bergan bis km 10,6. Hier »X« ignorieren, geradeaus weiter auf breitem Schotterweg bergan. Bei km 12,0 links »B4« folgen.
14,0 / 576 m Hart links (135°) auf breitem Schotterweg (»B4«, »X13«). Anschließend auf grasbewachsenem Waldweg bergan Richtung »Wüstegarten«. Nach 300 m rechts auf Waldweg (»X«, »B 4«) weiter bergan.
15,2 / 675 m An Aussichtsturm »Wüstegarten« und Schutzhütte geradeaus entlang. Dann auf breitem Waldweg bergab, bald (»K«) geradeaus auf Singletrail, ein Stück Richtung »Niederurff« folgen.
17,1 / 628 m Rechts (»K«) bergab. Nach 700 m links (»X 16«) Richtung »Bergfreiheit«. Bei km 18,3 scharf links (»X«). 100 m weiter rechts auf Singletrail (»X«) bergab.

Start: Von Bad Wildungen nach Odershausen. Tourstart im Ort, am Straßenabzweig nach Braunau.
Karte: Wander- & Radkarte »Bad Wildungen« (topografische Qualität), 1: 25.000, Grothus Verlag, Kassel.
Literatur: Mountain Bike aktiv »Hessen«, Pietsch, Stuttgart.
Info: Kurverwaltungen Bad Wildungen, Tel. 05621/78 90 15, Fax 05621/8 90 33.
Geführte Touren: Hotel »Mariann«, Thomas und Karin Fohmann, Bad Wildungen, Tel. 05621/41 00, Fax 05621/9 17 98.
Bikeshop: Bikers Point, Bad Wildungen, Tel. 05621/9 11 12, Fax 05621/9 11 13.

19,6 / 400 m Ab Waldrand geradeaus über Weiden trailen und bergab nach Bergfreiheit. Bei km 20,6, nahe dem Besucherbergwerk, dann rechts auf die Straße am Ort entlang Richtung »Zwesten«.
22,0 / 360 m An »Mäuseköppel« links (»Br 1«). Ab km 22,9 dann dem »Lulluspfad« (»X 16«) Richtung »Bad Wildungen« folgen. Bei km 28,6 die B 253 unterqueren und wieder zurück zum Ausgangspunkt in Odershausen (km 29,4 / 360 m).

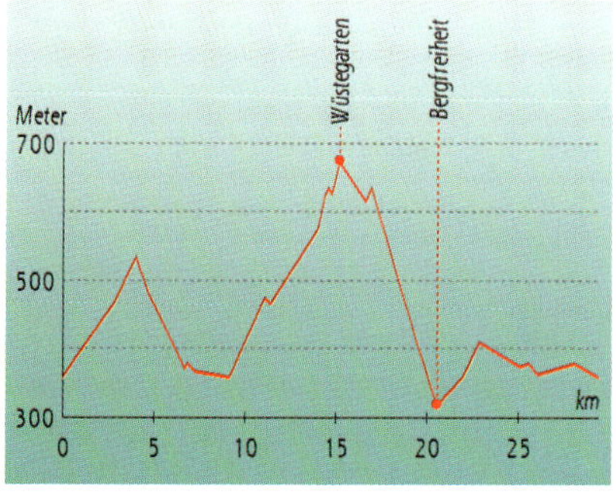

30 Hoher Meißner

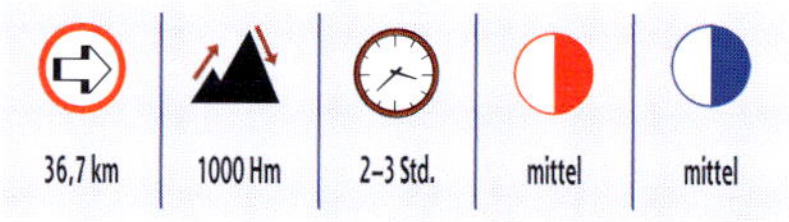

Mit 750 Metern über dem Meeresspiegel ist der Hohe Meißner die höchste Gipfellage zwischen dem Harz im Norden und der Rhön weiter südlich. Wie eine Barriere erhebt sich der Höhenzug zwischen dem Werratal und Kassel, das noch in Sichtweite liegt – ein Bikespot par excellence.

km 0,0 / 160 m Auf »Bielsteinstr.« zum Bahnübergang. Anschließend linker Hand die Unterführung der B 27 passieren. Nächste Straße links, dann wieder links und kurz vor der B 27 rechts Teerweg »An der Berka« folgen.
0,6 / 170 m Rechts bergan bis Sitzbank, dort rechts und auf Trail »26« bergan. Bei km 1,9 Straße queren, auf Waldweg an Wandertafel entlang.
3,9/ 210 m Nach schönem Singletrail am Besucherbergwerk »Gustav« links auf Straße, weiter talaufwärts. Bei km 4,1 an Rechtskurve der Straße links ab und auf Schotter weiter (»26«).
5,5 / 250 m Unterhalb alter Kirche links auf Teer. Nach 100 m rechts auf Hauptstraße durch Abterode. Kurz vor Kirche links auf »Hinterweg« Richtung »Gut Mönchhof«. 200 m weiter rechts auf »Rehbergstr.«.
6,6 / 250 m Ab Ortsrand geradeaus auf

Start: Auf der B 27 aus Richtung Göttingen oder Eschwege nach Albungen, südlich von Bad Soden-Allendorf. Hier Bahnübergang queren, dann links, sofort neben Schuppen an der Bahnlinie (»Bielsteinstraße«) parken und dort Tour starten.
Karte: Topografische Karte 1:50.000, Blatt 16, »Meißner-Kaufunger Wald«, Hessisches Landesvermessungsamt.
Literatur: Mountain Bike aktiv »Hessen«, Pietsch, Stuttgart.
Info: Verkehrsbüro Eschwege, Tel. 05651/ 30 43 39 oder Kurverwaltung Bad Soden-Allendorf, Tel. 05652/9 58 70.
Bikeshop: Pro Velo, Tel. 05651/7 64 31.

Schotter (»26«) bergan. Nach 1500 m auf Feldweg bergab. Bald links auf Straße nach Germerode.
9,1 / 315 m Im Ort bald (zweite Möglichkeit) rechts Richtung »Kloster«. Nach 400 m am Gasthaus »Meißnerhof« geradeaus auf Straße »Klosterfreiheit« Richtung »Kloster« (»24«).
10,1 / 295 m Kurz vor Ortsende links »Auf dem Berge«. 100 m weiter an

Teergabelung geradeaus und bald auf Schotter bergan, dann bergab durch Talmulde. Am Waldrand dann rechts auf Grasweg bergan (»24«).

11,4 / 330 m Rechts (»M«). Etwas weiter an der »Lausebuche« erst links auf Sträßchen, dann rechts auf breitem Schotterweg geradeaus bergan bis km 16,9. Dort rechts bergan Richtung »Seesteine«.

17,7 / 555 m Bei Felsen rechts, nach 300 m an den »Seesteinen« hart links bergan (»X 4«).

18,9 / 625 m An Kreuzung etwas links, »X 4« ignorieren, und auf Waldweg weiter bis zum Waldrand. Dort auf Wiesenweg geradeaus Richtung Sender bergan.

20,3 / 655 m Am »Meißnerhaus« links auf Teerweg. 500 m weiter rechts auf Landstraße bergan. Bald geradeaus über Parkplatz. Bei km 21,4 dann rechts auf Singletrail an Straße entlang (»X 4«) Richtung »Frau-Holle-Teich«.

22,2 / 700 m Etwas rechts von Straße weg. Nach 400 m links, dann Straße queren und weiter auf Singletrail (»X 4«).

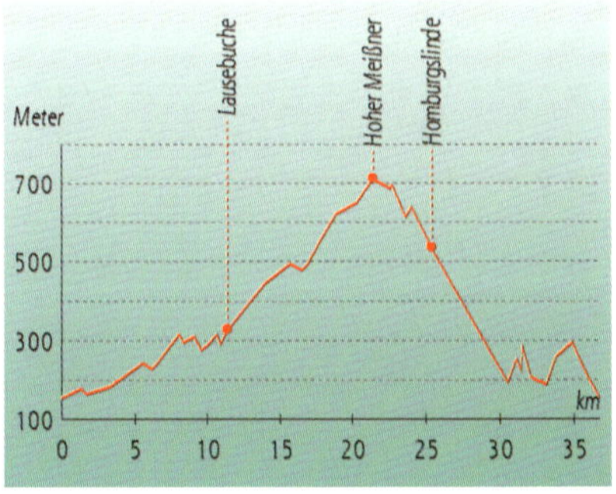

24,0 / 644 m Am Abzweig »Kalbe« geradeaus, auf Straße bergab bis Parkplatz am Frau-Holle-Teich. Hier hart rechts und auf holprigem Hohlweg (»23«) bergab.

25,4 / 540 m Rechts auf Singletrail weiter. 250 m weiter, nach Linkskurve, rechts (»23«). Bei km 26,1 direkt an der Straße bei der »Homburgslinde« 90° links, Schotterweg kreuzen und auf Waldweg (»23«, »24«) weiter.

28,2 /240 m Am Teerdreieck rechts. 300 m weiter in Frankershausen rechts auf Hauptstraße. Anschließend links »Berkastr.« Richtung »Hitzerode« folgen. Am Abzweig »Anger« rechts. Bei km 30,0 kurz nach Bushäuschen links. Dann rechts »Am Warteberg«.

30,5 / 200 m Am Ortsrand links auf Teerstraße bergan. Nach 600 m an Gabelung rechts bergab. 50 m weiter links und auf Schotter am Waldrand entlang. Bei km 31,4 an Gabelung links bergan.

31,5 / 290 m Oberhalb des Steinbruchs geradeaus auf Singletrail bergab, (»23«,»24« bis Tourende beachten). 600 m weiter links. Bei km 33,1 links an Gasthaus »Frau Holle« entlang bergan.

33,8 / 265 m Halblinks auf Waldweg weiter. An nächstem Abzweig rechts bergan. Auf der Höhe Singletrail queren und weiter (»23« »24«) folgen.

35,5 / 244 m Ab Waldrand geradeaus, am Feld entlang bergab. Nach 400 m geradeaus auf Teer bergab. 600 m weiter rechts an Feld entlang bergab. Bei km 36,4 rechts auf Straße, bald links Unterführung von B 27 passieren und zurück zum Ausgangspunkt (km 36,7 / 160 m).

Basaltfelsenmeer an der Kalbe

31 Franzosenstraße

Waldhessen – dieser Begriff steht für ausgedehnte Wälder, Ruhe und Einsamkeit. Wo könnte man dem Bike also besser die Sporen geben als hier auf der alten Franzosenstraße, die selbstverständlich auch Bikern anderer Nationen ihre Vorzüge preisgibt.

km 0,0 / 182 m Erst die Fuldabrücke queren, dann rechts der B 83 Richtung »Bebra« folgen. Nach 1,2 km links auf der Straße »Im Heienbach« weiter. Bei km 2,3 an einer Teergabelung etwas links halten, dann geradeaus auf Schotter durch das Heienbachtal. Bei km 3,9 an der Grillhütte »Olide« geradeaus weiter. Bei km 4,4 an einer Gabelung ebenfalls geradeaus.

5,2 / 400 m Geradeaus über Kreuzung und dann auf gleicher Höhe weiter. Nach 300 m rechts halten. Nun Markierung »X« bis km 14,6 zur »Dankeröder Höhe« folgen.

14,6 / 460 m An der »Dankeröder Höhe« rechts auf die Straße (wenig befahren). Bei km 15,8 an Straßenabzweig geradeaus über den Schotterparkplatz

Start: Von der A 7 (aus dem Süden) über das Kirchheimer Dreieck und A 4 zur Abfahrt »Bad Hersfeld«. Dann auf der B 27 nach Bebra. Anschließend auf der B 83 nach Rotenburg. Tourstart auf dem Parkplatz unter der »Neuen Fuldabrücke« am linken Fuldaufer. Die Bahnanreise ist auch günstig.
Karte: Topografische Freizeitkarte 1:50.000, Blatt 13 »Waldhessen«, Hessisches Landesvermessungsamt.
Literatur: Mountain Bike aktiv »Hessen«, Pietsch, Stuttgart.
Info: Verkehrsamt Rotenburg, Tel. 06623/ 55 55, Fax 06623/81 82 63.
Geführte Touren: Bretting Sport, Tel. 06623/91 97 20.
Bikeshop: Rotenburger Fahrradstudio, Tel. 06623/32 82. Bei Notfällen und Reparaturen selbst auf Tour: Bikenotruf-Hotline mit Servicemobil, Tel. 06623/91 97 20.

und nun der Markierung »F« über die Franzosenstraße bergan folgen. Nach 300 m auf der Höhe rechts (»F«) in Richtung »Bebra« abbiegen. Bei km 16,6 ebenfalls rechts halten.

20,8 / 405 m »Am schwarzen Stock« Straße queren und geradeaus wei-

ter auf Weg (»F«). Nach 500 m rechts halten. Bei km 22,5 dann wieder rechts, weiter bis km 23,2. Hier zunächst rechts, dann links auf Hohlweg bergab (»F«).
26,3 / 370 m Am Waldrand, 4 km vor Bebra »F« verlassen und rechts auf Waldweg (»L 7«) bergab. Bei km 27,6 an Schutzhütte rechts bergab.
28,9 / 195 m Auf Weg »Zum Vogelsberg« erreicht man in Lispenhausen die B 83. Hier links abzweigen, die nächste dann rechts Richtung »Sportplatz« (»R 5«) weiterfahren. Nach den Gleisen schließlich rechts auf den »Hohlweg« zum Fuldaufer und dann am Ufer entlang nach Rotenburg.
32,0 / 186 m Links halten und in die »Brotgasse«. Nach 800 m in der Altstadt von Rotenburg an der Volksbank links abbiegen, die »Alte Fuldabrücke« queren und dann rechts zurück zum Ausgangspunkt in Rotenburg (km 32,9 / 182 m).

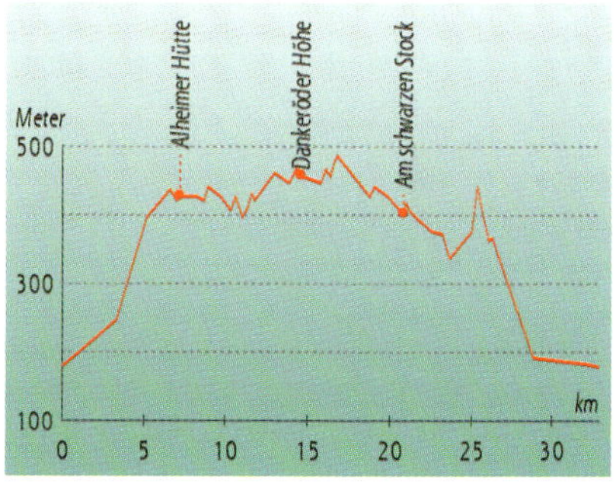

32 Seulingswald

35,9 km | 500 Hm | 2–3½ Std. | leicht | leicht

Start: Übers Kirchheimer Dreieck oder aus Richtung Eisenach auf der A 4 bis zur Abfahrt »Wildeck-Hönebach«. Dann auf der Landstraße in den Ort Hönebach und dort am Gasthof »Lindenhof« an der Hauptstraße starten.
Karte: Topografische Freizeitkarte 1:50.000, Blatt 13 »Waldhessen«, Hessisches Landesvermessungsamt.
Literatur: Mountain Bike aktiv »Hessen«, Pietsch, Stuttgart.
Info: Verkehrsamt Wildeck-Obersuhl über Gemeindeverwaltung, Tel. 06626/ 92000.

Mächtige Kalihalden überragen die natürlichen Erhebungen des Stölzinger Waldes. Mit dem Bike sollte man den Halden, die für Downhiller durchaus verlockend aussehen, allerdings tunlichst fern bleiben: Das Betreten der bergbaulichen Anlagen ist strengstens verboten; außerdem fressen aggressive Salzverbindungen sofort an jedem Metall.

km 0,0 / 270 m Ab Gasthof »Lindenhof« auf Straße bergab »X 4« folgen. Nach 300 m rechts auf Straße »Am alten Berg« bergan. Etwas weiter wieder rechts und ab dem Ortsrand auf Grasweg (»X«) steil bergan. Bei km 0,6 links auf Teerweg an Enzianhütte entlang bergan. 100 m weiter geradeaus auf Feldweg an Weide entlang. Bei km 0,9 rechts auf Singletrail (»X«) weiter bergan.
1,5 / 360 m Straße queren. Dann am Parkplatz »Hoher Mahlstein« rechts auf Schotterweg (»X 4«) Richtung »Nadelöhr«.
4,2 / 440 m Links an Straße entlang. Nächste links und auf Waldweg bergab. Nach 300 m an kleinem gelben Grenzstein rechts bergab, Markierung »X4« beachten. Bei km 5,2 rechts auf breiten Schotterweg abbiegen. »X« bald ignorieren und den Hinweisen Richtung »Friedewald« folgen.

Über allem wacht der Monte Kali.

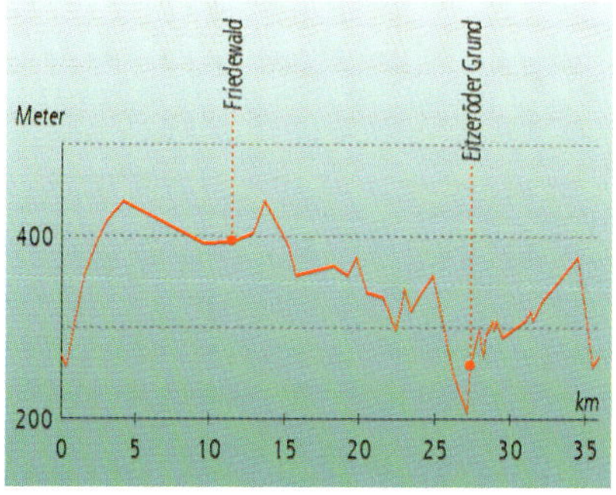

9,6 / 395 m Rechts, nach 300 m auf Straße nach »Friedewald«. Mitten im Ort (km 11,5) links zum »Wasserschloss« abbiegen. Bei km 11,9 links auf geteertem »Kupper Weg« weiter. 400 m weiter an Wegekreuzung links auf Feldweg abbiegen.
12,9 / 405 m Geradeaus auf Wiesenweg oberhalb der Straße entlang bis zu Baumgruppe mit Sitzbank. Dort rechts auf Schotter (» + 32«) bergan. Bei km 13,4 rechts bergan. 100 m weiter scharf links (» + 32«) Richtung »Walterskirche«.
13,7 / 440 m An Wasserbehälter links, bald auf Singletrail weiter. Nach 300 m an Gabelung linkem Weg folgen. Bei km 14,8 an Waldparkplatz links auf breitem Schotterweg bergab.
15,3 / 392 m Rechts auf Straße. Nächste links und auf Teerweg B 62 unterqueren. Bald auf alter Straße rechts am Parkplatz entlang, » + « ignorieren. Bei km 16,8 direkt vor der B 62 links auf Schotterweg abzweigen.
18,3 / 370 m Links auf Hauptweg bergan. Nach 400 m rechts ab (» + «). Bei km 20,1 geradeaus auf Grasweg (» + «).
21,6 / 335 m Rechts auf Schotter bergab. Nach 800 m links auf Teer, dann oberhalb von »Heimboldshausen« bergan bis zum Waldrand bei km 23,0. Hier rechts auf Waldweg weiter.
24,1 / 340 m Geradeaus, nach 30 m steil bergan zur Höhe. Dort etwas rechts dem Weg über den begrasten Hügel folgen. Bei km 25,8 an links bergab Richtung Ort.
26,2 / 250 m In Wölfershausen links, nächste wieder links. Bei km 26,7 am Abzweig »An der Liede« rechts zur Landstraße. Dort links weiter. Bei km 27,1 nächste Landstraße queren und rechts auf Teerweg weiter. 100 m weiter rechts auf Schotter.
27,3 / 260 m Links auf Schotter bergan zum Wasserbehälter. Dort rechts am Waldrand entlang bergan (»Eitzeröder Grund«).

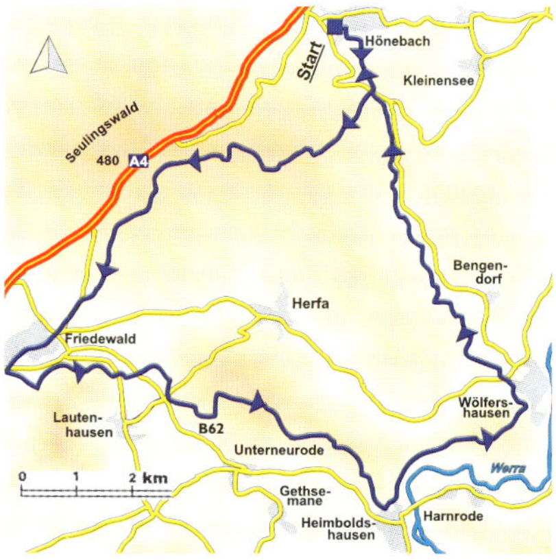

28,6 / 300 m Am Waldrand links bergan. Nach 400 m geradeaus auf Schotter bergab. Bei km 29,5 Kreuzung geradeaus queren und wieder bergan.
32,1 / 330 m Rechts, dann kurz vor Straße links weiter talaufwärts. Bei km 34,1 rechts zum Parkplatz. Dort die Straße halb links queren und auf Weg (»X 4«) dem Anstieg entgegengesetzt bergab. Bei km 35,5 links auf Straße zurück zum Ausgangspunkt (km 35,9 / 270 m).

33 Knüll

41,3 km | 811 Hm | 3 Std. | mittel | mittel

Idyllisch ist es im Knüll, das zum Kurhessischen Bergland gehört. Einsame Waldwege, menschenleere Gipfelplateaus und herrliche Wälder laden zu ausgedehnten Biketouren ein. Was die Gegend verspricht, das halten die Trails auch. Mal schmal, mal breit oder ganz schön verzwickt – hier kommen Anfänger und Könner auf ihre Kosten.

km 0,0 / 320 m Ab Gasthof »Zur alten Post« geradeaus auf B 254 durch Oberaula (»R 11«). Bald rechts ab Richtung »Hollenbach«. Nun der Markierung »Kn« bis Knüllköpfchen folgen. An altem Bauernhaus links auf »Katteröder Weg« talaufwärts. Bei km 1,2 rechts, 700 m weiter links. Bei km 2,1 rechts kurz auf Teer, dann geradeaus auf Schotter dem Bachlauf folgen (»Kn«).
3,3 / 395 m Rechts durch Wald bergan. Nach 1100 m am Waldrand auf zweitem Weg rechts bergan. Nach weiteren 100 m links an Waldrand entlang. Nach nochmals 100 m, kurz vor Jägerstuhl, rechts am Waldrand weiter bis Straße. Hier rechts bergan (»Kn«).
6,0 / 500 m Auf der Höhe die Straße nach links verlassen. Nächste rechts und am Waldrand entlang. 300 m weiter etwas rechts halten. Bei km 6,7 rechts auf felsigem Trail bergab Richtung »Wasserfall«. Nach Steg links auf Singletrail weiter. Bald Staumauer von Teich queren und geradeaus weiter.
7,9 / 452 m Am Ortsrand von Christerode rechts. Im Ort erst links auf Hauptstraße, dann links auf »Schornhofstr.«. An einzelnem Haus außerhalb des Ortes rechts, auf Schotter weiter.
10,0 / 512 m Ab Waldrand Richtung Straße halten. Auf halbem Weg links auf Feldweg. Nach 200 m geradeaus auf Straße weiter. Bald rechts Richtung »Schwarzenborn« abbiegen und den Ort Hauptschwenda passieren (»Kn«).
11,0 / 510 m 200 m nach Ortsende links auf Teer bergan. Am Waldrand geradeaus bis zur nächsten Teergabelung (Achtung: Militärfahrzeuge!). Nun rechts auf Schotter bergan. An nächster Verzweigung wieder rechts, bis km 12,76 geradeaus.
12,7 / 560 m Links auf Straße. Nach 200 m rechts. Bei km 13,1 links auf Straße Richtung »Knüllköpfchen« (»Kn«). Nach weiteren 500 m rechts zum »Jugendhof«. Dort erst links, dann geradeaus bergan bis Knüllköpfchen. Hier nun retour und an letzter Kreuzung bei Sendeanlage (»Kn« nun ignorieren) rechts »X 9« folgen.
14,7 / 604 m An Bauernhof rechts auf Schotter am Feld entlang. Nach 400 m links (»X 9«) auf Singletrail bergab Richtung »Wallenstein«. Bei km 15,4 links auf Schotter zur Wegekreuzung. Hier halbrechts Singletrail folgen.
16,0 / 545 m Links auf Schotter weiter. Nach 300 m rechts Hauptweg (»X 9«) folgen. An »Rappelhütte« links zur nächsten Kreuzung. Hier rechts auf Teer bergab (»X«) bis km 18,5. Nun »X« ignorieren und rechts auf Schotter bergab. Nach wenigen Metern wieder rechts und durch Tälchen bergab nach Hergetsfeld. Dort auf Straße »Am Eichwald« bergab nach Appenfeld. Hier links auf Straße nach Wallenstein. Dort bei km 23,2 rechts auf »Burgstraße« talaufwärts am Campingplatz entlang (»rotes Kreuz«) Richtung »Predigerstuhl«.

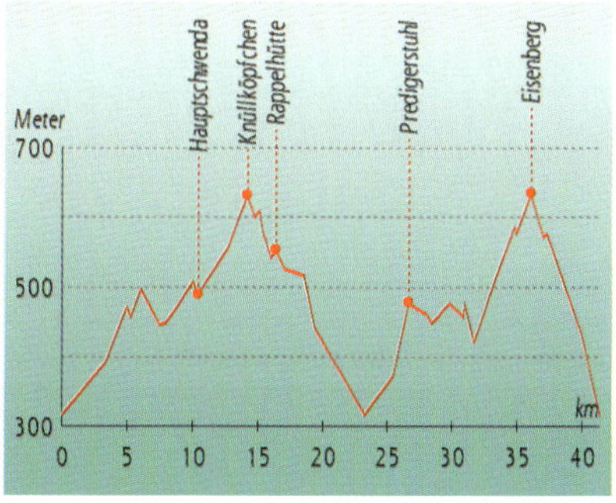

Start: A 7 über Kirchheim verlassen. Dann auf B 454 bis Oberaula. Am Straßenabzweig (Gasthof »Zur alten Post«) nach Neuenstein-Aua startet diese Tour.
Karte: Topografische Freizeitkarte 1:50.000, Blatt 12, »Schwalm, Knüll«, Hessisches Landesvermessungsamt.
Literatur: Mountain Bike aktiv »Hessen«, Pietsch, Stuttgart.
Info: Kurverwaltung Oberaula, Tel. 06628/8081.

33,7 / 534 m Straße verlassen, links auf Teerweg (»E 1«) weiter Richtung »Eisenberg«. Nach 500 m rechts auf Feldweg

Auch im Knüll finden sich prima Bikewege.

25,4 / 375 m Ab Wegedreieck links am Waldrand entlang. 400 m weiter, an Biotop, geradeaus auf Waldtrail bergan (»rotes Kreuz«). An Hütte »Predigerstuhl« rechts entlang. Nach wenigen Metern rechts auf sumpfigen Waldweg, alte Schranke passieren und »N« Richtung »Neukirchen« folgen.
28,0 / 465 m Links auf Teer (»N«) bergab. Nach 400 m links, »N« folgen und auf Schotter durch kleines Waldstück. Am Waldrand rechts auf Waldweg (»N«). Bei km 30,9 auf Teer geradeaus zur Straße. Dort links über die Kuppe. Bei km 31,7 rechts Richtung »Eisenberg« (»N«).

(»E 2«) weiter. Am Waldrand dann links (»O 3«) auf Wiesenweg bergan. Ab Aussichtsturm (mit Gaststätte) auf Straße bergab (»O 3«).
37,0 / 575 m Rechts, Straße Richtung »Oberaula« verlassen (»Dreieck«). Bei km 38,2 links auf Grasweg bergab Richtung »Oberaula«. Nach weiteren 700 m erst rechts, dann links und auf Waldtrail bergab. Nach 200 m Straße queren und weiter auf Waldtrail bergab.
39,9 / 435 m An Gabelung links, Wald verlassen. Dann rechts auf Wiesenweg am Waldrand entlang. Ab km 40,7 auf Straße bergab zum Ausgangspunkt (41,3 / 320 m).

Sauerland

Das Sauerland, die »Lunge des Ruhrgebiets«, umfasst die Landkreise Lüdenscheid, Olpe, den Hochsauerlandkreis und das Waldecksche Upland, das allerdings schon in Hessen liegt. Im Land der 1000 Berge bestimmen drei markante Höhenzüge die Landschaft: Rothaargebirge, Ebbegebirge und Homert. Dazwischen gibt es Felder, Wiesen, Talsperren und malerische Fachwerkorte. Und natürlich sensationelle und abwechslungsreiche Touren, vorwiegend leicht bis mittelschwer.

34 Willinger Höhen

44,5 km | 1040 Hm | 2½–3½ Std. | mittel | mittel

Die richtige Bezeichnung für Hessens zweithöchste Mittelgebirgsregion lautet »Upland«. Und das gehört zum Sauerland, das bis Dortmund und damit ans Ruhrgebiet reicht. Für Biker jedenfalls ist es ein großartiges Gebiet – nicht nur für die »Ups«, sondern auch die »Downs«.

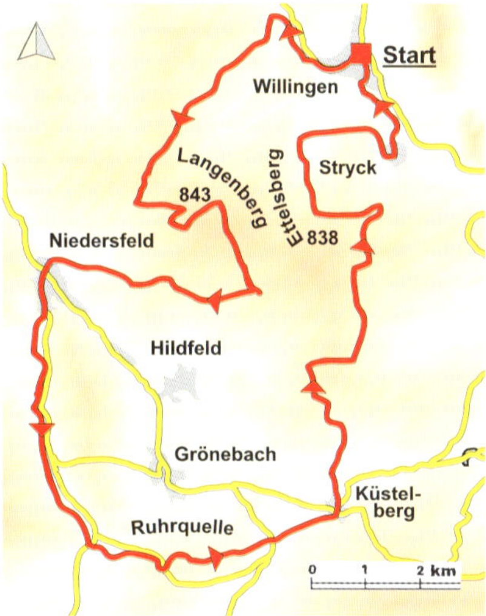

Start: Aus dem Ruhrgebiet über A 46 bis Meschede, weiter auf B 7 bis Brilon und hier auf B 251 bis Willingen. Von Kassel auf B 251 über Korbach oder aus Frankfurt über Autobahn und B 3 nach Marburg, dort weiter auf B 252 und ebenfalls auf B 251 über Korbach nach Willingen. Die Tour startet in Willingen am Straßenabzweig von der B 251 zum Diemelsee.
Karte: Topografische Karte 1:50.000, »Naturpark Rothaargebirge« (Nordteil), Landesvermessungsamt Nordrhein-Westfalen.
Literatur: Mountain Bike aktiv »Hessen«, Pietsch, Stuttgart.
Info: Kur- und Touristikservice Willingen, Tel. 05632/40 11 18.
Geführte Touren: Kurpension Schröder, Tel. 05632/64 44; Fewotel »Sauerlandtreff« im Ortsteil Usseln, Tel. 05632/3 10.
Bikeshop: Heiners Bikeshop, Tel. 05632/41 85.

km 0,0 / 548 m Ab Straßenabzweig »Diemelsee« mitten in Willingen auf die B 251 Richtung »Brilon«. Nach 1,3 km, kurz nach Bahnhof am Ortsausgang erst links, dann rechts, »Am Hoppern« auf Teer bergab. Nach weiteren 200 m links. Bei km 1,8 dann rechts auf Kiesweg weiter (»Raute«) bis km 3,4. Hier nun links um die Kehre Richtung »Langenberg«.
3,7 / 630 m An einem Holzplatz rechts (»rotes Dreieck«) auf Schotter bergan. 500 m weiter rechts ab und an Hütte entlang. Nach weiteren 300 m links auf Hohlweg steil bergan. Man folgt den Grenzsteinen zwischen Hessen und Nordrhein-Westfalen und kurbelt geradeaus am Richtplatz entlang zum Langenberg hinauf.
7,2 / 820 m Links ab und bald geradeaus am »Gipfelkreuz« Langenberg entlang. Bei km 7,7 rechts halten. Nach weiteren 100 m links auf Forstweg bis zu Wegeplatz, hier wieder links. 300 m weiter nochmals links.
9,8 / 732 m Kurz nach Schutzhütte links Richtung »Keller«. Dort rechts am Bach entlang. Bei km 11,0 praktisch geradeaus bergan (»X«).
10,4 / 680 m Keller.
12,3 / 783 m An der Hütte »Scheid« hart rechts und durch die Hochheide »Neuer Hagen« (»X 16«). Bei km 14,4 dann 90° rechts, Parkplatz queren und der Markierung über netten Trail bergab Richtung »Niedersfeld« folgen.
15,7 / 612 m Nach schönem Trail links auf Schotter. 100 m weiter rechts auf Teer bergab nach Niedersfeld. Hier links auf B 480 Richtung »Winterberg«. Bei km 17,5 am Ortsende rechts halten, Ruhr queren und dann etwas links durchs Ruhrtal Markierung »XR« Richtung »Ruhrquelle« folgen.
16,9 / 520 m Niedersfeld.
18,5 / 580 m Weiter geradeaus durch Ruhrtal. Nach 700 m am Campingplatz Straße queren. Bei km 20,9 ebenfalls Straße queren. Bei km 21,9 links für knapp 100 m auf B 480, dann rechts (»XR«) Richtung Ruhrquelle.
23,3 / 670 m An der Ruhrquelle links und die Straße wieder queren, »X 13« bergan folgen.
25,8 / 670 m Kurz nach Sandgrube links auf Straße. Wenige Meter weiter rechts und am Waldrand (»X 13«) entlang bergan. Auf der Höhe dann rechts Richtung Küstelberg.
27,7 / 675 m Im Ort links, Hauptstraße queren und Markierung »X 15« Richtung »Willingen« folgen.
29,2 / 730 m Geradeaus auf Schotter. Nach 500 m rechts halten. Bei km 29,8 rechts auf Pfad bergan. Nach weiteren 300 m Hütte »Hillekopf«, hier links halten (»rotes Dreieck«).
30,1 / 801 m Hillekopf.
30,7 / 750 m An T-Kreuzng rechts auf Grasweg weiter. Nach 1500 m links (»X 15«) talabwärts Richtung »Willingen«. Bei km 32,7 links am Bächlein entlang, bald am »Waschkump« geradeaus.
34,7 / 645 m An Schutzhütte links Richtung »Ettelsberg« bergan. Bei km 36,2 wieder links. 500 m weiter rechts bis »Lüttekenfeld«. Hier rechts bergan bis zur Schutzhütte »Große Grube«. Nun links halten (»weißes Dreieck«).

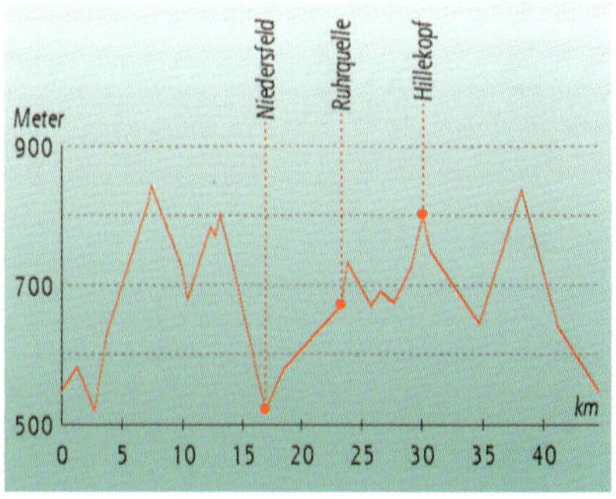

38,2 / 838 m Auf dem Ettelsberg etwas links zur Bergstation der Sesselbahn. Dort bergab, bald Seilbahn unterqueren. Bei km 40,3 nacheinander zwei Schranken passieren und bald auf Teer Richtung »Stryck«. 900 m weiter, kurz nach den ersten Häusern scharf links, »X« beachten. Anschließend rechts auf Teer nach Willingen. Dort rechts auf B 251 zurück zum Ausgangspunkt (km 44,5 / 548 m).

Im Sauerland muss der Biker aufpassen, dass er nicht zum Waldschrat wird.

35 Über die Ziegenhelle

38,1 km | 1005 Hm | 3–4 Std. | mittel | mittel

Der Ort Bromskirchen, gerade noch auf hessischem Gebiet gelegen, ist der ideale Ausgangspunkt für diese Tour ins Hochsauerland. Denn der Rothaarkamm mit Kahler Asten und Ziegenhelle – beide Gipfel übersteigen übrigens die 800-Meter-Marke – liegt in Sichtweite.

km 0,0 / 440 m Ab dem Rathaus in Bromskirchen zunächst auf der B 236 Richtung »Hallenberg«. Nach 200 m links ab (»X 15«) nach Hallenberg. Dort rechts, dann links auf der B 236 weiter. Bei km 2,5 rechts in die »Bahnhofstraße« abbiegen. Nach der Liesebrücke links durchs Gewerbegebiet, »X 15« wieder beachten.
3,0 / 400 m Rechts ab »An der Hark«. Nach 500 m wieder rechts. Bei km 4,1 rechts, 300 m weiter links halten. Bei km 4,6 wieder links auf Teer. 200 m weiter links auf Pfad bergab nach Liesen. Hier geradeaus auf Straße weiter (»X 15«).
6,3 / 460 m Links, Straße verlassen und durch das Liesetal bergan. Nach 1000 m links über Brücke (»X 6«). 100 m weiter dann über die Höhe nach Züschen.
9,3 / 460 m Rechts auf B 236 durch Züschen. Bei km 11,6 am Sägewerk links auf »Junkerstraße«, anschließend links auf »Unterer Haumeckeweg«, Richtung »Kahler Asten«. Bei km 12,1 nach Brücke über alte Eisenbahn rechts auf Schotter bergan.
12,4 / 610 m An Barke links und dann bis »Helle Platz« (km 16,5) geradeaus bergan. Hier nun Straße queren, weiter »X 6« bergan folgen.
16,7 / 800 m Rechts auf breiterem Weg zur Straße, dort links. Nach 500 m links zur Astenklause. Dort (»X 14«) über Trail Richtung »Neuastenberg«.
17,9 / 788 m Rechts Straße queren, weiter nach Neuastenberg. Dort B 236 queren und auf Straße Richtung »Girkhausen« bergab. Bei km 19,6, am Ortsende von Neuastenberg links auf »Postwiese« Richtung »Mollseifen« (»X 14«).
20,1 / 670 m Links (!) auf verwachsenem Pfad bergab. Nach 200 m an Gabelung geradeaus auf breitem Weg. Nach weiteren 100 m hart rechts herum zur Straße. Auf dieser links bergan nach Mollseifen (km 21,3). Hier rechts »In der Trift«. Sofort wieder rechts, weiter auf Teer, bald Schotter und der Markierung »X 14« Richtung »Ziegenhelle« folgen.
24,2 / 704 m Links über Ziegenheller Kammweg (»rotes Dreieck«). Bis km 27,3 geradeaus. Dann links ab zum Aussichtsturm »Ziegenhelle«. Anschließend zu diesem Punkt retour und aus Richtung Aussichtsturm gesehen geradeaus »M« folgen.
28,0 / 796 m Geradeaus auf Grasweg weiter. Nach 100 m links halten. Bei km 28,2 wieder links zur »Wallershöhe« fahren. Bei km 30,0 scharf rechts auf Schotter weiter.
30,6 / 736 m Kurz vor »Naturschutzgebiet« links auf Schotter bergab. 700 m weiter links halten. Bei km 31,6 erst links und nach 100 m geradeaus auf Straße bis Busstopp »Trambach«. Kurz danach rechts auf Schotter bergab.
33,4 / 644 m An Wegeplatz die zweite links, dann geradeaus bergab nach Bromskirchen. Bei km 36,7 rechts ab und zurück zum Ausgangspunkt in Bromskirchen am Rathaus (km 38,1 / 440 m).

Start: Von Marburg auf B 252 über Wetter nach Münchhausen und dort auf B 236 via Battenberg nach Bromskirchen, kurz vor Hallenberg. Aus Richtung Kassel auf A 49 bis Borken. Dann auf B 3 nach Zwesten. Von dort auf B 253 über Frankenberg nach Battenberg. Hier auf B 236 nach Bromskirchen. Mitten im Ort, direkt am Rathaus, startet diese Tour.
Karte: Topografische Karte 1:50.000, »Naturpark Rothaargebirge« (Nordteil), Landesvermessungsamt Nordrhein-Westfalen.
Info: Gemeindeverwaltung Bromskirchen, Tel. 02984/9 21 10.
Bikeshop: Kompetente Hilfe findet man im Notfall in Winterberg (nahe Tourverlauf) bei Probiker, Tel. 02981/17 15.

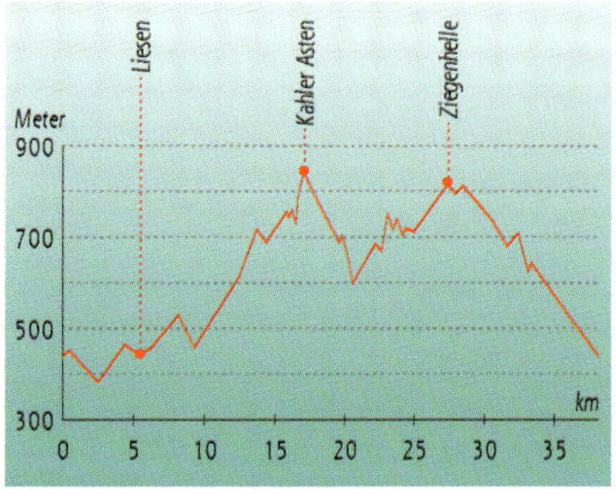

36 Didoll und Sackpfeife

45,2 km | 856 Hm | 3–3½ Std. | mittel | mittel

Wer rund um das Lahntal auf Biketour geht, erlebt eines der größten Waldgebiete Deutschlands – mit Schotterkilometern und allerfeinsten Singletrails. Diese traumhafte Mittelgebirgslandschaft wurde durch einige göttliche Launen der Natur vor zig Millionen Jahren geschaffen, und das Flüsschen Lahn spülte ein wunderschönes Tal ins Gebirge hinein.

km 0,0 / 295 m Ab Bahnhof Biedenkopf auf B 62 (Richtung Bad Laasphe) zum Marktplatz. Diesen rechts queren und anschließend auf Straße »Am Eschenberg« bergan (»X 14«). Bei km 1,5 links in »Oberer Eschenberg« einbiegen.
1,8 / 376 m Scharf rechts. Dann auf Schotter geradeaus bergan bis zur Schutzhütte bei km 4,8. Hier nun links (»Dreieck 13«) bergan.
5,9 / 550 m An Kreuzung rechts. 200 m weiter dann links halten. Ab dem höchsten Punkt, bei km 6,6, rechts auf Schotter bergab. Nach nochmals 200 m links auf Hauptweg bergab.
7,6 / 510 m Rechts, Straße queren und auf breitem Weg (»X 23«) bis zur Talstation am Skilift Sackpfeife. Hier nun links auf Trail bergan.
9,7 / 620 m Links Bächlein queren. Dann rechts auf Waldweg 200 m bergan zur nächsten Kreuzung. Hier

Start: Die Tour startet am Bahnhof in Biedenkopf.
Karte: Topografische Karte 1:50.000, »Naturpark Rothaargebirge« (Südteil), Landesvermessungsamt Nordrhein-Westfalen.
Info: Verkehrsbüro der Stadt Biedenkopf, Tel. 06461/70 40.
Bikeshops: Fahrrad Michel, Tel. 06461/ 25 73. Den nächsten echten Bikeshop findet man in Wetter: Bike Store, Tel. 06423/28 89.

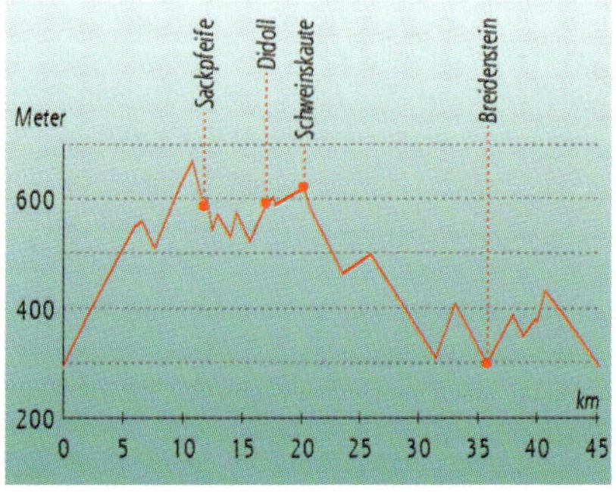

➘ rechts. 300 m weiter scharf links abbiegen. Bei km 10,5 an Wegspinne rechts, auf mittlerem Weg bis zum Aussichtsturm auf der Sackpfeife. Anschließend hierher retour und rechts ab Richtung »Didoll« (»X 23«).

11,8 / 584 m Von breiter Schotterpiste rechts auf Singletrail abbiegen. 700 m weiter am Strommasten rechts auf »Lausfeldweg«. Bei km 14,0 ein Sträßchen queren und dann links auf Singletrail bergan Richtung »Didoll«.

17,0 / 590 m Am Didoll links auf Straße abbiegen. Nach 300 m rechts ab und der Markierung »X 15« auf Schotter folgen. Bei km 19,3 an der »Schweinskaute« etwas links halten und auf Waldtrail weiter.

20,8 / 580 m Kurz nach Kreuzung erst rechts, dann (ohne Markierung) links auf Waldweg weiter. Bei km 22,7 rechts bergab bis zu kleinem Steinbruch. Hier auf dem zweiten Weg links weiter.

26,0 / 500 m An Abzweig rechts talabwärts. Zuletzt auf Teer erreicht man die

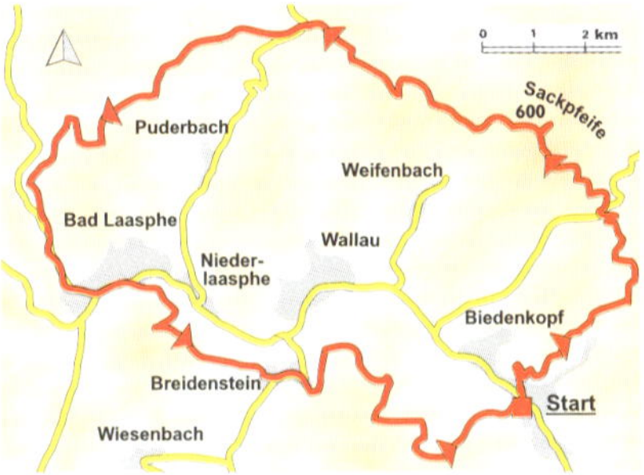

Straße. Nun rechts durch Bad Laasphe. Bald links halten und auf B 62 weiter durch den Ort. Bei km 30,4 rechts ab »Stockwiese«, Gleise queren, an Lahn entlang.

31,5 / 310 m Hart rechts zum Schrottplatz, dort links halten. Anschließend verlässt man Bad Laasphe (»L«).

33,1 / 410 m Nach Schotteranstieg nun auf Hangweg (»L«) bergab nach Breidenstein. Bei km 35,6 im Ort links zur »Brückenstraße«. Dort links, nächste rechts »Gartenstraße«. Anschließend B 253 kreuzen, Parkplatz queren und am Ende rechts über Treppe hinauf zur Staumauer vom Speicherbecken. Anschließend links halten. Dann rechts und auf nächstem Teerweg 200 m weiter. Nun links auf Trail bergan.

36,8 / 340 m Waldweg queren und auf rechtem Weg weiter. Nach 200 m an Gabelung links. Nächste rechts und auf Teerweg 100 m weiter. Dann wieder rechts bergan (»L«).

39,9 / 380 m An Schranke auf linkem Weg 200 m weiter. Dann rechts halten. Bei km 40,6 an Gabelung links auf Hauptweg bergab bis km 41,4. Hier rechts auf Grasweg weiter.

42,2 / 390 m Rechts auf breitem Forstweg weiter. Bei km 44,4 auf mittlerem Teerweg bergab. Nach 300 m links halten. Bei km 45,1 auf Straße zur Lahnbrücke. Hier links, Gleise queren und anschließend rechts zurück zum Ausgangspunkt am Bahnhof (km 45,2 / 295 m).

Schottersurf ins Lahntal

37 Zum Olsberg

43,1 km | 1095 Hm | 3½–4 Std. | mittel | anspruchsvoll

Am nördlichen Rand des Rothaargebirges erhebt sich 704 Meter hoch der Olsberg. Von dort hat man eine der schönsten Aussichten über das nördliche Sauerland bis hin zum Arnsberger Wald. Dann geht's auf einen Singletrail mit einer Abfahrt, die zu den besten im ganzen Sauerland gehört.

km 0,0 / 388 m Am Parkplatz Wiggeringhausen gegenüber dem Straßenabzweig zum »Fort Fun« auf Teerweg bergan (»Raute«). Nach 100 m erst rechts, bei km 0,4 links (»Raute«) auf Hohlweg weiter.
1,4 / 456 m Rechts, nächste wieder rechts, nach 100 m links. Bei km 2,1 rechts, »Raute« verlassen. Nach weiteren 600 m rechts halten.

Unübersehbar markiert

Start: Diese Tour startet auf dem Parkplatz Wiggeringhausen an der Straße zwischen Bigge und Elpe, direkt am Straßenabzweig nach Fort Fun.
Karte: Topografische Karte 1:50.000, »Naturpark Rothaargebirge« (Nordteil), Landesvermessungsamt Nordrhein-Westfalen.
Info: Touristikzentrale Sauerland, Postfach 1460, 59917 Brilon, Tel. 02961/94 32 27, Fax 02961/94 32 47.

3,4 / 516 m Rechts (»A 1«), nach 800 m geradeaus (»X 16«). Bei km 4,2 links auf Grastrail bergan und nun mit der »Raute« bis »Siedlingshausen«.
5,0 / 600 m Links an Wiese entlang. Bei km 6,1 links auf Teer zur Fahrstraße, dort links.
6,7 / 570 m An zweiter Möglichkeit Fahrstraße nach rechts verlassen.
7,7 / 560 m Links auf Fahrstraße bergab nach Siedlinghausen.
9,1 / 460 m In Siedlingshausen links zur Kirche, dann geradeaus durch den Ort.
10,2 / 462 m Links Richtung »Krämerhöhe«. Nun »X 25« bis Niedersfeld folgen. Bei km 10,3 rechts, nach 100 m rechts auf Teer bleiben. Bei km 10,8 rechts auf Teer, nach weiteren 1100 m auch rechts.
12,2 / 600 m Links auf Schotter.
13,5 / 670 m Etwas rechts, auf Hauptweg bleiben.
13,9 / 675 m An Gabelung rechts, nach 300 m (!) links, dann sofort rechts auf tollem Singletrail bergab.
14,6 / 590 m Erst rechts, dann an Hütte links nach Niedersfeld.
16,0 / 520 m In Niedersfeld weiter Richtung Kirche. Dort links auf B 480 durch den Ort. Bei km 16,9 Straße nach rechts verlassen: An Futterstand links auf Singletrail bis zu einem Forstweg. Dort rechts und Markierung »X 2« bis Bruchhausen folgen. Bei km 18,1 links, nach Schranke dann rechts auf Schotter bergan.
20,1 / 660 m Kurz nach Ochsenkreuz rechts halten. 300 m weiter links auf Waldweg abbiegen. Bei km 21,7 links zum Tor, dann auf Teer nach Bruchhausen.
23,9 / 456 m In Bruchhausen links auf Hauptstraße. Bei km 24,8 links »Raute« folgen, nach 100 m wieder links. Bei km 25,0 rechts, dann geradeaus auf Teer. Nach weiteren 300 m an Scheune links (»Raute«). Bei km 26,2 dann rechts auf Schotter, nach 100 m wieder rechts. Bei km 26,4 rechts auf Teer bergan, nun »X 27« beachten.
27,4 / 596 m Rechts, nach 400 m wieder rechts. Bei km 29,2 links, nach 400 m auch links, auf Schotter bergan. Bei km 32,1 erst links, dann geradeaus bergan.
32,8 / 704 m Bei Gipfel-Hütte Olsberg (tolle Aussicht) links (»8«) bergab auf Singletrail.
33,0 / 670 m Kurz links auf Schotter dann wieder rechts auf Singletrail. Bei km 33,8 rechts, sofort links (»Dreieck«) auf Singletrail.
34,9 / 590 m Geradeaus, nach 300 m links zur Straße. Dort wieder links. Bei km 36,1 halbrechts über Brücke und Bahngleise, danach links auf Schotterweg; »Raute« bis Tourende folgen.
36,9 / 420 m Etwas links bergan. Bei km 38,3 rechts, nach 100 m und bei km 39,6 geradeaus. Bei km 39,9 links, nach 400 m rechts auf Grastrail weiter. Bei km 40,5 links auf Schotterweg.
40,9 / 536 m An höchstem Punkt links (»Raute«). Nach 600 m rechts auf Grasweg bergab, nach weiteren 700 m geradeaus. Bei km 42,9 dann links auf Teer zum Ausgangspunkt (km 43,1 / 388 m).

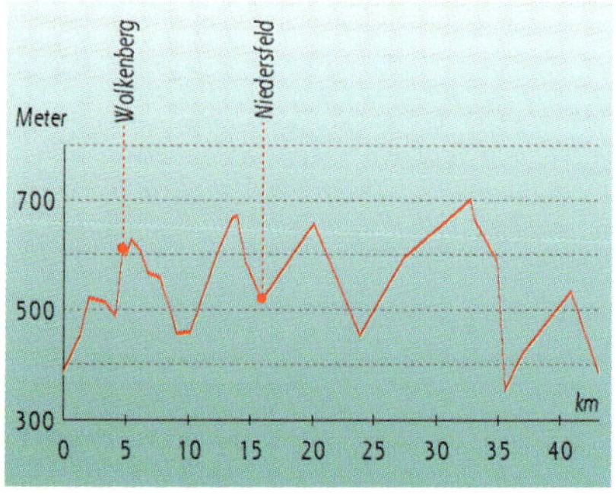

EXTRA: Bikearena Willingen

Am Ettelsberg (Aufstieg evtl. per Sessellift) wartet eine vier Kilometer lange Abfahrtsstrecke mit einer Höhendifferenz von 300 Metern. Außerdem kann man in Willingen auf 160 Kilometer ausgeschilderter Strecke radeln oder dem B-One-Funpark einen Besuch abstatten. Infos: Touristenservice Willingen, Waldecker Str. 12, 34508 Willingen, Tel. 05632/40 11 80, Internet www.willingen.de.

38 Rhein-Weser-Turm

37,4 km | 835 Hm | 3–3½ Std. | mittel | mittel

Der Rhein-Weser-Turm (685 m) auf dem Westerberg, ein Gipfel des südlichen Rothaargebirges, bildet nicht nur die Wasserscheide der beiden großen deutschen Flüsse. Denn neben einem tollen Fernblick besitzt dieses Gebiet auch erstklassige Trails, die Mountainbiker-Herzen schneller schlagen lassen.

km 0,0 / 290 m Ab »Rüberger Brücke« in Altenhundem auf Teer retour Richtung B 517. Nach 300 m auf Weg »Unterm Beul« weiter, bald rechts bergan. 200 m weiter rechts auf Schotter, nach weiteren 100 m rechts auf breiten Schotterweg (»Raute«).
1,3 / 340 m Am Marterl links bergan, dann geradeaus.
2,7 / 400 m An Wegegabelung links (»Rechteck«). Bei km 2,9 rechts, nach weiteren 500 m scharf links, steil bergan.
3,7 / 455 m Rechts heftig bis Gipfel bergan, dort geradeaus.
4,3 / 536 m Rechts auf Grasweg bergab. Nach 200 m links bergab auf Schotter.
5,4 / 440 m Am Bettinghof links auf Feldweg bergan. Nach 500 m rechts am Waldrand entlang. Bei km 6,9 auf größerem Platz geradeaus der Markierung »L« bis zum Riesenberg folgen.
8,7 / 497 m Am »Steinernen Kreuz« Teerweg queren, sofort links. Nach 500 m links »L« Richtung »Alpenhaus«.
9,5 / 575 m Etwas links, dann auf Grasweg bergab, später bergan, Hinweisen »Potsdamer Platz« folgen.
12,7 / 540 m An Gabelung rechts bergan bis »Potsdamer Platz«, dort Teerweg queren, geradeaus bergan (vorübergehend »X«).
13,8 / 590 m An Wegspinne auf mittlerem Weg kurz bergan, dann rechts halten. Nach 200 m links bergan, nach weiteren 100 m rechts auf Pfad bergan.

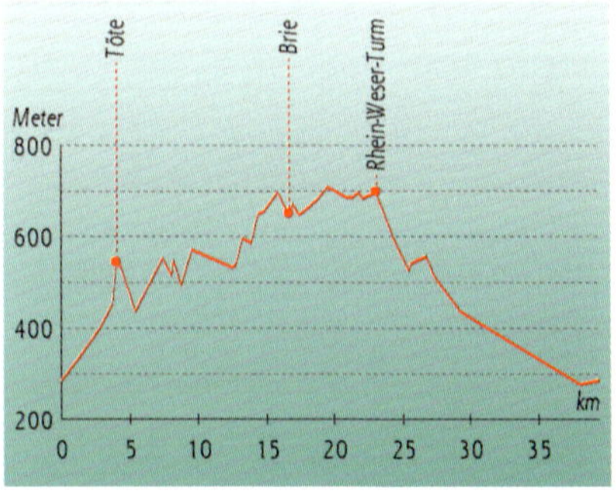

14,3 / 650 m Rechts, Schranke passieren, zum »Alpenhaus«, dann hierher retour und bei Schranke rechts bergan (»X«).
14,8 / 660 m Auf Schotter links (»A 3«) bergan.
16,6 / 650 m Am »Brie« erst etwas rechts, dann sofort links (»L«).
17,8 / 660 m Am Bähmenkamp links, sofort wieder links.
18,8 / 685 m Links zur Hütte »Magarethenstein«, dann retour und »X10« bis zum »Rhein-Weser-Turm«.
19,5 / 712 m Rechts auf Grasweg, sofort wieder rechts. Bei km 20,0 links, nach Schotterweg etwas rechts.
20,8 / 690 m Links auf Waldweg, dann links auf Schotter weiter. Bei km 20,9 geradeaus auf Teerweg weiter, nach weiteren 100 m rechts halten.
22,0 / 688 m Am Teerweg links, sofort rechts auf Wurzelweg weiter. Bei km 22,5 Straße queren und weiter zum Rhein-Weser-Turm. Dort rechts (»A 3«) und dann an Strommasten entlang bergab.
24,3 / 596 m Am Parkplatz »Panoramapark« links auf Teer bis zum Ortsschild »Rinsecke«, dort links auf Teer weiter.
25,6 / 544 m Kurz nach den ersten Häusern rechts auf Schotterweg bergan, nach 100 m etwas rechts. Bei km 26,2 rechts, nächste links (ohne Markierung). Bei km 26,7 geradeaus auf Waldweg bergab.
27,3 / 515 m An Bach rechts bergab nach Marmecke. Dort kurz vor der Kirche links auf Teer nach »Böminghausen«.
29,2 / 440 m In Böminghausen rechts, dann sofort links auf Teer. Bei km 30,7 links und auf Teer talwärts. Bei km 31,4 an Viadukt rechts zur Straße, dort auch rechts und weiter nach »Würdinghausen«. Im Ort links auf Landstraße über Kirchhundem zur B 517. Auf ihr rechts weiter.
38,0 / 280 m Rechts zur Brücke hinauf, dort links zum Ausgangspunkt abbiegen (km 37,4 / 290 m).

Start: Von der B 517 in Altenhundem abbiegen und zur »Rüberger Brücke« im Gewerbegebiet.
Karte: Topografische Karte 1:50.000, »Naturpark Rothaargebirge« (Südteil), Landesvermessungsamt Nordrhein-Westfalen.
Info: Touristikzentrale Sauerland, Postfach 14 60, 59917 Brilon, Tel. 02961/94 32 27, Fax 02961/94 32 47.
Bikeshop: Freeride Bike in Bad Berleburg, Tel. 02751/62 78.

39 Haard

40,7 km | 405 Hm | 2–3 Std. | leicht | leicht

Von dem schlechten Ruf des Kohlenpotts ist nicht viel geblieben. Stattdessen gibt es tolle Radlreviere, wie etwa die Haard – praktisch vor den Stadttoren nördlich von Recklinghausen gelegen. Hier prägt ausgedehnter Wald mit mächtigen Feuerwachttürmen das Gebiet, dessen höchste Erhebungen aus einer Endmoräne der Eiszeit stammen.

km 0,0 / 55 m Von Parkplatz rechts auf Straße an Bushaltestelle »Marl Sinsen Bahnhof« entlang. Nach 50 m links der »Wallstr.« (»X 6«) folgen.
0,4 / 62 m Am Wendeplatz geradeaus auf Waldweg, Kettenbarriere passieren (»X«). Dann links auf Singletrail (»X«). Bald rechts, dann auf breitem Weg an Bahnstrecke entlang.
2,3 / 40 m Geradeaus, weiter an Bahnlinie entlang, Markierung »X 6« verlassen.
5,1 / 45 m Kurz vor Straßenbrücke auf Wiesenweg, bald an Waldrand entlang und Schranke passieren.
5,5 / 48 m Rechts, nach 30 m links in den Wald hinein (»A 1, A 3«).
6,6 / 68 m Geradeaus über Wegestern, »A« ignorieren, auf Schotter weiter.
7,4 / 72 m Links auf Schotter bergan. Bei km 8,0 zweite nach rechts zum Feuerwachtturm. Dort links, »A 6« beachten.
9,7 / 75 m Links (»A 6«) auf Schotter bergab. Nach 200 m erst rechts, dann geradeaus »X« folgen.
10,7 / 60 m Landstraße kreuzen, dann rechts der Straße auf Radweg leicht bergab Richtung »Haltern«. ➘

Start: Start in Marl-Sinsen am Bahnhof. Auch erreichbar mit der Haardbahn, Regionalexpress RE 2 oder der Regionalbahn RB 54. Gleich unterhalb vom Bahnhof auf P & R-Parkplatz die Tour starten.
Karte: Topografische Freizeitkarte 1: 50.000, Blatt 8, »Naturpark Hohe Mark«, Landesvermessungsamt Nordrhein-Westfalen.
Info: Kommunalverband Ruhrgebiet, Kronprinzenstr. 35, 45128 Essen, Tel. 0201/2 06 90.
Geführte Touren: Geführte MTB-Touren durch die Haard bieten die »Besorgten Biker e.V.«, Frank Wolf, Breslauer Str. 17a, 45731 Waltrop, Tel. 02309/7 78 60. Radererlebnistouren für jedermann bietet »Radtouren Ruhrgebiet«, Richardstr. 18, 45661 Recklinghausen, Tel. 02361/66 73 30.
Bikeshops: Gibt's im Ruhrpott jede Menge, z.B. Balance Fahrradladen, Kortumstr. 5, 44787 Bochum, Tel. 0234/1 20 51, oder Two Wheels, Brückenstr. 2, 45239 Essen-Werden, Tel. 0201/49 15 78.

11,7 / 43 m Nach der Brücke über den Weser-Dattel-Kanal und vor der Brücke über die Lippe rechts bergab. Anschließend auf dem Damm vom Kanal in östliche Richtung weiter.
19,8 / 50 m Genau an der »Fischteichbrücke« links Richtung »Heidestübchen«. Dann links über Brücke.
20,1 / 52 m An »Heidestübchen« rechts über Parkplatz »Levener Mühle«. Dann geradeaus auf so genannter »Ahsener Allee« (»A 1«) weiter.
20,3 / 54 m Am Hof »Riewe« rechts, bald Schranke passieren. 50 m weiter links auf Waldweg (»A 1«).
22,3 / 56 m Rechts (»X 14«). 15 m weiter links (»X«). Bei km 22,5 geradeaus, dann auf Singletrail zur Straße, diese kreuzen und dann auf Waldweg weiter.
23,8 / 64 m An Kreuzung rechts, »X« verlassen.
23,9 / 75 m Nach Kurzanstieg rechts der »Raute« auf Grasweg folgen.

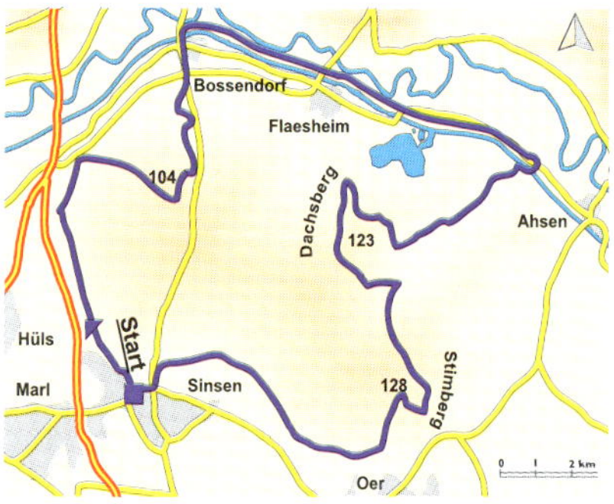

24,1 / 75 m An eingezäuntem Grund an Abzweig 90° links, weiter »Raute« folgen.
24,9 / 92 m An Wasserreservoir rechts. Nach 50 m links an Zaun entlang (»Raute«).
25,3 / 80 m An Kreuzung alle Markierungen ignorieren, geradeaus auf Waldweg bergan. Nach 300 m weiter bergan zur Dachsbergkuppe. Dort geradeaus bergab.
25,8 / 116 m An Kreuzung 90° nach links. 400 m weiter vor Hütte rechts Weg »A 2« folgen.
26,4 / 100 m An Granitfindling links auf breite Schotterpiste (»A 2«), bald Hinweis »Sankt Johannes am schwatten Poot« (»X«) beachten. Bei km 27,0 geradeaus, »X« ignorieren.
27,2 / 88 m An Kreuzung »Großer Grund« 90° links, wieder (»X«) auf Waldweg. Bei km 28,0 »Ahsener Allee« kreuzen (»X 10«). Bei km 28,2 links (»X«).
28,7 / 60 m Rechts auf Schotter weiter. Einige Meter weiter rechts (»X 10) Richtung »Holtgarde«.
31,0 / 110 m An Wegestern rechts. Nach 300 m dann links (»A 7«) zum Stimberg.
31,8 / 125 m Hangweg um das eingezäunte Gelände herum bis Straße. Auf dieser rechts bergan.
32,0 / 156 m Am Militärgelände auf dem Stimberg geradeaus an Zaun entlang und bergab auf Wiesenweg. Nach 300 m geradeaus (»A 7«) bis km 32,7. Dort links auf Teer weiter und bis zum

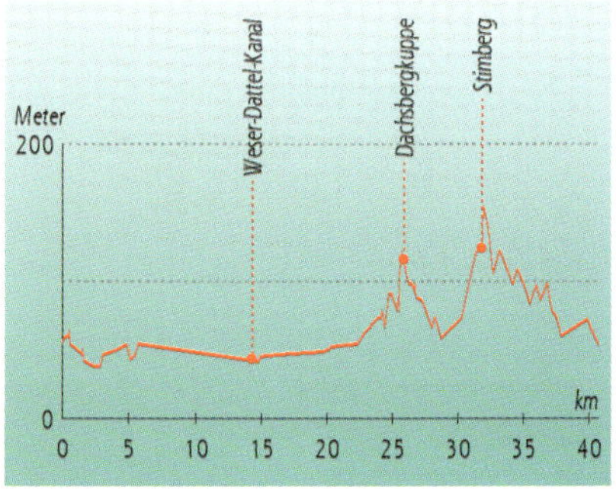

»Haardgrenzweg« stets Markierung »A 356« folgen.
34,0 / 104 m Kurz vor Schwimmbadanlage rechts auf »Haardgrenzweg« (»X 4«) weiter.
34,2 / 100 m Am Waldrand geradeaus auf Teer, »X« ignorieren, jetzt Markierung »A3« folgen.
35,0 / 100 m Am Ortsrand von Oererkenschwick rechts auf Straße. 60 m weiter an Abzweig 90° nach links »Haardgrenzweg«, Teer.
35,7 / 92 m Am Ortsrand an Kreuzung geradeaus auf »Haardgrenzweg« in den Wald hinein, wieder Schotter (»A 1«, »A 5«).
37,9 / 62 m Am Parkplatz »St. Johannes« geradeaus Schranke passieren (»X«).
39,8 / 74 m An Kreuzung mit »Haltener Str.« links und auf Radweg durch Marl-Sinsen.
40,2 / 65 m An Straßenkreuzung rechts auf »Bahnhofstr.« bergab zum Ausgangspunkt (km 40,7 / 55 m).

40 Rund um den Baldeneysee

32,4 km | 547 Hm | 1½ Std. | mittel | leicht

Diese Tour stammt von Jens, Inhaber des Bikeshops »Two Wheels«. Und er liebt Singletrails, von denen hier folglich jede Menge vorgestellt werden. Ein Heidenspaß, aber auch ein anstrengender, vor allem, wenn der Untergrund feucht ist.

Start: S-Bahnhof von Werden, Stadtteil von Essen.
Karte: Topografische Freizeitkarte 1:50.000, Blatt 13, »Ruhrgebiet West«, Landesvermessungsamt Nordrhein-Westfalen.
Info: Kommunalverband Ruhrgebiet, Kronprinzenstr. 35, 45128 Essen/Ruhr, Tel. 0201/2 06 90.
Bikeshops und geführte Touren:
- Two Wheels, Brückenstr. 2, 45239 Essen-Werden, Tel. 0201/49 15 78. Samstag nachmittags oder Sonntag vormittags (bitte vorher anrufen) werden hier Runden für eher sportlich ambitionierte Biker angeboten. Treffpunkt vor dem Geschäft in Essen-Werden.
- Balance Fahrradladen, Kortumstr. 5, 44787 Bochum, Tel. 0234/1 20 51. Treffen sonntags um 11 Uhr vorm Laden. Touren für Anfänger bis Ambitionierte. Leihbikes.
- Time Bandit's Bike Station, Huckarder Str. 10–12, 44147 Dortmund, Tel. 0231/9 14 35 55. Im Winterhalbjahr samstags um 14 Uhr und sonntags um 11 Uhr auf dem Parkplatz am Augustinum in Dortmunds Bittermark. Unbedingt vorher anrufen.
- Indian Bikes, Menglinghauser Str. 378, 44227 Dortmund, Tel. 0231/77 00 00. Touren für jedermann am Samstag um 14 Uhr oder Sonntag um 11 Uhr. Bitte vorher anrufen.

km 0,0 / 58 m Am S-Bahnhof die Ruhr auf B 224 per Brücke Richtung »Velbert« queren. Nach 400 m links auf B 224 Richtung »Dorsten«. Einige Meter weiter geradeaus »Heckstr.« folgen.
1,1 / 52 m An der Schleuse Neukirchen etwas links und an Ruhr bzw. Baldeneysee entlang (»Raute«), »Hardenbergufer«.
6,0 / 52 m Am Schild »Hardenbergufer 428« unterhalb einer Halde rechts auf Schotter bergan. 100 m weiter an Backsteinbau links auf Singletrail (»K«) bergan.
6,6 / 105 m Nahe Bauernhof links auf geteertem Weg (»K«). 200 m weiter an Haus »Sellscheidt« links auf Singletrail bergab, zunächst an Waldrand entlang (»Raute«).
7,2 / 115 m Landstraße zwischen Essen-Werden und Kupferdreh kreuzen. Dann geradeaus auf breitem Waldweg am Waldrand entlang leicht bergan, alle Markierungen ignorieren.
7,9 / 150 m Am Waldrand nahe dem »Kutel« vor Hochspannungsleitung links und auf Trail (»K«) am Waldrand entlang. Nach 300 m rechts (»K«) Richtung einzelne Häuser.
8,4 / 160 m Vor Grundstück links

Rund ums Ruhrgebiet geht's recht ländlich zu.

→ auf breitem Weg an Zaun bergab. Nach 400 m links auf Teer bergan (»K«).
9,5 / 180 m Am Haus Nr. 88 rechts der »Raute« am Waldrand entlang folgen. Bald Schranke passieren. 200 m weiter geradeaus, »Raute« ignorieren, Waldweg.
10,1 / 160 m Im Tälchen geradeaus über Kreuzung, dann etwas rechts auf gleicher Höhe halten.
10,9 / 150 m Hinter Leitplanke rechts auf Straße bergab. Nach Serpentine unterhalb der A 44 links auf Schotter bergan (»Quadrat«).
11,7 / 195 m Auf der Höhe links, bald an Bauernhof entlang (»Quadrat«). Bei km 12,0 rechts auf »Rottberger Str.« bergan. Bei km 12,7 an Schulbushaltestelle links in die »Rottberger Str. 201 bis 207« (»L«, »Quadrat«, »Raute«).
14,7 / 112 m An Teerabzweig bei Häusern 90° rechts. 100 m weiter im »Asbachtal« links durchs Tal bergab. Nach 400 m geradeaus am rechten Bachufer (»Raute«).
15,4 / 88 m Kurz vor Häusern an Gabelung links auf schmalem Teerweg bergab (»Raute«), weiter am Bach entlang.
15,7 / 75 m Am Stadtrand von Kupferdreh links auf Teerweg, über Brücke und 30 m weiter rechts durch den Ort. Nach 200 m links auf »Dilldorfer Str.«. Bei km 16,1 an Kreuzung vor Kirche rechts, Straßenseite wechseln und links an der Schnellstraße entlang.
16,3 / 68 m An Rechtskurve der B 227 geradeaus auf Radweg bergab (»Raute«). Bei km 16,6 bei »Teerbau« links in die Sackgasse, für Fahrräder frei. Kurz darauf am »Wülfrather Zementwerk« links Richtung »Baldeneysee«.
17,25 / 56 m Am Seeufer rechts. 700 m weiter nach Unterführung rechts, dann hoch zur alten Eisenbahnbrücke und auf dieser nach rechts die Ruhr queren. Anschließend links, dann am Wasserhäuschen wieder links, 20 m weiter rechts und auf Schotter am Baldeneysee entlang (»X«).
19,7 / 55 m Links auf Teer an Bootswerften entlang. 200 m weiter an Schrebergartenkolonie links zum See abbiegen. Dort rechts (»X«) am See entlang.
21,1 / 54 m Rechts, Straße passieren und auf Schotterweg an Schachtgerüst entlang. 300 m weiter geradeaus.
21,6 / 120 m Ersten Abzweig nach rechts ignorieren. 15 m weiter links auf Waldweg leicht bergab.
21,9 / 95 m Rechts bergan, dann halblinks, dann geradeaus auf breiterem Hohlweg bleiben, auf etwa gleicher Höhe. Nach 300 m auf Trail steil bergan.
22,6 / 160 m Am Ortsrand von Heisingen links auf Straße. Danach an Ampelanlage links. Ab Bushaltestelle »Lützenrath« auf Singletrail an Straße entlang.

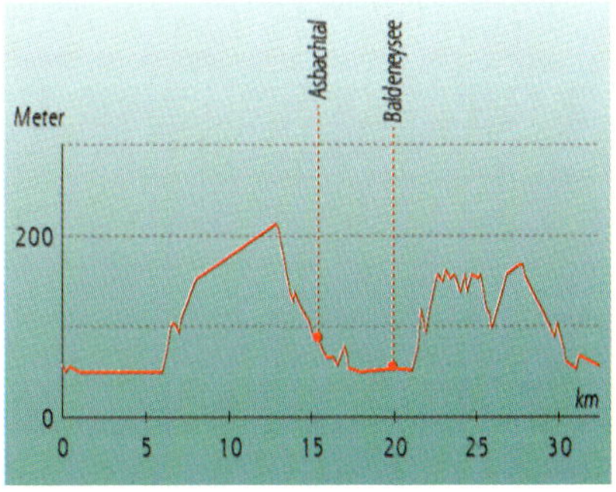

23,4 / 155 m Straße gabelt: den Linksabzweig der Straße geradeaus queren, weiter auf Trail an Straße entlang.
23,6 / 160 m An Bushaltestelle »Schöne Aussicht« auf Teer dem Hinweis »Gasthaus Jagdhaus Schellenberg« folgen. Dort rechts, Barke passieren und dann »A 3« folgen.
24,0 / 140 m Am Gasthaus »Schwarze Lehne« rechts. 10 m weiter links. Nach nochmals 10 m an Teergabelung rechts bergan (»X«), bald an Ruine »Isenburg« entlang.
24,3 / 160 m Links (»X«, »A 3«). Bei km 24,7 an Gabelung geradeaus auf breiter Schotterpiste (»A 3«) bergan. 200 m weiter an Gasthaus »Heimliche Liebe« links auf Singletrail (»A 3«) bergab.
25,1 / 155 m An Kreuzung rechts auf Teer, »A3« ignorieren, ohne Markierung. 200 m weiter links bergab (»X«). Nach 250 m links.
25,6 / 120 m Am Haus »Baldeney« Nr. 15 rechts (»X«). 200 m weiter Unterführung unter passieren. Dann rechts »X 29« folgen.
26,0 / 105 m Am Gasthaus »Kluse« rechts. 5 m weiter an Gabelung rechts auf Singletrail bergan.
26,8 / 160 m Links (»X«, »R«, »29«) zur Straße. Dort links (»X«) auf Radweg an Straße entlang.
27,6 / 170 m Links der »Kruppallee« »XR« folgen. Nach 30 m links »Am Tann« (»X«).
27,8 / 170 m Nahe Waldrand rechts, Barke passieren und (»X«) auf Singletrail bergab, bald durch den Park der Villa Hügel.
29,2 / 112 m Geradeaus (»X«), »R« ignorieren, jetzt »Raute« folgen.
29,9 / 105 m Nach kurzer Auffahrt links auf Singletrail bergab (»Raute«, »Quadrat«) durchs Bachtälchen.
30,3 / 75 m Nach Schranke zweite nach rechts und auf Schotter bergab.
30,4 / 64 m Links auf Straße Bahnunterführung passieren. Nach 40 m links auf breite Landstraße. Nach weiteren 30 m rechts Richtung »Golfplatz«. Dort rechts auf Radweg (»Raute«) weiter.
31,0 / 55 m Geradeaus Treppe hinauf zur Schleuse. Dort links, nächste Treppe hinauf (»Raute«). Dann Stauwerk über Ruhr queren. Anschließend rechts Treppe hinunter. Dann auf linker Straße durch den Ort und auf gleichem Weg wie bei Anfahrtsbeschreibung retour zum Ausgangspunkt (km 32,4 / 58 m).

Thüringer Wald

Unübersehbar leiten alte Grenzsteine durch den Thüringer Wald, Deutschlands grünes Herz. Daran entlang führt der Rennsteig, ein Kammweg, der ab 1330 von Boten und Soldaten für militärische Zwecke genutzt wurde. Heute geben sich auf Thüringens bekanntestem Trail Mountainbiker, Tourenradler und Wanderer ein friedliches Stelldichein.

41 Haselbachtal

Sportler treffen Sportler, aber größer kann der Unterschied wohl nicht sein! Denn selbst als engagierter Biker wird man wohl nur einen Bruchteil von dem Adrenalin in sich tragen, das die Skispringer auf der Schanze Oberhof aufbringen müssen. Wir können sie bequem von unten beobachten, weil diese abwechslungsreiche Tour dort entlang führt.

km 0,0 / 490 m Ab Gasthaus »Hohe Möst« auf Straße durchs Haselbachtal nach Oberschönau. Dort bei km 1,9 Hauptstraße verlassen und auf Teerweg »Möst« links bergan Richtung »Naturlehrpfad«, »Schanze Rennsteig«.
2,1 / 560 m Rechts Richtung »Hohe Möst«. 50 m weiter Ort auf Schotter verlassen. 100 m weiter, kurz nach Waldrand rechts auf Singletrail, später Schotter am Hang entlang Richtung »Kanzlersgrund«.
3,3 / 670 m An Abzweig rechts (»gelber Balken«) Richtung »Finsterbach«. 100 m weiter wieder rechts.

3,7 / 630 m Etwas rechts, Bächlein per Brücke queren, weiter Richtung »Kanzlersgrund«.
4,4 / 670 m Steg über »Hinteren Finsterbach« passieren und auf Wurzeltrail (Schiebestrecke) bergan Richtung »Schanzenbaude«, »Rennsteig«. Nach 100 m rechts.
4,7 / 672 m Erst links, dann rechts Richtung »Café Kanzlersgrund«.
6,0 / 650 m Links auf Straße weiter.
6,4 / 650 m An Bushaltestelle vor »Café Kanzlersgrund« rechts auf Grastrail bergab Richtung »Ochsenstall«. 100 m weiter, nach Brücke über »Hasel« geradeaus auf Singletrail bergan. Nächste links und durchs Haselbachtal bergan.

Start: Nahe Steinbach-Hallenberg in Unterschönau am Gasthaus »Hohe Möst«.
Karte: Kartenwerk »Rennsteig«, 1:50.000, Thüringer Landesvermessungsamt.
Info: Fremdenverkehrsamt Steinbach-Hallenberg, Rathausplatz 2, 98587 Steinbach-Hallenberg, Tel. 036847/4 10 65, Fax 036847/4 10 66 oder Fremdenverkehrsverband Thüringer Wald e.V., Bebelstr. 16, 98501 Suhl, Tel. + Fax 03681/ 2 21 79.
Geführte Touren: Auf Anfrage bietet der Skiclub Steinbach-Hallenberg geführte Touren für Gruppen an. Info bei Frank Nothnagel, Tel. 036847/44 40.
Bikeshop: Fahrradhandel Andreas Bahner, Bismarkstr. 46, 98587 Steinbach-Hallenberg, Tel. 036847/4 83 49.

Gipfelsturm über den Ruppberg

6,9 / 665 m Rechts auf Singletrail, etwa gleiche Höhe, oberhalb vom Bach entlang Richtung »Schanzenbaude«.
8,2 / 690 m Nahe einiger Gebäude rechts auf Schotter durchs Bachtal bergan.
9,0 / 740 m Direkt vor Schanzenanlage »Oberhof« links auf Treppen durch die Zuschauertribüne Richtung Straße. Am Geländer oberhalb Auslauf rechts zum Waldrand. Dort über Tribüne und anschließend per Treppe rechts bergab. Dann weiter im Tal der Hasel bergan.
10,6 / 820 m Links, bald an Gasthaus »Schanzenbaude« entlang.
11,1 / 837 m Am Großparkplatz »Rennsteig« rechts und dem »Rennsteig« (»R«) Richtung »Steinbach Hallenberg« folgen.
12,6 / 885 m Am Grenzstein rechts, »Rennsteig« (»R«) verlassen und dem Hinweis Richtung »Bergbaude Veilchenbrunnen« folgen.
14,7 / 828 m Am »Veilchenbrunnen« rechts Richtung »Steinbach Hallenberg«.
14,8 / 825 m An Dreiergabelung auf mittlerem Weg (»RR«) Richtung »Steinberg Hallenberg«.
17,2 / 805 m Links (»RR«) Richtung »Oberschönau«, »Steinbach Hallenberg« folgen (»grünes X«).
17,6 / 780 m Vor kleiner Schutzhütte rechts Richtung »Steinbach Hallenberg«.
18,5 / 739 m Am Parkplatz »Ruppberg« links auf Straße ein Stück bergan. Nächste rechts auf Schotterweg Richtung »Ruppberg«.
19,3 / 770 m An Gabelung rechts bergan Richtung »Gipfel Ruppberg«.
20,0 / 865 m Am Gipfel retour und auf Singletrail wieder bergab.
20,4 / 810 m An erster Gabelung rechts auf Waldweg bergab.
21,2 / 725 m An Kreuzung »Ruppwiese« geradeaus. 30 m weiter bei Schutzunterstand links auf breiter Schotterpiste weiter Richtung »Unterschönau«.
23,1 / 712 m Rechts (»gelber Balken«) Richtung »Knüllfeld«, »Steinbach-Hallenberg«.
25,5 / 550 m An Dreiergabelung auf rechtem Strang bergab, erst jetzt Hinweis »Steinbach-Hallenberg« ignorieren und retour zum Ausgangspunkt in Unterschönau (km 26,2 / 490 m).

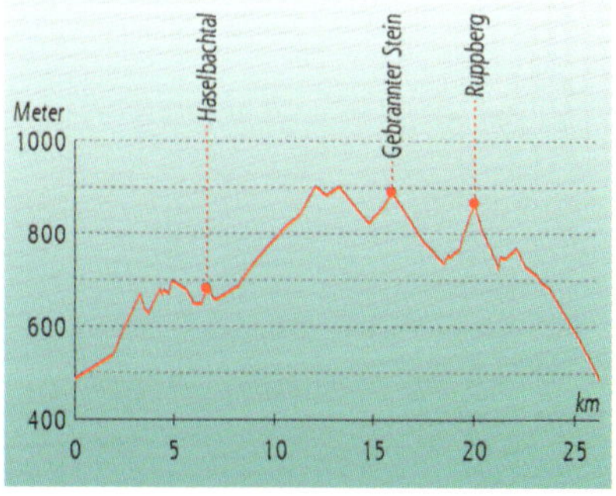

EXTRA: Rennsteig

168,3 km, 3150 Hm, 1–3 Tage, Kondition: mittel, Technik: leicht
Mal als steiniger Pfad, mal als schlammdurchsetzter Holzrückenweg, meistens aber breit und geschottert führt der Rennsteig über den Kamm von Thüringer- und Frankenwald. Er verläuft dabei – unübersehbar markiert – auf der zentralen Achse des Gebirges, geprägt durch seine höchsten Erhebungen. Auf diese Art kommen zur enormen Distanz von 168 Kilometern noch rund 3000 Höhenmeter hinzu.
Start ist in Hörschel an der Werra, nahe Eisenach, was übrigens ganz gut mit der Bahn zu erreichen ist. Nach zahlreichen Ups and Downs – mal lang und steil, mal eher sanft – endet der Turn in Blankenstein nahe der ehemaligen innerdeutschen Grenze. Ab dem dortigen Bahnhof kann man recht bequem den Ausgangspunkt nahe Eisenach wieder erreichen (einmal umsteigen in Saalfeld). Oder man wendet das Bike und kurbelt kurzerhand noch einmal umgekehrt über den Rennsteig, was übrigens vom Profil her als leichtere Variante gilt.

42 Hohe Möst

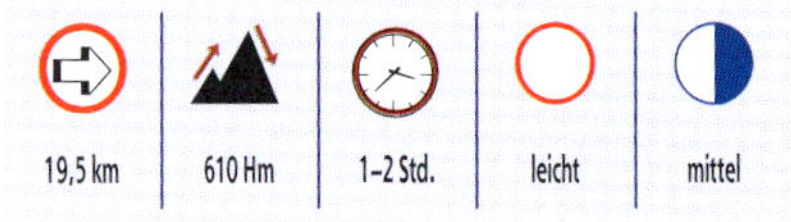

Ein ähnliches Gefühl wie es ein Skispringer beim Absprung am Schanzentisch haben mag, liefert die nördlich des Haselbachs verlaufende Tour über die Hohe Möst. Hier ist alles recht schroff und man schlängelt sich auf Singletrails an Abgründen entlang oder es geht durch wilde Felsformationen, wie die der »Zwölf Apostel«.

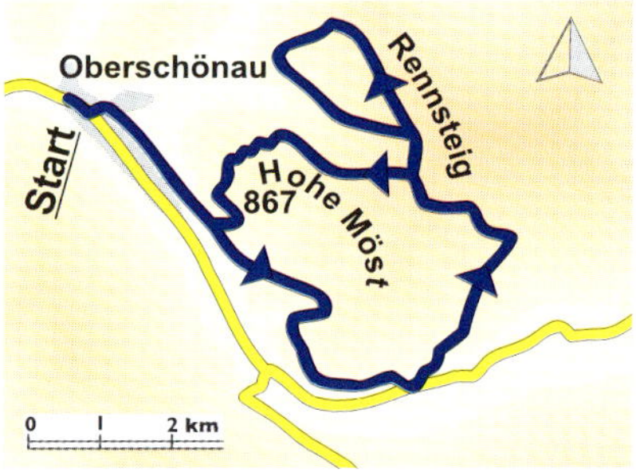

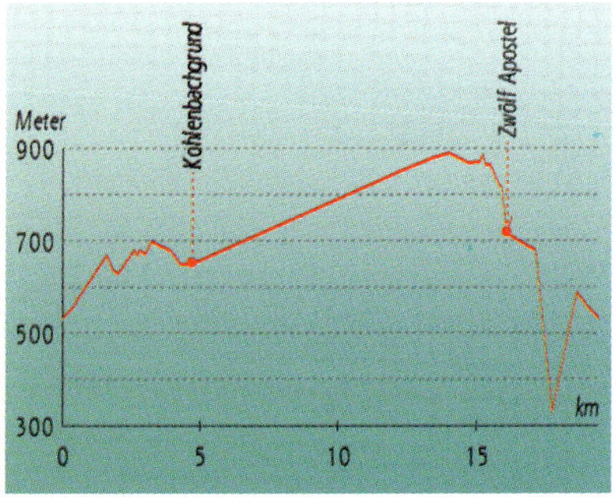

km 0,0 / 535 m Ab Kirche Oberschönau 200 m auf Hauptstraße bergan, dann links auf Teerweg »Möst« bergan Richtung »Naturlehrpfad«, »Schanze Rennsteig«. Nach 400 m dann rechts Richtung »Hohe Möst«, »Kanzlersgrund«.
1,6 / 670 m Rechts (»gelber Balken«) Richtung »Finsterbach«, nächste rechts.
2,0 / 630 m Bächlein per Brücke queren, weiter Richtung »Kanzlersgrund«.
2,7 / 670 m Steg über »Hinteren Finsterbach« passieren und auf Wurzeltrail (Schiebestrecke) bergan Richtung »Schanzenbaude«, »Rennsteig«. Anschließend rechts auf Schotter Richtung »Schanzenbaude«.
3,0 / 672 m Links. 10 m weiter rechts Richtung »Kanzlersgrund«.
4,3 / 650 m Links auf Straße weiter. Kurz nach Café Kanzlersgrund links über Parkplatz. Dann auf Schotter durch das Tal Kohlenbachgrund bergan.
8,5 / 810 m Rechts dem Hinweis »Schutzhütte Karin« bergan folgen.
9,9 / 891 m An »Schutzhütte Karin« geradeaus Richtung »Rennsteig«, »Donnershauk«.
10,7 / 875 m Links auf »Rennsteig« (»R«) an »Gustav-Freytag-Hütte« entlang.
11,6 / 868 m Links Richtung »Donnershauk«, »Rennsteig« verlassen. Nach 300 m links halten.
12,0 / 875 m Am Rohling eines Mühlsteins rechts bergab Richtung »Kachelofen«. Nach 200 m dann links auf Schotter bergan.
13,4 / 880 m Rechts und an »Gustav-Freytag-Stein« entlang.
14,0 / 891 m Wieder an Schutzhütte »Karin« rechts ab Richtung »Hohe Möst«. Nach 800 m dann rechts Richtung »Hohe Möst«.
15,2 / 887 m Vor Steilabhang links auf Singletrail Richtung »Vorderer Möstfelsen«. Nach 100 m rechts halten. Bei km 15,5 an »Vorderer Möstfelsen« links auf Singletrail bergab Richtung »Oberschönau«.
15,8 / 824 m Rechts Richtung »Zwölf Apostel« bzw. »Oberschönau«. 100 m weiter wieder links halten (Markierung »gelber Balken«).
16,3 / 750 m Nach Superaussicht an der Felsgruppe »Zwölf Apostel« Schotterweg diagonal nach links kreuzen, weiter bergab Richtung »Oberschönau« bzw. »Ehrenmal 1 km«. Dort links. Bei km 16,1 rechts bergab Richtung »Oberschönau«.
17,2 / 680 m Links halten. Nach 600 m dann rechts Richtung »Oberschönau«. Auf gleichem Weg wie bei der Auffahrt erreicht man den Ausgangspunkt (km 19,5 / 535 m).

Start: Nahe Steinbach-Hallenberg in Oberschönau an der Kirche.
Karte: Kartenwerk »Rennsteig«, 1:50.000, Thüringer Landesvermessungsamt.
Info: Fremdenverkehrsamt Steinbach-Hallenberg, Rathausplatz 2, 98587 Steinbach-Hallenberg, Tel. 036847/4 10 65, Fax 036847/4 10 66.
Geführte Touren: Auf Anfrage bietet der Skiclub Steinbach-Hallenberg geführte Touren für Gruppen an. Info bei Frank Nothnagel, Tel. 036847/44 40.
Bikeshop: Fahrradhandel Andreas Bahner, Bismarkstr. 46, 98587 Steinbach-Hallenberg, Tel. 036847/4 83 49.

43 Schmalwasser und Spitter

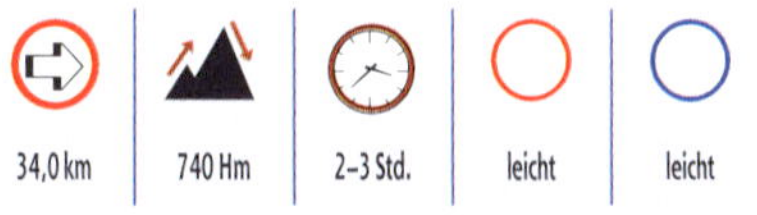

Östlich des Rennsteigs breitet sich das Städtchen Tambach-Dietharz im weiträumigen Tal der Bachläufe von Spitter, Schmalwasser und Apfelstädt aus. Dort am alten Rathaus startet diese Tour, die bald unter steilen, in der Sonne rot glänzenden Felswänden bergan führt und als Highlight den höchsten natürlichen Wasserfall Thüringens zu bieten hat.

Start: In Tambach-Dietharz mitten im Ort am Postamt, gegenüber dem alten Rathaus.
Karte: Kartenwerk »Rennsteig«, 1:50.000, Thüringer Landesvermessungsamt.
Info: Fremdenverkehrsverband Thüringer Wald e.V., Bebelstr. 16, 98501 Suhl, Tel. + Fax 03681/2 21 79.
Bikeshop: Fahrradhandel Andreas Bahner, Bismarkstr. 46, 98587 Steinbach-Hallenberg, Tel. 036847/4 83 49.

km 0,0 / 440 m In Tambach-Dietharz am Postamt gegenüber dem alten Rathaus von Hauptstraße links und auf »Poststraße« dem Hinweis Richtung »Schmalwassertalsperre« folgen (»roter Balken«).
0,2 / 440 m Rechts auf »Oberhofer Str.« weiter, bald dem Hinweis »Schmalwassertalsperre« folgen (»grünes Dreieck«).
1,4 / 465 m An Parkplatz links, Brücke queren und auf Schotter durch den »Linken Marderbach« bergan (»gelber Balken«) Richtung »Steigerhaus«.
4,0 / 625 m Rechts bergab (»gelber Balken«). Nach 200 m etwas rechts Richtung »Steigerhaus« halten.
4,6 / 615 m Am »Steigerhaus« links (»gelbes Quadrat«) Richtung »Schanze am Rennsteig«.
13,7 / 800 m Am »Teufelsbad« geradeaus Teerpiste kreuzen, »Radmarkierung« folgen. Kurz nach Schutzhütte rechts weiter.
14,6 / 850 m 100 m nach Schutzhütte »Kamel« geradeaus auf »Rennsteig« (»R«).
16,4 / 815 m An Schutzhütte »Wachsenrasen« geradeaus (»R«). Bei km 17,1 etwas links halten (»R«).
19,0 / 850 m An »Ausspanne« an der »Neuhöfer Wiese« geradeaus über Kreuzung, (»R«) Richtung »Neue Ausspanne«.
19,6 / 881 m An Gabelung an der »Schmalkalder Loibe« rechts (»R«).
23,7 / 714 m Straße geradeaus kreuzen und dann über Parkplatz »Neue Ausspanne« dem Hinweis »Alte Ausspanne« folgen. Dort bei km 25,5 links (»R«) Hinweis »Ebertswiese« folgen.
26,6 / 751 m An »Nägelstedter Girn« links (»R«) Richtung »Ebertswiese«, »Bergsee«.
27,2 / 720 m »Spitterbrücke« kreuzen und geradeaus (links steht Hütte) weiter (»R«) bergan folgen.
27,4 / 732 m Nach Auffahrt an »Ebertswiese« rechts auf Grasweg (»gelbes Quadrat«) Richtung »Spitterfall« abbiegen, (»R«) verlassen.
27,7 / 690 m Bach Spitter queren, dann links auf Schotter (»gelbes Quadrat«) weiter. Nach 30 m links (schiebend) auf Pfad hinab zum »Spitterfall«. Anschließend stets an Spitter entlang zurück nach »Tambach-Dietharz«.
33,9 / 456 m An der »Triftbrücke« In Tambach-Dietharz rechts, nächste links und auf Hauptstraße zum Ausgangspunkt (km 34,0 / 440 m).

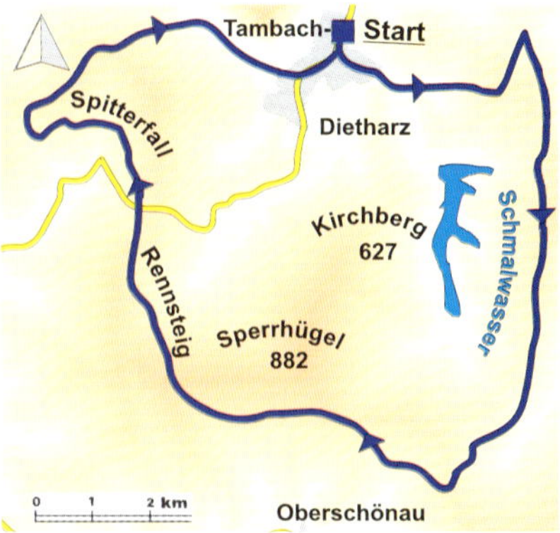

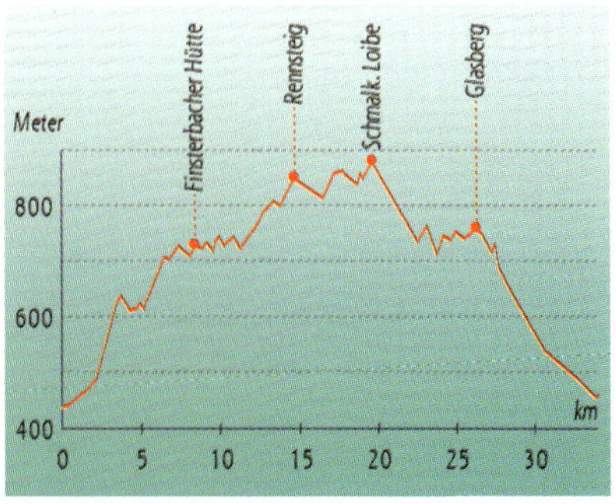

Blick aufs Haselbachtal

Rhön und Vogelsberg

Willkommen in der Rhön, die sich mit ihren kahlen Kuppen und beeindruckenden Fernsichten vom Bild der anderen Mittelgebirge angenehm absetzt. Was allerdings nicht für die Trails und Bikepisten gilt, die sich hinsichtlich der Qualität in nichts unterscheiden. Auch der Vogelsberg, ein längst vergessener Vulkan in Mittelhessen, lockt den Biker zu einsamen Touren durch seine dunklen Wälder.

44 Hoher Vogelsberg

37,0 km | 800 Hm | 2½–3½ Std. | mittel | leicht

Was heute als Vogelsberg bekannt ist, entstand, als mächtige Vulkanschlote glühende Magma ins Land spuckten. Irgendwann ließ die Vulkanaktivität nach, die Lavaströme erkalteten und bildeten das Gebirge aus Basaltgestein, das uns heute als hervorragendes Bikerevier dient.

km 0,0 / 250 m Ab Parkplatz am Campingplatz auf Teer zur Staumauer Niddasee. Dort links auf dem Uferweg um den See herum bis km 1,8. Hier nun auf Schotter geradeaus dem Tal bergan folgen.
3,3 / 280 m Rechts am Bach entlang bergan bis km 4,2. Dort, wo Teer beginnt, rechts halten und auf Schotter am Waldrand entlang. 30 m weiter rechts durch Wald bergan.
5,0 / 345 m Nach altem Ringwall am »Haus Vogelsberg« rechts auf Straße weiter. 200 m weiter rechts auf Straße in Richtung »Hirzenhain«. 500 m weiter, in der Senke, links auf Schotterweg geradeaus bis über die Höhe hinweg. Auch bei km 6,3 auf Hauptweg bleiben.
6,5 / 344 m Rechts auf Hauptweg zur alten Landstraße. Dort links zur neuen Straße, auf dieser links bergan bis zur Höhe. Dort bei km 7,5 links auf Feldweg weiter.
8,6 / 400 m An Kreuzung rechts bergab nach Eschenrod (Teerweg). Bei km 9,8 im Ort rechts auf Hauptstraße. Nach 200 m links. Vor Friedhof wieder links und bei km 10,7 rechts durch Straßenunterführung. Danach rechts auf Teerweg bergan.
11,8 / 440 m Nach Kreuzung nächste rechts über Kuppe. Bei km 12,2 links (»Radweg«).
13,7 / 490 m Rechts bergan. Nach 100 m an Holzplatz links halten. Bei km 14,3 rechts am Waldrand entlang (»gelbes O«). 600 m weiter geradeaus auf teils schlammigem Forstweg. Nach 400 m rechtem Weg folgen.
15,7 / 534 m Links zum Brunnen »Waltersborn«, dort weiter zur Straße. Diese queren (»gelbes O«). Bei km 17,9 links (»V«). 200 m weiter (ohne Markierung) rechts optisch Richtung Sendeturm.
19,0 / 650 m Links am Segelflugplatz entlang. Nach 500 m bei Wochenendhäusern links auf Schotter. Nach weiteren 200 m (»X«) links am Skilift entlang bergan.
20,2 / 764 m Vor Sendeturm Hoherodskopf rechts über Parkplatz. Am Gasthaus dann rechts (»H«) über Schotterparkplatz Richtung »Taufstein«. Bei km 21,1 geradeaus Straße queren und auf Singletrail weiter. 200 m weiter, kurz vor Straße, auf Wurzelweg zu einem altem Militärcamp. Dort links und unterhalb dem Taufsteingipfel auf Schotter bis Parkplatz »Heide«. Nun rechts Richtung »Forellenteich«. Bei km 22,9, an Gabelung zur Straße, diese queren und auf Trail weiter.
23,2 / 720 m Kurz vor Parkplatz »Niddaquelle« links, dann auf Schotter geradeaus bis km 24,8. Dort links halten. Nach weiteren 900 m links bergab. Dann vor Flüsschen Nidda rechts durchs Tal bergab.
28,9 / 460 m Bei Feuerwehr Rudingshain links. Danach links auf Straße 100 m weiter. Bei der Kirche rechts und ab Lebensmittelgeschäft geradeaus auf »Götzener Weg«. Kurz danach rechts auf Teer bergan (»rotes +«) bis km 29,4. Hier links auf Schotter weiter im Niddatal bergab.
30,2 / 430 m Links. Nach 1000 m wieder links. An Bauernhof rechts. Bei km 32,1 links auf Schotter weiter und auf »Parkstr.« geradeaus durch Schotten. Nach dem Stadtkern dann auf B 455 zum Niddasee bzw. zum Ausgangspunkt (km 37,0/ 250 m).

Start: Aus dem Süden auf A 45 bis Abfahrt Wölfersheim. Dann auf B 455 Richtung Schotten. Parken kurz vor dem Ort am Niddasee. Aus dem Norden auf A 5 bis Abfahrt Alsfeld-West und dann auf B 49 und B 276 über Mücke nach Schotten.
Karte: Topografische Freizeitkarte 1:50 000, Blatt 8, »Naturpark Hoher Vogelsberg«, Hessisches Landesvermessungsamt.
Literatur: Mountain Bike aktiv »Hessen«, Pietsch, Stuttgart.
Info: Touristinformation Schotten, Tel. 06044/66 51.
Bikeshop: Dream Team, Robin Hau, Tel. 06044/41 40 (auch geführte Touren).

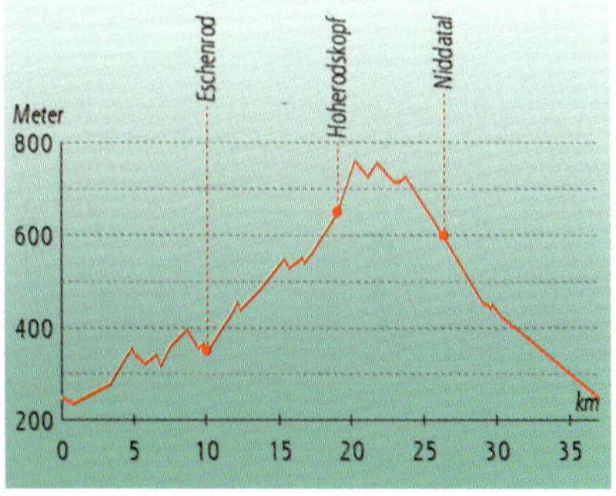

45 Hohe Rhön – Wasserkuppe

25,3 km | 740 Hm | 2–3 Std. | mittel | mittel

Die »Hohe Rhön« unterscheidet sich vom Reigen der anderen Mittelgebirge recht deutlich. Nicht dicht bewaldete Höhenzüge bestimmen hier das Bild, sondern einzelne Berge ragen meist kahlköpfig in die Höhe und reichen dabei bis knapp an die magische 1000-Meter-Grenze.

km 0,0 / 500 m Ab Bahnhof zunächst retour Richtung Gersfeld-Zentrum. Nach 100 m links auf »Rommerser Str.«. An Straßenkreuzung mit B 279 rechts. Kurz vor Aral-Tankstelle wieder rechts (Schotter), Bach per Brücke queren. Danach links halten. Wenige Meter weiter rechts schräg bergan. Dann links auf Waldtrail an Baumreihe entlang talaufwärts, oberhalb vom Bach entlang.
1,5 / 525 m Geradeaus auf breitem Schotterweg weiter, »>« bis km 5,4 beachten. Dann rechts auf Straße durch den Weiler Sparbrod. Bei km 2,0 am Abzweig Ringersfeld etwas links Richtung »Kreuzberg«.
2,9 / 580 m Am Kalbenhof links auf Schotter talaufwärts. Nach 600 m links, nächste wieder rechts und auf

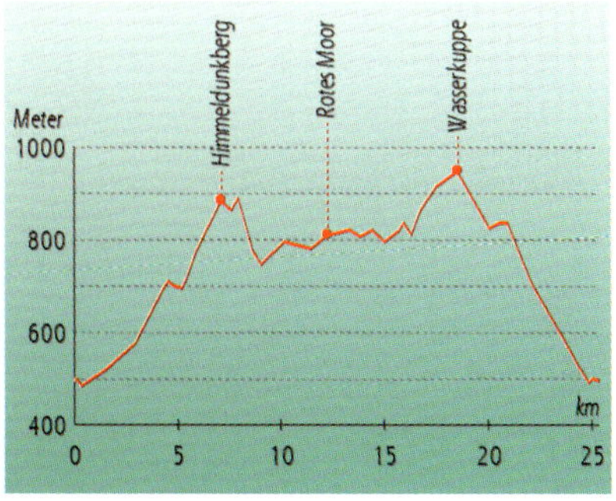

Start: Aus Richtung Kassel oder Würzburg auf A 7 bis Abfahrt Fulda-Süd. Hier zunächst Richtung Eichenzell, dann über Rhönshausen, Lütter und Ried nach Schmalnau. Hier auf B 279 weiter nach Gersfeld. Im Ort rechts Richtung Rommers und ein Stück weiter auf dem Bahnhofsparkplatz die Tour starten.
Karte: Topografische Freizeitkarte 1:50.000, Blatt 9, »Naturpark Rhön«, Hessisches Landesvermessungsamt.
Literatur: Mountain Bike aktiv »Hessen«, Pietsch, Stuttgart.
Info: Kurverwaltung Gersfeld und zentrale Zimmervermittlung, Tel. 06654/17 80.
Bikeshop: Drahteselklinik, Tel. 06654/75 95 (auch geführte Touren).

Pfad weiter bis km 3,9. Dort rechts an Schutzhütte entlang. Dann Straße halblinks queren und rechts auf Singletrail bergan.
4,3 / 700 m Auf Schotter rechts über Kuppe. Nach 500 m, kurz vor Straße links, Schranke passieren. Bei km 5,4 »>« ignorieren und auf Schotter steil bergan.
5,9 / 780 m Rechts auf Trail Richtung »Rotes Moor«, (»blaues Dreieck«) bis Wasserkuppe beachten. Nach 800 m an Wegweiser links auf Grastrail bergan zum »Himmeldunkberg«. Dort geradeaus auf Grasweg. Bald bergab, dann zum Gipfel »Hohe Hölle«. Anschließend auf Pfad bergab.
8,6 / 780 m Am Waldrand rechts zur Straße. Diese queren, dann auf Teer Richtung »Wasserkuppe«. Nach 900 m links auf Schotterweg Richtung »Fuldaquelle«.
11,8 / 800 m Rechts. Nach 400 m an Wegspinne praktisch geradeaus auf Schotter am »Roten Moor« entlang bis km 14,4. Dort links Richtung »Fuldaquelle«. Bald Straße queren und auf Trailpfad bergan.

15,7 / 824 m Schotterweg queren. Nach 400 m rechts bergab. Bei km 16,3 rechts auf schmalem Schotterweg steil bergan zur Fuldaquelle. Nun links über Parkplatz, dann auf Schotter neben Straße bergan.
17,5 / 920 m An Segelflugschule links zur Wasserkuppe. Dort links auf Singletrail bergab. 100 m weiter an nächster Gabelung links, »>« bis Ende beachten. Bis km 20,5 geradeaus, dann rechts auf Schotter weiter.
20,9 / 840 m An Gabelung rechts auf Wiesentrail bergab. Nach 300 m Schotterweg queren. Bei km 21,5 an Schutzhütte rechts auf Teer. An nächster Teergabelung geradeaus und 80 m weiter rechts auf Singletrail bergab.
22,1 / 708 m Nun rechts und auf Teer 1000 m bergab. In Rechtskurve dann erst links, sofort rechts und auf Wiesenpfad weiter bergab.
23,9 / 564 m Rechts Straße queren. Dann links auf Singletrail bergab. Am ersten Haus geradeaus auf Schotter, wieder Straße queren und weiter auf Trail bergab. Bei km 24,2 geradeaus auf »Fliegerstr.«, 500 m weiter beim Rathaus Gersfeld rechts. Bald geradeaus Ampelkreuzung passieren Richtung »Rommers«. Bei km 25,1 rechts zum Ausgangspunkt am Bahnhof (km 25,3 / 500 m).

46 Rhön-Gipfeltour

71,2 km	2125 Hm	5–6 Std.	anspruchsvoll	mittel

Die Gipfeltour durch die Rhön liefert einerseits Höhenmeter satt, sorgt aber andererseits für ein erstklassiges Mountainbike-Erlebnis. Neben den durchaus anstrengenden Anstiegen warten nämlich tolle, teils verblockte Downhills und ultimative Weitblicke auf den ausdauernden Biker.
km 0,0 / 424 m Ab Schwimmbad auf Straße durch Bischofsheim. Nach 800 m vor evangelischer Kirche rechts. 150 m weiter erst links Richtung »Fladungen«, dann geradeaus auf »Bauersbergstr.« bergan (»R 1«) Richtung »Gersfeld«.
2,3 / 480 m Kurz nach Straßenunterführung der B 279 rechts auf Teer Richtung »Ebertsholz« (»blauer Tropfen«). 50 m weiter am Wasserhäuschen auch rechts. Bei km 2,5 vor Wirtshaus rechts.
3,0 / 520 m Am Ende der Siedlung rechts. 100 m weiter links (»blauer Tropfen«). Bei km 3,6 rechts auf »Rhönhöhenstraße« zum Gasthaus »Bauersberg«. Dort links auf Schotter bergan, Markierung beachten. Bei km 4,1 Straße queren, dann weiter Richtung »Rotsee«. 200 m weiter an Gabelung 45° rechts Richtung »Stolleneingang«.
4,8 / 690 m An Gabelung geradeaus weiter. 200 m weiter links auf »Naturkundlichen Wanderpfad«. Bei km 5,4 rechts.
6,3 / 732 m Links auf Wiesenweg. 100 m weiter wieder links. Bei km 7,9 rechts und am Waldrand entlang. Nach weiteren 100 m rechts Richtung »Basaltsee«. Bei km 8,5 dann links weiter.
10,4 / 792 m Straße queren, Schranke passieren, dann auf Grasweg bergab. Bei km 11,2 links über Schotterparkplatz und anschließend am Basaltsee entlang. Am Ende vom Schotterplatz links, dann stets Hinweisen zur »Thüringer Hütte« (»blaues Dreieck«) folgen.
15,7 / 710 m Nahe der »Thüringer Hütte« links bergan Richtung »Stirnberg«. Nach 300 m rechts (»grünes <«), Schranke passieren. Bei km 16,6 links Richtung »Heidelstein«, bald auf Singletrail an Straße entlang. »Rhönhöhenstraße« dann bei km 17,5 kreuzen.

Start: Von der A 7 über die Abfahrt Bad Brückenau (aus dem Süden) oder Fulda (aus dem Norden) nach Bischofsheim fahren. Dort folgt man dann den Hinweisen »Schwimmbad« bzw. »Campingplatz« (sehr empfehlenswert), wo die Tour startet.
Karte: Fritsch-Wanderkarte 1:50.000 »Naturpark Rhön«, erhältlich vor Ort im Buch- oder Schreibwarenhandel.
Literatur: Mountain Bike aktiv Franken, Pietsch, Stuttgart.
Info: Verkehrsverein Bischofsheim-Kreuzberg e. V., Rentamt am Kirchplatz 5, 97653 Bischofsheim, Tel. 09772/14 52, Fax 09772/10 54.
Bikeshop: Sport Walter, Haselbachstr. 2, Tel. 09772/71 33 und Radsport Reder, Haselbachstr. 99, Tel. 09772/14 23, beide in 97653 Bischofsheim, Ortsteil Haselbach.

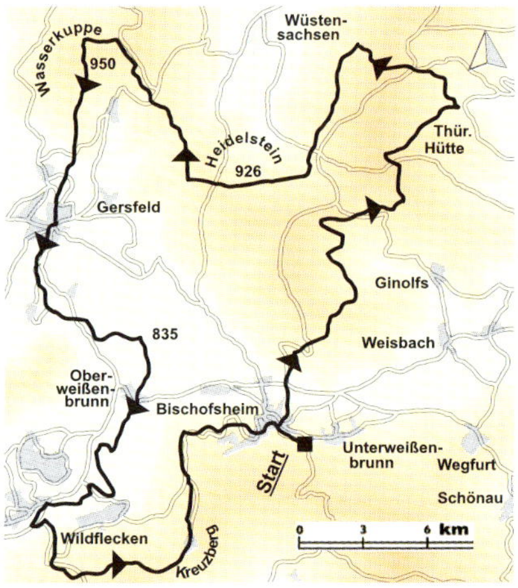

100 m weiter rechts Richtung »Heidelstein«.
18,5 / 865 m Rechts auf Grasweg Richtung »Heidelstein«. Bei km 19,6 links (»X«) halten. 100 m weiter links auf schmalem Schotterweg bergan.
23,0 / 815 m Nach Schotterparkplatz Straße queren und auf Teerweg bergan. Nach 400 m links, »X« folgen. Bei km 23,8 am Gedenkfelsen des Rhönclubs rechts.
23,9 / 913 m Rechts (»X«) an Wildzaun entlang. Am Sender Heidelstein rechts auf breitem Grasweg (»X«) weiter.
24,6 / 928 m Rechts Richtung »Rotes Moor«. Bei km 25,7 Rhönhöhenstraße kreuzen, weiter »X« folgen. Bei km 26,4 rechts und am »Roten Moor« entlang (»blaues Dreieck«). Bei km 28,6 links Richtung »Fuldaquelle«. Bald Straße queren und auf Trailpfad bergan.
29,9 / 824 m Schotterweg queren. Nach 400 m rechts bergab. Bei

km 30,5 rechts bergan zur Fuldaquelle. Anschließend links auf Schotter neben Straße bergan.
31,7 / 920 m An Segelflugschule links zur Wasserkuppe. Dort links auf Singletrail bergab. 100 m weiter an nächster Gabelung links, »>« bis Gersfeld beachten. Dann bis km 34,7 geradeaus. Dort rechts auf Schotter weiter.
35,1 / 840 m An Gabelung rechts auf Wiesentrail bergab. Nach 300 m Schotterweg queren. Bei km 35,7 an Schutzhütte rechts auf Teer. An nächster Teergabelung geradeaus und 80 m weiter rechts auf Singletrail bergab.
36,3 / 708 m Nun rechts und auf Teer bergab. Nach 1000 m in Rechtskurve dann erst links, dann rechts und auf Wiesenpfad weiter bergab.
38,1 / 564 m Rechts Straße queren. Dann links auf Singletrail bergab. Am ersten Haus geradeaus auf Schotter, wieder Straße queren und weiter auf Trail bergab. Bei km 38,4 geradeaus auf »Fliegerstr.«, 500 m weiter beim Rathaus Gersfeld rechts. Bald bei km 39,2 an Ampelkreuzung links auf Straße bis kurz vor Aral-Tankstelle. Hier rechts auf Schotter und Bach per Brücke queren. Danach links halten. Wenige Meter weiter rechts bergan. Dann links auf Waldtrail an Baumreihe entlang talaufwärts oberhalb vom Bach.
40,4 / 525 m Geradeaus, »>« bis km 44,3 beachten. Dort rechts auf Straße durch Weiler Sparbrod. Bei km 40,9 am Abzweig Ringersfeld links Richtung »Kreuzberg«. Bei km 41,8 am Kalbenhof links auf Schotter talaufwärts. Nach 600 m links. Nächste wieder rechts und auf Pfad weiter bis km 42,8. Dort rechts an Schutzhütte entlang. Danach Straße halblinks queren und rechts auf Singletrail (Markierung!) bergan.
43,2 / 700 m Rechts über Kuppe. Nach 500 m, kurz vor Straße, links eine Schranke passieren. Bei km 44,3 Markierung »>« jetzt ignorieren, auf Schotter steil bergan.
44,8 / 780 m Rechts Richtung »Rotes Moor«, (»blaues Dreieck«). Nach 800 m am Waldrand links auf Grastrail bergan zum »Himmeldunkberg«. Dort hart rechts auf Grastrail bergab Richtung »Oberweißenbrunn«. Bei km 46,6 rechts auf mit Pfosten markiertem Weg bergab. An nächster Gabelung rechts auf Schotter bergab nach Oberweißenbrunn.
48,1 / 610 m Im Ort an der Kirche B 279 geradeaus queren und dem »Rhön-Sinntal-Radweg« folgen.

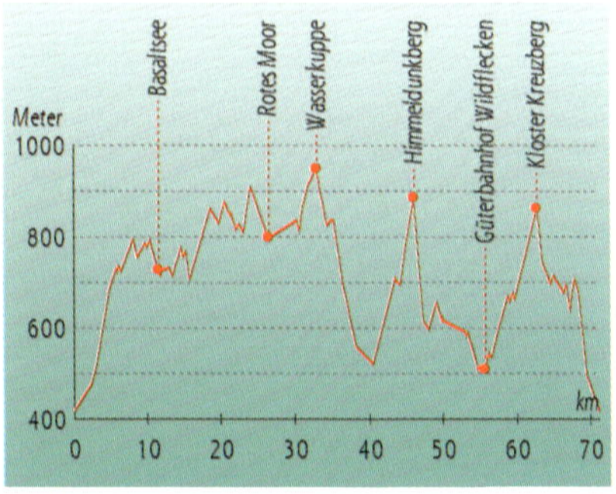

50,0 / 620 m Rechts auf Schotter bergab. 400 m weiter links halten. Nach nochmals 200 m Straße kreuzen und auf Teerweg (»rotes Dreieck«) weiter bis km 51,1. Nun Markierung ignorieren und auf Schotterpiste weiter.
52,9 / 595 m Links und für 60 m auf Straße. Dann rechts, sofort links und auf Radweg an Straße entlang bis km 53,2. Hier nun rechts Richtung »Wildflecken« (»rotes Dreieck«). Bei km 53,6 links auf Pflasterstraße.
55,5 / 510 m Kurz vor Güterbahnhof Wildflecken links auf Straße bergan Richtung »Bad Kissingen«. Nach 400 m links auf Schotter (»gelbes >«), dann Wiesenweg.
56,0 / 550 m Nahe der Straße links auf Grasweg Richtung »Kreuzberg« bergab folgen. 100 m weiter direkt am Waldrand rechts, weiter bergab. Anschließend kurbelt man durch ein Bachtal auf Singletrail bergan (gelbes »>«).
57,6 / 615 m Rechts auf Straße zur Ziegelhütte. Dort links auf Teer, bald Schotter bergan Richtung »Kreuzberg«.
58,6 / 675 m Links, nach 280 m über Treppe bergab und Straße am Guckaspass queren. Anschließend geradeaus über Schotterparkplatz und anschließend auf »Kardinal-Döpfner-Weg« Richtung »Kreuzberg«. Bei km 59,8 links auf »Feustelsteig« bergan (»rotes Dreieck«).
62,5 / 864 m Ab Kloster Kreuzberg auf Straße bergab. Nach 300 m links auf Trail Richtung »Bischofsheim« (»rotes >«).
64,5 / 700 m Straße queren. Bald rechts halten (»rotes >«).
66,3 / 680 m Rechts (»rotes Dreieck«). Nach 150 m an Gabelung rechts, bald an Skilift entlang. Danach links auf Straße weiter bis km 67,2. Dort links, Schranke passieren und auf Schotter, bald Trail bergan (»rotes Dreieck«) zur »Osterburg«. Dort links (»rotes Dreieck«) und den Hinweisen auf steilen Singletrail Richtung »Bischofsheim« folgen.
68,3 / 680 m Links halten und auf breiterem Weg 40 m weiter. Dann rechts steil auf Singletrail bergab. Nach 100 m rechts auf breitem Weg weiter bergab. Bald Treppe hinunter, Landstraße kreuzen. Bei km 68,7 am Waldrand dann links. Bei km 69,1 nochmals Straße kreuzen. Ab km 69,3 auf Teer bergab in den Ort.
69,5 / 500 m Kurz nach dem Sportplatz links, bald an Schulen entlang und auf »Zentweg« weiter bis km 69,8. Hier an Straßenabzweig links bis zum Renault-Autohaus. Dort wieder rechts. 200 m weiter am Marktplatz von Bischofsheim rechts bis zum Gasthof »Adler«. Dort wieder rechts und auf Straße zurück zum Ausgangspunkt am Campingplatz bzw. Schwimmbad (km 71,2 / 424 m).

Uferpartie am Basaltsee

47 Kreuzberg

28,4 km | 860 Hm | 2–3 Std. | mittel | anspruchsvoll

Auf zum Kreuzberg, der eine herrliche Aussicht bietet und im Gipfelbereich zu einer Pause im Kloster einlädt. Allerdings sollte man vom Genuss des dort gebrauten und überaus leckeren Bieres die Finger lassen. Denn sonst verschwimmen die Trails anschließend vor den Augen, was sie nicht verdient haben und wohl auch nicht verzeihen werden.

Start: Von der A 7 über Abfahrt Bad Brückenau (aus dem Süden) oder Fulda (aus dem Norden) nach Bischofsheim. Dort den Hinweisen »Schwimmbad« bzw. »Campingplatz« (Superplatz) folgen, wo die Tour startet.
Karte: Topografische Karte 1:50.000, »Rhön-Südblatt«, Bayerisches Landesvermessungsamt München.
Literatur: Mountain Bike aktiv »Franken«, Pietsch, Stuttgart.
Info: Verkehrsverein Bischofsheim-Kreuzberg e. V., Rentamt am Kirchplatz 5, 97653 Bischofsheim, Tel. 09772/14 52, Fax 09772/10 54.
Geführte Touren: RWV Haselbach, Winfried Pöpperl, Haselbachstr. 50, 97653 Bischofsheim, Tel. 09772/12 71.
Bikeshop: Sport Walter, Haselbachstr. 2, Tel. 09772/71 33 und Radsport Reder, Haselbachstr. 99, Tel. 09772/14 23, beide in 97653 Bischofsheim, Ortsteil Haselbach.

km 0,0 / 424 m Ab Schwimmbad Bischofsheim auf Straße Richtung »Sandberg«. Nach 100 m, kurz nach Straßenbrücke, links auf Teer (»rotes Dreieck«).
0,7 / 425 m Unterweißenbrunn passieren. An erstem Abzweig rechts, 10 m weiter an Strommasten links »In der Fichte«, dann dem »Fernradweg Brendtal« folgen. Bei km 1,6 links, dann auf markiertem Hauptweg bis in den Ort Wegfurt und dort auf Radweg (»Brendtal«) weiter nach Schönau.
7,6 / 331 m In Schönau direkt am Dorfbräuhaus, gegenüber vom Rhönraddenkmal, rechts auf Straße. Nach 100 m auf »Burgwallbacher Str.« weiter. 80 m weiter am Abzweig »Witzhausen« rechts halten. Nochmals 30 m weiter wieder rechts (»Rundweg 1«).
8,3 / 350 m Kurz nach Ortsende rechts auf Singletrail (»1«). Bei km 8,7 rechts bergab. 250 m weiter rechts auf etwas breiterem Waldweg.
9,3 / 355 m Links (»NH«) Richtung »Jägerhaus«. Nach 300 m links, »Fichtengrabenstraße«, 20 m weiter dann links auf Singletrail (»NH«) Richtung »Kreuzberg«.
12,7 / 540 m Am Jägerhaus links (»NH«). 100 m weiter rechts, nach nochmals 10 m wieder rechts auf »Eichenweg« (»NH«). Nach Bergabstück bei km 13,6 links (»NH«) bergan.
14,4 / 600 m Links, Landstraße queren und am Parkplatz dann rechts weiter Richtung »Neustädter Haus«.
16,5 / 750 m Am Neustädter Haus rechts (»rotes Dreieck«) Richtung »Kreuzberg«. Bald an Schottergabelung geradeaus (»blaues Dreieck«) auf Singletrail Richtung »Kreuzberg«.
17,6 / 830 m Rechts auf Waldweg bergan (»blaues Dreieck«).
18,5 / 880 m Rechts und in fast entgegengesetzte Richtung auf breiter Schotterpiste (ohne Markierung) bergan. Bei km 19,1 vor dem Sender Kreuzberg links bergab. Bei km 19,3 vor einem Tor links auf Singletrail bergab. Am Aussichtspunkt links auf Waldweg bergab. Bei km 19,4 an Abzweig hart rechts, weiter auf Waldtrail bergab.
19,7 / 870 m Am Gasthaus »Hohn« rechts zum Kloster. Dort rechts auf Pflasterweg weiter, dann zur Straße hinab und auf der zunächst talwärts. Bei km 20,0 links auf Trail Richtung »Bischofsheim« (rotes »>«).
21,7 / 700 m Straße Richtung Oberwildflecken queren, Hinweisschild »Oberweißenbrunn« beachten (rotes »>«), Wegeschranke passieren. Bald rechts halten, rotes »>« beachten.
23,5 / 680 m An Abzweig rechts (»rotes Dreieck«). Nach 150 m rechts halten, bald an Talstation von Schlepplift entlang. Anschließend links auf Straße bis km 24,4. Dort links, Schranke passieren und auf Schotter, bald Waldweg bergan (»rotes Dreieck«) Richtung »Osterburg«.
24,7 / 680 m Links auf Singletrail an Resten der Osterburg entlang. Dann teils recht steil bergab (»rotes Dreieck«).
25,5 / 680 m Links. Nach 40 m rechts. Nach weiteren 100 m rechts auf breitem Weg bergab. Bald Treppe hinunter, Landstraße kreuzen und weiter auf steilem Trail bergab. Bei km 25,9 am Waldrand links und auf Wiesenweg bergab nach Bischofsheim. Bei km 26,3 nochmals Straße kreuzen. Ab km 26,5 auf Teer bergab in den Ort.
26,7 / 500 m Kurz nach dem Sportplatz links auf Teer bergab. Bald an Schulen entlang und auf »Zentweg« weiter bis km 27,0. Dort links. Am Renault-Autohaus wieder rechts. 200 m weiter am Marktplatz von Bischofsheim rechts bis zum Gasthof »Adler«. Dort rechts auf Straße zurück zum Ausgangspunkt (km 28,4 / 424 m).

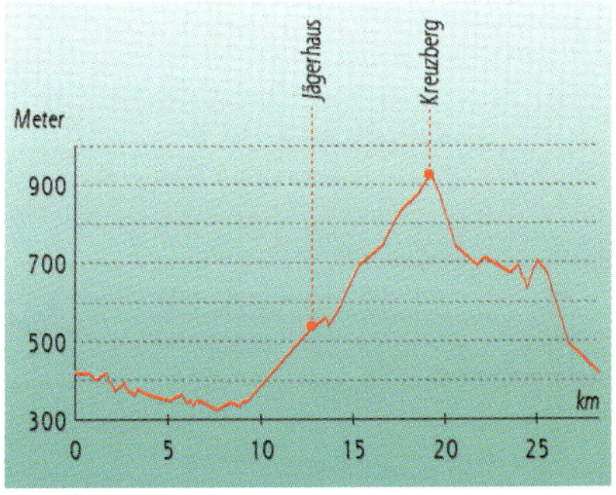

48 Schwarze Berge

35,5 km | 840 Hm | 2½–3½ Std. | leicht | leicht

Auch in der Rhön gibt es leichte Touren. Die Auffahrt zur Kissinger Hütte zum Beispiel gestaltet sich locker genug, dass man zumeist mit der mittleren Scheibe vorn auskommt und daher umso mehr Muße hat, neben dem Fahren auch noch die Landschaft zu genießen.

Start: Von der A 7 über Abfahrt Bad Brückenau der B 27 nach Bad Brückenau bis zum ehemaligen Bahnhof folgen. Dort parken und Tour starten.
Karte: Topografische Karte 1:50.000, »Rhön-Südblatt«, Bayerisches Landesvermessungsamt München.
Literatur: Mountain Bike aktiv »Franken«, Pietsch, Stuttgart.
Info: Touristinformation Bad Brückenau, Tel. 09741/36 69 oder 8 04 11, Fax 8 04 17.
Bikeshop: Biker's Best Schönrock, Kissingerstr. 39, 97769 Bad Brückenau, Tel. 09741/24 27.

km 0,0 / 330 m Vom Parkplatz am alten Bahnhof in Bad Brückenau zunächst auf B 27 in Richtung »Fulda«. Nach 300 m links ab und auf Radweg an Sinn entlang talaufwärts. Bei km 0,7 Straße kreuzen, weiter auf Radweg. Dann bald B 27 unterqueren, rechts über Brückchen, dann links und ab Parkplatz auf geschottertem Radweg weiter bis zu Firmengelände. Dort links über Brücke, anschließend rechts und auf Radweg weiter an Sinn entlang.
3,2 / 364 m In Römershag rechts auf B 286 weiter bis km 4,1. Nun links auf »Rhön-Sinn-Radweg« weiter, bald unter Autobahnbrücke hindurch.

6,2 / 385 m Links auf Teer bergan. Nach 100 m links auf Straße durch Riedenberg. Nach weiteren 500 m links bergab, dann bergan der »Frühlingsstraße« Richtung »Jugenddorf St. Anton« folgen.
7,2 / 440 m Am Parkplatz vom Kinderheim geradeaus bergan.
9,4 / 540 m An Kreuzung rechts der Markierung (»rotes Dreieck«) bergab folgen. 400 m weiter, direkt vor Bachgraben, rechts bergab. Bei km 10,1 hart links (»rotes Dreieck«) Richtung »Oberbach«. 100 m weiter, nach Wegschranke rechts bergab, »rotes Dreieck« verlassen.

11,1 / 440 m In Oberbach nahe der Kirche die Hauptstraße halb links queren und »gelbes >« »Eckenstr.« Richtung »Kissinger Hütte« folgen. 50 m weiter an Teergabelung links.
11,2 / 470 m Rechts, nächste links »Treiweg« (gelbem »>«) Richtung »Kissinger Hütte«. Bei km 11,6 an Teergabelung »Am Lösershag« links (»gelbes <«).
12,2 / 565 m An Teergabelung rechts bergan (»gelbes >«). 400 m weiter geradeaus, »gelbes >« verlassen und auf Teer weiter bergan. Bei km 13,3 etwas links und ab km 14,0 geradeaus auf Schotter weiter.
15,1 / 730 m Links an Wanderheim entlang. Bei km 15,8 geradeaus auf Schotter weiter (»gelbes >«). Dann bis km 17,0 alle Abzweige ignorieren. Dort rechts bergan (»gelber Tropfen«).
18,7 / 833 m An Kissinger Hütte rechts halten und dem »Kardinal-Döpfner-Weg« in Richtung »Würzburger Haus« (»rotes Dreieck«) folgen.
19,0 / 824 m Auf Grasweg geradeaus Richtung »Berghaus Rhön« (»rotes Dreieck«).
20,8 / 720 m An Waldrand rechts bergan durch Steinbruchgelände. Bald Straße queren und etwas rechts auf Wiesenweg (»rotes Dreieck«) Richtung »Würzburger Haus« halten.
24,1 / 770 m An Würzburger Haus rechts (»gelbem >«) Richtung »Riedenberg«. Bald wieder rechts bergab.
24,6 / 716 m Schlammigen Waldweg nach links verlassen (»gelbes >«) und auf Singletrail bergan.
25,0 / 700 m Geradeaus auf Schotterpiste bergab zum Waldrand (»gelbes >«). Dort dann rechts auf Teer bergab.
26,1 / 620 m Nach Teer-Rechtskurve hart links und fast entgegengesetzt auf breitem Schotterweg weiter, vorübergehend ohne Markierung. Nach 500 m hart rechts und auf Wiesenweg (»gelbes >«) bergab. Bei km 26,8 an Wiesenweggabelung links halten. Bei km 27,6 links bergab (»gelbes >«). Nach 200 m rechts auf Teer bergab. 100 m weiter an nächster Teergabelung rechts Straßenunterführung passieren und geradeaus durch Riedenberg.

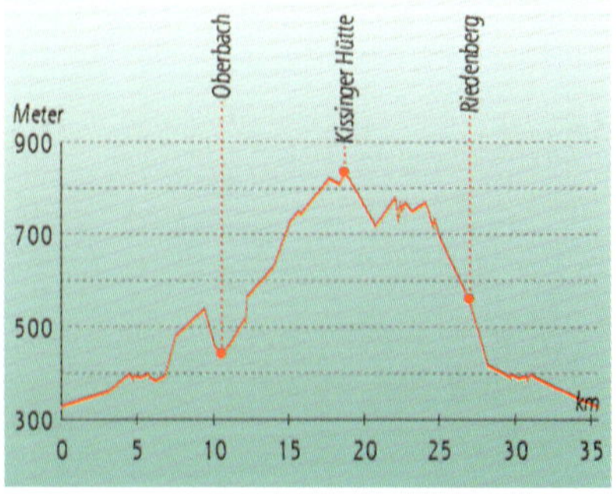

28,2 / 420 m Links, bald Bahngleise passieren. Nach 400 m an Telefonzelle rechts auf »Kreuzbergstr.«. Ab km 28,9 rechts der »Sinntalstraße« folgen. Bei km 29,4 am Ortsende von Riedenberg rechts auf Teer bergab. 100 m weiter links dem »Rhön-Sinn-Radweg« zurück nach Bad Brückenau folgen (km 35,5 / 330 m).

Die kahlen Rhönkuppen bieten wunderschöne Fernsichten.

49 Durch Frankens nördlichste Ecke

28,4 km	740 Hm	1½–2½ Std.	leicht	leicht

Einst war die »Hohe Straße«, über die diese Tour ein gutes Stück führt, für Eselskarren, Fußgänger und Handwagen angelegt. Heute herrscht auf diesem historischen Weg die pure Einsamkeit, was diesem Trail jedenfalls auch gut zu Gesicht steht.

km 0,0 / 306 m Vom Minigolfplatz retour auf Friedensstraße bis zur Kreuzung. Hier rechts auf »Burgstr.« bergan. Nach 700 m an Wasserwerk Ostheim rechts (»blaues >«) auf Schotter Richtung »Lichtenburg«.

Start: In Ostheim auf »Alexanderstraße« abbiegen. Dann weiter auf »Burgstraße« bis »Friedenstr.«. Hier rechts, Hinweis »P« beachten und parken. Direkt vor dem Minigolfplatz Start.
Karte: Topografische Karte 1:50.000, Blatt 9 »Rhön-Nordblatt«, Hessisches Landesvermessungsamt.
Literatur: Mountain Bike aktiv »Franken«, Pietsch, Stuttgart.
Info: Fremdenverkehrsverein Ostheim, 97645 Ostheim/Rhön, Tel. 09777/18 50, Fax 09777/32 45.
Bikeshop: Nächster Bikeshop in Bad Neustadt/Saale: Fahrräder Wolf, Roßmarkstraße. 17, 97616 Bad Neustadt, Tel. 09771/22 13.
Geführte Touren: Rhön-Park-Hotel, 97647 Hausen, Tel. 09779/9 10.

1,1 / 370 m Rechts (»blaues >«), 300 m weiter geradeaus Teerstraße queren und auf Trail steil bergan. Ab km 1,8 geradeaus auf Teer bergan bis zur Lichtenburg. Dort rechts über Schotterparkplatz (»blaues Dreieck«) Richtung »Ponyhof«, anfangs über Treppe, dann auf Serpentinentrail bergab.
2,4 / 440 m An Wegestern praktisch geradeaus und auf unmarkiertem Singletrail an Vogelhäuschen entlang. 400 m weiter links auf Schotter bis km 3,2. Dort rechts auf breiter Schotterpiste an »Wasserschutzgebiet« entlang.
4,2 / 300 m Links auf Radweg (»4«) Richtung »Willmars«. Bei km 5,2 rechts und ab km 6,1 auf Teer durch Willmars. Anschließend Landstraße queren und auf geteertem Radweg (»4«) geradeaus Richtung »Filke«.
8,4 / 350 m Links auf Teer, bald Schotter bergab durchs Tal des Bächleins »Sulz«.
11,3 / 380 m Nach Schranke links

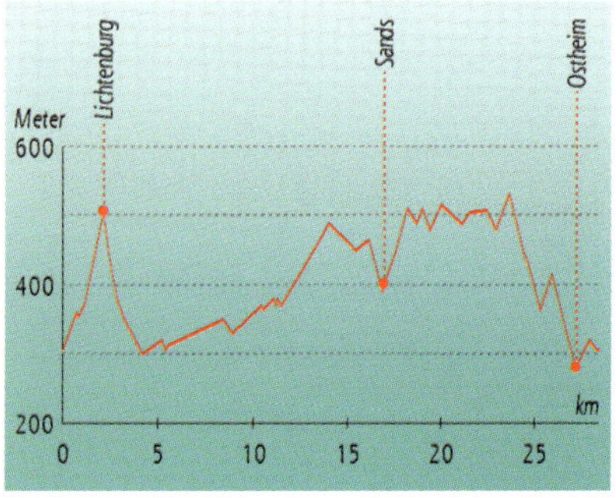

auf Teer bergab. 200 m weiter an Jägerstand rechts, jetzt bergan durchs Tal der Schlürpf. Bei km 11,7 links (»2«), bald Schranke passieren.
13,4 / 460 m Rechts, »2« ignorieren. Dann bis km 15,1 jeweils geradeaus (»grüner Tropfen«).
15,1 / 460 m Links ab. 300 m weiter links und auf breiter Schotterpiste am Hang des Tälchens entlang, »grünen Tropfen« ignorieren.
16,9 / 400 m Am Ortsrand von Sands links auf Teer in den Ort hinein. Dann die Dorfstraße diagonal queren und auf geteertem »Hohleweg« (» > «) bergan.
17,5 / 445 m Am Waldrand geradeaus auf linkem Weg (» > «). 400 m weiter rechts auf Hauptweg bergan. Bei km 18,2, genau auf der Höhe links ab. Bei km 18,7 dann hart links auf »Hoher Straße« Richtung »Königsburg« (»blaues Dreieck«).
23,6 / 532 m Am Gelände der ehemaligen Königsburg geradeaus (»1«). 100 m weiter rechts bergab (»1«).
24,4 / 444 m Nach schöner Abfahrt links bergab (»1«) 200 m weiter am Waldrand links auf Schotter leicht bergan (ohne Markierung). Bei km 25,7 kreuzt tiefer Graben. In diesem rechts bergab zum nächsten Schotterweg. Dort links bergan.
25,9 / 415 m Am Waldrand rechts und auf Feldweg, später Teer leicht bergab (»3«) bis km 27,1. Dort rechts, nach 20 m links und auf Schotter steil bergan. Anschließend geradeaus auf Teer durch Ostheim bis km 27,9. Dort rechts auf »Burgstr.« bergab.
28,3 / 306 m An der Straßenkreuzung links und zum Ausgangspunkt zurück (km 28,4 / 306 m).

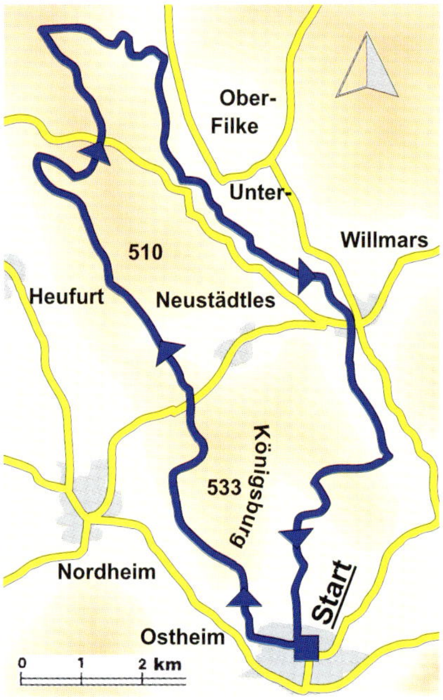

50 Kissinger Hütte

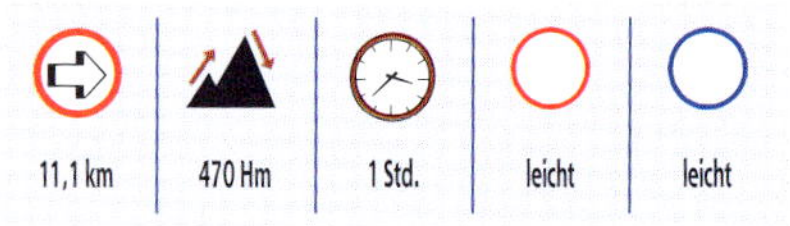

Von der Kissinger Hütte aus hat man wahrscheinlich den schönsten Rundumblick in der Rhön überhaupt. Das allein würde die Tour schon bezahlt machen, aber es kommen auch ein paar Spitzen-Trails hinzu.

km 0,0 / 510 m Ab Güterbahnhof Wildflecken zunächst auf Straße bergan Richtung »Bad Kissingen«. Nach 400 m links auf Schotter (»gelbes > «).
0,5 / 550 m Wieder nah an der Straße links und auf Grasweg bergab Richtung »Kreuzberg«. 100 m weiter am Waldrand rechts weiter bergab. Anschließend durch Bachtal auf Singletrail bergan (»gelbes > «).
1,1 / 572 m Geradeaus über Wendeplatz und weiter auf Singletrail.

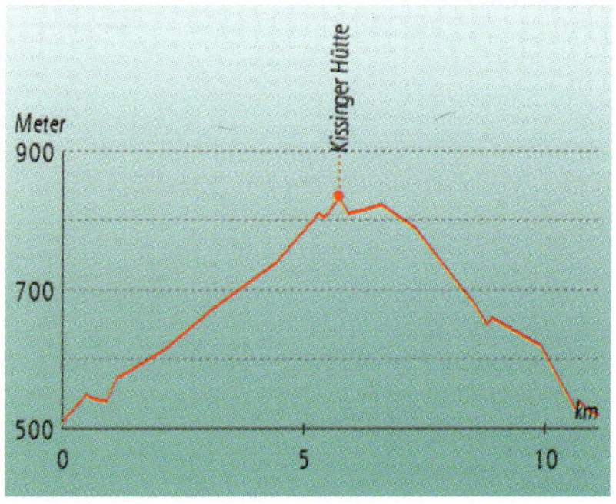

2,1 / 615 m Rechts auf Straße zur Ziegelhütte. Dort links auf Teerweg, sofort auf Schotter bergan Richtung »Kreuzberg«.
3,1 / 675 m Kurz vor dem Guckaspass bei Strommasten rechts auf breiter Schotterpiste bergan Richtung »Kissinger Hütte«, 600 m weiter links (»roter Tropfen«) Richtung »Kissinger Hütte«.
4,4 / 740 m Kurz nach einzelnem Haus links ab Richtung »Kissinger Hütte« (»roter Tropfen«) und auf Wiesenweg steil bergan.
5,5 / 810 m Geradeaus hinauf bis Gipfel bzw. bewirtschaftete Kissinger Hütte. Dann hierher retour und aus Richtung Kissinger Hütte links auf breitem Grasweg (»rotes Dreieck«) weiter.
6,2 / 815 m Rechts halten, Schranke passieren und auf Schotter weiter (»rotes Dreieck«).
7,3 / 790 m Rechts ab. 20 m weiter links auf Trail (»gelber Tropfen«), »rotes Dreieck« ignorieren.
8,5 / 685 m Rechts. 100 m rechts auf Schotter weiter.
9,6 / 645 m Links auf breiter Schotterpiste am Waldrand entlang. 100 m weiter rechts auf Wiesenweg bergab.
9,9 / 620 m Links, Weg durch Baumgruppe folgen (»gelber Tropfen«). 100 m weiter rechts und weiter in Serpentinen bergab. Bei km 10,3 an Gabelung links bergab (»gelber Tropfen«).
10,6 / 530 m An Waldrand rechts auf Schotter. 500 m weiter links zurück zum Ausgangspunkt (km 11,1 / 510 m).

Start: Von A 7 über Abfahrt Bad Brückenau und anschließend auf Landstraße Richtung Wildflecken. Auf Höhe des Ortes am Abzweig Richtung Ortsmitte bzw. Langenleiten am Bahnhof parken und Tour starten.
Karte: Topografische Karte 1:50.000, »Rhön-Südblatt«, Bayerisches Landesvermessungsamt München.
Literatur: Mountain Bike aktiv »Hessen«, Pietsch, Stuttgart.

Info: Informationszentrum Schwarze Berge in Oberbach, Tel. 09749/9 12 20.
Bikeshops: In Wildflecken keine. Die nächsten Shops in Bischofsheim: Sport Walter, Haselbachstr. 2, Tel. 09772/71 33 und Radsport Reder, Haselbachstr. 99, Tel. 09772/14 23, beide in 97653 Bischofsheim, Ortsteil Haselbach. Oder Bad Brückenau: Fahrrad Schönrock, Kissingerstr. 39, 97769 Bad Brückenau, Tel. 09741/24 27.

Bergisches Land

Das Bergische Land liegt etwa 50 Kilometer von Köln entfernt und erhebt sich bis auf ca. 500 Höhenmeter. Charakteristisch für dieses Mittelgebirge sind die vielen kleinen Berge, sodass sich bei Mountainbiketouren die Höhenmeter schnell addieren. Dazwischen öffnen sich weite Täler mit zahlreichen Talsperren. Kurzum – ein Gebiet für genussvolle, gemütliche Touren.

51 Talsperrentour

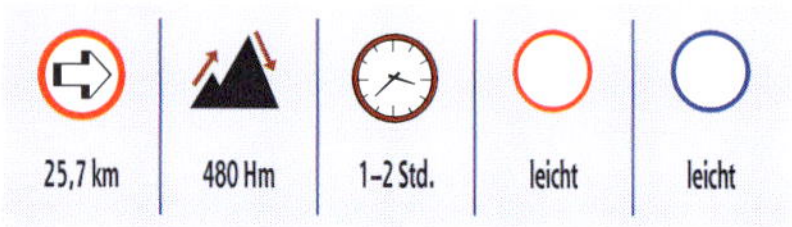

Für lockeres Biken an Talsperren entlang gibt's im Bergischen reichlich Möglichkeiten. Eine besonders schöne Genusstour stellen wir hier vor.

km 0,0 / 280 m Zunächst die Staumauer der Aggertalsperre queren, dann

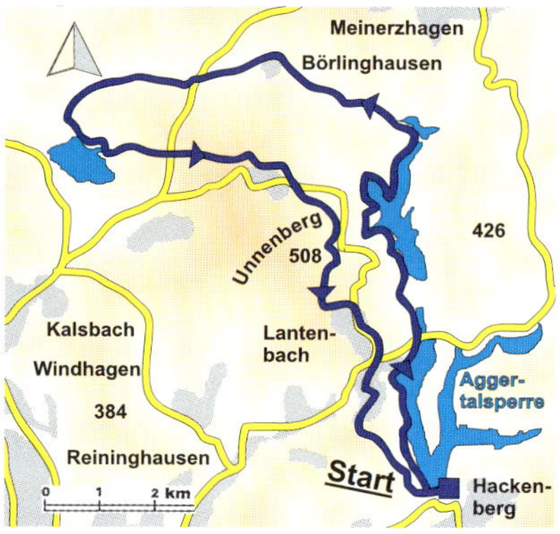

rechts abbiegen und auf »Radweg« an der Agger, später an der Genkeltalsperre entlang. Stets am Talsperrenufer bis km 8,5 bleiben.
8,5 / 350 m An Vorsperre der Genkeltalsperre links (»N«) Richtung »Börlinghausen«.
9,7 / 370 m In Genkel erst links auf Straße, dann rechts weiter (»N«). 900 m weiter, nach Bahnlinie links, bald auf Straße durch Börlinghausen.
10,9 / 425 m In Börlinghausen »N« verlassen und auf Straße geradeaus Richtung »Holzwipper«.
12,1 / 390 m An Straßen-T geradeaus, wieder »N« folgen und an Wipper entlang bergab zur Brucher Talsperre.
14,4 / 350 m Links zur Staumauer der Brucher Talsperre halten. Dann auf Uferweg an Talsperre entlang.
15,5 / 370 m Uferweg nach links verlassen und nun »X 3« Richtung »Dannenberg« folgen.
17,7 / 475 m An Waldrand rechts nach

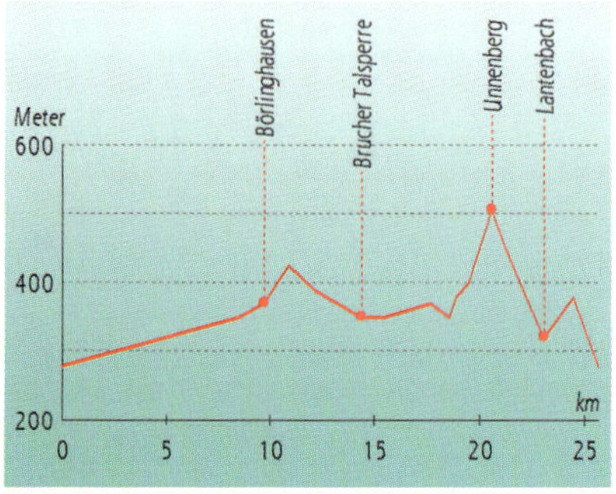

Dannenberg. Dort am Ortsrand links, praktisch um den Ort herum, dann Straße queren und »X 3« weiter Richtung »Unnenberg« folgen.
19,5 / 400 m An Parkplatz rechts auf Teer bergan zum »Unnenberg«. Dort am Aussichtsturm links halten (»X 3«).
21,3 / 450 m Nach der Abfahrt links halten und »X 3« nun durch Lantenbach retour bis zur Aggertalsperre folgen (km 25,7 / 280 m).

Start: Parkplatz an der Staumauer der Aggertalsperre.
Karte: Topografische Freizeitkarte 1:50.000, Blatt 19, »Bergisches Land Nord«, Landesvermessungsamt Nordrhein-Westfalen.

Info: Fremdenverkehrsamt, Rathausplatz 1, 51643 Gummersbach, Tel. 02261/8 74 04.
Bikeshop: Radsport Nagel in Gummersbach, Tel. 02261/2 42 55.

Auch im Bergischen kann man dem Bike herrlich die Sporen geben.

52 Vom Bergischen ins Ebbegebirge

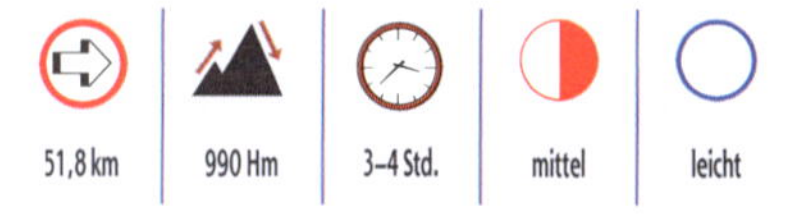

Vom Bergischen ins südwestliche Sauerland, oder besser gesagt ins Ebbegebirge, ist es nicht weit. Daraus lässt sich also eine wundervolle Biketour machen...

Start: Parkplatz an der Staumauer der Aggertalsperre.
Karte: Topografische Freizeitkarte 1:50.000, Blatt 19, »Bergisches Land Nord«, Landesvermessungsamt Nordrhein-Westfalen.
Info: Fremdenverkehrsamt, Rathausplatz 1, 51643 Gummersbach, Tel. 02261/8 74 04.
Bikeshop: Radsport Nagel in Gummersbach, Tel. 02261/2 42 55.

km 0,0 / 280 m Zunächst Staumauer der Aggertalsperre queren, dann rechts und auf »Radweg« an Agger, später an Genkeltalsperre entlang. Stets am Talsperrenufer bis km 8,5 bleiben.
8,5 / 350 m An Vorsperre der Genkeltalsperre rechts (»N«) Richtung »Meinerzhagen«. Nach 300 m rechts halten.
10,0 / 390 m Links ab, bald Straße kreuzen und »X 11« Richtung »Meinerzhagen« folgen.
11,5 / 440 m An Skischanze Meinerzhagen praktisch geradeaus Richtung »X 11«. 1200 m weiter nach Bahnunterführung rechts.
13,0 / 395 m An Tankstelle B 54 queren, links halten. Nach 400 m rechts halten, 300 m weiter dann links (»X 11«). Bei km 13,8 den Ort nach links verlassen, bald A 45 per Brücke queren.
16,9 / 569 m Rechts zum »Nockener Kreuz«. Dort weiter Richtung »Nordhelle«. Bei km 17,4 rechts und für 600 m auf Straße. Dann links auf »Höhweg« abbiegen.
21,0 / 615 m An Schutzhütte links auf »Kammweg« weiter.

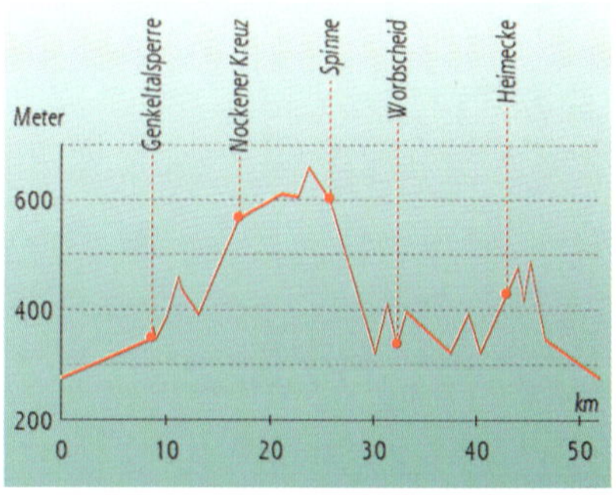

22,7 / 610 m Straße nach rechts queren und auf Teer weiter.
23,7 / 663 m Am Sendeturm »Nordhelle« bald rechts bergab (»X 11«). Bei km 25,1, an nächstem Sendeturm rechts auf Teer bergab.
25,7 / 604 m An so genannter Spinne rechts (»Dreieck«) bergab. Bald rechts, dann ohne Markierung geradeaus bergab. Bei km 26,9 links auf Waldweg. Nach 500 m an Weide erst rechts, dann links über Brücke. Bei km 27,7 in Echternhagen auf Straße bis Freisemicke.
30,1 / 325 m In Freisemicke rechts, nächste links, dann nochmals links und auf Teer am Bach entlang (»Raute«). Bei km 30,7 an Gabelung rechts bergan.
31,3 / 415 m Links, sofort rechts auf Teer bergan.
32,2 / 340 m In Worbscheid erst geradeaus. Dann bei Häusern links, Straße queren, rechts bergan. Nach 300 m an Bauernhof links (»A«). 400 m weiter wieder links.
33,2 / 400 m Rechts »L« nach Hunswinkel folgen.
37,5 / 325 m In Hunswinkel zunächst auf Straße geradeaus. Nach 300 m links zum Sportplatz, dort rechts, dann links auf verwachsenem Weg bergan (ohne Markierung). Bei km 39,6 an Waldrand geradeaus. Nach 300 m rechts bergab nach Herpel.
40,4 / 325 m In Herpel rechts auf Straße. Nach 100 m wieder rechts bergan (»X 20«). Bei km 40,8 links halten. 1200 m weiter wieder rechts und durch Schürholz Richtung »Heimicke«.
42,9 / 430 m Links »X 12« durch Heimicke folgen. Nach 700 m rechts kurz auf Straße, dann wieder rechts und »X 3« Richtung »Agger« folgen. Bei km 45,8 links A 45 überqueren, dann wieder rechts »X 3« folgen.
44,5 / 420 m B 54 geradeaus queren. Nach 700 m »Auf dem Dümpel« geradeaus (»Karo«) nach »Niederrengse«.
46,6 / 350 m Rechts auf Straße durch Niederrengse. Nach 400 m links auf Straße weiter. Bei km 47,4 dann Straße nach links verlassen und auf »Radweg« Richtung »Agger«. 400 m weiter links, dann bald an Talsperrenufer entlang zum Ausgangspunkt (km 51,8 / 280 m).

Westerwald

Der Westerwald ist Teil des Rheinischen Schiefergebirges und dehnt sich zwischen Mittelrhein, Lahn, Dill und Sieg aus. Eine für Mountainbiker besonders reizvolle Region dieses Mittelgebirges stellen dabei die Höhen nördlich des Lahntals dar. Hier präsentiert sich der Westerwald nicht als weitläufige Hochfläche, sondern als ein von Tälern tief durchschnittenes Gebirge.

53 Von der Lahn in den Westerwald

35,3 km | 855 Hm | 2½ Std. | mittel | leicht

Ganz am Südrand des Westerwaldes, dort wo das Lahntal die Grenze zum Taunus bildet, verläuft diese interessante Bikerunde. Meist geht's dabei über Schotterpisten, man genießt wundervolle Aussichten auf Taunus und Umgebung, lernt das einzigartige Gelbachtal kennen und rollt dann später durch verlassene Weingärten.

km 0,0 / 80 m Ab Nassau auf B 260, Gleise queren, durch den Ort. Nach 200 m rechts durch Fußgängerzone. Dann rechts auf B 417. Nach 100 m links auf Straße Richtung »Winden« bergan.
2,2 / 240 m Von Straße rechts auf Teerweg Richtung »Weinähr«.
2,5 / 255 m Geradeaus auf Schotter. Nach 100 m links auf Feldweg ins Sülzbachtal. Dort auf Wiesenweg weiter.
4,3 / 215 m Gabelung: Etwas rechts, nach 700 m an Wege-T rechts bergan. Bei km 5,1 dann rechts Richtung »Weinähr« halten.
5,6 / 250 m Auf gleicher Höhe geradeaus Richtung »Rother Höhe«.
6,4 / 250 m Ab Waldrand geradeaus bergab, bald auf Teer.
7,5 / 150 m Am Wasserbehälter »Weinähr« links auf Waldweg bergan.
7,8 / 165 m Im alten Weinberg an Gabelung (»WE 4«) links bergan. Nach 100 m etwas rechts »Zum Kreuz«.
8,4 / 225 m Scharf links auf breiterem Weg weiter.
8,8 / 240 m Nach Kurve an Wege-T rechts weiter. Nach 100 m rechts halten, auf Grasweg weiter.
9,1 / 255 m An Jägerstand links, Wegweiser »Zum Kreuz« jetzt ignorieren. Nach 200 m Landstraße queren. Dann links (»WE 5«).
9,6 / 255 m Rechts bergab (»4«). Nach 900 m wieder rechts und nach nochmals 100 m geradeaus ein Stück Richtung »Montabaur«.
11,7 / 220 m Scharf rechts (ohne Markierung) und bergab zur Straße. Dort links talaufwärts bis km 13,2. Nun rechts, Brücke queren und links am Gelbach entlang nach »Dies«. An Bruchhäuser Mühle beim Bauer Ochs rechts halten (gute Einkehr!).
15,4 / 145 m Links auf Straße durch Dies. Im Ort wieder links und bald rechts auf Straße bergan Richtung »Hübingen«.
16,2 / 140 m Von Straße links auf Schotterweg (Brücke queren) bergan.
16,9 / 170 m Links ab (»WE 2«) und durch das Tälchen bergan.
19,0 / 305 m An einer Schutzhütte geradeaus weiter. 500 m weiter, an Hütte scharf rechts. Bei km 20,0 dann geradeaus bergan. 200 m weiter scharf links auf »Westerwaldradweg«.
21,0 / 375 m Auf Hauptweg bleiben.
22,2 / 395 m Links Radweg über Straße folgen, weiter bergan Richtung »Welschneudorf«.
22,9 / 440 m Rechts, Schranke passieren.
24,3 / 430 m Rechts auf Straße. Nach 200 m links auf Schotterweg abbiegen und am Waldrand entlang Richtung »Dausenau«.
25,0 / 415 m An Gabelung rechts (»Hufeisen«) bergab. Nach 300 m scharf

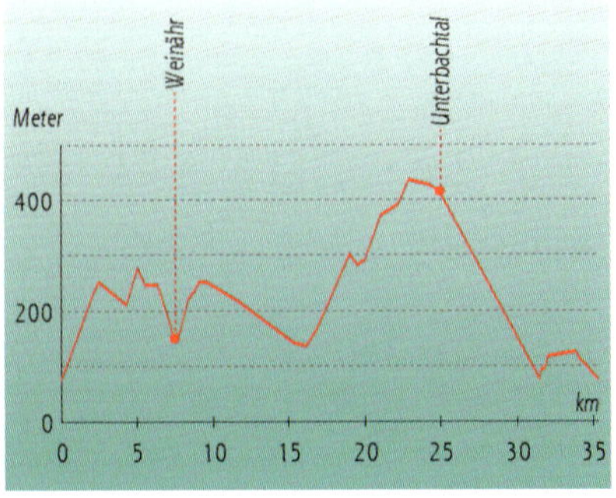

rechts bergab durch das Unterbachtal bis zum Abzweig Lahngasse/Hauptstraße in Dausenau. Nun links auf Hauptstraße durch den Ort. Nach 100 m rechts auf Lahnuferweg wechseln.
31,4 / 80 m Wieder links zur Straße, dort rechts und nach wenigen Metern wieder links »Auf der Au«.
31,5 / 95 m Rechts halten und auf Teer leicht bergan Richtung »Waldfrieden«.
31,8 / 100 m Links halten. Nach 100 m am Gasthaus »Waldfrieden« geradeaus weiter auf Teer.
32,0 / 120 m Hier auch geradeaus, weiter auf Schotterweg (»N 10«).
33,8 / 130 m Auf Teer rechts bergab.
34,1 / 115 m Auf B 260 links durch Nassau. Bei km 35,0 am Rathaus rechts. Nach Bahngleisen links zum Ausgangspunkt (km 35,3 / 80 m).

Start: Ab Koblenz oder Limburg an der Lahn entlang nach Nassau, wo die Tour am Schwimmbad startet.
Karte: Topografische Karte 1:50.000, »Naturpark Nassau«, Landesvermessungsamt Rheinland-Pfalz.

Info: Die zentrale Zimmervermietung erreicht man über Tel. 02604/7 02 30.
Geführte Touren: Bei Touristikverband Nassauer Land (Tel. siehe Info).

Immer wieder eröffnen sich wunderschöne Blicke auf die Städte an der Lahn.

54 Über den Goethepunkt

Vor etwa 200 Jahren hinterließ Johann Wolfgang von Goethe, wie an vielen anderen Orten in Europa auch, oberhalb vom Lahntal seine Spuren. Dort soll er an einer – heute leider betonierten – Stelle einer seiner zahlreichen Geliebten herzzerreißende Briefe geschrieben haben.

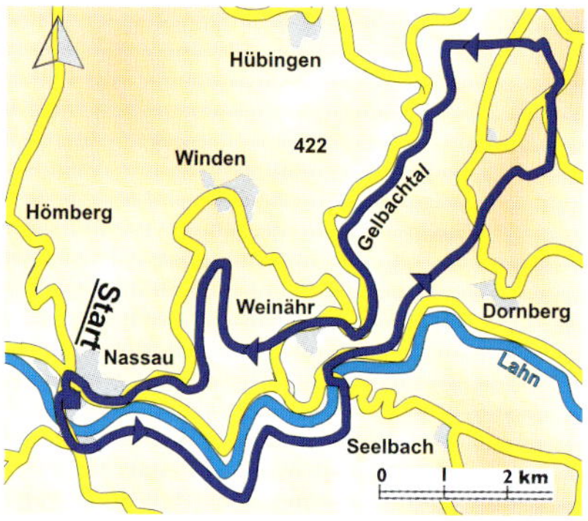

Start: Ab Koblenz oder Limburg an der Lahn entlang nach Nassau, wo die Tour am Schwimmbad startet.
Karte: Topografische Karte 1:50.000, »Naturpark Nassau«, Landesvermessungsamt Rheinland-Pfalz.
Info: Die zentrale Zimmervermietung erreicht man über Tel. 02604/7 02 30.
Geführte Touren: Bei Touristikverband Nassauer Land (Tel. siehe Info).

km 0,0 / 80 m Ab dem Schwimmbad in Nassau auf B 260 Richtung »Singhofen«. Nach 600 m, wo die Straße flacher wird, Lahnradweg Richtung »Obernhof« bis »Kloster Arnstein« folgen.
6,4 / 125 m Am Kloster rechts Richtung »Seelbach«, Schranke passieren und bergab ins Jammertal. Dort nach 600 m scharf links am Bach entlang auf Trail talabwärts bis Jugendheim. Dort auf Teer weiter. Danach links Brücke passieren und bei km 8,5 links auf Straße bergab. Bald Bahnunterführung, Lahnbrücke und im Ort geradeaus über B 417. Am Gasthaus »Bingel« halbrechts bergan.
8,9 / 90 m Links »Neuer Weg«. Nach 500 m rechts auf »Alter Poststraße« bergan Richtung »Goethepunkt«.
10,8 / 230 m Links halten, auf Schotter bergan. Nach 200 m links zum Goethepunkt hinauf (tolle Aussicht). Dann retour zum letzten Abzweig, dort nun rechts.
12,2 / 265 m Rechts (»L«). Wenige Meter weiter wieder rechts.
13,2 / 275 m Geradeaus auf Feldweg. Dann links auf Straße 800 m weiter. Anschließend rechts auf Schotter durch ein Tälchen bergan bis zum Zechenhaus »Grube Holzappel«. Hier geradeaus weiter. Nach 400 m dann links auf Schotter weiter.
15,8 / 220 m Damm vom Grubenteich queren. Dann links auf Straße bergan nach Holzappel.
16,8 / 280 m An Kirche in Holzappel links »Nassauer Straße« folgen.
17,1 / 260 m An Fensterbaufirma rechts auf Betonplattenweg bergan.
17,8 / 320 m Auf Straße 200 m nach rechts, dann am Wäldchen links auf Feldweg bergab. Nach Linkskurve rechts auf Wiesenweg bergab zum Waldrand. Dort rechts und fast weglos 100 m weiter. Dann bergab zum Schotterweg steigen. Hier links bergab.
19,1 / 270 m Rechts auf verwachsenem Trail (»D 3«) bergab. 100 m weiter scharf rechts Bächlein queren und auf Waldtrail weiter.
19,5 / 210 m Auf Hohlweg links bergab bis Schotterweg. Hier rechts. Anschließend auf Straße links bergab bis km 20,1. Nach Kehre, kurz vor Dies, links auf Schotterweg an »Bruchhäuser Mühle« entlang (»4 B«). Danach rechts zur Straße und links durchs Gelbachtal bergab.
27,7 / 110 m Am Ortsausgangschild »Weinähr« rechts auf Schotter (»L«) steil bergan. Nach 200 m »L« ignorieren, an Gabelung fast geradeaus (»N 6«) steil bergan. Auf der Höhe ebenfalls geradeaus.
29,2 / 240 m An Straße rechts, nächste links und auf Schotter, ab km 30,2 auf Teer, geradeaus bergab. Bei km 30,3 rechts auf Straße bergab.
31,0 / 95 m In Nassau rechts auf B 417. Nach 100 m links durch die Fußgängerzone und dann auf der Straße geradeaus zur Lahnbrücke bzw. zum Ausgangspunkt (km 31,6 / 80 m).

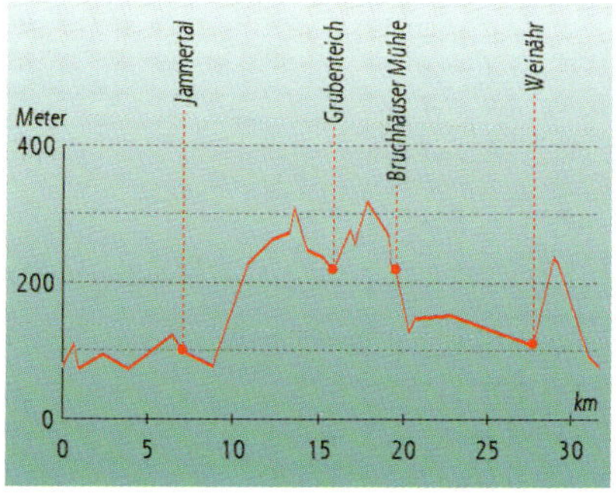

Felsentrail hoch über dem Lahntal

Eifel

Vor etwas mehr als 9000 Jahren spuckten mächtige Vulkane rot glühendes Magma auf die Erdoberfläche und brodelnde Lavaströme flossen zäh durchs Gelände. Schroffe Lavafelsen ragen heute in luftige Höhen, daneben gähnen tiefe, mit Wasser gefüllte Krater. Neben sanften Hochflächen für Gelegenheitsradler prägen bis zu 200 Meter tiefe Flusstäler das Mittelgebirge.

55 Lieserpfad

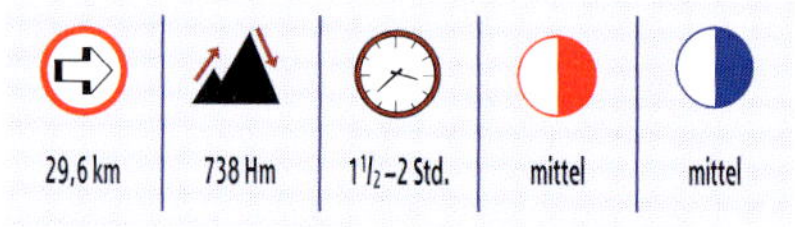

Dieser Pfad an der Lieser entlang ist eine wahrhaft exorbitante Bikedelikatesse. Dabei kurbelt man stets durch den Steilhang des tief eingeschnitten Tals, überwindet teils radikale Felsverblockungen, zwängt sich durch schmale Barrieren und schreddert mit dem Rucksack hier und da schon mal an kahlen Felswänden entlang.

km 0,0 / 295 m Bei der »Heidsmühle« Brücke über Kleine Kyll queren und dann geradeaus dem Hinweis »Wasserfall« folgen. Nach 400 m links halten.
1,8 / 296 m Links (»16«) weiter durchs Tal der Kleinen Kyll.
3,2 / 260 m Links auf Straße Richtung »Lieserpfad«. 200 m weiter, gleich nach Straßenkehre geradeaus auf Schotter Richtung »Lieserpfad«.
4,1 / 280 m An Gabelung auf linkem Weg weiter, Höhe etwa halten, nur leicht bergab.
4,7 / 264 m An Kreuzung geradeaus, dann stets auf markiertem Singletrail »Lieserpfad« Richtung »Manderscheid« (»schwarzes Dreieck«).
9,3 / 352 m Geradeaus auf Teer durch Manderscheid. Dann Hauptstraße queren und geradeaus auf Teer am Haus »Sonneck« entlang. Danach geradeaus auf »Burgstr.«.
9,5 / 360 m Links, 3 m weiter sofort rechts an Kirche entlang. Anschließend geradeaus Richtung größeres Holztor. Dort links weiter. Bei km 9,6 rechts auf Teer. 100 m weiter am Haus »Burgblick« geradeaus auf Schotter, später Singletrail »Lieserpfad« (»schwarzes Dreieck«) Richtung »Daun«.
10,1 / 330 m Rechts leicht bergab. 100 m weiter links etwa auf gleicher Höhe bleiben (»schwarzes Dreieck«).
10,8 / 320 m Rechts durchs Holztor, dann auf Schotter weiter.
11,9 / 340 m An Abzweig »Hahnergraben« rechts weiter auf Hangweg. Nach 200 m rechts auf »Lieserpfad« bergab.
12,2 / 330 m Vor Schutzhütte links auf breiter Schotterpiste bergab.
12,6 / 305 m Nach Abfahrt an Abzweig rechts auf Schotter bergan Richtung »Daun«.
13,2 / 340 m An Gabelung links auf Schotter Richtung »Wacholderheide«. Einige Meter weiter an Gabelung rechts.
14,7 / 320 m Links am Bach entlang taleinwärts, ständig am Bach bleiben, alle Abzweige ignorieren, Markierung »Rundweg 2«, später »Rundweg 1«.

Start: Von Manderscheid Richtung Meerfeld. An der Eifelklinik links ab und Serpentinen ins Tal hinunter zur Heidsmühle. Dort Tour starten.
Karte: Eifelvereinskarte 1:25.000, Blatt 20 a »Manderscheid«.
Info: Kurverwaltung Manderscheid, Kurhaus, 54531 Manderscheid, Tel. 06572/92 15 49, Fax 06572/ 92 15 51.
Bikeshop: Bikeshop Mobile, Markt 2, 54531 Manderscheid, Tel. 06572/ 25 21.

18,0 / 365 m Geradeaus, Hinweis »Rundweg 1« ignorieren.
19,3 / 440 m Am Ortsrand von Bleckhausen links bergan. Mitten im Ort dann rechts auf Teer weiter.
19,7 / 450 m Links »In der Dorfwies«, nächste wieder links.
19,9 / 460 m An der Kirche links auf Hauptstraße, nächste rechts »Brunnenstr.«. 200 m weiter links (»3«, »4«). Nächste rechts »Gartenstr.« (»3«, »4«).
20,3 / 470 m Nach Ortsrand geradeaus auf Schotter an Fußballplatz entlang. 100 m weiter, kurz nach Scheune links (»3«, »4«) zum Windrad. Dort rechts auf Schotter ins Tal hinunter.
21,1 / 436 m Direkt vor Jägerstuhl rechts bergab.
21,5 / 412 m Nun links »Rundweg 3« bergab folgen.
23,7 / 370 m An Gabelung rechts auf breitem Grasweg bergab, »Rundweg 3« ignorieren, bald »21«, später »19« Richtung »Manderscheid«.
25,6 / 384 m An »Erloch« rechts bergab (»19«) Richtung »Kyll«.
27,1 / 368 m Achtung! An altem Geländer hart rechts auf Singletrail bergab.
27,3 / 335 m Links auf Schotter weiter. Nach 200 m geradeaus auf Straße, Brücke passieren und am Abzweig nach Meerfeld geradeaus auf Straße bergan.
28,0 / 323 m Die Straße geradeaus verlassen, dann auf dem »Kyllweg« rechts Richtung »Heidsmühle«. Bei km 28,7 nach kleiner Holzbrücke links und weiter durchs Tal der Kleinen Kyll bis zum Ausgangspunkt (km 29,6 / 295 m).

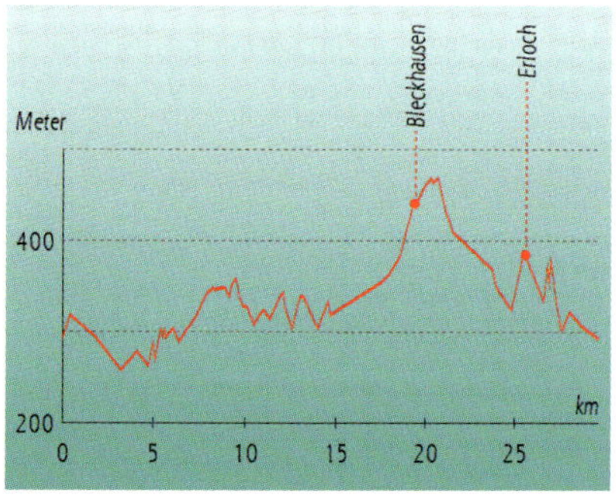

56 Gerolsteiner Dolomiten

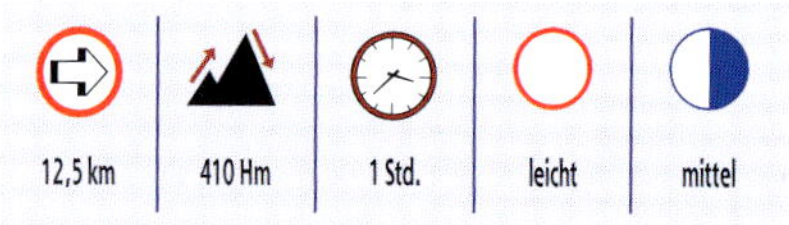

Die Gerolsteiner Dolomiten werden geprägt durch schroffe Felswände. Neben der beschriebenen Kurzroute, die mit einem tollen Singletrail-Downhill durch enge Kehren und teils felsgarnierte Serpentinen aufwartet, liegt hier geradezu ein Netz von aufregenden Pfaden.

km 0,0 / 366 m Ab Parkplatz vor Fluss Kyll zunächst abwärts auf B 410, Brücke queren. Nahe Volksbank bei km 0,2 rechts auf »Kasselburger Weg« (»3«).
1,8 / 368 m Gerolstein auf Teersträßchen verlassen Richtung »Pelm«.
2,8 / 375 m An Brücke Straße geradeaus kreuzen, weiter auf Teerweg.
4,9 / 390 m Am Waldrand links herum Richtung »Kasselburg« auf Schotter.
5,4 / 420 m Rechts an Hinweistafel »Hangrutschung« entlang. Nach 400 m dann links auf Hauptweg weiter bergan.
6,3 / 436 m An Kreuzung rechts auf Waldweg bergan. Bei km 6,5, in Sichtweite der Kasselburg, vor Tiergehege rechts auf Singletrail bergan. Nach 200 m links, Singletrail.
6,6 / 460 m Vor Haus rechts auf →

Start: Auf Parkplatz zwischen B 410 und Kyll, gegenüber Bahnhof Gerolstein.
Karte: Eifelvereinskarte 1:25.000, Blatt Nr. 19 »Gerolstein«.
Info: Touristik-Service Ahr, Rhein, Eifel, Mark 11, 53474 Bad Neuenahr-Ahrweiler, Tel. 02641/9 77 30, Fax 02641/97 73 73.
Bikeshop: Fun-Bike, Trierer Str. 1, 54550 Daun, Tel. 06592/3 88 34.

➘ Teer über Parkplatz bis Straße. Dort bei km 6,8 rechts. Nach 400 m dann links auf Grasweg, bald auf Singletrail abbiegen (»V«).
7,5 / 500 m Nach scharfem Linksknick geradeaus über Kreuzung und an eingezäuntem Steinbruchgelände entlang auf Trail bergab.
8,25 / 488 m Rechts, sofort wieder rechts, am Stacheldrahtzaun entlang. 250 m weiter, kurz nach keltisch-römischer Kultstätte, links auf Teer weiter (»V«), bald an Grillhütte entlang bergab.
9,2 / 490 m Am Krater »Papenkaule« rechts (»V«) Richtung »Munterley«.
9,4 / 485 m An Gabelung links auf Wurzeltrail steil bergan (»V«).
9,9 / 496 m An Singletrailabzweig bei Infotafel »Hagelskaule« rechts bergab und an Gerolsteiner Dolomitwänden entlang Richtung »Munterley« (»V«).
10,1 / 500 m An Gabelung etwas links halten. Nach 200 m an Hangkante etwas rechts (»V«) und auf Trail in Serpentinen bergab. 500 m weiter geradeaus auf breiterem Waldweg Richtung »Munterley«.
10,8 / 485 m Kurz vor Hütte »Munterley« rechts (»V«) auf leicht verblocktem Singletrail bergab.

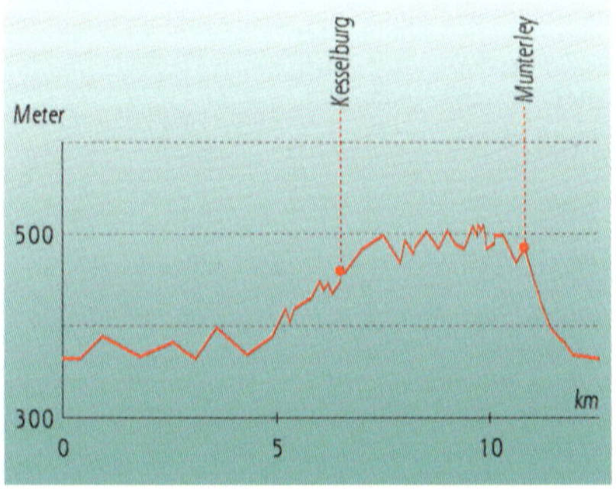

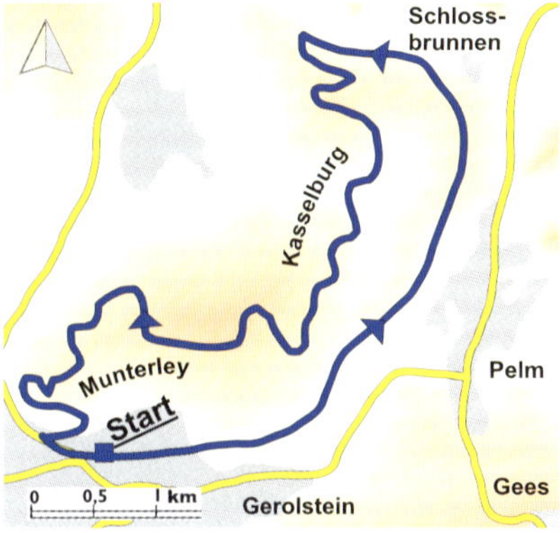

11,4 / 400 m Hart rechts und auf Singletrail bergab. 200 m weiter rechts auf Straße abbiegen.
11,7 / 384 m Links auf Straße bergab zur B 410. Dort links, dann sofort rechts Brücke queren, wieder links zum Ausgangspunkt (km 12,5 / 366 m).

Neben Vulkanen finden sich in der Eifel auch reichlich historische Gemäuer.

57 Nürburgring

28,7 km	935 Hm	1½–2 Std.	mittel	leicht

Von Adenau geht's zunächst hinauf zur höchsten Erhebung der Eifel, der Hohen Acht. Ab hier folgt man dem »Karl-Kaufmann-Weg« Richtung Nürburgring, eine der schönsten Rennstrecken der Welt, die auch als »Grüne Hölle« bekannt ist.

km 0,0 / 320 m Vom Schotterparkplatz zurück zur Hauptstraße. Auf dieser rechts bergan, Hinweis »Mountainbikeroute« folgen. Nach 200 m an kleiner Kapelle Straße nach links verlassen und auf Sträßchen »Mittelbach« bergan. Bei km 0,8 an Schotterparkplatz mit Wandertafel geradeaus auf Teer zunächst »M3«.
1,8 / 405 m An Kreuzung rechts auf Schotter (»M 3«). Bei km 3,3 links auf Schotter (»M 3«).
6,6 / 588 m An »Müllers Kreuz« rechts. 600 m weiter am Parkplatz »Jonas« Straße geradeaus kreuzen und auf Schotter weiter.
8,2 / 622 m Straße diagonal kreuzen. Bei km 8,7 rechts (»B 3«).
8,9 / 660 m Links auf Teer bergan. Nach 300 m rechts.
9,4 / 712 m Kurz unter dem »Hohe-Acht-Gipfel« an Abzweig hart links auf schmalem Teerweg bergan.
9,6 / 740 m Vor Aussichtsturm retour und wieder bergab. 200 m weiter links Richtung »Berghotel«, bald steinige Downhillstrecke.
10,1 / 680 m Hart rechts und dem »Karl-Kaufmann-Weg« bis Nürburgring folgen (»schwarzes Dreieck«).
12,4 / 550 m Am Nürburgring geradeaus auf Schotter »Karl-Kaufmann-Weg«.
12,7 / 528 m Nach Unterführung links auf Schotter bergan.
15,4 / 535 m An Gabelung bei Ring-Unterführung etwas nach rechts. Am Schild »Mountainbikeroute« den »Karl-Kaufmann-Weg« nach links verlassen und auf Singletrail bergan und an Nordschleife entlang.
15,8 / 540 m An Gabelung links kurz steil bergan und dann auf Trail an Zaun der Rennstrecke entlang.
16,3 / 570 m Links auf Schotter, weiter an Rennstrecke entlang. Bei km 16,7 links halten.
17,0 / 556 m Nach Teerabfahrt links auf Landstraße. Einige Meter weiter geradeaus und anschließend rechts durch Nürburg-Unterführung.
18,2 / 550 m An Straßengabelung links durch Ort Meuspath. Nach 500 m rechts auf »Antoniusstraße« abbiegen.
19,8 / 580 m Nach Antoniusbrücke über den Ring links Richtung »Nürburg«.
20,5 / 600 m Erst links auf Hauptstraße, dann an Straßengabelung rechts auf Straße bergan. Nach 300 m rechts auf Waldweg »5«.
21,0 / 620 m An Gabelung links, parallel zur Rennstrecke.

Start: Von A 61 über Autobahnkreuz Meckenheim und B 257 nach Adenau. Oder von A 48 über Abfahrt Nürburgring und B 257 nach Adenau. Die Tour startet am südlichen Ortsrand am Möbelhaus Bell, Hinweisen »Historischer Buttermarkt« folgen.

Karte: Eifelvereinskarte 1:25.000, Blatt 11 »Nürburgring«.
Info: Info-Zentrale am Nürburgring, 53520 Nürburg, Tel. 02691/30 26 10, Fax 02691/30 26 50.
Bikeshop: Breuer's Radshop, Hauptstr. 162, 53518 Adenau, Tel. 02691/10 78.

22,3 / 580 m An Parkplatz »Qiddelbacher Höhe« geradeaus über B 257 und dann weiter an Ring entlang.
24,8 / 530 m Links, dann Brücke über Ring queren, anschließend rechts und markiertem »Rundweg Hocheifel« Richtung »Adenau« folgen.
27,5 / 350 m Am Ortsrand Adenau bei Kirche rechts. Dann bald rechts auf Hauptstraße retour Richtung »Buttermarkt« (km 28,7 / 320 m).

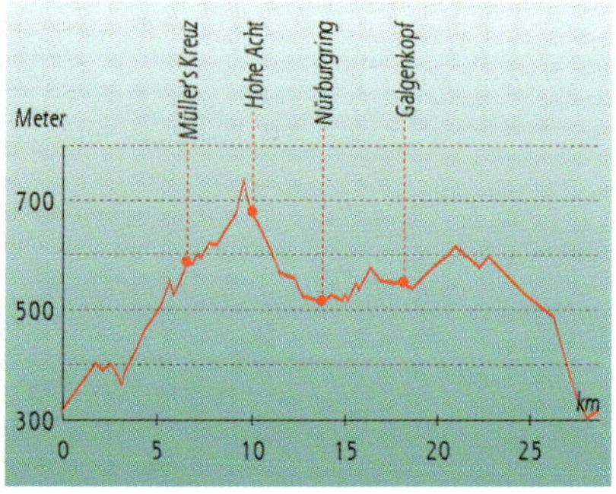

In der Wolfsschlucht lechzen Felsen nach den Speichen.

58 Vulkaneifel

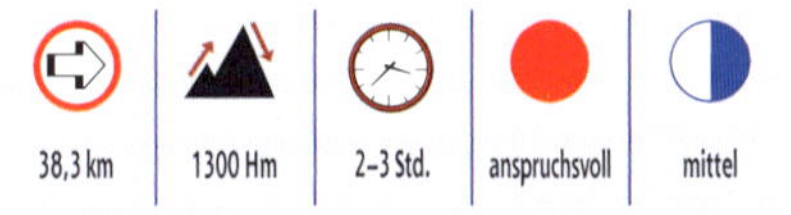

Bei der Runde mitten durch die Vulkaneifel erlebt man neben Hillclimbs auch äußerst rasante Downhills. Besonders interessant ist zudem der Gipfel des Mosenbergs, wo wirre Lavaformationen und der Kratersee Windsborn das Gelände unverwechselbar prägen.

Start: Von Manderscheid Richtung Meerfeld. An Eifelklinik links ab und über Serpentinen ins Tal hinunter zur Heidsmühle. Dort startet auch diese Tour.
Karte: Eifelvereinskarte 1:25.000, Blatt 20 a »Manderscheid«.
Info: Kurverwaltung Manderscheid, Kurhaus, 54531 Manderscheid, Tel. 06572/92 15 49, Fax 06572/92 15 51.
Bikeshop: Mobile, Markt 2, 54531 Manderscheid, Tel. 06572/25 21.

km 0,0 / 295 m Direkt vor Gasthof »Heidsmühle« auf Straße ein Stück Richtung »Manderscheid«. Nach 80 m in erster Straßenkehre rechts auf Schotterweg Richtung »Wasserfall«.

1,7 / 296 m Rechts auf Singletrail bergab Richtung »Wasserfall«.
2,0 / 276 m Rechts Steg über Kleine Kyll passieren, dann sofort links flussabwärts.
2,7 / 265 m Rechts auf Straße Richtung »Himmerod«. 400 m weiter, nach Straßenlinkskehre rechts auf Schotter Richtung »Himmerod«. Zunächst am Bach entlang, folgende Abzweige ignorieren.
7,0 / 340 m Zweite rechts, Bach queren und auf breiter Forstpiste durchs nächste Bachtälchen Richtung »Otzenbach« bergan.
7,4 / 360 m Rechts Bach queren und auf Hauptweg weiter bergan.
8,2 / 370 m Hinweis »Bettenfeld« ignorieren und geradeaus am Bach entlang durch das »Otzenbachtal«.
10,2 / 448 m Links auf Landstraße. 400 m weiter dann rechts auf Forstweg abbiegen. Bei km 11,0 hart rechts auf Waldweg.
13,3 / 470 m Nun hart links herum und anschließend auf Forstweg geradeaus bis km 16,3. Dort rechts (»36«).
17,1 / 532 m Am Waldrand geradeaus, Markierung »4« auf Teerweg bergab folgen.
18,0 / 488 m Rechts auf Schotter, einige Meter weiter geradeaus. Nach 200 m rechts auf Straße bergab.
18,7 / 440 m In Deudesfeld nahe Volksbank rechts (»3«) auf »Manderscheiderstr.«. Etwas weiter, am »Brunnenplatz« links auf »Meerfelder Pfad« (»3«).
19,5 / 480 m Kurz vor Lavagrube links, »3« ignorieren. 400 m weiter an Metalltor rechts herum.
20,8 / 420 m Vor Fischteichen hart rechts auf Wiesenweg (ohne Markierung) bergan auf Grastrail. Nach 200 m rechts halten.
21,8 / 492 m Links bergan. Nach 100 m rechts auf Schotter bergan.
22,3 / 524 m Oberhalb Lavagrube links auf Teer bergan. 100 m weiter, auf der Höhe links Hinweis »Landesblick« folgen.
23,7 / 484 m Links halten, bald an Aussichtsturm »Landesblick« entlang, dann bei km 24,5 rechts auf Teer bergab.
24,7 / 485 m Kurz nach Rechtskurve an Weidezaun links auf Grasweg bergab, stets Richtung »Meerfelder Maar«.
26,0 / 345 m 10 m auf Straße, dann rechts auf »Maarrundweg«.
26,4 / 340 m Kurz nach Schranke an Wanderbank links auf schmalem Schotterweg um das Maar herum.
27,5 / 344 m Vom Maar rechts weg. Nach 100 m links auf Teer Richtung »Meerfeld«.
28,4 / 370 m Rechts durch Meerfeld. Bei km 28,7 (kurz vor Ortsende Meerfeld) links Brücke über Bach queren und auf dem Rundweg »Ratzgraben« bergan.
30,5 / 430 m An Gabelung Hinweis »Ratzgraben« ignorieren und rechts Richtung »Bettenfeld«. 600 m weiter links auf Schotter in Richtung »Bettenfeld«.
31,4 / 480 m Links, 300 m weiter rechts und am Ortsrand von Bettenfeld links auf Teer. Bei km 32,1 links auf Straße Richtung »Mosenberg«.
32,4 / 468 m Rechts zum Parkplatz, 20 m weiter wieder rechts und auf Schotterweg bis zum Waldrand. Dort bei km 32,5 rechts am Waldrand entlang Richtung »Bergkratersee«.
32,7 / 480 m Links auf Schotterweg bergan. Kurz vor Kratersee dann rechts auf steilem Trail bergan, bald durch Lavaformation kurbeln.
33,1 / 485 m Nach Singletrail bergab geradeaus, Schranke passieren Richtung »Gipfelhütte«.
33,5 / 505 m Nach Rechtskurve links 30 m weiter. Dann rechts auf Singletrail an Lavafelsen entlang steilst bergan.

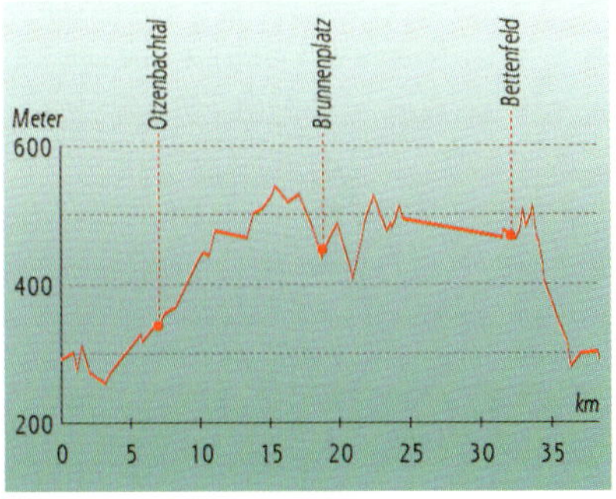

33,6 / 517 m Rechts am Aussichtsturm entlang. Dann vor der Sitzbank rechts auf Trail bergab.
33,9 / 468 m Erst links, dann rechts Richtung »Horngraben«. Bei km 34,3 Schotterweg kreuzen und neben Treppe auf Singletrail bergab.

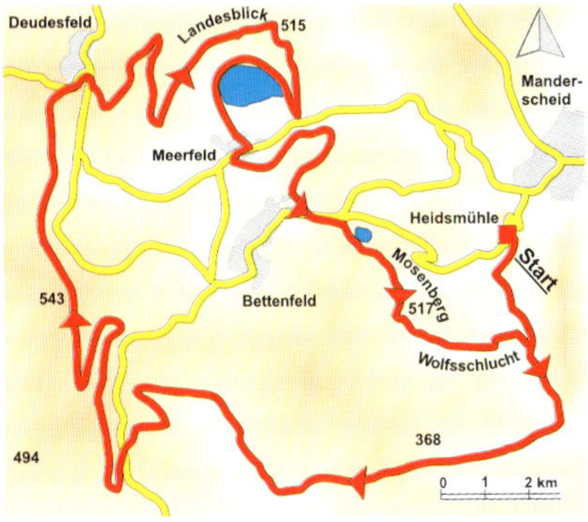

34,4 / 410 m Rechts auf Schotter. Nach 20 m wieder links auf Grastrail Richtung »Horngraben«.
35,5 / 348 m Links Graben überqueren, dann wieder rechts auf Singletrail, bald Hinweis »Georoute« folgen.
36,3 / 284 m Am Ende der Wolfsschlucht vor Kleiner Kyll links flussaufwärts.
37,0 / 304 m Rechts leicht bergab, dann Brücke »Bleimesau« kreuzen und auf anderer Flußseite taleinwärts. Bei km 38,2 links auf Straße zur Heidsmühle (km 38,3 / 295 m).

Hunsrück

Der oft wenig beachtete Hunsrück ist der südwestliche Teil des Rheinischen Schiefergebirges und besteht aus Höhenzügen wie Soonwald, Bingerwald, Lützelsoon, Idarwald und Schwarzwälder Hochwald. Das dünn besiedelte Bergland erstreckt sich zwischen Rhein, Nahe, Mosel und Unterer Saar und besteht aus weitläufigen, landwirtschaftlich genutzten Hochflächen, die im 818 Meter hohen Erbeskopf gipfeln.

59 Binger Wald

34,8 km | 550 Hm | 2½–3½ Std. | leicht | mittel

Gleich gegenüber vom hessischen Rhein-Taunus erhebt sich der rheinland-pfälzische Binger Wald. Er ist Teil des Hunsrücks und bietet eine Traumtour, die über den rund 600 Meter hohen Ohligskopf bzw. Salzkopf führt.

km 0,0 / 76 m Ab Fähranleger Nieder-Heimbach stromaufwärts auf Radweg am Rhein entlang Richtung Trechtingshausen.
5,1 / 76 m Am Bahnhof Trechtingshausen rechts Bahngleise queren, »Radweg« verlassen und links auf B 9 Richtung »Bingen«. Nach 500 m rechts ab und am Morgenbach entlang Richtung »Gerhardshof«. Bei km 5,9 an der Mühle (Gasthaus) geradeaus auf Schotter weiter. An nächster Gabelung auf schmalem Weg links bergan.
6,2 / 135 m Treppe links hochsteigen. Dann rechts auf Waldweg weiter, immer durchs Tal bergan. Auch bei km 9,7, nahe dem »Jägerhaus« geradeaus weiter am Bach entlang. 200 m weiter Straße queren, geradeaus auf Schotter weiter talaufwärts.
10,4 / 330 m An Straße scharf rechts weiter auf Schotter. 600 m weiter rechts an Bach entlang. Nach weiteren 1000 m den Hauptweg verlassen und geradeaus auf schmälerem Schotterweg weiter talaufwärts.
13,3 / 470 m Links auf Schotter. Nach 700 m rechts auf Teer bergan bis zum Parkplatz »Lauschhütte«. Dort geradeaus, »R« folgen.
18,4 / 609 m Auf Ohligsberg an Gabelung rechts. Nach 1100 m erst rechts, 200 m weiter links abbiegen.
20,4 / 470 m Ab Waldrand geradeaus zur Hochspannungsleitung. Dort links auf Teerweg (»R«). Bei km 22,1 Straße queren und geradeaus auf Schotter bergab (blaues »X«).
26,5 / 316 m Kurz vor scharfer Kurve links auf Schotter (»2«) bergan. Kurz nach Schranke rechts auf Trail bergab (»2«).
27,5 / 260 m An Kreuzung geradeaus. Nach 100 m am Sendeturm auf Singletrail (sehr schwer fahrbar) bergab. Etwas weiter rechts halten, bald Straße queren und vor Aussichtsturm links auf Trail, dann auf Treppenweg an Burg entlang bergab.

Start: Diese Tour startet in Nieder-Heimbach direkt am Fähranleger; aus Richtung Lorch, Richtung Koblenz oder Mainz bestens auf der B 9 zu erreichen.
Karte: Topografische Karte: 1:50.000, »Der Rhein – von Bingen bis Koblenz«, Landesvermessungsamt Rheinland-Pfalz.
Info: Verkehrsbüro Lorch, Tel. 06726/1 80 15.
Bikeshop: Fahrradgeschäft Willi Weiler in Lorch, Schwalbacher Str. 3, Tel. 06726/3 27.

28,3 / 160 m Unterhalb der Burg »Stahleck« rechts auf Grasweg weiter. 800 m weiter links auf Schotter bergab. Nach weiteren 200 m rechts auf Teer bergab. Nach nochmals 100 m links auf Treppenweg bergab. Danach rechts auf Pflaster bergab.
29,6 / 80 m Am Bahnhof Bacharach links durch den Ort. An der Kirche dann rechts Torbogen passieren, B 9 queren und auf Radweg flussaufwärts am Rhein entlang nach Nieder-Heimbach (km 34,8 / 76 m).

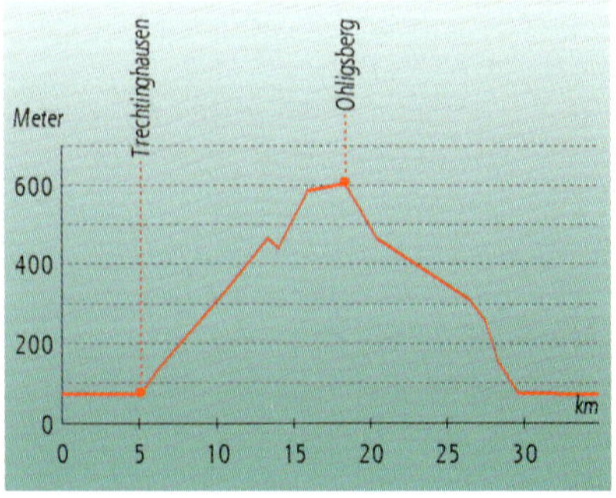

60 Westlich am Rhein entlang

104,7 km | 2200 Hm | 5–6 Std. | anspruchsvoll | mittel

Herrliche Trails, Aussichten fast wie in den Alpen – zwischen Bingen und Koblenz wartet ultimatives Bikevergnügen mit garantiertem Spaßfaktor der Extraklasse.

km 0,0 / 84 m Ab Nahebrücke am Bahnhof Bingen-Bingerbrück bergan zur B 9. Hier rechts zur Kirche. Dort links (»R«) auf »Prinzenkopfstr.« Richtung »Jugendherberge« bergan.
1,0 / 140 m Rechts auf Teer bergan Richtung »Binger Wald«. Nach 500 m rechts. »R« ignorieren.
2,1 / 230 m Rechts auf Singletrail weiter. Nach 1300 m rechts, über Wegkreuzung und weiter bergan (»N«). 100 m weiter rechts bergan.
5,3 / 360 m Bei Wüstung Straße queren, geradeaus (»N«). Nach 900 m nächste Straße queren und auf Trail bergab (»X«) ins Morgenbachtal. Hier links (»R«) am Bach entlang. Nach 200 m Straße queren, geradeaus auf Schotter weiter talaufwärts.
7,2 / 330 m Wieder an Straße scharf rechts weiter auf Schotter. Nach 600 m an Gabelung rechts, am Bach entlang.
8,8 / 405 m Hauptweg verlassen und geradeaus auf schmälerem Schotterweg weiter talaufwärts. Nach 800 m an Wege-T links, auf Schotter weiter. Bei km 10,3 rechts, auf Teer bergan.
12,8 / 590 m An Gasthaus »Lauschhütte« links (»R«).
15,2 / 609 m Auf dem Ohligsberg rechts (»R«).
17,2 / 470 m Ab Waldrand geradeaus zur Hochspannungsleitung. Dort links auf Teer (»R«).
19,4 / 450 m Straße queren und geradeaus auf geschotterter »Römerstraße« bergab (»blaues X«).
24,0 / 300 m Kurz nach scharfer Rechtskurve links (»X«).
24,8 / 188 m Am Aussichtsturm rechts auf Treppe bergab. Nach 200 m, unterhalb Burg »Stahleck«, rechts auf Grasweg weiter.
25,8 / 180 m Links bergab. Nach 500 m am Bahnhof Bacharach links durch den Ort. ➘

Start: Aus Richtung Köln oder Mainz auf B 9 bis Bingen. Start am Bahnhof Bingen-Bingerbrück auf der Brücke über die Nahe.
Karte: Topografische Karte 1:50.000, »Der Rhein – von Bingen bis Koblenz«, Landesvermessungsamt Rheinland-Pfalz.
Info: Tourist-Information, Rheinkai 21, 55411 Bingen/Rhein, 06721/94 33, Fremdenverkehrsverband Rheinland-Pfalz e. V., Löhrstr. 103, 56068 Koblenz am Rhein, 0261/91 52 00.
Rheindampfer: Köln-Düsseldorfer-Deutsche Rheinschifffahrt AG, Frankenwerft 1, 50667 Köln, 0221/2 08 83 18. Bike samt Besitzer werden von Koblenz nach Bingen transportiert (auch auf Tragflügelboot), Fahrzeit etwa 5 ½ Std. (Tragflügelboot 1½ Std.).
Bikeshops: Am Tourstart in Bingen: Fahrradshop Bingen, Am Fruchtmarkt 1, 55411 Bingen, Tel. 06721/92 21 10.
Am Ende der Tour: Fahrrad-Franz, Hohenfelderstr. 7–9, 56068 Koblenz, Tel. 0261/91 50 50 oder Rad Sport Arnold, Koblenzer Str. 236, 56073 Koblenz, Tel. 0261/40 40 00.

26,8 / 76 m Links auf Straße Richtung Steeg.
28,5 / 125 m In Steeg rechts auf »Borbachstr.« (»RV«) Richtung »Breitscheid«.
29,8 / 172 m Rechts auf Grasweg 300 m weiter, dann rechts auf Teer bergan, »RV« bis Perscheid folgen.
33,2 / 431 m In Perscheid rechts auf Hauptstraße zum Dorfbrunnen. Dort rechts abbiegen (»R« und »X«), dann über die Höhe nach Dellhofen.
36,1 / 352 m Rechts auf Straße durch den Ort. An der Kirche links auf »Mühlenweg«, später Schotter Richtung »Oberwesel«. Bei km 37,3 rechts Richtung Jägerstand.
37,6 / 292 m Geradeaus zum Waldrand. Dort links auf Singletrail bergab.
38,7 / 126 m In Engehöll links auf Straße bergan. Nach 500 m am Ortsende scharf rechts Richtung »Winzerhaus Goldemund«. Bald auf Schotter geradeaus weiter.
40,6 / 130 m Unterhalb Schönburg links auf Teer bergan. Nach 500 m rechts bergab nach »Oberwesel«. Bei km 41,5 rechts bergab zur Landstraße. Auf dieser links durch Oberwesel.
43,4 / 68 m Links auf Straße Richtung »Urbar«. Nach 250 m rechts (»R«). Bei km 44,2 hart rechts auf Teer bergan (»R«).

Blick auf Vater Rhein bei Oberwesel

44,9 / 220 m Straße nach Urbach kreuzen, weiter auf Teer bergan (»R«). 50 m weiter links steil bergan (»R«) Richtung »Spitzer Stein«.
46,7 / 365 m Rechts Richtung »Spitzer Stein«. 200 m weiter links (»R«) an Gedenkstein entlang.
47,4 / 396 m Links auf Straße. Nach 10 m wieder links und auf Singletrail durch den Wald Richtung »Spitzer Stein« (»R«).
47,6 / 412 m An »Spitzer Stein« rechts, 5 m weiter wieder rechts, dann bergab. Bei km 47,8 links auf Straße.

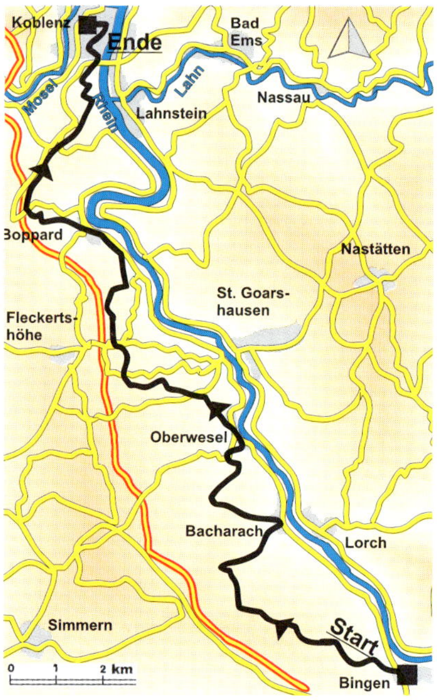

48,3 / 408 m Rechts Richtung »St. Goar« abbiegen. Nach 300 m dann links auf Straße (»R«).
49,2 / 404 m Rechts auf Waldweg bergab. Bei km 50,7 ebenfalls rechts (»R«).
52,9 / 268 m An kleinem Parkplatz leicht links halten und parallel zu Straße und Bach bergan auf Grasweg (»weißes Rechteck«).
54,1 / 284 m Rechts auf Schotter abbiegen. 20 m weiter hart rechts auf Waldweg. Markierungen fehlen hier. Ab km 54,3 fährt man wieder parallel zur Straße.
54,5 / 292 m Rechts auf Straße weiter. 20 m weiter links auf Straße Richtung »Rodenbach«.
57,4 / 416 m Rechts auf Singletrail »Rheinhöhenweg« (»R«). 100 m weiter rechts auf Straße. Nach weiteren 50 m in Kehre geradeaus auf Schotter bergab (»R«). Bei km 58,0 rechts auf Waldweg (»R«) bergab. 100 m weiter rechts auf Hauptweg bleiben.
58,2 / 420 m Bei Wildgatter und Hütte geradeaus über Brücke, dann rechts auf Schotter bergan (»R«) zur Straße. Dort erst links und 5 m weiter rechts steil bergan (»R«).
59,2 / 410 m Rechts auf Schotter. Nach 100 m links auf Teer weiter.
59,4 / 418 m An Kirche in Rodenbach links. 200 m weiter rechts, dann noch mal rechts auf »Rundweg 2, Rheinhöhenweg« (»R«) weiter.
60,2 / 482 m Rechts auf Teer, 50 m links auf Straße weiter. Bei km 60,4 rechts Richtung »Fleckertshöhe« (»R«). Nach weiteren 400 m an Gabelung rechts. Bei km 64,3 Straße queren.
65,5 / 487 m Straße Richtung »Boppard« queren.
68,5 / 340 m Rechts, 600 m weiter wieder rechts und auf Straße durch Buchenau. Im Ort an Stoppschild rechts. 100 m weiter an nächstem Stoppschild Landstraße geradeaus queren und auf Singletrail bergan. Bei km 70,7 links auf Schotter, später weiter auf Teer (»2«). 1300 m weiter rechts Richtung »Thonetshöhe«.
72,7 / 205 m Links auf schmalem Wiesenweg weiter Richtung »Thonetshöhe«. Nach 100 m links, bald an Bahnlinie entlang.
75,2 / 70 m Kurz nach Bahnhof die Unterführung nach links passieren. Am Parkplatz »Sesselbahn« wieder links, durch die Bahnunterführung und durchs Mühltal bergan. Bei km 77,6 an Felswand rechts Richtung »Schwarzes Tor«. Dort bei km 80,6 ebenfalls rechts.
84,0 / 384 m An A 61 rechts auf geteertem »Römerweg« parallel zur Autobahn.
85,1 / 415 m Links auf Landstraße, nächste rechts, weiter auf geteertem »Römerweg«.
86,6 / 410 m An der Hunsrückhöhenstraße rechts auf Schotter (»roter Punkt«). Nach 400 m nochmals rechts. Bei km 89,4 links auf Waldweg am »Bruder Tönnes Hügel« entlang und dann auf Feldweg geradeaus zur B 327. Dort rechts nach »Waldesch«.
92,5 / 288 m Im Ort an der »Straßenmeisterei« rechts auf Teer bergan. Nach 200 m am Sportplatz links auf Schotter bergan.
93,0 / 330 m Am Waldrand auf Pfad geradeaus (»R«). Nach 500 m auf breiterem Schotterweg geradeaus Richtung »Merkurtempel«. Dort weiter Richtung »Rittersturz«. Bei km 95,5 am »Schüllerhof« auch geradeaus (»RV«).
96,2 / 316 m An Gabelung links halten. Nach 200 m rechts auf Singletrail Richtung »Königsbach«. 300 m weiter rechts halten.
98,8 / 212 m Nach Anstieg rechts ab. 800 m weiter an Aussicht links (»RV«). Bei km 99,9 rechts auf Singletrail bergab. Nach weiteren 200 m nochmals rechts halten.
100,9 / 70 m An der »Königsbacher Brauerei« Fußgängerbrücke über B 9 kreuzen. Danach links auf Radweg am Rhein entlang flussabwärts.
104,2 / 65 m Rheinufer nach links verlassen und auf »Moltkestr.« durch Koblenz. Nach 400 m links zum Bahnhof abbiegen, dort Ende (km 104,7 / 70 m).

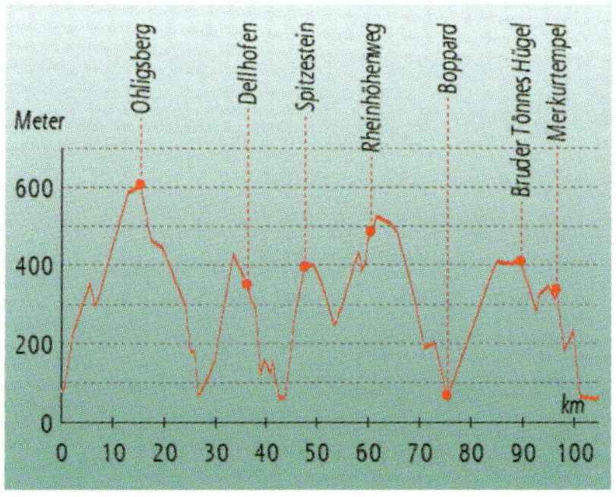

61 Baybachtal

46,1 km | 730 Hm | 4–5 Std. | mittel | anspruchsvoll

Start: In Brodenbach am Moselufer direkt am Straßenabzweig ins »Ehrenburgertal« bzw. nach »Emmelshausen« (gute Parkmöglichkeit).
Karte: Topografische Karte 1:50.000, »Die Mosel«, Landesvermessungsamt Rheinland-Pfalz.

Info: Fremdenverkehrsverband Rheinland-Pfalz e. V., Löhrstr. 103, 56068 Koblenz, Tel. 0261/91 52 00.
Bikeshops: Fahrrad-Franz, Hohenfelderstr. 7–9, 56068 Koblenz, Tel. 0261/91 50 50 oder Rad Sport Arnold, Koblenzer Str. 236, 56073 Koblenz, Tel. 0261/40 40 00.

Wenn man die Mosel verlässt und durch das Baybachtal bergan fährt, dann kommt man bald ins Staunen. Spätestens, wenn man mit Halteseilen gesichert durch Felswände steigt, fühlt man sich in alpine Regionen versetzt. Wilde Schluchten prägen die Runde, wobei nicht fahrbare Passagen eher kurz sind.

km 0,0 / 75 m Ab Brodenbach am Straßenabzweig Richtung »Emmelshausen« auf B 49 flussaufwärts Richtung »Burgen«.
4,7 / 80 m In Burgen links auf Straße Richtung »Baybachtal«. Nach 800 m rechts auf »Forellenweg« und auf Singletrail (»B«).
7,7 / 95 m Auf Teer geradeaus zur Straße. Dort rechts Richtung »Waldeck«. Nach 1100 m links, Straße verlassen und auf Teerweg ins Tal hinein.
9,7 / 125 m An Mohrenmühle links auf Schotter am Bach entlang.
11,0 / 130 m An Gabelung links am Bach entlang. Nach 400 m an der Gastemühle links. Nach weiteren 100 m an Gabelung rechts auf Hauptweg.
11,9 / 165 m An der Gabelung links (»B«). Nach 500 m gabelt der Weg mehrfach. Geradeaus auf gleicher Höhe, bald auf Pfad weiter.
13,8 / 160 m »B« ignorieren, geradeaus. Nach Furt (nasse Füße möglich) rechts talaufwärts.
14,4 / 170 m Kurz vor kleinem Bach rechts über Steinbrücke. Dann links auf Singletrail (»B«) weiter am Baybach entlang. Nach 100 m links, bald folgen Schiebe- und Tragepassagen.
17,7 / 210 m Links auf Fahrweg zur »Schmausemühle«. Hier rechts über Steg (»B«). Dann bergan. Nach 50 m links halten, weiter durchs Tal. Es folgen wieder kurze Tragepassagen.
19,7 / 245 m Nach Brücke links. 200 m weiter, nach nächster Brücke steil bergan und rechts Felsen passieren. Danach links an »Weinsmühle« entlang. Anschließend rechts steil bergab.
21,2 / 280 m An kleiner Brücke links bergan. Nach 200 m rechts und an Schultheisermühle entlang bergan.
24,0 / 345 m Rechts (»B«, »H« ignorieren), dann an nächster Mühle links bergan.
24,6 / 350 m Rechts Treppe hinunter, Bach queren und auf Singletrack weiter, wieder (»B«). 100 m weiter rechts.
27,2 / 350 m Ab kleiner Hütte nahe Kläranlage »B« verlassen, auf Schotter geradeaus. Nach 100 m rechts auf Schotter bergan, bald an Sauerbrunnen entlang.
28,7 / 420 m Links, nächste Kreuzung geradeaus passieren und ab km 28,9 rechts auf Teer durch Emmelshausen. Dort links in »Lilienstr.«, dann rechts, bald wieder links in »Heilbrünnchenstr.«. Danach rechts auf »Basselscheider Str.« bis »Kirchstr.«. Hier links.
29,6 / 485 m Nach der Kirche links auf Straße nach »Liesenfeld«. Im Ort rechts auf »Angertstraße«. Nach 200 m links auf Teer Richtung »Baunhöller Mühle«. Etwas weiter rechts auf Teer bergab (»4«).
31,9 / 385 m Rechts auf Schotter weiter, bald an Bach entlang, »4« ignorieren bis km 32,4. Hier rechts, Furt passieren und rechts auf Teerweg weiter Richtung »Ehrbachtal«.
35,0 / 260 m Rechts (»H«) bergab. Nach 200 m rechts an Schönecker Stahlbrunnen entlang.
36,0 / 250 m Rechts Richtung »Ehrbachtal«.
37,0 / 210 m Rechts auf Schotter (»H«) weiter. Bei Brücke durch Furt, dann links, »H« verlassen, am Bach entlang durch »Ehrbachklamm«. Kurze Tragestücke.
40,8 / 145 m An Steinbrücke links, dann rechts Richtung »Brodenbach«.
44,3 / 115 m In »Ehrenburgertal« rechts dem »Mühlenteichpfad« folgen.
45,4 / 95 m Rechts auf Straße zum Ausgangspunkt (km 46,1 / 75 m).

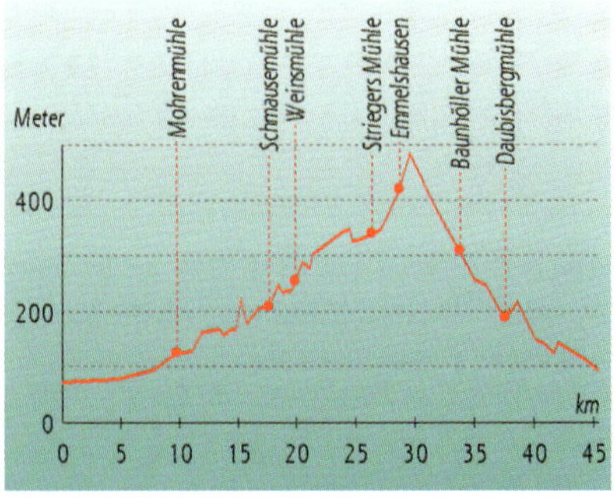

Felsiges Baybachtal

Taunus

Der Taunus liegt nördlich des Mains und erstreckt sich von Südwesten nach Nordosten bis zum Rheingraben. Wenigstens der Rhein-Taunus gehört dabei noch unmittelbar zum Rheinischen Schiefergebirge. Hier sorgen satte Höhendifferenzen für ultimatives Bikevergnügen. Der restliche Höhenzug ist durch seine Vielfalt von Gestein und Tektonik sehr unterschiedlich geprägt – optimale Bedingungen für ein tolles Bikerevier.

65 Großer Feldberg

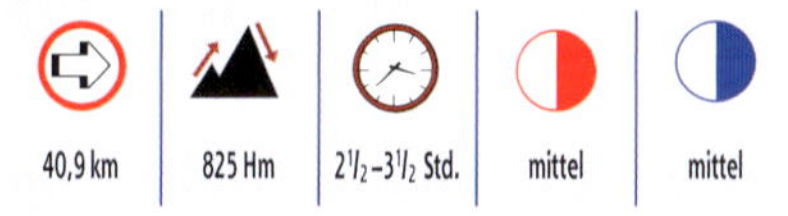

Im Hochtaunus, gleich nördlich von Frankfurt, kann man teilweise unerhört Anspruchsvolles unter die Pneus nehmen. Wie den Limestrail beispielsweise, der auch heute noch die ehemalige nördliche Grenze der antiken Supermacht unübersehbar markiert. Garniert mit losem Geröll und Naturstufen ist das ein Edelpfad für Mountain-Bike-Spaß allererster Güte.

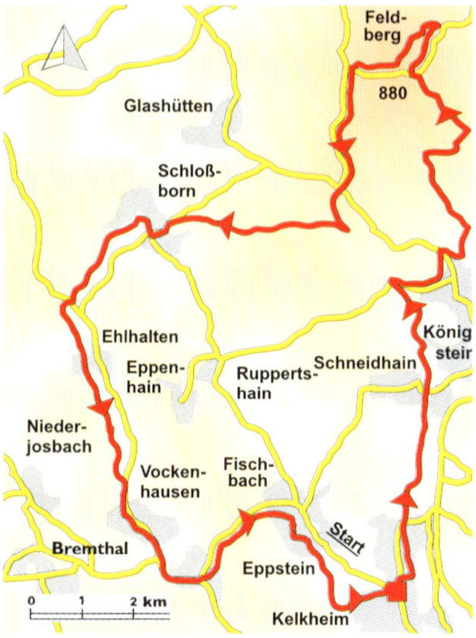

km 0,0 / 200 m Ab S-Bahnhof Kelkheim-Mitte auf »Pestalozzistr.« optisch Richtung Feldberg. Nach 300 m am Rathaus rechts, nächste links, Radhinweis »Fischbach« beachten und auf »Hornauer Str.« weiter. Bei km 0,5 rechts in »Liederbachstraße« abbiegen. Nach Steg am Bach entlang talaufwärts über Schneidhain Richtung Königstein.
4,7 / 260 m In Schneidhain Straße queren und geradeaus »In den Geierwiesen«. Nächste Möglichkeit rechts, Steg passieren und weiter am Bach entlang auf Singletrail. Nach 300 m links auf breiteren Weg abbiegen.
5,2 / 262 m Links über Brücke. Bald Schotterparkplatz queren und Bahnunterführung passieren. Danach rechts am Mühlrad entlang, »Radweg« folgen. Nach 1500 m im »Woogtal« links, »Radweg« verlassen, Brücke queren, wieder links. Nach 200 m am Waldrand geradeaus (»gelber Balken«).
7,2 / 350 m An Gabelung rechts. Nach 100 m wieder rechts und auf Straße bergan. Nach weiteren 100 m am Busstopp »Grüner Weg« links auf Straße 700 m weiter zum Parkplatz »Naturpark«. Hier rechts auf Teerweg bergan. Nach weiteren 100 m rechts Richtung »Falkenstein«.

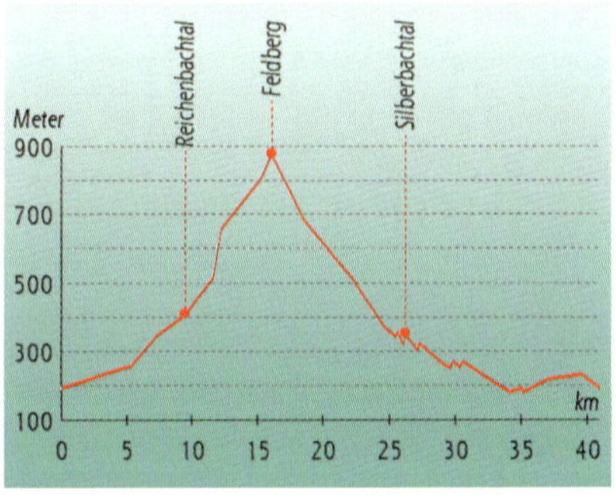

9,4 / 412 m Auf »Feldbergstr.« links bergan zur Billtalhöhe. Dort B 8 queren und auf Teer über Parkplatz »Tillmannsweg«. Anschließend rechts (»Radmarkierung«) auf unterem Schotterweg weiter. Nach 900 m Brücke queren, links Furt durch Bach passieren und auf Trail durch das Reichenbachtal bergan.
11,6 / 520 m Rechts talaufwärts (»schwarzer Pfeil«). Nach 300 m links. Nach weiteren 40 m rechts und auf Hauptweg bergan.
12,2 / 662 m Am Fuchstanz links auf »Fuchstanzweg« (»X«) bergan Richtung »Feldberg«. Nach 1700 m rechts halten.
15,2 / 810 m Am Busstopp Straße queren, dann halblinks (»Fuchs«). Nach 300 m links zum Gipfel hinauf.
16,0 / 880 m Am Feldberggipfel geradeaus über Parkplatz, dann an Mauer entlang bergab. Nach 300 m, kurz vor Felsen links bergab, bald Skipiste queren und dann auf Singletrail Richtung »Rotes Kreuz« (»X«). Bei km 17,1 rechts (»X«). Nach weiteren 400 m an der Weilquelle links auf Schotter bergab. Am Römerkastell links.
18,4 / 692 m Direkt an Straße links hinter Gasthaus »Rotes Kreuz«, auf Singletrail »Bornstädtweg« (»Rechteck«) bis km 20,9. Hier links auf Schotter, nächste rechts (»grüner Punkt«). Am »Eselseck« Straße queren. 400 m weiter links (»grüner Punkt«).
22,2 / 520 m Am Naturfreundehaus (gute Einkehr) rechts auf »Küglerweg« (»schwarzer Pfeil«) Richtung »Schloßborn«. Nach 100 m rechts auf Pfad am Graben entlang bergab bis zum Tümpel. Hier links am Bach weiter. Nach weiteren 200 m links auf Trail (»schwarzer Pfeil«) bergab.
24,5 / 380 m Markierungen ignorieren und auf Pfad links am Bach entlang. Dann links auf Singletrail, Bach queren, weiter durchs Bachtal bergab.
26,2 / 355 m Auf Straße links bergab. Nach 70 m am Trafohäuschen rechts auf Wiesenweg. Sofort links und wieder talabwärts. Bei km 26,6 links durchs »Silberbachtal«. Wenige Meter weiter links »X« folgen. Bei km 27,1 Bach queren und dann an nächstem T rechts.
27,3 / 330 m »X« ignorieren, geradeaus auf Grastrail weiter. Nach 300 m Betonbrücke über Bächlein passieren. Dann links bergab nach Ehlhalten (»Forelle«).

Start: S-Bahnhof Kelkheim-Mitte. Den Ausgangspunkt über Abfahrt »Kelkheim« der A 66 Frankfurt – Wiesbaden. Nun auf Landstraße zur Stadtmitte, dort den Hinweisen »S-Bahn« bzw. »Bahnhof Kelkheim« folgen.
Karte: Topografische Karte 1:50.000, Blatt 4, »Hochtaunus-Süd«, Hessisches Landesvermessungsamt.
Info: Touristinformation Kelkheim, Tel. 06195/80 30.
Bikeshop: Radsport Petri, Hornauer Straße, Kelkheim, Tel. 06195/6 31 39.

29,1 / 268 m Im Ort Hauptstraße queren und auf »Kirchstraße« geradeaus. »Am Brühl« dann rechts. Nach 500 m Straße verlassen, links ab (»schwarzer Punkt«) Richtung »Eppstein«. Bei km 29,8 links, 30 m weiter wieder links und auf Schotter an Firmengelände entlang talabwärts.
30,3 / 260 m Links halten, nach 900 m Singletrail. Nach weiteren 200 m links und erst auf Schotter, bald auf Teer, dann auf Landstraße geradeaus durch Vockenhausen nach Eppstein.
34,1 / 188 m Rechts zum S-Bahnhof. Dann vor Gleisen links am Bahnhof entlang (»rotes Rechteck«) und auf Pflasterweg am Fluss entlang. Nach 900 m auf Teer bergab zur B 455. Dort am Abzweig »Burgstraße« rechts in die »Staufenstraße«. Nach weiteren 80 m links und auf Waldweg, später Trail, an B 455 entlang nach Fischbach.
37,0 / 225 m Links zum Wasserbehälter, dort rechts und auf Teer durch Fischbach. Nach 500 m an Kirche rechts auf »Paradiesweg« bergan. Nach einigen Metern links »Königsberger Str.« folgen. Am Ende rechts bergan. Nächste links, dann dem Hinweis »Gimbacher Hof« folgen. Hier links auf Straße zurück zum Ausgangspunkt am S-Bahnhof Kelkheim-Mitte (km 40,9 / 200 m).

Die Sonne und die schöne Aussicht im Nacken – was braucht man mehr?

66 Rheingau

34,6 km	600 Hm	2½–3½ Std.	mittel	mittel

Wo sich der Rhein in Millionen Jahren seinen Flusslauf durch das Schiefergebirge gespült hat, erheben sich die Höhen des Taunus ziemlich steil auf rund 600 Meter. Durchzogen werden sie von tollen Singletrails, die wiederum zu herrlichen Aussichtpunkten führen.

km 0,0 / 76 m Von B 42 nach Lorch, dort auf Radweg »Wispertal« weiter. Nach »St.-Benoit-Str.« geradeaus auf Pfad, dann links auf »Wispertalstr.« taleinwärts.
2,0 / 80 m Am Bundeswehrdepot Straße nach links verlassen und auf Schotter an Kapelle entlang durchs Tiefenbachtal. 300 m weiter etwas rechts Richtung »Sauerthal«, immer auf linker Bachseite entlang bis km 5,6. Hier per Furt Bach queren und zur Straße hinauf. Auf der links nach Sauerthal. Dort bei Feuerwehr geradeaus durch Tal bergan (»Taunusweg«).
8,7 / 292 m Bächlein queren und rechts am Hang entlang, weiter talaufwärts. Bei km 10,7 am Waldrand noch 50 m geradeaus, dann links an Telegrafenleitung entlang. 600 m weiter an Bauernhof links auf Straße zum Ort Weisel. Dort auf »Jahnstr.« Richtung »Bornich«.
13,4 / 385 m Am Ortsende Weisel rechts auf Radweg an Straße entlang nach »Bornich«. Hier erste links. Am Ortsende wieder links auf »Winzerweg« weiter. Dann links »Winzerkeller« und (»R«) über Feldweg geradeaus zur Höhe.
18,0 / 300 m Schranke passieren, auf Trail bergab durch Tälchen. 100 m weiter, kurz nach Bach, an Gabelung links bergan (»R«). Ab km 18,8 geradeaus auf Teer bergan. Nach 600 m rechts zur Straße. Auf dieser nach Dörscheid. Im Ort an Bushaltestelle »Landgasthaus Blücher« links bergab (»R«). Ab Ortsrand geradeaus auf Schotterweg weiter Richtung »Kaub«. Wenige Meter weiter halblinks, auf tollem Trail weiter.
21,1 / 310 m Bald rechts auf Singletrail bergab (»R«). Nach Supertrail bei km 22,4 auf Teer durch Weinberge bergab. Nach 500 m scharf rechts bergab nach Kaub. Am Weingut »Lemler« links auf Straße. Dann durch Fußgängerzone. Danach rechts Bahnunterführung passieren, Straße queren und auf Radweg am Rhein entlang Richtung »Lorch«.
27,2 / 72 m Am Flusskilometer »544« Bahngleise (Schranke öffnet per Rufsäule) queren und durchs Niedertal auf verwachsenem Weg steil bergan. Nach 500 m rechts Richtung »Lorch«.
29,3 / 240 m Rechts weiter Richtung »Lorch« (tolle Aussicht). Nach 1400 m links auf Teer bergan. Sofort scharf rechts (»H 7«). Nach weiteren 400 m links bergan. Bei km 31,9 links auf Schotter weiter.
32,4 / 250 m Kurz vor Burg »Nollig« rechts, Tor passieren (wieder schließen) und bergab. Nach 900 m rechts auf Teer bergab. Nach weiteren 500 m auf Teer durch Lorch bergab und auf »Wispertalstr.« zurück zum Ausgangspunkt am Rhein (km 34,6 / 76 m).

Start: Auf der B 42 nach Lorch und dort am Straßenabzweig der B 42 Richtung Lorch-Ortsmitte bzw. Wispertal Tour starten.
Karte: Topografische Karte 1:50.000, »Der Rhein-von Bingen bis Koblenz«, Landesvermessungsamt Rheinland-Pfalz.
Literatur: Mountain Bike aktiv »Hessen«, Pietsch, Stuttgart.
Info: Verkehrsbüro Lorch, Tel. 06726/ 1 80 15.
Bikeshop: Willi Weiler, Schwalbacher Str. 3, Lorch, Tel. 06726/3 27.

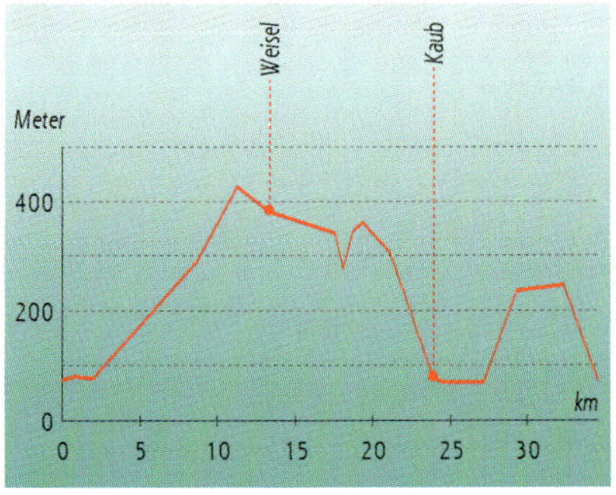

EXTRA: Limesweg

132,5 km, 2950 Hm, 1–3 Tage, Technik: mittel, Kondition: mittel
»Als die Römer frech geworden, zogen sie nach Deutschlands Norden...« und bauten den Limes. Das war eine ausgefeilte Sperranlage, um blutige Scharmützel mit der einheimischen Bevölkerung zu verhindern. Noch heute kann man den alten Grenzverlauf, teilweise in Form eines Grabens, gut erkennen. Hier und da gibt es restaurierte oder wieder aufgebaute Gebäude aus jener Zeit. Gute Voraussetzungen für eine höchst interessante Biketour, die durch reichlich Singletrails garniert wird.
Der Start befindet sich in Butzbach, von wo der Limesweg, mit dem Symbol eines römischen Wachtturms bestens markiert, über die Saalburg, den Feldberg und die Kemeler Heide zum Tourende nach Bad Ems führt.

67 Zwischen Lahn und Rhein

43,0 km	505 Hm	3 Std.	leicht	leicht

Start: Bahnhof Braubach, an der B 42 südlich von Lahnstein.
Karte: Topografische Karte 1:50.000, »Naturpark Nassau«, Landesvermessungsamt Rheinland-Pfalz.
Info: Fremdenverkehrsamt der Stadt Braubach, Rathausstr. 8, 56338 Braubach, Tel. 02627/97 60 00, Fax 02627/97 60 05.

Die gleichmäßige Steigung auf der ehemaligen Kleintalbahntrasse zehrt kaum an der Kondition und ruckzuck ist man oben. Über die Höhen trailt man dann ins Lahntal. Tolle Aussichten und einen Waldtrail für Genießer gibt es noch dazu, bevor man auf dem Lahnradweg locker retour rollt.

km 0,0 / 45 m Vom Bahnhof Braubach zum »Kaiserhof«. Hier links auf »Barbarastr.« durch Braubach.
1,5 / 55 m Ein Stück auf »Emser Str.« an Hütte Braubach entlang. Nach 700 m rechts auf Straße Richtung »Hinterwald« weiter.
2,8 / 85 m Links auf ehemaliger Kleintalbahntrasse moderat bergan, Markierung »LOK« bis nahe Becheln folgen.

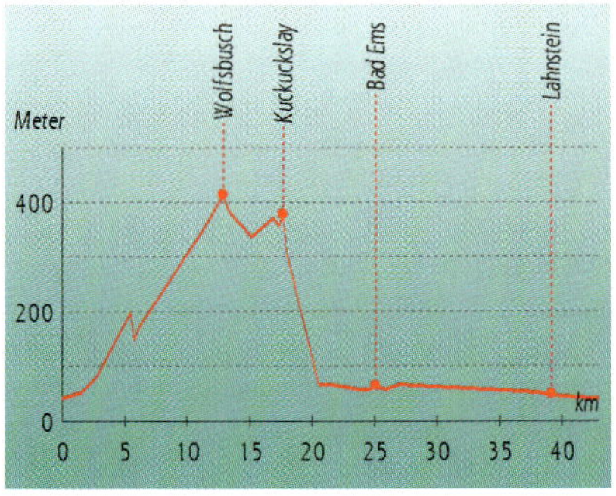

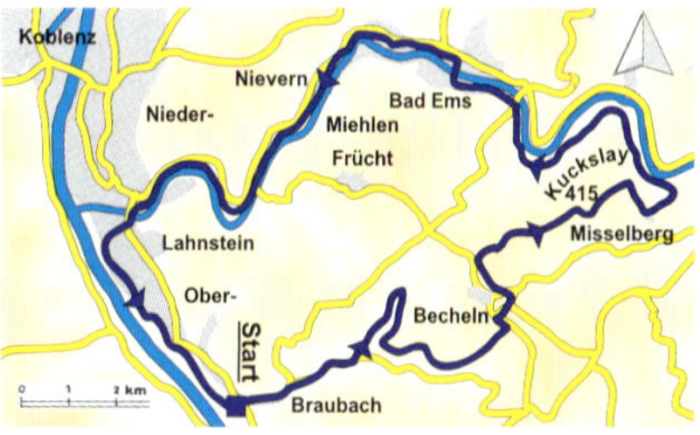

5,5 / 200 m Etwas rechts bergab. Gleich wieder talaufwärts. 50 m vor alten Pfeilern rechts auf Pfad abbiegen. Nach Unterführung links bergan. Wieder links und weiter auf alter Bahntrasse.
11,2 / 350 m Auf Straße links bergan. Nach 600 m rechts auf Straße 1000 m weiter. Dann links Schranke passieren und auf Forstweg weiter. Bald an Wasserbehälter entlang geradeaus bergab.
13,4 / 385 m Rechts auf Straße 100 m weiter rechts auf Teer bergab. Nach 1500 m am Bauernhof auf linkem Weg (»L«) weiter.
17,4 / 360 m Rechts bergab. Dann sofort links auf Pfad (»L«) abbiegen. An Wildfütterung rechts halten.
18,0 / 310 m An zweiter Aussicht »Kuckslay« rechts auf Trail steil bergab. Nach 200 m links auf Wiesenweg bergab. Am Waldrand links auf Waldtrail steil bergab. Bis Lahnradweg auf Hauptweg geradeaus. Dort bei km 19,4 geradeaus auf markiertem Radweg flussabwärts durchs Lahntal.
38,1 / 55 m Am Lahnzollhaus kurz vor Rheinmündung rechts Hinweis »Fahrrad« folgen. Nach 100 m links über Lahnbrücke und bis km 39,2 durch Lahnstein. Hier rechts auf »Kirchstr.«, dann Bahnunterführung passieren und anschließend links am Rhein entlang nach Braubach.
42,5 / 45 m Am Ortseingang Braubach links durch Unterführung. Dann rechts durch Unterführung am Bahnhof (km 43,0 / 45 m).

Die Marksburg – eine der schönsten Burgen am Rhein

68 Durch das Mühlbachtal

36,1 km	540 Hm	21/2–3 Std.	mittel	mittel

Start: Ab Koblenz oder Limburg an Lahn entlang nach Nassau, Start am Schwimmbad.
Karte: Topografische Karte 1:50.000, »Naturpark Nassau«, Landesvermessungsamt Rheinland-Pfalz.
Info: Touristikverband Nassauer Land, Tel. 02604/7 02 30.
Geführte Touren: Touristikverband Nassauer Land, siehe Info.

Mit dem Prädikat »Traumtour« sollte man eigentlich vorsichtig umgehen, aber in diesem Fall trifft es voll und ganz zu. Schmale Wege, anspruchsvolle Streckenführung, schöne Natur – was will man mehr?

km 0,0 / 80 m Ab Nassau auf B 260 Richtung »Singhofen«.
0,8 / 117 m Kurz nach Abzweig zur Burg rechts auf Straße »Im Mühlbachtal« Richtung »Langauer Mühle« (»L«).
1,2 / 100 m Rechts, Brücke passieren. Dann geradeaus auf Schotterweg weiter. Bis Miehlen stets am Mühlbach entlang.
1,6 / 96 m An Schranke links (»L«) auf Waldweg leicht bergan.
5,0 / 120 m Brücke queren und auf Singletrail talaufwärts.
6,2 / 172 m Etwas rechts bergab.
7,2 / 165 m Rechts auf Pfad. Nach 100 m rechts auf breitem Weg weiter.
7,6 / 160 m An ehemaliger Schulmühle vor Toreinfahrt links auf Singletrail weiter.
8,3 / 165 m Nahe Neumühle auf Schotter geradeaus bergan. Nach 200 m rechts Richtung »Marienfels«, »L« ignorieren, es gilt der »blaue Balken«.
8,8 / 160 m Kurz vor »Augustinermühle« links auf Singletrail bergan.
10,1 / 170 m Am Versuchsstollen rechts (»blauer Balken«) weiter zur bewirtschafteten »Käsmühle«. Kurz danach links halten und am Mühlgraben entlang.
12,3 / 212 m Rechts auf Straße 200 m weiter, dann rechts und ein paar Meter weiter an Gabelung links auf Schotter Richtung »Marienfels«.
13,6 / 208 m Rechts auf Straße. Nach 200 m kurz vor der Mühlbachbrücke links und weiter am Bach entlang.
15,3 / 204 m Kurz vor Miehlen links auf Straße bis zu gelbem Gebäude. Dort rechts am »Hauserbach« entlang. Ab Campingplatz geradeaus auf Schotter. Nach 500 m an Gabelung geradeaus nach Pohl.
18,8 / 315 m Im Ort links »Waldstraße«. Nach 100 m auf Teer geradeaus weiter Richtung Wald.
19,7 / 358 m Am Wasserbehälter links auf Schotterweg. Nach 400 m geradeaus über Wegestern, Schranke passieren. Dann nächste rechts. Am einem Jägerstand geradeaus und auf breitem Schotterweg bergab.

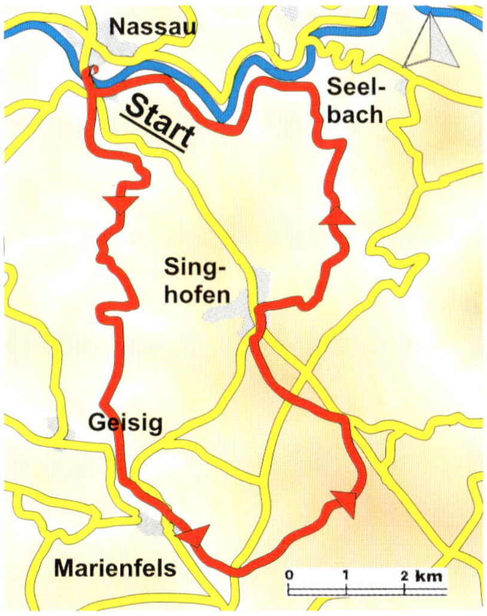

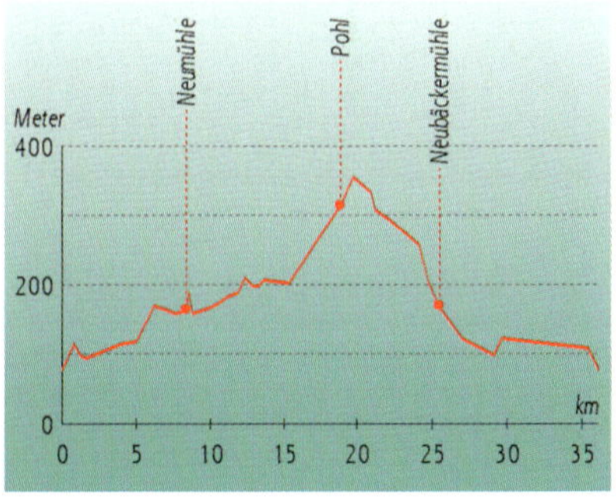

20,9 / 335 m Straße queren, Schranke passieren, weiter auf Waldweg.
21,2 / 310 m Am Waldrand rechts nach Singhofen.
22,2 / 295 m Rechts auf Straße durch den Ort. Nach 100 m links »Steinstraße« Dann rechts auf B 260 400 m weiter fahren. Nun links Richtung »Friedhof«. An Kapelle scharf links, nächste rechts bald auf Schotter bergab.
24,1 / 260 m Rechts auf Schotter talwärts. Nach 200 m links, am Bach entlang (»L«).
24,8 / 205 m Links über kleine Holzbrücke, danach rechts am Bachlauf entlang bergab.
25,5 / 170 m Oberhalb Neubäckermühle scharf links und durchs Jammertal zum Kloster Arnstein. Immer im Tal bleiben und am Bach orientieren (»L«).
27,0 / 125 m An Weide links auf Singletrail bergan.
29,1 / 100 m Links bergan zum Kloster, Tal verlassen.
29,7 / 125 m Ab Kloster auf »Lahnradweg« Richtung »Nassau«.
35,4 / 110 m Man erreicht die B 260. Rechts bergab, dann die Lahnbrücke queren und zurück zum Ausgangspunkt (km 36,1 / 80 m).

69 Loreley

38,9 km | 721 Hm | 2½ Std. | mittel | mittel

Start: Auf der B 42 nach Lorch und dort am Straßenabzweig der B 42 Richtung Lorch-Ortsmitte bzw. Wispertal Tour starten.
Karte: Topografische Karte 1:50.000, »Der Rhein – von Bingen bis Koblenz«, Landesvermessungsamt Rheinland-Pfalz.

Literatur: Mountain Bike aktiv »Hessen«, Pietsch, Stuttgart.
Info: Verkehrsbüro Lorch, Tel. 06726/ 1 80 15.
Bikeshop: Fahrradgeschäft Willi Weiler, Schwalbacher Str. 3, Lorch, Tel. 06726/3 27.

Die Loreley ist nicht nur einer der meistbesuchten Touristenmagnete Deutschlands, sondern bietet mit ihrer Umgebung ganz exquisite Bikemöglichkeiten, wie die Abfahrt von Dörscheid nach Kaub hinunter bestens zeigt.

km 0,0 / 76 m Von B 42 nach Lorch, dort auf Radweg »Wispertal« weiter. Nach »St.-Benoit-Str.« geradeaus auf Pfad, dann links auf »Wispertalstr.« taleinwärts.
2,0 / 80 m Am Bundeswehrdepot Straße links verlassen und auf Schotter an Kapelle entlang durchs Tiefenbachtal. 300 m weiter etwas rechts Richtung »Sauerthal«,

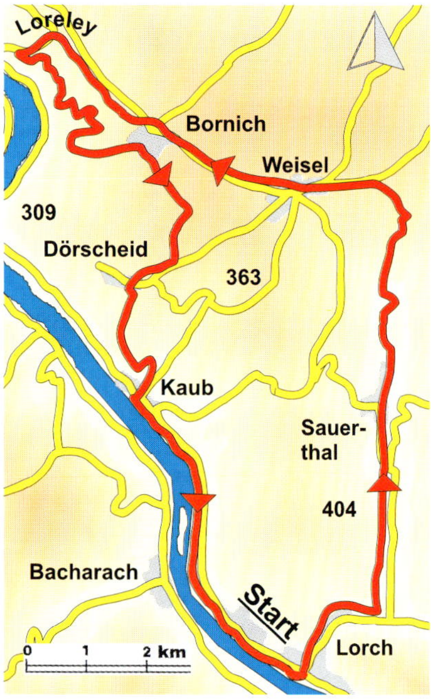

immer an linker Bachseite entlang bis km 5,6. Hier per Furt Bach queren und zur Straße hinauf. Auf der nun links nach Sauerthal. Dort bei Feuerwehr geradeaus durchs Tal bergan (»Taunusweg«).
8,7 / 292 m Bächlein queren und rechts am Hang entlang, weiter talaufwärts. Bei km 10,7 am Waldrand noch 50 m geradeaus, dann links an Telegrafenleitung entlang. 600 m weiter an Bauernhof links auf Straße in den Ort Weisel. Dort auf »Jahnstr.« Richtung »Bornich«.
13,4 / 385 m Ab Ortsende Weisel auf Radweg an Straße entlang nach »Bornich«. Ort auf Straße passieren und bei km 16,6 links auf Radweg weiter.
18,5 / 250 m Auf Straße links zur »Loreley« Dort retour bis Campingplatz. Hier nun aus Richtung »Loreley« rechts ab und »RP« über den Campingplatz folgen. Bald links bergan. Bei km 20,5 rechts auf Teer.
20,6 / 200 m Rechts Holztor passieren. Nach 400 m links auf Schotter bergan.
21,6 / 200 m Geradeaus zum Teerweg und dort links bergan.
22,4 / 245 m Teer nach rechts verlassen. 25 m weiter links, auf Trail (»RP«) weiter.
23,2 / 240 m Auf Singletrail geradeaus, Tal passieren und links auf Waldweg bergan.
23,6 / 240 m »RP« verlassen und links bergan nach »Bornich«.
24,7 / 296 m Am Ortsrand von Bornich rechts, auf »Gartenstr.« und »Schulstr.« zur Hauptstraße. Hier rechts »R« folgen und bei km 24,9 am Ortsende links, auf »Winzerweg« weiter. Dann links Richtung »Winzerkeller« und »R« über Feldweg geradeaus zur Höhe folgen.
26,2 / 300 m Schranke passieren und

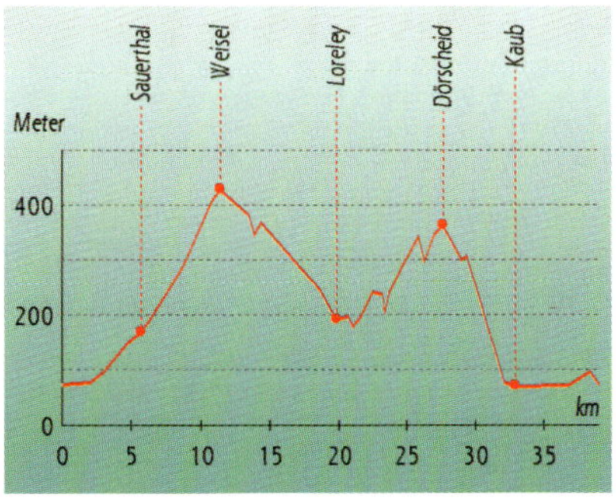

auf Trail bergab durch Tälchen. 100 m weiter, kurz nach Bächlein links bergan (»R«).
27,6 / 365 m Am Teer-T rechts zur Straße. Auf dieser nach Dörscheid. Im Ort an Bushaltestelle »Landgasthaus Blücher« links bergab (»R«). Ab Ortsrand geradeaus Richtung »Kaub«. Wenige Meter weiter halblinks und auf tollem Trail weiter.
29,3 / 310 m Nach kurzem Stück auf breiterem Weg rechts, auf Singletrail weiter (»R«) Richtung »Kaub«.
30,6 / 200 m Nach Supertrail auf Teerpiste durch Weinberge bergab. 500 m weiter scharf rechts herum und bergab nach Kaub.
32,1 / 80 m An Weingut »Lemler« links auf Straße, dann durch Fußgängerzone Kaub. Danach rechts, Bahnunterführung passieren, Straße queren und dann auf Radweg am Rhein entlang (flussaufwärts) nach Lorch.
36,7 / 74 m Am Ortsanfang »Lorchhausen« B 42 nach links queren und am Bahndamm rechts auf Radweg. Nach 400 m links, Gleise queren und immer geradeaus durch Lorchhausen bis Ausgangspunkt (km 38,9 / 76 m).

70 Wiesbadener Höhen

42,4 km | 810 Hm | 3 Std. | mittel | mittel

Start: Start am Gasthaus »Fischzucht«. Von Wiesbaden auf der B 54 Richtung »Taunusstein«, am Busstopp »Adamstal« rechts abbiegen.
Karte: Topografische Karte 1:50.000, »Naturpark Rhein-Taunus«, Hessisches Landesvermessungsamt.

Literatur: Mountain Bike aktiv »Hessen«, Pietsch Verlag, Stuttgart.
Info: Rheingau-Taunus Kultur und Tourismus GmbH, Rheinstr. 5, 65385 Rüdesheim am Rhein, Tel. 0180/2 25 12 02.
Bikeshop: City Bike, 65183 Wiesbaden, Tel. 0611/37 50 37.

Das Highlight dieser Runde ist ganz sicher der leicht zu fahrende Singletrail über Schlangenbad retour nach Wiesbaden. Aber auch zwischendurch ist es interessant, wenn man über den Kellerskopf zur Platte und weiter zur Hohen Wurzel kurbelt.

km 0,0 / 270 m Ab Gasthausparkplatz »Fischzucht« rechts von Straße auf Trail bergab (»gelber Balken«). Nach 500 m rechts auf breitem Weg bergab. Bald am Gasthaus »Waldhaus« links über Parkplatz. Dann Straße queren und weiter auf Schotterweg.
1,2 / 210 m Links auf Singletrail (»gelber Balken«) weiter. Nach 900 m wieder links, Singletrail folgen und 20 m weiter Straße queren. Dann auf Pfad an Freizeitgelände entlang. Anschließend links, auf Straße 50 m weiter. Nun rechts (»gelber Balken«), wieder Singletrail.
2,5 / 200 m Links, auf Teer weiter. Nach 200 m links auf Radweg, B 417 queren. Am Busstopp rechts weiter bis zu Steinmetz. Dort links auf Teer in den Wald hinein (»schwarzer Punkt«).
3,2 / 155 m Nahe Zahnradbahn »Neroberg« scharf links, leicht bergan am Tennisplatz entlang (»gelber Balken«).

4,0 / 170 m Rechts, Brücke passieren, weiter bis Teerweg, queren und am »Dr.-Koch-Denkmal« geradeaus bergan zur »Schlegelmilch-Eiche«. Dort links auf Trail bergan (»gelber Balken«).
5,8 / 275 m Ab Parkplatz »Alter Steinbruch« links parallel an Straße entlang. Nach 400 m Straße queren und links auf Schotter (»gelber Balken«) in den Wald.
6,6 / 280 m An Kreuzung rechts. An nächster Kreuzung links Singletrail folgen. Dann links zum Schützenhaus. Hier Parkplatz passieren und auf Teerstraße bis km 7,8. An Straßen-T nun rechts, nach 20 m links auf Singletrail weiter.
8,4 / 240 m Am Sportplatz entlang zum Schulparkplatz. Hier links (»gelber Balken«) zum Wasserbehälter. Dort links auf Teer weiter. Nach weiteren 500 m rechts ab.
9,9 / 270 m Links auf Singletrail weiter. Nach 100 m rechts über Parkplatz. Kurz bevor man wieder auf Teer kommt, links ab und auf Singletrail bergan. Bei km 10,3 links auf Schotter weiter.

10,8 / 300 m Rechts bergan. 600 m weiter halblinks auf steilstem Weg bergan zum »Kellerskopf«. Dort Parkplatz queren und rechts auf Singletrail bergab.
12,5 / 375 m An Gabelung rechts. Nach 100 m auf breitem Schotterweg bergan (»R«). Nach 1100 m an Kreuzung links, auf Schotter weiter. Bei km 14,9 an Gabelung rechts, »X« zum »Achteck«. Nun Weg »R« bis »Platte« folgen.
18,7 / 501 m An Parkplatz »Platte« »R« Richtung »Eiserne Hand« folgen.
21,4 / 485 m An Kreuzung rechts, nächste links (»R«).
24,8 / 430 m Unmittelbar nach Bahnübergang links, auf Schotterweg am alten Bahnhof »Eiserne Hand« entlang. Nach 600 m durch Unterführung und an nächster Gabelung links auf Teer.
25,9 / 435 m Scharf rechts auf Schotter und auf Hauptweg 100 m weiter, dann links bergan Richtung »Hohe Wurzel« (»R«). An Wasserbehälter links weiter.
27,2 / 585 m Am Wegstern etwas links.
29,0 / 610 m Auf der »Hohen Wurzel« am Aussichtsturm geradeaus bergab bis zur Straße. Diese queren, kurz danach links (»X«) auf Trail weiter.
31,7 / 400 m In Schlangenbad-Georgenborn links auf »Schloßallee« zur Landstraße. Diese queren und links auf »Radweg« bergab.
35,9 / 312 m Am »Chausseehaus« rechts, Gleis queren, sofort rechts auf Singletrail bergab (»blauer Punkt«). Weiter bergab.
37,2 / 260 m Geradeaus, Schotterweg queren und ohne Markierung weiter bis Olympiastützpunkt der Schützen. Hier rechts auf Straße bergab.
38,2 / 212 m Links auf Straße Richtung »Versuchsanstalt Gartenbau«. Dort bei km 38,5 rechts zum Bach. Dort rechts auf Singletrail bergan.
39,1 / 220 m Nach Treppe links auf Teer weiter. Nach 200 m um Schützenhügel rechts herum. Dann B 54 queren und auf Schotter weiter.
40,1 / 228 m An Gartenkolonie links bis kurz vor Bauernhof. Dort rechts bergab. Nach Bächlein links (»Punkt«) bergan.
41,5 / 248 m Geradeaus am »Waldhaus« entlang. Rechts, auf Schotter bergan.
41,7 / 260 m Links auf Singletrail retour zum Ausgangspunkt (km 42,4 / 270 m).

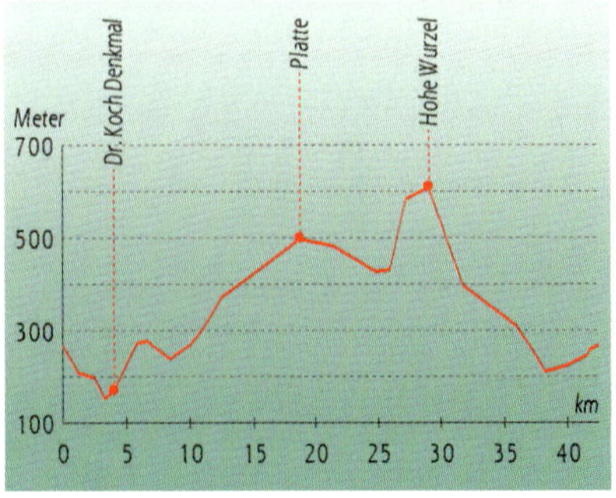

71 Östliche Rheinhöhen

120,1 km | 2470 Hm | 6–10 Std | anspruchsvoll | mittel

Zwischen Koblenz und Wiesbaden wartet ein fantastisches Bike-Abenteuer mit Trails vom Feinsten und unvergesslichen Aussichten. Während der 120-Kilometer-Traumstrecke mit knapp 2500 Höhenmetern gibt es wirklich einiges zu sehen: Neben fetzigen Downhills und kernigen Uphills bietet dieser Edelturn Natur pur.

km 0,0/ 65 m Ab Bahnhof durch Torbogen neben Hotel »Continental Pfälzer Hof«. 100 m weiter rechts auf »Roonstr.«, dann »Moltkestr.« bis zum Rheinufer. Nach 500 m vor Rhein rechts flussaufwärts.
1,4/ 62 m Kurz nach Jachtanleger vor Unterführung links bergan, Barriere passieren. Dann auf Straße geradeaus. Nach 200 m auf »Radweg« geradeaus Richtung »Rhens«.
2,1 / 63 m Bahnbrücke unterqueren, vor Straßenbrücke hart rechts auf geschottertem Radweg über Bahnbrücke.
2,7 / 75 m Nach Brücke rechts auf »Radweg« Richtung »Lahnstein«. 100 m weiter rechts bergab zum Rhein. Dort links auf »Radweg« am Rhein entlang.
6,2 / 64 m An Lahnmündung links hinauf. Dann rechts Lahnbrücke passieren und auf Straße geradeaus durch Nieder-Lahnstein.
6,6 / 75 m Nach Bahnübergang links auf Straße, später »Radweg« Richtung »Friedrichssegen«. Bei km 7,7 an Parkplatz rechts zum Waldrand, dann auf Serpentinenweg bergan (»L«).
8,4 / 160 m Nach kurzer Treppe hart links auf Teer bergan (»L«).
9,0 / 180 m An Abzweig »Burgweg« links. Einige Meter weiter Straße nach links verlassen (»L«) und auf Schotter leicht bergan.
10,1 / 250 m Rechts auf Teer zur Straße. Auf dieser links Richtung »Dorint«.
11,1 / 248 m Rechts Richtung »Tennispark«. 100 m weiter, kurz vor Hof »Aspich« hart links von Straße auf Singletrail (»R«) Richtung »Rosenacker«. Nach 200 m vor Bachlauf links, Weg. Dann kurz auf Straße, diese bei km 11,7 nach rechts auf Singletrail (»R«) verlassen. 200 m weiter an Straßenkreuzung auf Sandpiste bergab (»R«).
12,0 / 235 m Rechts bergab (»R«). Bald rechts zur Straße, auf dieser links weiter.
12,3 / 210 m In Rechtskurve Straße geradeaus verlassen. Nach Parkplatz rechts, bald auf Singletrail (»L«) bergan.
13,1 / 227 m An Waldparkplatz »Spiessborn« rechts von Straße auf Schotter Richtung »Spießbraten« (»R«), Schranke passieren. Nach 500 m an Hütte links bergan.
14,0 / 285 m Vor Straße rechts (»R«). Bei km 14,5 rechts bergab. Nach 100 m an Waldrand links (»R«).

Start: Hauptbahnhof Koblenz.
Karten: Topografische Karte 1:50.000, »Der Rhein – von Bingen bis Koblenz« Landesvermessungsamt Rheinland-Pfalz und Topografische Freizeitkarte, Blatt 3, »Rhein-Taunus«, Hessisches Landesvermessungsamt.
Literatur: Mountain Bike aktiv »Hessen«, Pietsch Verlag, Stuttgart.
Info: Fremdenverkehrsverband Rheinland-Pfalz e. V., Löhrstr. 103, 56068 Koblenz, Tel. 0261/91 52 00; Rheingau-Taunus Kultur und Tourismus GmbH, Rheinstr. 5, 65385 Rüdesheim, Tel. 0180/2 25 12 02; für Übernachtung auf etwa halber Strecke: Fremdenverkehrsamt Lorch, Rathaus, 65391 Lorch, Tel. 06726/18 15, Fax 06726/18 44.
Rheindampfer: Für den Rücktransport bietet sich neben der Bahn auch die Köln-Düsseldorfer Deutsche Rheinschifffahrt AG an. Adresse: Frankenwerft 1, 50667 Köln, Tel. 0221/ 2 08 83 18, Zwischen Karfreitag und Ende Oktober von Wiesbaden nach Koblenz (5 Std.).
Bikeshops: Am Tourstart in Koblenz: Fahrrad-Franz, Hohenfelderstr. 7–9, 56068 Koblenz, Tel. 0261/91 50 50 oder Rad Sport Arnold, Koblenzer Str. 236, 56073 Koblenz, Tel. 0261/40 40 00. Am Tourende City Bike, 65183 Wiesbaden, Tel. 0611/37 50 37.

➘ 15,8 / 245 m Kurz vor Hof Bissingen rechts auf Teer bergab. Nach 200 m, an Scheune bei »Haus Buchenecks« links Richtung Tal. 400 m weiter links (»R«) auf löchriger Teerpiste bergab.
16,8 / 170 m Rechts bergab (»R«) nach Braubach. Dort links in die »Wilhelmstr.« (»R«). Bei »Backhaus« links. Nach 300 m an Haus Nr. 22 rechts auf Singletrail, bald mit Stufen, hinauf Richtung »Marksburg«.
18,7 / 156 m Unterhalb Marksburg links auf Teer bergab nach Braubach. Dort bei km 19,3 rechts (»R«) auf Straße »An der alten Burg«.
20,3 / 116 m An Trafostation »Waldburg« rechts auf Waldweg bergan. Nach 200 m hart rechts auf Singletrail. Bei km 21,1 hart links bergan (»R«).
21,5 / 216 m Kurz nach Schutzhütte rechts (»R«) auf dem Weg. Bei km 22,6 rechts bergab auf Wiesenweg.
23,6 / 172 m Hart rechts bergab ins Dinkholder Tal. Dort Brücke nach links queren und am Bach entlang taleinwärts. Bei km 24,4 rechts auf Singletrail (»R«) bergan.
25,9 / 230 m Auf breitem Grasweg rechts bergab (»R«).

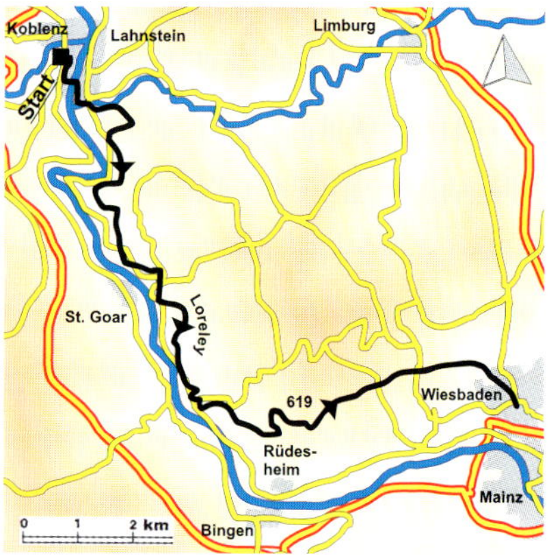

27,3 / 120 m An Parkplatz »Wasenbach« rechts, »R« folgen.
29,4 / 185 m »R« rechts verlassen und unmarkiert auf Trail bergab durchs Bachtal. Nach 300 m rechts auf Schotter, wieder »R«. Bei km 30,2 links auf Teer bergan (»R«) Richtung »Löhr Hütte«.
33,4 / 320 m Links, dann auf Schotter Richtung »Dreispitz« (»Kreuz«), »R« ignorieren.
35,4 / 370 m An Waldrand rechts, »Kreuz« verlassen und auf Schotter am Feldrand entlang. Ab km 36,3 geradeaus auf Straße Richtung »Prath«.
37,5 / 350 m In Lykershausen links auf »Schmiedestr.« Richtung »Prath« (»R«). Nach 200 m, am Ortsrand rechts (»R«). Nach weiteren 100 m links auf Schotter.
38,5 / 330 m Links auf Hauptweg nach »Prath«. Bald rechts auf Straße und Ort Richtung »St. Goarshausen« passieren.
39,7 / 285 m Rechts auf »Rheinhöhenweg« (»R«) abbiegen. Am Ortsrand von Prath geradeaus auf Schotter, bald Gras- dann Teerweg (»R«) Richtung »Wellmich«.
41,9 / 275 m An Waldrand erst rechts, dann links auf Waldweg steil bergab (»R«, »P«).
42,5 / 220 m Links und per Serpentinen bergab nach Wellmich, immer auf Hauptweg bleiben (»R«).
44,1 / 90 m In Wellmich rechts auf Teer bergab. Nach 200 m, vor Unterführung links (»RV«).
45,4 / 84 m Rechts Bahnunterführung passieren. Dann links auf Hauptstraße durch den Ort. Am Bahnhof St. Goarshausen links Bahnunterführung Richtung »Patersberg« passieren. An Fabrik hart rechts zurück zu Bahngleisen. Dort links an Bahngleisen entlang (»R«). 80 m weiter direkt an Loreleymühle links auf Teerweg (»R«) Richtung »Dreiburgenblick« bergan.
48,7 / 250 m Auf Straße links zur »Loreley«. Dort retour, bald rechts über Campingplatz. Anschließend links bergan (»RP«).
50,7 / 210 m Rechts auf Teer. Nach 100 m rechts Holztor passieren. 400 m weiter links, auf Schotter bergan. Nach weiteren 600 m geradeaus zum Teerweg und dort links bergan.
52,6 / 245 m Teer nach rechts verlassen. 25 m weiter links auf Trail (»RP«) weiter.
53,4 / 240 m Auf Singletrail geradeaus, Mulde passieren, dann links auf Waldweg bergan.
54,8 / 240 m »RP« verlassen, links bergan nach »Bornich«. Dort am Ortsrand rechts auf »Gartenstr.« und »Schulstr.« zur Hauptstraße. Dort rechts (»R«). Bei km 24,9 am Ortsende links auf »Winzerweg« weiter. Dann links, »Winzerkeller« und »R« über Feldweg geradeaus zur Höhe folgen.
57,4 / 300 m Nach Schranke auf Trail bergab durch Tälchen. Kurz nach Bächlein rechts bergan (»R«). 400 m weiter rechts zur Straße und auf dieser nach Dörscheid. Im Ort an Bushaltestelle »Landgasthaus Blücher« links (»R«) bergab. Ab Ortsrand auf Schotter weiter Richtung »Kaub«. Etwas weiter halblinks auf Trail weiter.
60,8 / 200 m Auf Teerpiste durch Weinberge bergab. Nach 500 m scharf rechts bergab nach Kaub.
62,3 / 80 m Am Weingut »Lemler« links auf Straße, dann Fußgängerzone durch Kaub. Danach rechts durch Bahnunterführung, Straße queren und auf Radweg am Rhein flussaufwärts Richtung Lorch.
65,6 / 72 m An Flusskilometer »544« Bahngleise (Schranke öffnet per Rufsäule) queren und durchs Niedertal steil bergan. Nach 600 m auf verwachsenem Weg rechts Richtung »Lorch«. Bei km 67,8 rechts.
69,2 / 190 m Links auf Teer bergan. Sofort scharf rechts (»H 7«) Richtung »Lorch«. Nach 400 m an Gabelung links, bergan. Bei km 70,4 links auf Schotter.
70,9 / 250 m Vor Burgruine »Nollig«

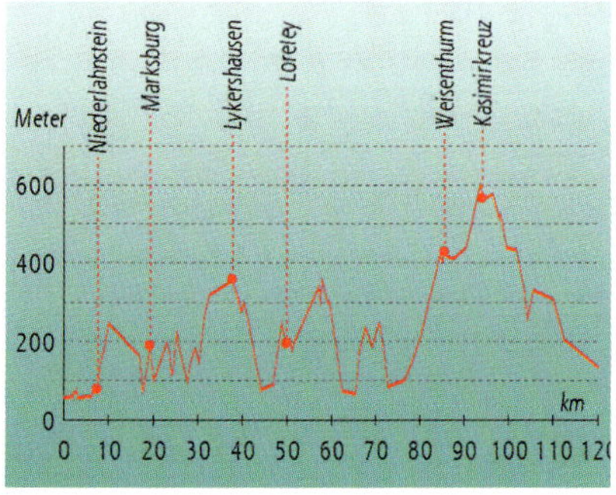

rechts, Tor passieren (wieder schließen) und bergab.
71,8 / 185 m Rechts bergab nach Lorch. Dort hart links und auf »Wispertalstr.« taleinwärts.
76,6 / 106 m Rechts auf Schotter durchs Grolochbachtal.
78,6 / 162 m Rechts am Bach entlang talaufwärts.
80,3 / 219 m Am Forsthaus »Groloch« links. Ab km 82,4 auf Teer weiter.
83,8 / 391 m Am Ortsrand von Presberg rechts, auf Teer steil bergan. Nach 700 m rechts auf Straße Richtung »Weisenthurm«.
85,1 / 406 m Links neben Straße weiter (»gelber Punkt«) zum »Weisenthurm«. Dort auf Straße weiter bis km 86,5. Nun halblinks auf Schotter (»X«) Richtung »Bordekreuz«.
88,2 / 420 m Am Parkplatz »Rennpfad« links, »X« folgen.
90,4 / 444 m Am Wegestern »Sieben Wege« links Richtung »Grauer Stein« (»X«).
91,5 / 495 m Links, »X« verlassen, weiter auf »Hohe Straße«.
94,2 / 565 m An »Kasimirkreuz« geradeaus, wieder »R« folgen.
97,0 / 550 m Links »R« über Bittereiche (Straße queren) zur Schutzhütte »Rheingaublick« folgen. Hier nun rechts (»R«) auf Trail bergab Richtung »Schlangenbad«. Nach 250 m rechts, nächste wieder links (»R«). Bei km 103,5 hart rechts bergab (»R«).
104,3 / 260 m An Parkplatz »Badweg« Straße queren, etwas rechts (»Dreieck«). Nach 600 m links, nächste rechts, dann bald am Ortsrand Schlangenbad-Georgenborn entlang.
105,7 / 335 m Am Ortsrand links auf Straße, »Dreieck« ignorieren. Nach 700 m Straße rechts verlassen, auf schmalem Schotterradweg an ihr entlang.
110,1 / 312 m Am »Chaussehaus« rechts, Bahngleis queren und sofort rechts auf tollem Singletrail (»blauer Punkt«) bergab bis Olympiastützpunkt der Schützen. Hier rechts, auf Straße bergab.
112,4 / 212 m In Klarenthal geradeaus auf Straße Richtung »Wiesbaden-Zentrum«.
118,6 / 140 m In Wiesbaden rechts »Bismarckring« bis zum Ende am Bahnhof folgen (km 120,1 / 40 m).

Spessart

Dieses waldreiche Bergland wird von den Flüssen Sinn und Kinzig im Norden und vom Main im Süden begrenzt.
Mit einer Gesamtfläche von etwa 2500 Quadratkilometern bildet der Spessart eines der größten zusammenhängenden Mischwaldgebiete in Deutschland.
Weit gezogene Höhenrücken mit sanften Höhenunterschieden sorgen für entspanntes Biken.

Spessart

72 Rund um Bad Orb

26,8 km | 625 Hm | 2 Std. | leicht | leicht

Start: Auf der A 66 aus Richtung Frankfurt oder Fulda bis Abfahrt Bad Orb/Wächtersbach. Nun auf Landstraße nach Bad Orb und dort am Bahnhof (ausgeschildert) Tour starten.
Karte: Topografische Karte 1:50.000, »Naturpark Spessart Nordost«, Hessisches Landesvermessungsamt.

Literatur: Mountain Bike aktiv »Hessen«, Pietsch Verlag, Stuttgart.
Info: Kurverwaltung Bad Orb, Tel. 06052/ 8 30, Fax 06052/47 80.
Geführte Touren und Bikeshop: Fa. Acker, Tel. 06052/56 72.

Nach lockerer Auffahrt mit gleichmäßiger Steigung, bei der für gut Trainierte das mittlere Ritzel ausreicht, geht es mehr oder weniger eben über die Höhen des hessischen Spessart. Also genau das richtige Gelände, um die Grundausdauer zu trainieren oder gemütliche Touren zu genießen.

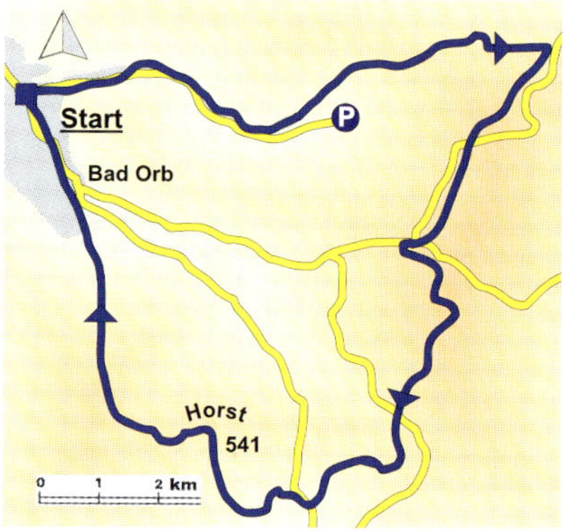

km 0,0 / 160 m Ab Bahnhof auf »Haselstr.« (» + 29«) Richtung »Haselruhe«. Nach 700 m »Am Klingental« links. Bei km 1,3 rechts und am Bach 300 m weiter. Danach links auf Teer bis zur zweiten Abbiegemöglichkeit nach einer Schutzhütte. Hier links. An nächster Hütte die zweite nach rechts (» + «). Bald geradeaus weiter bergan, Markierung ignorieren.
5,4 / 400 m Rechts. Nach 300 m links halten und wieder die Markierung » + « beachten.
8,6 / 435 m An der Straße rechts (»E«) Richtung »Markberg« weiter. Bei km 10,5 am Parkplatz »Hohes Kreuz« nach Querung der Straße rechts auf Singletrail (»E«) weiter.
12,1 / 460 m Rechts ab. Dann links auf Straße zum nächsten Straßenabzweig. Dort auf Parkplatz »Burgjosser Heiligen« vor Schranke links (»rotes Dreieck«) und leicht bergab. Bei km 12,8 auf Platz ganz rechts auf Waldweg weiter (ohne Markierung). Nach 500 m auf Hauptweg geradeaus.
14,2 / 400 m Rechts auf Teerweg bergan bis zur Straße am Parkplatz »Sieben Wege«, queren und weiter in Richtung »Horst«. Man bleibt auf dem leicht ansteigenden Weg.
18,1 / 445 m Wieder eine Straße queren. Dann auf linkem Weg Richtung »Horst«. Nach 400 m links halten. Bei km 19,8 an Gabelung rechts. Nach weiteren 700 m am Sender Horst links ab.
21,4 / 524 m An Kreuzung ganz rechts bergab. Nach 200 m geradeaus und Markierung (»/«) folgen. Nach weiteren 1100 m ganz rechts und dann immer geradeaus bergab bis nach Bad Orb.
24,8 / 195 m Im Ort geradeaus bis zur ersten Abbiegemöglichkeit. Dort dann links Richtung Zentrum. An nächster Kreuzung wieder links. Bei km 26,7 dann rechts zurück zum Ausgangspunkt am Bahnhof (km 26,8 / 160 m).

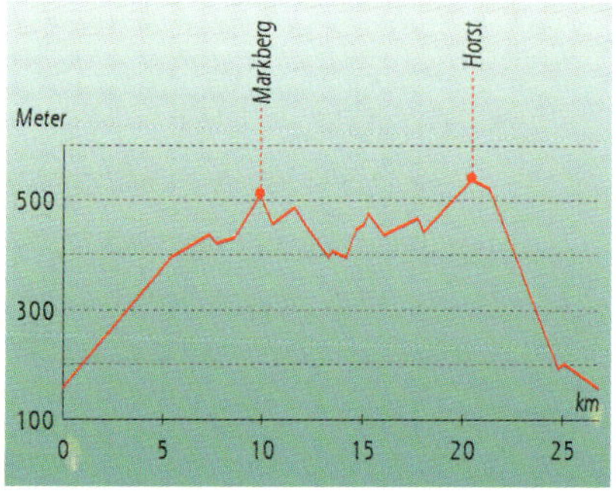

Auf alten Räuberpfaden geht's durch den Spessart.

73 Durch Spessart und Rhön

45,3 km | 1200 Hm | 3–4 Std. | anspruchsvoll | mittel

Start: Von der A 7 über die Abfahrt Bad Brückenau der B 27 nach Bad Brückenau bis zum ehemaligen Bahnhof folgen. Dort parken und die Tour starten.
Karte: Topografische Karte 1:50.000, »Rhön-Südblatt«, Bayerisches Landesvermessungsamt, München.

Literatur: Mountain Bike aktiv »Franken«, Pietsch, Stuttgart.
Info: Touristinformation Bad Brückenau, Tel. 09741/36 69 oder 8 04 11, Fax 09741/8 04 17.
Bikeshop: Biker's Best Schönrock, Kissingerstr. 39, 97769 Bad Brückenau, Tel. 09741/24 27.

Am Flüsschen Sinn treffen Spessart und Rhön aufeinander. Zwei völlig unterschiedliche Mittelgebirge übrigens, denn während der Spessart durch meist langgezogene Höhenrücken geprägt wird, nimmt die Rhön an Steilheit Richtung Gipfellagen zu, was man auf dieser Tour bestens erfahren kann.

km 0,0 / 330 m Vom Bahnhof auf B 27 Richtung »Fulda«. Nach 150 m rechts, Bahngleise queren und der »Buchholzstr.« folgen. Anschließend Bad Brückenau geradeaus verlassen (»schwarzes Dreieck«). Bei km 1,3, an Altenheim rechts über Parkplatz und auf Schotterweg (»schwarzes Dreieck«) weiter.
2,0 / 400 m Straße queren. 20 m weiter links bergan Richtung »Rödereiche«. Bei km 2,2 links auf Waldweg, bald Singletrail (»Dreieck«) weiter. Ab km 2,5 geradeaus weglos über Wiese zur Straße. Dort bei km 2,6 rechts. Nach 30 m Straße 90° nach links verlassen und auf Wiesenweg weiter bergan.
3,0 / 475 m Straße diagonal queren und auf Schotter weiter bergan. 400 m weiter links halten.
3,7 / 513 m Im Örtchen Dreistelz rechts auf Straße weiter bis zum Gasthof »Zum Dreistelzhof«. Hier rechts auf Teer, bald Singletrail Richtung »Dreistelzgipfel« (»roter Tropfen«) bergan.
4,4 / 565 m Nach steiler Auffahrt rechts auf Schotter weiter bergan. Nach 100 m links halten.
4,9 / 660 m Direkt an Schutzhütte Dreistelzberg rechts auf Singletrail (»gelber Tropfen«) bergab Richtung »Staatsbad«. Nach 200 m rechts auf Schotter. 100 m weiter links auf Singletrail bergab. Bei km 5,6, bei 6,3 und 7,2 jeweils Schotterpiste geradeaus queren, weiter auf Singletrail.
7,4/ 400 m Am tiefsten Punkt links. Nach 200 m links auf breiterem Grasweg bergab.
8,3 / 390 m Rechts auf Schotter bergan. 40 m weiter links (»Tropfen«). Nach weiteren 40 m rechts auf Singletrail, Markierung beachten.
9,0 / 320 m Links auf Landstraße. An Bushaltestelle dann hart links auf geteertem Fußweg weiter. Dann parallel zur Straße auf Singletrail weiter bergab (»Tropfen«). 100 m weiter rechts halten und auf Singletrail bergab in den Park.
9,3 / 290 m Links durch den Park des Staatsbades. An Gebäuden erste links, die nächste rechts und auf Pflasterstraße das Staatsbad verlassen. Bei km 9,8 links auf »Heinrich von Bibra Str.« in Richtung »Eckarts«.
10,3 / 280 m In Eckarts an der Kirche rechts, nächste links auf »Hardtstr.«, 580 m weiter rechts. Nach weiteren 20 m dann auf rechtem Weg der Markierung (»rotes Dreieck«) folgen. Bei km 11,4 an Wasserbehälter links, nächste sofort scharf rechts auf Trail weiter.
12,3 / 430 m Nach Trail rechts auf Schotterweg. 150 m weiter links, bald Schranke passieren.
14,7 / 430 m Rechts auf Teer. Bei km 15,5 rechts. Danach links bergan zur Burg. Dort rechts (»gelber Tropfen«) Richtung »Weichersbach«.
17,3 / 312 m Im Ort links auf »Schwalbestr.«. 300 m weiter, an der Kirche, rechts. Am Gasthaus dann links auf »Schulwaldstr.«. Bei km 18,3 links der Straße »Geisberg« folgen. 350 m weiter rechts auf Straße »Eheheller« bergan (»gelbe Birne«).
19,1 / 365 m Nach Ortsrand an Abzweig ganz links. Nächste dann rechts. 300 m weiter wieder rechts und bald auf Schotter weiter. Bei km 20,6 links für ein kurzes Stück auf Straße, dann rechts und ein paar Meter weiter links auf Trail weiter (»gelbe Birne«).
21,2 / 450 m Rechts steil bergan. 100 m weiter scharf links. Am Schotterweg dann erst rechts, sofort links und weiter auf Trail bergan. Bei km 21,6 rechts halten und auf Schotter ein Stück bergab Richtung »Steckelburg«.
22,6 / 450 m Auf rechtem Weg weiter. Nach 200 m nochmals rechts halten und wieder bergan.
24,1 / 450 m Auf größerem Platz (links Abstecher Ruine Steckelburg möglich) rechts halten. 600 m weiter auf Schotter geradeaus, ohne Markierung.

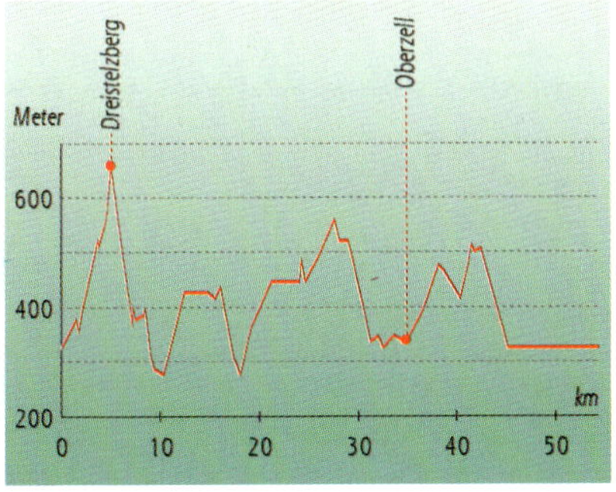

26,1 / 500 m Rechts auf Teer Richtung Steinbruch. 600 m weiter rechts halten. Bei km 27,5 links und auf Schotter weiter. Nächste rechts. Nach nochmals 500 m an Kreuzung die erste links ab. Bei km 28,9 rechts auf Hauptweg bleiben.
29,6 / 475 m Links auf geteertem »Ulrich-von-Hutten-Pfad« bergab (»gelbes Dreieck«). Bei km 31,2 kurz vor Forsthaus links. 350 m weiter rechts, bald auf Schotter weiter. Bei km 32,4 links nach Oberzell.
34,8 / 340 m Nach Sägewerk Landstraße queren und auf »Niederfeldstraße« durch den Ort. Nächste rechts. Bei km 35,6 rechts Richtung »Züntersbach«. Bald wieder rechts Richtung »Friedhof«. Danach links der »Haagstraße« bergan folgen (»WW 2«).
36,4 / 395 m Rechts für 350 m auf Straße bergan. Dann links ab und auf Schotter dem »Huttenpfad« Richtung »Volkers« folgen. 900 m weiter rechts auf Schotter weiter bis km 38,2. Dort an einer Schutzhütte rechts bergab (»gelbes Dreieck«).

Burg Schwarzenfels

38,6 / 470 m An Gabelung links. 400 m weiter an einem Grenzstein auf Grasweg bergab. Am nächsten Grenzstein dann links halten. Bei km 40,1 links, wieder auf breiten Weg. 50 m weiter an Gabelung rechts. Nach weiteren 30 m scharf links auf Waldpfad abbiegen und nach Volkers.
41,1 / 485 m Im Ort am »Café Volkers« rechts und weiter dem »Huttenpfad« (»gelbes Dreieck«) Richtung »Bad Brückenau« folgen. 600 m weiter links. Dann sofort wieder links auf Waldweg weiter.
42,4 / 510 m Links, nach 70 m wieder links und weiter dem markierten, aber zunächst stark verwachsenen »Huttenpfad« folgen. Später auf Singletrail bergab bis nach Bad Brückenau. Dort rechts durch die Fußgängerzone.
45,1 / 330 m Am Abzweig »Putzstraße« geradeaus zur B 27. Dort rechts zum Ausgangspunkt (km 45,3 / 330 m).

Spessart

74 Von Aschaffenburg zum Geiersberg

79,9 km | 1505 Hm | 4½–5½ Std. | anspruchsvoll | leicht

Eine lange und höchst interessante Tour durch den südlichen Spessart wird hier vorgestellt. Man startet dabei fast noch am Stadtrand von Aschaffenburg und darf sich wundern, wie schnell man von dort aus in die ruhigen und weitläufigen Spessartwälder abtauchen kann.

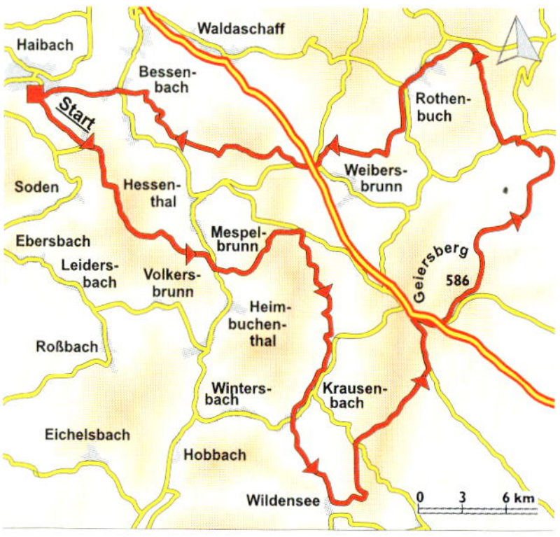

km 0,0 / 280 m Am Ortsanfang Grünmorsbach von der B 8 rechts auf Straße Richtung »Dörrmorsbach« Dort im Ort bei km 3,0 geradeaus auf »Hohe-Warte-Weg«. 125 m weiter rechts Richtung »Hohe Warte« (»roter Punkt«).
7,6 / 392 m Kurz nach »Hohe-Wart-Haus« erst links, dann rechts bergab Richtung »Mespelbrunn« (»roter Punkt«). Bei km 9,1 links.
10,6 / 270 m In Mespelbrunn kurz vor Hauptstraße rechts auf »Elsavaweg« abbiegen. Nach 475 m dann links »Im Gründchen«. Anschließend rechts auf Hauptstraße 200 m weiter. Dann links auf Teer »Zum Schloß«. An diesem links entlang und durch den »Ingelheimer Grund« bergan Richtung »Echterspfahl« (»roter Schrägbalken«).
15,4 / 484 m Direkt an der Straße, gegenüber dem Wirtshaus »Echterspfahl« hart rechts und auf Schotter (»roter Balken«) Richtung »Dammbachtal-Krausenbach«. Nach 300 m rechts halten. 100 m weiter links und auf nicht markiertem

Start: Auf der A 3 bis zur Abfahrt Aschaffenburg-Ost. Dann den Hinweisen durch Haibach bis zum Ortsanfang Grünmorsbach folgen, wo von der B 8 die Straße nach Dörrmorsbach abbiegt. Direkt an diesem Punkt startet diese Tour.
Karte: Topografische Karte 1:50.000, UK L 22, »Naturpark Spessart«, Blatt Süd, Bayerisches Landesvermessungsamt, München.
Info: Gemeinde Haibach, Hauptstr. 6, 63808 Haibach/Unterfranken, Tel. 06021/6480.
Bikeshop: Bike und Sport Rückert, Würzburger Str. 106, 63808 Haibach, Tel. 06021/66384.

Hauptweg bergab, zunächst alle Abzweige ignorieren.
20,6 / 320 m Geradeaus weiter (»roter Balken«). Bei km 22,2 an Schranke rechts bergan. Knapp 200 m weiter links (»roten Balken«), bald bergab.
23,9 / 245 m In Krausenbach links der »Mühlgasse« zur Hauptstraße folgen. Dort rechts und 700 m durch den Ort fahren. Dann links ab und dem Hinweis »Hundsrück« (»rotes Dreieck«) zunächst auf Teer, später auf Schotter folgen.
27,1 / 425 m Links halten. Nach 600 m dann auf Pfad (»3«), anschließend Waldweg weiter bis zu einem Strommasten. Hier links halten. Bald auf Teer, erst an Weiden, dann am Bauernhof »Hundsrück« (mit Einkehrmöglichkeit) entlang.
30,2 / 420 m Straße queren (»rotes Dreieck«). Bei km 32,2 am »Kreuztor« dem mittleren Weg (»rotes Kreuz«) folgen. Nach 1000 m rechts. Nach weiteren 150 m links auf Schotter weiter bis km 34,5. Dort links auf Teerstraße abbiegen.
36,7 / 490 m Rechts auf B 8. Nach 1000 m Brücke über A 3 passieren. Bei km 37,9 links auf Schotter abbiegen. Einige Meter weiter hart rechts auf Singletrail (»H«). Bei km 39,0 an Wegkreuzung rechts, weiter bergan.
40,1 / 586 m Links auf Teer am Sender Geiersberg entlang. Dann auf Waldweg weiter bis km 41,9. Dort etwas rechts dem »roten Balken« auf Hauptweg folgen.
48,5 / 255 m Am alten Sägewerk in Lichtenau rechts (»roter Balken«) bis zur Fahrstraße durch das Hafenlohrtal. Auf dieser dann links und 700 m talaufwärts. Dann rechts durchs Mausbachtal (»rotes Kreuz«) bergan.

52,7 / 372 m Rechts auf Schotterweg bergan bis zum »Niklaskreuz«. Vor B 26 links Richtung »Rothenbuch« (»roter Kreis«).
54,8 / 408 m Am Waldrand bei einer Schutzhütte links halten. Bald auf Straße durch Rothenbuch. Bei km 55,5 dann links auf Hauptstraße durch den Ort. 1000 m weiter, kurz vor dem Ortsende erst rechts auf »Baumgartenstraße«, dann links auf »Mühlstraße«. Bei km 56,8 links auf Schotter durchs Hafenlohrtal bergab.
58,8 / 325 m Links auf Schotter. Nach 135 m an Kreuzung »Breitbuch« geradeaus. Bei km 59,7 rechts (»roter Punkt«). 900 m weiter rechts ab, nach nochmals 150 m an Kreuzung »Pottasche« geradeaus (»rotes Kreuz«).
62,2 / 484 m Links auf Waldweg weiter (»rotes Kreuz«). 900 m weiter links auf Straße und anschließend dann rechts per Brücke über A3. Bei km 63,3 rechts auf Schotter (»rotes Kreuz«) weiter. Nach weiteren 1800 m nach Linkskurve geradeaus über Kreuzung und auf Schotter weiter bis km 65,5. Dort rechts ab.

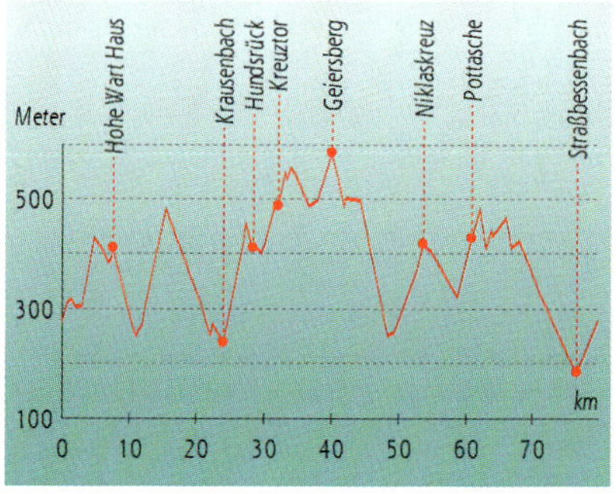

66,1 / 469 m Erst links, 110 m weiter rechts ab (»rotes Dreieck«). Bei km 66,9 rechts kaum sichtbarem Grastrail folgen. 1200 m weiter auf Schotter weiter bis km 69,9. Dort rechts, 270 m dann links (»4«).
71,6 / 290 m Rechts auf Schotter bergab. Bei km 72,4 Schranke passieren, dann rechts auf Teer, nächste links und sofort wieder rechts und auf Schotter bergab nach Straßbessenbach. Im Ort dann von der »Waldstraße« rechts in die »Kirchstraße« abbiegen. 100 m weiter links und ab km 71,4 rechts auf Radweg an B 8 entlang zurück zum Ausgangspunkt in Grünmorsbach (km 79,9 / 280 m).

75 Hochspessart

78,1 km | 860 Hm | 4–5 Std. | mittel | leicht

Start: Von Frankfurt/Main oder Würzburg auf der A 3 bis zur Abfahrt Weibersbrunn. Dann auf Landstraße in den Ort. Die Tour startet dort an der Kirche.
Karte: Topografische Karte 1:50.000, UK L 22, »Naturpark Spessart«, Blatt Süd, Bayerisches Landesvermessungsamt, München.

Literatur: Mountain Bike aktiv »Franken«, Pietsch, Stuttgart.
Info: Gemeindeverwaltung Weibersbrunn, Tel. 06094/515.
Bikeshop: Das Allernötigste bekommt man in Weibersbrunn im Fahrradgeschäft von Erich Roth, Tel. 06094/8226.

Denkt man an den Spessart, dann fällt einem zunächst das aus dem Fernsehen bekannte Wirtshaus im Spessart samt oft zitierten Räubern ein. Nun, das Wirtshaus gibt's nicht mehr und die Räuber sind woanders hingezogen. Was bleibt, sind weite und menschenleere Wälder, durchzogen von schier endlosen Schotterpisten und diversen Singletrails.

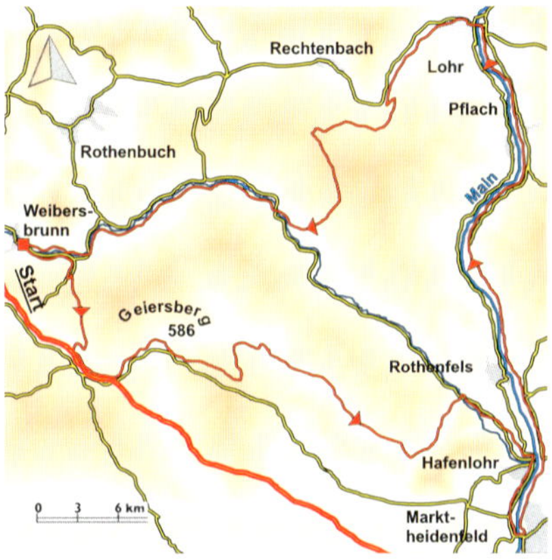

km 0,0 / 353 m Ab Kirche Weibersbrunn auf Straße Richtung »Lichtenau« bis zum Ortsende. Direkt am Ortsschild rechts auf Schotter bergan.
2,6 / 328 m Links auf Straße. Nächste rechts und auf Schotter (»rotes Kreuz«) durch das Tälchen bergan. Bei km 4,3 rechts halten. Nach weiteren 140 m links (keine Markierung), weiter talaufwärts.
6,4 / 465 m An der A 3 links unterhalb des Rasthofes auf Teer kurz bergab. Dann geradeaus auf Singletrail weiter. Nach 700 m an einer Kläranlage rechts auf Schotter bergan.
8,3 / 500 m An Schottergabelung rechts. Kurz vor der Straße genau bei Schranke links. Nächste wieder links (»H«) und auf Trail weiter. Nach 600 m rechts bergan. Bei km 10,0 dann links auf Teer. Direkt nach Sender »Geiersberg« rechts auf Schotter. 600 m weiter geradeaus auf Grasweg. 150 m danach dann rechts ab.
11,4 / 535 m Rechts auf Schotter. Nächste links, Schranke passieren und auf »Rederweg« (»roter Punkt«) weiter bis zum Parkplatz am »Torhaus Aurora«. Dort links (»roter Kreis«) Richtung »Sylvan«. Bei km 14,7 rechts auf schmalerem Weg bergab.
16,1 / 370 m Weiter Richtung »Sylvan«. 390 m weiter links, Brücke und Gatter passieren. Anschließend rechts am Forsthaus und dann am »Heinrichsbach« entlang talwärts, Markierungen ignorieren.
20,7 / 300 m Nahe einem Haus geradeaus über Kreuzung. Danach rechts auf Waldweg weiter. 2200 m weiter rechts ab und auf Schotter bis zum nächsten einsamen Haus. Hier links (»roter Kreis«). Nach weiteren 1400 m links und 180 m weiter nochmals links halten. Weiter talwärts fahren.
26,2 / 180 m Rechts auf Straße durch Windheim. Nach der Kirche links »An der Hohle«. 410 m weiter rechts (»roter Kreis«). Nahe Hafenlohr dann rechts bergab und bei der Trafostation links. Bei km 29,7 rechts auf Hauptstraße. 180 m weiter rechts durch »Bahnhofstraße«. Bei km 31,8 rechts auf Landstraße weiter. Bald links Mainbrücke queren. Sofort danach, in Marktheidenfeld (km 32,8), links und auf markiertem Radweg (mal Teer, mal Schotter oder Trail) am Main entlang nach »Lohr«.
50,8 / 155 m In »Sendelbach« zweite links. Dann rechts »Auweg« folgen. Nach 370 m links auf »Schiestelweg« zum Main. Dann die nächste Brücke nach Lohr queren. Im Ort erst etwas rechts, dann auf »Grabenstraße« weiter. Kurz nach Busbahnhof Gleise queren und links Richtung »Krankenhaus«. Nächste rechts (»Schrägbalken«) auf »Schafhofweg«. Dann geradeaus an Bächlein entlang.
53,7 / 170 m Rechts über Brücke. Dann links auf »Brunnenwiesenweg« bis zum Campingplatz. Hier links. Nach weiteren 470 m rechts. Bei km 57,1 links ab. 450 m weiter dann rechts (»Schrägbalken«).
58,5 / 335 m Links auf Waldtrail. Bei km 58,9 dann rechts auf Pfad, stark bergan bis km 59,7. Hier links auf Schotter und nach weiteren 100 m geradeaus, wieder auf Trail.
60,6 / 485 m Rechts ab und 880 m weiter auf Schotter bis zum Wegestern. Dort links Richtung »Forsthaus« (»roter Kreis«). Dort rechts durchs Gatter zum nächsten Wegplatz. Hier geradeaus auf Singletrail (»rotes Dreieck«).
65,2 / 450 m Links über Schotterweg. Dann sofort rechts auf Trail weiter. Nach 600 m wieder rechts zum Schotterweg. Diesen queren, noch 100 m auf Trail, dann rechts auf Schotter bergab.
67,0 / 235 m Am Forsthaus Diana rechts auf Teer 980 m weiter bis »Erlenfurt«. Dort links und auf Schotter im Hafenlohrtal bergan nach Weibersbrunn (km 78,1 / 353 m).

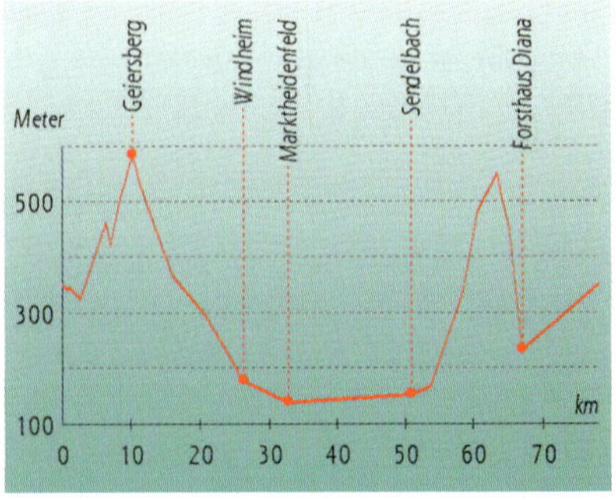

EXTRA: Eselsweg

111 km, 2290 Hm, 1–2 Tage, Kondition: mittel, Technik: leicht
Schon in grauer Vorzeit war der Eselsweg von Kaufleuten, Kurieren, Kriegern und Rittern benutzt worden. Ihren Namen bekam diese uralte Straße dagegen von den einstigen Salzkarawanen, die, von den Salinen in Orb kommend, den Höhenweg Richtung Süden einschlugen. Ein für Kaufleute übrigens recht sicherer Weg, denn in den Tälern lauerten oft die berühmten Spessarträuber. Der Eselsweg ist durch ein »schwarzes E auf weißem Grund« unübersehbar gekennzeichnet, was eine genauere Beschreibung entbehrlich macht. Die Strecke beginnt am Bahnhof Schlüchtern und zieht sich dann über etwa 111 Kilometer quer über die Spessarthöhen nach Miltenberg im Süden.

Wo früher die Räuber ihr Unheil trieben, sausen heute die Biker durch den Wald.

76 Vom Main in den Spessart

29,2 km	410 Hm	1½–2½ Std.	leicht	leicht

Start ist in Gemünden, der Stadt an den drei Flüssen Main, Fränkische Saale und Sinn, die hier zusammenfließen. Von dort geht es hinauf zu den sanften Spessarthöhen, die lockeres Genussradeln ermöglichen.

km 0,0 / 160 m Ab dem Parkplatz »Lindenwiese« zunächst auf Teer zurück zur Hauptstraße. Dann die Brücke über die Fränkische Saale queren. Anschließend die zweite links ab. Nachdem man die B 26 und die Bahnstrecke unterquert hat, hält man sich rechts und folgt dem markierten Schotterweg (»B«). 800 m weiter geradeaus auf Teer bis km 1,03. Nun ganz links halten und auf Schotter weiter. **1,4 / 155 m** An der ICE-Brücke rechts, nächste links und für 150 m auf Teer weiter. Bei km 2,1 links und dem »Mainradweg« am Fluss entlang folgen. ➘

Start: Man startet in Gemünden in der Innenstadt auf dem ausgeschilderten Parkplatz »Lindenwiese«.
Karte: Topografische Karte 1:50.000, Blatt 7 »Naturpark Spessart-Nordost«, Hessisches Landesvermessungsamt, Wiesbaden.
Literatur: Mountain Bike aktiv »Franken«, Pietsch, Stuttgart.
Info: Verkehrsamt Gemünden, Hofweg 8, 97737 Gemünden/Main, Tel. 09351/38 30, Fax 09351/48 54.
Bikeshop: Bei Reparaturen hilft Fahrrad Fischlein, Mainstr. 6, 97737 Gemünden/Main, Tel. 09351/89 31.

Auch im Spessart gibt's starke Downhills.

4,3 / 150 m **Achtung! Mainradweg an unscheinbarer Stelle rechts verlassen und an einem Bächlein entlang die Bahnstrecke unterqueren. Anschließend die B 26 kreuzen und auf Straße geradeaus durch das Sindersbachtal bergan.**

5,8 / 180 m Rechts auf Teer dem Hinweis Richtung »Stausee« folgen. Bei km 7,6 an einer Kapelle rechts (»roter Punkt«) weiter bis zum Pumpspeichersee. Bei km 9,0 rechts, 175 m weiter vor den Betriebsanlagen des Sees wieder rechts und auf Schotter bergan. Bei km 9,3 an Abzweig links auf Schotter weiter bergan, ab km 11,9 dann für kurze Zeit bergab.

12,7 / 320 m Rechts auf Schotter talaufwärts. Bei km 13,9 scharf links auf Schotter, geradeaus bis km 14,9. Dort links.

15,9 / 446 m An Jägerdenkmal die zweite Möglichkeit nach rechts (»B«, »roter Balken«). Bei km 17,8 links (»roter Balken«) über Trail bergab.

19,1 / 310 m Etwas rechts halten und weiter bis zum breiten Schotterweg. Hier links bergab nach Rieneck. 800 m weiter im »Gertental« rechts. 280 m weiter an einer Schutzhütte links, weiter talabwärts.

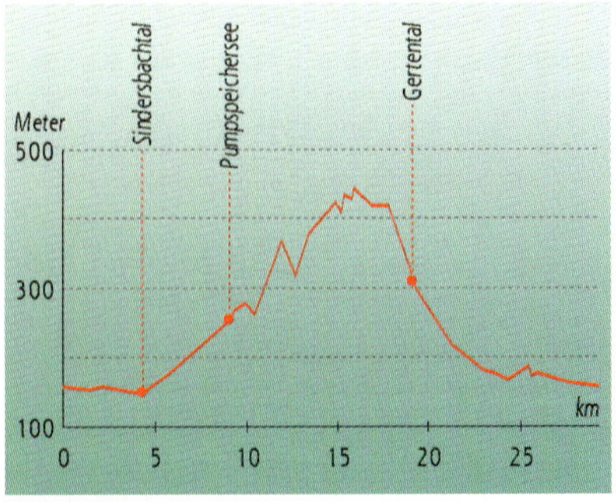

21,3 / 220 m Geradeaus auf Teer durch Rieneck. Bei km 22,6 rechts auf die Hauptstraße. 75 m weiter links abbiegen und auf dem »Sinngrund-Radweg« retour zum Ausgangspunkt in Gemünden (km 29,2 / 160 m).

EXTRA: Birkenhainer Straße

7 km, 1200 Hm, 1 Tag,
Kondition: leicht, Technik: leicht
Die »Birkenhainer Straße«, ein uralter Fernverkehrsweg der Kaufleute zwischen Hanau und Gemünden, ist eine ideale Strecke zum Mountainbike-Wandern durch den südlichen Spessart.
Da der Weg unübersehbar mit einem »B« markiert ist, lässt sich die 71 Kilometer lange Strecke, die vorwiegend entlang der bayerisch-hessischen Grenze verläuft, sehr leicht finden.
Highlights sind der 481 Meter hohe Franzosenkopf, wo man eine prima Aussicht hinüber zum Vogelsberg genießen kann, das Gasthaus »Bayerische Schanz« und vor allem aber auch die bunten, fast unendlich wirkenden Spessartwälder.

77 Bayernschanz

39,6 km	560 Hm	2–3 Std.	leicht	leicht

Diese lockere Genießertour durch den südlichen Spessart führt über historische Handelswege zur alten Verteidigungslinie »Bayernschanz« und beweist wieder einmal, dass der Spessart niemanden so schnell überfordert – weder technisch noch konditionell.

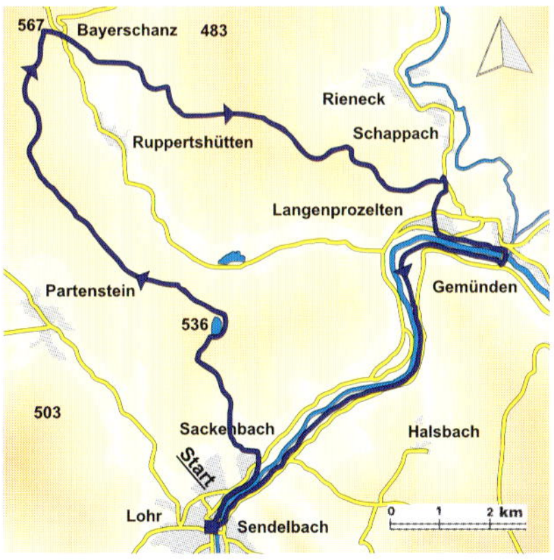

km 0,0 / 156 m Vom Parkplatz Mainlände Radweg in nördliche Richtung folgen, neue Mainbrücke unterqueren.

0,4 / 156 m Schwimmbadparkplatz queren und dann rechts Richtung Sackenbach abbiegen.

1,2 / 156 m Rechts und auf Radweg an B 26 entlang.

1,8 / 156 m Auf Straße durch Sackenbach. Nach 200 m links (»Pfingstgrundstraße«) folgen.

2,3 / 160 m Nach Brücke rechts auf Teer Richtung »Technologiezentrum«.

3,4 / 252 m In Rechtskurve links auf Schotterweg abbiegen und nun der Markierung (»22«) folgen.

5,6 / 436 m An Lichtung mit Jagdhaus rechts halten.

6,6 / 512 m Am Hochspeicher rechts um den See herum. Nach 300 m links bergan zur Dammkrone. Dort bei km 7,6 (Aussichtsplattform) auf Teerstraße bergab.

8,0 / 530 m In erster Kehre der Teerstraße rechts auf Schotter weiter. Nach 100 m an Sendemast geradeaus auf Trail bergab.

9,1 / 424 m An der Schutzhütte »Katharinenbild« geradeaus und nun der Markierung »/ 72« über den Kamm Richtung »Bayernschanz« folgen.

15,5 / 512 m Von Schotterweg links auf Trail weiter (»/ 72«).

18,2 / 512 m Straße queren, dann der Schneise in den Wald folgen.

18,9 / 512 m An »Bayernschanz« links, dann rechts auf »Birkenhainer Straße« abbiegen.

19,5 / 512 m Rechts halten (»B«).

23,0 / 452 m An Kreuzung links (»B«).

29,0 / 432 m Links ab und weiterhin (»B«) bergab folgen.

31,1 / 251 m Am Zollberg rechts (»B«).

Start: Man startet auf dem Parkplatz (»P 3«) an der »Mainlände« zwischen neuer und alter Mainbrücke in Lohr.
Karte: Topografische Karte 1:50.000, UK L 22, »Naturpark Spessart«, Blatt Süd, Bayerisches Landesvermessungsamt, München und Topografische Karte 1:50.000, Blatt 7 »Naturpark Spessart-Nordost«, Hessisches Landesvermessungsamt, Wiesbaden.
Literatur: Mountain Bike aktiv »Franken«, Pietsch, Stuttgart.
Info: Touristinformation Lohr, Schlossplatz 5, 97816 Lohr, Tel.09352/84 84 60, Fax 09352/7 02 95, E-Mail tourismus@lohr.de, Internet www.lohr.de.
Bikeshop: Bei Reparaturen hilft Fahrrad Fischlein, Mainstr. 6, 97737 Gemünden/Main, Tel. 09351/89 31.

32,1 / 160 m (»B«) durch Langenprozelten zum Mainufer folgen. Dort links auf Radweg nach »Gemünden«.

33,3 / 160 m In Gemünden Mainbrücke queren und anschließend auf »Mainradweg« (»MR«) retour nach Lohr (km 39,6 / 155 m).

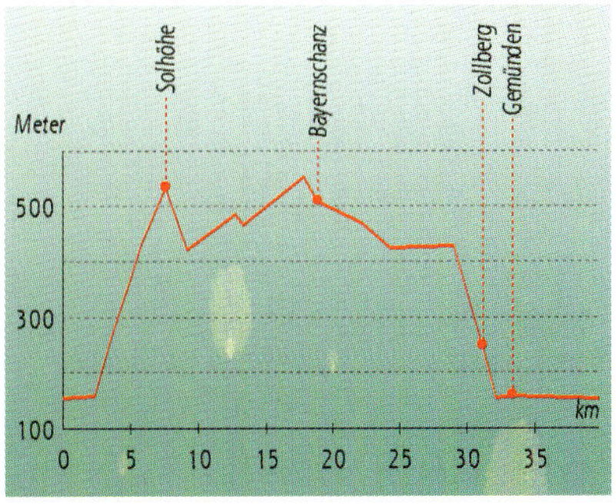

78 Rund um Lohr

45,5 km | 890 Hm | 2½–3½ Std. | mittel | mittel

Eine Traumrunde rund um Lohr, das wunderschöne Städtchen am Main, gefällig? Bitte sehr! Hier stellen wir eine tolle Runde vor, die reichlich schicke Downhills bietet, aber auch reichlich Höhenmeter bergan verlangt.

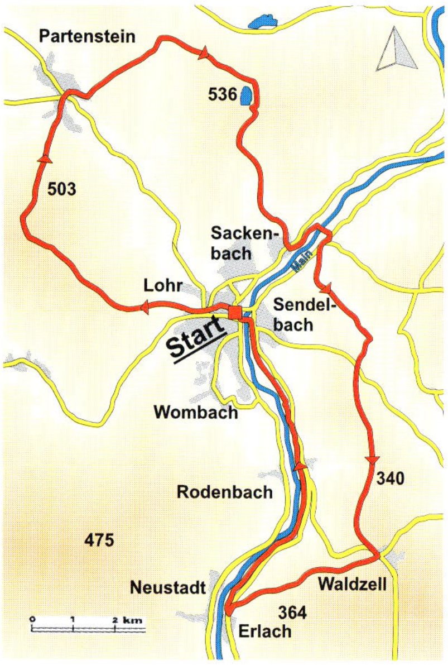

km 0,0 / 155 m Ab Parkplatz »Mainlände« durch Lohr und den Hinweisen »Partenstein« folgen. Am Gasthaus Felsenkeller (nahe Post) auf »Valentinusberg« bergan.
1,8 / 244 m Am Ende der Teerstraße rechts auf Schotter weiter Richtung »Waldhaus Rexroth«.
3,2 / 360 m Rechts auf Schotterweg weiter bergan. Nach 100 m links auf »Schneewittchenweg« weiter bergan. Bei km 4,0 rechts auf Wiesenweg weiter. Nach weiteren 300 m geradeaus auf Schotter weiter.
6,4 / 508 m Rechts auf Schotter zur nächsten Kreuzung. Dort links. Bei km 6,5 rechts, 800 m weiter wieder rechts. Bei km 7,7 links auf Waldweg abbiegen, stets weiter »Schneewittchenweg« und »rotem Punkt« folgen.
8,0 / 336 m Schotterweg kreuzen und auf Trail weiter. Dann »rotem Punkt« nach »Partenstein« folgen.
10,2 / 200 m In Partenstein links, bald Eisenbahnbrücke unterqueren.
10,9 / 196 m Mitten im Ort links auf Hauptstraße, nach 10 m rechts bergan Richtung »Skilift« bzw. »Reitplatz«.
12,9 / 360 m Nach Schranke rechts auf Schotter weiter bergan.
14,6 / 448 m Auf der Höhe rechts (»/ 72«) zum »Katharinenbild«. Dort geradeaus bergan (» + 63«).
16,5 / 488 m An Sendemast links auf Waldweg abbiegen. Nach 100 m auf Teer rechts bergan bis zur Aussichtsplattform am Pumpspeicherwerk Solhöhe. Dort auf Dammkrone 200 m weiter. Dann links auf Singletrail bergab zu einem Schotterweg. Dort rechts.
17,6 / 528 m Von Schotter links auf Waldweg (»21«). Nach 200 m rechts halten.
19,1 / 436 m An Lichtung, kurz nach Kreuzung links (»25«) Richtung »Sackenbach« folgen. Dort nach Eisenbahnbrücke B 26 kreuzen und anschließend links auf Schotter mainaufwärts.
23,4 / 152 m An der Staustufe Steinbach Main überqueren und dann auf »Mainradweg« (»MR«) Richtung »Lohr«.
24,3 / 150 m An Sportplatz links zur Hauptstraße, diese queren und auf »Buchentalstr.« Richtung »Mariabuchen«.
25,2 / 160 m An Holztafel »Mühlenweg« links auf Trail Richtung »Mariabuchen«.
27,1 / 210 m Hinter dem Gasthaus Buchenmühle rechts. Nach 300 m dann links und auf Teer steil bergan an Wallfahrtskirche Mariabuchen entlang.

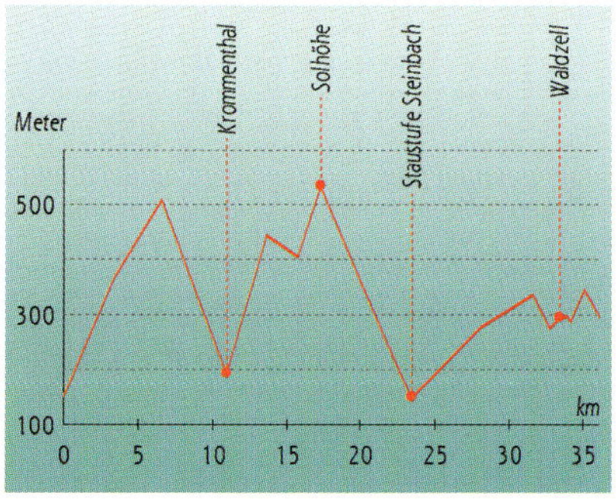

28,1 / 280 m Auf der Höhe Straße queren und dem geschotterten Höhenweg Richtung »Waldzell« folgen.
32,8 / 279 m Links auf Straße nach Waldzell. Dort rechts dem »Gertraudenweg« (»-«) folgen, Waldzell verlassen.
33,9 / 300 m Halbrechts bergab auf Schotter zur Kapelle der Heiligen Gertraud. Dort wieder (»-«) bergan.
35,8 / 300 m Nach Bachbett auf Schotter bergab bis »Erlach«. Dort bergab zum Main.
37,5 / 150 m Am Main rechts und auf »Mainradweg« (»MR«) retour nach »Lohr« (km 45,5/ 155 m).

Start: Man startet auf dem Parkplatz (»P 3«) an der »Mainlände« zwischen neuer und alter Mainbrücke in Lohr.
Karte: Topografische Karte 1:50.000, UK L 22, »Naturpark Spessart«, Blatt Süd, Bayerisches Landesvermessungsamt, München.
Literatur: Mountain Bike aktiv »Franken«, Pietsch, Stuttgart.
Info: Touristinformation Lohr, Schlossplatz 5, 97816 Lohr, Tel.09352/84 84 60, Fax 09352/7 02 95, E-Mail tourismus@lohr.de, Internet www.lohr.de.
Bikeshop: Bei Reparaturen hilft Fahrrad Fischlein, Mainstr. 6, 97737 Gemünden/ Main, Tel. 09351/89 31.

79 Bischborner Hof

30,0 km | 515 Hm | 1½–2½ Std. | leicht | leicht

Start: Man startet auf dem Parkplatz (»P 3«) an der »Mainlände« zwischen neuer und alter Mainbrücke in Lohr.
Karte: Topografische Karte 1:50.000, UK L 22, »Naturpark Spessart«, Blatt Süd, Bayerisches Landesvermessungsamt, München.
Literatur: Mountain Bike aktiv »Franken«, Pietsch, Stuttgart.
Info: Touristinformation Lohr, Schlossplatz 5, 97816 Lohr, Tel.09352/84 84 60, Fax 09352/7 02 95, E-Mail tourismus@lohr.de, Internet www.lohr.de.

Wieder einmal heißt der Ausgangspunkt Lohr. Was offensichtlich ein gutes Zeichen ist, denn wir befinden uns in einer wunderschönen Gegend, Auch dieser Turn liefert uns dafür Beweise genug.

km 0,0 / 155 m In Lohr die Mainbrücke queren. Dann rechts auf dem »Mainradweg« (»MR«) flussabwärts nach Erlach kurbeln.
8,3 / 150 m In Erlach dann den »Eisernen Steg« über den Main nach Neustadt queren. Dort immer flussaufwärts halten.
8,7 / 150 m Am Ende des Mainuferparkplatzes links unter der Brücke hindurch zur Hauptstraße. Diese queren, dann Neustadt auf der Straße leicht bergan passieren.
9,2 / 172 m Rechts auf die »Spessartstr.«. Nach 300 m dann links halten. 100 m weiter nochmals links und ab km 9,9 schließlich auf Schotter weiter(»rotes Dreieck«).
11,1 / 300 m An einer Anhöhe rechts auf den Waldweg (»rotes Dreieck«) Richtung »Aurora«.
13,4 / 500 m Am »Gasthaus Aurora« rechts in Richtung »Rechtenbach« abzweigen.
16,0 / 506 m Am »Neustädter Tor« links in Richtung »Bischborner Hof« halten (»roter Diagonalbalken«).
16,8 / 516 m Hier halblinks dem Schotterweg an der Schutzhütte vorbei folgen.

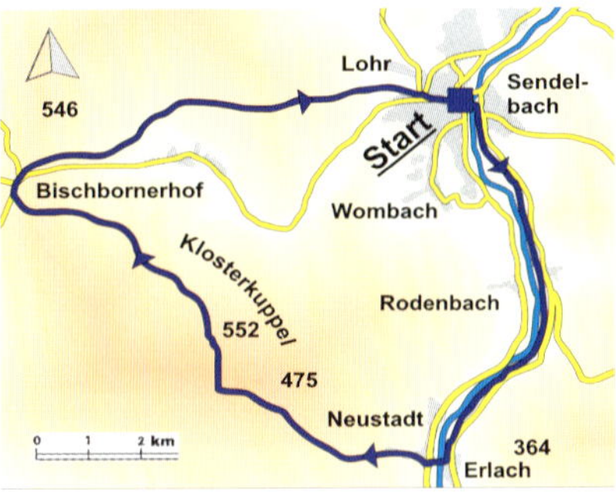

19,5 / 460 m Rechts ab. Nach 300 m links auf Teer und bei km 20,1 am »Bischborner Hof« B 26 queren. Auf Teer weiter in Richtung »Neuhütten«.
20,3 / 456 m Rechts auf Schotter (Markierung »roter Balken«) am Waldrand entlang trailen.
21,2 / 440 m An Markierung Hochsitz schließlich rechts auf einen Trail, ab km 22,2 wieder auf Schotter weiter (»roter Balken«).
22,9 / 452 m Rechts auf Schotter weiter, bei km 23,6 die Straße dann queren und weiterhin der Markierung (»roter Balken«) folgen.
26,9 / 356 m Erst links, dann rechts und auf Waldweg (Markierung »roter Balken«) weiter.
27,0 / 356 m An der Gabelung links. Nach 300 m rechts abzweigen, bald an der Schanzkopfhütte entlang fahren.
28,0 / 260 m Erst auf Schotter, bald auf Teer bergab nach Lohr zurück zu unserem Ausgangspunkt am Main (km 30,0 / 155 m).

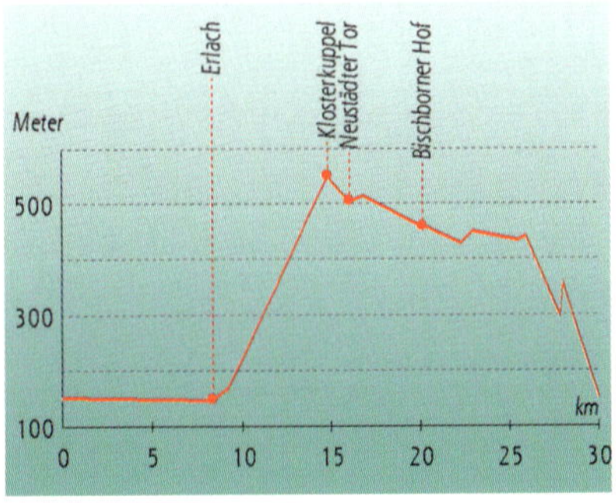

80 Hahnenkamm

23,6 km	1015 Hm	2¾ Std.	leicht	anspruchsvoll

Der Hahnenkamm, ein ganz besonderer Höhenzug am Westrand des Spessart, ragt knapp 300 Meter über die Mainebene hinaus. Rings um den Berg winden sich nämlich Wege und Trails der Extraklasse, die auch Downhillpros und Freerider mit der Zunge schnalzen lassen.

Start: Diese Tour startet in Hörstein an der Räuschberghalle. Den Startplatz erreicht man am besten über die A 45, Abfahrt Karlstein.
Karte: Topografische Karte 1:50.000, »Naturpark Spessart-Nordwest«, Hessisches Landesvermessungsamt.
Literatur: Mountain Bike aktiv »Franken«, Pietsch, Stuttgart; Mountain Bike aktiv »Hessen«, Pietsch, Stuttgart.
Info: Fremdenverkehrsamt Alzenau, Stadtverwaltung, 63755 Alzenau, Tel. 06023/50 20.
Bikeshop: Stenger, Schöllkrippenstr. 7, 63768 Hösbach, Tel. 06021/5 25 37.

km 0,0 / 135 m Ab Räuschberghalle am Sportplatz entlang. Nach 1400 m an der Starkstromleitung (auch Parkplatz hier) links Richtung »Rückersbach« abzweigen (»rotes Kreuz«).
3,6 / 290 m An der Gabelung rechts (»rotes Kreuz«) Richtung »Rückersbach«.
4,9 / 330 m Links auf Straße weiter. Nach 800 m, am Parkplatz »Königsweg« geradeaus über T-Kreuzung und auf Singletrail der Markierung (»Balken 93«) Richtung »Wasserlos« folgen. Nach 500 m geradeaus auf Trail und bei km 5,9 zunächst wieder geradeaus.
6,1 / 350 m Rechts ab (»Balken 93«) und dann am Bachlauf entlang bergab Richtung »Wasserlos«.
4,8 / 205 m Kurz vor altem Steinbruch mit Grillplatz rechts (»rotes Kreuz«) bergan.
5,7 / 320 m Erst rechts, nach 10 m an Wegtafel links weiter (»rotes Kreuz«). Nach 700 m links halten.
7,0 / 330 m An T-Kreuzung links und 100 m lang auf Teer. Dann in Linkskurve geradeaus auf Schotter. Etwas weiter links auf breitem Weg weiter.
7,3 / 335 m Links auf schmalem Trail steil bergan. Nach 400 m wieder links, weiter bergan bis zu einer Teerstraße. Auf dieser rechts. Nach 80 m links bergan zu einer Kuppe, dort rechts halten, Hinweise »Hahnenkamm« beachten.
8,3 / 437 m Auf dem Hahnenkamm rechts zwischen Turm und Gasthof weiter, dann geradeaus über Parkplatz und auf einem Waldweg (»Pilz«) bergab. Es folgt starker Trail bergab.
9,6 / 400 m Erst Holzplatz queren, 200 m weiter Forstweg queren und auf Trail (schlecht zu sehen) geradeaus.
11,0 / 220 m 150 m nach Steilkante und Forstwegkreuzung links auf breitem Waldweg weiter.
11,6 / 180 m Rechtem Weg geradeaus folgen. Nach 800 m rechts auf Teer Richtung »Michelbach«.
12,3 / 130 m In Siedlung rechts. Nach 500 m an Bahnübergang links (»X 11«) Richtung »Hahnenkamm«. In der Folge alle Abzweigungen ignorieren und der angegebenen Markierung folgen.
15,2 / 370 m Rechts weiter, »X 11« ignorieren. Nach 300 m wieder links. Nach nochmals 200 m erneut links und bergan zum »Hahnenkamm«.
16,6 / 437 m Am Hahnenkamm links zum Gasthaus, rechts vorbei. Am Gedenkstein dann dem linken der beiden Pfade folgen. Wieder eine tolle Abfahrt.
17,0 / 305 m Rechts halten. Nach 50 m an Grenzstein links auf Trail bergab. Nach weiteren 1000 m rechts halten.
18,3 / 240 m Kurz auf Waldweg, dann auf dem zweiten, in der Kurve abzweigenden Trail bergab. Nach 600 m an Lehrpfadtafel links. 300 m weiter scharf rechts auf Waldweg weiter.
19,9 / 195 m An Kreuzung links auf Teer bergab nach Wasserlos.
20,8 / 155 m In Wasserlos am Hotel Krone links in »Schloßbergstr.«. Nach 500 m rechts und dann (»Radweg«) retour nach »Hörstein« (km 23,6 / 135 m).

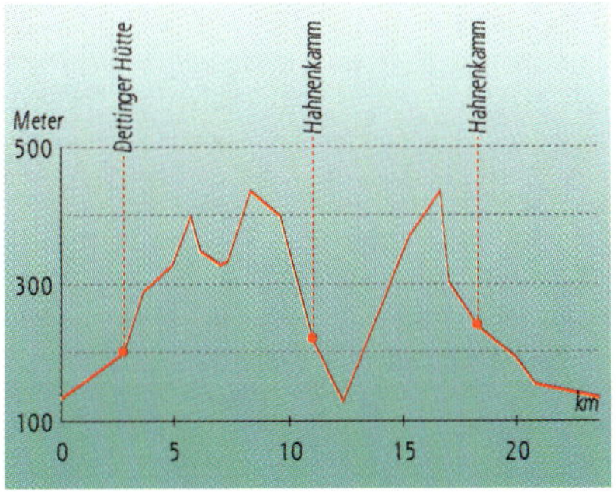

Powertrail am Hahnenkamm

Elbsandsteingebirge

Willkommen im Canyonland Deutschlands! Aus sanften grünen Hügeln erheben sich völlig abrupt bizarre Felstürme in den Himmel. Im Nationalpark selber ist das Biken zwar verboten, aber rund um das Naturreservat finden sich reichlich anspruchsvolle Trails für jeden Geschmack.

81 Panoramatour Elbtal

37,9 km | 850 Hm | 2½–3½ Std. | mittel | anspruchsvoll

Bei dieser Tour bekommt man es mit knackigen Anstiegen zu tun. Selbst für Biker mit ordentlich Power eine Herausforderung, zumal die Pfade und Wege auch noch recht verblockt sind. Auf dem Zschirnstein erlebt man dann ein aussichtsreiches Gipfelglück, bevor man auf allerfeinsten Trails wieder bergab Richtung Elbtal düst.

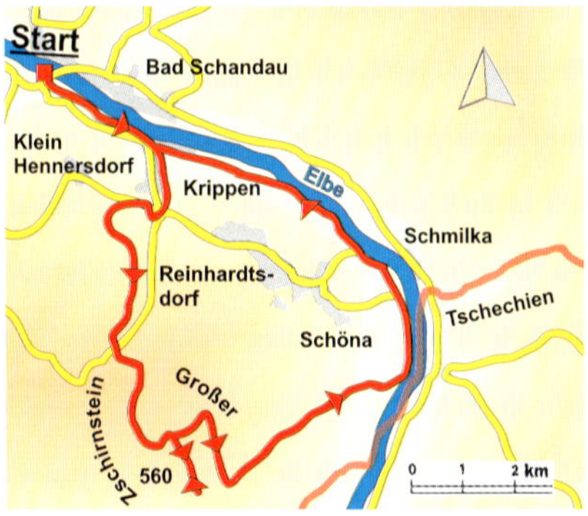

km 0,0 / 130 m Aus Richtung Königstein gesehen kurz vor Bad Schandau auf der Elbbrücke starten und auf der Straße zunächst flussaufwärts Richtung »Krippen«. Nach 1000 m, kurz vor Straßenbrücke rechts auf Betonplatten-Radweg, bald auf Pflasterweg, dann auf Schotter am Elbufer entlang.
2,6 / 120 m Am Anleger der Personenfähre rechts Bahnunterführung Richtung Hotel »Erbgericht« passieren. Dann auf »F.G.-Keller-Str.« geradeaus bergan durch Krippen. Bei km 3,8 geradeaus Richtung »Schöna«.
4,1 / 140 m Rechts auf »Krippenhangweg« bergan (»roter Punkt«) Richtung »Liethenmühle«. 600 m weiter scharf (!) rechts (»roter Punkt«) auf schmalem Waldpfad weiter.
6,2 / 240 m Am Waldrand zunächst geradeaus. Nach 80 m (tolle Aussicht auf die Schramsteine) links auf »Koppelsbergweg« weiter bergan. Nach 500 m scharf links (»roter Punkt«).
6,8 / 310 m An Rastplatz links auf breitem »Lasenweg« leicht bergab.
8,2 / 320 m An Wegedreieck links (»roter Punkt«) Richtung »Roligmühle« bzw. »Großer Zschirnstein«.
8,7 / 280 m Rechts auf »Hofeweg« weiter (»roter Punkt«). Kurz vor Feriensiedlung dann links (»roter Punkt«) Richtung »Roligmühle«.
9,5 / 230 m Im Tal Steg queren, links talabwärts auf Wurzelpfad weiter. 200 m weiter am Steinbruch links halten.
9,8 / 200 m Ab Roligmühle rechts auf Straße (»roter Punkt«) Richtung »Zschirnstein«. Nach 300 m links auf Straße bergan. In Kleingießhübel geradeaus auf »Dorfstraße« Richtung »Hirschgrund« (»roter Punkt«). Bei km 11,2 den Ort geradeaus auf breitem Schotterweg verlassen. Bald geht es wieder über steile Rampen bergan.
12,1 / 380 m Weg gabelt: rechts halten »Hirschgrundweg« (»roter Punkt«). Nach 300 m auf geschottertem »Schifferweg« links bergan.
12,8 / 410 m Markierung (»roter Punkt«) nun ignorieren, auf »Schifferweg« geradeaus.
13,8 / 375 m Kurz nach Schranke rechts auf Teer »Kastanienallee« bergan bis zur Schutzhütte »Kalkbude«. Dort rechts auf geschottertem »Zschirnsteinweg« weiter bergan.
16,8 / 560 m Am höchsten Punkt bei der Zschirnstein-Hütte (fantastische Aussicht bis Dresden) umdrehen und zunächst auf gleichem Weg retour bis zur »Kastanienallee«.

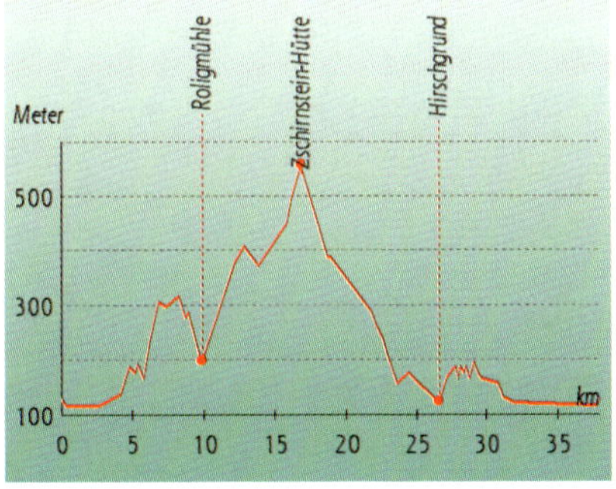

Start: Auf der A 4 nach Dresden und dann auf der B 172 nach Bad Schandau.
Karte: Kompass-Karte 1:50.000, Blatt 1028, »Sächsische Schweiz«.
Info: Tourismusverband Sächsische Schweiz e.V., 01814 Bad Schandau, Tel. 035022/4 95 30, Fax 035022/4 95 33.
Geführte Touren: Eldorado, 01097 Dresden, Tel. 0351/8 02 92 25, Fax 0351/80 1 11 95.

18,7 / 390 m An Hütte »Kalkbude« rechts Richtung »Kreuselseiche«. Nach 200 m scharf links auf Grasweg »Alter Marktweg« Richtung »Schöna« abbiegen (»gelbes Rechteck«).
21,7 / 290 m Bei eingezäuntem Datschengrundstück auf Singletrail geradeaus über kleine Kuppe (ohne Markierungen). Nach 200 m erst rechts, dann links auf Singletrail oberhalb einer Quelle entlang.
22,0 / 270 m Direkt am Wildzaun rechts an Grenzsteinen (»Krone«) entlang auf Trail bergab. Nach 300 m hart rechts und auf Hohlweg weiter durchs Tal bergab.
22,5 / 240 m Im Tälchen direkt an linker Bachseite bleiben und auf etwas breiterem Waldweg, später wieder Trail weiter.
22,8 / 215 m Oberhalb eines Teichs rechts talwärts bergab.
24,3 / 180 m Rechts auf Pflaster bergab zum Elbufer. Dort links auf Radweg flussabwärts.
26,5 / 125 m Kurz nach Personenfähre »Schmilka« am Abzweig »Hirschgrund« links auf Pflaster bergan.
27,1 / 173 m Brücke über Bach passieren, dann hart rechts auf Singletrail »Russenleite« an Strommasten entlang (»rotes Dreieck«).
30,8 / 160 m Auf Treppe bergan, dann weiter auf Singletrail. Nach 200 m bergab (Tragestück) auf Steig (»Dreieck«).
31,1 / 135 m Hinter Bahnhof Krippen auf Singletrail weiter. Nach 300 m an Bahnunterführung geradeaus weiter auf Pflaster.
31,9 / 125 m Am »Berghangweg« rechts Unterführung zum Elbufer passieren. Dort links auf »Radweg« zurück zum Ausgangspunkt (km 37,9 / 130 m).

82 Lilienstein

18,9 km | 330 Hm | 1–2 Std. | leicht | leicht

Der Lilienstein schaut aus wie ein Berg aus einer anderen Welt. Ein tafeliges Gebilde, vielleicht das schönste und markanteste in der Sächsischen Schweiz, das bei dieser wunderschönen und aussichtsreichen Tour im Mittelpunkt steht.

km 0,0 / 130 m Von Elbbrücke kurz vor Ortseingang Bad Schandau Richtung »Hohenstein« abbiegen. Nach 500 m rechts Richtung »Hohenstein«. Nach weiteren 200 m links ab Richtung »Prossen«.
2,6 / 125 m Kurz nach Schloss die Teerstraße nach rechts verlassen und auf Pflasterweg bergan Richtung »Lilienstein« (»gelbes Rechteck«).
3,3 / 230 m Etwas links halten, praktisch geradeaus (»gelbes Rechteck«). Nach 400 m wieder links halten.
4,2 / 240 m Genau am Steilanstieg zum Lilienstein rechts halten (»blaues Rechteck«) und auf »Kirchweg« Richtung »Waltersdorf«.
5,4 / 224 m Am Waldrand links auf Singletrail Richtung »Lottersteig«.

Start: Auf der A 4 nach Dresden und dann auf der B 172 nach Bad Schandau.
Karte: Kompass-Karte 1:50.000, Blatt 1028, »Sächsische Schweiz«.
Info: Tourismusverband Sächsische Schweiz e.V., 01814 Bad Schandau, Tel. 035022/4 95 30, Fax 035022/4 95 33.
Geführte Touren: Eldorado, 01097 Dresden, Tel. 0351/8 02 92 25, Fax 0351/8 01 11 95.

Bald Straße queren und geradeaus weiter auf »Rittersteig« bergab.
6,6 / 135 m Am Gasthof »Einsiedler« rechts an Elbe entlang.
8,1 / 120 m Im Ort »Rathen« rechts auf Pflaster Richtung »Schwedenlöcher«. Nach 600 m an der Feuerwehr 90° links auf »Füllhölzleweg« Richtung »Polenstal«.
9,2 / 140 m Am Rand der Kernzone des Nationalparks geradeaus (»rotes Rechteck«) auf Schotterweg Richtung »Polenstal«.
9,5 / 140 m Bei großem Felsen rechts (»rotes Rechteck«) bergan. Nach 300 m

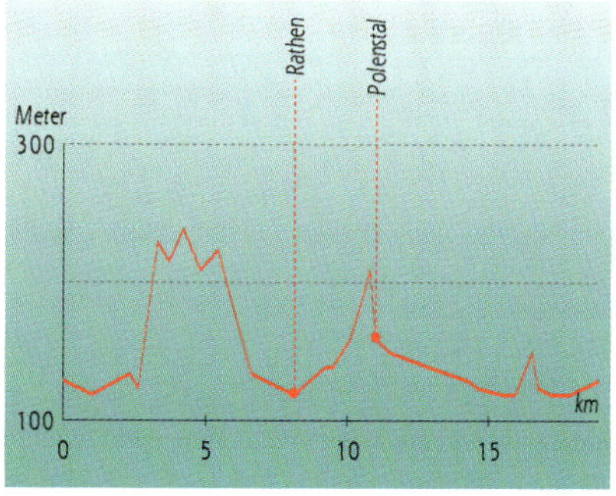

an nächstem großen Felsen links auf breitem Weg bergan.
10,1 / 160 m Rechts auf Hauptweg bergan. Nach 300 m wieder rechts.
10,8 / 210 m Straße queren und geradeaus weiter (»rotes Rechteck«) Richtung »Polenstal«.
11,0 / 160 m Nach einer Treppe hart rechts auf Singletrail (»rotes Rechteck«) bergab und durchs Polenstal auf breitem Schotterweg Richtung »Waltersdorfer Mühle«.
11,5 / 150 m Kurz nach Mühle links über Brücke, sofort rechts auf breiterem Weg durchs Polenstal talabwärts.
14,3 / 130 m Wo Sebnitz- und Polenstal zusammentreffen, rechts ein Stück auf Straße durch Porschdorf. Nach 200 m vor Brücke links auf Pflasterweg »Am Bahnhof« (»roter Punkt«) Richtung »Kohlmühle«.
14,6 / 125 m An einzelnem Haus rechts über Brücke, dann wieder rechts durchs Tal bergab. 100 m weiter rechts auf Singletrail am »Lachsbach« entlang.
15,5 / 120 m Scharf rechts auf Straße, dann per Brücke Lachsbach passieren.

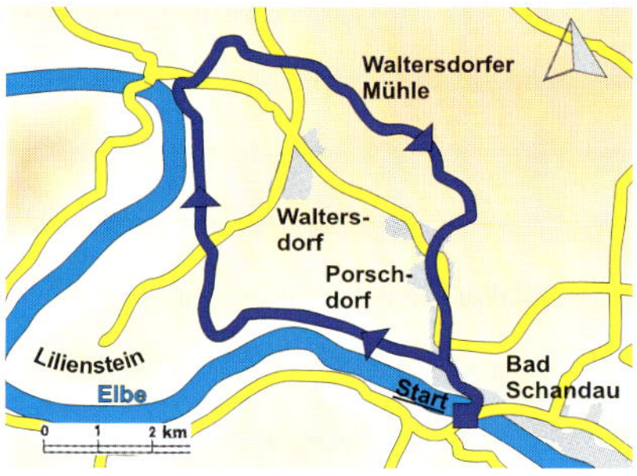

Danach links auf Schotter »Am Plan« Richtung »Prossen«. Nach 200 m auf breitem Schotterweg geradeaus, Hinweis »Prossen« ignorieren.
16,0 / 120 m An einzelnem Haus entlang und auf Trailpfad bergan tragen. Anschließend links und oberhalb des Flusses entlang talwärts.
16,8 / 125 m Rechts auf Singletrail weiter talwärts. Ab km 17,1 geradeaus auf Straße durch den Ort.
17,3 / 120 m Auf Forstweg zur Straße am Zeugamt der Bundeswehr. Hier links (»gelbes Rechteck«) und auf Straße zurück zum Ausgangspunkt (km 18,9 / 130 m).

83 Nationalpark Sächsische Schweiz

33,5 km | 710 Hm | 3–4 Std. | mittel | anspruchsvoll

Im Nationalpark Sächsische Schweiz ist das Biken verboten. Das sollte man so akzeptieren und die betreffenden Passagen schiebend hinter sich bringen. Zudem sind die allermeisten Wege im Nationalpark sowieso kaum fahrbar. So stellen wir hier also eine Bike & Hike-Tour vor, die aber dennoch umheimlich interessant ist.

km 0,0 / 130 m Ab Elbbrücke durch Bad Schandau. Im Ort dann links halten und auf Straße durch das Kirschnitztal an Straßenbahnschienen entlang.
9,7 / 140 m Am »Beuthenfall« rechts Brücke queren und auf Schotterweg Richtung »Winterberg« der ausgewiesenen »Radroute« folgen.
12,1 / 275 m Geradeaus weiter auf »Zeughausstraße«, breiter Schotterweg.
12,5 / 230 m Bei Abfahrt erste Möglich-

Start: Auf der A 4 nach Dresden und dann auf der B 172 nach Bad Schandau.
Karte: Kompass-Karte 1:50.000, Blatt 1028, »Sächsische Schweiz«.
Info: Tourismusverband Sächsische Schweiz e.V., 01814 Bad Schandau, Tel. 035022/4 95 30, Fax 035022/4 95 33.
Geführte Touren: Eldorado, 01097 Dresden, Tel. 0351/8 02 92 25, Fax 0351/8 01 11 95.

keit nach rechts (»grünes Rechteck«) auf breitem Weg Richtung »Heringsloch«.
13,5 / 270 m Im Heringsloch vor Treppe geradeaus. Nach 300 m rechts (»rotes Rechteck«). Bei km 14,4 links, Tragestrecke bergan.
15,0 / 460 m Rechts auf breiten Weg. Dann geradeaus über große Kreuzung,

Felsentrail im Elbsandsteingebirge

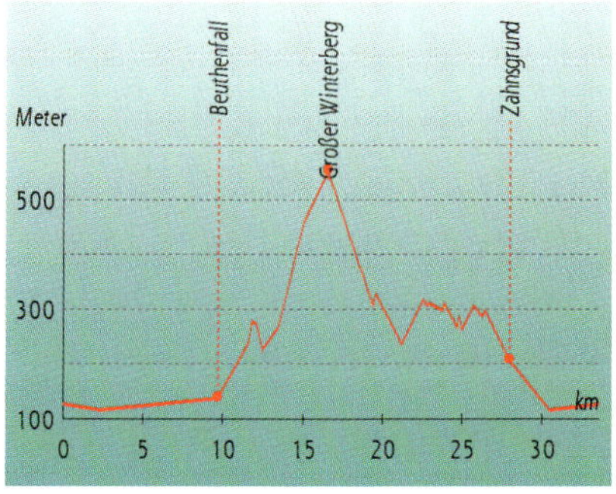

ohne Markierung. Auf breitem Weg auf gleicher Höhe bleiben. Nach 1000 m links, immer bergan bis zum Gipfel Winterberg (»grünes Rechteck«).
16,6 / 556 m Am Berggasthaus »Großer Winterberg« zunächst auf gleichem Weg retour und dann auf geschotterter »Winterbergstraße« bergab, bald an tschechischer Grenze entlang.
21,2 / 240 m Achtung! Bei Müllcontainer hart rechts. Dann sofort etwas links halten und auf »Elbleitenweg« weiter (»grüner Punkt«) Richtung »Ostrau«. Nach 200 m etwas links.
26,5 / 300 m Links bergab Richtung »Wenzelweg«, »Ostrau«. Nach 100 m rechts halten. Bei km 27,1 dann auf breitem Schotterweg links bergab Richtung »Zahnsgrund«, »Ostrau« auf der »Radroute«.
28,0 / 210 m In Zahnsgrund auf Straße links bergab zur Elbe. Dort rechts auf Straße am Fluss entlang Richtung »Bad Schandau«.
30,5 / 120 m Links auf Radweg an Elbe entlang und zurück zum Ausgangspunkt (km 33,5 / 130 m).

Erzgebirge

Besonders bekannt ist das Erzgebirge durch seine zahlreichen Bräuche, seine Traditionen und das dazugehörige Kunsthandwerk: Nussknacker, Räuchermänner und Weihnachtspyramiden kommen von dort. Aber wie der Name schon sagt, wurden hier auch edle Minerale wie Silber, Eisen, Zinn, Blei, Kupfer und uranhaltiges Material zu Tage gefördert. Die Bergbauwege lassen sich heute als herrliche Biketrails nutzen.

Erzgebirge

84 Fichtelberg

13,2 km	525 Hm	1-1½ Std.	leicht	leicht

Start: Über Chemnitz auf der A 95 Richtung Oberwiesenthal. Kurz vor Bärenstein Richtung Neudorf abzweigen. Am Ortsende dort rechts zum Fichtelbergbahn-Haltepunkt »Vierenstraße«, wo diese Tour startet.
Karte: Kümmerly + Frey Wanderkarte 1:25.000, Blatt 2506 »Fichtelberg«.

Info: Tourismusverband Erzgebirge, Adam-Ries-Haus, 09443 Annaberg-Buchholz, Tel. 03733/18 80 00, Fax 03733/1 88 00 20, E-Mail fvverzgebirge@t-online.de, Internet www.tourismus-erzgebirge.de.
Bikeshop: Fahrrad Bachmann, Anger 70, 09465 Neudorf, Tel. 037342/83 49.

Der Fichtelberg ist einer der höchsten Gipfel in den deutschen Mittelgebirgen überhaupt. Denn er erhebt sich auf satte 1214 Meter über den Spiegel der Weltmeere. Klar, dass es hier natürlich tolle Bikemöglichkeiten gibt.

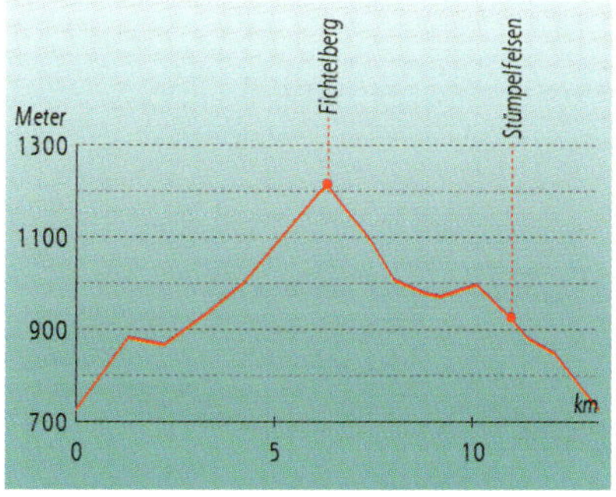

km 0,0 / 730 m Ab Fichtelbergbahn-Haltepunkt »Vierenstraße« auf »Pförtelstr.« Richtung »Kuhbrückenberg«. Nach 100 m rechts halten.
1,3 / 885 m Am Kuhbrückenberg links. Nach 300 m geradeaus auf »Zschopauweg«.
2,2 / 870 m Links weiter auf »Zschopauweg« Richtung »Fichtelberg«.
3,3 / 940 m Kurz nach »Schwarzer Teich« rechts. 250 m weiter links.
4,2 / 1004 m An Abzweig rechts von breitem Weg auf Trail »Reitstieg« Richtung »Fichtelberg« abbiegen. Nach 500 m geradeaus über Kreuzung.
6,1 / 1200 m Links bergan zum Gipfel Fichtelberg.
6,3 / 1214 m Am Gipfel Fichtelberg der Beschilderung »Rodelbahn« bergab folgen.
7,4 / 1095 m Am Ende der Rodelbahn geradeaus halten, weiter bergab Richtung »Oberwiesenthal«.
8,0 / 1010 m Nahe Heimanlage an Kreuzung links dem »Philosophenweg« Richtung »Rotes Vorwerk« folgen.
8,8 / 981 m An der T-Kreuzung links weiter.
9,2 / 975 m An der Kreuzung bei »Rotem Vorwerk« rechts, 100 m weiter links, auf »Bärenfangweg« weiter.
11,0 / 925 m Kurz nach Stümpelfelsen geradeaus über Kreuzung. 400 m weiter ebenfalls geradeaus.

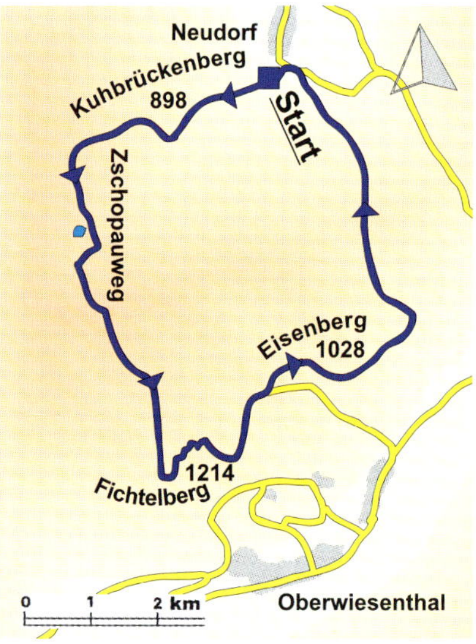

12,1 / 850 m An der Gabelung links auf den »Bärenfangweg« nach »Neudorf«. Dort an der Straße links und retour zum Ausgangspunkt am Fichtelbergbahn-Haltepunkt »Vierenstraße« (km 13,2 / 730 m).

Wilde Landschaften finden sich auch im Erzgebirge.

EXTRA: Kammweg

180 km, ca. 4000 Hm, 3–4 Tage, Kondition: anspruchsvoll, Technik: anspruchsvoll
Eigentlich verläuft der mit einem »blauen Querbalken« gut markierte Weg von Zittau nach Wernigerode. Das interessanteste Teilstück – zumindest wenn man das Erzgebirge richtig kennen lernen möchte – dürfte dabei aber zwischen Altenberg und Klingenthal zu finden sein. Man kennt es auch als »Kammweg« und der verläuft ständig in den Kammlagen über die höchsten Erhebungen des Erzgebirges. So führt der Weg beispielsweise über den Kahleberg (905 m), Schwartenberg (787 m), Hirtstein (890 m), Fichtelberg (1214 m), Auersberg (1019 m) und Aschberg (936 m). Logisch, dass man da neben den tollen Trails auch wunderbare Aussichten genießen kann, die weit bis nach Böhmen hineinreichen.

85 Klinovec

39,1 km | 1030 Hm | 2–3 Std. | mittel | leicht

Wer im Erzgebirge auf Tour geht, sollte seinen Personalausweis nicht vergessen, denn schnell hat man auch tschechische Trails unter den Stollen. Wie bei dieser Runde, die mal wieder über den Fichtelberg führt, aber ihren geographischen Höhepunkt auf dem 1243 Meter hohen, tschechischen Klinovec hat.

km 0,0 / 730 m Ab Fichtelbergbahn-Haltepunkt »Vierenstraße« auf »Pförtelstr.« Richtung »Kuhbrückenberg«. Nach 100 m rechts halten.
1,3 / 885 m Am Kuhbrückenberg links. Nach 300 m geradeaus auf »Zschopauweg«.
2,2 / 870 m Links weiter auf »Zschopauweg« Richtung »Fichtelberg«.
3,3 / 940 m Kurz nach »Schwarzer Teich« rechts. 250 m weiter links.
4,2 / 1004 m An Abzweig rechts von breitem Weg auf Trail »Reitstieg« Richtung »Fichtelberg« abbiegen. Nach 500 m geradeaus über Kreuzung.

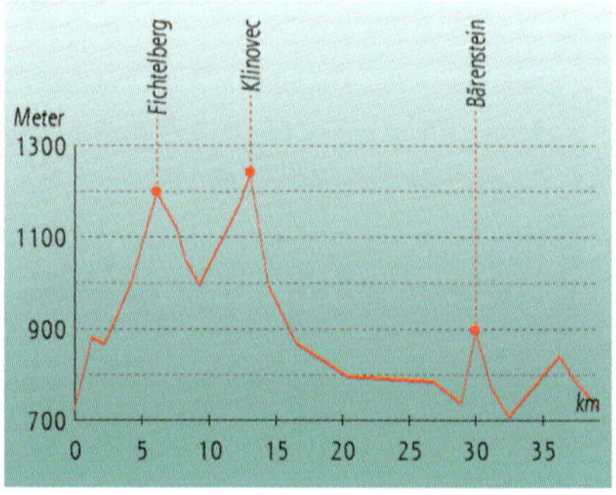

6,1 / 1200 m Links geht's zum Gipfel Fichtelberg. Hier aber rechts auf »Wellenschaukel« bergab zum »Skistadion«.
7,6 / 1123 m Am Skistadion links auf Teer bergab. Nach 300 m wieder links.
8,3 / 1050 m Hart rechts und auf Straße nach Bozi Dar in Tschechien.
9,3 / 1000 m In Bozi Dar rechts dem rot markierten Weg über den Friedhof Richtung »Klinovec« folgen.
12,3 / 1175 m Straße kreuzen, dann etwas rechts und weiter bergan Richtung »Klinovec«.
13,1 / 1243 m Am Gipfel Klinovec etwas links bergab Richtung »Loucna« halten. 400 m weiter rechts ab (»rot«).
14,4 / 1000 m Rechts auf Straße. 150 m weiter links auf Straße. Bei km 14,8 links Richtung »Loucna«.
16,5 / 875 m Nahe »Loucna« rechts, bald den Ort passieren und anschließend geradeaus an Grenze entlang Richtung »Ceské Hamry«.
20,4 / 800 m In Ceské Hamry links auf Straße nach »Vejprty«.

Start: Über Chemnitz auf der A 95 Richtung Oberwiesenthal. Kurz vor Bärenstein Richtung Neudorf abzweigen. Am Ortsende rechts zum Fichtelbergbahn-Haltepunkt »Vierenstraße«, wo diese Tour startet.
Karte: Kümmerly + Frey Wanderkarte 1:25.000, Blatt 2506 »Fichtelberg«.
Info: Tourismusverband Erzgebirge, Adam-Ries-Haus, 09443 Annaberg-Buchholz, Tel. 03733/18 80 00, Fax 03733/1 88 00 20, E-Mail fvverzgebirge@t-online.de, Internet www.tourismus-erzgebirge.de.
Bikeshop: Fahrrad Bachmann, Anger 70, 09465 Neudorf, Tel. 037342/83 49.

26,9 / 789 m In Vejprty links Grenzübergang nach »Bärenstein« passieren. Dort links auf B 95 Richtung »Bahnhof«.
28,9 / 740 m Am Bahnhof Bärenstein die B 95 nach links verlassen und dem markierten Weg Richtung »Bärenstein« folgen.
29,6 / 830 m An Kreuzung rechts zum Gasthaus Bärenstein. Dann etwas links Richtung »Talsperre Cranzahl« halten. 400 m weiter links halten.
31,2 / 775 m An Kreuzung hart rechts durch den »Cranzahler Wald«. Nach 300 m scharf links. Bei km 32,0 dann rechts zur Talsperre.
32,5 / 710 m Erst hart links, dann rechts über die Staumauer der Talsperre. Anschließend links der »Torfstraße« nach »Kretscham Rothensema« folgen. Alle Abzweige ignorieren.
37,4 / 790 m In Kretscham Rothensema rechts auf Straße retour zum Start in Neudorf (km 39,1 / 730 m).

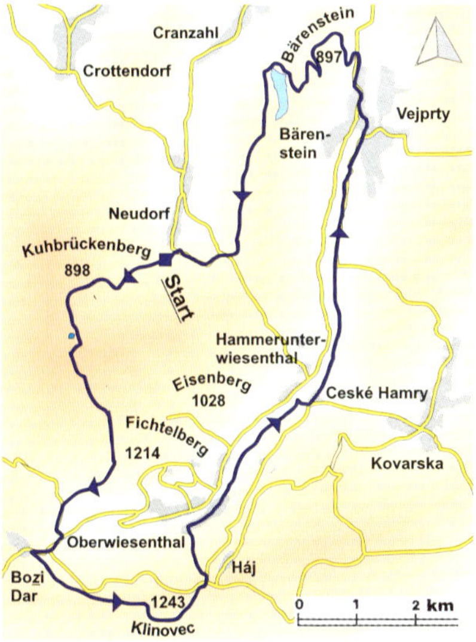

Steile Uphills und geniale Downhills im benachbarten Tschechien

Fränkische Mittelgebirge

Hier erheben die sich bayerische Rhön, der bayerische Spessart, der benachbarte Odenwald, die Hassberge, die Frankenhöhe, der Steigerwald, das Fichtelgebirge und die Fränkische Schweiz. Eines haben alle Mittelgebirge Frankens gemein: Überall warten Trails von sanft bis hammerhart, mal als Schotterpisten, dann wieder als wunderschöne Bikepfade. Aber auch die Landschaft beeindruckt mit aussichtsreichen Höhen und wildromantischen Flusstälern.

86 Gipfelrunde im Fichtelgebirge

21,0 km | 730 Hm | 1½–2½ Std. | mittel | mittel

Diese Fichtelgebirgs-Gipfelrunde bietet alles, was Biken in den deutschen Mittelgebirgen interessant macht. Auf schmalen Wegen geht es über aussichtsreiche Höhen, durch einsame Täler und durch einen unendlichen Fichtenwald.

Start: Auf der A 9 Nürnberg – Berlin bis Abfahrt Bad Berneck. Dann auf der B 303 über Bischofsgrün Richtung »Fichtelberg«. Die Tour startet in Neubau direkt auf dem Parkplatz am Fichtelsee, genau bei der Campingplatzeinfahrt.
Karte: Für alle Fichtelgebirgstouren muss man mangels vorhandener topografischer Karten auf die Fritsch-Wanderkarte, 1:50.000, Blatt »Fichtelgebirge« zurückgreifen. Vor Ort erhältlich.
Literatur: Mountain Bike aktiv »Franken«, Pietsch, Stuttgart.
Info: Tourist Information Fichtelgebirge, Bayreutherstr. 4, 95686 Fichtelberg, Tel. 09272/62 55 oder 64 52, Fax 09272/64 54, E-Mail tourist.info.fichtelgebirge@t-online.de, Internet www.fichtelgebirge.de.
Bikeshop: Sport Eckert, 95686 Fichtelberg, Ortsteil Neubau, Tel. 09272/61 16.

km 0,0 / 770 m Ab Parkplatz Fichtelsee geradeaus auf Teer bergab Richtung See. Nach 100 m rechts halten. 200 m weiter dann links, Seebrücken queren. Ab dem Seehotel dann auf Teer bergan Richtung »Platte«. 100 m weiter links auf Schotter (»1«) bergan.
0,9 / 760 m Geradeaus auf Schottergrasweg (»weißes Kreuz«) Richtung »Seehaus«. Nach 400 m Straße kreuzen und auf Schotter bergan (»weißes Kreuz«). Nach ein paar Metern links Richtung »Seehaus« halten (»weißes Kreuz«) und bald auf Trail steil bergan.
1,7 / 805 m An Kreuzung links auf breiter Schotterpiste weiter, »weißes Kreuz« ignorieren.
2,5 / 790 m An Kreuzung hart rechts auf Schotter recht steil bergan Richtung »Seehaus« (»M«).
3,5 / 910 m Am Seehaus links der Markierung »H« Richtung »Nußhardt« folgen. Bei km 3,8 links halten, stets »H« folgen.
5,0 / 945 m An Singletrail-T rechts (»H«). 100 m weiter wieder rechts (»H«). Bei km 5,3 dann links (»H«) Richtung »Schneeberg«.
5,4 / 952 m Rechts den Hinweisen Richtung »Schneeberg« und »Bergwacht« folgen.
6,1 / 1008 m Links (»H«) Richtung »Schneeberg Gipfel«. Bei km 6,5 Teerpiste queren und dann auf Teer weiter. 100 m weiter links auf Singletrail (»H«) Richtung »Schneeberg Gipfel«.
6,8 / 1053 m Am Aussichtsturm auf dem Gipfel rechts auf Schottertrail bergab. Kurz danach Teerstraße geradeaus kreuzen und auf Schotterpiste bergab Richtung »Haberstein« (»weißes Dreieck«).
7,2 / 992 m An »Schneebergbrunnen« geradeaus auf Schotter, nach 500 m Teer, dann bergab.
8,9 / 835 m An »Weißenhaider Eck« rechts, abknickende Teerpiste geradeaus verlassen und auf Schotter (»Q«) Richtung »Karches«.
9,7 / 825 m Am Jägerstuhl rechts, auf schlammigem Weg (»Q«) bergab Richtung »Karches«.
10,3 / 820 m Rechts halten (»Q«). 100 m weiter links auf Schotter (»Q«) Richtung »Karches«.
10,7 / 790 m Kurz nach Schotterabzweig rechts auf Singletrail (»Q«) bergab Richtung »Karches«.
12,2 / 740 m Straße queren. Anschließend sofort links weiter. 200 m weiter geradeaus (»M«) Richtung »Ochsenkopf«. Dann rechts auf Teer (»M«) an Gasthaus Karches entlang Richtung »Ochsenkopf«.

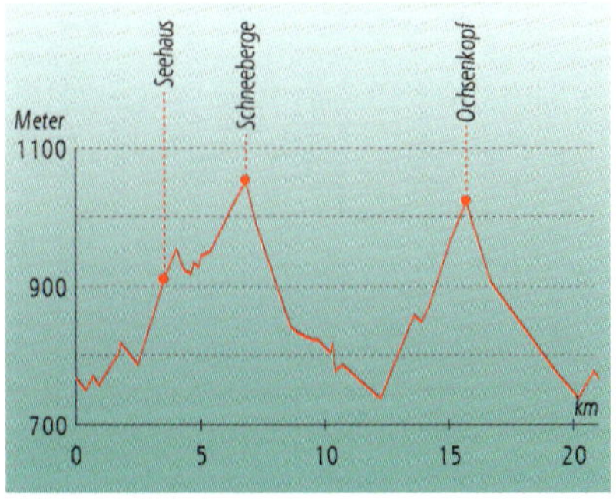

14,2 / 875 m An Weißmainquelle Holzbrücke queren. Dann rechts bergan bis zum nächsten Schotter-T. Dort rechts (»M«) bergan. Bei km 14,4 links halten.
15, 7 / 1023 m Am Ochsenkopf-Gipfel bei Sendeturm links auf Schotter bergab. Bei km 16,7 die so genannte Ringstraße kreuzen und weiter bergab Richtung »Neubau«. Bis km 19,3 alle Abzweige ignorieren. Dort am Besucherbergwerk links auf Straße nach Fichtelberg, Ortsteil Neubau.
20,2 / 740 m An Gasthof »Specht« links auf »Fichtelseestr.« Richtung »Campingplatz«.
20,8 / 780 m Rechts auf den Parkplatz »Fichtelsee« bzw. zum Ausgangspunkt (km 21,0 / 770 m).

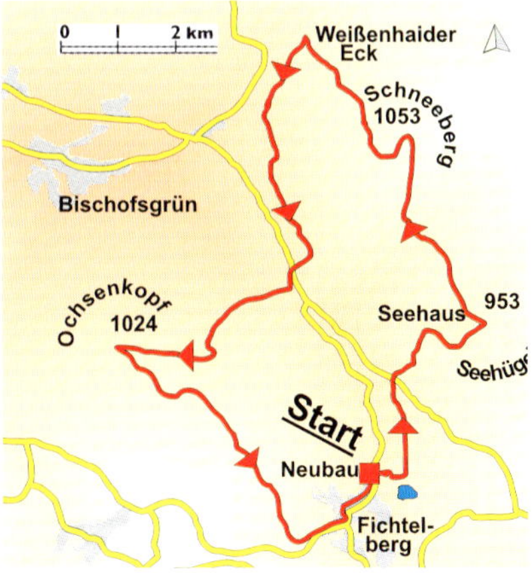

Fichtelgebirge

87 Schneeberg

26,8 km | 885 Hm | 1½–2½ Std. | mittel | mittel

Das Fichtelgebirge gilt als die kälteste Ecke Frankens. Hier bestimmt nämlich überwiegend kontinentales Klima die Wetterlage. Das sorgt für weniger Regentage, aber auch für kühlere Temperaturen, und die kann man gebrauchen, wenn man die heißen Trails am Schneeberg unter die Stollen nimmt.

km 0,0 / 616 m Vom Parkplatz aus Straße Richtung See queren und auf markiertem Radweg rechts auf Teer um den See herum. Nach 350 m rechts am Campingplatz entlang Richtung »Stadtbad«. 700 m weiter an Kreuzung geradeaus auf Schotter Richtung »Waldstein« (»H«).
1,4 / 635 m Rechts auf Singletrail Richtung »Waldstein« (»H«). Bis km 2,3 geradeaus, rechts auf Schotter weiter.
2,7 / 720 m Halbrechts, auf Hauptweg bleiben. Bei km 3,6 rechts auf Schotter an Steinbruch entlang. 200 m weiter links.
4,8 / 810 m An kleiner Straße scharf links auf Singletrail (»H«) bergan.
5,3 / 838 m Auf der Höhe rechts auf Singletrail, Hinweise »Burgruine«. Nach 200 m rechts, auf Treppen bergan zur Ruine, später zum Waldsteinhaus. ➘

Start: Auf der A 9 Nürnberg – Berlin bis Abfahrt Gefrees. Dann auf Landstraße über Gefrees und Kornbach nach Weissenstadt. Dort Hinweisen Richtung »Campingplatz« folgen. Kurz vor Campingplatz rechts auf gebührenpflichtigem Parkplatz Tour starten.
Karte: Fritsch-Wanderkarte, 1:50.000, Blatt »Fichtelgebirge«. Vor Ort erhältlich.
Info: Tourist Information Fichtelgebirge, Bayreutherstr. 4, 95686 Fichtelberg, Tel. 09272/62 55 oder 64 52, Fax 09272/64 54, E-Mail tourist.info.fichtelgebirge@t-online.de, Internet www.fichtelgebirge.de. Oder auch: Fremdenverkehrsamt Weissenstadt, Kirchplatz 1, 95163 Weissenstadt, Tel. 09253/95 00.
Bikeshop: Hahn & Renner, Am Bahnhof 7, 95163 Weissenstadt, Tel. 09253/4 42.

5,7 / 824 m Vor Waldsteinhaus links am Parkplatz vorbei und auf Schotter leicht bergan Richtung »Saalequelle« (»blaues X«). Nach 500 m links auf Teer weiter.
6,5 / 820 m An Gabelung rechts auf Waldweg. Nach 300 m rechts (»blaues X«) Richtung »Saalequelle«, bald Singletrail.
7,8 / 732 m Nach Parkplatz rechts auf Singletrail bergab Richtung »Saalequelle«.
8,2 / 708 m An Saalequelle links auf Singletrail, ab km 9,1 Schotter, bergan Richtung »Torfmoorhölle« (»Q«).
10,1 / 704 m Bis hierher alle Abzweige ignorieren. Nun rechts Richtung »Egerquelle«.

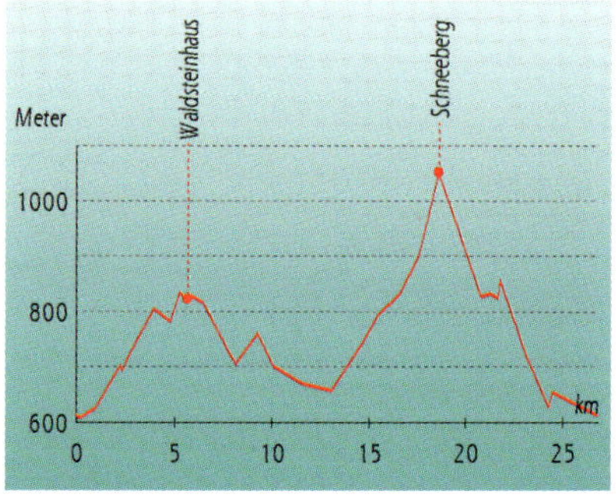

11,6 / 672 m Links auf Straße. Nach 50 m rechts, Straße verlassen (»Q«).
13,1 / 660 m Scharf rechts (»Q«) Richtung »Egerquelle«. 300 m weiter links halten (»Q«, »E«).
14,7 / 748 m Vor Egerquelle links, Straße queren, dann weiter (»Q«) Richtung »Weißenhaider Eck«.
15,5 / 796 m An Wegkreuzung weiter geradeaus auf Singletrail (»Q«) bis zum Weißenhaider Eck.
16,6 / 835 m Am Weißenhaider Eck geradeaus und dann auf Teerstraße bergan Richtung »Schneeberg«.
17,6 / 904 m An Abzweig Teerweg verlassen und auf Schotter weiter bergan Richtung »Schneeberg«.
18,6 / 1053 m Am Schneeberg-Gipfel links auf Teer weiter. Nach 200 m links bergab Richtung »Rudolfstein« (»H«).
19,4 / 976 m Rechts auf Singletrail bergab Richtung »Rudolfstein« (»H«). 200 m weiter rechts auf Schotter (»H«) weiter.
21,8 / 860 m Nahe dem Gipfel Rudolfstein links Richtung »Weissenstadt« (»H«). 100 m weiter rechts auf Singletrail bergab (»H«). Bei km 22,7 an Jägerstand rechts auf Waldweg bergab.
23,1 / 728 m Rechts auf Schotter

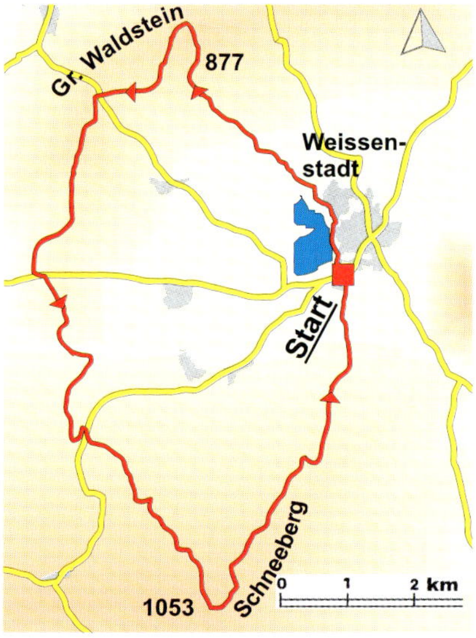

bergab (»H«). 100 m weiter links auf Singletrail weiter. Bei km 23,7 links auf Schotter bergab (»H«).
24,3 / 630 m Bis hierher alle Abzweige ignorieren und nun links auf Schotter weiter (»H«).
24,5 / 656 m Rechts auf Teer nach Weissenstadt zum Ausgangspunkt (km 26,8 / 616 m).

0 88 Ochsenkopf

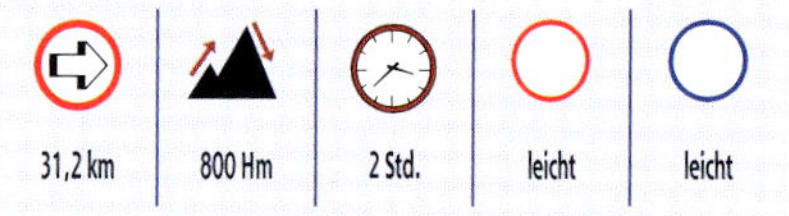

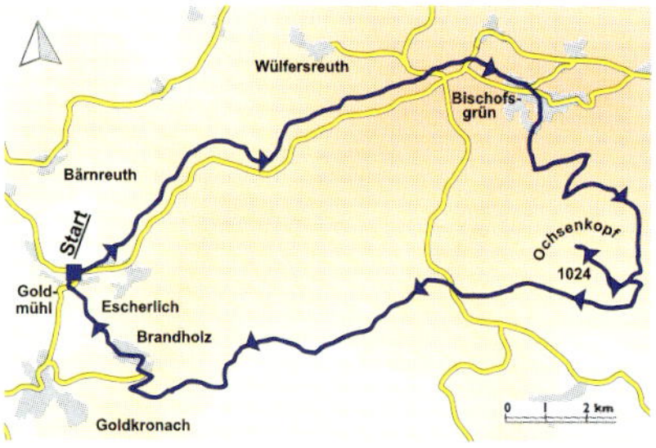

Der Ochsenkopf ist neben dem Schneeberg ein weiterer Gipfel im Fichtelgebirge, der die 1000-Meter-Marke übersteigt. Und auch hier warten wunderschöne Singletrails: mal bergauf, mal bergab.

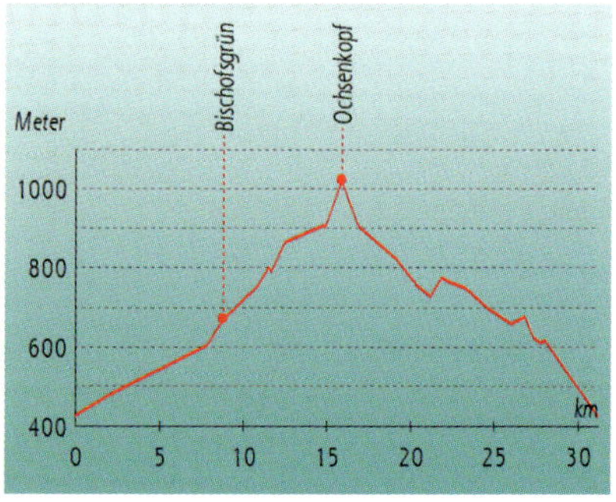

km 0,0 / 430 m Bei Holzfirma Förster Straße kreuzen und auf Teerweg »Bruckmühle« am Weißen Main entlang. Nach 500 m dann B 303 schräg kreuzen und anschließend auf Teer durch den Weiler »Röhrenhof«. Ab dort auf geteertem Radweg durch das Tal des Weißen Mains flott bergan.
7,8 / 608 m Kurz nach ehemaligem Bahnhof Bischofsgrün Straße kreuzen, am Gasthof »Maintal« entlang und weiter auf Radweg taleinwärts. 200 m weiter dann rechts zur B 303, diese queren und über Treppe bergan Richtung »Ortsmitte«. Auf Wiesenweg geht es dann rechts knackig bergan.
8,8 / 672 m Auf geteertem Weg »Kirchbühl« geradeaus durch Bischofsgrün. Kurz nach der Kirche rechts halten und auf »Ochsenkopfstr.« bergan.
10,9 / 760 m An Parkplatz links auf Schotterpiste Richtung »Ochsenkopf«. 600 m weiter, kurz vor der Seilbahn, hart rechts und weiter bergan.
12,5 / 870 m Links auf geschotterter »Ringstraße« weiter bis km 14,9. Nun rechts auf Schotter bergan zum Gipfel des Ochsenkopfs. Dort bei km 15,9 retour und auf gleichem Weg bergab. Bei km 16,9 rechts auf »Ringstraße« Richtung »Fleckl«.
19,2 / 828 m Links auf Schotter bergab (»M«).
20,4 / 760 m Links, sofort wieder rechts, danach rechts für ein paar Meter auf Landstraße und dann sofort wieder links durch den Wald weiter bergab (»M«), ab km 21,3 bergan, Richtung »Bayreuth«.

Start: Auf der A 9 Nürnberg – Berlin bis Abfahrt Bad Berneck. Dann auf der B 303 Richtung »Bischofsgrün«. Am Straßenabzweig nach Goldkronach rechts in den Weiler Goldmühl abbiegen und einige Meter weiter bei der Holzfirma »Förster« Tour starten.
Karte: Fritsch-Wanderkarte, 1:50.000, Blatt »Fichtelgebirge«. Überall vor Ort erhältlich.
Literatur: Mountain Bike aktiv »Franken«, Pietsch, Stuttgart.
Info: Tourist Information Fichtelgebirge, Bayreutherstr. 4, 95686 Fichtelberg, Tel. 09272/62 55 oder 64 52, Fax 09272/64 54, Email tourist.info.fichtelgebirge@t-online.de, Internet www.fichtelgebirge.de.
Bikeshops: Im Notfall Hilfe bei Fa. Lauterbach, Bachgasse 1, 95497 Goldkronach, Tel. 09235/7 76 oder bei Rieß & Unglaub, Jägerstr.4 in 95493 Bischofsgrün, Tel. 09276/2 32.

23,4 / 752 m Rechts auf Schotter, ab km 24,1 Singletrail, Richtung »Goldmühl« (»S«).
26,1 / 690 m Links auf Schotter (»S«) weiter.
26,6 / 676 m Rechts auf Teer Richtung »Goldkronach«.
27,4 / 628 m An Parkplatz rechts auf Schotter bergan. Nach ca. 150 m links auf Singletrail »Humboldtweg« bergab (»Bergbaumarkierung«).
27,8 / 616 m Rechts weiter auf Singletrail »Humboldtweg«.
28,1 / 620 m Links auf Schotter bergab (»S«) Richtung »Goldmühl« bzw. zum Ausgangspunkt (km 31,2 / 430 m).

EXTRA: Saale-Radwanderweg

422 km, ca. 2000 Hm, 5–6 Tage, Kondition: mittel, Technik: leicht
Der sportlich anspruchsvolle Saale-Radwanderweg beginnt im Fichtelgebirge und führt anschließend durch das ungemein schöne Thüringische Schiefergebirge. Hier wird selbst verwöhnten Mountainbikern einiges geboten. Saftige Anstiege garantieren herrliche Ausblicke und schnelle Downhills. Wonach man sich in den Talsperren Bleiloch und Hohenwarte gut abkühlen kann. Bei Saalfeld verlässt die Route das Gebirge und führt über Jena ins Unstruttal. Mildes, fast mediterranes Klima macht dieses zum nördlichsten Weinanbaugebiet Europas. Die Saale windet sich nun durch eine von Wiesen und Wäldern geprägte Idylle. Über Halle und das sehr sehenswerte Bernburg kurbelt man dann in die Magdeburger Börde, wo die Saale in die Elbe mündet.

89 Epprechtstein

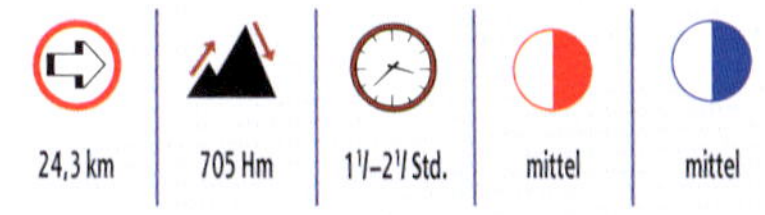

Höhepunkt dieser Tour ist das Felsenmeer am Epprechtstein, wo auch noch eine Burgruine, im Wald versteckt, ihr Dasein fristet. Aber auch der Höhenzug des Waldsteins ist recht interessant, weil man hier einen weiten Blick über die Fichtenwipfel werfen kann.

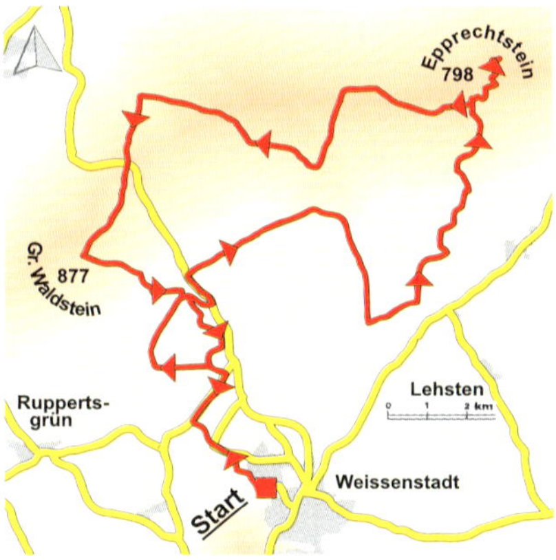

km 0,0 / 616 m Ab Parkplatz Straße geradeaus Richtung See queren. Dann auf Teerweg um den See herum. Bei km 0,3 rechts und am Campingplatz entlang, Hinweis »Stadtbad« folgen.
1,0 / 624 m Rechts (»S«) Richtung »Waldstein«. Nach 700 m, kurz vor Landstraße, links.
2,0 / 670 m Kurz vor Graben »S« verlassen, links auf Schotter weiter. Nach 100 m rechts bergan.
2,8 / 712 m Rechts auf Schotter bergan. 500 m weiter rechts auf Schotter (»blauer Punkt«) bergab bis km 3,5. Dort links halten. Bei km 3,7 links auf Landstraße bergan.
4,1 / 760 m Kurz nach Steinbruch rechts auf Waldweg abbiegen. Nach 300 m links auf stark verwachsenem Weg (»blauer Punkt«) an Grenzsteinen »KW« entlang Richtung »Naturfreundehaus«.
5,9 / 725 m An Waldrand rechts halten. 200 m weiter geradeaus auf Schotter, »blauen Punkt« ignorieren.
7,4 / 640 m Links, nächste wieder links, (»blauer Punkt«) Richtung »Epprechtstein«.
8,3 / 630 m Am Hof Frohnlohe 90°

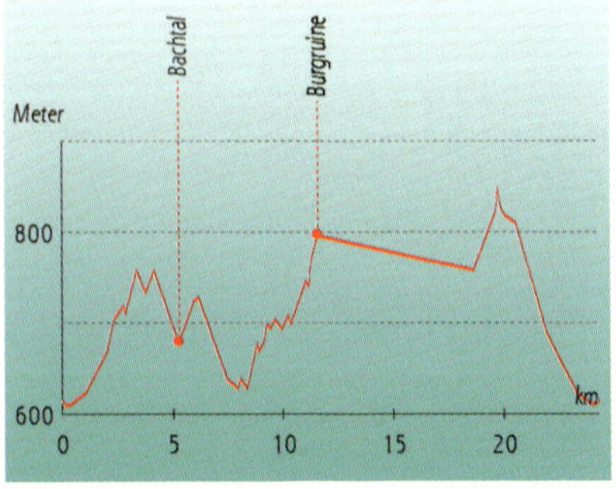

links auf Waldweg, bald Singletrail bergan (»weiß-blau-weiß«).
9,1 / 680 m Am Waldrand links auf Schotter bergan. 100 m weiter rechts dem Hauptweg folgen. Bei km 9,4 links, einige Meter weiter rechts auf Singletrail weiter, Hinweise »Epprechtstein« beachten.
10,2 / 710 m Kurz nach Wildfütterung rechts, leicht bergab. Nach 100 m links auf markiertem Singletrail weiter. Bei km 10,8 etwas links halten, Schotterpiste kreuzen und auf Waldweg bergan.
11,0 / 748 m An Gabelung rechts. 100 m weiter ganz rechts halten, »N« folgen. Bei km 11,2 (»N« ignorieren) links Richtung »Bergwacht« auf Trail bergan. Anschließend am »Luisentisch« entlang bergan Richtung »Burgruine«, die man nach Treppenanstieg bei km 11,5 erreicht. Nun auf gleichem Weg zunächst retour, wieder an »Luisentisch« entlang. Bei km 12,0 rechts. Nach 200 m (»N«) geradeaus in Richtung »Waldstein«.
12,5 / 730 m Rechts, Schotterweg kreuzen, weiter auf Trail (»N«). Bei km 13,0 rechts auf Schotter (»ohne Markierung«) 400 m weiter. Dann links halten.
13,9 / 780 m Links (»1«). 400 m weiter links, »1« ignorieren. Einige Meter weiter wieder links. Bei km 14,6 rechts auf Trail Richtung »Waldstein«.

Start: Auf der A 9 Nürnberg – Berlin bis Abfahrt Gefrees. Dann auf Landstraße über Gefrees und Kornbach nach Weissenstadt. Dort Hinweisen Richtung »Campingplatz« folgen. Auf Parkplatz nahe Campingplatz die Tour starten.
Karte: Fritsch-Wanderkarte, 1:50.000, Blatt »Fichtelgebirge«, vor Ort fast überall erhältlich.
Literatur: Mountain Bike aktiv »Franken«, Pietsch, Stuttgart.
Info: Tourist Information Fichtelgebirge, Bayreutherstr. 4, 95686 Fichtelberg, Tel. 09272 / 62 55 oder 64 52, Fax 09272/64 54, Email tourist.info.fichtelgebirge@t-online.de, Internet www.fichtelgebirge.de. Oder auch: Fremdenverkehrsamt Weissenstadt, Kirchplatz 1, 95163 Weissenstadt, Tel. 09253/95 00.
Bikeshop: Hahn & Renner, Am Bahnhof 7, 95163 Weissenstadt, Tel. 09253/4 42.

15,5 / 755 m Nach Trail rechts auf Schotter (»N«). Nach 600 m (»N« ignorieren) geradeaus auf Schotter weiter.
16,4 / 775 m Rechts auf Schotter (»2«) bis zum Pflanzgarten. Hier bei km 17,8 links und nun (»H«) bis zum »Gr. Waldstein«. Bei km 18,6 geradeaus Straße kreuzen.
19,7 / 850 m Ab Gr. Waldstein geradeaus auf Singletrail bergab. Nach 100 m links auf Trail (»S«). Nach weiteren 100 m links auf Schotter, »S« 600 m lang ignorieren.
20,5 / 812 m Im Steinbruch rechts auf Singletrail bergab (»S«) Richtung »Weissenstadt«. 300 m weiter rechts bergab. Bei km 21,2 geradeaus auf Schotter weiter. 100 m weiter an Abzweig rechts »S« folgen.
21,9 / 692 m Kurz vor Ferienheim rechts auf Waldweg. Nach 200 m dann links und (»S«) über kaum sichtbaren Weg.
22,3 / 670 m Bei Graben links und auf gleichem Weg wie Auffahrt retour bis zum Ende (km 24,3 / 616 m).

Sausestrecke im Fichtelgebirge

90 Rennsteig Nord

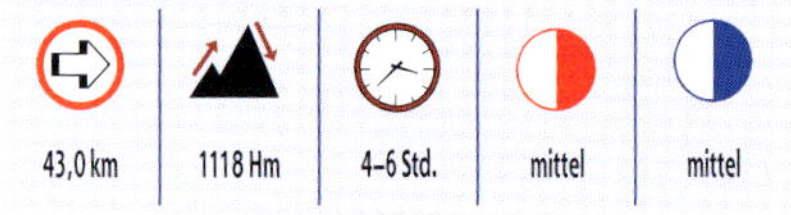

Diese durchwegs markierte Runde (»Nr. 1« – weißes Schild mit grünem Bikerlogo) zeichnet sich durch ein ständiges Wechselspiel von Ups 'n Downs aus. Und neben tollen Aussichten kann man auch den ehemaligen Todesstreifen der DDR besichtigen, die Burg Lauenstein und zwei Confiserien, wo edle Pralinen hergestellt werden.

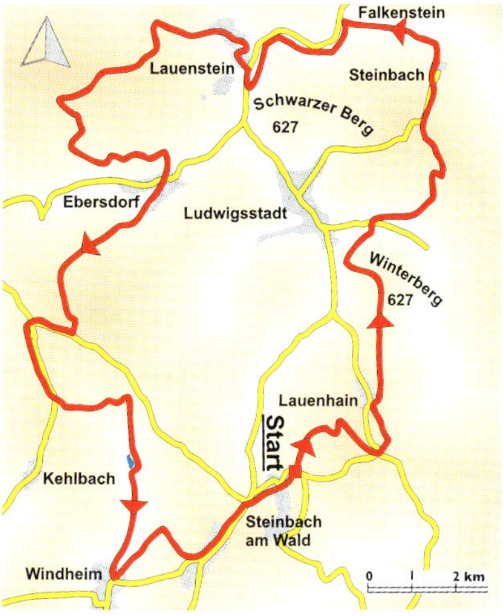

km 0,0 / 599 m In Steinbach am Wald geradeaus über Brücke. Nach 100 m rechts parallel der »Rennsteigstr.«. Bei km 0,3 an Infotafel links ins Wohngebiet.
0,5 / 615 m Nach Ortsende rechts auf Schotterpiste. Bei km 1,1 rechts bergan. 300 m weiter links bergab.
1,7 / 618 m In Kehre rechts auf Trail bergab zum Lauenhainer Bach. Nach 100 m rechts an Hütte und Fischteich entlang. Dann, 100 m weiter rechts, wieder bergan auf Schotter.
2,9 / 669 m Rechts halten und auf Straße weiter. Nach 100 m links auf »Radweg« bergan.
3,3 / 691 m Links, bald an Windrad entlang nach »Lauenhain«. Dort gleich nach Ortsanfang rechts halten.
4,1 / 668 m Lauenhain geradeaus verlassen. An Feldscheune links halten und bergan über Anhöhe (schöne Aussicht). Dann bis km 6,3 geradeaus auf Waldweg, teils Trail.
6,3 / 608 m Rechts bergan auf Schotter. Nach 40 m links auf ebenem Weg weiter.

Seeidylle und wohlverdiente Rast

Bei km 6,6 erneut links und bergab auf Hauptweg.
6,9 / 558 m Rechts bergab auf Hauptweg nach Ottendorf.
7,6 / 497 m Rechts nach Ottendorf. Bei km 7,95 links bergab durch den Ort. Nach 50 m rechts halten. Bei km 8,1 rechts der Hauptverkehrsstraße folgen.
8,2 / 461 m Links bergab in »Lange Gasse«. 100 m weiter, nach Bach, rechts und den Ort auf Teer verlassen.
9,8 / 620 m Rechts Richtung Lichtung halten. 100 m weiter links auf Betonplatten (ehemaliger Grenzstreifen) bergan.
10,1 / 651 m Links auf Schotter bergab bis km 11,2. Dort, ca. 100 m nach Waldende, rechts auf Teer geradeaus nach »Steinbach an der Haide«.
12,0 / 561 m Im Ort vor Weiher links, dann Ort geradeaus bergab verlassen. Bei km 13,0 rechts. Etwa 100 m, nachdem ein Waldstück beginnt, unmittelbar vor Linkskehre rechts auf Trail durch den Wald bergab.
13,4 / 419 m Am Zaun der Mühle links. 100 m weiter wieder links und auf Hauptweg bergan.
13,8 / 429 m Rechts auf Straße bis zu ehemaligem Gasthaus »Falkenstein«. Dort links talaufwärts.
15,3 / 397 m Geradeaus, nicht über Brücke, zur B 85. Anschließend Talverlauf geradeaus folgen und auf schönem Trail, später Schotter, an Loquitz entlang.
17,5 / 422 m Auf Teer rechts über Brücke nach Lauenstein. Auf der Höhe einer Haltebucht rechts, dann links auf »Orlamünder Straße« bergan. Weiter Richtung »Burg Lauenstein«.
18,8 / 511 m Links auf »Dr.-Erh.-Mess-Straße«. Nach 200 m nach Jugendwaldheim links auf »Grafenthaler Straße« Richtung Ortsende.
19,8 / 575 m Nach Weiher rechts auf Schotter weiter. Bei km 20,5 auf Anhöhe links auf Teer weiter.
23,1 / 664 m Der Hauptweg biegt links ab, bergab folgen. Nach 500 m an Schild »Katzwich« rechts auf Trail bergab.
24,0 / 541 m Links auf Schotter bergab. Nach 700 m vor Scheune links auf Schotter bergan.
26,2 / 543 m Rechts auf Trail bergab (»blaue Doppellinie«).
26,5 / 476 m Links bergab nach Ebersdorf«. Nach 200 m (bereits in Ortschaft) rechts nach Ebersdorf. Dort links Richtung »Sportplatz«.
27,1 / 455 m Rechts, Bach nicht überqueren und talaufwärts halten.
27,9 / 479 m Rechts im Talgrund der Taugwitz bleiben.
30,2 / 636 m Rechts bergan. Nach 100 m wieder rechts zur Windbruchfläche hin halten.
31,0 / 703 m »Frankenwald-Hochstraße« geradeaus queren. Dann rechts parallel der Straße »Rennsteig« (»R«) weiter. Bei km 31,7 geradeaus über eine Kreuzung mit zwei Verkehrsinseln.

Start: Von Süden auf der A 73 bis Lichtenfels. Dann auf der B 173 nach Kronach. Dort B 85 Richtung Ludwigsstadt folgen. Ca. 30 km bis Steinbach am Wald. Aus Norden auf der A 9 bis Ausfahrt Berg/Bad Steben. Weiter Richtung »Bad Steben, Teuschnitz«. Ab Teuschnitz über Reichenbach nach Steinbach am Wald. Hier Start an der Eisenbahnbrücke.
Karte: 1:50.000, Route 1: »Rennsteig Region Nord«, Frankenwald Tourismus, Kronach.
Literatur: Mountain-Bike-Karte »Frankenwald«, Frankenwald Tourismus, Kronach.
Info: Frankenwald Tourismus Service Center, Adolf-Kolping-Str. 1, 96317 Kronach, Tel. 01805/36 63 98, Fax 01805/32 93 98, E-Mail mail@frankenwald-tourismus.de. Internet www.frankenwald-tourismus.de
Bikeshops: Firma Rossmehl, Lauensteiner Straße 9, 96337 Ludwigsstadt, Tel. 09263/96 81, Mountainbike-Verleih Gärtner, Markgrafenweg 1, OT Lauenstein, 96337 Ludwigsstadt, Tel. 09263/2 50.
Geführte Touren: Auf Anfrage bei Frankenwald Tourismus (siehe Info).

31,9 / 712 m Links zum Wald, dann links auf Grastrail am Waldrand entlang.
33,4 / 708 m Links, Straße queren. Anschließend rechts auf Schotter weiter.
34,4 / 651 m In Kehre rechts auf Straße bergan.
35,0 / 672 m Rechts leicht bergab auf Schotter. Bei km 36,0 vor Linkskurve rechts bergab. Nach 100 m links, zum Ölschnitzsee.
36,4 / 616 m Nach Infotafel rechts zum Parkplatz. Dann auf Radweg parallel zur Straße weiter nach Windheim.

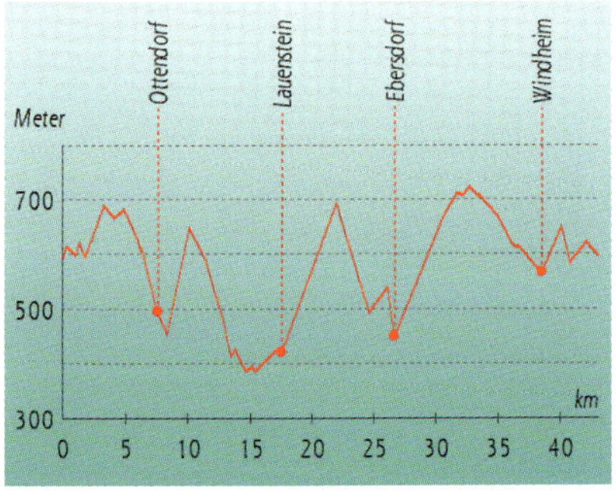

38,5 / 567 m Am Ortsrand von Windheim gegenüber Verkehrsinsel links halten. Nach 100 m erneut links auf »Ziegelanger«. Bei km 38,8 links, Ortschaft verlassen.
39,0 / 602 m Vor Forsthaus rechts bergan. Nach 900 m, nach Ende von kleinem Waldstück, rechts auf Grastrail Richtung »Steinbach am Wald«.
40,7 / 590 m Links auf »Windheimer Straße«, bergab. Nach 100 m an Weiher rechts Richtung Rathaus. Bei km 40,9 links auf »Ludwigsstädter Str.« bergan.
42,1 / 624 m An Kreisverkehr erste Möglichkeit rechts bergab auf »Rennsteigstr.« zum Ausgangspunkt (km 43,0 / 599 m).

91 Rennsteig West

43,2 km | 872 Hm | 3–4 Std. | mittel | mittel

Das ist die ideale Runde (durchgehend beschildert als »Nr. 2«) zum Einrollen in Sachen Frankenwald, denn es gibt keine allzu heftigen Steigungen zu überwinden. Dafür lockern einige kurze Trails die Tour auf, die zudem auch noch eine äußerst reizvolle Umgebung zu bieten hat.

km 0,0 / 599 m In Steinbach am Wald zunächst geradeaus über Brücke. Gleich nach Brücke links Richtung Infotafel. Bei km 0,1 links und Ort auf Schotter verlassen.
1,2 / 587 m Links zur B 85. Auf dieser links bergan. Nach 200 m, gleich nach Eisenbahnbrücke, rechts auf Schotter in den Wald hinein.
1,7 / 585 m Hauptweg nach rechts verlassen. Bei km 2,0 rechts, im Wald bleiben.
2,5 / 558 m Rechts halten.
3,7 / 537 m Links bergan. Nach 200 m auf Trail rechts bergan.
4,1 / 592 m Nach Holzhütte an Jugendwaldheim links auf Wurzeltrail steil bergan.
4,3 / 609 m Links auf Singletrail weiter. Nach 500 m rechts auf Schotter bergan.
5,0 / 601 m Links auf geschotterter »Alte Heeresstraße« (»rotes H«) weiter.
7,0 / 675 m »Frankenwald-Hochstraße« geradeaus queren. Dann auf Forstweg weiter. Nach 700 m auf »Seenweg« rechts bergab.
8,4 / 625 m Links auf Straße bergab. Nach 100 m an Infotafel rechts und auf Schotter an Ölschnitzsee entlang.

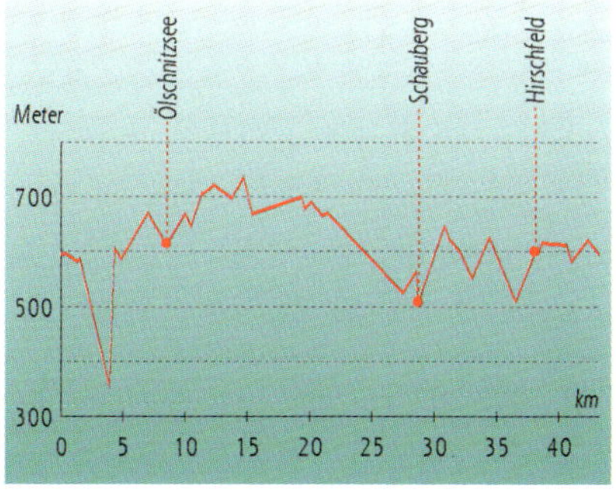

8,8 / 619 m Kurz vor Ende des Sees rechts halten. Nach 100 m wieder rechts und bergan. Bei km 9,0 dann links weiter.
10,0 / 672 m Links auf Straße bergab. Nach 500 m am Ende der Spitzkehre rechts, nun Bachlauf folgen. Straße bei km 11,4 kreuzen. 20 m weiter rechts und auf Trail an Waldrand entlang.
13,1 / 713 m Ca. 70 m nach Linkskurve an Waldrand rechts halten, dann links auf Schotter parallel zur Straße.
13,9 / 709 m Links von Straße weg und bergan in den Wald.
14,3 / 722 m Rechts. Nach 400 m geradeaus bergab.
15,0 / 717 m Direkt nach Wasserhaus links halten und auf Singletrail weiter.
15,2 / 689 m In Kleintettau an Parkplatz vor Friedhof links auf Straße bergab. Nach 200 m an nächster Möglichkeit links auf Schotter in den Wald.
16,2 / 698 m Vor Bäumen an Kreuzung rechts. Nun diesem Hauptweg geradeaus folgen (nicht steil bergab über Wiese).
19,3 / 703 m Rechts auf Schotter bergab. Nach 200 m links auf Grastrail »Fuchsgartenweg« abbiegen.
20,1 / 694 m Rechts auf Schotter weiter. Nach 900 m rechts über Lichtung (Aussicht). Bei km 21,4 in Rechtskehre links auf Singletrail weiter. Nach ca. 10 m rechts bergab halten.
21,7 / 644 m Links auf Schotter weiter. Nach 300 m links auf Straße weiter.

Start: Von Süden auf der A 73 bis Lichtenfels. Dann auf der B 173 nach Kronach. Dort B 85 Richtung Ludwigsstadt. Ca. 30 km bis Steinbach am Wald. Von Norden auf A 9 bis Ausfahrt Berg/Bad Steben. Weiter Richtung »Bad Steben, Teuschnitz«. Ab Teuschnitz über Reichenbach nach Steinbach am Wald. Hier Start an der Eisenbahnbrücke in Steinbach am Wald.
Karte: 1:50.000, Route 2: »Rennsteig Region West«, Frankenwald Tourismus, Kronach.
Literatur: Mountain-Bike-Karte »Frankenwald«, Frankenwald Tourismus, Kronach.
Info: Frankenwald Tourismus Service Center, Adolf-Kolping-Str. 1, 96317 Kronach, Tel. 01805/36 63 98, Fax 01805/32 93 98, E-Mail mail@frankenwald-tourismus.de, Internet www.frankenwald-tourismus.de.
Bikeshop: Firma Rossmehl, Lauensteiner Straße 9, 96337 Ludwigsstadt, Tel. 09263/96 81.
Geführte Touren: auf Anfrage bei Frankenwald Tourismus (siehe Info).

weg bis km 31,2 folgen. Dort rechts, leicht bergab.
32,0 / 605 m Links bergab. Nach 500 m an Kreisverkehr links halten. Bei km 32,9 rechts, Bach queren.
33,0 / 556 m Direkt nach Tal links weiter. Bei km 34,4 Straße queren. Anschließend links auf Trail weiter.
34,9 / 602 m Links auf Schotter leicht bergab. Bei km 35,6 und 35,7 jeweils links halten.

Auch das Flicken will gelernt sein.

22,4 / 637 m Auf Anhöhe rechts auf Teer Richtung Scheune. Nach 400 m rechts in den Wald, bald Trail.
22,9 / 605 m Links und auf Schotter weiter. Nach 400 m rechts bergab und diesem Hauptweg bis km 25,7 folgen. Dort links auf Straße weiter.
27,5 / 529 m Links auf Schotter bergan.
28,6 / 567 m An Ende einer langen Linkskehre rechts auf Trail steil bergab. Vorsicht am Ende bei km 28,7 – steile Stufen!!
28,75 / 510 m Nach Stufen rechts durch Schauberg. Nach 50 m links auf Straße weiter.
28,9 / 503 m Nach Brücke links bergan. Bei km 29,0 rechts. Nach 200 m, an Ortsende, geradeaus auf Trail weiter.
29,7 / 585 m Links halten und Haupt-

36,1 / 540 m In Rechtskurve geradeaus auf Trail. Nach 200 m geradeaus Richtung Forsthaus. Gleich nach Tal links bergan. Ab km 37,4 auf Teer geradeaus bergan.
38,1 / 602 m In Hirschfeld an Weiher links auf »Marienstraße« bis km 38,4. Dort auf »Heeresstraße« rechts bergan Richtung »Sportplatz«.
38,6 / 619 m Rechts, Hirschfeld verlassen und auf Hauptweg weiter nach Steinbach am Wald. Dort bei km 40,6 rechts in die »Windheimer Str.«.
41,0 / 585 m Am Ende der Abfahrt rechts Richtung Rathaus. Anschließend links auf »Ludwigsstädter Str.«. Bei km 42,3 an Kreisel rechts bergab auf »Rennsteigstr.« und retour zum Ausgangspunkt (km 43,2 / 599 m).

94 Rodachtal Süd

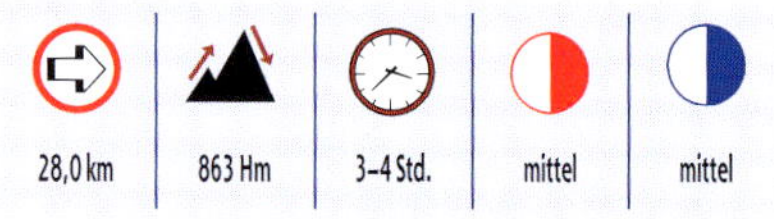

Auch diese Tour ist mit »Nr. 5« durchgehend beschildert. Sie bietet dabei wiederum schicke Trails und ein fantastisches Naturerlebnis. Da versteht man schnell, warum sich der Frankenwald selbst auch gern als die grüne Krone Bayerns bezeichnet.

km 0,0 / 375 m Ab Flößerhaus in Wallenfels der Rodach flussabwärts folgen. Nach 1400 m links bergan und dem Hauptweg aus Wallenfels heraus folgen.
4,0 / 617 m Auf Anhöhe rechts und auf Hauptweg nach »Dörnach«. Bei km 5,1 links bergab Richtung Ortschaft.
5,2 / 534 m An Kreuzung in Dörnach geradeaus. Nach 30 m links bergab auf Hauptweg bis in Talgrund.
6,9 / 376 m Rechts und auf Teer talabwärts bis Ortsanfang von Zeyern. Dort bei km 8,0 an Spielplatz links, weiterhin Bachlauf folgen.
8,5 / 348 m An Schuppen hart links bergan und Ort verlassen.
9,0 / 397 m An Lichtung mit Rastbank rechts bergan. Nach 700 m links halten.
10,0 / 486 m Rechts auf Hauptweg weiter.
10,4 / 487 m Links auf Trail (Aussicht) bergan. Nach 100 m rechts auf Trail weiter. Nun »blauem H« bis zur »Radspitze« (Aussichtsturm) folgen. Dort geradeaus auf Trail bergab.
14,2 / 665 m Links auf Trail bergab. Auf diesem Weg bis Waldrand.
14,6 / 643 m Rechts weiter. Nach 100 m links (bald Aussicht) weiter bis nach »Oberehesberg«.
17,2 / 632 m In Oberehesberg an Kreuzung links, Ortschaft wieder verlassen. Bei km 17,3 an Waldrand links bergan.
18,4 / 651 m Rechts und an Waldrand entlang.
19,1 / 654 m Straße geradeaus queren (Vorsicht: unübersichtlich!). Dann geradeaus bis km 19,4. Dort an zweiter Abzweigung links bergab bis zur nächsten Straße.
20,8 / 604 m Links auf Teer durch Haid. Anschließend (km 21,9) an Waldrand rechts auf Schotter bergab. Später Talverlauf folgen.
24,3 / 398 m Vor Straße links. Nach 100 m links in den Wald. Etwas weiter rechts und Schranke passieren.

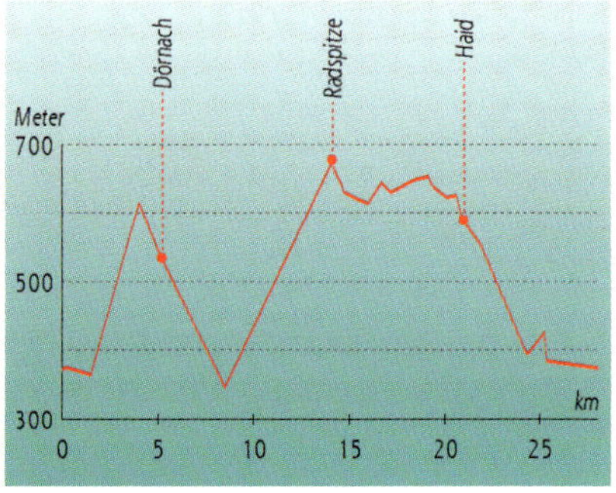

25,2 / 427 m Auf Singletrail links bergab. Nach 100 m, gleich hinter Brücke über Rodach, links flussabwärts.
27,9 / 376 m Links über Holzbrücke zurück zum Ausgangspunkt (km 28,0 / 375 m).

Start: Von Kronach auf der B 173 Richtung Hof. Nach ca. 15 km Wallenfels. Tourstart am Wanderparkplatz kurz vor Ortsbeginn (an der B 173).
Karte: 1:50.000, Route 5: »Rodachtal Süd«, Frankenwald Tourismus, Kronach.
Literatur: Mountain-Bike-Karte »Frankenwald«, Frankenwald Tourismus, Kronach.
Info: Frankenwald Tourismus, Adolf-Kolping-Str. 1, 96317 Kronach, Tel. 01805/36 63 98, Fax 01805/32 93 98, E-Mail mail@frankenwald-tourismus.de, Internet www.frankenwald-tourismus.de.
Bikeshop: Radsportstudio Rebhan, Schleusenweg 22 a, 96346 Wallenfels, Tel. 09262/86 29.
Geführte Touren: Auf Anfrage bei Frankenwald Tourismus (siehe Info).

95 Steinachtal

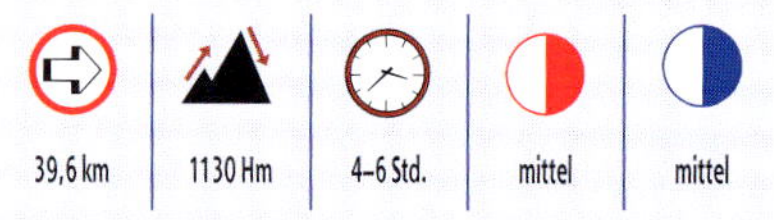

Diese recht anstrengende Runde verläuft vorwiegend über Schotter- und Teerpisten durch die wunderschöne Landschaft nördlich von Stadtsteinach. Die Sahnehäubchen dabei sind je zwei Singletrailauf- bzw. -abfahrten.

Start: Ab Kronach auf B 173 Richtung Hof. In Marktrodach rechts auf B 303 Richtung Stadtsteinach. Vor Stadtsteinach links Richtung Presseck. Hier Tourstart am Rathaus (Parkmöglichkeit).
Karte: 1:50.000, Route 6: »Steinachtal«, Frankenwald Tourismus, Kronach.
Literatur: Mountain-Bike-Karte »Frankenwald«, Frankenwald Tourismus, Kronach.
Info: Frankenwald Tourismus, Adolf-Kolping-Str. 1, 96317 Kronach, Tel. 01805/36 39, Fax 01805/32 39, E-Mail mail@frankenwald-tourismus.de, Internet www.frankenwald-tourismus.de.
Bikeshop: bike-in Fahrradfachgeschäft, Ziegelhütte 13 a, 95346 Stadtsteinach, Tel. 09225/8 49.
Geführte Touren: Auf Anfrage bei Frankenwald Tourismus (siehe Info).

km 0,0 / 626 m Ab Rathaus Presseck links auf Straße Richtung »Stadtsteinach«. Nach 100 m an Kirche geradeaus und »Presseck« auf dieser Straße Richtung »Premeusel« verlassen.
1,5 / 567 m Geradeaus an Premeusel vorbei. Nach 100 m an Ortsende nach Bushaltestelle rechts auf Schotter Richtung Wald. Bei km 2,1 und 2,2 jeweils links halten.
2,7 / 562 m Rechts auf Waldweg weiter.
3,5 / 559 m Auf Freifläche vor Abfahrt rechts halten. Nach 200 m geradeaus auf Trail zum Wald, dann weiter bis Ortsanfang von Wildenstein. Dort auf Teer rechts bergab.
Bei km 4,4 links, bald Hauptstraße kreuzen und weiter Richtung »Neumühle«.
5,2 / 420 m Vor Gasthaus »Neumühle« rechts durchs Steinachtal abwärts.
10,9 / 350 m Rechts Wanderparkplatz. Nach 100 m geradeaus. Bei km 11,1 dann links per Singletrail bergan. Bei km 11,3 rechts halten.
11,5 / 404 m Links auf Forstweg weiter.
12,1 / 405 m Auf Teer links bergab. Nach 200 m, an Reiterhof, rechts auf Forstweg weiter.

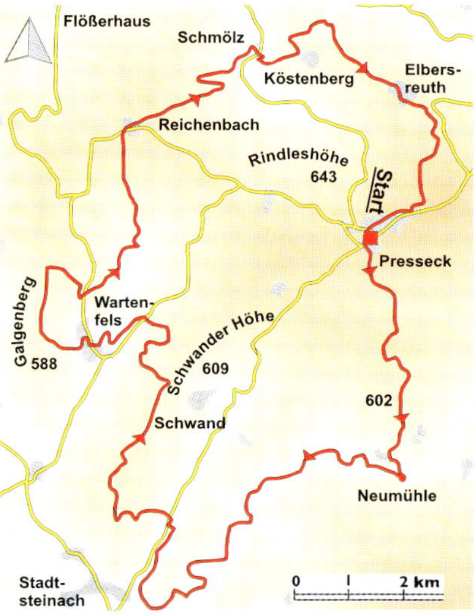

13,9 / 411 m Auf Straße rechts bergan.
14,1 / 418 m Auf Forstweg links steil bergan bis zum Aussiedlerhof. Dort auf Teer links bergan.
15,1 / 536 m An einzeln stehendem Haus rechts nach Vorderreuth. Dann den Ort geradeaus passieren.
17,9 / 597 m Links bergab. Nach 600 m rechts nach Deckenreuth. Bei km 18,6 rechts halten.

18,7 / 521 m Links zum Reitgelände. Dort auf Holzscheune zufahren und rechts entlang, Schotter.
19,4 / 504 m Links auf Trail bergab. Nach Bachdurchfahrt links und auf Teer zur Papiermühle. Hier bergan Richtung Scheune.
21,0 / 508 m Linkskurve folgen und oberhalb der Lichtung weiter Richtung »Wartenfels«. Nach 300 m links auf Teer bergab durch Wartenfels, bald Hauptstraße queren.
21,6 / 475 m Kurz nach Hauptstraße rechts auf schmalem, asphaltierten Fußweg bergan.
22,0 / 518 m Rechts Richtung Parkplatz von Sportgelände. Nach 300 m rechts Richtung Scheune.
22,4 / 537 m Auf Trail nach links, weg von Ortschaft. Nach 200 m an Rastbank rechts halten.
23,6 / 600 m Rechts auf Straße. Nach 700 m rechts auf Straße bergab Richtung »Wartenfels«. Bei km 24,5 links auf Teer Richtung »Daigmühle«.
25,5 / 512 m Nahe Daigmühle links auf Schotter weiter. Nach 200 m links zum Wald und auf diesem Forstweg weiter bis »Reichenbach«. Dort auf Straße rechts bergan.
28,0 / 583 m Links Richtung »Haid«. Nach ca. 10 m sofort rechts zwischen zwei Höfen, Schotter.

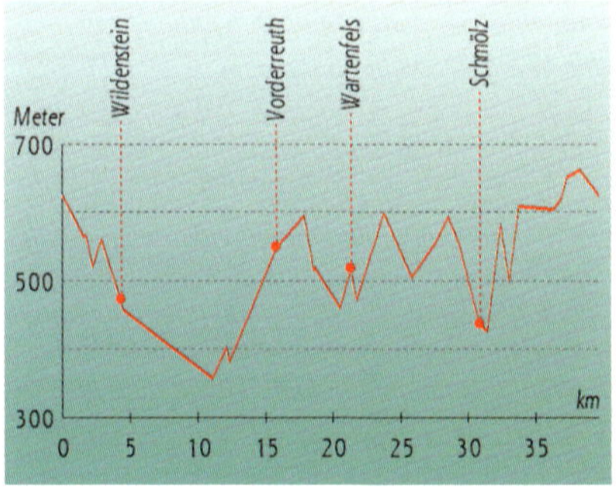

28,5 / 595 m Rechts auf Trail leicht bergab.
29,4 / 551 m Links auf Schotter weiter. Nach 100 m wieder links halten.
30,8 / 438 m Im Talgrund links talabwärts auf Teer nach Schmölz. Am Ortsende rechts über Brücke und bergan auf Schotter. Diesem Hauptweg bis »Köstenhof« folgen.
32,4 / 584 m In Köstenhof links auf Teer, bald wieder Schotter bergab.
33,0 / 502 m Rechts bergan. Nach 50 m in Kehre nach Bach rechts auf Trail steil bergan. Nach 500 m rechts halten.
33,65 / 605 m Links an Waldrand entlang. Nach 50 m rechts halten. Bei km 33,75 links auf Straße Richtung »Presseck«.
36,8 / 621 m Vor einzeln stehendem Haus rechts auf Schotter weiter.
37,6 / 658 m Rechts Richtung Wald. Nach 600 m rechts auf Straße nach Presseck zum Rathaus (km 39,6 / 626 m).

Über Stock und Stein

96 Döbraberg

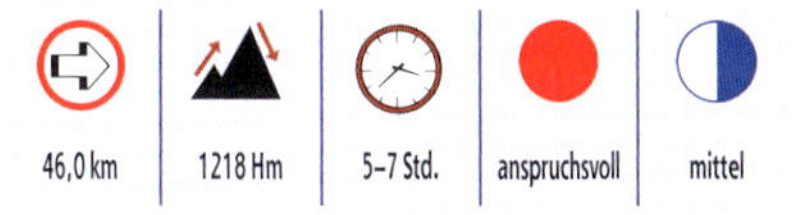

Diese Runde (komplett ausgeschildert mit »Nr. 7«) ist ganz sicher das Highlight des Frankenwaldes. Vor allem die Freeridestrecke vom Döbraberg hinunter wird technisch versierte Pedalfreaks begeistern.

km 0,0 / 690 m Ab Rathaus Schwarzenbach am Wald Richtung Infotafel der Touristinfo. Dann links in »Kurze Str.« abbiegen. Nach 100 m rechts der »Döbrabergstr.« folgen. Bei km 0,2 links in »Hochstraße«, dann auf »Schützenstr.« bergab.
0,4 / 678 m Nach Schützenhaus links »Ziegelhüttenweg« folgen. Bei km 0,8 per Feldweg Ort verlassen. Nach weiteren 400 m, kurz vor Waldrand, rechts halten.
1,5 / 653 m Erst links, nach 10 m rechts auf Trail weiter. Bei km 1,7 rechts halten. 50 m weiter links (Vorsicht!) über Stufen. Dann bis km 2,3 geradeaus auf dem Singletrail.
2,3 / 549 m Bach per Brücke queren. Kurz danach rechts, nach ca. 10 m links auf Forstweg weiter.
3,5 / 605 m Direkt nach Wasserhaus rechts auf Trail bergan. Bei km 4,7 rechts auf direktem Weg bergan.

Start: Auf der A 9 bis Ausfahrt Naila/Selbitz. Dann auf der B 173 Richtung Naila und dort weiter nach Schwarzenbach am Wald. Diese Tour startet direkt am Rathaus (Touristinfo).
Karte: 1:50.000, Route 7: »Döbraberg«, Frankenwald Tourismus, Kronach.
Literatur: Mountain-Bike-Karte »Frankenwald«, Frankenwald Tourismus, Kronach.
Info: Frankenwald Tourismus, Adolf-Kolping-Str. 1, 96317 Kronach, Tel. 01805/36 63 98, Fax 01805/32 93 98, E-Mail mail@frankenwald-tourismus.de, Internet www.frankenwald-tourismus.de.
Bikeshop: Der Fahrradladen, Philip-Wolfrum-Str. 8, 95131 Schwarzenbach am Wald, Tel. 09289/68 09.
Geführte Touren: Auf Anfrage bei Frankenwald Tourismus (siehe Info).

5,0 / 718 m Links auf Gras an Waldrand entlang. Nach 200 m (Aussicht) links auf Schotter in den Wald. Bei km 5,3 wieder links.
5,5 / 776 m Rechts auf Trail zum »Prinz-Luitpold-Turm« (Aussicht). Dort vor Holzhütte links weiter zum Waldrand. Nun auf Freeridestrecke über Skihang (keine Bremsspuren hinterlassen!!) bergab.
7,6/ 719 m Auf zweitem Forstweg rechts bergab. Gleich wieder links. Bei km 7,5 an Wasserhaus nach Bachlauf links bergan auf Forstweg.
8,2 / 638 m Rechts bergan bis km 10,3. Dort rechts auf Trail weiter.
10,3 / 693 m Links an Waldrand entlang. Nach 100 m Straße auf Anhöhe queren, weiter an Waldrand entlang.
10,4 / 697 m Links auf Trail durch Wald. Nach 200 m wieder links halten.
10,8 / 704 m Rechts auf Schotter weiter.
11,3 / 682 m Hart rechts und nach Verlassen des Waldes sofort wieder zurück in dasselbe Waldstück. Diesem Forstweg geradeaus folgen bis nach »Rodeck«. Dort an Bushaltestelle links bergab. Nächste Möglichkeit wieder rechts. Ab Rodeck auf Teer, bald Schotter bergab.
15,3 / 557 m Im Talgrund nach Bachlauf rechts weiter bergab bis km 15,8. Dann links bergan und auf Hauptweg bis km 18,4 bleiben. Dort links bergan.
18,6 / 570 m Links weiter steil bergan auf Trail.
19,7 / 667 m Nach Gasthaus rechts auf Teer bergab nach Unterbrumberg. Dort zwischen Gaststätte und Holzscheune durch und gleich nach Gaststätte links bergab.
21,5 / 626 m Links bergab. Nach 300 m rechts halten. Bei km 22,3 wieder rechts.
23,6 / 513 m An Sägewerk »Rauschenhammer« links talabwärts Talverlauf folgen.
27,3 / 539 m Ab Wanderparkplatz geradeaus bergan. 400 m weiter nach Linkskurve rechts halten. Es folgt Auffahrt per Hohlweg.
28,2 / 610 m Rechts im Wald bleiben (links Abstecher zum »Schloss Heinersreuth«). Nach 500 m kurz nach Querung von Skihang geradeaus.
29,2 / 606 m Rechts auf Straße nach »Elbersreuth«. Dort der Straße geradeaus durch den Ort folgen.
30,7 / 611 m Nach Anhöhe rechts auf Trail über Wiese an Waldrand entlang zu großem Strommast aus Beton. Kurz vorher rechts auf Singletrail bergab folgen.
31,0 / 568 m Links auf Trail bergab. Bei km 31,3 links auf Schotter bergab bis Gasthaus bei km 31,9. Dort geradeaus bergab in den Talgrund.
32,1 / 442 m Nach Bachdurchfahrt (oder Brücke) rechts auf Straße durch Fels.
32,3 / 443 m An Ortsende nach Holzscheune links bergan. Bei km 33,0, vor Bauernhof hart rechts, weiterhin bergan.
33,3 / 556 m Auf Anhöhe (Freifläche) erste Möglichkeit links nach Bernstein am Wald. Am Ortsanfang geradeaus, bald geradeaus Hauptstraße queren. Bei km 34,0 links zum Ortsende. Kurz vor Sportplatz rechts auf Trail bergab, später bergan.
38,5 / 607 m Links auf Straße. Nach 200 m, nach Bushaltestelle und vor Wanderparkplatz, hart rechts bergab.
38,8 / 601 m Rechts von Forstweg auf Singletrail. Bei km 39,4, 39,5 und 39,7 jeweils links auf Singletrail weiter.
39,9 / 543 m Auf Forstweg links bergab. Nach 300 m rechts bergab.
40,3 / 513 m Vor Weiher und Hütte links. Nach 800 m links bergan.
42,3 / 603 m Auf Teer links bergan. Kurz nach Ortsschild »Oberleupoldsberg« rechts auf Trail in den Wald.
42,9 / 615 m Geradeaus auf Schotter weiter.
43,9 / 604 m In Meierhof geradeaus über Hauptstraße. Dann an kleinem Platz links bergan halten.
44,5 / 575 m B 173 überqueren. Dann links nach »Schwarzenbach am Wald«. Dort geradeaus auf »Thiemitztalstraße« bergab.
45,5 / 639 m Nach Parkplatz rechts auf Hauptstraße. 50 m weiter, kurz nach Gasthaus »Beckla« links auf Kirchplatz. Vor Kirche links der »Kirchstraße« bergan folgen. Bei km 45,8 rechts auf »Bergwiesenstraße« bergan bis zum Rathausparkplatz (km 46,0 / 690 m).

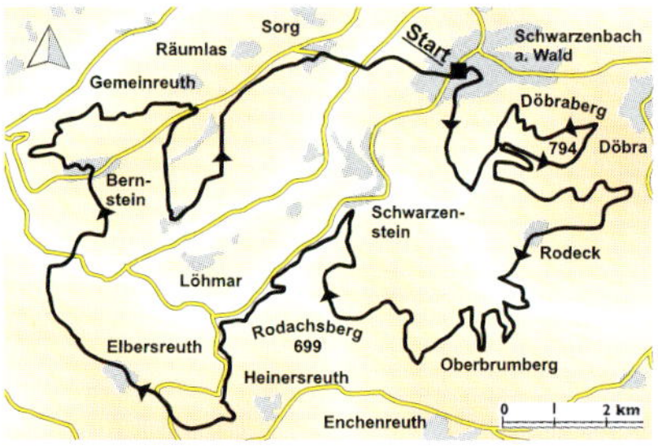

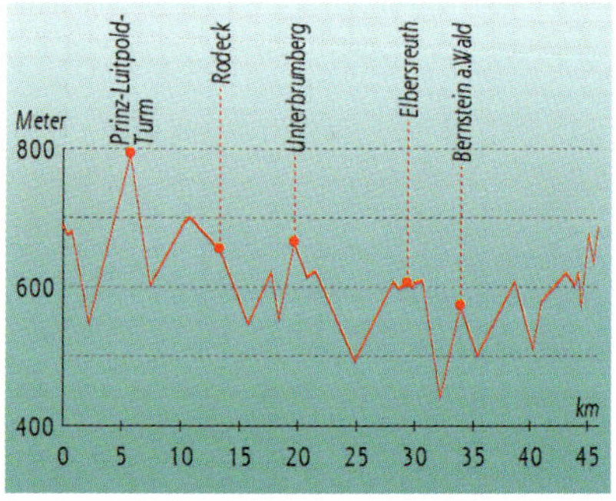

Downhill im Frankenwald

97 Walberla

11,3 km | 400 Hm | 1 Std. | leicht | mittel

Das Walberla ist ein Wahrzeichen der Fränkischen Schweiz, das auf kleinstem Raum exquisite Bikemöglichkeiten auf zahlreichen Singletrails bietet. Probieren Sie es selbst einmal aus!

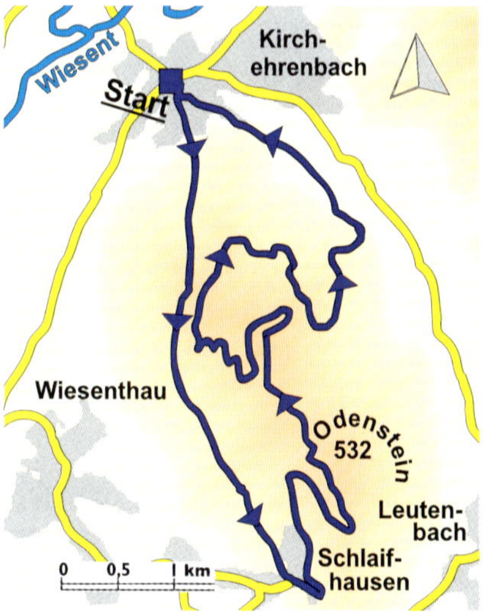

km 0,0 / 288 m Ab Kirche in Kirchehrenbach auf Straße Richtung »Waberla« Nach 500 m geradeaus auf Teerweg weiter. Bei km 1,3 geradeaus auf geschottertem Radweg Richtung »Schlaifhausen«.
3,0 / 367 m In Schlaifhausen links, Radweg verlassen und auf Teer bergan Richtung »Walberla«. Hinter Wanderparkplatz bei km 4,0 hart rechts und auf Schotter der Markierung »Felsmassiv« folgen.
4,9 / 460 m An Kreuzung links auf Grasweg bergan. Nach 300 m geradeaus auf steilem Trail bergan. Am Odensteingipfel (tolle Aussicht) geradeaus bergab auf Singletrail.
5,9 / 472 m Geradeaus auf Schotter, später Grasweg, bergan. Kurz vor Kapelle rechts auf Graspiste bergan.
6,4 / 518 m Direkt vor Steilhang links zum höchsten Punkt. Dort (Geländer) links auf Trail am Waldrand entlang bergab und retour zur Kapelle.
6,7 / 510 m Hinter der Kapelle an Wald entlang. Dann weiter zum nächsten Geländer am Steilabhang Richtung Westen.
6,8 / 515 m 50 m vor Geländer rechts auf Singletrail steil bergab bis zur Felsgruppe bei km 7,0. Dort links, weiter auf Trail bergab.
7,2 / 448 m Nach Downhill rechts auf Schotter weiter. 400 m weiter, unterhalb einem Holzkreuz, links auf Teer bergab.
7,8 / 404 m Kurz nach Schranke geradeaus auf Schotter. Einige Meter weiter rechts auf Schotterpiste, wieder »Felsmassiv« folgen.
8,8 / 408 m Gleich nach Einfahrt in dunklen Stangenwald an erster Möglichkeit hart links und auf Singletrail (ohne Markierung) bergab.

Start: Auf der A 73 Erlangen – Bamberg bis Abfahrt Forchheim. Dann auf der B 470 Richtung Ebermannstadt. In Weilersbach nach Kirchehrenbach abbiegen und dort an der Kirche Tour starten.
Karte: Topografische Karte 1:50.000, UK L 29, »Fränkische Schweiz«, Bayerisches Landesvermessungsamt, München.
Literatur: Mountain Bike aktiv »Franken«, Pietsch, Stuttgart.
Info: Tourismuszentrale Fränkische Schweiz, Oberes Tor 1, 91320 Ebermannstadt, Tel. 09194/79 77 79, Fax 09194/ 79 77 76.
Bikeshops: Bike Point, 91301 Forchheim, Tel. 09191/72 92 24 oder Bike Power, Breitenbacherstr. 3, 91320 Ebermannstadt, Tel. 09194/52 25.

9,1 / 352 m Links auf breitem Grasweg weiter bergab. 400 m weiter rechts halten. Nach nochmals 100 m dann links auf Plattenweg, ab km 10,3 auf Teer, retour zum Ausgangspunkt (km 11,3 / 288 m).

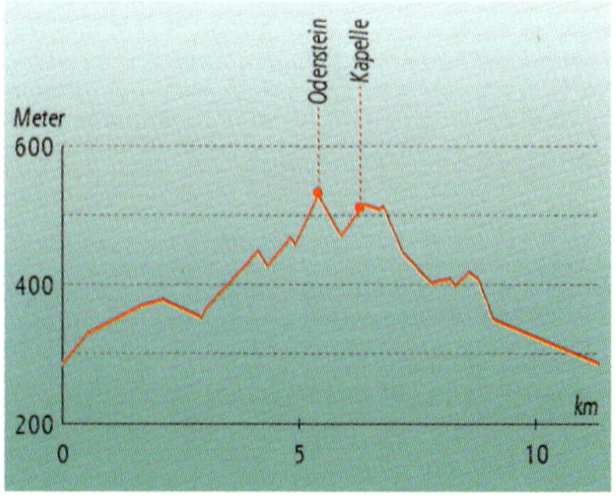

EXTRA: Radweg Fränkische Schweiz

60 km, 1050 Hm, 1 Tag,
Kondition: leicht, Technik: leicht
Der Radweg »Fränkische Schweiz« ist etwas ganz Besonderes für die, die sich nicht immer auf den Jedermann-Radlpisten tummeln wollen. Denn dieser einmalige Weg von Forchheim nach Bayreuth führt zunächst entlang der naturnahen Wiesent, wo auch schon mal schmale Schottertrails zu bewältigen sind. Feld- und Forstwege gehören aber genauso dazu wie die anspruchsvolle Steigungsstrecke hinauf nach Plankenfels. Anschließend führt eine ehemalige Bahntrasse bis Bayreuth. Wer die »Fränkische« also mal nicht im Schweiße seines Angesichts erleben will, der ist hier goldrichtig.

98 Zum Leienfels

27,7 km | 685 Hm | 1½–2½ Std. | leicht | mittel

Willkommen in der Idylle der Fränkischen Schweiz, die man ganz besonders im Trubachtal findet, wo Bächlein durch hübsche Dörfer gluckern und schroffe Felsen in den Himmel ragen.

km 0,0 / 352 m Ab Gasthaus »Schloßblick« auf Straße Richtung Pretzfeld. Nach 150 m rechts auf Schotter bergan (»grüner Längsbalken«). Bei km 0,3 rechts halten, Markierung ignorieren.
1,6 / 420 m Geradeaus an Kläranlage entlang. 500 m weiter rechts auf Straße bergan durch Affalterthal.
2,4 / 475 m Im Ort an Haus Nr. 31

Start: Im Weiler Mostviel am Gasthaus Schlossblick, 2 km von Egloffstein.
Karte: Topografische Karte 1:50.000, UK L 29, »Fränkische Schweiz«, Bayerisches Landesvermessungsamt, München.
Literatur: Mountain Bike aktiv »Franken«, Pietsch, Stuttgart.
Info: Tourist-Information Egloffstein, 91349 Egloffstein, Tel. + Fax 09197/2 02 oder Tourismuszentrale Fränkische Schweiz, Oberes Tor 1, 91320 Ebermannstadt, Tel. 09194/79 77 79, Fax 09194/79 77 76, E-Mail fraenkische-schweiz@t-online.de, Internet www.fraenkische-schweiz.com.
Bikeshops: Bike Power, Breitenbacherstr. 3, 91320 Ebermannstadt, Tel. 09194/52 25 und Schuhmann's Fahrradshop, Burgstraße 20, 91327 Gößweinstein, Tel. 09242/73 36.

links. 100 m weiter links zum Ortsende. Dort rechts auf Teer bergan Richtung »Gschwand« (»grüner Balken«).
2,8 / 490 m Links. 400 m weiter an einzelnem Gebäude rechts. Ab km 4,2 geradeaus (»grüner Balken«), bald Singletrail.
4,7 / 570 m Erst links, 100 m weiter rechts auf Singletrail.
5,0 / 552 m Links auf Straße durch Gschwand. 200 m weiter im Ort rechts auf Straße Richtung »Hundsdorf«. Bei km 6,1 links Richtung »Hundsdorf«.
6,3 / 490 m Kurz nach der Senke Straße nach links verlassen und auf Schotter am Waldrand entlang. Bald etwas rechts halten, »roten Punkt« ignorieren. An Garten rechts.
7,4 / 520 m Links auf Straße weiter. Nach 600 m von Straße rechts auf Wiesenweg an Waldrand entlang (»roter Punkt«). Einige Meter weiter links auf Singletrail durch den Wald.
9,0 / 500 m Rechts auf Straße durch Bärnfels. 300 m weiter geradeaus. Dann weiter bis zur Straßengabelung bei km 9,9. Hier rechts Richtung »Graisch«, »Leienfels« halten.
10,4 / 490 m Straße nach rechts →

verlassen und auf Wiesenweg am Waldrand entlang bergan (»roter Punkt«). Nach 200 m auf der Höhe geradeaus über Kreuzung.

10,7 / 505 m Links bergab (»roter Punkt«). Bei km 11,4 links (»Herz«) bergan.

12,0 / 484 m An Kreuzung rechts auf Teer Richtung »Graisch«. Bei km 12,4 geradeaus auf Teer bis nach Graisch. Im Ort dann rechts auf Teer bergan Richtung »Leienfels«.

13,4 / 555 m Am Gasthof »Burgruine« rechts auf Teer, bald auf Schotter und über steilen Anstieg bergan bis Ruine »Leienfels«. Hier nun auf gleichem Weg retour bis Straßenabzweig am Gasthof

Felsenland Fränkische Schweiz

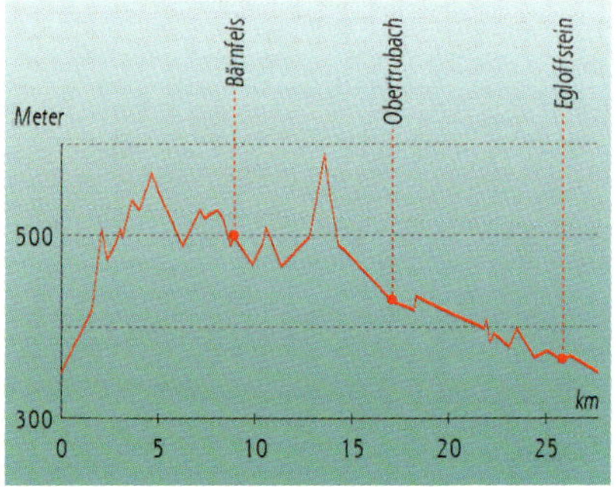

»Burgruine«. Dort links auf Straße bergab Richtung »Graisch«.

14,0 / 530 m Links auf Trail (»blaues Kreuz«), kurzzeitig bergan, dann bergab (Abzweige ignorieren) bis km 14,3. Dort links auf Teer und entgegen der Auffahrt auf gleichem Weg ein Stück bergab.

14,7 / 484 m An Kreuzung links Richtung »Obertrubach«. 400 m weiter an Abzweig rechts (»Herz«).

16,1 / 445 m Rechts auf Schotter, 200 m weiter wieder rechts und auf schmalem Schotterweg (»Herz«) weiter. Bei km 16,7 dann geradeaus auf breiter Schotterpiste weiter Richtung »Obertrubach«.

17,1 / 430 m Links auf Straße nach Obertrubach. Dort rechts auf Straße Richtung »Egloffstein« (»blauer Balken«). Kurz vor dem Ortsende rechts auf Singletrail »Trubachtalweg«.

18,5 / 425 m An Spielplatz links zur Straße. An dieser rechts auf Schotterstreifen entlang. Dann links auf Teer weiter. Ein kurzes Stück danach rechts und wieder auf Singletrail bergan.

19,0 / 428 m Nun auf Trail an Straße entlang. 150 m weiter wieder auf Singletrail bergan. Bald wieder an Straße entlang und anschließend nochmals rechts auf Singletrail bergan.

20,0 / 403 m An Straße entlang, dann rechts über Parkplatz. Anschließend Straße nach links queren und auf Schotterpfad weiter. Brücke queren und oberhalb des Trubachs talabwärts in ständigen Auf- und Abfahrten.

20,6 / 440 m Links auf Trail bergab. Nach 100 m links auf Schotter bis zu Privatgrund. Dort rechts auf Singletrail weiter.

21,9 / 410 m Rechts auf Trail bergab. Vor Bergwachtheim rechts auf Schotter bergab. Anschließend auf Teer durch Untertrubach Richtung »Hammerbühl«.

23,1 / 380 m An Abzweig bei Trafostation rechts auf Teer zur Straße. Diese queren und auf Teerweg (»blauer Balken«) bergan Richtung »Egloffstein«.

24,4 / 368 m Auf »Trubachtalradweg« an Straße entlang Richtung »Egloffstein«.

25,9 / 365 m Am Ortsschild »Egloffstein« links, bald über Holzbrücke, dann rechts auf Radweg an Straße entlang. Anschließend auf »Talstraße« durch den Ort bis Kindergarten (km 26,3). Dort rechts auf Schotter bergab, bald Brücke über Trubach queren und anschließend am Bach entlang talabwärts (»blaues Kreuz«) zum Ausgangspunkt (km 27,7 / 352 m).

99 Wiesentrunde

51,3 km	1915 Hm	4–5 Std.	anspruchsvoll	anspruchsvoll

Eine hammerharte Tour, gemacht für anspruchsvolle Cracks und Konditionsbolzen, die aber so auf allerbeste Weise das Wiesenttal samt felsiger Umgebung kennen lernen können. Und das lohnt wirklich.

km 0,0 / 293 m Ab dem Schwimmbad auf geteertem Radweg »Fränkische Schweiz« bald am Campingplatz entlang durch Rotenbühl Richtung »Streitberg«.

1,0 / 296 m Radweg nach rechts verlassen. 15 m weiter links auf »Leo-Jobst-Weg«, »rotes Kreuz« bis Ruine Neideck beachten. 400 m weiter geradeaus auf Singletrail. Bei km 1,6 links halten.

1,8 / 324 m Links, 10 m weiter rechts auf Teer bergan. Nach weiteren 10 m links auf Stufen steil bergan.

2,8 / 355 m An Grenzstein zweite links und auf Höhenweg weiter Richtung »Ruine Neideck«.

3,1 / 365 m Links bergan zur Ruine Neideck. Dort zunächst auf gleichem Weg retour. Bei km 3,5 rechts halten.

3,6 / 365 m Links Richtung »Trainmeusel« (»blauer Balken«).

5,6 / 443 m Am Ortsrand von Trainmeusel links auf Schotter (»grünes Kreuz«) Richtung »Frauenstein«. Nach 200 m links auf Teerstraße. Nach weiteren 120 m rechts (»grünes Kreuz«).

6,4 / 450 m Am höchsten Punkt links auf Grasweg an Waldrand entlang bis km 6,7. Dort rechts (»grünes Kreuz«) Richtung »Frauenstein«. Bei km 6,9 (»grünes Kreuz« ignorieren) links auf Singletrail (»alter Höhenweg«) in fast entgegengesetzter Richtung am Hang entlang Richtung »Alter Graben«.

7,6 / 390 m Nach Treppenabfahrt links bergab auf Wiesenweg. 100 m weiter rechts auf breiter Schotterpiste Richtung »Krämersberg« (»rotes Karo«).

8,4 / 365 m Rechts auf Straße bergan

Start: Auf der A 73 aus Nürnberg oder Bamberg bis Abfahrt Forchheim oder Buttenheim. Dann auf Landstraße nach Ebermannstadt. Dort auf der B 470 bis Ortsausgang. Nun rechts Hinweisen »Schwimmbad Rotenbühl« folgen und dort auf Parkplatz Tour starten.
Karte: Topografische Karte 1:50.000, Blatt UK L 29, »Naturpark Fränkische Schweiz, Veldensteiner Forst«, Bayerisches Landesvermessungsamt, München.
Literatur: Mountain Bike aktiv »Franken«, Pietsch, Stuttgart.
Info: Verkehrsamt Ebermannstadt, Bahnhofstraße-Bürgerhaus, 91320 Ebermannstadt, Tel. 09194/5 06 41, Fax 09194/5 06 41 oder Tourismuszentrale Fränkische Schweiz, Oberes Tor 1, 91320 Ebermannstadt, Tel. 09194/79 77 79, Fax 09194/79 77 76.
Bikeshop: Bike Power, 91320 Ebermannstadt, Tel. 09194/52 25.

zur Höhe. Dort am ersten Leitplankenende links auf Singletrail weiter bis km 8,8. Am Jägerstand links am Waldrand entlang.

9,0 / 445 m Links, 80 m weiter

➘ wieder links und auf Singletrail an Sitzbank entlang.

9,4 / 395 m Rechts und weiter am Hang des Tals entlang. Bei km 9,6 links bergab. 200 m weiter an Schottergabelung rechts bergab.

9,9 / 348 m Rechts halten (»rotes Kreuz«) und auf Schotter (»Radweg«) weiter.

13,2 / 320 m Links, Bahngleise queren, dann rechts und auf geteertem Weg. Ab Biergarten Singletrail an der »Sachsenmühle« entlang nach »Behringersmühle«.

16,6 / 350 m In Behringersmühle geradeaus auf Straße. Nach 150 m links auf B 470. Bei km 16,9 direkt nach Püttlachbrücke rechts auf gepflasterter Treppe bergab und an Püttlach entlang flussaufwärts (»blaues Kreuz«).

17,0 / 340 m Rechts per Brücke Bach queren. 100 m weiter links (»blaues Kreuz«) Richtung »Unterailsfeld«. Bald in Serpentinen steil bergauf.

18,1 / 348 m Rechts auf Straße 200 m bergan. Dann links (»blaues Kreuz«) auf Singletrail Richtung »Sophienhöhle«.

18,5 / 360 m Links bergab ins Tal. Dort rechts auf Singletrail leicht bergan. Einige Meter weiter wieder rechts und recht steil bergan.

19,8 / 370 m Links halten, weiter im Tal bleiben.

21,1 / 360 m In Unterailsfeld kurz nach Ortseingang links (»blaues Kreuz«) durch Ort. 100 m weiter rechts Richtung »Tüchersfeld«. Nach weiteren 25 m links auf anfangs geteertem Weg (»blaues Kreuz«) weiter.

22,3 / 360 m Unterhalb einer Felsformation links durch Oberailsfeld. 50 m weiter an Brauerei »Feld« geradeaus über Holzbrücke. Dann Landstraße queren. Kurz vor Kirche rechts (»blaues Kreuz«) auf Teer weiter.

23,1 / 370 m Links bergan, nach 200 m rechts ab, bald Wurzelweg. An höchstem, Punkt rechts bergab (»blaues Kreuz«), bald folgt Felsentor.

24,1 / 370 m Nach Brücke auf Straße weiter. 20 m weiter rechts über Parkplatz (»blaues Kreuz«). Vor der Straße rechts auf Grasweg weiter, bald 250 m lange Tragepassage.

24,8 / 412 m Im nächsten Felsentor links auf Singletrail bergab. Nach 400 m wieder links Richtung »Rabenstein« (»blauer Balken«).

25,4 / 380 m Rechts auf Straße 100 m weiter bis Gasthof »Neumühle«. Hier links auf Singletrail steil bergan Richtung »Klaussteinkapelle«. Nach weiteren 200 m links per Treppen bergan. Bei km 25,7 rechts halten. Nach weiteren 200 m links halten.

26,0 / 440 m Nahe Burg Rabenstein rechts auf Teer, bald Straße queren, dann auf Wiesenweg über die Höhe Richtung »Waischenfeld« (»blauer Balken«). Nach 900 m in der Senke kurz vor Ort Langenloh links und auf Grasweg (»blauer Balken«) Richtung »Pulvermühle«. Nach kurzem Singletrail bei km 27,75 an Gabelung links auf Singletrail bergab Richtung »Pulvermühle« (»blauer Balken«).

28,7 / 356 m Am Gasthaus »Pulvermühle« links auf Schotter am Waldrand entlang Richtung »Rabeneck«.

30,1 / 352 m Straße queren und geradeaus auf Teer durch Rabeneck.

30,9 / 344 m An alter Mühle genau bei der Brücke links auf Schotter Richtung »Doos«. Einige Meter weiter rechts halten. Nach weiteren 400 m wieder rechts halten.

33,2 / 350 m Rechts Richtung »Behringersmühle«. 500 m weiter links auf Trail bergan Richtung »Behringersmühle«. Bei km 33,8 rechts halten. 30 m weiter links (»gelber Balken«).

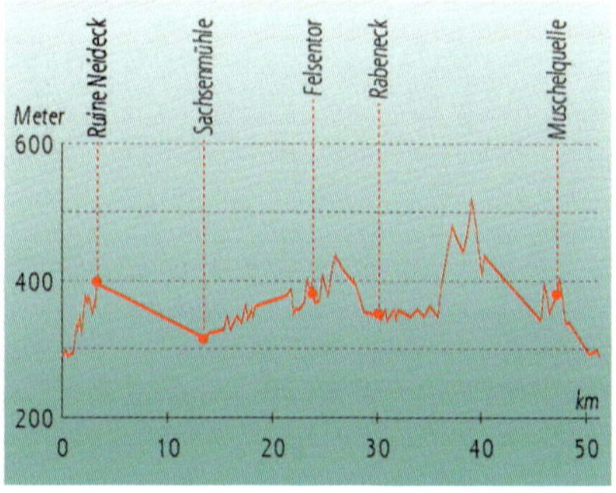

34,5 / 350 m Durchs Wiesenttal weiter zur »Schottersmühle«. Dort rechts am Gasthaus entlang. Nach 80 m auf Straße hart links und auf Singletrail (»roter Kreis«) steil bergan bis »Engelhardsberg«.

37,3 / 480 m Am Dorfplatz in Engelhardsberg links an Feuerturm entlang. Nach 100 m rechts auf Hauptstraße (»Kreuz«) Richtung »Muggendorf«.

37,9 / 455 m Am Ortsausgangsschild »Engelhardsberg« links (»Kreuz«) bergab Richtung »Muggendorf«. Nach 400 m rechts auf Schotter (»Kreuz«) bergan.

38,7 / 470 m Nahe Bauernhof links (»Kreuz«) auf Singletrail durch den Wald. 100 m weiter links auf Schotter (»Kreuz«) weiter. Bei km 38,9 rechts auf gepflastertem Waldweg (»Kreuz«) steil bergan.

39,1 / 522 m Am Aussichtsturm »Hohes Kreuz« links auf Singletrail (»Kreuz«) Richtung »Muggendorf«. Nach 500 m an Sitzbank rechts, weiter steil bergab. 100 m weiter links halten (»roter Balken«). Bei km 39,9 rechts (»roter Balken«) bergab.

40,1 / 410 m An Parkplatz Teerweg queren. Dann rechts bergan (»roter Balken«). Ein paar Meter weiter links halten. Bei km 40,3 links weiter. 400 m weiter rechts halten und parallel zur Straße weiter. Bei km 41,1 Straße nach links queren. Nach nochmals 200 m links auf Singletrail (»roter Balken«) am Waldrand entlang.

41,7 / 425 m Rechts auf Waldweg steil bergan. Nach 200 m an Jägerstand links und auf Grasweg vor Buschgruppe an Wiese entlang. 100 m weiter, kurz nach Waldrand rechts steil bergan (»roter Balken«). Bei km 42,1 rechts.

42,2 / 505 m Nach Steilauffahrt folgt Felstrail bergab (Achtung: Absturzgefahr!).

42,7 / 445 m Rechts halten. 100 m weiter, direkt am Waldrand, auf breiter Schotterpiste links bergab. Bei km 42,9 links auf Waldweg (»blauer Kreis«).

43,2 / 400 m Rechts auf Trail Richtung »Streitberg«. Nach 300 m an Waldrand links auf Schotter bergab. Bei km 43,6, kurz nach Waldrand an großem Felsen, rechts Richtung »Langes Tal«.

44,3 / 410 m Rechts halten, einige Meter weiter links auf Singletrail. Nach 300 m links. Bei km 44,8 links. Nach nochmals 300 m links auf Singletrail bergab Richtung »Streitberg« (»roter Balken«). Bei km 45,0 links halten (»roter Balken«) an kleinem Aussichtsstand entlang und auf Singletrail wieder bergab.

47,2 / 380 m An Muschelquelle rechts auf Singletrail (»rotes Dreieck«) Richtung »Oberfellendorf«.

47,5 / 405 m Nach kurzer Treppe links auf Straße bergab bis »Sterns Posthotel«. Dort links auf Straße »Am Bürgerhaus«.

48,2 / 340 m Links auf B 470. Nach 20 m rechts über Wiesentbrücke und in Niederellendorf bei km 48,4 rechts auf Radweg (»Fränkische Schweiz«) zurück zum Ausgangspunkt (km 51,3 / 293 m).

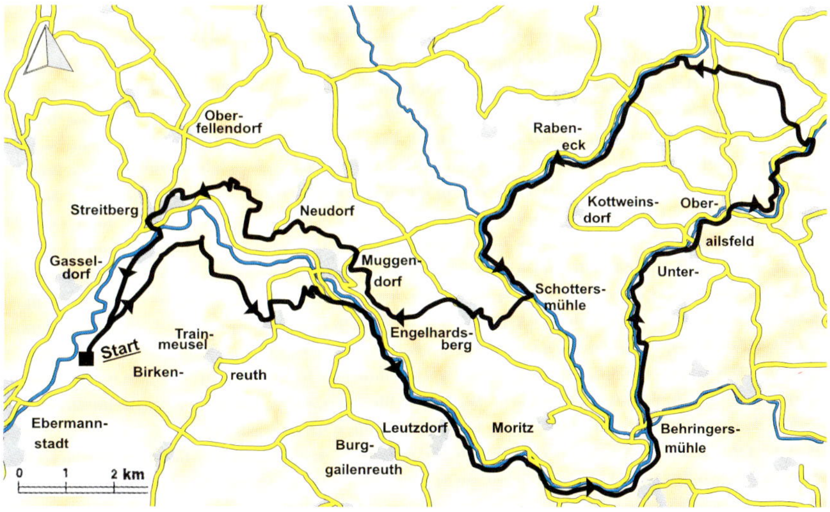

100 Oberes Wiesenttal und Ailsbachtal

22,7 km	530 Hm	1½–2½ Std.	mittel	mittel

Die fränkische Schweiz schaut aus wie eine Miniaturausgabe des schönsten Teils der Dolomiten. Bizarr und schroff recken sich kahle Felsen in den oft weiß-blauen fränkischen Himmel. Dazwischen kilometerlange schmale Pfade, mal verblockt, mal durchsetzt mit Wurzeln, die gierig nach Speichen und Pedalen lechzen.

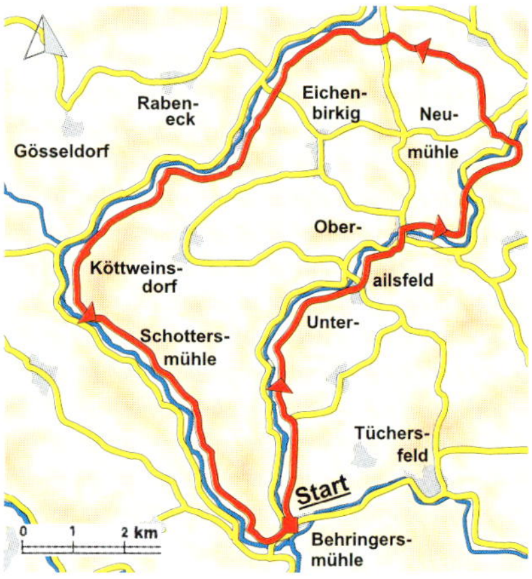

km 0,0 / 345 m In Behringersmühle an der Brücke über die Püttlach auf Treppe bergab und dann auf Pflasterweg an Püttlach entlang talaufwärts (»blaues Kreuz«).
0,3 / 340 m An Bach rechts über Straßenbrücke (»blaues Kreuz«) Richtung »Tüchersfeld«. 100 m weiter links (»blaues Kreuz«) auf Schotter, bald Singletrail Richtung »Unterailsfeld«. Bald in Serpentinen steil bergan.
1,4 / 348 m Rechts auf Teer bergan. Nach 200 m Straße links verlassen (»blaues Kreuz«) und auf Singletrail weiter Richtung »Sophienhöhle«.
1,8 / 360 m Links auf breiterem Weg bergab. 100 m weiter rechts auf Singletrail leicht bergan. Einige Meter weiter wieder rechts und recht steil bergan.
3,1 / 380 m An Trailgabelung links halten und weiter im Talgrund bleiben.
4,4 / 360 m In Unterailsfeld links (»blaues Kreuz«). 100 m weiter rechts Richtung »Tüchersfeld«. Nach weiteren 25 m links auf Teer, bald Singletrail (»blaues Kreuz«) bergan.
5,6 / 360 m Unterhalb Felsformation links durch Oberailsfeld. Kurz danach an Brauerei »Feld« geradeaus Holzbrücke queren. Dann Landstraße kreuzen und geradeaus auf Teer Richtung Kirche. Kurz vor Kirche rechts (»blaues Kreuz«) auf Teer weiter.
6,4 / 370 m Links auf breiterem Weg, bald Singletrail bergan. 200 m weiter rechts ab. Bei km 6,6 an Gabelung links auf Wurzelweg bergan. Am höchsten Punkt an Gabelung rechts bergab (»blaues Kreuz«).
7,8 / 370 m Nach Holzbrücke auf Straße weiter. 20 m weiter rechts über Parkplatz (»blaues Kreuz«). Anschließend vor der Straße rechts auf Grasweg weiter.

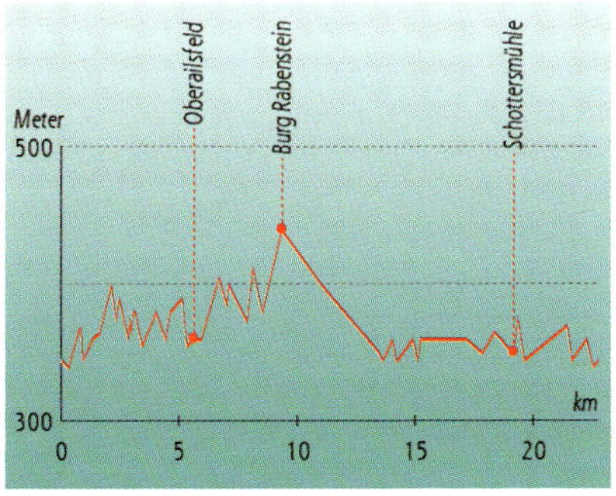

Start: Auf der A 73 aus Nürnberg oder Bamberg bis Abfahrt Forchheim oder Buttenheim. Dann auf Landstraße nach Ebermannstadt. Dort auf der B 470 nach Behringersmühle, wo die Tour startet.
Karte: Topografische Karte 1:50.000, Blatt UK L 29,»Naturpark Fränkische Schweiz, Veldensteiner Forst«, Bayerisches Landesvermessungsamt, München.
Literatur: Mountain Bike aktiv »Franken«, Pietsch, Stuttgart.
Info: Verkehrsamt Ebermannstadt, Bürgerhaus, Bahnhofstraße, 91320 Ebermannstadt, Tel. 09194/5 06 41, Fax 09194/5 06 41 oder Tourismuszentrale Fränkische Schweiz, Oberes Tor 1, 91320 Ebermannstadt, Tel. 09194/79 77 79, Fax 09194/79 77 76.
Bikeshops: Bike Power, 91320 Ebermannstadt, Tel. 09194/52 25. Schuhmann's Fahrradshop, Burgstraße 20, 91327 Gößweinstein, Tel. 09242/73 36.

8,1 / 412 m Nach Felsentor links auf Singletrail bergab. 400 m weiter links bergab, Hinweis »Burg Rabenstein« (»blauer Balken«) folgen. Bei km 8,5 rechts auf Straße weiter bis Gasthof »Neumühle«. Dort links von Straße auf Singletrail steil bergan Richtung »Klaussteinkapelle«.
8,9 / 410 m Links per Treppe bergan. 100 m weiter rechts bergan.
9,2 / 431 m Links auf Schotter leicht bergan. 100 m weiter, nahe Burg Rabenstein, rechts zur Straße. Diese queren und auf Wiesenweg über die Höhe Richtung »Waischenfeld« (»blauer Balken«).
10,2 / 416 m In der Senke kurz vor Ort Langenloh 90° links auf Grasweg (»blauer Balken«) Richtung »Pulvermühle«.
11,05 / 405 m Links auf Singletrail zum Gasthaus »Pulvermühle« (»blauer Balken«). Dort bei km 12,0 links und am Waldrand entlang Richtung »Rabeneck«. An der Wiesent entlang bis zum Ausgangspunkt (km 22,7 / 345 m).

101 Püttlachtal

16,5 km	415 Hm	1–2 Std.	leicht	leicht

Im Püttlachtal steht dieses berühmte Fachwerkhaus, das als typisches Wahrzeichen der Fränkischen Schweiz gilt. Man hat es recht mutig mehr unter als neben einem mächtigen Felsturm gebaut.

km 0,0 / 368 m Ab der Kirche in Pottenstein zunächst auf Straße Richtung »Bayreuth«. An nächstem Abzweig links auf Straße weiter Richtung »Bayreuth«. Bei km 0,7, etwa 50 m nach Ortsausgangsschild von Pottenstein, rechts, Straße verlassen und auf Singletrail (»blaues Kreuz«) weiter, mehr oder weniger parallel zur Straße.

Start: Auf der A 9 bis Abfahrt Pegnitz. Anschließend auf der B 470 (kurzzeitig auch B 2) bis Pottenstein. Mitten im Ort rechts auf Straße Richtung »Haselbrunn«. Einige Meter weiter an der Kirche startet die Tour.
Karte: Topografische Karte 1:50.000, UK L 29, »Fränkische Schweiz«, Bayerisches Landesvermessungsamt, München.
Literatur: Mountain Bike aktiv »Franken«, Pietsch, Stuttgart.

Info: Verkehrsbüro der Stadt Pottenstein, Forchheimerstr. 1, 91278 Pottenstein, Tel. 09243/7 08 41 oder Tourismuszentrale Fränkische Schweiz, Oberes Tor 1, 91320 Ebermannstadt, Tel. 09194/79 77 79, Fax 09194/79 77 76, E-Mail fraenkische-schweiz@t-online.de, Internet www.fraenkische-schweiz.com.
Bikeshop: Schuhmann's Fahrradshop, Burgstraße 20, 91327 Gößweinstein, Tel. 09242/73 36.

1,6 / 388 m Straße queren und auf Singletrail weiter (»blaues Kreuz«). 10 m weiter rechts auf schmalen Schotterweg. Bei km 2,3 wieder Straße queren.
2,7 / 414 m Links auf Straße Richtung »Haßlach«. 20 m weiter rechts auf Feldweg, bald Singletrail (»blaues Kreuz«) Richtung »Hohenmirsberg«.
3,2 / 452 m Links und auf Schotter bergab. Bei km 3,5 rechts Richtung »Haßlach« (»gelber Kreis»). 50 m weiter rechts auf Wiesenweg bergan (»gelber Kreis«). Bei km 3,9 links an Feld entlang.
4,3 / 487 m Rechts auf Landstraße. Nach 200 m an Straßenkreuzung links auf Straße bis Haßlach.
5,7 / 480 m Im Ort rechts Richtung »Pfaffenberg« (»grünes Kreuz«). 300 m weiter geradeaus auf Schotterweg bergab. Bei km 6,4 rechts halten, weiter auf Schotter bergab.
7,5 / 440 m Links auf Feldweg (»blauer Balken«), dann auf Hauptstraße durch Kleinlesau. Kurz nach dem Ort

→ links ein Stück auf der Landstraße weiter. Bei km 9,2 Landstraße verlassen

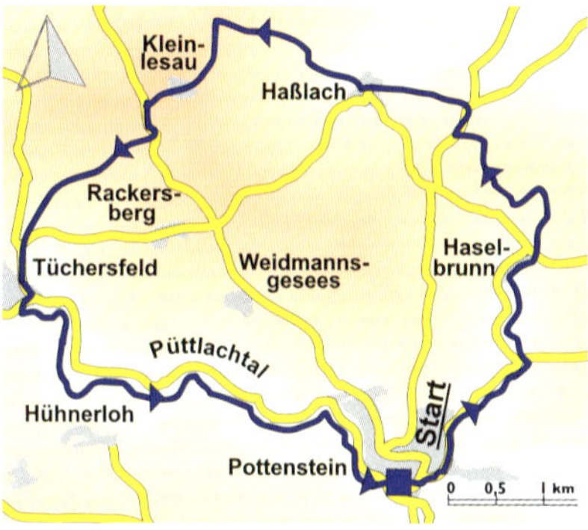

und rechts dem Waldweg (»grüner Punkt«) folgen. Dann links auf Landstraße nach Tüchersfeld.

11,3 / 352 m In Tüchersfeld links auf B 470 Richtung »Behringers-Mühle«. Nach 200 m links, B 470 verlassen, Brücke über Püttlach passieren und anschließend links auf »Leo-Jobst-Weg« (»rotes Kreuz«) talaufwärts Richtung »Pottenstein«. Bei km 12,0 schöner Campingplatz »Fränkische Schweiz«.

12,0 / 355 m Am Campingplatz 100 m lang auf Teer, dann auf dem Singletrail »Leo-Jobst-Weg« bergan (»rotes Kreuz«). 300 m weiter dann links. Bei km 12,5 wieder links auf Singletrail weiter, alle

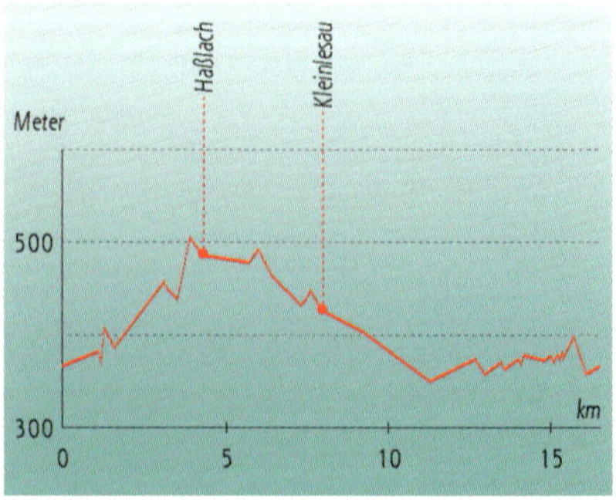

Abzweige ignorieren und bis zum Ende der Tour der Markierung »rotes Kreuz« folgen (km 16,5 / 368 m).

EXTRA: Kelten-Erlebnisweg

210 km, 3500 Hm, 3–4 Tage, Kondition: leicht, Technik: leicht

Auf den Spuren der alten Kelten zu biken ist hinsichtlich Fahrspaß und auch sonstigem Erleben eine ganz sicher beeindruckende Mehrtagestour. Man startet also in Meiningen und folgt auf der gesamten Strecke dem namentlich ausgeschilderten Keltenweg, der mit der »keltischen Fibel« markiert ist. Höhepunkte sind neben aussichtsreichen Trails in den Gleichbergen, den Haßbergen und auch im Steigerwald zahlreiche Spuren der Kelten, die man auf einigen Tafeln dokumentiert findet. Infos zur Strecke bekommt man bei: Tourist-Information Haßberge, Obere Sennigstraße 4, 97461 Hofheim i. Ufr., Tel. 09523/9 22 90, Fax 09523/2 67.

102 Maintalrunde

28,0 km	550 Hm	1½–2½ Std.	leicht	leicht

Da, wo der Main die Haßberge vom Steigerwald trennt, bietet sich eine Maintalrunde geradezu an. Spektakulär ist das Ganze dann zwar nicht, aber immerhin wird man mit recht schönen Aussichten und einigen feinen Singletrails belohnt.

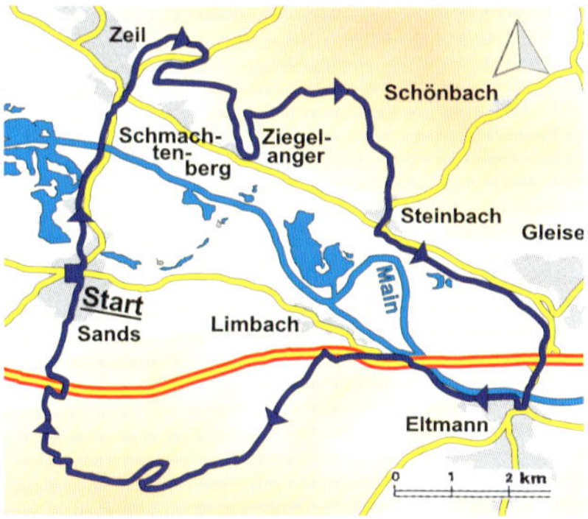

Ansichten eines Bikers

km 0,0 / 227 m Ab Parkplatz zunächst auf Straße retour. Nach 300 m rechts auf Straße weiter bis Hauptstraße. Dort links und bald auf markiertem Radweg Richtung »Zeil«, Mainbrücke queren und ab km 1,6 geradeaus auf Straße durch Zeil. Bei km 2,2 Straße kreuzen und an Flüsschen entlang Richtung »Bachrahm«.

2,6 / 232 m Rechts über Holzbrücke, dann auf geteertem »Brühlweg« Zeil verlassen. 600 m weiter an steinerner Jesusfigur rechts auf Schotter Hinweis »Naturfreundehaus« folgen.

3,4 / 280 m Links ab und auf Trail an Hütte entlang steil bergan. Nach kurzer Treppe am Naturfreundehaus »Warme Sonne« rechts auf Teer weiter bergan.

3,8 / 315 m Links auf Straße 30 m bergan. Dann rechts. Bei km 4,6 an Bergkapelle (tolle Aussicht) geradeaus, bald Pflaster.

5,5 / 340 m Rechts auf Pflaster 30 m weiter, dann geradeaus über Kreuzung und anschließend rechts Hinweis »Eselssteig« Richtung »Schmachtenburg« folgen.

6,0 / 355 m Am Waldrand zweite links: »Eselssteig«. 200 m weiter rechts Treppe hinunter und anschließend auf Singletrail (»Bocksbeutel«) bergab.

6,7 / 250 m Rechts auf »Bergstr.« durch Ziegelanger. 100 m weiter an Kirche links bergan auf Straße »Neue Steige«. Bei km 7,0 wieder links und durch die Weinberge hinauf Richtung »Ziegelanger Steige«.

8,2 / 355 m Rechts auf geschottertem Höhenweg Richtung »Stein- →

Start: Von der A 70 Schweinfurt – Bamberg über Ausfahrt Knetzgau auf Landstraße nach Sand. Dort am Ortsende Richtung »Zeil« links, nächste wieder links und auf Schotterparkplatz nahe der Kirche Tour starten.
Karte: Topografische Karte 1:50.000, UK L23, Blatt »Naturpark Haßberge«, Bayerisches Landesvermessungsamt, München.
Info: Gemeinde Sand am Main, Rathaus, 97522 Sand, Tel. 09524/82 22 26, Fax 09524/82 22 50.
Bikeshop: Peter's Bike Shop in der Brückenstraße, in 97437 Haßfurt, Tel. 09521/22 13.

→ bach«. Nach 500 m rechts weiter. Ab km 9,5 auf Pflaster und ab km 10,2 auf Teer bergab. Bei km 10,25 an Gabelung rechts auf Teer bergab.

11,2 / 236 m In Steinbach rechts auf Pflaster. 50 m weiter an Kirche links (»R 14«). Dann nach Straßenunterführung, kurz vor Bahndamm, links und auf Radweg Richtung »Ebelsbach«.

14,1 / 240 m Am Bahnhof Ebelsbach rechts dem Radhinweis »Eltmann« durch Bahnunterführung folgen. Danach links auf Straße, Rechtskurve mitnehmen. Anschließend auf Radweg weiter, Mainbrücke queren.

15,6 / 240 m In Eltmann rechts auf »Zinkenstraße«. 100 m weiter rechts »Mainlände«. Ab km 15,8 dann links (»M«) am Main entlang.

17,7 / 240 m Kurz nach Unterquerung der A 70 links für 200 m auf Straße. Genau auf Höhe der Fabrik dann wieder links und an Marterl entlang, erst auf Teer, dann auf Schotter, bald Grasweg bergan.

18,2 / 270 m An Kreuzung rechts auf Trail bergab. Nach 200 m links auf Schotter (»M«) bergan.

22,6 / 384 m Links »M« Richtung »Ebersberg« folgen.

23,9 / 425 m Kurz vor Schotterabzweig rechts abbiegen und an Hütte entlang dem Hinweis »Sand« auf Singletrail folgen. Nach 150 m links auf oft matschigem Waldweg weiter.

24,7 / 365 m An T links auf Schotter (»grünes Dreieck«) bergan. Nach 100 m rechts ab und auf Waldweg, Trail (»Kelten«) bergab Richtung »Sand«. Bei km 25,2 rechts auf Schotter, einige Meter weiter wieder links auf Trail. Ab km 25,3 auf breiter Schotterpiste weiter.

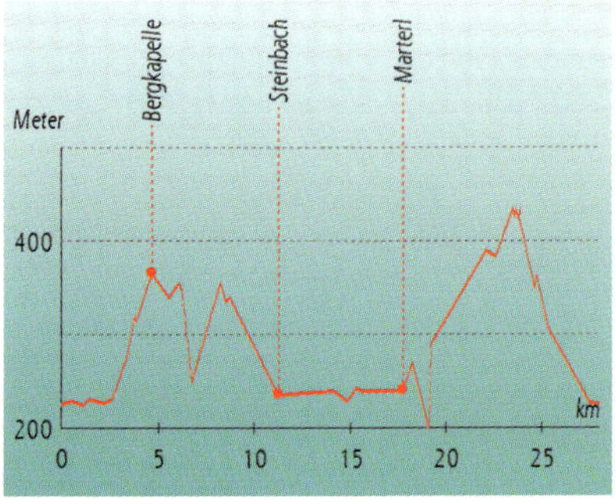

25,3 / 308 m Rechts auf Schotter, dann links per geteerter Brücke über die A 70, anschließend wieder links und auf Teerweg bergab nach Sand.

27,5 / 228 m In Sand Hauptstraße queren. An der Kirche erst links, dann rechts der »Maingasse« zum Ausgangspunkt folgen (km 28,0 / 227 m).

103 Lug ins Land

20,4 km	310 Hm	1 Std.	leicht	leicht

Start: Über A 7, Abfahrt Rothenburg. Dort Richtung »Bad Mergentheim«, Hinweisen »Detwang« folgen. Start mitten im Ort, Hinweis »Radweg Liebliches Taubertal«.
Karte: Topografische Karte 1:50.000, UK L 26, »Naturpark Frankenhöhe«, Bayerisches Landesvermessungsamt, München.

Info: Fremdenverkehrsamt Rothenburg, Marktplatz 2, 91541 Rothenburg, Tel. 09861/4 04 92.
Bikeshop: Rad & Tat, Bensenstr. 17, 91541 Rothenburg, Tel. + Fax 09861/ 8 79 84.

Rund um Rothenburg ob der Tauber finden sich nette Trails für die eine oder andere Mountainbikepartie, wie die hier vorgestellte. Außerdem kann man der wunderschönen mittelalterlichen Stadt seine Aufwartung machen. Alles zusammen ist jedenfalls immer eine Reise wert.

km 0,0 / 340 m Man startet die Tour an der Kirche in Detwang gegenüber Gasthof »Schwarzes Lamm«. Zunächst auf Teer bergab, Hinweis Radweg »Liebliches Taubertal« folgen. Nach 300 m auf Höhe des Campingplatzes an Teergabelung links, Holzbrücke passieren und danach rechts an Tauber entlang flussabwärts. Bei km 1,2 links auf »Radweg« an Kläranlage entlang.

Einsame Waldstrecke nahe der Touristenmetropole Rothenburg ob der Tauber

2,5 / 310 m Teerweg nach rechts verlassen und Holzbrücke queren. Anschließend auf Pflaster weiter. Bei km 2,7 links auf Straße. An übernächster Möglichkeit rechts auf Teer durch Steinbach (»blaues Kreuz«).

3,6 / 330 m Am Ende des Ortes geradeaus durchs Steinbachtal und auf Schotter bergan (»blaues Kreuz«).

5,0 / 355 m Bach per Steg queren und auf anderer Bachseite weiter durchs Steinbachtal bergan. 200 m weiter links, Furt durch den Bach passieren und weiter (»blaues Kreuz«) talaufwärts auf Singletrail.

5,5 / 360 m Rechts über Brücke, dann links und weiter talaufwärts. Ein paar Meter weiter links auf Singletrail bergan.

6,6 / 390 m Genau vor Landstraße links. 200 m weiter, an Töpferei rechts, →

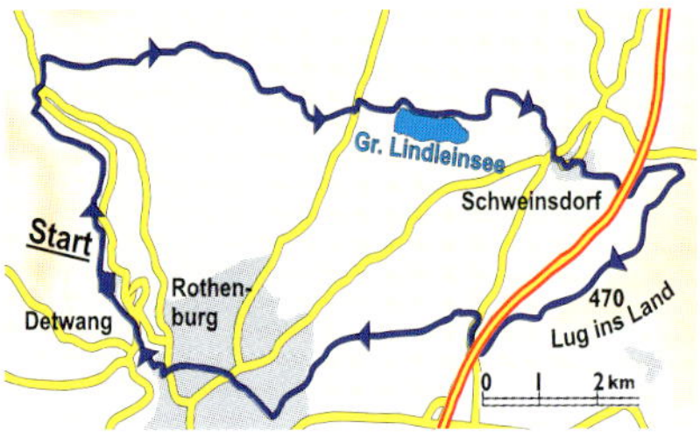

Landstraße kreuzen und auf ebener Schotterpiste (»blaues Kreuz«), bald Trail weiter. Bei km 7,2 links. 100 m weiter an Waldrand etwas nach links und auf Wiesenweg um See herum.
8,0 / 400 m Rechts auf Teer. 700 m weiter Bahngleise Richtung »Windelsbach« queren (»blaues Kreuz«). Bei km 9,2 links. 100 m weiter Hauptstraße geradeaus queren.
9,6 / 400 m In Schweinsdorf an der Bushaltestelle »Mitte« rechts (»blaues Kreuz«). Einige Meter weiter rechts bergab. Nächste links und auf Teerweg wieder bergan.
10,3 / 430 m Direkt nach Autobahnunterführung links auf Teer. 10 m weiter rechts auf Schotterweg. 200 m weiter rechts auf kaum sichtbarem Grasweg (»blaues Kreuz«) bergan. Bei km 10,9 rechts auf Schotter leicht bergan.
12,9 / 470 m An Wasserbehälter und

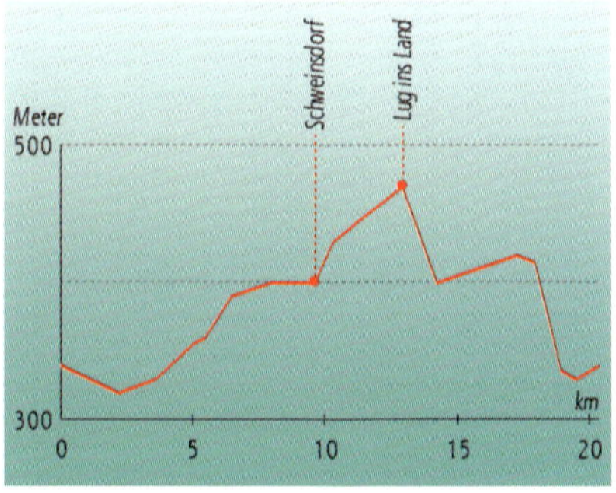

Aussichtspunkt »Lug ins Land« rechts bergab. Bei km 13,7 an größerem Gebäude rechts, Gleise der Feldbahn queren. Danach rechts auf Straße, Autobahnunterführung passieren. Anschließend parallel zur Straße auf Schotter weiter.
14,2 / 400 m Links auf Teer dem Hinweis Richtung »Rothenburg« (»Jakobsweg«) folgen.
15,7 / 410 m Geradeaus an Bahngleisen entlang. Ab km 16,2 geradeaus auf Teer durch Gewerbegebiet. Bei km 16,5 vor Hauptstraße rechts auf Radweg durch Rothenburg.
17,2 / 420 m Nach Bahnübergang links auf »Ansbacher Str.«. 300 m weiter geradeaus durchs Stadttor in der Altstadt. Ab km 17,6 »Rödergasse« folgen.
17,9 / 415 m Am Ende der »Rödergasse« geradeaus auf Pflasterstraße über Marktplatz. Bei km 18,2 wieder Stadttor passieren. Danach links halten. Dann geradeaus durch Park. Anschließend kleines Tor passieren und auf Pflasterweg bergab. Bei km 18,7 an Gabelung links bergab.
18,9 / 336 m Nach Holzsteg rechts an Tauber entlang. Bei km 20,1 rechts, 200 m weiter erneut rechts und auf Teer bergan zum Ausgangspunkt am Gasthof »Schwarzes Lamm« (km 20,4 / 340 m).

104 Durchs Tal der Tauber

Etwas oberhalb des Flüsschens Tauber zieht ein einsamer Weg am Hang entlang. Im Sommer sprießen dort mitten im Schotterbelag wilde Kräuter wie blau blühender Salbei oder duftender Oregano. Gepflegte Orte, umgeben von Weingärten, komplettieren dabei das liebliche Bild der Landschaft, wo es sich so herrlich radeln lässt.

km 0,0 / 340 m Ab Kirche in Detwang, gegenüber vom Gasthof »Schwarzes Lamm«, zunächst auf Teer bergab, Hinweis Radweg »Liebliches Taubertal« folgen. Nach 300 m auf Höhe des Campingplatzes links, Holzbrücke passieren und danach rechts an der Tauber entlang flussabwärts. Bei km 1,2 links an Kläranlage entlang.
2,7 / 310 m Links auf Straße, übernächste rechts auf Teer durch Steinbach (»blaues Kreuz«).
3,5 / 330 m Auf Schotter noch 100 m am Steinbach entlang talaufwärts. Dann links auf Pflaster bergan (»Weinrebe«).
4,5 / 348 m Rechts, etwa auf gleicher Höhe bleiben.
5,7 / 355 m Auf Pflaster bergab. Kurz nach Ortsschild »Bettwar« rechts (»Weinrebe«) auf Teer Richtung »Haardtsteige« bergan. Bei km 6,3 links auf Schotter bergab.
6,8 / 340 m Alle Abzweige ignorieren, Schotterlinkskurve mitnehmen und geradeaus bergan auf Schotterweg. Bei km 7,4 nach kurzer Abfahrt rechts bergan. Bei km 8,8 auf Teer bergab nach Tauberscheckenbach.
9,4 / 312 m Rechts durch Ort. Bei km 9,6 an Hausnummernschild 41–56 rechts, Hinweisschild »Ferienwohnungen« (»Weinrebe«) beachten. Einige Meter weiter an Gabelung links.
9,7 / 330 m Links auf Schotter weiter, in etwa auf gleicher Höhe bleiben. Bei km 11,5 links auf Teer steil bergab.
11,8 / 305 m In Tauberzell gegenüber Gasthaus »Zum Ochsen« rechts auf Straße durch Ort. Nach 80 m an Kirche rechts bergan Richtung »Uffenheim«. Bei km 12,0, direkt am Ortsausgang, links auf Schotter bergan. 150 m weiter links halten (»Weinrebe«).
13,2 / 355 m Im Bachtal hart links auf Grasweg bergab (»roter Punkt«). 200 m weiter am Waldrand links. Nach weiteren 8 m an Strommasten rechts (»roter Punkt«) bergab.
13,6 / 300 m Straße queren, rechts halten, nach ein paar Metern links und Radweg »Liebliches Taubertal« folgen. Bei km 13,7 an Gasthaus »Holdermühle« links

Start: Über A 7 Abfahrt Rothenburg nach Rothenburg. Dort Richtung »Bad Mergentheim« und anschließend den Hinweisen Richtung »Detwang« folgen. Start mitten im Ort, Hinweisen »Radweg Liebliches Taubertal« folgen.
Karte: Topografische Karte 1:50.000, UK L 26, »Naturpark Frankenhöhe«, Bayerisches Landesvermessungsamt, München.
Info: Fremdenverkehrsamt Rothenburg, Marktplatz 2, 91541 Rothenburg, Tel. 09861/4 04 92.
Bikeshop: Rad & Tat, Bensenstr. 17, 91541 Rothenburg, Tel. + Fax 09861/8 79 84.

und dem Radweg zunächst talaufwärts folgen.
14,4 / 295 m Rechts bergan. 500 m weiter links halten. Bei km 15,8 rechts halten.
17,2 / 345 m Etwas rechts und auf Schotter bergan. 100 m weiter an Waldrand dann links bergab.
17,7 / 310 m Am Ortsrand von Tauberscheckenbach rechts und dem Radweg »Liebliches Taubertal« flussaufwärts folgen.
24,1 / 330 m Nach Holzbrücke am Campingplatz rechts. 250 m weiter links und zurück zum Ausgangspunkt am Gasthof »Schwarzes Lamm« (km 24,4 / 340 m).

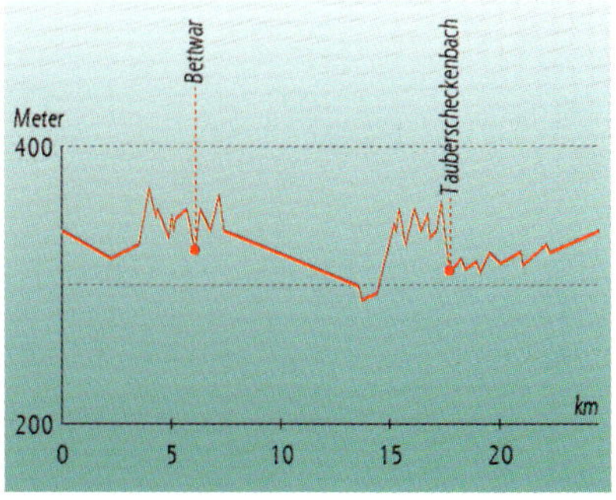

Odenwald

Die Entstehung dieses auch wegen seiner Singletrails interessanten Mittelgebirges begann vor etwa 500 Millionen Jahren. Zudem gibt es im Odenwald viel Geschichtliches zu entdecken, wie die Burgruine Frankenstein, das Auerbacher Schloss, das Fürstenlager bei Auerbach oder die Starkenburg bei Heppenheim. Im tief eingeschnittenen Neckartal sind die Städte Neckarsteinach, bekannt als Vierburgenstadt, und Hirschhorn einen Besuch wert.

105 Felsberg, Neunkircher Höhe und Melibocus

55,3 km | 1635 Hm | ca. 5 Std. | anspruchsvoll | anspruchsvoll

Start: Auf der A 5 von Darmstadt Richtung Karlsruhe über Abfahrt Zwingenberg nach Auerbach nördlich von Bensheim. Start im Ort am Straßenabzweig Richtung Modautal.
Karte: Topografische Karte 1:50.000, »Naturpark Odenwald-Bergstraße Nordwest«, Landesvermessungsamt Hessen.

Literatur: Mountain Bike aktiv »Hessen«, Pietsch, Stuttgart.
Info: Fremdenverkehrsbüro Bensheim Tel. 06251/1 41 17.
Bikeshop/Geführte Touren: Biker's Treff in der Heidelberger Straße, Auerbach, Tel. 06251/6 14 66.

Odenwald

Gleich der erste Anstieg lässt schon erahnen, dass diese Traumtour nach trainierten Waden verlangt. Aber auch nach einer gediegenen Fahrtechnik, denn Traumtrails von verwurzelt bis verblockt lockern die Strecke durch den Odenwald immer wieder auf.

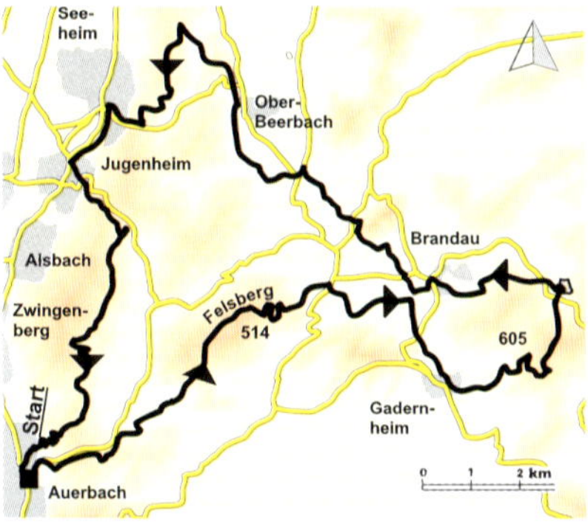

km 0,0 / 110 m Ab Auerbach auf Straße Richtung »Modautal«. Nach 700 m am Parkplatz rechts über Brücke. Danach links halten. Bald rechts durch den Park »Fürstenlager«.
1,2 / 152 m Am Ententeich scharf links und der Markierung »F« folgen. Nach 400 m, nahe der Straße, rechts bergan. Bei km 2,1 links, bei km 3,0 wieder links, Schranke passieren, gleich nochmals links. Am Marmorwerk rechts. Nach 300 m an einzelnen Häusern rechts, Schranke passieren und auf Waldweg bergan (»F«).
3,6 / 200 m Rechts bergan. Nach 100 m links Richtung »Bangertshöhe«. Bei km 4,0 am Straßenende rechts auf Trail steil bergan. 400 m weiter links. Bei km 4,7 ebenfalls links.
5,0 / 290 m Wieder links, Teerweg kreuzen, dann erneut links, »F« folgen. Bei km 5,5 Bach queren. Anschließend rechts. Nächste wieder rechts auf Schotter weiter. Bei km 5,7 scharf links.
6,0 / 350 m An Gabelung rechts. Nach 800 m links steil bergan bis zum Gasthaus »Felsberg«. Dort rechts auf mittlerem Weg (»gelber Balken«) Richtung »Neunkircher Höhe«.
8,6 / 490 m An den Felsen links. 600 m weiter wieder links. Bei km 9,5 rechts ab. 900 m weiter links zu den Häusern. Bei km 10,5 erst links, dann rechts Treppe hinunter und auf Wiesenweg weiter. Nach weiteren 200 m auf Teer durch Beedenkirchen.
11,1 / 330 m Im Ort links auf »Reichenbacher Str.«. Nach 200 m rechts Richtung »Seeger«. Bei km 12,2 links auf Schotter weiter. Bei km 13,4 erst geradeaus, dann nächste rechts. Bei km 13,7 ebenfalls rechts. 500 m weiter Straße queren und auf Feldweg über die Höhe nach »Gadernheim«.
15,5 / 340 m Rechts »Neunkircher Str.«. 100 m weiter links »Feldstr.«. Bei km 15,8 am Bauernhof links auf Teer bergan. Bei km 17,4 rechts, 600 m weiter wieder rechts.
19,1 / 590 m Links auf Schotter bergan zum Aussichtsturm »Neunkircher Höhe«. Anschließend hierher retour und nun Markierung »roter Balken« bis Neunkirchen folgen.
21,0 / 525 m Im Ort an der Kirche links (»weißer Balken«) und geradeaus nach »Brandau«. Dort bei km 23,5 links auf »Hauptstr.«. Bei km 24,3 links »Im Eck«. 100 m weiter rechts, dann bald links »Bensheimer Weg«. Bei km 24,7 rechts auf Schotter weiter.
24,9 / 360 m An Denkmal rechts. Dann rechts auf Straße. Nächste wieder links und weiter nach Allertshofen. Bei km 27,4 im Ort erst rechts, nächste dann links: »Steinkaut«. Ab km 28,2 rechts auf Teer bergan. Bei km 30,6 links auf »Hutzelstr.« weiter. Bald Straße queren und auf Schotter weiter.
31,0 / 400 m Am Parkplatz rechts auf Schotter zum Gasthof »Talblick«. Hier rechts. Ab km 32,2 rechts neben Straße auf Singletrail bis »Sonneneck«. Dort auf Straße weiter. Bei km 32,7 links auf Teer durch Siedlung. 1000 m weiter erst rechts, dann links auf Straße weiter. Kurz nach Abzweig »Seeheim« links auf Schotter bergan. Einige Meter weiter links auf Teer bergan.
36,1 / 350 m Scharf links, Schranke passieren. Nach 900 m links auf Trail bergab (»rotes Karo«). Bei km 37,8 links weiter. 200 m weiter rechts. Nach weiteren 200 m wieder links auf Trail abbiegen.
38,4 / 235 m Am »10-Wege-Platz« rechts bergab nach Seeheim. Im Ort links »Leuschnerstr.«. 400 m weiter links »Hinter der Kirche« und dann auf Radweg nach »Jugenheim«.

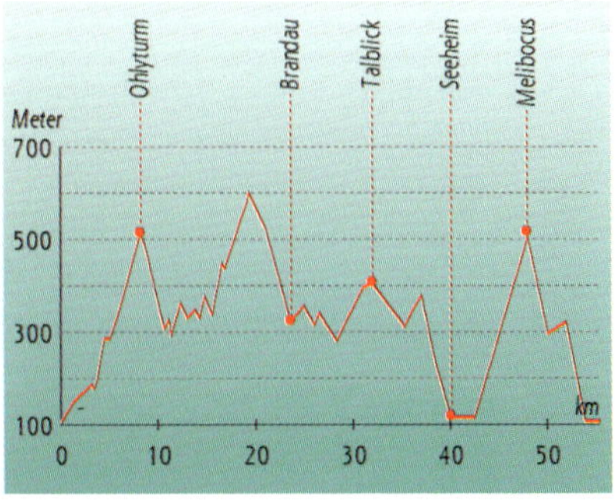

42,5 / 120 m In Jugenheim links Richtung »Stettbach« abbiegen (»blaues Dreieck«). Bei km 43,0 rechts (»rotes Karo«) auf »Balkhäuser Talstr.«. Anschließend rechts »Christaller Weg«. Kurz danach links und auf Hauptweg bis »Melibocus« bergan.
47,8 / 500 m Rechts zum Aussichtsturm am Gipfel. Dort auf Treppe, bald auf Trail steil bergab. Nun die Markierung (»gelbes Quadrat«) bis Tourende beachten.
50,0 / 300 m Straße queren, rechts an Hütte entlang bis zum Parkplatz. Dort geradeaus zum Auerbacher Schloss. Kurz vor Portal links auf Trail über Serpentinen bergab. Bei km 53,3 rechts auf Teer. 200 m weiter wieder rechts, dann links in »Martinstr.«.
53,8 / 110 m Links durch Fußgängerzone zur Hauptstraße. Dort links zurück zum Ausgangspunkt (km 55,3 / 110 m).

Traumpfad Richtung Melibocus

Odenwald

EXTRA: Deutscher Limesradweg

440 km, ca. 6000 Hm, 5–7 Tage, Kondition: mittel, Technik: leicht
Der gut markierte Deutsche Limesradweg verbindet die Städte Miltenberg am Ostabhang des Odenwaldes und Regensburg zu Füßen des Bayerischen Waldes. Nun ist diese Strecke zwar eher eine Trekkingtour, sie hat aber dennoch eine ganze Menge zu bieten. Man rollt nämlich an ungezählten Bauwerken alter römischer Befestigungsanlagen entlang, streift durch idyllische Dörfer und Städte und kurbelt dabei durch so herrliche Gegenden wie die Schwäbische Alb und das Altmühltal. Wen der Radweg aus fahrtechnischer Sicht hier und da ein wenig langweilig anmutet, findet also auch genug Möglichkeiten, um sich auf parallel laufenden Trails die nötigen Herausforderungen zu holen.

106 Limestour

50 km | 801 Hm | 2½–3½ Std. | mittel | mittel

Zu Äppelwoi und Handkäs kommt die Mundart der Einheimischen, die wie pures Hessisch klingt. Recht entrüstet wird man aber stets darauf hingewiesen, dass man schon unterfränkisches Land unter den Stollen hat. Aber so ist das im Grenzgebiet, wo schon die Römer vor rund 2000 Jahren den Limes über die Odenwaldhöhen errichtet haben.

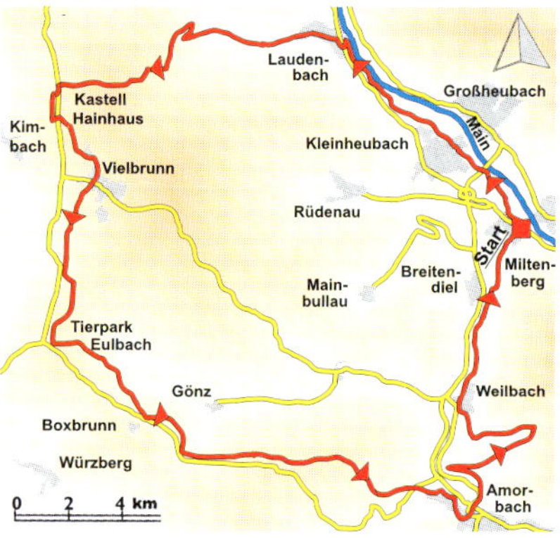

km 0,0 / 130 m Man startet am »Mainzer Stadttor« und rollt zunächst auf der »Maintalstraße« Richtung »Laudenbach«. 200 m weiter rechts, Straße verlassen, kleine Treppe hinunter und links flussabwärts halten (»R«). Bei km 0,6 rechts, dann Gleise queren. An übernächstem Abzweig links halten.

2,6 / 127 m Am Schloss etwas rechts und auf Teer Klein-Heubach passieren. »R« bald verlassen und auf Radweg weiter nach »Laudenbach«.

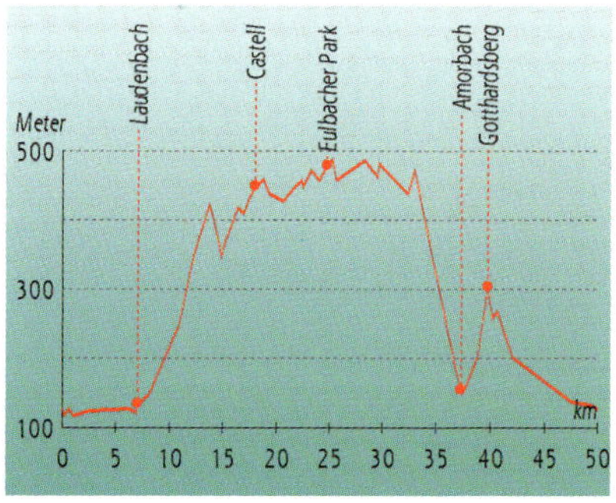

6,9 / 124 m Links durch Unterführungen. Anschließend geradeaus bis Waldrand. Dort links durch Laudenbach. Am Gasthaus »Goldener Engel« links auf »Dorfstraße« weiter (»gelber Balken«). Bei km 7,3 rechts. 100 m weiter wieder rechts und auf »Mühlenstraße« weiter.

8,1 / 150 m Geradeaus in »Mühlweg«. Nach 470 m ganz rechts auf Schotter (»gelber Balken«). Bei km 9,4 erst rechts, nächste links und weiter talaufwärts bis Forsthaus »Brunnthal« bei km 10,0. Dort auf unmarkiertem Weg links bergan. Bei km 11,6 rechts ab.

12,2 / 350 m Links auf Schotter bergan. 100 m weiter wieder links auf Schotter geradeaus bis km 13,7. Dort rechts (»gelber Balken«).

14,2 / 400 m Kurz vor Landstraße links. 600 m weiter rechts auf Waldweg. Dann nach 80 m Bach queren und anschließend rechts auf Schotter bergan (»X«).

15,0 / 360 m Rechts auf Teerstraße 300 m weiter. Dann links ab. Bei km 16,5 rechts. 100 m weiter an Jägerstand links halten.

17,6 / 440 m Rechts auf Straße weiter. Nach 160 m links über Parkplatz weiter zum ehemaligen Castell Hainhaus. Ab dort folgt man der Markierung »L« per Singletrail. Bei km 18,8 links auf Schotter weiter, bald Straße queren und dann an nächstem Abzweig rechts (»rotes Dreieck«) weiter.

19,3 / 440 m Geradeaus an Wiese entlang. Nach 400 m rechts auf Schotter, dann sofort links auf Teer durch Vielbronn. Bei km 20,7 rechts auf »Kirnbacher Straße«. 50 m weiter links (»rotes Dreieck«). Bei km 21,1 rechts auf Teer 160 m bergan. Dann links ab.

21,8 / 452 m An Schutzhütte rechts Richtung »Eulbach«. Bald auf kaum sichtbarem Weg (schlecht markiert) über Wiese bis gegenüberliegendem Wald. Dort geradeaus weiter. Bei km 22,4 rechts auf Grastrail weiter. Kurz vor der Straße (km 23,1) links Richtung »Sassenhof«. 300 m weiter rechts. Bei km 23,8 rechts auf Pfad weiter.

Start: Auf der A 3 bis Abfahrt Stockstadt und dann auf der B 469 durchs Maintal nach Miltenberg. Die Tour startet an Miltenbergs nördlichem Ende, direkt am Mainzer Stadttor.
Karte: Topografische Karte 1:50.000, Blatt 2 »Odenwald Nordost«, Hessisches Landesvermessungsamt.
Literatur: Mountain Bike aktiv »Franken«, Pietsch, Stuttgart.
Info: Verkehrsbüro Miltenberg, Engelplatz 69, 63897 Miltenberg, Tel. 09371/40 41 19, Fax 09371/40 41 05.
Bikeshops: Sporthütte Wild, Untere Walldürner Str. 11, 63897 Miltenberg, Tel. 09371/31 54, Fax 09371/6 99 39. Zweiradcenter am Kupschmarkt, Laurentiusstr. 21/23, 63897 Miltenberg, Tel. 09371/6 57 83, Fax 09371/6 57 84. Zweiradteam, Mainzer Str. 41, 63897 Miltenberg, Tel. 09371/9 99 83.
Geführte Touren: Auf Anfrage bei Sporthütte Wild, Telefon und Anschrift unter Bikeshops.

24,7 / 480 m Links auf Schotter weiter. Nach 550 m an Abzweig »Eulbacher Park« links auf Wiesenweg (»weiße Raute«) abbiegen. Es folgt verwachsener und schlecht markierter Trail. 800 m weiter links an Zaun entlang. Nach weiteren 70 m rechts auf Waldweg weiter und dann geradeaus bis km 26,8. Hier an Gabelung zunächst rechts. Dann geradeaus (»weiße Raute«) Richtung »Amorbach«.

28,3 / 488 m Nahe Boxbrunn links am Waldrand entlang und dann dem »Russenpfad« bis km 34,8 folgen. Dort rechts die B 47 queren und auf Straße durch Amorbach. →

Waldidylle, wo einst der Limes verlief

37,3 / 156 m In Amorbach bei Brauerei links. Nach 150 m am »Weineckle« geradeaus. Am Stadttor links (»blaue Raute«) an der Kirche entlang. Anschließend über Treppen »X« bergab folgen und links an der Straße entlang. Bei km 37,9 Straßenunterführung rechts passieren. Danach Gleise kreuzen und bald geradeaus auf dem »Gotthardsweg« bergan.
38,8 / 205 m Rechts auf Treppenpfad heftig bergan. 400 m weiter links zum Gotthardsberg mit alter Ruine. Dann retour und weiter Richtung (»X«) Sattelhütte. Dort links halten.
42,0 / 203 m In Reuenthal links auf Teer. Nach 500 m rechts auf Schotter weiter. Bei km 43,9 geradeaus durch Weilbach. 650 m weiter rechts (»blaue Raute«). Bei km 44,7 am Gasthaus »Zum Löwen« geradeaus auf Fahrradweg Richtung »Breitendiel« Bald geradeaus auf »Hartungsstraße« weiter.
47,6 / 140 m Links über die Bahngleise fahren. Dann rechts am Fluss entlang. 600 m weiter rechts die Bahngleise schließlich kreuzen und dann auf einem Pfad (»10«) weiter. Bei km 48,4 links abbiegen.
49,4 / 135 m Gegenüber Großbäckerei »Hess« rechts auf Straße weiter. Nach 200 m rechts und zurück zum Ausgangspunkt am Mainzer Tor (km 50,0 / 130 m).

107 Nördlicher Odenwald

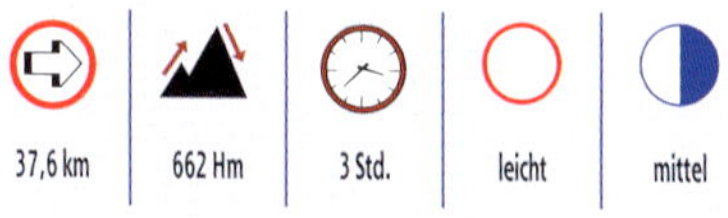

Am Fußballstadion »Böllenfalltor«, gleich an Darmstadts südlicher Stadtgrenze gelegen, startet diese sehr interessante Rundtour durch den nördlichen Odenwald. Das äußerst abwechslungsreiche Gelände dort ist nämlich gespickt mit einsamen Trails inklusive kerniger Auffahrten und tollen Kurzdownhills.

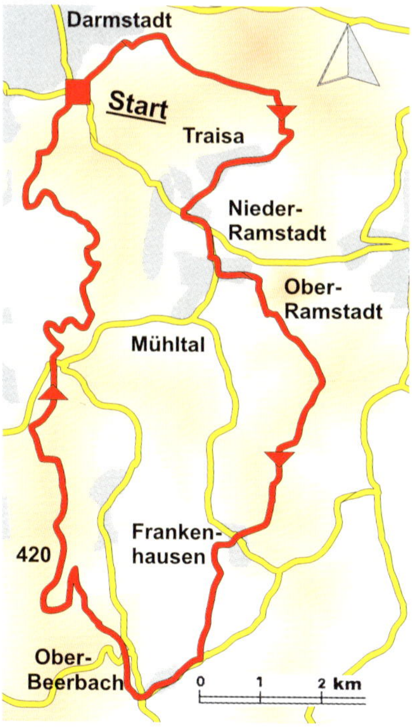

km 0,0 / 190 m Am Gasthaus »Böllenfalltor« von B 449 rechts Richtung »Technische Hochschule« abbiegen. Nach 300 m etwas rechts und auf Waldweg parallel zur Teerstraße weiter. Ab km 1,0 wieder auf Teer geradeaus. Bei km 1,3 dann rechts, wenige Meter weiter links an Schranke entlang und anschließend Bahnunterführung passieren.
2,0 / 170 m Nach Steg rechts Richtung »Fischerhütte«. Markierung (»blauer Balken«) bis nahe Traisa folgen. 800 m weiter links halten. Am Teich dann rechts weiter.
4,5 / 220 m Rechts auf breitem Forstweg weiter. Nach 600 m am Forsthaus rechts. Anschließend sofort links Richtung »Golfplatz«. Dort rechts, nächste links und talabwärts Richtung »Traisa«.
6,4 / 205 m Im Ort links auf Straße. Nach 900 m links auf »Räderstr.«. Bei km 7,8, gleich nach Bahnunterführung, links auf »Odenwaldstr.« weiter bis zu kleinem Einkaufszentrum. Hier rechts in die »Bahnhofstr.«. Nach 300 m links, bei km 8,6 rechts auf »Ober-Ramstädter-Str.«. Nach weiteren 100 m links auf »Keilstr.«. Wenige Meter weiter rechts halten (»roter Balken«) Richtung »Kehrhütte«.
8,8 / 180 m Links auf gepflasterter »Georgenstr.« bergan. Nächste wieder links, »Ringstr.«. Nach weiteren 200 m geradeaus auf Pfad. Bei km 9,4 an Schutzhütte rechts zur Straße. Dort dann links auf »Drosselweg«. 200 m weiter links halten. Anschließend auf Teerweg an Feld entlang.
11,3 / 300 m Links weiter bis zur »Kehr-Hütte«. Hier rechts Richtung »Frankenhausen« (»X«).
13,1 / 320 m Rechts. 300 m weiter links. Bald Ort Frankenhausen passieren. Am Ortsende links auf der »Hutzelstr.« Richtung »Ober-Beerbach«.
17,6 / 345 m Rechts Richtung »Ober-Beerbach«. Bei km 18,9 im Ort rechts auf »Eberstädter Str.« weiter.
19,8 / 305 m Kurz nach Straßenabzweig Richtung »Seeheim« links auf Schotterweg weiter. Nach 400 m links auf Teerweg bergan. Bei km 21,5 scharf links, Schranke passieren, auf Schotter weiter.
23,1 / 395 m Erst rechts ab. Nach 10 m links (»3«) bergan zur »Franz-Bingel-Hütte«. Hier rechts auf Pfad bergab.
24,8 / 375 m An der Ruine Frankenstein links auf Treppe (»weißer Balken«) bergab. 500 m weiter rechts halten. Bei km 25,8 geradeaus auf Pfad. Nach 300 m rechts auf Schotter (»R«) weiter.
26,3 / 185 m Links auf »Prömsterweg«. Nach 200 m rechts. Bei km 26,9 links halten. 200 m weiter links auf Singletrail bergab. Nach Straßenüberführung erst rechts, bald links und auf Grasweg weiter.
28,1 / 145 m Links auf Pfad bergab. Nach 400 m rechts zur »Kaisermühle«. Dort links zur Straße, queren und geradeaus weiter. Bei km 29,1 rechts. Nach 200 m wieder rechts und auf Pfad weiter.
29,9 / 180 m Oberhalb einer Fabrik links bergan. Bald an Feldrand entlang. Dann geradeaus auf Schotter weiter bis Waldrand. Dort erst rechts, dann links und auf Pfad bergan bis zu einem Schotterweg. Hier links weiter »R« folgen.

Start: In Darmstadt nach Süden den Hinweisen »Böllenfalltor« auf der B 449 folgen. Direkt am Stadtrand am Gasthaus »Böllenfalltor« Tourstart.
Karte: Topografische Karte 1:50.000, »Naturpark Odenwald–Bergstraße«, Landesvermessungsamt Hessen.
Literatur: Mountain Bike aktiv »Hessen«, Pietsch, Stuttgart.
Info: Städtisches Verkehrsamt Darmstadt, Tel. 06151/13 27 80.
Bikeshop: City Bike, Tel. 06151/29 59 60.

32,2 / 205 m An einem Tümpel rechts halten. Nach 300 m links auf Pfad bergab. 100 m weiter Schotterweg kreuzen und zunächst links auf Pfad weiter. Anschließend rechts auf Schotter bergan.
33,3 / 245 m Rechts an Spielplatz entlang. Dann links auf Pfad weiter. Bei km 33,7 links halten. 400 m weiter rechts auf Pfad (»Bank«) bergab.
34,4 / 175 m Rechts (»15«) auf geschottertem »Steckenbornweg«. Nach 300 m links auf Trail (»R«) weiter. Bei km 34,9 rechts weiter bis zum Aussichtsturm »Ludwigshöhe«. Dort etwas rechts und »R« bergab folgen.
35,6 / 235 m »R« ignorieren und zunächst geradeaus auf dem Trail weiter bergab. Bei km 35,7 links auf Schotter (»15«) zum Ausgangspunkt zurück (km 37,6 / 190 m).

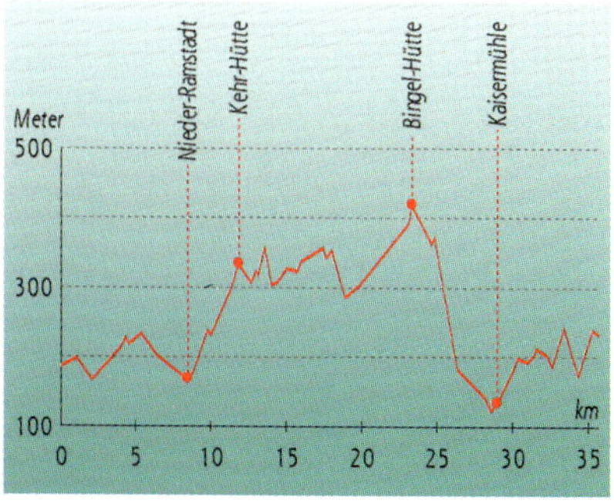

108 Juhöhe

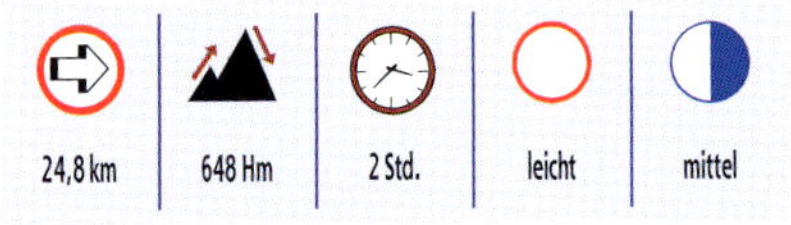

Start und Ziel dieser Runde ist jeweils im badischen Weinheim, das in seinem Umfeld starke Trails zu bieten hat. Wie zum Beispiel diese Strecke über die aussichtsreiche Juhöhe.

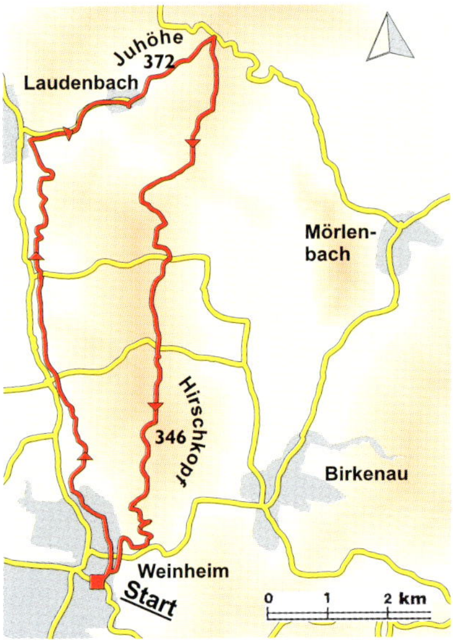

km 0,0 / 120 m Auf Straße in nördliche Richtung leicht bergab. Nach 500 m an der Kirche Fluss Weschnitz und B 38 queren, weiter auf Radweg Richtung »Sulzbach«. Bei km 0,8 am Gasthof »Goldener Hirsch« rechts in die »Bischofsgasse«. Bald links auf »Scheffelstraße« weiter.
1,2 / 110 m Rechts, Gleise queren, »Gunterstr.« (»R«). Anschließend links »Siegfriedstr.« folgen. Nach 800 m direkt vor der Hauptstraße rechts auf »Nächstenbacher Weg«. 200 m weiter rechts halten.
2,8 / 190 m Links auf »Wiesenbergweg« (»R«). Nach 500 m Bach queren und auf Pfad bergan. Bei km 3,6 links, wieder Bach queren, steil bergan. 100 m weiter links auf Hangweg weiter. Anschließend bergab nach Sulzbach.
4,1 / 130 m Im Ort rechts auf Teer bergan. Nächste links Richtung »Sulzbacher Hof«. 300 m weiter rechts, einige Meter weiter links steil bergan bis zum Schützenhaus. Dort auf schmalem Teerweg bergab. Auf der Kreuzung bei km 4,8 rechts auf Pfad weiter. Nach weiteren 100 m links (»R«) halten. Bei km 5,3 links, nach 200 m wieder links und auf Teer bergab.
5,9 / 125 m Auf Hauptstraße rechts durch Hemsbach. Nach 400 m rechts auf »Herrenweg« (»R«) bergan. Bei km 7,0 am Steinbruch links auf Teer weiter. 300 m weiter erst links, dann sofort auf rechtem Weg bergan. Bei km 7,7 rechts, nächste links und auf Pfad weiter. Bei km 8,1 rechts auf Teerweg. Bald links Treppe hinauf und anschließend links an Weingärten entlang.
8,9 / 170 m Rechts bergab. Bald auf Straße (»X«) rechts nach Ober-Laudenbach. Am Ortsende links für 200 m auf »Steigweg«. Dann zweite rechts (»X«) und auf Schotter talaufwärts.
12,8 / 372 m An der »Juhöhe« scharf rechts (»roter Balken«) auf Weg »Juhöhe« weiter. Bei km 14,0 rechts der Markierung »roter Balken« bis Hirschkopf folgen.
16,0 / 345 m Links auf »Postwiesenweg«. Nach 900 m links auf Trail bergab. Bei km 17,1 an Schutzhütte geradeaus, bald Sträßchen queren und anschließend links am Aussichtsturm entlang. Dann auf Höhenweg weiter Richtung »Hirschkopf«.
19,6 / 315 m Kurz nach Betonturm links auf Trail weiter. Nach 100 m, bei einzelnem Häuschen links auf Singletrail scharf bergan. Bei km 20,0 an Hütte »Schauinsland« rechts zur Wegkreuzung »Rothütte«. Hier links auf breitem Weg bergan.

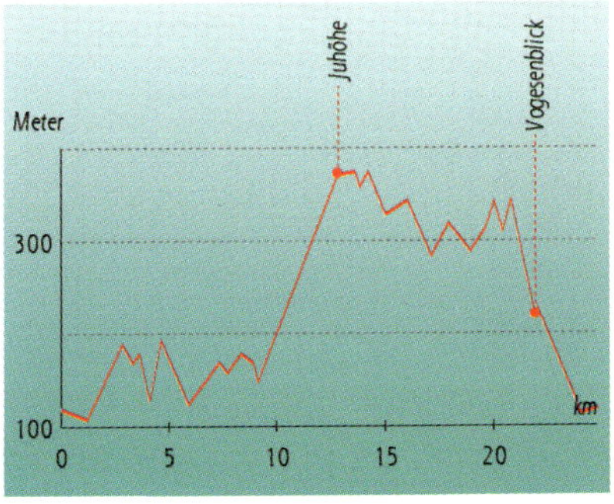

20,8 / 346 m Am Hirschkopfturm auf Pfad bergab (»roter Balken«). Nach 1100 m an Schutzhütte »Vogesenblick« links auf Waldweg (ohne Markierung) weiter. Bei km 22,0 rechts halten. 200 m weiter Schranke passieren und auf zweitem Weg rechts weiter. Bei km 22,8 am Schutzunterstand rechts auf Pfad immer bergab. Ab km 23,2 links (»roter Balken«). 400 m weiter dann links auf Teertreppenweg bergab.
23,8 / 130 m Rechts Gleise queren. Dann auf B 38 durch Weinheim zum Abzweig Richtung »Gorxheim«. Hier links zurück zum Ausgangspunkt (km 24,8 / 120 m).

Start: Von der A 5 bei Kreuz Weinheim Richtung Zentrum. Dieses passieren und in der Steighausstraße in Weinheim, unterhalb Kaufhaus Birkenmeier, starten.
Karte: Topografische Karte 1:50.000, »Odenwald Südwest«, Landesvermessungsamt Baden-Württemberg.
Info: Fremdenverkehrsverein Weinheim, Tel. 06201/99 11 17, Fax 99 11 35.
Bikeshop: Fahrrad Honer, Weinheim, Tel. 06201/1 21 56.

109 Von Weinheim zum Eichelberg

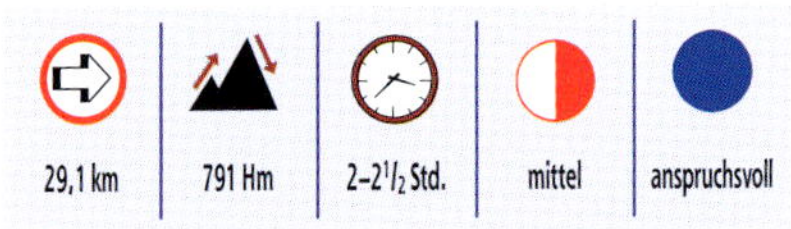

Gleich in Weinheim radelt man durch den bekannten Exotenwald mit seinen mächtigen Mammutbäumen. Aber auch sonst ist die Tour ein ganz besonderes Erlebnis. Denn auf interessanten Wegen kurbelt man immer wieder in schönem Wechsel hinauf und hinab. Über Wurzeln und lockere Steine und an zwei altehrwürdigen Burgen entlang.

km 0,0 / 120 m Auf Straße bergan Richtung Zentrum. Bei Kaufhaus Birkenmeier links halten, dann an Fußgängerzone ge-

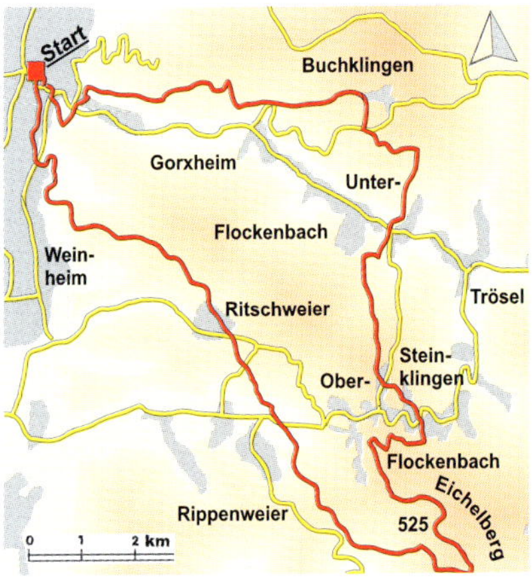

radeaus. Bei km 0,4 links durch die Einbahnstraße (Fahrrad frei). Nach weiteren 100 m rechts.
0,6 / 150 m Rechts auf »Rote-Turm-Str.« (»B«) Richtung Parkplatz »Exotenwald«.
1,1 / 165 m Nach Schlossgarten links auf »Lützelsachsener Str.«. Sofort wieder links auf »Geiersbergstr.« bergauf.
1,2 / 185 m Links auf »Bodelschwinghstr.«. Nach 200 m am Parkplatz »Exotenwald« rechts auf Straße bergan (»R«). Bei km 1,6 Schranke passieren und geradeaus auf Waldweg.
2,0 / 240 m Erst rechts, dann links (»roter Balken«).
2,6 / 245 m Nach Schranke links zur Schutzhütte, dort auf linkem Weg weiter, wieder Schranke passieren, dann rechts Richtung »Geiersberg«.
3,3 / 300 m Rechts bergan Richtung »Ritschweier«. Bei km 4,8 links.
5,9 / 350 m Nach Gabelung auf Pfad weiter, bald Teerweg queren und geradeaus auf Wiesenweg zum Wald. Dort rechts halten.

Start: Von der A 5 am Kreuz Weinheim Richtung Zentrum. Dieses passieren und in der Steighausstraße in Weinheim, unterhalb Kaufhaus Birkenmeier, starten.
Karte: Topografische Karte 1:50.000, »Odenwald Südwest«, Landesvermessungsamt Baden-Württemberg.
Info: Fremdenverkehrsverein Weinheim, Tel. 06201/99 11 17, Fax 99 11 35.
Bikeshop: Fahrrad Honer, Weinheim, Tel. 06201/1 21 56.

7,2 / 345 m Schranke passieren, Straße queren, dann links auf Hohlweg. Nach 300 m, auf der Höhe links zur nächsten Gabelung. Dort rechts auf Teerweg weiter.
7,7 / 380 m Links, bald Schotter. Am Sportplatz rechts (»T auf Kopf«), Treppe hinunter und links auf Straße weiter.
8,4 / 325 m Rechts auf Straße. Bald wieder links, Schranke passieren.
8,9 / 325 m An nächster Schranke ganz links. 200 m weiter links halten.
9,6 / 350 m Rechts am Feld entlang. Nach 600 m links. An nächster Gabelung wieder rechts.
10,8 / 375 m An Hütte links halten. Nach 900 m links bergan.
12,1 / 485 m Links (»X«) weiter. Nach 300 m links auf breiten Weg. Bei km 13,1, gleich nach Kreuzung links auf Pfad (»rotes Quadrat«) Richtung »Mannheimer Hütte«. Bei km 14,0 wieder links. Einige Meter weiter nochmals links und auf Singletrail steil bergan.
14,1 / 525 m Am Aussichtsturm Eichelberg geradeaus (»rotes Viereck«). Bei km 14,4 links auf Singletrail bergab. Anschließend stets geradeaus bis km 15,7. Dort rechts halten. In Oberflockenbach rechts auf Straße weiter zum Sportplatz »Steinklingen«. Dort links (»X«) auf Schotter, später Teer bergab.
16,3 / 270 m In Unterflockenbach erst rechts auf Hauptstraße, dann links (»X«) bergan.
21,5 / 400 m Nach heftigem Anstieg links (»X«) weiter. Bei km 22,5, am Bushäuschen in Buchklingen, Straße nach rechts Richtung »Friedhof« queren. Dort links halten (»X«).
24,3 / 355 m Rechts auf Trail Richtung »Birkenaublick« (»weißes Quadrat«).
24,9 / 320 m An Kreuzung ganz rechts.
25,6 / 290 m An der Friedrichshütte rechts, an nächster Gabelung etwas links und 100 m weiter rechts bergan.
27,2 / 320 m An Rechtsabzweig zur Wachenburg links auf Trail bergab. Nach

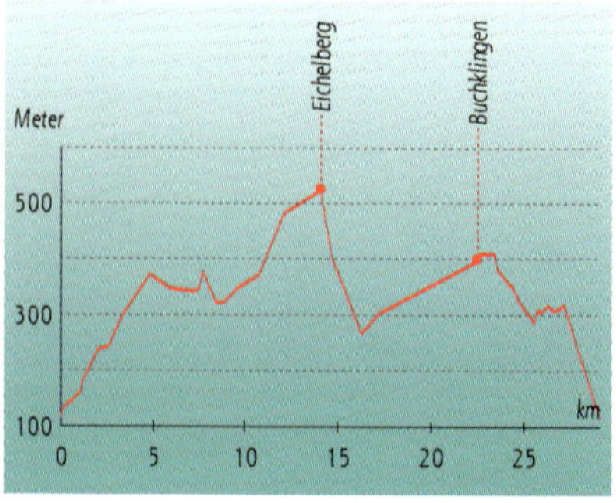

100 m links halten, bald Schotterweg kreuzen. An der nächsten Gabelung auf Waldweg weiter. Bei Treppe dann links und auf Teerweg bergab.
27,7 / 250 m Rechts auf Teer bergab. Nach 300 m bergan zur Ruine Windeck. Kurz vorher links auf Teerweg bergab nach Weinheim (km 29,1 / 120 m).

Wiesenabfahrt von Buchklingen nach Weinheim

110 Katzenbuckel

30,3 km | 543 Hm | 1½ Std. | leicht | leicht

Start: In Eberbach am Neckarhafen, über die B 37 aus Richtung Heidelberg oder Heilbronn erreichbar.
Karte: Topografische Karte 1:50.000, »Odenwald Südwest«, Landesvermessungsamt Baden-Württemberg.
Info: Tourist Information Eberbach, Kellereistraße 36, 69412 Eberbach, Tel. 06271/48 99, Fax 06271/13 19, E-Mail tourismus@eberbach.de, Internet www.eberbach.de.
Bikeshop: Rad Point Eberbach, Adolf-Knecht-Str. 8, 69412 Eberbach, Tel. + Fax 06271/91 63 55, E-Mail rad-point@gmx.de, Internet www.rad-point.de.

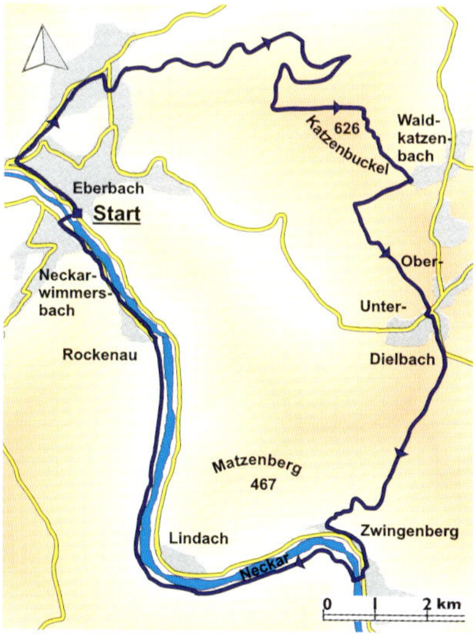

Wo der Odenwald schon fast zu Ende ist, erhebt sich aus dem Neckartal heraus die höchste Erhebung dieses Mittelgebirges: der Katzenbuckel – ein ehemals aktiver Vulkan. Mit 626 Metern Seehöhe gehört er zwar nicht unbedingt zu den größten Gipfeln dieser Welt, aber für Biker ist die Höhendifferenz von 500 Metern schon genug.

km 0,0 / 125 m Man startet am Neckarhafen in Eberbach direkt unter der Neckarbrücke und rollt auf der B 37 dann 450 m flussabwärts. Dort rechts zum Zentrum Eberbach abbiegen. Bei km 0,6 am Kurhaus links. Bald an einer Tankstelle rechts auf Straße bis zur zweiten Bahnunterführung. Hier wieder rechts. Nach weiteren 340 m rechts auf schmälere Straße abbiegen.
2,9/ 175 m Nach Fabrik rechts. Knapp 200 m weiter links auf »H.-Weihrauch-Str.« bergan.
3,3 / 172 m Links Richtung »Gaimühle«. Nach 290 m rechts auf Schotterweg (ohne Markierung) immer geradeaus bergan.
7,7 / 390 m Scharf rechts herum und weiter auf Schotter bergan.
9,1 / 436 m An Gabelung links bergan. Etwas weiter geradeaus auf mittlerem Weg über Kreuzung.
9,9 / 520 m Nach einer Wildsperre erreicht man eine Kreuzung mit Schutzhütte. Hier scharf links auf Schotterweg (»blaue Raute«).
10,5 / 518 m Rechts auf Singeltrail bergan, Markierung beachten. Bei km 11,1, gleich nach Grillplatz mit Hütte links. Etwas weiter wieder rechts auf Trail bergan.

11,4 / 626 m Auf dem Katzenbuckel erst rechts. Bei einer Hütte links (»blaue Raute«) und auf Schotter 500 m bergab. Nun etwas links halten und auf Trail weiter.
12,1 / 572 m Auf Teer 700 m weiter bis Waldkatzenbach. Hier scharf rechts auf Teer bis zu Parkplatz. Danach geradeaus auf Schotter weiter bis zum Wald. Dort bei km 13,4 scharf links auf Schotter weiter. Anschließend auf Feldweg geradeaus nach Oberdielbach.
15,0 / 480 m Dort im Ort rechts. Nach 250 m rechts an Kirche entlang und dann links auf Straße Richtung »Schollbrunn«. Bei km 16,2 erst rechts, dann

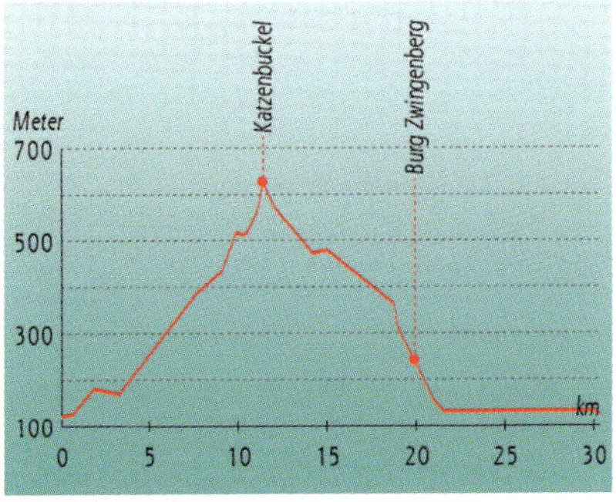

geradeaus durch Dielbach-Post (»rote Raute«).
18,7 / 365 m An größerem Platz halbrechts auf Pfad (Tragestrecke) bergab. Nach 300 m etwas links durch die Wolfsschlucht bergab.
19,9 / 240 m An der Burg Zwingenberg links (»R«) auf Teer bergab.
20,9 / 160 m Nach Bahnunterführung links auf Fußweg (»rote Raute«) bergab. Nach 60 m rechts, bald B 37 queren. Dann per Fähre (kostenpflichtig) über den Neckar. Am anderen Ufer rechts und auf Neckarradweg zurück nach »Eberbach«.
21,5 / 135 m Etwas links bergan, nach 110 m rechts.
30,1 / 137 m Rechts über Neckarbrücke, dann per Treppe hinab zum Startpunkt (km 30,3 / 125 m).

Zu zweit ist's doch unterhaltsamer…

111 Neckarrunde

18,2 km | 563 Hm | 2–2½ Std. | mittel | mittel

Start: Zentrum von Neckarsteinach (Abzweig nach Schönau), auf der B 37 aus Richtung Heidelberg oder Heilbronn zu erreichen.
Karte: Topografische Karte 1:50.000, »Odenwald Südwest«, Landesvermessungsamt Baden-Württemberg.
Info: Verkehrsamt Neckarsteinach, Hauptstr. 7, Tel. 06229/9 20 00, Fax 06229/3 18, E-Mail stadtneckarsteinach@t-online.de, Internet www.neckarsteinach.com.
Bikeshop: Rad Point Eberbach, Adolf-Knecht-Str. 8, 69412 Eberbach, Tel. + Fax 06271/91 63 55, E-Mail rad-point@gmx.de, Internet www.rad-point.de.

Wie Perlen an einer Schnur reihen sich über Neckarsteinach gleich vier Burgen aneinander. Da wäre zunächst einmal die Ruine Schadeck, im Volksmund »Schwalbennest« genannt, sowie die Hinter-, Mittel- und die Vorderburg. Verbunden werden diese alten Gemäuer von einer spannenden, von reichlich Singletrails durchsetzten Powerrunde.

km 0,0 / 130 m Ab Zentrum Neckarsteinach (Abzweig nach Schönau) zunächst auf B 37 Richtung »Eberbach«. Nach 600 m rechts über Laufsteg der Neckarschleuse (»gelbe Raute«) Richtung »Dilsberg«.
0,9 / 130 m Links auf Singletrail bergan Richtung »Dilsberg«. Nach 100 m rechts heftig bergan.
1,1 / 140 m Scharf rechts, nach 400 m auf zweiten Weg bergan.
1,8 / 275 m Links. Nach 100 m scharf rechts zur Feste.
2,0 / 298 m Auf Pflaster durch mittelalterlich anmutenden Ort Dilsberg.
2,3 / 295 m Ab nächstem Burgportal abwärts auf Teer.
2,9 / 245 m Rechts auf Teer

bergab. Nach 300 m rechts auf »Neckargemünder Str.« weiter.
4,2 / 200 m Links auf Teerweg »Am Brunnacker« weiter (»roter Punkt«).
4,7 / 145 m Scharf links auf Straße »Am Mühlwald«. Nach 200 m auf Schotter weiter bergan.

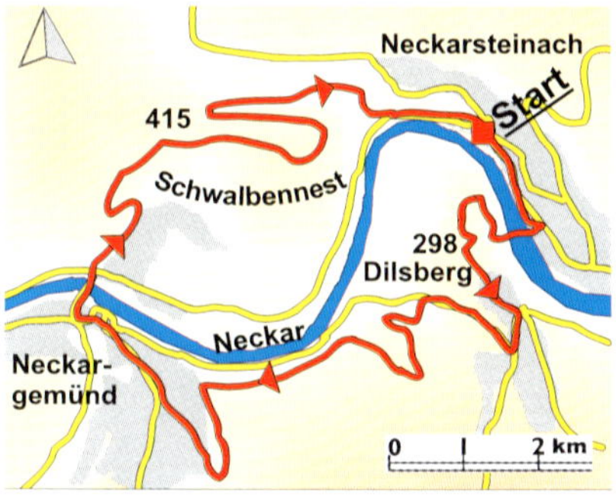

5,0 / 160 m Nach Schranke rechts. 400 m weiter scharf rechts.
5,7 / 240 m Rechts bergab auf Trail. Nach 100 m rechts auf Hohlweg weiter.
5,9 / 220 m Auf Platz links, dann auf Hangweg oberhalb des Neckars bleiben.
7,3 / 225 m Bei Hütte rechts auf Singletrail bergab nach »Neckargemünd«.
7,5 / 195 m Links (ohne Markierung), geradeaus an Treppe entlang. Immer auf Weg oberhalb der Häuser bleiben.
7,9 / 205 m Rechts auf Schotterweg weiter.
8,4 / 205 m Rechts. Nach 100 m wieder rechts, Schranke passieren und auf Teer durch Neckargemünd.
8,7 / 205 m Links. Nach 500 m wieder links auf »Wiesenbacher Str.«. Bei km 9,8 geradeaus durchs Stadttor (entgegen Einbahnstraße schieben) zum Marktplatz. Dort rechts durch Gasse. Nächste links.
10,5 / 127 m Rechts über Friedensbrücke. Auf anderer Flussseite erst rechts, dann sofort links auf Teer bergan Richtung »Parkplatz«. Dort links halten (»R«).
11,7 / 208 m Rechts auf Hauptweg bis zu einer Hütte. Dort rechts auf Trail an Grenzsteinen der Landesgrenze entlang (ohne Markierung).
12,8 / 345 m Auf mittlerem Weg Richtung »Ochsenkopf«.
13,6 / 395 m Links bergan. Nach 200 m erreicht man den Gipfel, nun retour zu letztem beschriebenen Abzweig. Dort links auf Schotter weiter. Bei km 14,2 rechts bergab.
15,3 / 240 m Ganz scharf rechts halten. Nach 500 m links ab. Bei km 16,6 Weg kreuzen, dann auf Singletrail (»3«) bergab bis zur Hinterburg. Dort rechts weiter. An nächster Gabelung etwas links (»R«) zur Mittelburg. Dort dann links bergab.
17,6 / 130 m Links zur Straße, dort rechts zum Ausgangspunkt in Neckarsteinach (km 18,2 / 130 m).

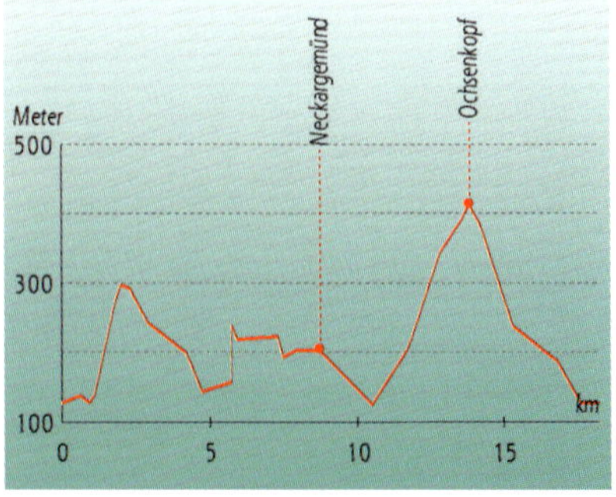

Odenwald

112 Königsstuhl

27,6 km | 825 Hm | 2–2½ Std. | mittel | anspruchsvoll

Start: Nahe dem Bahnhof Karlstor in Heidelberg.
Karte: Topografische Karte 1:50.000, »Odenwald Südwest«, Landesvermessungsamt Baden-Württemberg.
Info: Verkehrsverein Heidelberg, Postfach 105860, 69048 Heidelberg, Tel. 06221/ 1 94 33, Fax 06221/14 22 22, E-Mail info@cvb-heidelberg.de, Internet www.cvb-heidelberg.de.
Bikeshops: German Cycles, Rohrbacher Str. 79, 69115 Heidelberg, Tel. 06221/16 65 18. Quadrad, Kurfürstenanlage 62, 69115 Heidelberg, Tel. 06221/16 48 05.

Heidelberg, diese bekannte Metropole der Wissenschaft, hat eine wahrhaft tolle Tour zu bieten, wobei wundervolle Singletrails die Hauptrolle spielen. Wie der hammerharte Edelpfad beispielsweise, der ganz zum Schluss der Runde vom Königsstuhl aus retour und vor allem bergab nach Heidelberg führt.

km 0,0 / 105 m Nahe Bahnhof Heidelberg-Karlstor Schleusensteg über Neckar passieren. Am anderen Flussufer links, dann rechts auf geteerter »Hirschgasse« bergan.
1,0 / 165 m Kurz vor Schranke rechts auf Singletrail bergan. Nach 400 m scharf rechts (»R«) auf Schotterweg weiter.
2,0 / 250 m Links Richtung »Ziegelhausen« halten. 200 m, kurz nach Moltke-Hütte rechts auf Singletrail weiter.
3,5 / 240 m Rechts auf Schotter bergab. Nach einigen Metern ganz links halten.
5,2 / 220 m Rechts zum Parkplatz »Büchsenackerköpfle«. Dann links auf Singletrail, Straße queren und auf Teer weiter.
6,0 / 180 m Links auf Straße bergan, keine Markierung.
7,2 / 200 m Rechts auf geteertem »Köpfleweg« bergab. Nach 200 m rechts bergab. Nach weiteren 300 m rechts auf »Peterstaler Str.«.
8,4 / 113 m Links durch Fußgängerzone von Ziegelhausen (»R«).
8,7 / 115 m An der kleinen Kirche links, sofort wieder rechts und auf »Schönauer Str.« weiter.
9,7 / 250 m An Wegespinne links (»R«).
10,2 / 185 m Am Bach links, sofort etwas rechts, nach 100 m auf linkem oberen Weg weiter.
11,2 / 225 m Links um Kurve herum und auf breitem Weg bergan.
11,4 / 255 m An Platz rechts, Weg kreuzen, dann links bergan halten.
14,1 / 208 m Rechts und weiter zum Parkplatz. Dort rechts bergab ins Tal nach Kleingemünd.

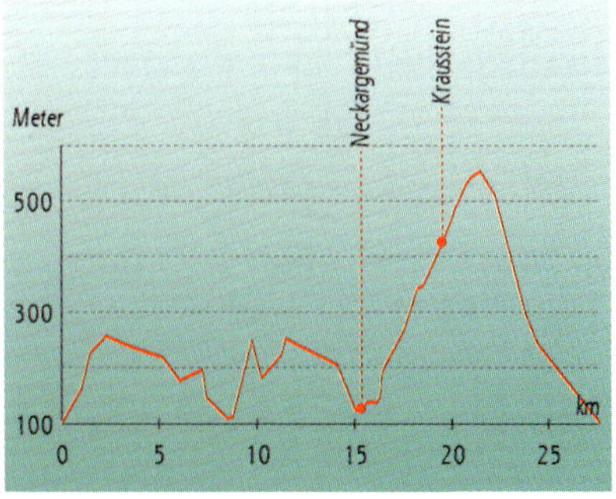

15,0 / 127 m Neckar auf Friedensbrücke (B 37) queren, dann auf anderer Seite in Neckargemünd rechts.
15,6 / 140 m Rechts der »Schützenhausstr.« folgen (»roter Punkt«).
16,1 / 140 m An Schule links Richtung »Schützenhaus«.
16,3 / 150 m Auf »Walkerstr.« Richtung »Königsstuhl«.
16,4 / 195 m Rechts, sofort links, Teer verlassen, Schranke passieren und auf Schotter bergan. An erster Kreuzung geradeaus, an zweiter rechts markiertem Weg (»R«) folgen.
17,5 / 270 m Links (»R«). Bei km 18,2 rechts Richtung »Kraussstein«.
18,5 / 350 m Auf mittlerem Weg weiter, nach 400 links halten.

19,5 / 426 m An Kraustein-Hütte auf mittlerem Weg bergan.
19,9 / 465 m Teerweg geradeaus kreuzen.
20,7 / 530 m An Hütte halbrechts auf Grasweg bergan. Nach 300 m rechts auf Schotter weiter.
21,2 / 550 m Rechts auf schmälerem Weg, nach 200 m rechts.
21,5 / 555 m Rechts auf Teer zum Gasthaus, kurz vorher links (Bergstation Königsstuhlbahn) auf Trail bergab.
22,2 / 515 m Scharf rechts. Nach 500 m rechts, Schotterweg kreuzen, sofort links auf Trail bergab. Bei km 23,1 erneut Forstweg kreuzen (»roter Punkt«).
23,8 / 300 m An Bergbahnstation links auf Teer, dann sofort wieder rechts und am Gasthof »Molkenkur« entlang bergab auf Trail. Nach 100 links halten.
24,4 / 245 m Geradeaus. Nach 400 m rechts auf Schotter. Bald auf Teer am Schloss entlang. Dann bergab zur B 37. Hier rechts. Kurz vor Tunnel links und durch die Altstadt (»Marstallstr.«) bis zum Neckar. Hier nun links zurück zum Ausgangspunkt (km 27,6 / 105 m).

113 Von Leimen zum Königsstuhl

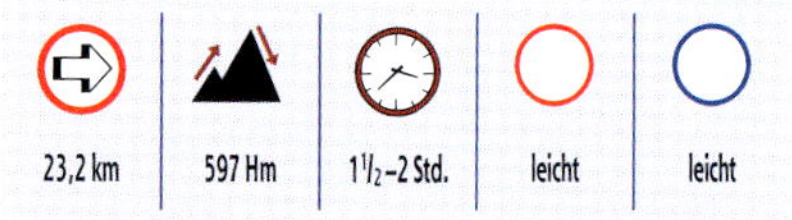

Start: In Leimen, südlich von Heidelberg, an der Brauerei im Zentrum.
Karte: Topografische Karte 1:50.000, »Odenwald Südwest«, Landesvermessungsamt Baden-Württemberg.
Info: Stadtverwaltung Leimen, Rathausstr. 8, 69181 Leimen, Tel. 06224/70 40, Fax 06224/70 41 50, E-Mail stadt@leimen.de, Internet www.leimen.de.
Bikeshops: German Cycles, Rohrbacher Str. 79, 69115 Heidelberg, Tel. 06221/16 65 18. Quadrad, Kurfürstenanlage 62, 69115 Heidelberg, Tel. 06221/16 48 05.

Von Boris Beckers Heimatstadt Leimen geht es erst auf Teer, dann auf Singletrails und Schotterwegen bergan. Dabei gewinnt man schnell an Höhe und schon bald hat man den Königsstuhl erreicht. Vom gleichnamigen Gasthof hat man dort oben einen tollen Blick auf Heidelberg und die Rheinebene.

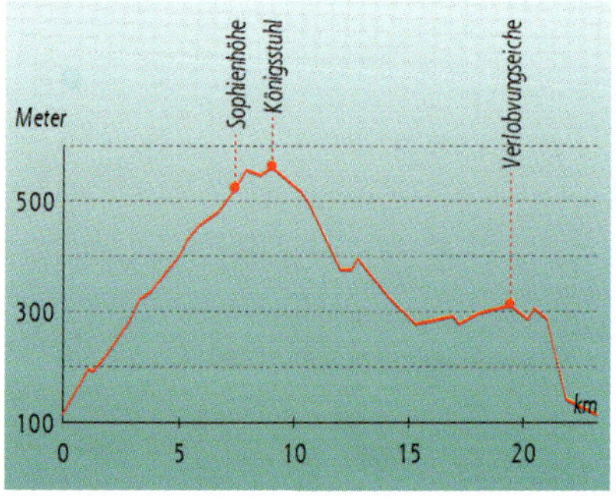

km 0,0 / 118 m Ab Leimen-Zentrum auf Straße Richtung »Gaiberg«. Nach 200 m rechts auf »Weintweg«, dann links auf »Steige« weiter.
1,1 / 200 m An Parkplatz bei Sportplatz etwas rechts und auf Treppenweg bergan. 50 m weiter links auf Teer weiter (»R«).
1,3 / 195 m Rechts auf Teer weiter. Nach 500 m Straße queren, sofort rechts auf Waldweg.
1,8 / 220 m Treppe hinauf, Schranke passieren und auf Teerweg.
2,3 / 250 m Rechts auf Singletrail Richtung »Heidelberg« (»R«). Bei km 2,9 geradeaus auf Trail (ohne Markierung).
3,3 / 325 m Rechts halten. Nach 300 m geradeaus auf Schotter Richtung »Heidelberg«.
5,4 / 435 m Geradeaus, Schranke passieren, dann rechts auf Straße bergan. An nächster Straßengabelung wieder rechts halten. Bei km 5,9, kurz vor Parkplatz links auf »Oberer-St.-Nikolaus-Weg« weiter.
6,7 / 485 m An Schutzhütte rechts auf Singletrail weiter zur Hütte »Sophienhöhe«. Dort geradeaus Richtung Sternwarte (»gelbes Dreieck«).
7,9 / 560 m Nach Schranke rechts auf Straße.
8,5 / 550 m Links auf Schotterweg. Nach 100 m rechts, Straße kreuzen und über Parkplatz zum Gasthaus »Königsstuhl«. Dann rechts am Sendeturm entlang. Nächste links und auf Teer Richtung »Bismarckhöhe«. Bei km 9,5 rechts halten.
10,3 / 520 m Rechts auf »Rundweg« weiter.

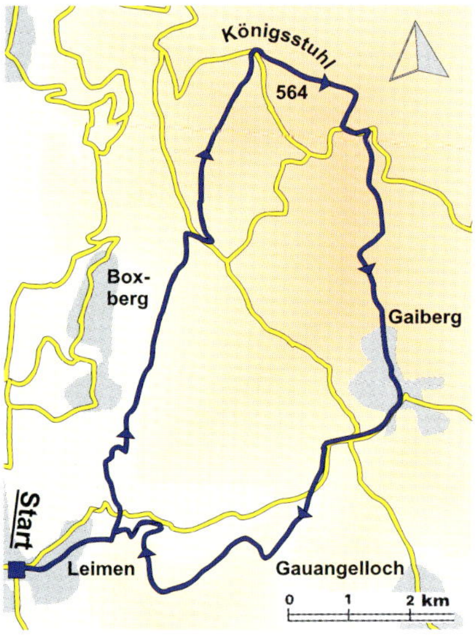

10,8 / 485 m Geradeaus über Wegespinne. 400 m weiter etwas rechts zur Straße. Dort links halten.
12,0 / 380 m Straße nach rechts verlassen (»X«). Kurz nach dem Michelbrunnen dann rechts auf Trail bergan. Bei km 12,8 geradeaus auf Schotter weiter, bald an Stephanshütte entlang.
14,1 / 330 m Links auf Trail bergab bis Brunnen, dort rechts und bald auf Teer geradeaus durch Gaiberg. Dort an Kirche rechts. Bei km 16,9 links auf geteertem Feldweg abbiegen.
18,0 / 300 m Rechts auf Schotter bergan. Nach 300 m wieder links auf Teer. Nach weiteren 700 m geradeaus auf Schotter weiter.
19,4 / 315 m Rechts, nach 800 m, nahe der Straße, scharf links.
21,0 / 290 m Rechts bergab. Nach 400 m rechts.
21,9 / 145 m Links auf Teerweg zum Parkplatz am Sportplatz, dann geradeaus auf Straße »Steige« zum Ausgangspunkt (km 23,2 / 118 m).

Blick über die Rheinebene

114 Weißer Stein

Auch die Nordseite des Neckartals bietet erstklassige Bikemöglichkeiten. Bestes Beispiel dafür ist die hier vorgestellte Tour zum Weißen Stein. Die Auffahrt führt vorwiegend über Teer und damit schnell zum höchsten Punkt. Dann geht's bergab. Erst auf einem Singletrail, dann folgt ein Superdownhill an den Burgen Neckarsteinachs entlang.

km 0,0 / 180 m In Schönau von der Hauptstraße in die »Ziegelhäuser Str.« abbiegen. Dann rechts halten und an der »Odenwald Chemie« entlang talaufwärts.
1,5 / 250 m Rechts auf Teer weiter um die Kurve herum, dann etwas rechts an Häusern entlang.
2,2 / 285 m Geradeaus über Parkplatz. Nach wenigen Metern, an Schutzhütte und Brunnen scharf links auf Hangweg weiter.
4,0 / 320 m Am Bach links auf Teer bergan.
5,0 / 380 m Kurz nach »Münchelbrunnen«, bei Forsthütte scharf rechts auf »Ameisenbuckelweg« (»gelbe Raute«) bergan.
7,1 / 440 m An Hütte »Sitzbuche« geradeaus Richtung »Langer Kirschbaum«.
8,8 / 525 m An einer großen Schutzhütte geradeaus weiter.
9,4 / 520 m Links bergab Richtung »Weißer Stein«.
11,4 / 505 m Rechts auf schmaleren Weg weiter, bald Schranke passieren.
12,0 / 552 m Vor Aussichtsturm links auf Teer Richtung »Heidelberg«.
12,5 / 530 m Geradeaus über Waldparkplatz, Schranke passieren, dann rechts halten (»Raute«) Richtung »Holdermannseiche«. Dort (km 14,9) rechts, sofort wieder etwas rechts und auf Singletrail bergab. Etwas weiter, dann links auf Trail bergan.
15,4 / 360 m An der »Zollstockhütte« etwas rechts (»Raute«) weiter.
15,8 / 360 m Links Richtung »Heiligenberg« bergan. Nach 300 m rechts halten. Nach weiteren 100 m wieder rechts.

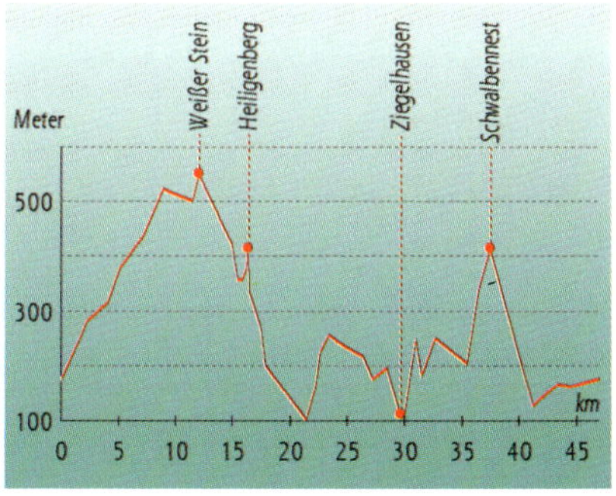

16,4 / 340 m Links, etwas rechts und auf »Bittersbrunnenweg« trailmäßig bergab. Nach wenigen Metern scharf links. Bei km 16,9 Straße kreuzen und dann auf Trail weiter bergab.
17,4 / 275 m Erst rechts auf Schotter, dann links auf Trail weiter. Bei km 17,8 rechts zu Häusern. Dort auf geteertem »Hainsbachweg« bergab durch Neuenhain. Dann links zur Hauptstraße. Hier ebenfalls links zum Neckar. Dort links an Fluss entlang.
21,4 / 105 m Kurz vor Schleuse links in »Hirschgasse« abbiegen.
22,2 / 165 m Kurz vor Schranke rechts auf Singletrail bergan. 400 m weiter scharf rechts (»R«) auf Schotter weiter. Bei km 23,2 links (»R«).
23,4 / 260 m Kurz nach Moltke-Hütte rechts auf Singletrail.
24,7 / 240 m Rechts auf Schotterweg bergab, bald ganz links.
26,4 / 220 m Rechts über Parkplatz »Büchsenackerköpfle«, dann links halten.
27,2 / 180 m Links auf Straße bergan (ohne Markierung).
28,4 / 200 m Rechts auf geteertem »Köpfleweg« bergab. Nach 200 m rechts halten. Nach weiteren 300 m rechts auf »Peterstaler Str.« weiter.
29,6 / 113 m Links durch Fußgängerzone von Ziegelhausen (»R«).
29,9 / 115 m An Kirche links, dann wieder rechts der »Schönauer Str.« folgen.
30,9 / 250 m Links halten (»R«).
31,4 / 185 m Am Bach links, sofort etwas rechts. Nach 100 m auf linken oberen Weg weiter.
32,6 / 255 m An Platz rechts, Weg kreuzen etwas links bergan.
35,3 / 208 m Links bergauf bis zur Hütte, dort rechts dem mittleren Weg (Trail) an Grenzsteinen der Landesgrenze entlang folgen.
36,4 / 345 m Auf mittlerem Weg Richtung »Ochsenkopf«. 800 m weiter links bergan zum Gipfel. Dort retour zum letzten Abzweig. Dann links auf Schotter weiter. Bei km 37,8 rechts bergab. Bei km 38,9 ganz scharf rechts. Nach 500 m erneut links und auf Singletrail (»3«) zickzack bergab zur Hinterburg. Dort rechts weiter. Nächste Gabelung etwas links (»R«) zur Mittelburg, dort links bergab.

Start: In Schönau im Steinachtal, nördlich von Neckarsteinach.
Karte: Topografische Karte 1:50.000, »Odenwald Südwest«, Landesvermessungsamt Baden-Württemberg.
Info: Verkehrsamt Neckarsteinach, Hauptstr. 7, Tel. 06229/9 20 00, Fax 06229/3 18, E-Mail stadtneckarsteinach @t-online.de, Internet www.neckarsteinach.com.
Bikeshop: Rad Point Eberbach, Adolf-Knecht-Str. 8, 69412 Eberbach, Tel. + Fax 06271/91 63 55, E-Mail radpoint@gmx.de, Internet www.radpoint.de.

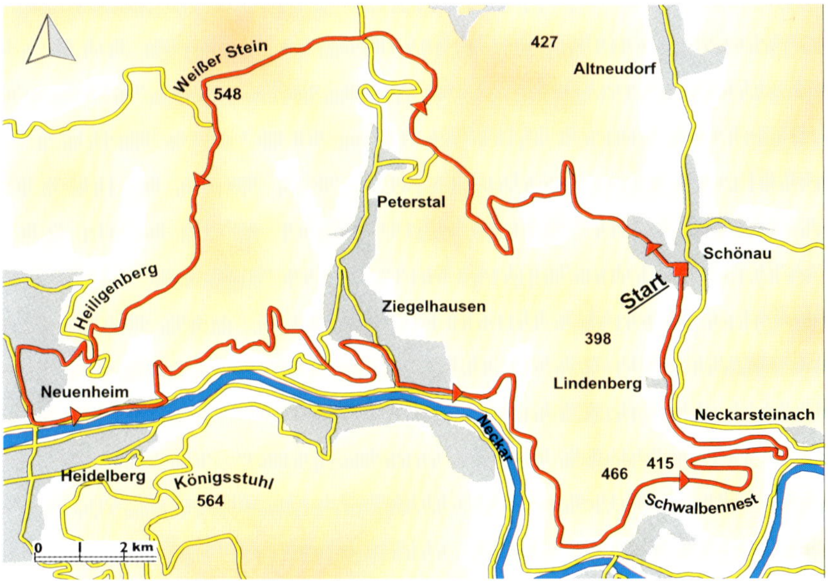

Einsamkeit ist Trumpf im Odenwald.

41,2 / 130 m Links zur Straße. Dort links. Nach 500 m an Eisenbahntunnel wieder links und auf Schotter weiter. Bei km 43,0 rechts Schranke Richtung »Schönau« passieren.
43,2 / 170 m Rechts bergab. Ab km 44,4 auf Teer an Häusern entlang zum Ausgangspunkt (km 46,9 / 180 m).

Odenwald

115 Von Schriesheim zum Weißen Stein

25,9 km | 692 Hm | 2–2½ Std. | mittel | anspruchsvoll

Start: Am Friedhof in Schriesheim, nördlich von Heidelberg an der B 3.
Karte: Topografische Karte 1:50.000, »Odenwald Südwest«, Landesvermessungsamt Baden-Württemberg.
Info: Verkehrsverein Heidelberg, Postfach 105860, 69048 Heidelberg, Tel. 06221/1 94 33, Fax 06221/14 22 22, E-Mail info@cvb-heidelberg.de, Internet www.cvb-heidelberg.de.
Bikeshops: German Cycles, Rohrbacher Str. 79, 69115 Heidelberg, Tel. 06221/16 65 18. Quadrad, Kurfürstenanlage 62, 69115 Heidelberg, Tel. 06221/16 48 05.

Auf der alten Bergstraße radelt man auf Teer von Schriesheim nach Leutershausen. Entlang der Weingärten am Fuß des Odenwaldes bietet dieses Stück eine nette Warmfahrphase. Die sollte man auch nutzen, denn danach wird's immer doller. Das letzte Stück schließlich hat den Charakter eines alpinen Hammertrails: eng, felsig und nicht ganz ungefährlich.

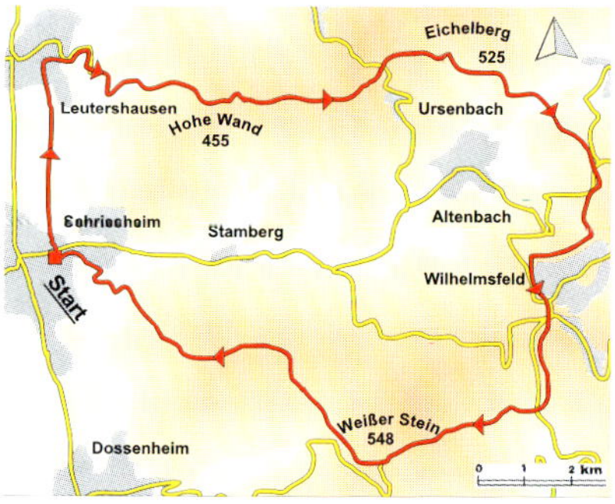

km 0,0 / 120 m Ab dem Friedhof in Schriesheim auf markiertem Fahrradweg (»Alte Bergstr.«) nach Leutershausen. Dort geradeaus bis zur »Vordergasse«. Hier rechts.
2,7 / 130 m Erst rechts in die »Obergasse«, dann links auf »Steig« Richtung »Friedhof«.
3,9 / 225 m Am Grillplatz scharf links, nach wenigen Metern wieder rechts, weiter bergan.
4,9 / 330 m Rechts auf »Leichtweg« weiter. Bei km 5,7 rechts auf Pfad am »Birkenbrünnle« entlang. Danach rechts zu einer Hütte. Hier auf »Leichtweg« Richtung »Mannheimer Hütte«.
7,0 / 365 m Geradeaus an Hütte entlang. Nach 600 m rechts. An Schriesheimer Hütte wieder etwas links und steil bergan (»Rotes Quadrat«).
8,3 / 450 m Auf Höhe links auf Teer bergab.
8,9 / 391 m Straße queren, sofort rechts weiter (»rotes Viereck«).
9,7 / 375 m An Gabelung unterhalb Eichelberg rechts (»T auf dem Kopf«).
10,8 / 410 m An Hütte links halten.
11,7 / 425 m Links. Nach 400 m gilt Markierung »X« bis »Langer Kirschbaum«.
12,4 / 480 m Links zur Straße, dann rechts an ihr entlang.
12,8 / 475 m Straßenabzweig queren, geradeaus (»X«).
13,1 / 465 m Nahe Straße links durch Schranke bergan.
14,0 / 500 m Über Parkplatz, dann auf Straße durch Wilhelmsfeld-Oberdorf bergab.
15,1 / 450 m Links auf Straße weiter. Nach 200 m am »Schriesheimer Hof« rechts, dann links in »Heidelberger Str.«, sofort wieder links.
15,4 / 445 m An Parkplatz rechts bergan auf Schotter (»X«). Nach wenigen Metern wieder rechts auf Trail bergan. Bei km 15,9 rechts auf Schotter weiter.
16,8 / 515 m An Parkplatz »Langer Kirschbaum« Straße queren. Dann rechts auf Waldweg (»gelbe Raute«).
17,3 / 520 m An Gabelung rechts, dann geradeaus zum Fernsehturm.
19,2 / 552 m An Gasthaus »Weißer Stein« und Aussichtsturm rechts vorbei, dann per Waldweg (»gelbe Raute«) bergab.
19,8 / 505 m Rechts auf Straße. Nach 200 m rechts auf Parkplatz, dann Schranke passieren, sofort links auf Pfad weiter. Bei km 20,5 ganz rechts auf Pfad bleiben. Nach 300 m links auf Pfad weiter.
21,3 / 455 m Links auf Schotter. Nach 50 m am Jägerstand links ab.
21,6 / 390 m Nach Steinhütte rechts, sofort etwas links auf Schotter. Bei km 21,9 rechts halten (»gelbe Raute«).
22,4 / 360 m An Kreuzung rechts. Nach 1000 m links bergan.
23,7 / 375 m Rechts zur Hütte, dort wieder rechts und auf Trail bergab. Bei km 24,2 links (ohne Markierung) auf Trail bergab.

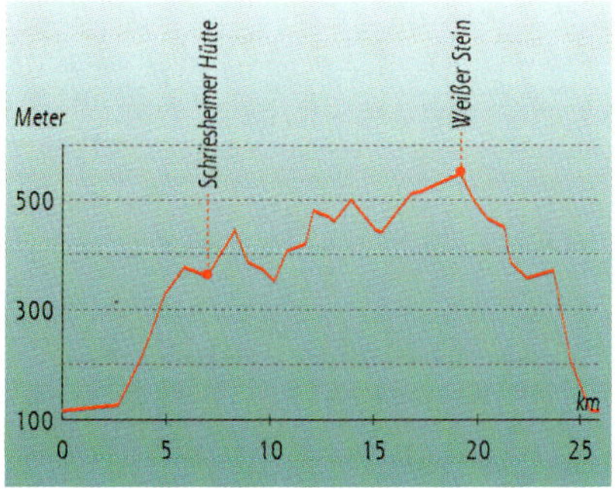

24,5 / 210 m Links auf Schotter, dann rechts über Parkplatz zur Burg. Vor dem Portal rechts auf Trail bergab bis zur Straße. Hier links auf »Burgweg« zur Straße. Dort rechts durch die »Bachgasse«, dann wieder links.
25,5 / 120 m Rechts in »Weinheimer Str.«. Übernächste links. Nach 200 m rechts und zurück (km 25,9 / 120 m).

116 Wolfsgrube

45,5 km | 1035 Hm | 3–4 Std. | anspruchsvoll | mittel

Start: Nördlich des Neckartals erreicht man über Schönau Heiligkreuzsteinach. Start ist dort an der Kirche am Markt.
Karte: Topografische Karte: 1:50.000, »Odenwald Südwest«, Landesvermessungsamt Baden-Württemberg.
Info: Verkehrsamt Neckarsteinach, Hauptstr. 7, Tel. 06229/9 20 00, Fax 06229/3 18, E-Mail stadtneckarsteinach@t-online.de, Internet www.neckarsteinach.com.
Bikeshop: Rad Point Eberbach, Adolf-Knecht-Str. 8, 69412 Eberbach, Tel. + Fax 06271/91 63 55, E-Mail rad-point@gmx.de, Internet www.rad-point.de.

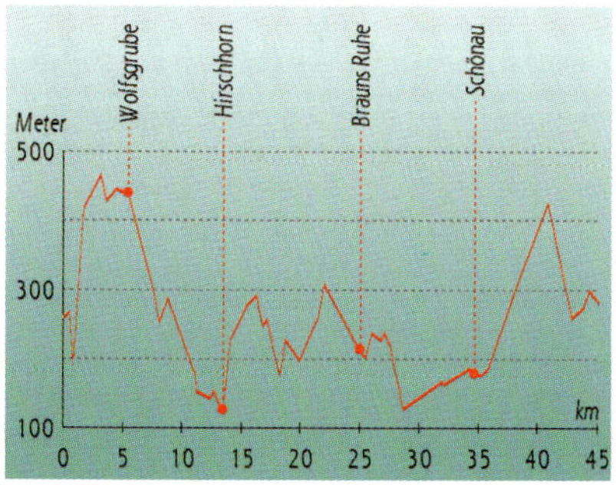

Der Start ab Heiligkreuzsteinach ist äußerst konditionsschwächend. Mit teilweise über 25 % geht es den Berg hinauf. Übers Eichköpfle kurbelt man dann zur Wolfsgrube. Dort wartet ein schneller Schotterdownhill ins Neckartal. Über Hirschhorn, Neckarsteinach und Schönau rollt man zurück in die Einsamkeit des Odenwaldes.

km 0,0 / 261 m Ab Heiligkreuzsteinach an der Kirche auf Straße Richtung »Eiterbach«.
0,5 / 270 m Rechts auf »Weinweg«, später Waldweg bergan (»Raute«) Richtung »Eichköpfle«.
1,3 / 390 m An Fahrstraße links 100 m weiter bis zum Parkplatz »Eichköpfle«. Dort rechts (»rotes Quadrat«) auf Waldweg Richtung »Wolfsgrube«.
1,7 / 420 m Links ab, dann auf Trail geradeaus bis Wolfsgrube.
5,4 / 440 m Links zum Platz »Wolfsgrube«. Dort zweite links Richtung »Hirschhorn« (ohne Markierung). →

➘ Bei km 5,6 links auf Schotter bergab. Nach 300 m geradeaus.
8,1 / 256 m Links auf Schotterweg leicht bergan. Bei km 8,3 links. Nach 400 m auf Platz ganz links halten.
10,0 / 185 m Am Laxbach entlang talabwärts (»weiße Raute«).
10,8 / 180 m Links, Treppe hinab, dann markiertem Trail folgen.
11,1 / 180 m Rechts auf Waldweg weiter am Bach entlang.
12,4 / 145 m Rechts bergauf. Nach 200 m links auf Teer bergab.
13,0 / 126 m An Bahnunterführung geradeaus auf Teer (»R«).
13,4 / 127 m An Forstamt »Hirschhorn« rechts steil bergauf. Sofort wieder rechts auf »Steige« bergan. Bald folgt steiler Trail.
13,9 / 170 m Erst rechts, dann links auf Schotterweg weiter.
14,1 / 230 m Links. Nach 800 m rechts auf Grobschotter bergan.
15,4 / 280 m Links. Nach 800 m links bergab.
16,8 / 250 m (!) Rechts auf Pfad bergan. Dann links auf Forstweg weiter. Ab km 18,2 auf Teer bergan.
18,7 / 230 m Links auf Schotter weiter.
19,9 / 200 m Etwas links, weiter bergan.
21,4 / 260 m Auf linkem Weg am Bach entlang bergan.
21,6 / 275 m Links Bach queren. Nach 100 m »Im Gorxrödel« Weg kreuzen, weiter geradeaus bergan. Bei km 22,0 dann links bergab.

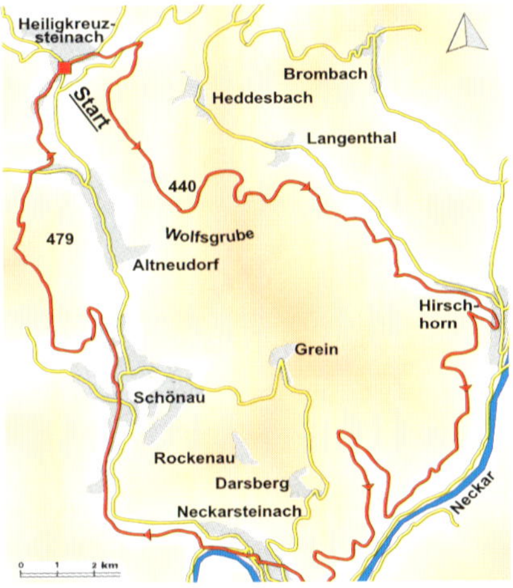

25,0 / 215 m An Brunnen »Brauns Ruhe« links um Kurve herum. Nach 500 m links bergan.
26,0 / 240 m Links auf »Heidenbergweg« Richtung »Neckarsteinach«. Sofort wieder links und bergab. 10 m weiter rechts halten.
27,1 / 240 m Links auf Trail abbiegen. Nach 400 m links bergab.
27,6 / 220 m Rechts halten. Nach 200 m Straße queren und rechts bergab.
28,3 / 130 m An Bahnstrecke in Neckarsteinach rechts, sofort links durch Unterführung. Dann rechts auf Straße weiter.
28,6 / 130 m Rechts auf Straße Richtung »Schönau«.
29,4 / 140 m Am Eisenbahntunnel links und an alten Gleisen und Fluss »Steinach« entlang.
30,7 / 170 m Rechts Schranke Richtung »Schönau« passieren.
31,9 / 170 m Rechts bergab. Nach 200 m auf Teer an Häusern entlang.
34,6 / 180 m Rechts, dann links auf Hauptstraße durch Schönau.
35,3 / 180 m Gegenüber Abzweig »Grein« links, dann zweite rechts.
35,8 / 190 m Links »Erdbeerbuckelweg« hinauf.
36,5 / 255 m Geradeaus. Nach 600 m links.
37,5 / 285 m Rechts halten, dann geradeaus.
38,5 / 320 m Nach Schutzhütte rechts bergan (»T auf Kopf«) bis zum höchsten Punkt.
38,7 / 330 m Bei nächster Schutzhütte rechts (»gelbe Raute«) auf Trail bergab. Nach wenigen Metern rechts halten.
41,2 / 397 m Auf breitem Weg rechts bergab. Nach 300 m scharf links weiter. Bei km 41,8 scharf rechts auf Trail weiter.
41,9 / 307 m Scharf links, sofort rechts auf Schotter bergab bis Straße. Diese queren, dann auf Schotter wieder bergan.
42,9 / 262 m Links. Wenige Meter weiter wieder links.
43,8 / 277 m Rechts weiter. Nach 300 m rechts bergab.
44,3 / 301 m Nun auf Teer geradeaus.
45,1 / 284 m Rechts bergab, dann links zum Ausgangspunkt (km 45,5 / 261 m).

Im Odenwald lässt sich aller Alltagsstress vergessen.

Pfälzer Wald

Der Pfälzer Wald gehört zu den waldreichsten Gegenden Deutschlands mit den bizarrsten Felsformationen, um die sich wunderbare Singletrails schlängeln. In St. Wendel, einer Stadt, in der das Rathaus mittlerweile eher »Radhaus« genannt werden dürfte, bietet man erstklassige Touren an, veranstaltet Events wie das World-Cup-Rennen oder den St. Wendeler Bikemarathon, der ca. 50 000 Leute in die Stadt lockt.

117 Hambacher Schloss

Start: Man startet in Neustadt/ Weinstraße am Hauptbahnhof.
Karte: Topografische Karte »Neustadt« 1:25.000, Landesvermessungsamt Rheinland-Pfalz.
Literatur: Mountainbike-Führer »Pfälzer Wald«, Meininger, Neustadt.

Info: Fremdenverkehrs- und Heilbäderverband Rheinland-Pfalz e.V., Landauer Str. 66, 67434 Neustadt, Tel. 06321/3 91 60.
Bikeshop: Fahr-Rad-Klinik, Branchweilerhofstr. 11, 67433 Neustadt, Tel. 06321/ 1 72 72.

Diese Stichtour führt von Neustadt an der Weinstraße in den Pfälzer Wald, der als eine der waldreichsten Regionen Deutschlands gilt. Aber nicht nur das, denn die Strecke leitet auch am Hambacher Schloss entlang, das im 11. Jahrhundert erbaut wurde und seit dem Pfälzischen Erbfolgekrieg 1689 sein Dasein als Ruine fristet.

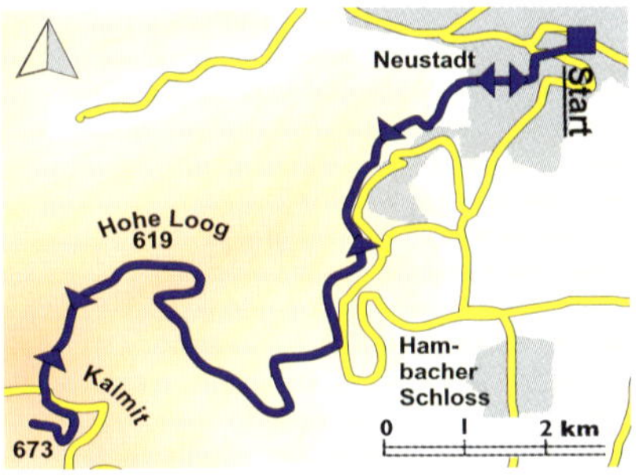

km 0,0 / 130 m Ab dem Hauptbahnhof Neustadt auf Straße zur Ampel. Dort links. An der nächsten Ampel wieder links. Nach insgesamt 400 m rechts auf Straße »Alter Viehberg« steil bergan.
0,6 / 180 m Rechts in die »Waldstr.«. Dann rechts dem markierten Weg Richtung »Hambacher Schloss« folgen.
1,4 / 220 m Nun links halten und per Serpentinen bergan zum »Mausoleum«.
2,9 / 330 m An Gabelung links halten, nun dem »roten Balken« folgen.
5,3 / 346 m An Parkplatz des Hambacher Schlosses rechts dem »Weinspangenweg« »W« folgen. Bei km 7,5 dem Hauptweg entlang der »Sommerberghütte« folgen.
8,6 / 540 m Rechts auf Singletrail weiter, »W« verlassen. Nach 200 m links Richtung »Hohe Loog« (»5«).
9,5 / 590 m An Wege-T links Richtung »Hohe Loog« (»5«).
10,0 / 619 m An Hohe Loog geradeaus, nun bergab Richtung »Hahnenschritt«.
11,3 / 540 m An Parkplatz »Hahnenschritt« geradeaus die Straße queren. 600 m weiter dann dem »Kederpfad« folgen.

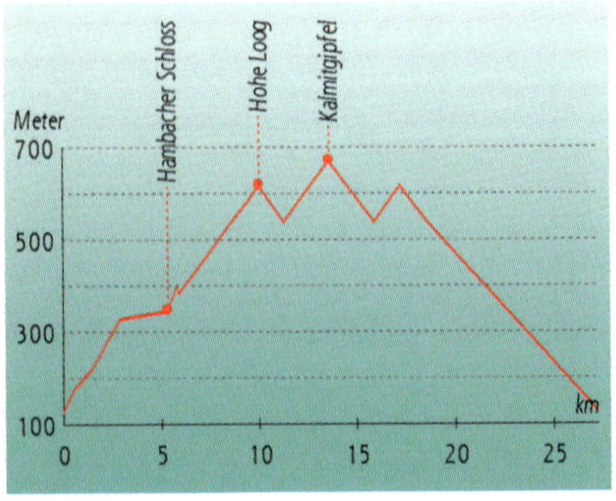

12,6 / 615 m An Kreuzung erst geradeaus, dann links Richtung »Kalmit«. Nach 300 m an Parkplatz »Kalmit« der Zufahrt zum Gasthaus »Kalmit« folgen.
13,6 / 673 m Ab Kalmitgipfel auf gleicher Strecke retour zum Bahnhof in Neustadt (km 27,2 / 130 m).

EXTRA: St. Wendeler Bikemarathon

50 km, 1500 Hm, 3–4 Std an 5–6 Tagen, Kondition: anspruchsvoll, Technik: leicht

Die komplett markierte St. Wendeler Bikemarathonstrecke hat ganz sicher Kultstatus – allein deshalb sollte man sie mal unter die Stollen nehmen. Außerdem verläuft sie größtenteils auf der Worldcup-Strecke und bietet knackige Anstiege bis zu 25 % … Infos unter: Tel. 06851/80 91 61.

Breite Schotterpisten zum Biken gibt es im Pfälzer Wald genug.

Bayerischer Wald

Wer lange Touren auf Waldforstwegen, lange Singletrailabfahrten und ländliches Flair mag, ist hier genau richtig. Die riesigen Waldflächen sind geradezu durchpflügt von Pfaden aller Schwierigkeitsgrade. Und der Große Arber mit seinen 1492 Metern ist allemal eine Besteigung wert, schon wegen der einmaligen Schau über den gesamten Bayerischen Wald, bei klarer Sicht sogar bis hin zu den Alpen.

118 Zwieseler Schnupperrunde

25,7 km | 685 Hm | 1½ Std. | leicht | mittel

Das ist die richtige Tour zum Reinschnuppern in den Bayerischen Wald. Kurze, lockere Anstiege prägen den ersten Teil der Runde. Die Abfahrten sind ebenfalls kurz und führen über gut fahrbare Trails abwärts. Wenn man dann richtig warm ist, kann man das Highlight am Schluss dieser Runde voll genießen.

Start: Aus München auf der A 92, aus Nürnberg oder Passau auf der A 3 nach Deggendorf. Nun auf der B 11 weiter Richtung Zwiesel. Am Ortsrand von Deggendorf B 11 verlassen und auf Landstraße über Rusel und Regen (dort wieder B 11) weiter bis zur Abfahrt Zwiesel-Süd. Im Ort nächste rechts bis Dampfbierbrauerei »Pfeffer«. An Ampel links, nächste wieder links und ins Gewerbegebiet. Hier startet die Tour.
Karten: Topografische Karte 1:50.000, »Naturpark Bayerischer Wald«, Bayerisches Landesvermessungsamt, München.
Literatur: »Bergradeln im Zwieseler Winkel«, erhältlich bei der Kurverwaltung Zwiesel (siehe Info).
Info: Kurverwaltung Zwiesel, Postfach 1451, 94223 Zwiesel, Tel. 09922/84 05 23, Fax 09922/56 55, E-Mail Zwiesel.tourist@t-online.de, Internet www.Bayerischer-Wald.de.
Bikeshop: Radsport Leitl, Theresienthaler Str. 25, 94223 Zwiesel, Tel. 09922/80 21 57.
Geführte Touren: Geführte Bike-Touren veranstaltet der »Zwieselberg Hof«. Almweg 5, 94227 Zwiesel, Tel. + Fax 09922/21 71, E-Mail info@pension-zwieselberg.de, Internet www.pension-zwieselberg.de.

km 0,0 / 588 m Ab Großparkplatz im Gewerbegebiet auf Teer Richtung unübersehbares Krankenhaus. Nach 200 m, am Ende des Festplatzes links auf geteertem Fußweg bergan. 100 m weiter rechts, bald auf geteertem »Almweg« bergan. Bei km 0,5 an der Bike-Pension »Zwieselberg-Hof« links auf Schotter weiter bergan.
0,9 / 660 m Auf Teer geradeaus durch Zwieselberg, an kleiner Kapelle mit grünem Dach entlang. Bei km 1,5 links bergab. 500 m weiter, nach Waldrand an den nächsten Häusern an Teerabzweig rechts.
2,4 / 605 m Kurz nach Strommasten links auf Schotter. 200 m weiter, an nächstem Strommasten auf Hauptweg weiter Richtung Straße. Dann vor B 11 rechts und auf Radweg bis km 3,1. Hier für 50 m auf vielbefahrene B 11 wechseln. Dann links und auf Schotterweg an Wasserbehälter entlang. Dann sofort auf Waldweg bergan.
3,4 / 630 m Rechts halten und auf Wiesenweg bergan, anfangs mit einigen Asphaltplatten ausgelegt. Nach 400 m links und weiter auf verwachsenem Rückweg. Bei km 4,0 links. Geradeaus zum Waldrand. Dort bei km 4,3 rechts Richtung Ort.
4,3 / 620 m Am Ortsrand von Bärnzell rechts auf Teerstraße weiter. Nach 800 m an Fußballplatz alle Abzweige ignorieren und geradeaus von Teer auf Schotter bergan Richtung »Taferlbaum«.
8,4 / 790 m An Schutzunterstand breite Schotterpiste verlassen und fast entgegengesetzt auf Waldweg rechts herum (»2«) Richtung »Zimmerau«. An nächster Gabelung links auf Trail bergab. Bei km 9,1 Schotterweg kreuzen und geradeaus auf Singletrail Richtung »Zimmerau«, schlechter Weg.
9,7 / 700 m Nach starkem Trail an Waldrand entlang links auf breitem Schotterweg Richtung einzelnem Haus. Bald rechts Richtung »Gasthof Mühle« (»2«). Bei km 10,3 geradeaus an Haus Nr. 11 entlang. 200 m weiter am Abzweig »Gehmannsberg« rechts, Richtung »Oberasberg« (»7«).
11,2 / 660 m Kurz nach Ortsende Zimmerau rechts auf Schotter Richtung »Bärnzell«, zunächst parallel zur Teerstraße. Bei km 11,4 an einzelnem Haus Nr. 29 rechts bergan. 100 m weiter, am Waldrand rechts. Einige Meter weiter links ab auf Grasweg (»7«).
11,9 / 685 m An einzelnem Haus links auf Schotter weiter bis Oberasberg. Dort rechts an Häusern entlang bis zum Ortsrand. Nun links auf Schotter bergan.
13,6 / 795 m Geradeaus über die Höhe, »7« ignorieren. Nach kurzer Schotterabfahrt bei km 14,4 links auf Singletrail (»3«) Richtung »Schweinhütt«.
16,3 / 660 m Landstraße kreuzen. Dann links. 3 m weiter an Bushaltestelle »Ruhiger Winkel« wieder links und zunächst auf Waldtrail Richtung »Schweinhütt« (»3«). Bei km 17,0 an weißem Haus links.
17,5 / 625 m Auf Teer durch Schweinhütt geradeaus bergan. Nach 200 m kurz vor B 11 links und durch den Ort bergab. Bei km 18,3 am Ortsende von Schweinhütt rechts, dann geradeaus, B 11 queren und auf »Regenwiesenweg« Richtung »Flusswanderweg«.
19,7 / 540 m Kurz nach Unterquerung der Eisenbahnbrücke links und auf Trail »Flusswanderweg« am Schwarzen Regen entlang flussaufwärts Richtung »Zwiesel«.

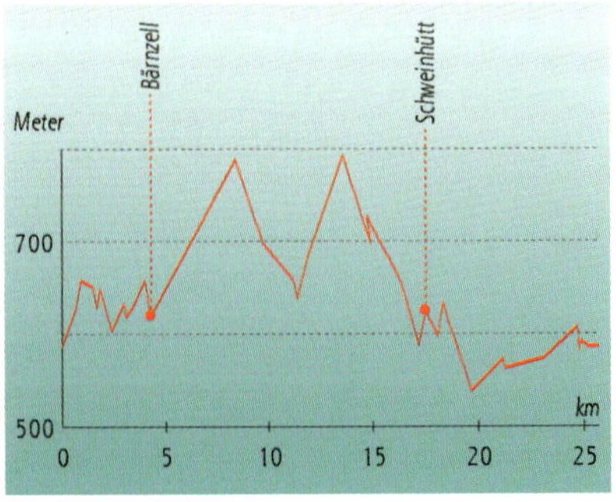

23,1 / 575 m Vor Kläranlage links weiter. Bei km 24,4 vor gesperrtem Grund rechts auf Singletrail bergan. 100 m weiter, nach Gleisquerung der »Waldbahn« links bergan.
25,2 / 588 m Nach Wurzeltrail links auf Teer weiter. Sofort auf Schotter Straßenbrücke unterqueren. Bei km 25,4 rechts über »Grenzlandfestplatz«. Dann links halten und zurück zum Ausgangspunkt (km 25,7 / 588 m).

119 Großer Arber

48,7 km | 1055 Hm | 3½ Std. | mittel | mittel

Die Schotterauffahrt von Zwiesel hinauf zum Großen Arber hat's in sich: Rund 1000 Höhenmeter auf 20 Kilometern sollen überwunden werden. Dafür wartet oben die beste Fernsicht weit und breit – →

Start: Aus Richtung München auf der A 92, aus Richtung Nürnberg oder Passau auf der A 3 nach Deggendorf. Nun auf B 11 weiter Richtung Zwiesel. Am Ortsrand von Deggendorf B 11 verlassen und auf Landstraße über Rusel und Regen (dort wieder B 11) weiter bis zur Abfahrt Zwiesel-Süd. Im Ort nächste rechts bis zur Dampfbierbrauerei »Pfeffer«. An Ampel links, nächste wieder links und ins Gewerbegebiet. Hier startet die Tour.
Karten: Topografische Karte 1:50.000, »Naturpark Bayerischer Wald«, Bayerisches Landesvermessungsamt, München.
Literatur: Bergradeln im Zwieseler Winkel, erhältlich bei der Kurverwaltung Zwiesel (siehe Info).
Info: Kurverwaltung Zwiesel, Postfach 1451, 94223 Zwiesel, Tel. 09922/84 05 23, Fax 09922/56 55, E-Mail Zwiesel.tourist@t-online.de, Internet www.Bayerischer-Wald.de.
Bikeshop: Radsport Leitl, Theresienthaler Str. 25, 94223 Zwiesel, Tel. 09922/80 21 57.
Geführte Touren: Geführte Bike-Touren veranstaltet der »Zwieselberg Hof«. Almweg 5, 94227 Zwiesel, Tel. + Fax 09922/21 71, E-Mail info@pension-zwieselberg.de, Internet www.pension-zwieselberg.de.

bei Schönwetter bis zu den Alpen. Der Downhill, anfangs auf brutaler Grobschotterpiste, mündet später in den Flusswanderweg – eine absolute Singletraildelikatesse!

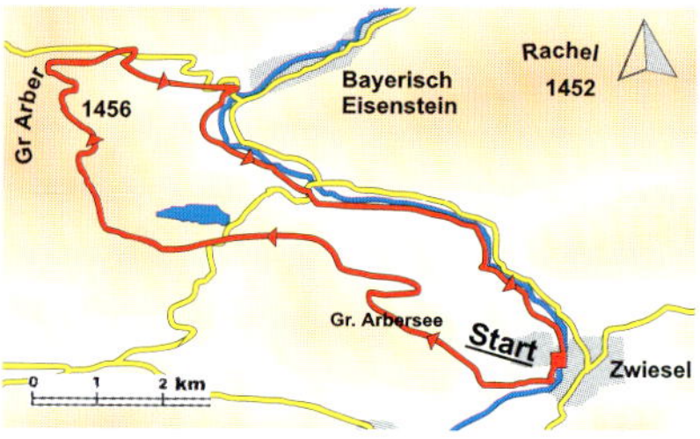

km 0,0 / 588 m Zunächst am OBI entlang. Nach 200 m am Kreisel geradeaus. Bei km 0,4 links über Brücke, auf Teer bergan und links weiter Brücke überqueren. Anschließend links auf Straße Richtung »Bodenmais«.
1,2 / 592 m Links auf Teerstraße »Tröpelkeller« bergan. 200 m weiter, nach Bahnunterführung links auf Teer zu einzelnem Gehöft. Dort geradeaus auf Schotter weiter. Bei km 2,3 links auf Teer durch den Ort »Innenried«. Bei km 2,7 rechts auf Teer bergan Richtung »Rabenstein«.
4,0 / 760 m Links halten (»4«). Bei km 5,1 links bergan Richtung »Hennenkogel«. 300 m weiter links (»1«).
7,1 / 800 m Fast 180° rechts herum (»1«) Richtung »Hennenkogel«. Bei km 9,2 links halten.
11,0 / 915 m An Kreuzung »Brandtnerau« geradeaus auf Teer (»1«) Richtung »Großer Arber«. Nach 200 m links.
14,4 / 1130 m Links auf Straße weiter. Nach 80 m am Schild »Bretterschachten« rechts am Schild »Skilanglaufzentrum« entlang. Bei km 15,2 rechts halten.
16,5 / 1212 m Links der geschotterten »Auerhahnforststr.« folgen. Bei km 20,6 an Abzweig rechts weiter Richtung »Großer Arber«. Bei km 21,7 Linkskurve durchfahren, weiter bergan.
22,7 / 1456 m Ab Gipfelkreuz Arber auf breitem Schotterweg bergab. Nach 200 m, kurz vor Infotafel links auf Schotter bergab. Bei km 23,1, oberhalb der Gipfelstation der Sesselbahn, geradeaus auf holprigem Schotterweg. 100 m weiter links auf »Schmugglerweg« abbiegen.
23,7 / 1336 m Nach Skilift-Bergstation rechts auf holpriger Schotterpiste bergab. Bei km 24,1 rechts auf breitem Schottertrail bergab Richtung »Brennes«.
25,6 / 1144 m Kurz nach bewirtschaftetem Berghaus »Sonnenfels« geradeaus Richtung »Brennes«. Nach 200 m rechts auf Hauptweg bleiben. Bei km 26,6 rechts. 50 m weiter auf Straße bis Sporthotel »Brennes«. Dort auf Schotterweg »Gläserner Steig« rechts bergab Richtung »Bayerisch Eisenstein«.
27,8 / 925 m Links. 10 m weiter rechts herum und auf breitem, geschottertem Hauptweg bergab. Bei km 28,1 rechts halten.
30,6 / 730 m Nach Schranke links. Bei

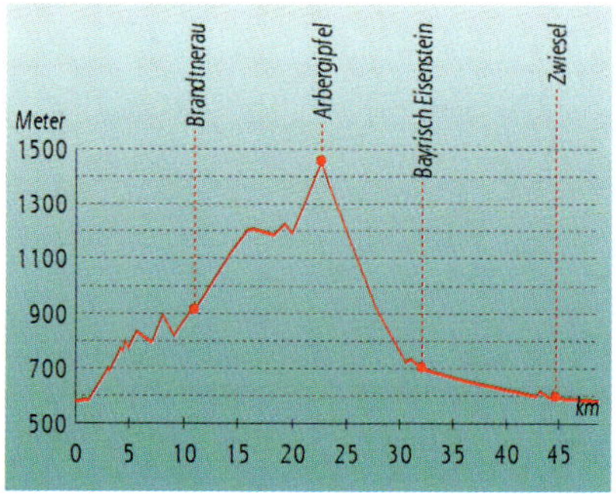

km 30,9 an Gasthaus »Arberhütte« rechts auf Schotter bergab.
32,1 / 704 m Am Ortsanfang Bayerisch Eisenstein rechts an Brünnlein entlang, Hinweis »Flusswanderweg« folgen. Bei km 32,3 kurz nach größerem Gebäude Brücke queren und an nächstem Abzweig rechts auf Schotter weiter. Nun stets dem Hinweis »Flusswanderweg« am »Großen Regen« entlang nach »Zwiesel« folgen.
44,7 / 600 m An Wiese geradeaus bis zum Strommasten. Dort rechts den Hinweisen »Flusswanderweg« folgen. Anschließend links auf Schotterweg zur Teerstraße. Dort rechts auf Radweg an Straße entlang.
46,3 / 595 m Links auf »Rabensteiner Straße«. Nach 200 m rechts an Glasfachschule Zwiesel entlang. Bei km 47,6 rechts auf »Schlachthofstr.« Richtung »Deggendorf«. Nach weiteren 800 m links über »Regenbrücke«. An nächstem Abzweig dann rechts zurück zum Ausgangspunkt (km 48,7 / 588 m).

EXTRA: Regentrail

32 km, ca. 200 Hm, 3–4 Std.,
Kondition: mittel, Technik: anspruchsvoll
Zwischen Bayerisch Eisenstein, etwa 15 Kilometer nördlich von Zwiesel an der Grenze zu Tschechien gelegen, und der Stadt Regen verläuft der gut beschilderte und von Fußvolk kaum frequentierte »Flusswanderweg«. Der größte Teil der Strecke besteht dabei aus einem geradezu phantastischen Singletrail, immer am natürlich dahinplätschernden Großen Regen entlang. Wer also über gediegene Fahrtechnik und solide Kondition verfügt, sollte sich dieses Zuckerl nicht entgehen lassen und den Traumtrail alsbald unter die Stollen nehmen.

120 Hochkamm

71,4 km	1640 Hm	6–7 Std.	anspruchsvoll	anspruchsvoll

Man braucht schon ordentlich Saft in den Wadeln und eine Portion Fahrtechnik für diese Tour über den Hochkamm. Wer hier sein Bike nicht optimal dirigieren kann, darf nicht frustriert sein, wenn er ein Drittel davon schiebend zurücklegen muss. Wer allerdings die richtigen Voraussetzungen mitbringt, der genießt das besondere Offroad-Erlebnis.

km 0,0 / 588 m Zunächst am OBI entlang. Nach 200 m am Kreisel geradeaus. Bei km 0,4 links über Brücke, auf Teer bergan und links weiter Brücke überqueren. Anschließend links auf Straße Richtung »Bodenmais«.
1,2 / 592 m Links auf Teerstraße »Tröpelkeller« bergan. 200 m weiter, nach Bahnunterführung links auf Teer zu einzelnem Gehöft. Dort geradeaus auf Schotter weiter. Bei km 2,3 links auf Teer durch den Ort »Innenried«. Bei km 2,7 rechts auf Teer bergan Richtung »Rabenstein«.
4,0 / 760 m Links halten (»4«). Bei km 5,1 links bergan Richtung »Hennenkogel«. 300 m weiter links (»1«).
7,1 / 800 m Fast 180° rechts herum (»1«) Richtung »Hennenkogel«. Bei km 9,2 links halten.
11,0 / 915 m An Kreuzung »Brandtnerau« geradeaus auf Teer (»1«) Richtung »Großer Arber«. Nach 200 m links.

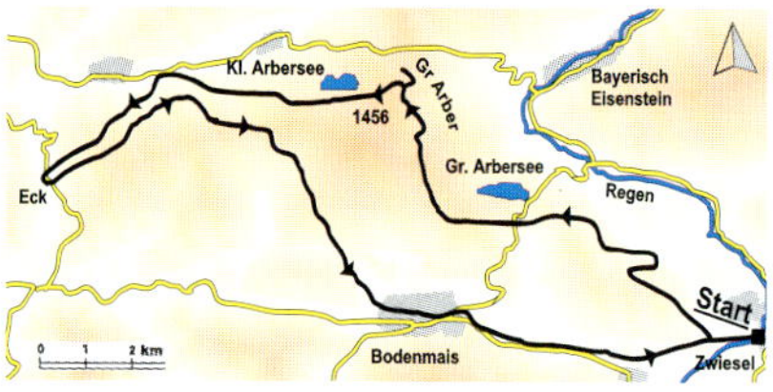

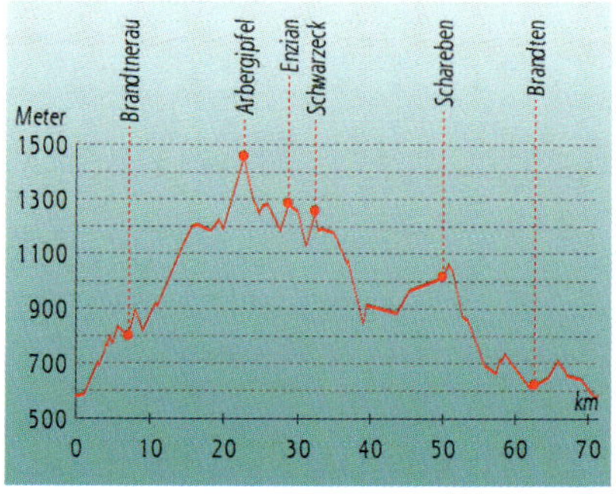

14,4 / 1130 m Links auf Straße weiter. Nach 80 m am Schild »Bretterschachten« rechts am Schild »Skilanglaufzentrum« entlang. Bei km 15,2 rechts halten.
16,5 / 1212 m Links der geschotterten »Auerhahnforststr.« folgen. Bei km 20,6 an Abzweig rechts weiter Richtung »Großer Arber«. Bei km 21,7 Linkskurve durchfahren, weiter bergan.
22,7 / 1456 m Am Gipfelkreuz »Arber« zunächst auf gleichem Weg retour

und bergab Richtung »Seeblick«, »Kleiner Arber«.
24,0 / 1304 m Rechts auf schmalem Singletrail Richtung »Kleiner Arbersee«, »Bodenmais« (»grünes Dreieck«). 200 m weiter links auf schmalen Singletrail. Bei km 24,4 an Schutzhütte links weiter.
25,3 / 1284 m An Jugendherberge »Kleiner Arber« links auf Schotter leicht bergan Richtung »Bodenmais«. Nach 400 m rechts auf Singletrail (»E 6«) Richtung »Enzian«, »Schwarzeck«.
30,0 / 1264 m Nach kurzer Tragepassage rechts auf Singletrail Richtung »Mühlriegeleck«.
31,2 / 1140 m Rechts auf Singletrail weiter (»grünes Dreieck«). Nach 500 m Schiebepassage erreicht man bei km 32,3 das »Schwarzeck«. Anschließend noch ca. 400 m weiter auf dem Kammweg Richtung »Eck« (»grünes Dreieck«) schieben. Bei km 35,9 an Gabelung links halten.
39,1 / 852 m Am »Eck« links auf Straße bergab. Nach 400 m links und auf Schotter, später breitem Waldweg weiter. Bei km 42,6 auf Teerweg bergan kurbeln, bald »grünes Dreieck« beachten.
50,0 / 1019 m Am »Schareben« zunächst geradeaus auf Teer. 50 m weiter dann links auf breitem Schotterweg weiter bergan.
51,4 / 1040 m Rechts auf breitem Schotterweg, bald Teer Richtung »Bodenmais« (»6«). Bei km 51,6 links auf Waldweg, bald Singletrail Richtung »Bodenmais«. Bei km 51,8 links, weiter auf Singletrail. Ab km 53,0 auf geteerter »Scharebenstraße« weiter Richtung »Bodenmais« (»6«) bergab.
53,5 / 860 m 50 m vor Teerstraße links auf Singletrail parallel zur Straße, Richtung »Bodenmais« (»6«). Nach 200 m wieder auf Teerstraße bergab nach Bodenmais hinein.
55,8 / 700 m Am »Joskawerk« rechts zur Hauptstraße. Dort links weiter. Nach 500 m am alten Bahnhof, heute Rathaus und Kuramt, auf Straße Richtung »Zwiesel«. Am Ortsende bei km 57,4 links auf Schotter bergan auf »Winterwanderweg« (»6«, »13«) bis zum Hotel »Böhmhof«.
58,1 / 716 m Links, Eisenbahnbrücke unterqueren, bald am Hotel »Böhmhof« entlang. Direkt hinter dem Hotel links auf schmalem, geteertem »Winterwanderweg« Richtung »Brandten«. Bei km 58,5 rechts (»grüne 10«). Nach 100 m an Kreuzung rechts auf Schotter weiter. Bei km 59,1 hart links, kurz auf Teer, dann auf Schotter weiter.
59,4 / 708 m Direkt hinter altem Forsthaus rechts (»grüne 10«) Richtung »Brandten«. Bei km 60,2 links halten. 100 m später rechts auf Schotter weiter Richtung »Brandten« (»grüne 10«).
62,7 / 624 m Am Ortseingang »Brandten« auf Teer weiter. 100 m danach am Wirtshaus auf Dorfstraße rechts bergan. Bei km 63,1 an Bushaltestelle links auf Teer Richtung »Zwiesel«. Nach 300 m Nach 400 m nach links auf Teerweg bergab Richtung »Zwiesel« (»rote 4«). Ab km 67,9 an Häusern geradeaus auf breitem Schotterweg bergab bis zum Waldrand. Dort auf breitem Waldweg ein wenig bergan. Anschließend auf breitem, begrastem Schotterweg zwischen Wiesen entlang.

Blick vom Großen Arber

links auf breitem Schotterweg (»grüne 10«) weiter. Bei km 63,8 rechts halten, jetzt (»grüne 10«) vorübergehend verlassen. Nach 600 m wieder rechts halten, weiter Richtung »Zwiesel«, wieder (»grüne 10«) beachten.
64,7 / 656 m Rechts auf schmalem Waldweg Richtung »Zwiesel«. Nächste geradeaus und bei km 65,2 links, weiter der grünen »10« folgen.
67,3 / 664 m Links und auf Singletrail parallel zur Straße Richtung »Zwiesel«.
69,0 / 648 m Am Ortsschild »Innenried« rechts auf Teerstraße (»9«) bergab. Nach 1000 m links auf Hauptstraße. Nach weiteren 100 m am »Tröppelkeller« entlang (»9«). Direkt nach Ortsschild dann rechts über Brücke. Bei km 70,9 rechts, Straße verlassen, auf Teerweg weiter. 20 m weiter wieder rechts, dann Brücke unterqueren. Anschließend auf »Flusswanderweg« weiter. Bei km 71,2 rechts über Festplatz ins Gewerbegebiet (km 71,4 / 588 m).

Start: Aus München auf der A 92, aus Nürnberg oder Passau auf der A 3 nach Deggendorf. Nun auf B 11 weiter Richtung Zwiesel. Am Ortsrand von Deggendorf B 11 verlassen und auf Landstraße über Rusel und Regen (dort wieder B 11) weiter bis Abfahrt Zwiesel-Süd. Im Ort nächste rechts bis Dampfbierbrauerei »Pfeffer«. An Ampel dann links, nächste wieder links und ins Gewerbegebiet. Hier startet die Tour.
Karten: Topografische Karte 1:50.000, »Naturpark Bayerischer Wald«, Bayerisches Landesvermessungsamt, München.
Literatur: »Bergradeln im Zwieseler Winkel«, erhältlich bei der Kurverwaltung Zwiesel (siehe Info).
Info: Kurverwaltung Zwiesel, Postfach 1451, 94223 Zwiesel, Tel. 09922/84 05 23, Fax 09922/56 55, E-Mail Zwiesel.tourist@t-online.de, Internet www.Bayerischer-Wald.de.
Bikeshop: Radsport Leitl, Theresienthaler Str. 25, 94223 Zwiesel, Tel. 09922/80 21 57.
Geführte Touren: Geführte Bike-Touren veranstaltet der »Zwieselberg Hof«. Almweg 5, 94227 Zwiesel, Tel. + Fax 09922/21 71, E-Mail info@pension-zwieselberg.de, Internet www.pension-zwieselberg.de.

EXTRA: BMW-Bikepark Gaiskopf

Im ultimativen Bikepark findet man vielfältige Strecken für ganz besondere MTB-Erlebnisse. Denn auch hier wird man per Lift in luftige Höhen gebracht und kann so schweißfrei allerbeste Downhills genießen. Dabei werden die verschiedensten Routen angeboten: vom 200 Meter langen Kinderparcours über Freeride-Strecken, Dualslalom und einen knackigen Downhillkurs für Könner bis zur 20 Kilometer langen Freeride-Strecke nach Deggendorf hinunter (780 Höhenmeter bergab).
Infos: BMW Bikepark, Unterbreitenau 1, 94253 Bischofsmais, Tel. 09920/90 31 35, Fax 09920/90 31 36, Internet www.bikepark.net.

Schwäbische Alb

Das aus flach geneigten Juraschichten gebildete Gebirge stellt mit unzähligen Höhlen, typischen Trockentälern und Karstquellen die größte Karstlandschaft Mitteleuropas dar. Ihre nördliche Begrenzung ist der Albtrauf, eine markante Schichtstufe des Malm. Nach Süden flacht die Schwäbische Alb allmählich zum Donautal hin ab. Für Biketouren besonders interessant sind die Trails zum Albtrauf, bergauf wie bergab.

121 Rund um die Hohe Warte

21,6 km | 585 Hm | 1–2 Std. | mittel | leicht

Der Albtrauf und die Abfahrt nach Bad Urach sind auch bei dieser Zauberrunde das Highlight der Tour. Denn die Singletrails, die es dabei zu naschen gibt, gehören in die absolute Delikatessenküche des Mountainbike-Sports.

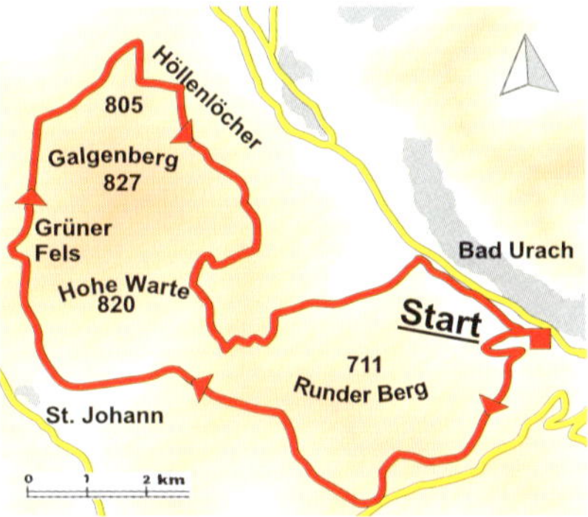

km 0,0 / 464 m Von Bahnhof Bad Urach auf Teerweg neben Gleisen und Bundesstraße entlang Richtung »Reutlingen«.
0,8 / 536 m An Teerabzweig links. Nach 300 m auf Höhe Freibad rechts auf Schotter bergan. 80 m weiter links bergan.
1,2 / 560 m Hart rechts und fast entgegengesetzt auf Schotterpiste. 10 m weiter hart links und auf Singletrail bergan (»rote Raute«).
1,3 / 565 m Rechts bergan. Nach 100 m links weiter (»rote Raute«).
1,6 / 610 m Links weiter schweißtreibend bergan (»rote Raute«).
1,8 / 720 m An Singletrail-T (links geht's zur guten Aussicht »Hannerfelsen«) rechts Richtung »Rutschenfelsen« (»rote Raute«).
2,2 / 695 m Erst links, dann geradeaus auf Singletrail, ab km 2,8 Schotter.
3,1 / 731 m An Schottergabelung rechts weiter. Nach 300 m links auf Trail weiter.
3,6 / 727 m Geradeaus (»N«) Richtung »Rohrauer Hütte« auf Singletrail immer an der Steilbruchkante der Alb (Albtrauf) entlang. Genial!
4,2 / 711 m In Talsenke geradeaus Richtung »Rutschenfelsen«. Nach 100 m rechts auf breiter Schotterpiste bergan.
4,6 / 746 m An Gabelung auf rechtem Strang geradeaus. Etwas weiter, kurz vor Schotterweg, rechts ab Richtung »Rutschenfelsen«.
5,2 / 750 m Geradeaus weiter auf breiter Schotterpiste. Nach 100 m rechts auf Wiesenweg wieder am Albtrauf entlang (»rotes Dreieck«).
5,7 / 751 m Kurz nach Waldrand links (»rotes Dreieck«). Bei km 5,9 rechts (»rotes Dreieck«) Richtung »Fohlenhof«.

Start: Die A 8 Stuttgart – München über Abfahrt 55 »Wendlingen« verlassen. Dann auf der B 313 über Nürtingen nach Metzingen. Dort auf der B 28 weiter nach Bad Urach bis zum Endbahnhof der Regionalbahn, wo die Tour startet.
Karte: Topografische Karte 1:50.000 »Reutlingen, Bad Urach«, Blatt 18.
Info: Kurbetriebe Urach GmbH, Bei den Thermen 4, 72574 Bad Urach, Tel. 07125/9 43 20, Internet www.badurach.de.
Bikeshop: Radsport Eberle, Hülbener Str. 32, 72581 Dettingen/ Erms, Tel. 07123/79 66.
Geführte Touren: Samstags um 14.30 Uhr geht es mit dem Eberle-Wheeler-Team ins Gelände. Gäste sind herzlich eingeladen (Info siehe Bikeshop).

6,3 / 751 m Links Richtung »Fohlenhof«. Bei km 6,9 rechts zum »Fohlenhof«.
7,1 / 747 m Direkt vor Einfahrt »Fohlenhof« 10 m geradeaus, dann links und parallel zur Teerstraße auf Schotterweg.
8,6 / 764 m Nahe Gestüt »St. Johann« geradeaus über Schotterparkplatz. 50 m weiter rechts auf Teerweg leicht bergan.
8,8 / 770 m An Gabelung rechts auf Teerweg.
9,3 / 785 m Links auf Schotterpiste weiter Richtung »Grüner Fels«.
10,3 / 803 m Vor Aussichtspunkt »Grüner Fels« rechts bergan auf holprigem Steintrail.
10,4 / 810 m In der Folge stets am Albtrauf entlang.
11,2 / 788 m Links auf Grasweg entlang der Flugplatzmarkierung.
12,2 / 800 m Links auf Grasweg. Nach 100 m geradeaus auf Singletrail an Waldrand, später am Albtrauf entlang.
13,3 / 760 m An »Höllenlöchern« auf Singletrail links bergab an den Löchern entlang.
13,7 / 740 m In Senke Schotterweg geradeaus kreuzen und auf Singletrail wieder bergan. Ab km 14,1 auf Schotter geradeaus bergab.
15,0 / 750 m An Schottergabelung rechts bergan. Nach 300 m wieder links auf Singletrail am Albtrauf entlang.
17,0 / 724 m Wieder nahe dem Fohlenhof an Waldrand links bergab auf Singletrail Richtung »Gütersteiner Wasserfälle« (»M«).
17,3 / 680 m Links bergab, Hinweis »Wasserfälle« ignorieren.
17,5 / 595 m Auf breiterem Waldweg links bergab. Nach 100 m geradeaus auf Singletrail bergab.
17,7 / 572 m An Singletrailabzweig rechts halten, Hinweis »Güterstein« ignorieren, weiter auf Singletrail in Serpentinen bergab.
18,1 / 510 m Rechts auf Schotterpiste talwärts, bald unterhalb von »Burg Hohenurach« entlang.
19,4 / 470 m An Teer-T links talwärts.
19,9 / 456 m Kurz nach Bahnübergang rechts durch Bad Urach zurück zum Ausgangspunkt (km 21,6 / 464 m).

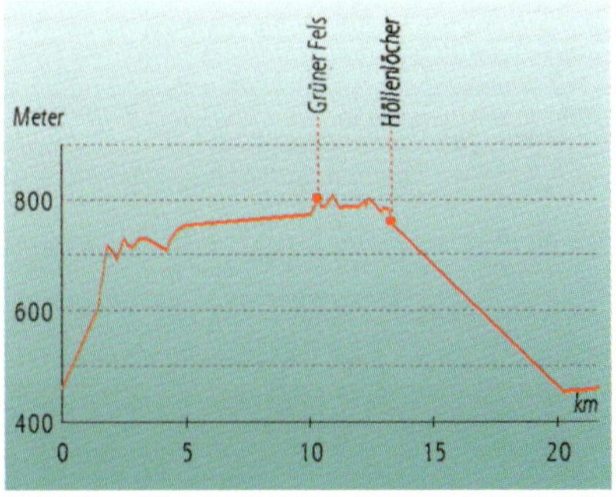

Sauseabfahrt durch die Höllenlöcher

122 Ermstal

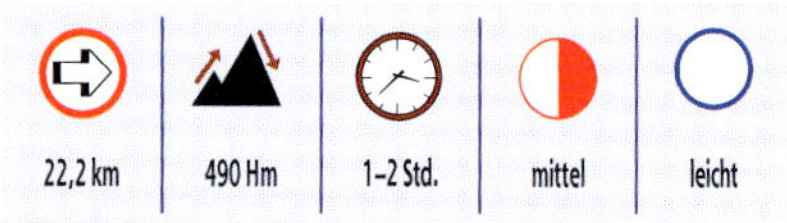

Bad Urach ist ganz sicher ein Topspot in Sachen Biken im Mittelgebirge. Die Singletraildichte lässt jeden Biker mit der Zunge schnalzen. Also, worauf noch warten?

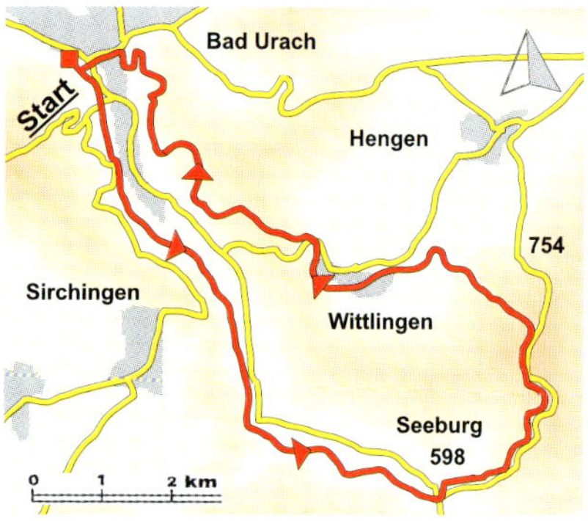

km 0,0 / 464 m Vom Bahnhof auf Radweg an B 28 entlang Richtung »Seeburg«. Nach 100 m rechts. Etwas weiter wird dieser Weg zu schmalem Schotterpfad.
0,9 / 472 m Straße queren. Dann rechts auf geteertem Radweg (»R 14«) Richtung »Seeburg«.
1,7 / 484 m Links Richtung »Seeburg« (»gelbes Y, das auf der Seite liegt«).
3,7 / 504 m An Abzweig rechts Richtung »Seeburg«.
7,8 / 588 m In Seeburg auf Straße »Am Fischbach« Richtung »Wittlingen« (»gelbes Dreieck«). 100 m weiter rechts halten.
9,3 / 584 m Links auf Straße weiter.
10,5 / 596 m Straße nach links queren und auf Singletrail parallel zur Straße am Hang entlang.
10,7 / 604 m Links weiter auf Singletrail.
10,9 / 592 m Links auf Straße weiter. Bei km 11,3, kurz vor Parkplatz, links auf Waldweg Richtung »Wittlingen« (»gelbe Raute«). Nach 50 m links am Bach entlang. Ab km 12,3 geradeaus auf Teer nach Wittlingen.
14,1 / 618 m In Wittlingen gegenüber Kirche rechts auf »Uracher Str.« Richtung »Bad Urach«. 50 m weiter links.
15,5 / 648 m In scharfer Linkskurve an Straßengabelung halbrechts auf Singletrail bergan.
15,7 / 664 m Rechts bergan. Nach 30 m geradeaus.

Start: Die A 8 über Abfahrt 55 »Wendlingen« verlassen. Dann auf der B 313 über Nürtingen nach Metzingen. Dort auf der B 28 weiter nach Bad Urach bis zum Endbahnhof der Regionalbahn, wo diese Tour startet.
Karte: Topografische Karte 1:50.000 »Reutlingen, Bad Urach«, Blatt 18.
Info: Kurbetriebe Urach GmbH, Bei den Thermen 4, 72574 Bad Urach, Tel. 07125/9 43 20, Internet www.badurach.de.
Bikeshop: Radsport Eberle, Hülbener Str. 32, 72581 Dettingen/ Erms, Tel. 07123/79 66.
Geführte Touren: Samstags um 14.30 Uhr geht es mit dem Eberle-Wheeler-Team ins Gelände. Gäste sind herzlich eingeladen (Info siehe Bikeshop).

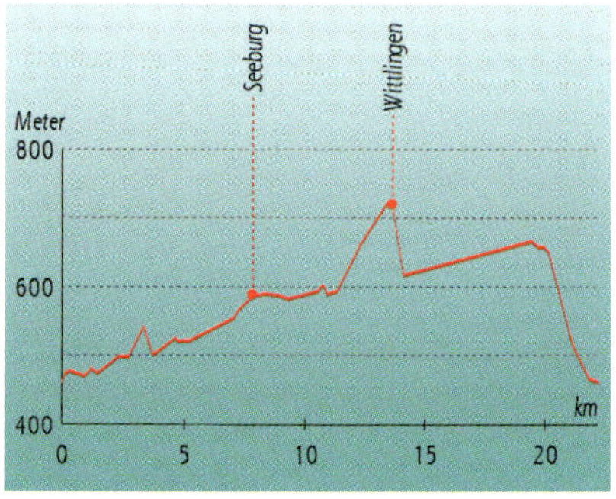

16,4 / 700 m An Gabelung links auf Singletrail weiter.
17,7 / 700 m An Gabelung rechts auf Singletrail.
18,7 / 676 m An Wegedreieck halblinks. Etwas weiter links auf Singletrail weiter am Albtrauf entlang.
18,9 / 672 m An Gabelung mit schöner Aussicht rechts auf Singletrail durch den Wald.
19,3 / 672 m An Gabelung rechts auf Singletrail leicht bergab (»gelbes Dreieck«). Nach 100 m wieder rechts. Nach 200 m rechts auf Singletrail durch Wald.
19,7 / 660 m Rechts weiter. 250 m weiter wieder links (»gelbes Dreieck«).
20,1 / 652 m An Singletrailgabelung links bergab. Bei km 20,2 links auf Singletrail in Serpentinen bergab (»gelbes Dreieck«).
21,0 / 532 m Forstweg kreuzen, weiter auf Singletrail bergab.
21,2 / 510 m Links auf Straße.
21,8 / 468 m Rechts auf B 28. Nach 200 m links über Bahngleise zum Tourende (km 22,2 / 464 m).

EXTRA: Schwäbische-Alb-Nordrand-Weg

325 km, ca. 3500 Hm, 4–6 Tage, Kondition: anspruchsvoll, Technik: anspruchsvoll
Der mit einem »roten Dreieck« markierte Trail verläuft von Donauwörth über Bopfingen, Heubach, Bad Urach, Lichtenstein, Jungingen, Raichberg und Laufen nach Tuttlingen. Dabei geht's ständig am Albtrauf entlang. Das sorgt für grandiose Aussichten, aber auch für einen tollen Fahrspaß, denn die Strecke besteht größtenteils aus allerbesten Singletrails.

123 Hohenneuffen

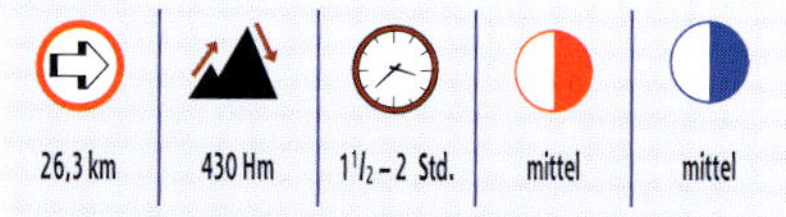

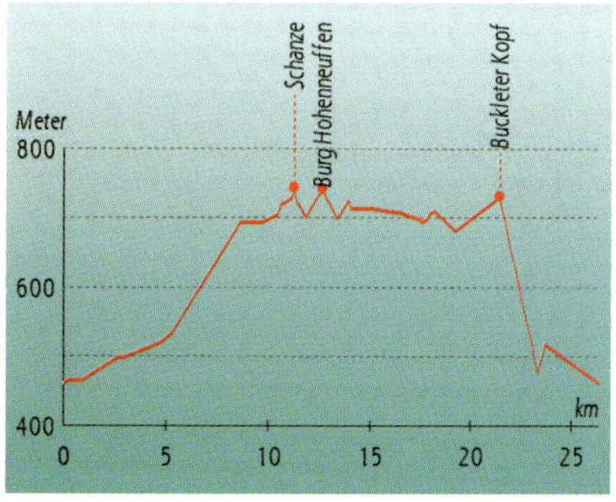

Bei dieser tollen Runde rollt man mal über ebenes Terrain, mal im ständigen Up 'n down; man genießt dämpfenden Waldboden und wird von einer Rüttelpassage samt losem Geröll kräftig durchgeschüttelt. Ständige i-Tüpfelchen der Abwechslung sind dabei grandiose Aussichten, die weit ins Land bis hin zur Schwabenmetropole Stuttgart reichen.

km 0,0 / 464 m Vom Bahnhof an Gleisen entlang, diese nach rechts queren, dann rechts auf B 28. Nach 300 m links auf Straße Richtung »Hülben«.
0,9 / 468 m Wieder an Straßenabzweig links Richtung »Hülben«.
2,6 / 500 m Nahe Campingplatz links von Straße auf Weg (»R 14«). Dann auf Schotter durch das Kaltental bergan (»rote Raute«).
4,7 / 524 m Links Richtung »Hülben«, auf Hauptweg im Tal bleiben (»rote Raute«).
5,2 / 536 m Kurz nach Stausee halbrechts auf Schotter bergan, weiter →

Start: Die A 8 über Abfahrt 55 »Wendlingen« verlassen. Dann auf der B 313 über Nürtingen nach Metzingen. Dort auf der B 28 weiter nach Bad Urach bis zum Endbahnhof der Regionalbahn, wo diese Tour startet.
Karte: Topografische Karte 1:50.000 »Reutlingen, Bad Urach«, Blatt 18.
Info: Kurbetriebe Urach GmbH, Bei den Thermen 4, 72574 Bad Urach, Tel. 07125/9 43 20, Internet www.badurach.de.
Bikeshop: Radsport Eberle, Hülbener Str. 32, 72581 Dettingen/ Erms, Tel. 07123/79 66.
Geführte Touren: Samstags um 14.30 Uhr geht es mit dem Eberle-Wheeler-Team ins Gelände. Gäste sind herzlich eingeladen (Info siehe Bikeshop).

→ Hauptweg durchs Tal folgen, alle Abzweige ignorieren (»rote Raute«).
8,6 / 696 m Links auf Teerweg an Straße entlang (»rote Raute«) Richtung »Hohenneuffen«.
9,4 / 696 m Rechts und parallel zur Straße weiter. Nach 200 m Straße queren. Dann auf Teerweg weiter Richtung »Hohenneuffen« (»rote Raute«).
10,4 / 708 m Halblinks auf Teer bergan (»rote Raute«). Nach 200 m halblinks auf Teer bergan.
11,1 / 732 m Geradeaus auf Wiesentrail. Nach 50 m an der so genannten Schanze links bergab halten. Bei km 11,3 an Feuerstelle rechts bergab.
11,8 / 704 m An Parkplatz links auf Teerweg, bald Schotter bergan bis Burg Hohenneuffen (tolle Aussicht). Dort auf gleichem Weg retour bis Feuerstelle (siehe km 11,3).
13,9 / 728 m An Feuerstelle geradeaus auf Singletrail (»rotes Dreieck«). Nach 100 m am Albtrauf entlang.
15,0 / 716 m Rechts weiter. Nach 900 m rechts auf Landstraße. Bei km 16,2 an Straßenabzweig wieder rechts.
16,4 / 710 m Landstraße nach links verlassen, Parkplatz queren und auf Schotterweg am Waldrand entlang (»rotes Dreieck«).
17,4 / 700 m An Schotter-T rechts. Nach 400 m links auf Teer an Segelfluggelände entlang.
17,9 / 708 m An Kreuzung rechts, weiter auf Teer. Nach 50 m an T links.
18,2 / 712 m An Parkplatz etwas rechts (»rotes Dreieck«). Danach Straße queren und auf Singletrail bergab durch den Wald (»rotes Dreieck«).
19,2 / 684 m Nahe Hülben rechts auf Singletrail (»rotes Dreieck«) an Trauf entlang Richtung »Buckleter Kopf«.
21,4 / 732 m Am Buckleter Kopf geradeaus über den Felsen auf Singletrail bergab. Nach 100 m rechts bergab.
21,7 / 650 m Trail kreuzen, geradeaus.
22,3 / 630 m Geradeaus auf breitem Schotterweg steil bergab.
23,3 / 480 m Am Ortsrand von Bad Urach links bergan (»rotes Dreieck«).
23,7 / 520 m Rechts oberhalb von Bad Urach an Waldrand entlang.
24,2 / 500 m Links, weiter an Waldrand entlang.
24,8 / 500 m Rechts auf Teerweg bergab.
25,4 / 464 m Etwas rechts durch Altstadt von Bad Urach. Bald rechts auf B 28, nächste links über Gleise zum Ausgangspunkt (km 26,3/ 464 m).

Immer wieder der Albtrauf

124 64 Serpentinen

27,0 km	426 Hm	2–2½ Std.	mittel	anspruchsvoll

Das ist nun fast eine Kopie der vorigen Tourenbeschreibung. Aber nur fast, denn hier wartet ein souliger Downhilldrift. Und der besteht aus 64 Adrenalin fördernden Sahnekehren am Stück. Allerdings sollte man diesen erstklassigen Trail am Wochenende tunlichst meiden. Denn dann sind hier reichlich Fußgänger unterwegs – und die haben Vorrang.

km 0,0 / 464 m Vom Bahnhof an Gleisen entlang, diese nach rechts queren, dann rechts auf B 28. Nach 300 m links auf Straße Richtung »Hülben«.
0,9 / 468 m Wieder an Straßenabzweig links Richtung »Hülben«.
2,6 / 500 m Nahe Campingplatz links von Straße auf Weg (»R 14«). Dann auf Schotter durchs Kaltental bergan (»rote Raute«).
4,7 / 524 m Links Richtung »Hülben«, auf Hauptweg im Tal bleiben (»rote Raute«).
5,2 / 536 m Kurz nach Stausee halbrechts auf Schotter bergan, weiter Hauptweg durch das Tal folgen, alle Abzweige ignorieren (»rote Raute«).
8,6 / 696 m Links auf Teerweg an Straße entlang (»rote Raute«) Richtung »Hohenneuffen«.
9,4 / 696 m Rechts und parallel zur Straße weiter. Nach 200 m Straße queren. Dann auf Teerweg weiter Richtung »Hohenneuffen« (»rote Raute«).
10,4 / 708 m Halblinks auf Teer bergan (»rote Raute«). Nach 200 m abermals.
11,1 / 732 m Geradeaus auf Wiesentrail. Nach 50 m an der so genannten Schanze links bergab halten. Bei km 11,3 an Feuerstelle rechts bergab.
11,8 / 704 m An Parkplatz links auf Teerweg, bald Schotter bergan bis Burg Hohenneuffen (tolle Aussicht). Dort auf gleichem Weg retour bis zur Feuerstelle (siehe km 11,3).
13,9 / 728 m An Feuerstelle geradeaus auf Singletrail (»rotes Dreieck«). Nach 100 m am Albtrauf entlang. →

Start: Die A 8 über Abfahrt 55 »Wendlingen« verlassen. Dann auf der B 313 über Nürtingen nach Metzingen. Dort auf der B 28 nach Bad Urach bis zum Endbahnhof der Regionalbahn, wo diese Tour startet.
Karte: Topografische Karte 1:50.000 »Reutlingen, Bad Urach«, Blatt 18.
Info: Kurbetriebe Urach GmbH, Bei den Thermen 4, 72574 Bad Urach, Tel. 07125/9 43 20, Internet www.badurach.de.
Bikeshop: Radsport Eberle, Hülbener Str. 32, 72581 Dettingen/ Erms, Tel. 07123/79 66.
Geführte Touren: Samstags um 14.30 Uhr geht es mit dem Eberle-Wheeler-Team ins Gelände. Gäste sind herzlich eingeladen (Info siehe Bikeshop).

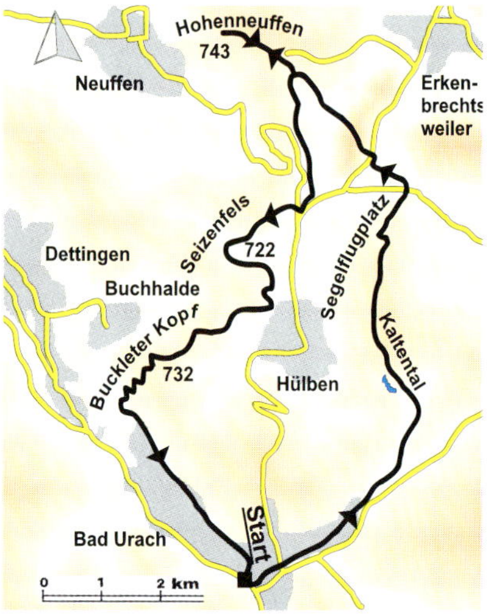

15,0 / 716 m Rechts weiter. Nach 900 m rechts auf Landstraße. Bei km 16,2 an Straßenabzweig wieder rechts.
16,4 / 710 m Landstraße nach links verlassen, Parkplatz queren und auf Schotterweg am Waldrand entlang (»rotes Dreieck«).
17,4 / 700 m An Schotter-T rechts. Nach 400 m links auf Teer an Segelfluggelände entlang.
17,9 / 708 m An Kreuzung rechts, weiter auf Teer. Nach 50 m an T links.
18,2 / 712 m An Parkplatz etwas rechts (»rotes Dreieck«). Danach Straße queren und auf Singletrail bergab durch den Wald (»rotes Dreieck«).
19,2 / 684 m Nahe Hülben rechts auf Singletrail (»rotes Dreieck«) an Trauf entlang Richtung »Buckleter Kopf«.

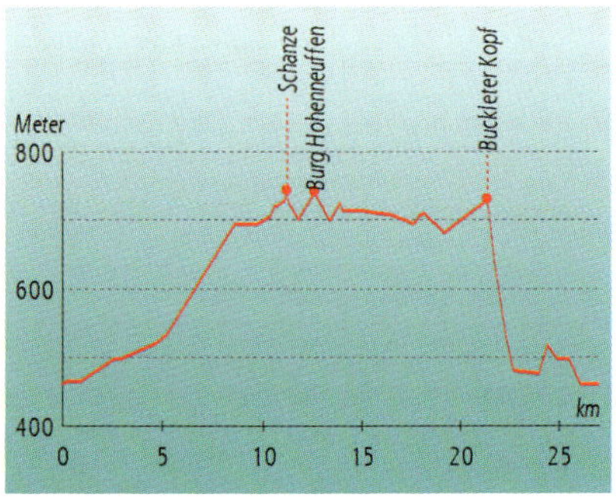

21,4 / 732 m Am Buckleter Kopf geradeaus über den Felsen auf Singletrail bergab. Etwas weiter an Singletrailgabelung bei Sitzgelegenheit rechts. Dann durch 64 Serpentinen (fast alle fahrbar) bergab.
21,8 / 636 m Geradeaus weiter.
22,3 / 536 m Man erreicht Schotterweg. Diesen nach links kreuzen und weiter auf Singletrail bergab.
22,5 / 508 m An Singletrailkreuzung links.
22,7 / 484 m Links auf Teer, bald Schotter (»rotes Dreieck«).
24,0 / 480 m Am Ortsrand Bad Urach an Gabelung links bergan (»rotes Dreieck«).
24,4 / 520 m An T rechts oberhalb von Bad Urach an Waldrand entlang.
24,9 / 500 m Links, weiter an Waldrand entlang.
25,5 / 500 m Rechts auf Teerweg bergab.
26,1 / 464 m Etwas rechts durch die Altstadt von Bad Urach. Bald rechts auf B 28, nächste links über Gleise zum Ausgangspunkt (km 27,0 / 464 m).

Die 64 Serpentinen – das Beste, was man unter die Räder bekommen kann!

125 Rund um Stuttgart

56,4 km	880 Hm	3–4 Std.	mittel	leicht

Auch rund um die quirlige Schwabenmetropole kann man eine zünftige Bikepartie unternehmen. Die geht gleich am Bahnhof los, wenn man durch den Schlosspark Richtung Neckar rollt. Und auch in Stuttgart kann man dem Bike ganz hervorragend die Sporen geben. Wie zum Beispiel am Monte Scherbelino, dem alles überragenden Schuttberg aus dem Zweiten Weltkrieg.

km 0,0 / 248 m In der Klettpassage unter dem Bahnhof links und dann durch den Schlossgarten bis zum Neckar.
2,9 / 244 m Rechts, Schienen an Stadtbahnstation »Mineralbäder« queren, sofort links auf Radweg weiter.
3,5 / 240 m In Bad Cannstadt nach Neckarbrücke rechts auf Radweg am Neckar entlang.
7,3 / 245 m In Untertürkheim am Stadtbad rechts auf Radweg an Straße entlang, Neckarbrücke passieren. Dann vor Kirche links Richtung »Esslingen«. An Stadtbahnstation rechts auf »Saarlacher Straße«.
8,2 / 245 m Links in die »Ulmer Straße«. An der Volksbank rechts in die »Saulgauer Straße«. Bei km 8,5 links in die »Nähterstraße«. 100 m weiter rechts bergan in Sackgasse.
8,7 / 260 m An Brunnen links halten. 100 m weiter an Kirche links, nächste rechts und auf »Waidweg« Richtung »Waldheim«.
9,0 / 275 m An Straßengabelung rechts halten (»C«). Bei km 9,9 an Waldheim rechts auf Teer bergan.
12,2 / 415 m Straße nach rechts verlassen und parallel zu ihr gleich links auf Waldweg weiter, dem »Stuttgart-Rundweg« (»SR«) folgen.

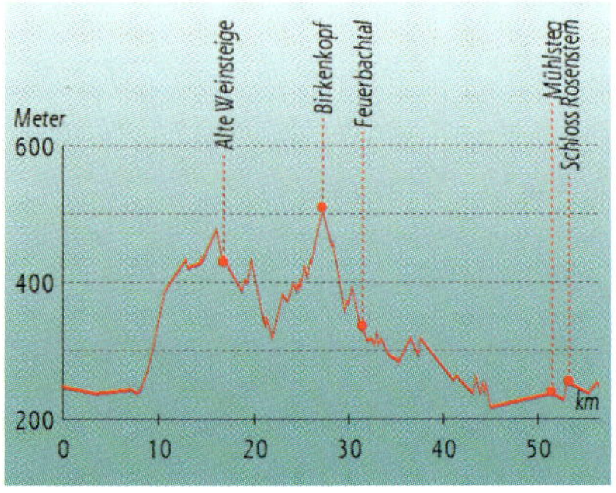

14,4 / 430 m Links, dann Gleise von Stadtbahn kreuzen. Dann geradeaus über Parkplatz. Dort links der Markierung (»SR«) folgen.
16,1 / 480 m Rechts bis Kreuzung kurz vor Ortsrand. Hier rechts auf schmalem Schotterweg bergab (»blauer Balken«).
16,5 / 448 m An Teer-T links. Einige Meter weiter wieder links an Stadtbahnstation »Weinsteige« entlang auf

➘ Teer zur Straße bergab. Diese kreuzen und dann geradeaus auf Straße »Auf dem Haigst«.
16,7 / 430 m Kurz vor Trasse der Zackenbahn links auf »Alte Weinsteige« bergan. Kurz nach Kirche rechts, Trasse der Zahnradbahn kreuzen. Danach links (»SR«). 20 m weiter rechts in die »Fideliostraße« abbiegen.
17,1 / 424 m Nach Treppe links auf Teer, ab km 17,5 Waldweg, weiter (»SR«).
18,2 / 400 m An Wegestern rechts (»SR«).
19,3 / 400 m An Straßenkreuzung links auf Straße bergan am Friedhof entlang.
19,7 / 435 m Nach Straßenlinkskehre an Ortsanfang Stuttgart-Degerloch 180° rechts bergab, parallel zur Straße halten, bald Hinweis »Schwälbesklinge« folgen.
20,4 / 370 m Links (»SR«). Nach 200 m an »Kellerbrunnen« rechts am Bächlein entlang bergab.
21,1 / 340 m Rechts auf Teer bergan, gleich wieder links (»blauer Balken«) bergab. 50 m weiter links auf Schotter weiter.

Start: Hauptbahnhof Stuttgart.
Karte: Topografische Karte 1:50.000, »Stuttgart und Umgebung«, Landesvermessungsamt Baden-Württemberg.
Info: Stuttgart: Touristik-Information »i-Punkt«, Königstr. 1a, 70173 Stuttgart, Tel. 0711/2 22 82 40.
Bikeshop: Extra Bike, Glemsgaustr. 40, 70449 Stuttgart, Tel. 0711/8 87 32 03. Jeden Samstag eher sportlich orientierte Ausfahrt in ein oder zwei Gruppen (je nach Teilnehmerzahl). Treffpunkt am Bikeshop um 14 Uhr.
Geführte Touren: Bikeshop Radschlag, Glockenblumenstr. 14 a, 70563 Stuttgart-Vaihingen, Tel. 0711/7 35 66 44. Jeden Mittwoch 18.30 Uhr Treffen vorm Bikeshop zu einer netten Runde von ca. 2 Std. Die Teilnehmer (sehr gemischt!) fahren hier eher gemütlich als Gruppe.

21,7 / 335 m Rechts auf Teer bergab. Bei km 21,9 die »Böblinger Straße« an U-Bahn-Station »Waldeck« geradeaus per Fußgängerüberweg queren. Am Schild »Elsental« dann links Treppe hinauf (»SR«).
22,2 / 325 m Links auf geschotterter »Bihler Steige« weiter. Nach 600 m in Linkskurve rechts bergan. Vor Gasthaus »Waldheim Heslach« dann rechts auf Schotter (»SR«) weiter.
24,1 / 400 m Links, Bahnlinie per Überführung passieren. Dann auf Schotter rechts bergab, »SR« verlassen.
24,5 / 400 m In Linkskurve rechts auf Singletrail Richtung »Heslacher Wasserfälle«.
24,7 / 390 m Straße geradeaus kreuzen, dann auf Singletrail an Bachgraben entlang. Nach 100 m rechts bergab (»SR«).
25,1 / 410 m An Fußgängerbrücke über Bahnlinie links auf Schotter, bald Singletrail bergan.
25,3 / 425 m An »Blockhütte« rechts. Bei km 25,5 links der »Bürgerallee« folgen.
26,0 / 430 m Nahe der Straße links auf Schotter leicht bergan.
26,3 / 440 m Links auf Singletrail bergan (»SR«) zum Busstopp »Birkenkopf«. Dort erst links, dann rechts, Straße per Fußgängerampel queren und anschließend auf Treppe bergan. Dann auf Schotter dem Hinweis »Birkenkopf« folgen (»SR«).
27,2 / 511 m Ab Gipfel Birkenkopf retour auf gleichem Weg.
28,0 / 460 m Wieder an Straße links auf Singletrail, bald Teer, dann Schotter (»SR«) bergab an Straße entlang.
29,1 / 400 m Vor Straße 90° links. Nach 100 m die »Botnanger Straße« kreuzen. Dann auf Radweg bergab Richtung »Botnang«.
29,6 / 360 m In »Beethovenstraße« rechts auf Schotter, bald Trail weiter.
30,1 / 380 m An Wege-T links auf breiter Schotterpiste (»SR«) weiter. Nach 300 m wieder links.
30,6 / 375 m Ganz links auf schmalerem Laubweg bergab, (»SR«) verlassen. Nach 300 m rechts halten. Dann links auf Singletrail bergab zum Bach. Dort rechts und auf Singletrail am Bach entlang.
31,5 / 336 m Links durchs Feuerbachtal.
32,8 / 310 m Feuerbachtrail zu Ende. Nun rechts auf Schotter weiter.
33,2 / 310 m In Talsenke links auf Singletrail, später Schotter weiter.
34,6 / 308 m Links auf Pflaster bergab zum Gasthaus »Feuerbachtal«. Hier rechts halten.
35,2 / 290 m Dort, wo der Feuerbach unterirdisch verläuft, links auf Singletrail.
34,3 / 295 m Rechts auf Schotter weiter. Nach 400 m rechts in Straße »Mühlwasen« abbiegen.
35,3 / 284 m Kurz vor Kirche links auf »Leobener Straße«.
37,3 / 305 m An Bosch-Werk entlang. Kurz nach Brücke links auf Teer bis zur Schranke. Dann geradeaus auf Waldweg weiter. Bei km 37,4 hart rechts bergan (»SR«).
38,1 / 310 m Ab Waldrand geradeaus auf Straße »Galvanistraße«. Nach 600 m links auf »Schwieberdinger Straße« weiter. Bei km 38,5 links in die »Bessemer Str.«. Dann rechts die S-Bahn-Station Zuffenhausen schiebend passieren. Anschließend rechts bergab Richtung »Ortsmitte« auf »Straßburger Straße« (»roter Querbalken«).
39,3 / 270 m An U-Bahn-Station »Kelterplatz« entlang. Nach 50 m Straße nach links queren, Parkplatz überqueren und dann auf Schotter links des Feuerbachs entlang bachabwärts.
43,5 / 265 m Links auf Schotter weiter.
44,2 / 255 m Vor Straße links auf Singletrail durch den Wald.

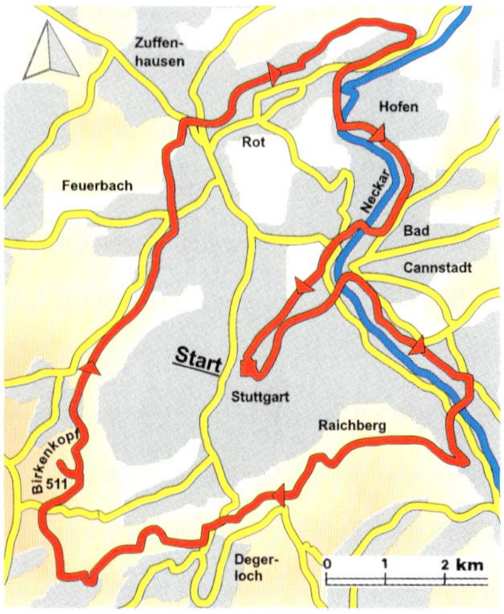

44,4 / 240 m Hart rechts und auf Straße bergan bis zum Ortsschild »Stuttgart-Mönchfeld«. Dort links auf Radweg bergan.
44,5 / 255 m 20 m nach Straße hart links und parallel zur Straße auf Teerweg bergab.
45,0 / 220 m An Bushaltestelle »Mühlhausen« rechts auf Teer weiter. Dann geradeaus Schulgelände passieren und weiter auf »Baltenstraße«.
45,6 / 228 m Rechts auf »Arnoldstraße«. Dann geradeaus am Neckar entlang.
46,9 / 230 m Fußgängerbrücke passieren und auf anderer Neckarseite rechts flussaufwärts.
49,8 / 235 m Erneut Brücke über Neckar queren. Dann auf Radweg an Neckar entlang flussaufwärts.
51,5 / 240 m Am »Mühlsteg« geradeaus. Dann links und auf Radweg zwischen Straße und Neckarufer weiter.
52,8 / 230 m An Schiffsanleger rechts, bald B 10 überqueren. Dann links ab Richtung »Rosenstein«.
53,3 / 255 m Am Schloss »Rosenstein« geradeaus, weiter durch den Park.
53,8 / 244 m Nun parallel zu den Bahngleisen bis zum Hauptbahnhof Stuttgart (km 56,4 / 250 m).

EXTRA: Schwäbische-Alb-Südrand-Weg

260 km, ca. 2400 Hm, 4–5 Tage, Kondition: mittel, Technik: anspruchsvoll
Das südliche und nicht weniger interessante Pendant zum Nordrandweg, ebenfalls mit einem »roten Dreieck« markiert, ist der Schwäbische-Alb-Südrand-Weg. Start und Ziel befinden sich ebenfalls in Donauwörth bzw. Tuttlingen, weshalb man aus Südrand- und Nordrandweg auch eine rund 600 Kilometer lange Traumrunde in der Schwäbischen Alb zusammenstellen kann.

Schwarzwald

Im Land von Bollenhut und Kuckucksuhr bieten sich Bikewege aller Kategorien in Hülle und Fülle an. Dabei reicht das Spektrum von breiten Schotterwegen bis hin zu kultigen Biketrails, die man selbst in den Alpen selten findet. Sogar das baden-württembergische Fahrverbot auf Wegen mit weniger als zwei Metern Breite kann dabei den Spaß kaum trüben.

126 Mahlberg und Bernstein

40,1 km | 870 Hm | 2–3 Std. | leicht | mittel

Schon ganz im Norden des Schwarzwaldes finden sich herrliche Trails für Supertouren samt genialer Aussichten, wie auf dem Mahlberg oder dem Bernstein. Zwei interessante Berge, die der folgenden Route ihren unvergleichlichen Stempel aufdrücken.

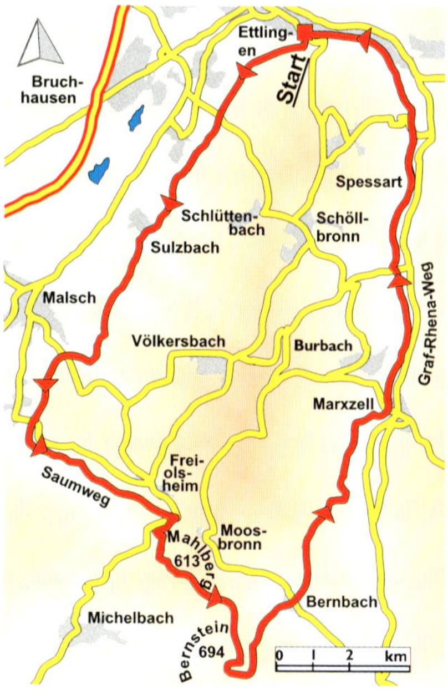

km 0,0 / 170 m Vom Parkplatz zunächst auf Teer Richtung »Gasthaus Hellberg«. Nach 200 m rechts, 100 m weiter wieder rechts und dem »Saumweg« (»Balken«) Richtung »Waldprechtsweier« folgen.
5,5 / 210 m Am Ortsrand von Sulzbach rechts auf Straße bergab. Nach 200 m am Wasserbehälter links, Straße verlassen. Nach 400 m geradeaus auf Singletrail bergan. Nach weiteren 300 m rechts auf Forstweg weiter auf »Saumweg« Richtung »Glasbächlebrunnen«.
8,7 / 240 m Rechts Richtung »Malsch«. Nach weiteren 200 m dann links auf »Saumweg« bergab. Anschließend an Bach entlang bergab.
9,4 / 200 m Rechts auf Straße zum Parkplatz und dort links weiter auf »Saumweg«.
10,2 / 200 m In Rechtskurve links auf Singletrail abbiegen. Nach 300 m geradeaus auf Forstweg weiter. Bei km 10,8 links auf Singletrail, bald an Campingplatz entlang.
11,4 / 251 m Nahe Waldprechtsweier Straße kreuzen, dann geradeaus auf »Saumweg« Richtung »Moosbronn«.
15,1 / 410 m Links auf Singletrail bergan zur Straße. Dort bei km 15,4 rechts. An nächster Kreuzung rechts, Straße links verlassen und auf Singletrail teils steil bergan Richtung »Mahlberg«.
16,5 / 613 m Ab Aussichtsturm Mahlberg zunächst retour bis zum ersten Abzweig. Dort links dem Hinweis Richtung »Bernstein« (»blaue Raute«) folgen. Bei km 17,3 links auf Singletrail halten.
17,6 / 530 m An Wegespinne rechts weiter. Nach 600 m rechts bergab Richtung »Bernstein«.

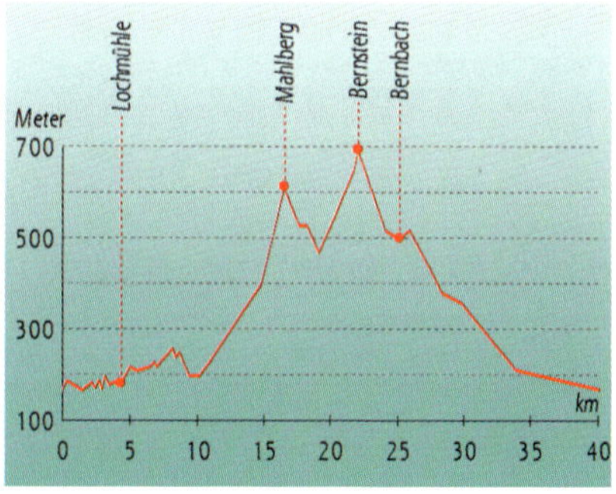

Start: Von der A 5 über Autobahnabfahrt Karlsruhe Süd und anschließend auf der B 3 a Richtung Ettlingen. Dann auf der B 3 Richtung Ettlingen-Zentrum. Dort links abbiegen und Hinweisen Schöllbronn folgen. Diese Tour startet dann auf dem Parkplatz am Abzweig zum Sportplatz.
Karte: Topografische Karte des Schwarzwaldvereins 1:50.000, Blatt 1 »Karlsruhe, Pforzheim«, Landesvermessungsamt Baden-Württemberg.
Literatur: Mountain Bike aktiv »Schwarzwald«, Pietsch, Stuttgart.
Info: Stadtinformation Ettlingen, Schillerstr. 7–9, 76275 Ettlingen, Tel. 07243/10 12 21.
Bikeshops: Fahrrad radial, Karl-Friedrich-Str. 14, 76275 Ettlingen, Tel. 07243/1 26 14 oder Fahrradshop Beck, Westmarkstr. 38, 76227 Karlsruhe, Tel. 0721/40 47 77 oder Gruners gute Fahrräder, Pennssylvaniastr. 2, 76149 Karlsruhe, Tel. 0721/9 71 31 75.

20,3 / 550 m Links, bald an Hütte entlang. Bei km 21,7 links, teils schiebend bergan bis Bernsteingipfel.
22,0 / 694 m Am Gipfel links Richtung »Bernbach«. Nach 600 m wieder links. Ab km 23,3 geradeaus auf »Bernbacher Steigle« bergab.
24,0 / 520 m Geradeaus auf Teer durch Bernbach. Nach 500 m links. Bei km 25,1 geradeaus Hauptstraße kreuzen und Hinweis »Metzlinschwander Hof« folgen.
25,9 / 520 m Nach Ortsende Bernbach an Kreuzung geradeaus Richtung »Marxzell« (»Balken«).
27,3 / 440 m Am »Metzlinschwander Hof« rechts auf Teer. Nach 300 m links. Bei km 28,3 rechts.
29,8 / 360 m An Hütte rechts auf Teer bergab. Nach 600 m rechts, nächste links und kurz darauf auf Straße bergab bis Marxzell. Im Ort kurz vor der Brücke über die Alb links und nun bis Ausgangspunkt dem »Graf-Rhena-Weg« folgen (km 40,1 / 170 m).

127 Büchenbronner Höhe

32,5 km | 590 Hm | 1½–2 Std. | leicht | leicht

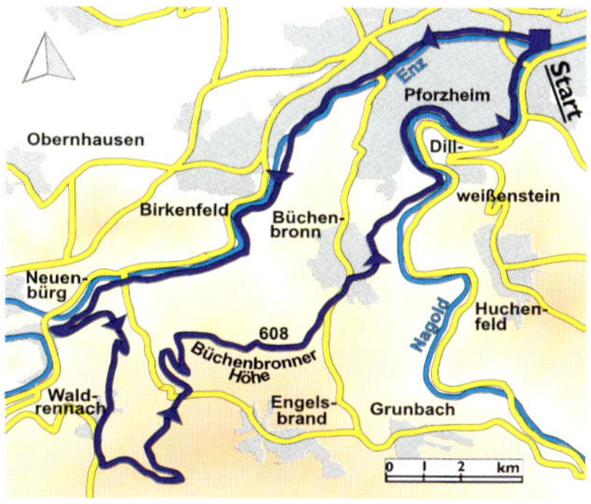

Start: Auf der A 8 aus Karlsruhe oder Stuttgart bis erste Abfahrt »Pforzheim«. Dann auf der B 10 ins Zentrum. Nahe Bahnhof in südliche Richtung und auf der Brücke über Enz und Nagold starten.
Karte: Topografische Karte des Schwarzwaldvereins 1:50.000, Blatt 1 »Karlsruhe, Pforzheim«, Landesvermessungsamt Baden-Württemberg.
Literatur: Mountain Bike aktiv »Schwarzwald«, Pietsch, Stuttgart.
Info: Tourist-Information, Marktplatz 1, 75175 Pforzheim, Tel. 07231/1 94 33 oder Touristik Nördlicher Schwarzwald, Am Waisenhausplatz 26, 75172 Pforzheim, Tel. 07231/1 79 29, Internet www.pforzheim@t-online.de.
Bikeshops: Mr. Bike, Habermehlstr. 18, 75172 Pforzheim, Tel. 07231/35 74 45 oder Bike-Time, Schulerstr. 11, 75180 Pforzheim-Büchenbronn, Tel. 07231/7 35 69 oder Radsport Höhn, Büchenbronner Str. 28, 75172 Pforzheim, Tel. 07231/44 17 71.
Geführte Touren: Mr. Bike (s. o.) bietet samstags, meist um 15 Uhr, geführte Ausfahrten an. Bitte vorher anfragen! Außerdem: Projekt Velo, Wilfingstr. 3, 75394 Würzbach, Tel. 07053/21 90.

Und hier hiefen wir noch ein Beispiel dafür, dass man auch im Nordschwarzwald starke Touren unter die Stollen bekommt. Diesmal führt die Strecke nämlich von der Schmuckstadt Pforzheim bis hinauf zum Aussichtsturm auf der Büchenbronner Höhe.

km 0,0 / 270 m Von Brücke an Mündung von Enz und Nagold auf Radweg an Enz entlang Richtung »Neuenbürg«.
1,9 / 273 m Links auf Straße »Radmarkierung« folgen. Nach 700 m wieder geradeaus auf Radweg weiter.
4,7 / 280 m Links über Brücke

der Enz. Anschließend links durch Wohngebiet. 300 m weiter erst links, nächste rechts und weiter auf markiertem Radweg Richtung »Neuenbürg«.
8,5 / 340 m Rechts halten. Nach 600 m Straße nach Engelsbrand kreuzen und auf Radweg bergan.
10,6 / 364 m In Neuenbürg unterhalb Schloss links auf Teer bergan Richtung »Angelstein« 200 m weiter nochmals links. Bei km 11,9 rechts weiter Richtung »Angelstein«. Nach 200 m scharf rechts. Dann auf schmalem Weg bergan bis zum Felsen Angelstein. Kurz danach links und auf stark verwachsenem Weg erst bergan, dann bergab.
12,7 / 520 m Erst rechts, dann bergan nach »Waldrennach«. Dort an erster Kreuzung rechts bergab. Dann auf Hauptstraße weiter Richtung »Langenbrand«. Kurz nach Ortsende an überdachter Wandertafel links. Bei km 14,4 erst geradeaus, dann auf mittlerem Weg weiter bergab.

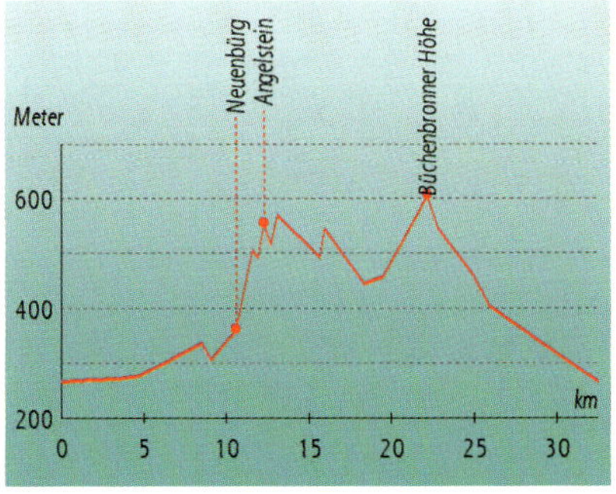

15,6 / 496 m In Senke rechts auf Schotter weiter. Nach 300 m links abbiegen. Nach 100 m an großer Eiche wieder links. Danach geradeaus bergab.
18,3 / 448 m Straße nach Engelsbrand an Parkplatz kreuzen, wieder auf Forstweg bergan.
19,5 / 460 m Nahe Eichberghütte scharf rechts. 800 m weiter scharf links. Bei km 21,1 rechts auf Trail Markierung zur »Büchenbronner Höhe« folgen.
22,2 / 608 m Am Aussichtsturm »Büchenbronner Höhe« links auf »Westweg« Richtung »Pforzheim«. Nach 250 m rechts halten. Nach nochmals 100 m »Westweg« verlassen und auf »Mittelweg« weiter.
22,8 / 550 m Links »Mittelweg« folgen. 500 m weiter links, stets geradeaus nach Büchenbronn.
24,9 / 465 m Im Ort nahe der Kirche rechts. Am Ortsrand links auf Straße um Büchenbronn herum.
25,9 / 408 m Rechts und dem »Mittelweg« bergab nach »Dillweißenstein« folgen. Dort bei km 27,5 direkt vor dem Nagold-Ufer links und auf Radweg an Nagold entlang nach Pforzheim zum Ausgangspunkt (km 32,5 / 270 m).

EXTRA: Westweg

361 km, 4750 Hm, 5–6 Tage,
Kondition: anspruchsvoll, Technik: leicht
Der bestens als Radweg markierte »Westweg« beginnt in Karlsruhe am Bahnhof und zieht sich vorwiegend über den westlichen Kamm des Mittelgebirges nach Süden. Dabei werden Höhen wie Hundseck, Hornisgrinde, Kniebis, die Passhöhe zwischen Elz- und Gutachtal, Hochfirst, Feldberg und ungezählte andere unter die Reifen genommen. Kurzum, dieses Unternehmen braucht nicht nur Zeit (knapp 1 Woche), sondern fordert auch noch reichlich Muskelschmalz. Aber der Aufwand lohnt letztlich dann doch, denn man erlebt wunderschöne Natur, genießt weitreichende Aussichten bis hinüber in die Vogesen und die Lungen werden die frische Luft auch nicht verschmähen.

128 Hohloh

36,7 km	680 Hm	2–3 Std.	mittel	mittel

Der Turn über die Hohloh bietet Prachtaussichten übers Murgtal. Allerdings musste man früher hierfür den Aussichtsturm besteigen. Doch seit dem Orkan »Lothar« ist nun alles anders, eben baumfrei.

km 0,0 / 600 m Am Parkplatz der Kurverwaltung rechts auf Straße und Enzklösterle verlassen. An nächster Gabelung links im Tal bleiben.
1,8 / 700 m Rechts auf breiter Piste Hinweisen »Hohloh« folgen.
3,4 / 820 m Links ab, bald den »Viereichensattel« passieren.
5,3 / 940 m Links auf »Schwalbenweg«. Nach 300 m geradeaus. Bei km 7,1 links auf breiter Piste Richtung »Schwarzmiß«.
8,3 / 933 m Am Parkplatz »Schwarzmiß« hart links und auf Schotterweg bergan zur Hohloh mit dem »Kaiser Wilhelm Turm«.
9,2 / 984 m Am Aussichtsturm rechts auf Schotter bergab. Nach 150 m links auf geschotterter »Alter Weinstraße« (»Mittelweg«) Richtung »Besenfeld«.
10,7 / 950 m An »Prinzenhütte« links »Mittelweg« folgen. Nach 900 m auf Lichtung rechts, weiter »Mittelweg«, Hinweis »Toter Mann« beachten.
16,0 / 916 m Ab Schutzhütte »Toter Mann« jetzt bis Besenfeld auf »Alter Weinstraße« (»Mittelweg«).
25,1 / 782 m In Besenfeld links auf der B 294 weiter. Bei km 26,9 in der Senke kurz nach Gasthof »Urnagold« links. Nächste rechts und tollem, markiertem Trail nach »Gompelscheuer« folgen.
30,2 / 724 m Rechts und an Skilift und Sommerrodelbahn entlang. Dann rechts zur Landstraße. Auf dieser links. Nach 200 m rechts markiertem Weg Richtung »Gompelscheuer« folgen.
31,1 / 770 m Links nach Gompelscheuer. Im Ort etwas rechts markiertem Weg weiter Richtung »Enzklösterle« bzw. Ausgangspunkt (km 36,7 / 600 m).

Start: In Enzklösterle auf dem Parkplatz der Kurverwaltung.
Karte: Topografische Karte des Schwarzwaldvereins 1:50.000, Blatt 3 »Wildbad, Freudenstadt«, Landesvermessungsamt Baden-Württemberg.
Literatur: Mountain Bike aktiv »Schwarzwald«, Pietsch, Stuttgart.
Info: Kurverwaltung Enzklösterle, Friedenstr. 16, 75337 Enzklösterle, Tel. 07085/75 16, Fax 07085/13 98, Internet www.enzkloesterle.de.
Bikeshops: Dr. Cycle, Tannmühlenstr. 21 in 75323 Bad Wildbad, Tel. 07081/69 00 oder Bike Future, Hindenburgstr. 62, 75339 Höfen, Tel. 07081/76 96.
Geführte Touren: Für Hotelgäste des »Enztalhotels« bietet Wolfgang Frey geführte Touren. Ein allgemeines Tourenangebot hält Projekt Velo, Wilfingstr. 3, 75394 Würzbach, Tel. 07053/21 90 bereit.

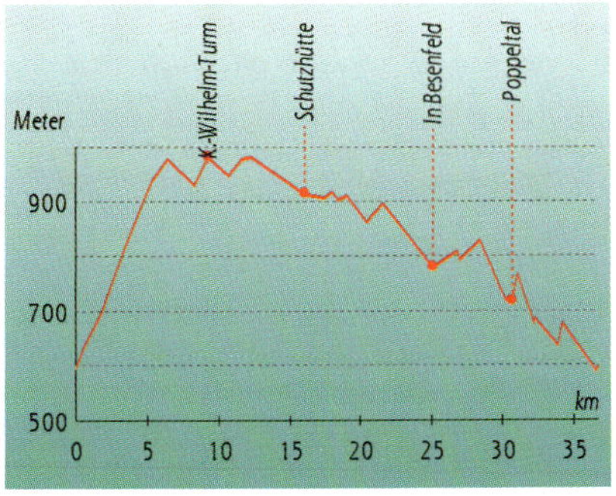

129 Hornisgrinde und Badener Höhe

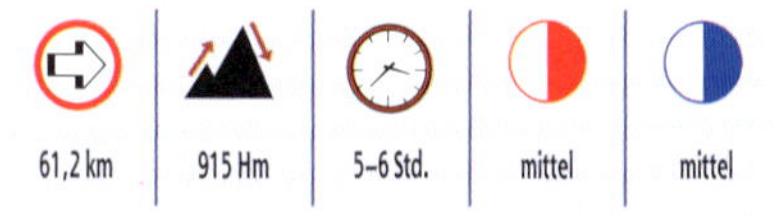

Los geht's im wunderschönen Murgtal, das sich als Ausgangspunkt für zünftige Schwarzwaldtouren überhaupt bestens eignet. Und dann folgt ein toller Mix von Trails, die entlang der Schönmünz zum Seibelseckle führen, von dort zum Mummelsee, wo der Gipfelsturm zur Hornisgrinde beginnt, und über die Badener Höhe wieder zurück zum Ausgangspunkt.

km 0,0 / 470 m Zunächst auf Straße Richtung »Zwickgabel«. Nach 800 m rechts, Straße verlassen, Brücke über die Schönmünz passieren und dann links durch das Tal des Flüsschens auf breiter Schotterpiste über Tauchert, Zwickgabel und Mittel-Langenbach bergan. Alle Abzweige bis Hinter-Langenbach ignorieren.
12,9 / 672 m Auf Höhe Hinter-Langenbach geradeaus auf breiter Schotterpiste durch das Tal des Wälzbachs (»Raute«) Richtung »Seibelseckle«.
15,0 / 880 m »Raute« ignorieren und Schotterweg durch folgende Linkskurve weiter bergan folgen.
18,9 / 956 m Am Seibelseckle, kurz vor Schwarzwald-Hochstraße, rechts halten und auf »Westweg« Richtung »Mummelsee«.
20,2 / 1029 m Am Gasthof »Mummelsee« rechts bergan zur »Hornisgrinde«.
21,8 / 1163 m Am Gipfelplateau Hornisgrinde geradeaus auf »Westweg« Richtung »Unterstmatt«.
23,6 / 1036 m Am »Ochsenstall« links auf Schotter Richtung »Unterstmatt«.
24,9 / 928 m Am Hotel Unterstmatt Kreuzung passieren, dann am Parkplatz links auf »Mannheimer Weg« parallel zur Schwarzwald-Hochstraße Richtung »Hundseck«.
28,2 / 884 m Am Hundseck Straße nach Hundsbach kreuzen, dann auf »Westweg« (»X«) parallel zur Schwarzwald-Hochstraße Richtung »Kurhaus Sand«.
29,8 / 824 m Am Kurhaus Sand Straße kreuzen, etwas rechts, Parkplatz passieren und auf »Westweg« Markierung »X« Richtung »Badener Höhe« folgen. Nach 700 m, vor Naturfreundehaus rechts halten, weiter auf schmalerem Weg.

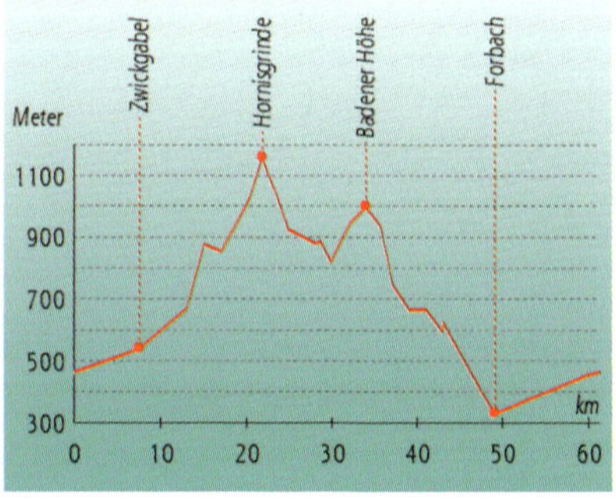

32,0 / 950 m Erst rechts, dann links, weiter auf Schotterweg (»X«). Nach 300 m rechts halten.
33,8 / 1003 m Auf Badener Höhe geradeaus an Aussichtsturm und Schutzhütte entlang in Richtung »Herrenwieser See« (»X«).
35,6 / 940 m An »Zweiseenblick« links auf Trail bergab. 700 m weiter rechts. Am Herrenwieser See links auf Schotter, sofort rechts weiter auf Trail Richtung »Forbach« (»X«).
37,1 / 750 m Nach Trail rechts auf Forstweg weiter. 850 m weiter links über Brücke. Dann sofort rechts, markierten »Westweg« verlassen und am Bach entlang bis Schwarzenbachstausee (»blaue Raute«). Hier auf Uferweg weiter.
40,9 / 670 m An Staumauer geradeaus auf Teer bergab. Nach 800 m, nahe Straße, links, bald Steinbruch passieren. An dessen Ende links auf Forstweg bergan. Danach immer geradeaus bergab bis nach »Forbach«.
49,0 / 332 m In Forbach B 462 kreuzen, Holzbrücke über die Murg queren und dann rechts auf dem »Murgtalweg« an der Murg entlang talaufwärts.
59,8 / 460 m Rechts, dann Brücke queren, weiter talaufwärts. Nach 1100 m rechts über die Murgbrücke zur B 462. Auf dieser zurück zum Ausgangspunkt (km 61,2 / 470 m).

Start: Von der A 5 über Abfahrt Rastatt und der B 462 durchs Murgtal bis Schönmünzach. Dort am Straßenabzweig nach »Zwickgabel« Tour starten.
Karte: Topografische Karte des Schwarzwaldvereins 1:50.000, Blatt 2 »Baden-Baden, Hornisgrinde«, Landesvermessungsamt Baden-Württemberg.
Literatur: Mountain Bike aktiv »Schwarzwald«, Pietsch, Stuttgart.
Info: Baiersbronn Touristik, Rosenplatz 3, 72270 Baiersbronn, Tel. 07442/8 41 40, Internet www.baiersbronn.de.
Bikeshop: Sport Frey, Murgtalstr. 157, 72270 Baiersbronn-Klosterreichenbach, Tel. 07442/64 68.
Geführte Touren: Bei Sport Frey (s. Bikeshop).

Wiesentrail nach Enzklösterle

130 Über Mooswaldkopf und Windkapf

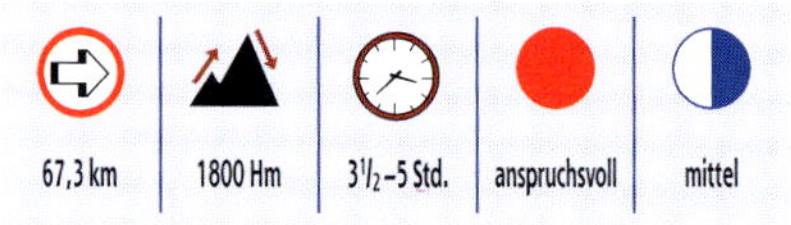

Die Strecke über Mooswaldkopf und Windkapf bietet neben reichlich Höhenmetern auch noch vergnügliche Abwechslung. Schotterwege, Singletrails, schweißtreibende Anstiege und kernige Downhills bestimmen den Charakter dieser Drei-Täler-Traumrunde.

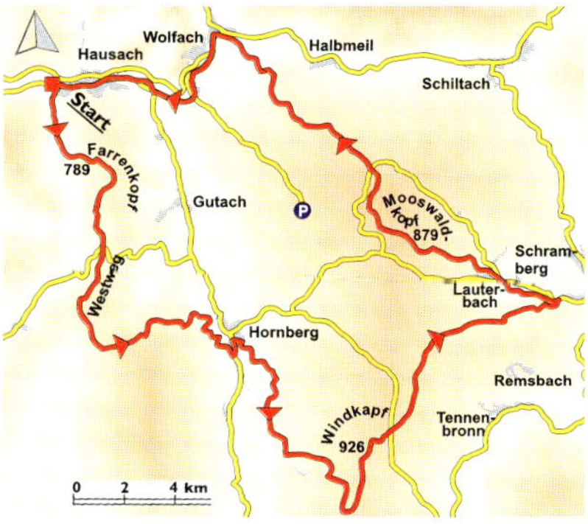

km 0,0 / 235 m Zunächst auf Straße am Hauserbach entlang durch Hausach-Dorf taleinwärts.
2,5 / 342 m An Abzweig bei Bauernhöfen links ab. Nach 500 m etwas rechts und auf Waldweg bergan.
4,2 / 680 m Rechts, weiter bergan und »Westweg« per Trail steil bergan bis Gipfel Farrenkopf folgen.
4,7 / 789 m An »Hasemannhütte« rechts, weiter »Westweg« folgen, jetzt bergab.
5,7 / 610 m Rechts, weiter auf »Westweg«. Bei km 6,7 Landstraße kreuzen.
8,5 / 770 m An Gabelung mit »Querweg Lahr-Rottweil« links auf »Westweg« weiter, bald an alten Verteidigungslinien (Schanzen) entlang.
9,9 / 764 m Am »Bannstein« rechts auf »Westweg«.
11,0 / 743 m Am »Hirzeckle« ganz links, »Westweg« verlassen und auf »Drei-Täler-Weg« (»blau-rote Raute«) bergab Richtung »Hornberg«. Nach 400 m rechts auf Singletrail weiter. Bei km 12,2 links auf breitem Forstweg bergab.
12,5 / 737 m Am »Offenbacher Eckle« ganz links bergab. Nach 600 m rechts, schmaler Weg. Bei km 13,8 erst rechts, dann geradeaus auf Hangweg. Bei km 15,8 wieder rechts halten.
16,8 / 450 m An Schranke etwas links. 500 m weiter im »Offenbachtal« dann links auf Teer bergab.
18,0 / 370 m Links, Gutachbrücke queren. Dann links und für 150 m auf Hauptstraße durch Hornberg. Nun rechts Richtung »Bahnhof«. Vor Eisenbahnviadukt wieder rechts. Nach Bahnhof links.
18,7 / 370 m Geradeaus auf Singletrail »Querweg Lahr-Rottweil« Richtung »Windkapf«. Nach 100 m rechts, Straße queren. Bei km 19,3 Parkplatz queren. Danach rechts auf markiertem Singletrail weiter.
21,6 / 647 m An der »Immelsbacher Höhe« rechts auf Schotter weiter.
22,6 / 727 m An Hütte »Phillipshöhe« links.
24,6 / 860 m Nahe Bauernhöfen links. Nach 700 m wieder links und bei km 26,5 rechts weiter.
27,7 / 900 m Links, »Querweg« verlassen und auf »Mittelweg« weiter Richtung »Windkapf«.
29,9 / 910 m Links von »Hohe Straße« zum »Gasthaus Windkapf«. Dort rechts »Mittelweg« Richtung »Mooswaldkopf« folgen. 200 m weiter links halten.
30,9 / 890 m Straße kreuzen, weiter auf »Mittelweg« Richtung »Lauterbach«.
34,3 / 855 m Rechts, »Mittelweg« verlassen, Richtung »Schramberg«. Nach 600 m links halten.
37,1 / 800 m Links in Weiler Trombach. Dort rechts Richtung »Schramberg« und bald am Trombach entlang.

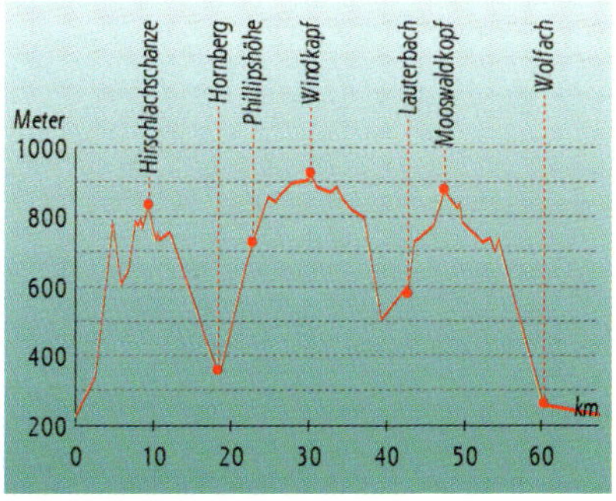

39,3 / 510 m Für 200 m links auf der Straße Richtung »Lauterbach«. Dann wieder links, die Straße verlassen und auf markiertem Panoramaweg in Richtung »Lauterbach«. Bei km 39,7 links am Bach entlang.
42,6 / 604 m Nahe Kapelle rechts bergab durch Lauterbach. 100 m weiter an der Hauptstraße halblinks. Dann an der Kirche entlang (»blaue Raute«) Richtung »Mooswaldkopf«. Am Gasthof »Traube« dann rechts halten.
43,6 / 730 m Nach steilem Anstieg an Kurheim geradeaus auf Teer. An nächster Gabelung bei Kreuz links. Bei km 44,8 an Gebäuden geradeaus auf Waldweg weiter. Nach 700 m und bei km 45,8 jeweils links Markierung folgen.
46,0 / 780 m Links auf schmalem Weg bergan. Nach 900 m wieder links, weiter bis zum Aussichtsturm »Mooswaldkopf«. Dort für 400 m auf Teer leicht bergab.

Start: Aus Süden auf der A 5 bis Abfahrt Lahr, dann über die B 415 ins Kinzigtal. Aus Norden bis Abfahrt Offenburg und dann auf der B 33 durchs Kinzigtal. Kurz vor Hausach am Straßenabzweig der Ortsumgehung startet diese Runde.
Karte: Topographische Karte des Schwarzwaldvereins 1:50.000, Blatt 5 »Freudenstadt, Schramberg«, Landesvermessungsamt Baden-Württemberg.
Literatur: Mountain Bike aktiv »Schwarzwald«, Pietsch, Stuttgart.
Info: Fremdenverkehrsamt Hausach, Hauptstr. 40, 77756 Hausach, Tel. 07831/ 79 75.
Bikeshops: Das Nötigste bei Alfons Stehle, Hauptstr. 67, 77756 Hausach, Tel. 07831/3 21. Richtige Bikeshops: R&P ALLRADbau, Bauernhof 6, 78713 Schramberg, Tel. 07422/73 34 und Hornberg: Sport Faißt, Hauptstr. 71, 78132 Hornberg, Tel. 0783/9 68 70.
Geführte Touren: Auf Anfrage bei R&P oder Sport Faißt, siehe Bikeshop.

Dann rechts, sofort links und bis km 49,0 geradeaus. Dort auf Schotter rechts zum »Moosenmättle« (»blaue Raute«, »weißer Strich«).
49,5 / 790 m Rechts auf Straße. An Abzweig bei Gasthaus links auf Teer Richtung »Bergstüble« bzw. »Wolfach«.
52,2 / 730 m Teer links verlassen und auf Trail weiter. Bei km 53,8 am »Scheerenberg« erst geradeaus, dann etwas rechts, bald links. Danach sofort wieder rechts zur »Brechhöhe«. Dort rechts weiter (»blaue Raute / weißer Strich«).
54,6 / 720 m Links auf steinigem Weg bergab. Bei km 55,2 links zum Hof »Horben«. Dort rechts auf Teer bergab bis nach Wolfach.
60,2 / 263 m In Wolfach vor Kinzig links auf der Straße am Fluss entlang. Bei km 62,7 in Kirnbach rechts, weiter an Kinzig entlang. Anschließend Hausach passieren und wieder zurück zum Ausgangspunkt (km 67,3 / 235 m).

EXTRA: Mittelweg

233 km, ca. 3000 Hm, 3–4 Tage, Kondition: anspruchsvoll, Technik: mittel
Anders als beim Westweg gibt es für den bestens markierten Mittelweg (»rote Raute mit weißem Balken«) keine Radvariante neben dem bekannten Wanderweg. Aber dennoch kann man auch hier eine mehrtägige MTB-Partie unternehmen. Man muss halt allen Fußgängern Vorrang gewähren und der leidigen Zwei-Meter-Regelung (so breit muss der Weg für Bikes laut Gesetz im Schwarzwald sein) kommt man bei, indem man diese (meist kürzeren) Abschnitte halt schiebt. Der Mittelweg führt von also von Pforzheim über die Höhen zwischen Enz- und Nagoldtal nach Freudenstadt. Dann kurbelt man zum Hochfirst und zum Schluss taucht man in die Felsentäler von Schwarza und Schlücht ein, bevor man den Hochrhein bei Waldshut erreicht.

131 Zwischen Nagold- und Enztal

62,1 km | 1330 Hm | 3½–4½ Std. | mittel | mittel

Im nördlichen Schwarzwald geht es recht ruhig zu. So kann man hier selbst an Wochenenden ungestört in die Pedale treten. Die Preise in den Gasthäusern entlang der Strecke und auch sonst sind zudem etwas niedriger, was für das Niveau der Trails allerdings nicht gilt.

km 0,0 / 340 m Von der B 463 auf Landstraße zunächst Richtung »Oberreichenbach«. Nach 400 m links auf Straße »Im Bärental« weiter. Bei km 0,8 links auf Fahrweg halten. Nach nochmals 400 m rechts auf Schotter, ab km 2,4 auf Singletrail am Bach entlang talaufwärts.
4,6 / 600 m Rechts auf Straße abbiegen. Nach 150 m links auf Straße nach Oberreichenbach. Im Ort bei km 5,7 links auf Straße weiter Richtung »Bad Teinach-Zavelstein«.
6,5 / 640 m Kurz vor Ortsende Oberreichenbach rechts auf markiertem »Kirchweg« Richtung »Würzbach«. 200 m weiter geradeaus auf Singletrail. Bei km 7,3 etwas links halten, Landstraße queren und auf Forstweg weiter. Nach 100 m rechts auf schmalen Weg abbiegen. Einige Meter weiter nochmals rechts und auf breitem Weg weiter. Bei km 7,7 am Jägerstand rechts auf schmalem Forstweg den Hinweisen »Würzbach« über die »Würzbacher Höhe« folgen.
8,7 / 660 m Am Ortsrand von Würzbach rechts auf Teerweg bergab. Nach 300 m links bergab zur Landstraße. Auf dieser rechts weiter bis km 9,3. Hier links ab. 600 m weiter links bergab durchs Würzbachtal. Bei km 10,7 rechts. Kurz danach wieder rechts.
11,8 / 590 m Links. Bei km 14,0 an einer Fischzucht etwas links, weiter bergab.
15,3 / 450 m Bei ersten Häusern rechts auf Teer zur Landstraße. Auf dieser links bergab durch Calmbach. Bei km 17,4 links auf Straße Richtung »Bad Wildbad«. 500 m weiter rechts auf »Jahnstr.«. Nach Enzbrücke rechts auf markiertem Radweg über »Höfen« Richtung »Pforzheim«.
24,3 / 335 m Geradeaus durch Neuenbürg. Nach 300 m wieder Bahngleise queren. An größerer Fabrik rechts zur B 294. Auf dieser links bis km 25,6. Hier nun rechts auf Straße bergan Richtung »Schloss«.
25,9 / 364 m An Straßengabelung rechts. Sofort wieder rechts, weiter bergan, erst auf Teer, dann auf Schotter. Bei km 26,8 links auf Forstweg abbiegen.
28,2 / 496 m Etwas rechts Richtung »Angelstein«. 200 m weiter scharf rechts auf schmalem Weg bergan bis Angelstein. Kurz nach den Felsen links auf stark verwachsenem Weg weiter bis km 29,0. Dort rechts bergan Richtung »Waldrennach«.
29,4 / 565 m An der ersten Kreuzung in Waldrennach rechts bergab. Danach links auf Landstraße bis Ortsende. Dort an Wandertafel links ab. Bei km 30,9 den ersten Weg kreuzen und anschließend auf dem mittleren Weg links weiter bergab.
31,9 / 496 m Rechts halten und auf feinschottrigem Weg bergan. Nach 600 m am höchsten Punkt links ab. 100 m weiter an einer mächtigen Fichte links halten. Dann geradeaus bergab. Bei km 34,6 Straße nach Engelsbrand kreuzen und auf Forstweg geradeaus Richtung »Eichberghütte« (km 35,8). Kurz vor der Hütte scharf rechts auf breiter Forstpiste weiter. Nach 900 m scharf links, weiter auf breitem Weg bergan bis Aussichtsturm »Büchenbronner Höhe«. Dort bei (km 39,4) geradeaus auf dem »Mittelweg« nach »Engelsbrand«.
40,7 / 530 m Am Ortsrand rechts zur Kirche. Dort Hauptstraße kreuzen und auf »Schulstraße« bergan, weiter nach »Langenbrand«.
43,9 / 670 m Rechts auf geteertem Weg zum Ortsrand. Dort etwas links und weiter bis zur Hauptstraße. Auf der rechts bis Kreisverkehr. Hier links der »Schömberger Straße« folgen.
45,0 / 652 m Am Campingplatz rechts auf markiertem Weg Richtung »Höfen«. 700 m weiter links Richtung »Schömberg«.
46,5 / 628 m Am Ortsrand von Schömberg rechts durch den Ort. Nach 500 m an Straßenabzweig links. Nach weiteren 200 m rechts auf markiertem Weg Richtung »Bad Liebenzell«.
48,4 / 671 m Landstraße kreuzen, geradeaus weiter. Nach 1300 m und 1800 m jeweils Straße kreuzen, geradeaus nach Schwarzenberg. Dort bei km 50,6 rechts auf markiertem Weg Richtung »Bad Liebenzell«.
51,9 / 620 m Links ein Stück auf Landstraße, dann rechts ab und geradeaus nach »Unterlengenhardt« (km 53,7). Dort links auf Straße durch den Ort.

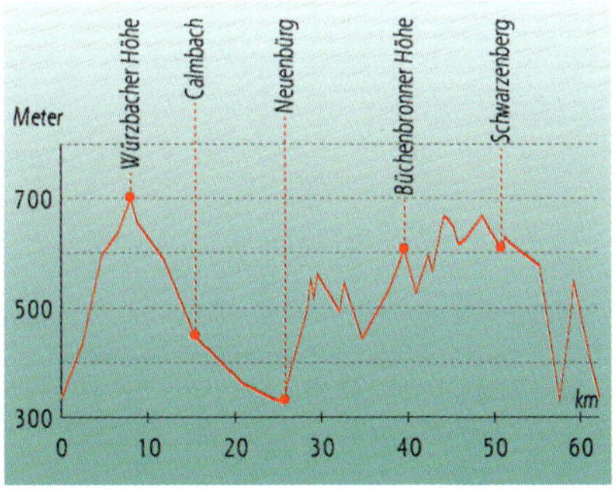

Start: Von Pforzheim auf B 463 über Bad Liebenzell nach Hirsau. Dort am Straßenabzweig Richtung Oberreichenbach Tour starten.
Karte: Topografische Karte des Schwarzwaldvereins 1:50.000, Blatt 1 »Karlsruhe, Pforzheim«, Landesvermessungsamt Baden-Württemberg.
Info: Kurverwaltung Bad Liebenzell, Kurhausdamm 4, 75378 Bad Liebenzell, Tel. 07052/40 80, Fax 07052/40 83 05.
Bikeshop: Radsport Karl Pfeiffer, Kleinwildbad 2, 75378 Bad Liebenzell, Tel. 07052/55 53.
Geführte Touren: Projekt Velo, Wilfingstr. 3, 75394 Würzbach, Tel. 07053/21 90.

Ginsterblüte hoch über dem Enztal

55,2 / 580 m Am Ortsende rechts auf markiertem Trail bergab nach »Bad Liebenzell«. Dort bei km 56,9 rechts auf Straße Richtung »Calw«.
57,5 / 333 m Am Ortsausgang Calw rechts Richtung »Ernstmühler Platte« abbiegen. Nach 100 m links halten. Bei km 58,5 rechts halten. 100 m weiter scharf links über eine Brücke und weiter bergan.
58,7 / 476 m Links auf breitem Forstweg bis Schutzhütte »Ernstmühler Platte« (km 59,1). Dort geradeaus bergab Richtung »Hirsau«. Bei km 60,2 links halten.
61,2 / 396 m In Hirsau immer die jeweils bergab führende Straße wählen. 500 m weiter links auf Straße zurück zum Ausgangspunkt (km 62,1 / 340 m).

132 Murgtal

47,9 km | 875 Hm | 2½–3½ Std. | leicht | leicht

Diese Runde hat schon fast den Charakter einer »normalen« Radltour. Aber eben nur fast, denn die Höhenmeter addieren sich auf einen ganz ordentlichen Wert. Allerdings kurbelt man dabei stets auf breiten Wegen und so hat man auch genug Zeit, das außerordentlich hübsche Murgtal zu »er-fahren«.

km 0,0 / 272 m Ab Parkplatz »Sägmühlstraße« Wegweiser »Gasthaus Schönblick« folgen. Nach 100 m links bergan

Start: Von der A 5, Abfahrt Rastatt, auf der B 462 durchs Murgtal. Dann nach Langenbrand abbiegen und am Ortsrand auf Parkplatz »Sägmühlstraße« Runde starten.
Karte: Topografische Karte des Schwarzwaldvereins 1:50.000, Blatt 3 »Wildbad, Freudenstadt«, Landesvermessungsamt Baden-Württemberg.
Info: Touristinfo Forbach, Stried 14, 76596 Forbach, Tel. 07228/39 62.
Bikeshop: Dr. Cycle, Tannmühlenstr. 21, 75323 Bad Wildbad, Tel. 07081/69 00.

auf Hauptweg bis »Rot« (km 1,0). Hier rechts halten, weiter auf breiter Schotterpiste bergan (»Raute«). 1000 m weiter links (»Raute«).
3,3 / 630 m Unterhalb vom Latschigfelsen rechts. 100 m weiter, »Raute« ignorieren und geradeaus auf Hauptweg bergan.
6,0 / 930 m An Aussichtspunkt links (»X«) Richtung »Hohloh«. 700 m weiter, vor der Prinzenhütte links halten.
7,8 / 970 m Rechts hinauf zum Kaiser-Wilhelm-Turm. Dort geradeaus bergab zum Parkplatz »Schwarzmiß« (km 8,8). Nun hart rechts, fast entgegengesetzt und auf breitem Weg in südliche Richtung.
14,8 / 920 m Links auf Trail weiter. Nach 600 m an Schutzhütte »Toter Mann« links auf »Distriktweg«, später »Alte Weinstraße«, markiert als »Mittelweg« (»Raute«) Richtung »Besenfeld«. Dabei immer auf dem Hauptweg bleiben und alle Abzweige ignorieren.
24,4 / 790 m In Besenfeld rechts auf Landstraße Richtung »Huzenbach«. Nach 250 m am Hotel »Sonnblick« rechts und dem Hinweis »Huzenbach« (»Raute«) folgen. Bei km 25,0 links ab, weiter Markierung folgen.
25,3 / 806 m Teerweg Richtung »Huzenbach« verlassen und auf Waldweg bergab. Nach 200 m etwas links (»blauer Punkt«), weiter Richtung »Huzenbach«.
25,6 / 784 m Geradeaus auf breitem Forstweg. Nach 400 m geradeaus. Bei km 26,3 an einer Hütte rechts halten. Dann bis km 27,0 geradeaus und dort links auf breitem Forstweg weiter bergab.
27,3 / 592 m An Wegestern zunächst rechts abbiegen und auf steilem, grasbewachsenem Weg bergab. 100 m weiter links halten. Einige Meter weiter erst rechts, dann links, weiter bergab. Bei km 27,6 geradeaus. 100 m weiter rechts halten.
27,9 / 500 m Nun bis »Forbach« stets parallel zur Bahnstrecke talabwärts durchs Murgtal (»Tour de Murg«).
29,5 / 480 m Links halten, auf Schotterweg weiter. 300 m weiter auf schmalem Steig bergab. Bei km 31,8 rechts, weiter am Gleis entlang. Nach weiteren 600 m links Richtung »Kirschbaumwasen«.
32,9 / 460 m Weiter auf Hauptweg, Brücke überqueren, dann etwas links auf Teer.
43,1 / 304 m Am Bahnhof Forbach zunächst geradeaus. Dann auf der Straße nach »Gausbach«. Dort rechts in den Ort abbiegen. Am Ortsende rechts auf alter Pflasterstraße weiter. Ab km 45,1 am Erlebnisbad »Montana« auf vielbefahrene Bundesstraße.
47,0 / 276 m Rechts nach »Langenbrand« abbiegen. Dann den Ort passieren und zum Ausgangspunkt zurück (km 47,9 / 272 m).

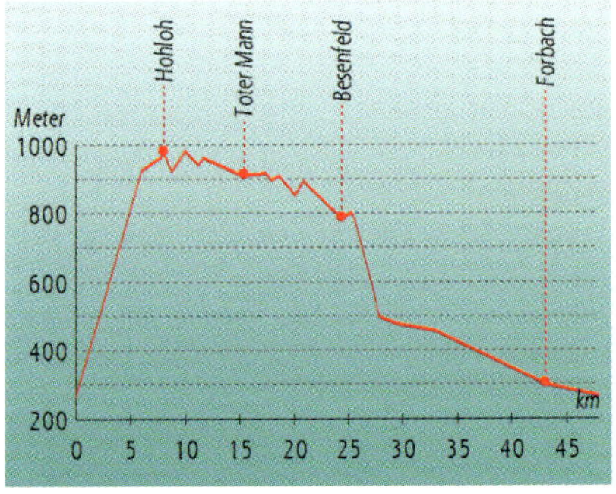

EXTRA: Ostweg

238,5 km, ca. 2800 Hm, 4–5 Tage, Kondition: mittel, Technik: leicht
Auch hier fehlt neben dem Wanderweg die passende Radlvariante. Macht aber genauso wenig aus. Man verhält sich eben wie schon beim »Mittelweg« angegeben. Das fällt umso leichter, weil hier recht wenig Fußgänger unterwegs sind. Der »Ostweg« startet also ebenfalls in Pforzheim und führt dann durch das Würmtal auf die östlichen Höhen des Schwarzwaldes. Dann berührt er die Schwäbische Alb und überquert das wunderschöne Donautal. Das wilde Wutachtal steht später auf dem Programm und anschließend kurbelt man über den Höhenzug Randen zum Hochrhein bei Schaffhausen.

133 Zur Hornisgrinde

51,0 km | 1580 Hm | 3–4 Std. | anspruchsvoll | mittel

Vom Start in Ottenhöfen (300 Meter über Normalnull) kurbelt man stets bergan zur Hornisgrinde, die sich dann auf 1163 Meter über den Spiegel der Weltmeere erhebt. Kurzum, auch der Nordschwarzwald bietet hier mit über 800 Höhenmetern am Stück alpine Verhältnisse.

km 0,0 / 305 m Vom Parkplatz an der Kirche auf Straße zunächst Richtung »Campingplatz«. Nach 200 m links auf Teer über »Blöchereck« bis Parkplatz bei km 3,4. Dort rechts dem Hinweis »Allerheiligen« folgen.
3,8 / 610 m Auf mittlerem Weg weiter. Nach 1100 m links, weiter bergan.
6,1 / 800 m An Parkplatz rechts auf Straße weiter. 500 m weiter, nach Rechts-

kurve, links auf breiter Piste zunächst bergan Richtung »Schliffkopf«.

Auf der Hornisgrinde

7,6 / 835 m Bei Hütte am Abzweig »Pionierweg« hart links weiter bergan.
10,1 / 980 m Hart links und auf »Westweg« (»Raute«) Richtung »Ruhestein«. Nach 900 m die B 500 queren und geradeaus über Parkplatz weiter.
11,1 / 985 m Links zur Schanze. 600 m weiter rechts auf Schotter bergab zur Straße. Diese bei km 12,0 am Ruhestein queren und neben Skihang auf »Westweg« bergan (»Raute«).
13,9 / 1035 m Oberhalb Wildsee, an markiertem Pfosten »Westweg« links auf Grasweg Richtung »Schlangenkirche«.

Start: Auf der A 5 bis Abfahrt Achern. Dort auf Landstraße Hinweisen »Ottenhöfen« folgen. Im Ort zunächst »Camping« folgen, dann rechts und auf Parkplatz an der Kirche Runde starten.
Karte: Topografische Karte des Schwarzwaldvereins 1:50.000, Blatt 2 »Baden-Baden, Hornisgrinde«, Landesvermessungsamt Baden-Württemberg.
Literatur: Mountain Bike aktiv »Schwarzwald«, Pietsch, Stuttgart.
Auskunft: Achertalinformation, Allerheiligenstr. 2, 77883 Ottenhöfen, Tel. 07842/1 94 33.
Bikeshop: Radsport Rest, Oberacherner Str. 77, 77855 Achern, Tel. 07841/2 82 50.
Geführte Touren: Skiclub, Robert Lamm, Brandrain 7, 77876 Kappelrodeck, Tel. 07842/83 93.

18,7 / 968 m Am »Dreirevierstein« links Richtung »Huzenbacher See«.
21,6 / 860 m An »Heilandshütte« links auf geteertem Forstweg »Tonbachstr.« bergab bis nach Zwickgabel.
25,2 / 686 m An Hütte links. Nach 400 m wieder links. Nach weiteren 700 m im Tal der Schönmünz rechts halten.
27,3 / 545 m In Zwickgabel links auf Straße. Nach 150 m rechts, Brücke über Langenbach queren. Dann links am Bach entlang talaufwärts Richtung »Hinter-Langenbach«.
32,9 / 672 m Auf Höhe Hinter-Langenbach an allen Abzweigungen geradeaus auf breiter Schotterpiste durch das Tal des Wälzbachs Richtung »Seibelseckle«.
38,9 / 956 m Am Seibelseckle, kurz vor der Schwarzwald-Hochstraße rechts halten und auf »Westweg« Richtung »Mummelsee« folgen.
40,2 / 1029 m Am Gasthof »Mummelsee« rechts bergan zur »Hornisgrinde«.
41,8 / 1163 m Am Gipfelplateau Hornisgrinde retour zum »Mummelsee«. Dort bei km 43,4 die B 500 »Schwarzwald-Hochstraße« queren. Links (»blaue Raute«) bergab Richtung »Ottenhöfen«.
44,4 / 940 m An Hütte »Hohenstein« geradeaus über Kreuzung. 500 m weiter links auf Singletrail, bald am Hohfelsen entlang Hinweisen »Seebach« folgen.

45,3 / 820 m Forstweg kreuzen. Nach 300 m rechts bergab bis zu breitem Forstweg. Hier links. Einige Meter weiter rechts halten.
46,7 / 720 m Kurz nach Hütte in Rechtskehre scharf links, weiter (»Raute«) Richtung »Seebach«.

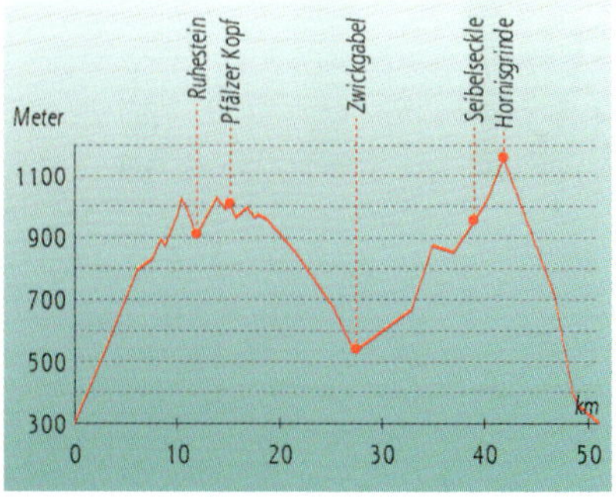

48,0 / 490 m Nahe Weiler Maisental erst rechts, dann links markiertem Weg folgen. 300 m weiter hart links.
48,5 / 400 m Rechts auf Fahrweg. Nach 200 m Straße kreuzen.
49,1 / 360 m Nach Brücke über Grimmersbach links (»Raute«). Nach 1000 m links, nächste rechts und auf Straße durch Ottenhöfen.
50,8 / 305 m Im Ort links auf Straße Richtung »Camping« und zurück zum Ausgangspunkt (km 51,0 / 305 m).

EXTRA: Bikepark Bad Wildbad

Meterhohe Anlieger, rasante Pisten und eine perfekte Infrastruktur, so schaut das Traumterrain für Downhiller und Freerider in Bad Wildbad aus. Sechs Strecken stehen dem Besucher offen. Mit unterschiedlichen Schwierigkeitsstufen: Vom Trainingsparcours über lässige Freerides bis hin zur harten Downhill-Strecke. Der Bikepark bietet Kurse in allen Schwierigkeitsgraden. Hinauf geht's per Schlepplift oder nach den Talabfahrten mit der Sommerbergbahn.
Infos: SOG-Sportmanagement GmbH, Espenstraße 2/1, 78176 Blumberg, Tel. 07702/41 90 21, Fax 07702/41 90 22, E-Mail info@sog-sport.de, Internet www.sog-sport.de. Oder Reise- und Verkehrsbüro Bad Wildbad, König-Karl-Straße 7, Tel. 07081/1 02 80, E-Mail: reise-verkehrsbuero@bad-wildbad.de.

134 Über den Brandenkopf

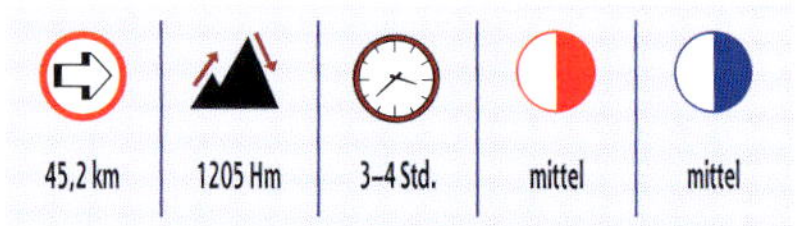

Diese Tour hat zwei Gesichter. Denn nachdem man sich gemütlich warm gefahren hat, ruft einen der Berg, der hier Brandenkopf heißt. Alles in allem erlebt man dabei satte Anstiege und tolle Trails, sodass man auch diese Runde als absolutes Highlight betrachten muss.

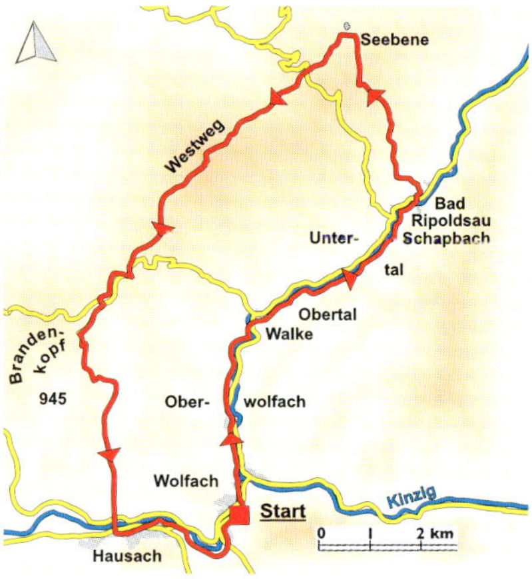

km 0,0 / 263 m Ab Siechenbrücke links am Fluss entlang talaufwärts. Anschließend geradeaus auf »Herlinsbachweg« Richtung »Oberwolfach«. Bei km 2,6 rechts Brücke queren. Sofort links weiter talaufwärts. Bald Oberwolfach auf Straße durchfahren. Nach 600 m links auf Radweg weiter talaufwärts. Bei km 4,2 links auf »Promenadenweg«, anschließend Brücke queren und auf Teer weiter.
4,7 / 280 m Links auf schmalem Weg Richtung »Marienkapelle«. Anschließend geradeaus weiter talaufwärts bis Landstraße (km 6,3). Dort links. Nach 200 m rechts und »Wolfpromenade« talaufwärts folgen. Bei km 6,65 in Walke rechts und an Wolfach entlang, teils auf breiten Wegen, teils auf Singletrail bis »Bad Rippoldsau-Schapbach« (»W«).
14,2 / 397 m In Schapbach auf Höhe der Kirche links über Wolfachbrücke, Hauptstraße kreuzen und der »Raute« teils steil bergan Richtung »Glaswaldsee« auf Schotter folgen.
15,7 / 672 m Rechts auf Teer 200 m weiter bis Kupferberg. Dort an Teergabelung links auf Schotter (»Raute«).
18,5 / 770 m Rechts weiter Richtung »Seebene«. Nach 250 m wieder rechts, steil bergan.
20,0 / 960 m An der »Seebene« links auf »Westweg« über »Littweger Höhe« und »Hark« zum »Kreuzsattel«. Bei km 21,7 an Schutzhütte geradeaus Landstraße kreuzen.
27,0 / 761 m Am »Schöneplatz« links für kurzes Stück auf Trail »Westweg« bergab.
28,4 / 700 m Am Platz »Hark« rechts Richtung »Kreuzsattel«. 400 m weiter links. Nach weiteren 100 m rechts auf Singletrail weiter. Bei km 29,0 wieder links. Nach nochmals 100 m rechts auf Trail weiter. Bei km 29,5 links dem »Westweg« folgen.
31,0 / 738 m Ab »Kreuzsattelhütte« für 250 m geradeaus auf Straße. Dann rechts ab, »Westweg« verlassen und auf Teer (»blaue Raute«) Richtung »Brandenkopf«. Bei km 31,4 rechts bergab.
32,1 / 738 m Links auf Schotter bergan.

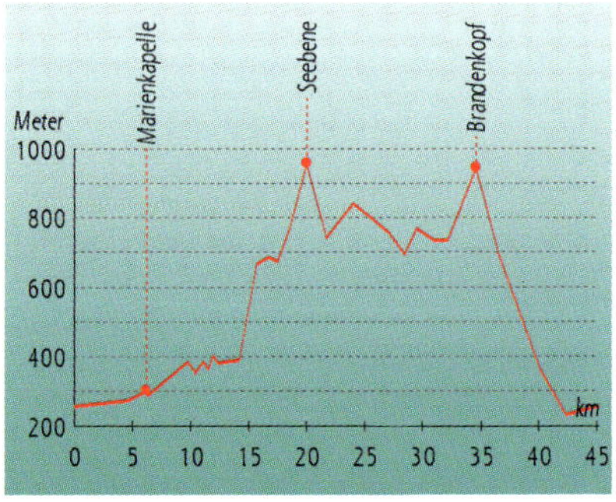

700 m weiter an Hütte links auf Straße. Nach 300 m am Parkplatz »Bettelfrau« rechts auf Straße bergan bis Aussichtsturm auf dem Brandenkopf (km 34,5). Dort links Hinweis »Hausach« folgen.

Start: Von Süden auf der A 5 bis Abfahrt Lahr, dann über B 415 ins Kinzigtal. Von Norden auf der A 5 bis Abfahrt Offenburg und dann auf B 33 durchs Kinzigtal. In beiden Fällen über Hausach nach Wolfach. Dort kurz vor Reutherbergtunnel auf »Hausacher Straße« abbiegen und an Siechenbrücke starten.
Karte: Topografische Karte des Schwarzwaldvereins 1:50.000, Blatt 5 »Freudenstadt, Schramberg«, Landesvermessungsamt Baden-Württemberg.
Literatur: Mountain Bike aktiv »Schwarzwald«, Pietsch, Stuttgart.
Info: Kur- und Verkehrsamt Wolfach, Hauptstr. 41, 77709 Wolfach, Tel. 07834/83 53 53, Fax 07834/83 53 59.
Bikeshops: Fahrradgeschäft Sum Bernhard, Allmendstr. 11, 77709 Oberwolfach, Tel. 07834/14 37. Das nächste MTB-Geschäft: Sport Faißt, Hauptstr. 71 in 78132 Hornberg, Tel. 0783/9 68 70.
Geführte Touren: Sport Faißt, Hauptstr. 71 in 78132 Hornberg, Tel. 0783/9 68 70.

35,1 / 880 m Links auf Trail bergab. Nach 200 m rechts auf breitem Weg weiter Richtung »Hausach«. Bei km 35,6 rechts bergab, Hinweis »Hausach über Neuenbach« folgen. 500 m weiter an Kreuzung links weiter (»Raute«).
36,5 / 700 m Links auf »Hausach Fahrstraße«. Nach 100 m links ab und auf Schotter weiter. Nach weiteren 100 m wieder rechts, Markierung ignorieren und auf Teer bergab bis Schutzhütte bei km 39,7. Hier links, wieder Markierung beachten, auf tollem Serpentinentrail bergab.
40,2 / 364 m Am »Döbishof« geradeaus auf Teer durch Vordertal. Bei km 42,4 Kinzigbrücke queren, dann links auf »Kinzigradweg« retour zum Ausgangspunkt in Wolfach (km 45,2 / 263 m).

Im Tal der Wolf

135 Schöne Aussicht

35,6 km | 755 Hm | 2–3 Std. | mittel | leicht

Den wenigsten ist bekannt, dass einige besonders schwarzwaldtypische Dinge in Triberg oder näherer Umgebung zu Hause sind. Wie zum Beispiel der Bollenhut und die beliebte Kuckucksuhr. Und im Gasthaus »Schöne Aussicht« (der Name trifft es auf den Punkt) lässt sich ganz besonders die leckere Schwarzwälder Kirschtorte genießen.

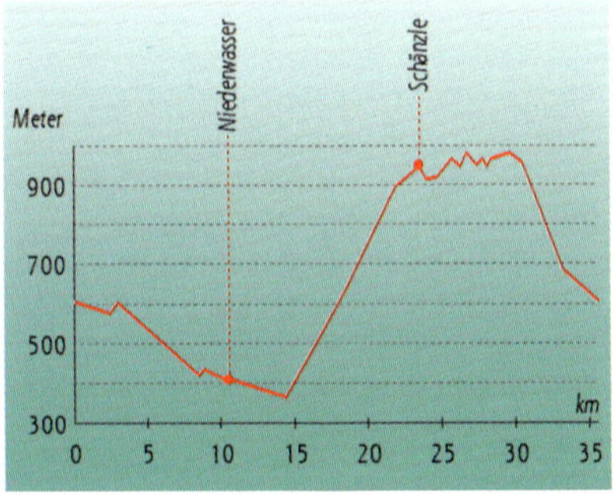

km 0,0 / 610 m Kurz nach Straßenabzweig B 33 / Triberg links auf Treppe hinauf zur Eisenbahnbrücke. Dort rechts an Gleisen entlang. Nach 500 m links auf markiertem »Gutachtalweg« (»blaue Raute«). Bei km 3,7 rechts, kurz vor der Brücke scharf links. Nach weiteren 800 m am Haus rechts zur B 33, hier links und auf ihr weiter.
8,5 / 425 m An Bushaltestelle links, B 33 verlassen, Brücke queren und wieder auf »Gutachweg« weiter. Nach 100 m links steil bergan. Bei km 8,8 rechts ab, weiter auf Trail bis km 10,2. Hier rechts per Treppe hinab zur Straße. Dort links auf Teer durch Niederwasser.
10,9 / 412 m Geradeaus Ort verlassen. Nach 300 m rechts auf Teer Richtung »Hornberg«.
14,4 / 370 m Kurz vor Gutachbrücke und Hauptstraße links. Nach 500 m auf Teer durchs Offenbachtal bergan.
18,5 / 645 m An Abzweig rechts. Nach 600 m wieder rechts Richtung »Offenbacher Eckle«. Nach weiteren 400 m hart links und bergan bis Gasthaus »Schöne Aussicht«. Dort rechts auf »Westweg« Richtung »Wilhelmshöhe«.
24,6 / 923 m Rechts auf Teer an Gasthaus »Rensberg« entlang. Nach 400 m am Ferienheim rechts, Teer verlassen, weiter »Westweg« Richtung »Wilhelmshöhe« folgen.
25,6 / 970 m An der Kreuzung links. 1000 m weiter, kurz nach dem Hof Silberberg dann links auf dem »Westweg« weiter. 300 m weiter am Hof Gümmele links, den »Westweg« verlassen und Richtung »Schonach« weiterkurbeln.
27,3 / 956 m Links auf Teer. 400 m weiter rechts halten.
28,3 / 970 m An Parkplatz links Richtung »Triberg«.
30,7 / 960 m Links Richtung »Triberg« halten.
33,2 / 690 m In Triberg erst geradeaus, dann links zur B 500 und anschließend rechts zum Ende bzw. Start dieser Tour (km 35,6 / 610 m).

Start: Von der A 5 Abfahrt Offenburg oder der A 81 Dreieck Bad Dürrheim jeweils auf der B 33 Richtung Triberg. Die Tour startet am Abzweig von der B 33 nach Triberg-Zentrum.
Karte: Topografische Karte des Schwarzwaldvereins 1:50.000, Blatt 5 »Freudenstadt, Schramberg« und Blatt 7 »Triberg, Donaueschingen«, Landesvermessungsamt Baden-Württemberg.
Literatur: Mountain Bike aktiv »Schwarzwald«, Pietsch, Stuttgart.
Info: Kurverwaltung Triberg, Luisenstr. 10, 78098 Triberg im Schwarzwald, Tel. 07722/95 32 30.
Bikeshops: Bike & Sport Kern, Hauptstr. 6, 78098 Triberg im Schwarzwald, Tel. 07722/2 11 20 oder Sport Faißt, Hauptstr. 71, 78132 Hornberg, Tel. 0783/9 68 70.
Geführte Touren: Auf Anfrage bei Sport Faißt in Hornberg, siehe Bikeshop.

EXTRA: MTB-Fun-Park Todtnau

In Todtnau, ganz im Südschwarzwald, wartet noch ein Reservat auf Stollenritter der schnellen Fraktion. Für den Bergtransport sorgt hier der Hasenhorn-Lift. Bergab geht's entweder über den Downhill-Course (2,6 km und 370 Hm bergab), über den Wildride (Freeridestrecke mit einer Länge von 2,8 km) oder über die Forststraße (Länge 3,5 km.) Infos: MTB-Fun-Park Todtnau, 79670 Todtnau, Tel. 07661/9 83 55 41, Fax 07661/98 35 55, E-Mail ralph.hermann@t-online.de.

136 Ödsbachrunde

34,0 km | 793 Hm | 2½ Std. | mittel | mittel

Diese Tour verläuft rund um den Oberkircher Ortsteil Ödsbach und führt hinauf zum Mooskopf, der mit seinen 871 Metern die höchste Erhebung auf Oberkircher Gemeindegebiet darstellt. Von dem dortigen Aussichtsturm genießt man herrliche Blicke ins Kinzigtal und in die weitläufige Rheinebene.

km 0,0 / 190 m Vom Rathaushof Oberkirch auf der »Eisenbahnstraße« nach links. An »Gasthof Pfauen« rechts über den Bahnübergang und der Vorfahrtsstraße folgen.
0,9 / 190 m Rechts Richtung Hesselbach und Vorfahrtsstraße bis Talende folgen.
5,0 / 302 m An Schild »Nr. 46 und 47« halblinks, Schranke passieren. Nun Hauptweg bergan folgen.
6,8 / 474 m An Schutzhütte »Bildeiche« rechts Richtung »Schönwasen / Mooskopf«. Nach 50 m links. Bei der nächsten Abzweigung auf mittlerem Weg Richtung »Schönwasen bzw. Späneplatz, Moosturm«.
8,0 / 461 m Ab Wegkreuzung Schönwasen Markierung (»weiß in roter Raute«) folgen.
11,8 / 599 m An Ofenlochhütte scharf rechts ab.
13,1 / 635 m An Späneplatz links auf dem steileren der beiden Wege Richtung »Kornebene«. An der nächsten Abzweigung geradeaus. Bei der folgenden dann im spitzen Winkel links bergan auf »Moosturmstr.« →

Start: Die Tour startet am Rathaushof in Oberkirch neben der Tourist-Information.
Karte: Mountainbikekarte »Renchtal« 1:30.000 Digitale Kartografie GmbH, Karlsruhe, erhältlich bei der Tourist-Information.
Info: Tourist-Information Oberkirch, Eisenbahnstr. 1, 77704 Oberkirch, Tel. 07802/8 22 41, Fax 07802/8 21 79, E-Mail touristinfo@oberkirch.de, Internet www.oberkirch.de.
Bikeshops: Martin Hund »Rad-Technik«, Stresemanstr. 1, 77704 Oberkirch, Tel. 07802/98 22 22; Zweirad Müller, Südring 10, 77704 Oberkirch, Tel. 07802/47 45.
Geführte Touren: Geführte Biketouren bietet der Radsportverein Staubwolke Haslach e.V., 77704 Oberkirch, Tel. 07802/76 08 an. Sie können auch bei der Tourist-Information Oberkirch erfragt werden.

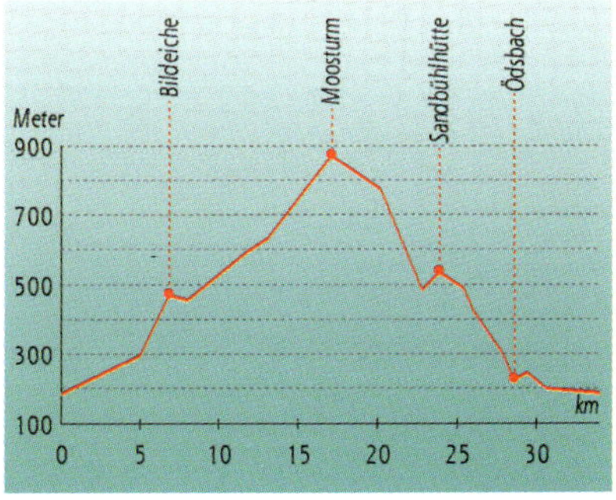

17,1 / 875 m Am »Grimmelshausendenkmal« links zum Moosturm. Dort bei km 17,1 retour zum Grimmelshausendenkmal. Nun ganz links auf »Bärenweg« weiter.
20,2 / 779 m An »Ramsbacher Holzplatz« links, Schranke passieren und auf dem Hauptweg stets bergab bis zur Teerstraße. Auf dieser links weiter.
22,8 / 490 m An »Gasthaus Kalikutt« entlang zur »Sandbühlhütte«. Ab dort auf Straße geradeaus, etwa 150 m bergab. Dann, kurz vor dem Wald, links auf breiten Waldweg.
25,4 / 493 m Rechts bergab. Direkt oberhalb des Hochkopfhofes vor einer kleinen Gegensteigung rechts auf dem unscheinbaren »Wasserleitungsweg« weiter.
26,0 / 430 m Links der »Rundwanderung Giedensbach« entgegen der roten und blauen Pfeilmarkierung folgen, Hinweis »Ödsbach-Sportplatz« beachten.
27,8 / 311 m Unterhalb des Sportplatzes von Ödsbach rechts auf Teer bergab bis zur Vorfahrtsstraße, auf ihr bis zum Ödsbacher Rathaus. Dort auf »Ödsbacher Talstr.« weiter und erst nach dem Ortsendeschild links auf »Almstr.« Richtung »Waldhotel Grüner Baum«.
29,4 / 249 m An »Waldhotel Grüner Baum« weiter auf »Almstr.« Richtung »Oberkirch«.
30,6 / 206 m An »Ödsbacher Talstr.« links zum »Gasthof Pfauen«. Dort links ab zum Ausgangspunkt an Rathaus Oberkirch (km 34,0 / 190 m).

137 Um die Schwend

33,5 km | 772 Hm | 2½ Std. | mittel | mittel

Diese Tour führt anfänglich durch die herrliche Reblandschaft von Oberkirch und bietet Blicke übers Rheintal bis hin zu den Vogesen. Im weiteren Verlauf ergeben sich dann herrliche Ausblicke in das Acher- und Renchtal. Nach Erreichen des höchsten Punktes der Tour, dem Sohlberg, ist auch ein Abstecher zu den romantischen Allerheiligen-Wasserfällen möglich.

km 0,0 / 190 m Ab Bahnhof Oberkirch »Bahnhofstr.« folgen. Dann links in den »Südring«. Bald B 28 per Fußgänger-Weg queren und geradeaus weiter in die »Renchenerstr.« Richtung »Krankenhaus«. In der folgenden Linkskurve in die zweite Straße rechts Richtung »Ortsteil Gaisbach« einbiegen. Unmittelbar darauf vor dem Winzerbrunnen halblinks der Beschilderung »Gaisbach« folgen.
1,0 / 203 m An Kreuzung links Richtung »Wolfhag«. Unmittelbar danach wieder links in eine für PKW und Motorräder gesperrte Straße.
1,6 / 193 m Nach Querung der »Ringelbacherstraße« rechts auf »Tiergärtner Weg«. Nun der Beschilderung »Fatima-Kapelle« folgen.
3,0 / 209 m In der Ortschaft Tiergarten rechts, in die Straße »Am Tanzberg« abbiegen.
3,2 / 232 m An Kreuzung links Beschilderung »Ringelbacher Kreuz« folgen.
3,6 / 279 m Nach kurzer, aber steiler Auffahrt im spitzen Winkel links (»Rundweg 5«), bald an Aussichtsplattform entlang.
4,1 / 305 m An »Fatima-Kapelle« weiter bis Schutzhütte. An dieser links vorbei und ab dort Beschilderung »Ringelbacher Kreuz/Waldköpfle-Hütte« folgen.
5,7 / 352 m An der »Waldköpfle Hütte« rechts Richtung »Ringelbacher Kreuz« halten.
6,5 / 366 m Rechts auf Teer weiter, bald an Gasthaus »Zur Einkehr« entlang Richtung »Ringelbacher Kreuz«. Nach der Brücke der Beschilderung »Schwend/Sohlberg«, bald »Heldengräber« folgen.
7,7 / 472 m An der »Schwender Buche

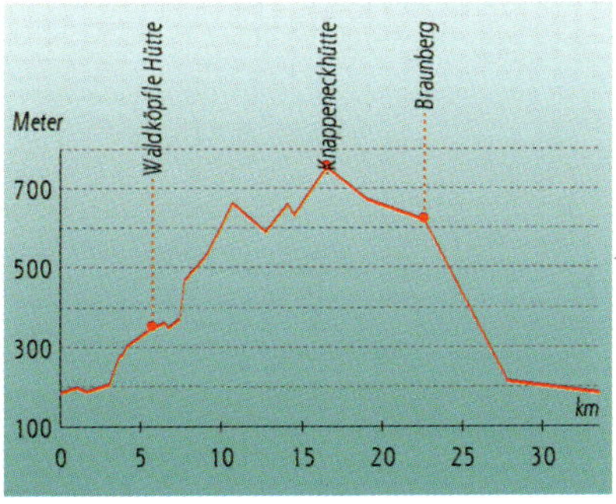

Start: Am Bahnhof in Oberkirch.
Karte: Mountainbikekarte »Renchtal« 1:30.000 Digitale Kartografie GmbH, Karlsruhe, erhältlich bei der Tourist-Information.
Info: Tourist-Information Oberkirch, Eisenbahnstr. 1, 77704 Oberkirch, Tel. 07802/8 22 41, Fax 07802/8 21 79, E-Mail touristinfo@oberkirch.de, Internet www.oberkirch.de.
Bikeshops: Martin Hund »Rad-Technik«, Stresemannstr. 1, 77704 Oberkirch, Tel. 07802/98 22 22; Zweirad Müller, Südring 10, 77704 Oberkirch, Tel. 07802/47 45.
Geführte Touren: Geführte Biketouren bietet der Radsportverein Staubwolke Haslach e.V., 77704 Oberkirch, Tel. 07802/76 08 an und können auch bei der Tourist-Information Oberkirch erfragt werden.

rechts. Kurz darauf wieder rechts auf kreuzenden Waldweg. Nach 50 m links der Steigung folgen (»blauer Punkt«).
8,9 / 528 m Vor einer Trockenmauer unterhalb einer Sitzgelegenheit erst rechts, dann sofort wieder halblinks. Nach 200 m an einem Bildstöckchen weiter geradeaus. An der nächsten Verzweigung der Steigung folgen, vorbei an einem weiteren Bildstock und nach weiterem Anstieg rechts Richtung »Schwend«.
10,3 / 631 m Links der Beschilderung »Sohlberg / Allerheiligen« folgen.
10,7 / 665 m 50 m vor Buchwaldhütte rechts Richtung »Sohlberg, Allerheiligen, Bergvesperstube Fiesemichel«.
12,7 / 593 m An Simmersbacher Kreuz geradeaus Richtung »Sohlberg/Allerheiligen«.
14,1 / 664 m Unterhalb einer Schutzhütte geradeaus zur Teerstraße. Dort rechts bergab.
14,5 / 635 m An Straßenkreuzung kurz vor »Sohlberg-Parkplatz« halblinks

➘ in die Straße »Sohlberg« (rechts vom Bildstock vorbei). An Gabelung gleich danach wieder rechts auf »Allerheiligen-Steig« Richtung »Knappeneckhütte.
16,5 / 759 m Ab Knappeneckhütte »Allerheiligen-Steig« bergab folgen.
19,0 / 676 m An Parkplatz »St. Ursula« rechts in »Braun-Bergweg« einbiegen.
22,7 / 623 m An kleiner Lichtung mit Rastbank rechts dem Hauptweg Richtung »Sulzbach, Hubacker« folgen.
27,8 / 218 m Links auf B 28. Kurz darauf rechts über Eisenbahnbrücke die Rench überqueren. Nach Bahngleisen wieder rechts und dann den Gleisen folgen. Ab Forsthaus der Beschilderung »Radweg Oberkirch« folgen. In Lautenbach beim Sportplatz rechts und nochmals Rench überqueren. Dann sofort wieder links auf den Renchdamm. Nach dem Freibad von Oberkirch rechts abermals die Brücke über die Rench queren. Am »Gasthof Pfauen« links Richtung Bahnhof abbiegen (km 33,5 / 190 m).

Ordentliche Wege für Biker im Schwarzwald

138 Spitzenberg-Tour

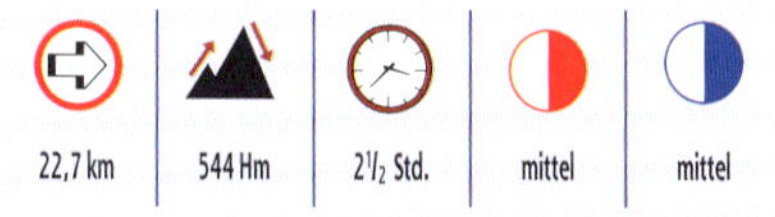

Diese Tour führt über die Bergvesperstube Fiesemichel hinauf zum Simmersbacher Kreuz mit herrlichen Ausblicken auf die Vorbergzonen des mittleren Schwarzwaldes, bevor es über die Gemeinde Lautenbach wieder zurück nach Oberkirch – dem Tor zum Renchtal – geht.

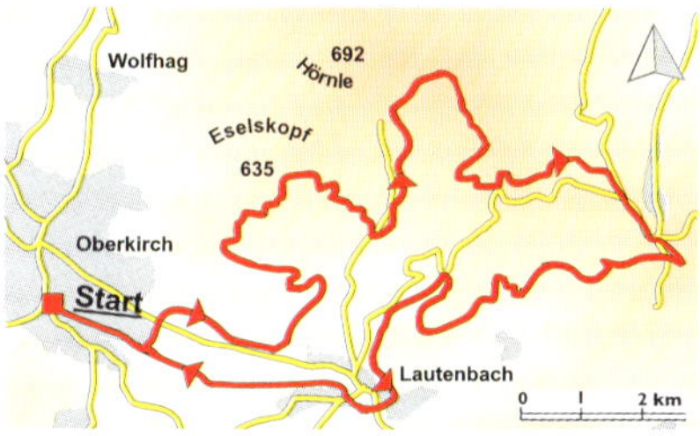

km 0,0 / 190 m Ab Rathaus Oberkirch auf »Eisenbahnstr.« nach links. 60 m weiter an Gasthof »Pfauen« rechts über die Gleise. Vor der Renchbrücke links weiter bis Schwimmbad. Dort links zur B 28, diese queren und dann geradeaus weiter.
2,4 / 205 m An einem Autohaus an der B 28 links auf Radweg weiter. Am Abzweig dann links Richtung »Hinterwinterbach«.
3,4 / 239 m An kleinem Bach vom Teer scharf links ab.
4,8 / 362 m Schranke passieren und anschließend, wenn der Weg wieder etwas flacher wird, rechts bergan, später wieder bergab halten.
5,9 / 391 m An Kreuzung links bergan.
7,9 / 442 m Links auf Teer weiter. Nach 100 m rechts auf der Straße weiter bis zur »Bergvesperstube Fiesemichel« (Ruhetag: Montag/Dienstag). Hier fährt man durch den Hof und dann links auf Schotter.
9,9 / 604 m Am Simmersbacher Kreuz ganz rechts auf ebenem Weg. An der nächsten Kreuzung halblinks flach weiter.
11,4 / 625 m An einem Bildstock rechts bergan Richtung »Sohlberg, Allerheiligen«.
12,7 / 688 m Rechts auf Teer bergab. Bald rechts in Sackgasse Richtung »Haus Nr. 27, 28, 29, 30«.
14,4 / 640 m An Haus Nr. 28, nach einem Schuppen, scharf rechts in einen Waldweg Richtung »Satteleiche, Steighütte, Lautenbach«.

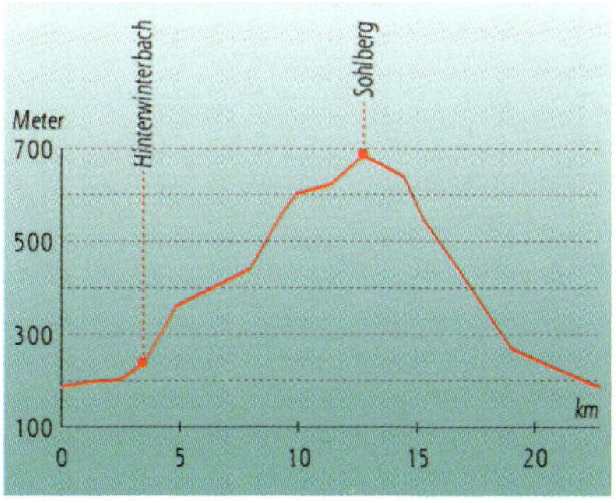

Start: Die Tour startet am Rathaus Oberkirch.
Karte: Mountainbikekarte »Renchtal« 1:30.000 »Digitale Kartografie GmbH, Karlsruhe«, erhältlich bei der Tourist-Information.
Info: Tourist-Information Oberkirch, Eisenbahnstr. 1, 77704 Oberkirch, Tel. 07802/8 22 41, Fax 07802/8 21 79, E-Mail touristinfo@oberkirch.de, Internet www.oberkirch.de.
Bikeshops: Martin Hund »Rad-Technik«, Stresemannstr. 1, 77704 Oberkirch, Tel. 07802/98 22 22; Zweirad Müller, Südring 10, 77704 Oberkirch, Tel. 07802/47 45.
Geführte Touren: Geführte Biketouren bietet der Radsportverein Staubwolke Haslach e.V., 77704 Oberkirch, Tel. 07802/76 08 an und können auch bei der Tourist-Information Oberkirch erfragt werden.

15,3 / 548 m An »Satteleichhütte« bergab Richtung »Steighütte«.
16,6 / 455 m An Steighütte auf Hauptweg rechts herum (nicht durch die Schranke) bis ca. 10 m vor der Teerstraße, wo man scharf links Richtung »Friedhof« abbiegt.
19,0 / 273 m Steil bergab nach Lautenbach. An der B 28 rechts, sofort links Richtung »Sendelbach«. 50 m nach dem Bahnhof Gleise queren, dann rechts dem Renchdamm folgen. An nächster Straßenbrücke rechts, dann links zum Rathaus Oberkirch (km 22,7 / 190 m).

139 Rund um Bad Peterstal-Griesbach

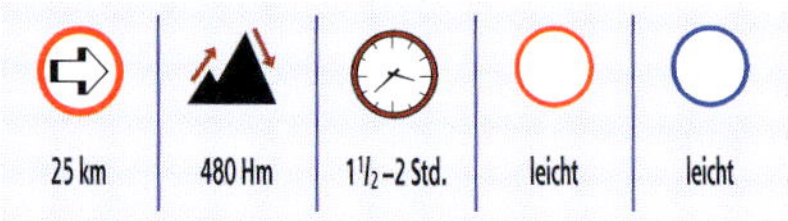

Interessante Tour, die zunächst auf der Strecke des jährlichen Mountainbike-Bergrennens verläuft. Dazu bekommt man landschaftlich reizvolle Ausblicke auf beide Ortsteile. Exzellente Einkehr- und Rastmöglichkeiten liegen an der Strecke.

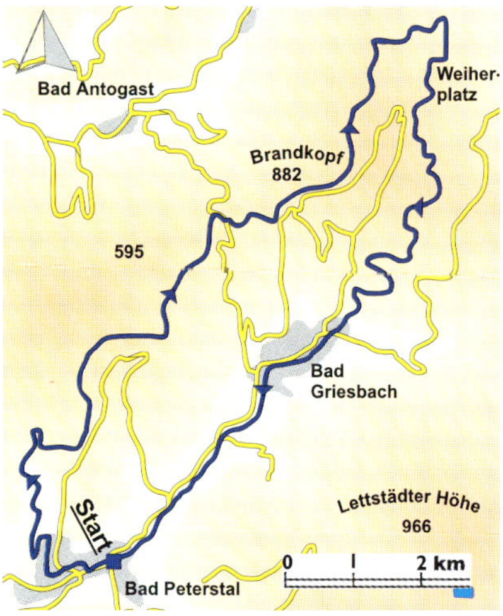

km 0,0 / 390 m Ab der Pfarrkirche Bad Peterstal auf der B 28 Richtung »Oppenau«. Nach 0,3 km rechts zum Bahnhof Bad Peterstal. Dann rechts auf »Forsthausstr.« bergan. Nach Überquerung der Bahnstrecke links auf »Leopoldstraße«. Bei km 1,2 »Künsbachweg« (MTB-Bergrennstrecke) folgen. Bei km 2,0 rechts halten und bei km 3,1 links dem Schild »Gasthaus Braunbergstüble« folgen.
3,4 / 600 m Am Gasthaus »Braunbergstüble« geradeaus entlang. Nach 400 m scharf rechts auf dem »Rollwasenweg« Richtung »Tanz«.
4,6 / 649 m An Waldparkplatz Tanz scharf links bergan, später Hinweisen »Sattelplatz« folgen.
6,4 / 743 m An Sattelplatz rechts Richtung »Breitenberg« (»3 im Dreieck«). Nach 600 m geradeaus bergan. Bei km 7,2 rechts (»blaue Raute«) Richtung »Breitenberg«.
8,7 / 650 m Am Gasthaus »Breitenberg« rechts auf Straße Richtung »Rohrenbach«. Nach 200 m links bergauf Richtung »Rohrenbach«. Bei km 9,7 km links halten.
10,2 / 750 m An »Rohrenbacher Eck« geradeaus auf »Mittleren Brandweg«.
12,6 / 773 m Rechts bergab Richtung »Fischfelsenhütte«.
14,4 / 665 m An »Weiherplatz« links auf »Maierslochweg« weiter. Nach 900 m, oberhalb des Gasthauses »Herbstwasen« geradeaus weiter bis km 16,7. Dort

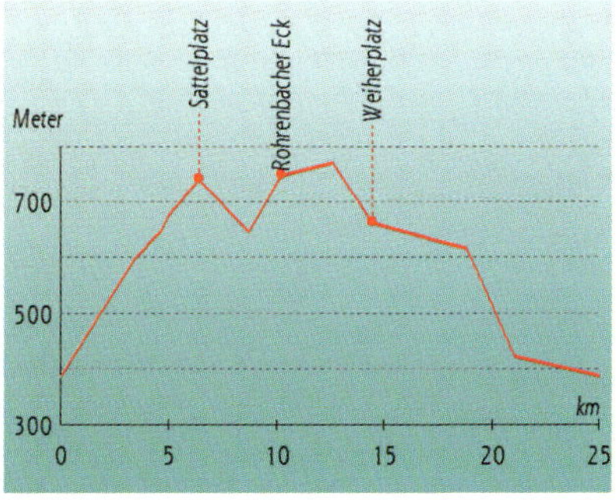

rechts auf »Dissenhofweg« zum Dollenberg.
18,8 / 620 m Rechts auf Fahrstraße Dollenberg bergab. Nach 1200 m rechts auf B 28 über Bad Griesbach zur Pfarrkirche Bad Peterstal (25,0 km / 390 m).

Start: An der Pfarrkirche in Bad Peterstal.
Karte: Mountainbikekarte »Renchtal« 1:30.000 Digitale Kartografie GmbH, Karlsruhe, erhältlich bei der Tourist-Information.
Info: Tourist-Information Oberkirch, Eisenbahnstr. 1, 77704 Oberkirch, Tel. 07802/8 22 41, Fax 07802/8 21 79, E-Mail touristinfo@oberkirch.de, Internet www.oberkirch.de.
Bikeshops: Martin Hund »Rad-Technik«, Stresemannstr. 1, 77704 Oberkirch, Tel. 07802/98 22 22; Zweirad Müller, Südring 10, 77704 Oberkirch, Tel. 07802/47 45.
Geführte Touren: Geführte Biketouren bietet der Radsportverein Staubwolke Haslach e.V., 77704 Oberkirch, Tel. 07802/76 08 an und können auch bei der Tourist-Information Oberkirch erfragt werden.

140 Grindenbachtour

26,0 km | 600 Hm | 2½ Std. | mittel | mittel

In der ersten Hälfte recht anspruchsvolle, aber landschaftlich sehr reizvolle Tour. Ein lohnender Abstecher bietet sich zu den Wasserfällen und der Klosterruine Allerheiligen an.

km 0,0 / 268 m Ab der katholischen Kirche in Oppenau auf dem »Kapellenweg« bergan an der ehemaligen Friedburg entlang bis zur »Kleinebene« fahren. Dort nach der zweiten Hütte rechts

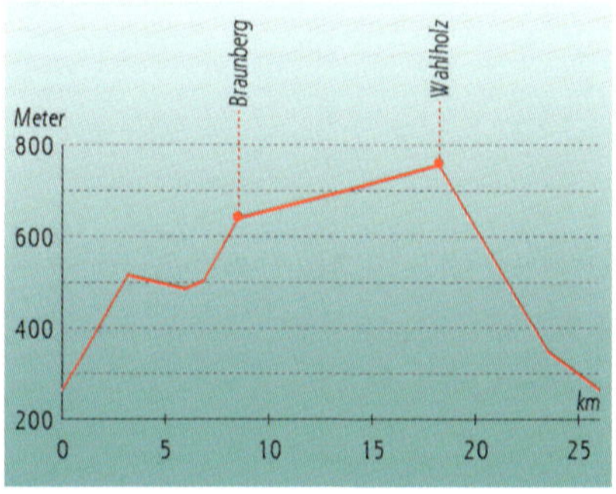

bergan in Richtung »Hochebene«. Dem »Bacherliseckweg« folgen, kurz nach dem Wasserhochbehälter dann links und später rechts hoch.

3,0 / 520 m Rechts auf Teer zur Hochebene. Dort dem Weg (»10«) über »Hutteneck« nahezu eben bis zum »Rinkenhof« folgen.

6,8 / 506 m Auf Teer links bergab bis zum »Langenbacherhof«. Dort den Hinweisen »Braunberg, Allerheiligen« bergan folgen.

12,5 / 690 m Über die Engelskanzel (Aussichtspunkt) fährt man zum St. Ursula-Parkplatz. Hier rechts der Landstraße bergab zur bis Klosterruine Allerheiligen folgen. Dort auf der Straße noch ein Stück weiter. Nach einer langen Rechtskurve bei einem geteertem Platz mit zwei Wegen links halten. Ab km 15,2 dem »Schliffweg« bergan Richtung »Wahlholz« folgen. Nach weiteren 500 m rechts Richtung »Wahlholz« abzweigen.

18,2 / 760 m An der Wahlholzhütte nach links auf die »Rotenbachstraße« Richtung« Rotenbach bzw. »Gasthaus Blume«.

23,0 / 350 m Am Gasthaus Blume links, auf der Straße zurück nach Oppenau (km 26,0 / 268 m).

Start: Katholische Kirche in Oppenau.
Karte: Mountainbikekarte »Renchtal« 1:30.000 Digitale Kartografie GmbH, Karlsruhe, erhältlich bei der Tourist-Information.
Info: Tourist-Information Oppenau, Allmendplatz 3, 77728 Oppenau, Tel. 07804/91 08 30, Fax 07804/91 08 32, E-Mail info@oppenau.de, Internet www.oppenau.de.
Bikeshops: Martin Hund »Rad-Technik«, Stresemannstr. 1, 77704 Oberkirch, Tel. 07802/98 22 22; Zweirad Müller, Südring 10, 77704 Oberkirch, Tel. 07802/47 45.
Geführte Touren: Kontakte für geführte Biketouren können bei der Tourist-Information Oppenau erfragt werden.

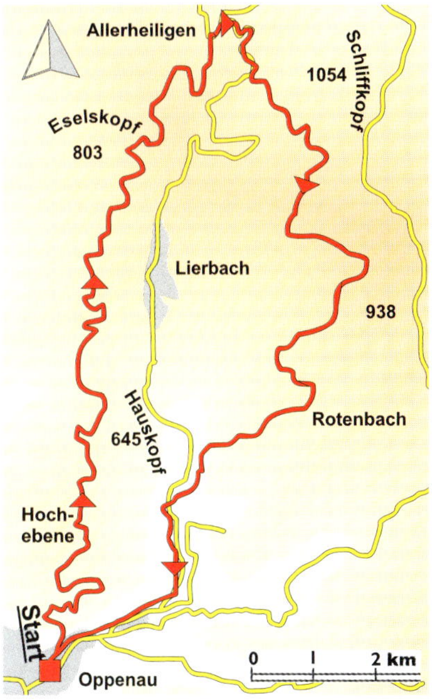

Bikeurlaub rund um Oberkirch – das lohnt.

Das Simonswälder Tal – eine der schönsten Ecken des Schwarzwalds

141 Griesbacher Eck

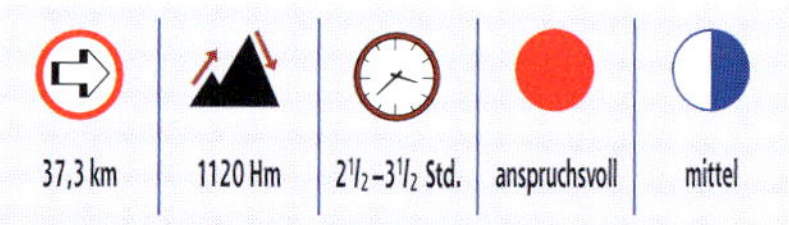

Traumhaftes Simonswälder Tal. Denn hier gibt es sie noch, die Ursprünglichkeit: plätschernde Bäche voll sauberem Wasser und klare Luft, die man bis in die letzten Spitzen der Lunge saugen kann. Außerdem gibt es rund um das Tal genug Trails zu entdecken, Höhenmeter zu erstrampeln und Sauseabfahrten zu genießen.

km 0,0 / 364 m Ab Hotel »Bären« geradeaus ein Stück auf der Hauptstraße durchs Simonswälder Tal. Nach 100 m rechts weg und anschließend auf markiertem Pfad (»Querweg Schwarzwald–Kaiserstuhl–Rhein«) an Wilder Gutach entlang talaufwärts.
1,4 / 370 m Links auf breiterem Weg weiter an Flüsschen entlang. 700 m weiter bei Brücke rechts.
4,2 / 440 m Kurz nach Sportplatz links über Brücke, Markierung verlassen, dann

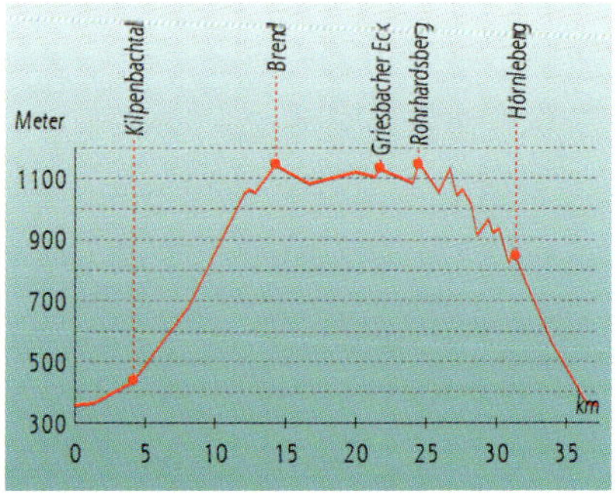

rechts auf Straße weiter durchs Tal bis Gasthaus Engel bei km 6,0. Hier links durch das Kilpenbachtal bergan.
8,3 / 696 m Geradeaus auf »Kilpensträßle« weiter bergan.
12,1 / 1055 m Am »Alten Eck« links auf markiertem Weg Richtung »Brend«. Nach 250 m geradeaus auf Teersträßchen bergan. Nach 800 m links halten.
14,1 / 1140 m Links zum »Brendturm«. Dort bei km 14,3 auf schmalerem Weg in östliche Richtung halten. Nach 100 m links dem geteerten »Westweg« (»rote Raute«) folgen.
16,7 / 1088 m An der Wasserscheide Donau-Rhein erst links, dann sofort rechts an Martinskapelle entlang. Am Parkplatz dann links Richtung »Rohrhardsberg« (»blaue Raute«). Bei km 17,5 an der Skihütte links auf Teer weiter. Nach weiteren 1200 m wieder links halten, weiter auf Teer.
20,1 / 1128 m Links auf geschottertem »Tüchle Weg« weiter.
21,4 / 1112 m Rechts, weiter auf Schotter. Nach 200 m wieder rechts halten.
21,8 / 1136 m Am Griesbacher Eck rechts halten. Nach 300 m wieder rechts ab, weiter Schotter. Bei km 22,5 etwas links halten.
24,1 / 1092 m Rechts bergan Richtung »Rohrhardsberg«. Nach 400 m hart links und dem markierten Weg Richtung »Bleibach« folgen. Bis km 26,0 stets geradeaus halten.
26,0 / 1060 m An Gabelung rechts. Bald tolle Aussicht vom Sühnekreuz.
27,4 / 1030 m An Gabelung bei Hütte links dem markierten Weg Richtung »Hörnleberg« folgen.
28,2 / 1020 m Nach kurzer Abfahrt links auf Singletrail. 400 m weiter links bergab.
31,4 / 850 m Kurz vor dem »Hörnleberg« hart links Richtung »Simonswald« folgen. Nach 500 m links auf breiter Piste bergab. Bei km 33,1 geradeaus auf schmalerem Weg bergab.

Start: Auf der A 5 bis Abfahrt Freiburg-Nord. Dann auf der B 294 weiter und über Waldkirch bis Gutach. Hier nach Simonswald. Die Tour startet am »Hotel Bären«.
Karte: Topografische Karte des Schwarzwaldvereins 1:50.000, Blatt 6 »Kaiserstuhl, Freiburg, Feldberg« oder Blatt 7 »Triberg, Donaueschingen« Landesvermessungsamt Baden-Württemberg.
Literatur: Mountain Bike aktiv »Schwarzwald«, Pietsch, Stuttgart.
Info: Touristinformation Simonswälder Tal, Talstr. 14 a, 79263 Simonswald, Tel. 07683/2 55.
Bikeshops: Extratour, Karthäuserstr. 39, 79102 Freiburg, Tel. 0761/2 86 73 37, oder Fahrrad-Ecke Herdern, Sandstr. 2, 79104 Freiburg, Tel. 0761/55 52 62.
Geführte Touren: Auf Anfrage bei Touristinformation Simonswälder Tal (s. o.).

34,1 / 560 m An schöner Aussicht links auf unterer Schotterpiste weiter. Wenige Meter weiter wieder hart rechts.
36,5 / 370 m In Simonswald rechts auf Straße durch das Dorf. Nächste wieder rechts und zurück zum Ausgangspunkt (km 37,3 / 364 m).

142 Kandel

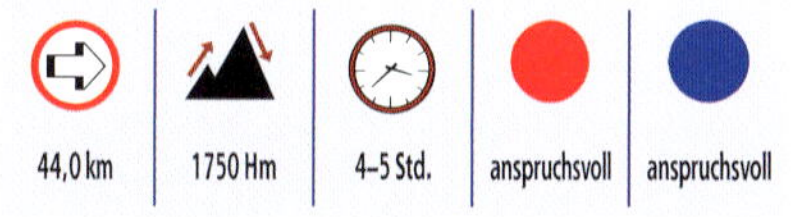

Zwischen Glottertal und dem so ursprünglichen Simonswälder Tal erhebt sich recht markant der Gebirgsstock des 1242 Meter hohen Kandel. Neben Belchen und Feldberg dürfte das einer der interessantesten Schwarzwaldgipfel sein, zumal es dort auch noch herrliche Trails unter die Stollen zu nehmen gilt.

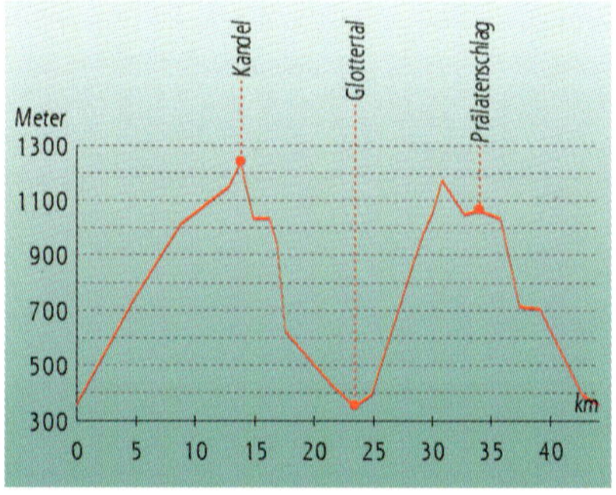

km 0,0 / 364 m Am Hotel »Bären« in Simonswald von der Hauptstraße rechts ab, auf anfangs geteertem Weg durchs Ettersbachtal bergan. Bei km 3,9 an »Waldheilhütte« links vom Hauptweg weg und auf Schotter weiter Richtung »Kandel« (»blaue Raute«). Bei km 4,2 rechts weiter.
4,7 / 736 m An kleinem Wasserfall rechts. Nach 900 m an Hütte rechts über Brücke. Bei km 6,2 rechts weiter Richtung »Schindelberg«. Bei km 8,1 an Sitzgelegenheit (Superaussicht!) links halten.
8,8 / 1021 m Links, 500 m weiter geradeaus. Bei km 12,8 zunächst geradeaus, dann links auf Grastrail weiter bis Kapelle. Hier links weiter zum »Kandelhof«. Dort rechts bergan.
13,8 / 1242 m Auf dem Kandel (tolle Aussicht!) rechts auf Grasweg bergab. Bald auf Wurzelpfad zum Kandelfelsen. Hier links weiter Richtung »Thomashütte« (»blaue Raute«).
14,9 / 1040 m Links ab. Nach einigen Metern wieder links. Bei km 16,2, an der »Thomashütte« links auf »J.-Seger-Weg« Richtung »Gummenhof«.
16,9 / 948 m Am Kranzkopf links auf Singletrail »Thoma-Weg« Richtung »Luser«.
17,6 / 630 m Am Luser hart links (»Kreis mit III«) und bald auf starkem Serpentinentrail bergab Richtung »Glotterbad«.
21,6 / 432 m Am Pfisterhof (»Schwarzwaldklinik«) rechts auf Teerstraße bergab. Nach 1800 m rechts auf Hauptstraße durchs Glottertal.
24,9 / 400 m In Oberglottertal links auf markierter Schotterpiste Richtung »Rohrerhof«. Bald an kleiner Kapelle rechts halten.
27,9 / 815 m Links, bald an Rohrerhof entlang. Nach 300 m links weiter Richtung »Kandel«.
29,2 / 980 m Am Heideneckhöfle links Richtung »Kandel«.

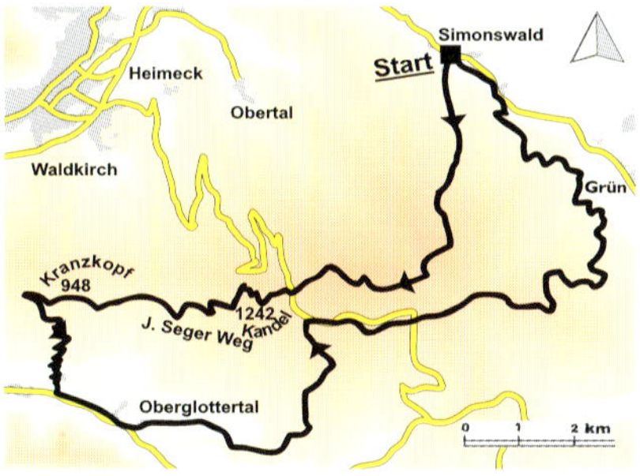

Start: Auf der A 5 bis Abfahrt Freiburg Nord. Dort auf der B 294 weiter und über Waldkirch bis Gutach/Bleibach. Hier nach Simonswald abbiegen. Die Tour startet dort am »Hotel Bären«.
Karte: Topografische Karte des Schwarzwaldvereins 1:50.000, Blatt 6 »Kaiserstuhl, Freiburg, Feldberg«, Landesvermessungsamt Baden-Württemberg.
Literatur: Mountain Bike aktiv »Schwarzwald«, Pietsch, Stuttgart.
Info: Touristinformation Simonswälder Tal, Talstr. 14 a, 79263 Simonswald, Tel. 07683/2 55. Verkehrsamt Glottertal, Talstr. 45, 79286 Glottertal, Tel. 07684/9 10 40.
Bikeshops: Extratour, Karthäuserstr. 39, 79102 Freiburg, Tel. 0761/2 86 73 37, oder Fahrrad-Ecke Herdern, Sandstr. 2, 79104 Freiburg, Tel. 0761/55 52 62.
Geführte Touren: Auf Anfrage bei Touristinformation Simonswälder Tal (s. o.).

30,0 / 1060 m Links auf »Kandelhöhenweg (»K«) weiter. Nach 900 m, nahe Straße und Parkplätzen rechts und parallel zur Straße Richtung »Linie«.
32,8 / 1056 m Straße und Parkplatz »Linie« queren, auf geschottertem »Linieweg« weiter. Nach 1300 m am »Prälatenschlag« geradeaus (»blaues Dreieck«). Bei km 34,5 rechts Richtung »Dümpfle«. 200 m weiter links halten, dann geradeaus bis km 35,4. Hier links auf »Oberer Hornweg« weiter.
35,8 / 1040 m An einer Hütte rechts steil bergab Richtung »Dümpfle«.
37,4 / 720 m An Kreuzung links, Markierung verlassen und auf breiter Piste Richtung »Simonswald«. Bei km 39,1 rechts auf Hauptweg bergab.
42,6 / 400 m Unterhalb Wistiesenhof hart links und auf Singletrail »Querweg« retour zum Ausgangspunkt (km 44,0 / 364 m).

143 Hochschwarzwald

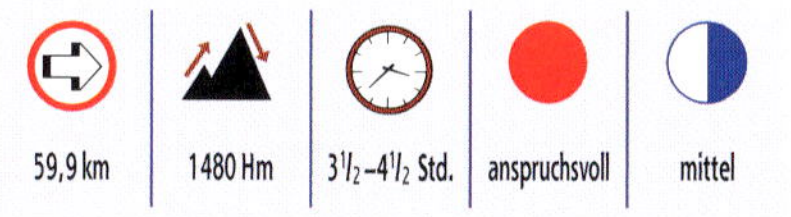

Man startet in Kirchzarten, 387 Meter über dem Spiegel der Weltmeere im Dreisamtal gelegen. Der Feldberg dagegen, höchster Punkt dieser Tour, strebt ganze 1493 Meter Richtung Weltall. Eine Konstellation, die nicht nur reichlich Wadenpower verlangt, sondern auch für klimatische Gegensätze bis ins Extrem sorgt.

km 0,0 / 387 m Ab Rathaus Kirchzarten auf Straße Richtung »Höfen«. Nach 400 m rechts am Zastler Bach entlang Richtung »Winterhalter Hof«. Dort bei km 4,0 links und auf Straße weiter Richtung »Zastler«.
8,0 / 600 m Am »Adamshof« geradeaus, auf kleinerer Straße weiter am Zastler Bach entlang.

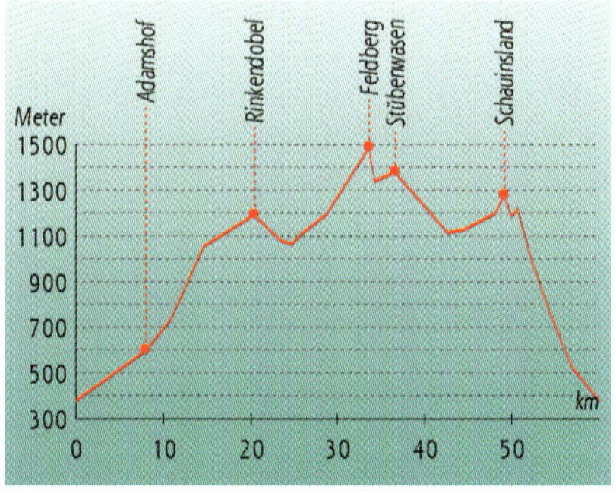

10,8 / 732 m Links, Teer verlassen und auf Schotter bergan.
14,6 / 1060 m An »T« rechts ab. 900 m weiter erst links, einige Meter weiter rechts und »Dr.-Ganter-Weg« Richtung »Rinkendobel« folgen.
20,4 / 1196 m Am »Rinkendobel« rechts Hinweis »Rufenhütte« folgen.
23,4 / 1086 m Am »Rufenholz- →

Start: Auf der A 5 bis Abfahrt Freiburg-Mitte. Dann auf der B 31 nach Kirchzarten. Aus Stuttgart am besten auf der A 81 bis Abfahrt Geisingen und dann auf der B 31 über Titisee nach Kirchzarten. Start am Rathaus von Kirchzarten.
Karte: Topografische Karte des Schwarzwaldvereins 1:50.000, Blatt 6 »Kaiserstuhl, Freiburg, Feldberg«, Landesvermessungsamt Baden-Württemberg.
Literatur: Mountain Bike aktiv »Schwarzwald«, Pietsch, Stuttgart.
Auskunft: Verkehrsbüro Buchenbach, Hauptstr. 20, 79256 Buchenbach, Tel. 07661/39 65 40, Fax 07661/39 65 29 oder Verkehrsamt, 79199 Kirchzarten, Tel. 07661/39 39, Fax 07661/3 93 45, E-Mail info@dreisamtal.de, Internet www.dreisamtal.de.
Bikeshops: Radsport Eckmann, Freiburger Str. 5, 79199 Kirchzarten, Tel. 07661/90 27 00. Extratour, Karthäuserstr. 39, 79102 Freiburg, Tel. 0761/2 86 73 37, oder Fahrrad-Ecke Herdern, Sandstr. 2, 79104 Freiburg, Tel. 0761/55 52 62.
Geführte Touren: Auf Anfrage beim Verkehrsamt Kirchzarten (s. o.).

platz« zweite nach rechts auf »Radweg« Richtung »Feldsee«.
24,7 / 1069 m »Seehäuslewiesenweg« nach rechts Richtung »Feldsee« verlassen (»Radweg«).
25,8 / 1114 m Kurz nach »Raimartihof« links, Hinweis »Feldsee« ignorieren und auf »Seesträßchen« Richtung »Caritashaus«. Nach 400 m rechts.
28,7 / 1200 m Gegenüber »Caritashaus« rechts auf B 317. Nach 700 m rechts zum Hotel »Feldberger Hof«. Dort bei km 30,0 links auf markierter Radpiste Richtung »Feldberg«. Nach 1700 m rechts bergan zum »Grüble«. Dort an Gabelung links.
33,5 / 1493 m An der Sendestation auf dem Feldberggipfel bergab zur »St.-Wilhelmer-Hütte« (Schiebestück, da Bikeverbot). An der Hütte geradeaus. 500 m weiter auf dem »Westweg« nach »Notschrei«.

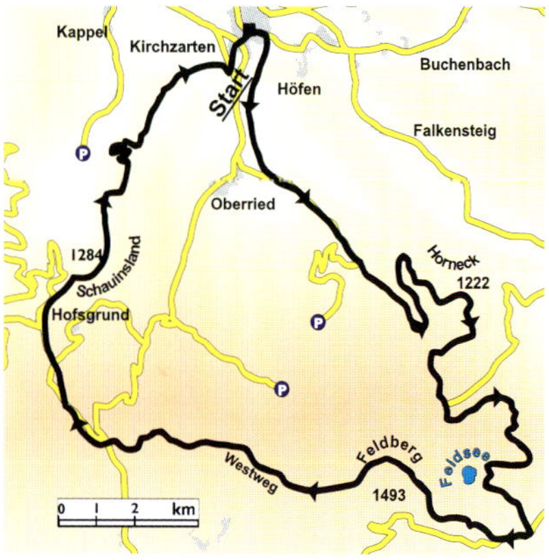

Schwarzwaldhof bei Kirchzarten

36,6 / 1386 m Erst etwas rechts, dann »Stübenwasen«-Gipfel passieren und auf »Westweg« weiter Richtung »Notschrei«.
42,6 / 1121 m Links, dann am Hotel »Notschrei« Straße queren, sofort rechts Richtung »Schauinsland« halten (»blaue Raute«) und »Westweg« verlassen.
44,5 / 1135 m Straße nach rechts queren, dann auf »Radweg« parallel zur ihr weiter Richtung »Schauinsland«. Bei km 46,3 am Hotel »Halde« geradeaus.
48,0 / 1200 m Nach Skilift an Parkplatz links zur Seilbahntrasse, dort rechts bergan halten.
49,1 / 1284 m Am »Schauinsland«-Gipfel rechts dem markierten Weg Richtung »Rappeneck« folgen. Nach 700 m am Sonnenobservatorium links Richtung »Hundsrücken«.
52,3 / 1000 m Links auf markiertem Singletrail bergab Richtung »Kappel, Kirchzarten«.
54,2 / 780 m Nach starkem Serpentinentrail rechts auf breiter Piste bergab. Nach 1400 m an Wegeplatz halb rechts dem markierten Weg Richtung »Kirchzarten« folgen. Bei km 56,3 rechts.
56,9 / 530 m Rechts. 1000 m weiter rechts bergab zur Straße. Diese geradeaus kreuzen und am Campingplatz entlang zurück zum Ausgangspunkt am Rathaus in Kirchzarten (km 59,9 / 387 m).

144 Von Todtnau zum Feldberg

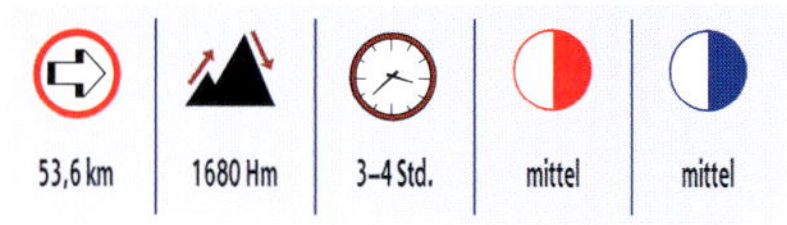

Todtnau als Startpunkt dieses Gipfelsturms zum Feldberg bietet Downhillfreaks und Freeridingfans mit seinem MTB-Fun-Park zusätzlich Trails der Extraklasse. Per Sessellift wird man nämlich auf das Hasenhorn gehievt, wo adrenalinsteigernde Abfahrten warten.

km 0,0 / 655 m Zunächst auf der B 317 Richtung »Feldberg«. Nach 200 m am »Haus des Gastes« rechts ab und auf »Lindenstraße« bzw. parallel zur B 317 bergan. »Brandenbergstr.« folgen bis »Zum Stuhl«. Hier geradeaus auf Schotterpiste (»grüner Balken«).

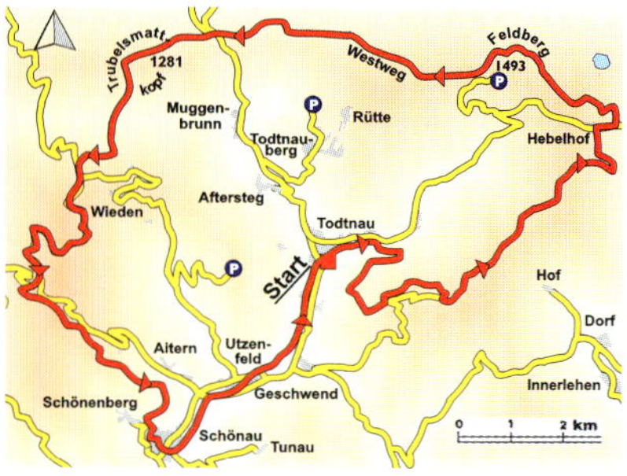

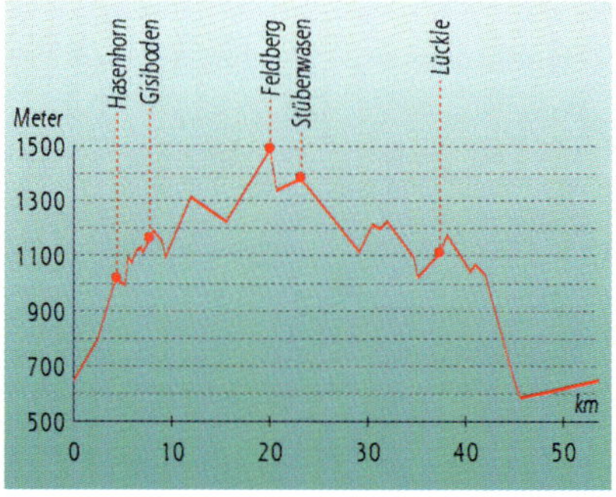

2,4 / 800 m An »Sägerank« erst rechts, 100 m weiter hart rechts, auf Schotter Hinweisen »Hasenhorn« folgen.
4,0 / 990 m Rechts halten, weiter auf Hauptweg. Nach 400 m an der Bergstation des Downhillparadieses »Hasenhorn« auf Hauptweg bleiben, Hinweisen »Schlechtnauer Höhe« folgen.
5,3 / 1000 m An »Schlechtnauer Höhe« links ab. 300 m weiter wieder links, Hinweise »Gisiboden« beachten.
6,3 / 1120 m Etwas rechts halten und markiertem Weg Richtung »Gisiboden« folgen.

Start: Von Freiburg über Kirchzarten den Hinweisen Todtnau folgen. Von Süden über Lörrach und Schopfheim ins Wiesental. Start in Todtnau am Straßenabzweig Todtnauberg bzw. Feldberg.
Karte: Topografische Karte des Schwarzwaldvereins 1:50.000, Blatt 6 »Kaiserstuhl, Freiburg, Feldberg«, Landesvermessungsamt Baden-Württemberg.
Literatur: Mountain Bike aktiv »Schwarzwald«, Pietsch, Stuttgart.
Info: Kurverwaltung Todtnauer Ferienland, 79674 Todtnau, Tel. 07674/3 75, Fax 07671/6 36.
Bikeshop: Radsport Gerspacher, Meinrad-Thoma-Str. 2, 79764 Todtnau, Tel. 07671/89 36. Hier werden auch Bikes verliehen.
Geführte Touren: Mountain-Bike-Fun-Park Todtnau, Postfach 60, 79670 Todtnau, Tel. + Fax 07616/1 23 77, Mobil 0171/3 18 37 63.

7,5 / 1150 m Links auf Straße bergan. Ab Gasthaus »Gisiboden« auf Schotter weiter Richtung »Bernauer Kreuz«.
9,1 / 1155 m Am »Bernauer Kreuz« rechts. Nach 300 m auf »Wolfsgrübeleweg« am »Prägbach« entlang bergan.
11,4 / 1270 m Bach queren, dann auf »Hinterwaldweg« bergan.
12,0 / 1320 m Auf der Höhe (rechts Abstecher zum Gipfel »Herzogen-

horn« mit grandioser Aussicht möglich) links »Westweg« Richtung »Feldberg« folgen. Bei km 12,6 am Bundesleistungszentrum rechts auf Fahrweg bergab.
15,6 / 1230 m Am »Hebelhof« rechts auf B 317. Nach 200 m links auf Teer bis Hotel »Feldberger Hof«. Dort bei km 16,5 links auf markierter Radpiste Richtung »Feldberg«. Nach 1700 m rechts bergan zum »Grüble«. Dort links halten.
20,0 / 1493 m Ab Sendestation auf dem Feldbergipfel bergab zur »St.-Wilhelmer-Hütte« schieben. Dann geradeaus, auf dem »Westweg« Richtung »Notschrei«.
23,1 / 1386 m Rechts über »Stübenwasen«-Gipfel.
29,1 / 1121 m Links, dann am Hotel »Notschrei« Straße queren. Nach 100 m etwas links halten, weiter auf »Westweg« (»rote Raute«) Richtung »Belchen«.
31,3 / 1205 m Links, auf »Westweg« bleiben.
34,7 / 1100 m An Bauernhof geradeaus zum »Wiedener Eck«. Dort bei km 35,1 auf Straße über »Lückle« nach »Multen«.
40,4 / 1050 m An Straßengabelung rechts Richtung »Belchen«. Nach 500 m am Gasthaus Straße nach links verlassen und auf Schotterpiste bergab.
41,9 / 1040 m An Abzweig geradeaus. Bei km 43,8, kurz nach Hütte links auf Trail bergab Richtung »Schönau«.
44,9 / 656 m An der Straße scharf links. Nach 300 m rechts auf breiterem Weg bergab. An einer Brücke wieder links.
45,6 / 592 m Rechts in den »Felsenweg«. Anschließend Fußgängerzone von Schönau passieren, B 317 queren, dann Richtung »Tunau«. Etwas weiter links auf »Wiesentalweg« Richtung »Todtnau«. Bei km 48,1 am Strommasten rechts, weiter am Fluss entlang bis zum Ausgangspunkt in Todtnau (km 53,6 / 655 m).

145 Kessel, Brend und Rohrhardsberg

50,9 km | 640 Hm | 2½–3½ Std. | leicht | leicht

Kessel, Brend und Rohrhardsberg – alle drei übertreffen die ominöse 1000-Meter-Marke und sorgen damit für eine erstklassige Bikepartie. Außerdem kann man immer wieder die Einsamkeit hier genießen, weitreichende Aussichten erleben und über tolle Trails kurbeln.

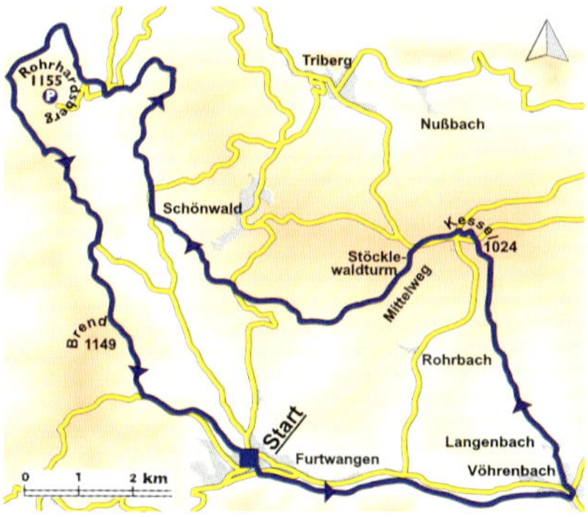

km 0,0 / 870 m An der Kirche Furtwangen B 500 aus Richtung »Titisee« nach rechts verlassen. Nach 400 m Straße überqueren, dann links, bald auf »Querweg Schwarzwald–Kaiserstuhl–Rhein« an Fluss Breg entlang nach Vöhrenbach (»rote Raute, gelber Strich«).
7,6 / 796 m Links auf Straße durch Vöhrenbach. Nach 200 m links halten. Bei km 8,0 kurz nach dem Abzweig »Langenbach« links den Hinweisen »Kessel« folgen (»blaue Raute, weißer Strich«).
8,7 / 820 m Teer verlassen. Nach 100 m etwas links, auf holprigem Weg bergan. Bei km 11,6 am Breghäusle geradeaus auf breiter Piste, Hinweise »Kessel«.
14,6 / 1020 m Straße kreuzen und hinauf zum Kessel-Gipfel.
15,3 / 1024 m Auf dem Kessel links dem »Mittelweg« Richtung »Stöcklewaldturm« folgen.
15,7 / 1020 m Zweite nach rechts auf »Mittelweg«. Dann Straße kreuzen und auf Pfad an Waldrand entlang.
16,9 / 1030 m Straße kreuzen. Nach 300 m links.
17,2 / 1067 m Am »Stöcklewaldturm« rechts weiter auf schmalem Weg (»Mittelweg«) Richtung »Furtwangen«.
19,5 / 1030 m Am »Fohrenbühl« rechts, »Mittelweg« verlassen, nun Hinweisen »Schönwald« folgen.
21,1 / 1040 m Links auf Teer weiter. Bei km 22,3 am »Escheck« die B 500 queren, dann weiter Richtung »Katharinenhöhe«. Nach 400 m rechts auf Teer bleiben.
23,5 / 1056 m Nahe »Katharinenhöhe« geradeaus. 200 m weiter rechts Richtung »Weißenbacher Höhe«.
25,3 / 1011 m Rechts zur »Weißenbacher Höhe«. Bei km 26,0 rechts. Ab Parkplatz »Westweg« Richtung »Wilhelmshöhe« folgen. 150 m weiter rechts.
28,4 / 1000 m Nahe Bauernhof rechts auf Fahrweg. Nach 400 m links, weiter dem »Westweg« folgen.
29,4 / 975 m Am »Wolfbauernhof« Weg links verlassen, »Westweg« folgen.
30,6 / 1005 m Nahe »Gitschbühl« links bergab Richtung »Rohrhardsberg«. Nach 700 m am Hof »Feldern« links auf Fahrweg. Bei km 31,7 etwas links auf Trail bergab zur Landstraße.
32,4 / 880 m Links auf Straße. An nächstem Straßenabzweig links bergan Richtung »Rohrhardsberg«.
33,0 / 940 m Nach Haus »Mühlebühl« links. 200 m weiter an Parkplatz rechts auf breitem Weg Richtung »Elzach«.
34,4 / 960 m Am »Ochsenhof« links. Nach 500 m wieder links.

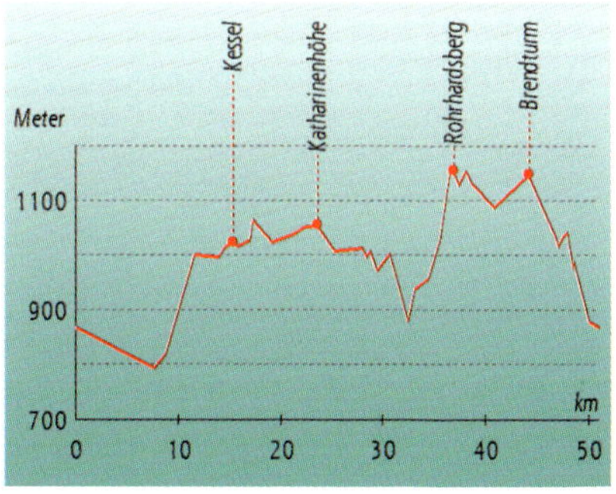

Start: Aus Westen über Freiburg auf der B 31 nach Titisee. Dort auf die B 500 nach Furtwangen. Aus Osten von der A 81 am Dreieck Bad Dürrheim nach Donaueschingen. Dann auf Landstraße über Vöhrenbach nach Furtwangen. Dort im Zentrum an der Kirche Tourstart.
Karte: Topografische Karte des Schwarzwaldvereins 1:50.000, Blatt 7 »Triberg, Donaueschingen«, Landesvermessungsamt Baden-Württemberg.
Info: Touristinformation, Marktplatz 4, 78120 Furtwangen im Schwarzwald, Tel. 07723/93 91 11, E-Mail touristinfo@furtwangen.de, Internet www.furtwangen.de.
Bikeshops: Jogi's Bikecorner, Katzensteig 61, 78120 Furtwangen im Schwarzwald, Tel. 07723/53 09, oder Bike Ranch Wilfried Straub, Josef-Zähringer-Str. 12 b, 78120 Furtwangen-Schönenbach, Tel. 07723/48 04, oder Zweiradhaus Fehrenbach, Rabenstr. 8, 78120 Furtwangen, Tel. 07723/78 35.
Geführte Touren: Auf Anfrage bei der Touristinfo (s. o.).

35,5 / 1030 m Am »Schänzlehof« rechts Richtung »Rohrhardsberg«. 500 m weiter links halten.
36,5 / 1150 m Am Sender »Rohrhardsberg« links Richtung »Spechttanne«. Nach 300 m rechts auf schmäleren Weg.
38,6 / 1135 m An der »Spechttanne« links Richtung »Skihütte«.
40,8 / 1090 m Links zum Parkplatz, dann auf Teer zur »Martinskapelle«. Dort bei km 41,6 erst links, dann rechts und »Westweg« Richtung »Brend« folgen. Nach 400 m links halten.
44,1 / 1149 m Nach Naturfreundehaus rechts zum »Brendturm«. Dort links auf Teer weiter. Nach 100 m wieder links. Gleich nochmals links und ab km 45,4 auf Teer bergab Richtung »Altes Eck«.
46,6 / 1040 m An Gasthaus »Goldener Rabe« rechts (»grüner Punkt«) Richtung »Furtwangen«. Bei km 47,5 links halten.
47,8 / 1044 m An Kreuzung etwas links. 500 m weiter, an Wasserbehälter geradeaus auf Schotter bergab. Bei km 48,4 links bergan zum Hotel »Kussenhof«. Dort auf »Kussenhofstraße« bergab durchs Neubaugebiet.
50,0 / 880 m Links auf Hauptstraße zurück zum Ausgangspunkt (km 50,9 / 870 m).

146 Schauinsland

28,7 km | 1140 Hm | 2–3 Std. | anspruchsvoll | anspruchsvoll

Nomen est Omen, denn der Schauinsland ist nicht umsonst der Hausberg Freiburgs: Vom 1284 Meter hohen Gipfel kann man wahrlich weit ins Land hinein schauen. Aber fast noch besser ist der teils kniffelige Downhill, der von diesem bekannten Berg retour nach Freiburg führt.

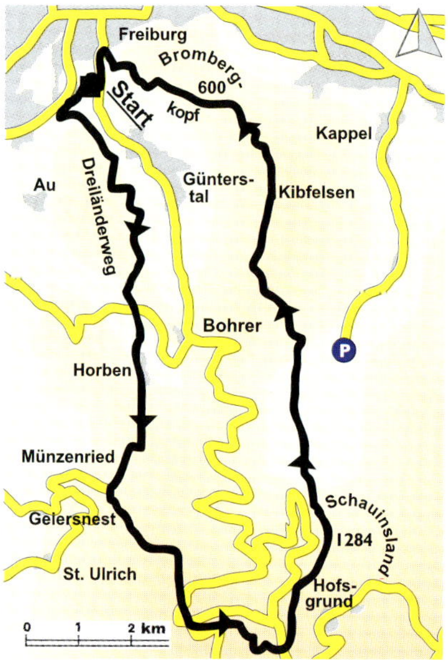

km 0,0 / 328 m Vom »Luisenweg« auf Schotter geradeaus in den Wald, Schranke passieren. Nach 200 m links auf breiter Schotterpiste weiter. Bei km 0,8 an Kreuzung links und diesem Weg nun stets bergan über »Kunacker« folgen. Bei km 4,4 am Gasthaus »Engel« etwas rechts. Danach geradeaus auf Straße durch Horben.

6,6 / 672 m Rechts halten. Nach 300 m in Münzenried wieder rechts, weiter bergan. Bei km 7,1 links auf Teer. 100 m weiter geradeaus »Dreiländerweg« folgen.

7,4 / 740 m Schmalen Weg links verlassen, auf Teer zum Bauernhof. Dort rechts.

8,1 / 850 m Links, nach 300 m am »Eduardstein« entlang. Bei km 9,1 links. Am »Hohbühl« geradeaus.

10,6 / 1050 m Nach Steilauffahrt auf Straße geradeaus zum Gasthaus »Gießhübel«. Dort links zur Straßengabelung. Hier nun geradeaus auf markiertem Weg weiter bergan.

11,8 / 1100 m Rechts am Bauernhof entlang. 500 m weiter links. 200 m weiter Straße queren. Danach links an ihr entlang (»blaue Raute«).

14,2 / 1200 m Am Parkplatz bei Skilift links zur Seilbahntrasse. Dort rechts halten.

15,3 / 1284 m Am Gipfel Schauinsland links bergab. Am nächsten Abzweig scharf links. Bald an Bergstation der Seilbahn entlang. 200 m weiter rechts der »blauen Raute« Richtung »Freiburg« über »Bromberg« folgen. Bei km 15,9 scharf rechts, Hinweise »Pflughalde, Kibfelsen« beachten.

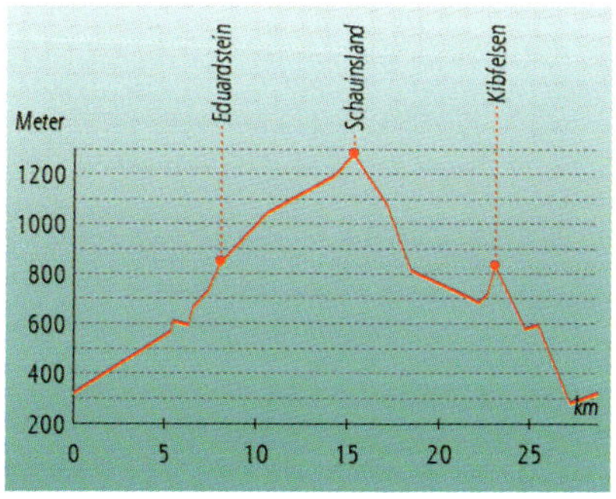

Start: Auf der A 5 bis Abfahrt Freiburg-Mitte. Dann vom Zentrum Richtung »Günterstal« halten. Kurz nach Straßenteilung links in die »Wohnhaldestr.« (Forstversuchsanstalt). An der Brücke links und dem »Luisenweg« bis zur Schranke folgen. Hier Tourstart.
Karte: Topografische Karte des Schwarzwaldvereins 1:50.000, Blatt 6 »Kaiserstuhl, Freiburg, Feldberg«, Landesvermessungsamt Baden-Württemberg.
Literatur: Mountain Bike aktiv »Schwarzwald«, Pietsch, Stuttgart.
Info: Schwarzwald Tourismusverband e.V., Bertoldstr. 45, 79098 Freiburg im Breisgau, Tel. 0761/3 13 17, Fax 0761/3 60 21, E-Mail mail@schwarzwald-tourist-info.de, Internet www.schwarzwald-tourist-info.de.
Bikeshops: Extratour, Karthäuserstr. 39, 79102 Freiburg, Tel. 0761/2 86 73 37, oder Fahrrad-Ecke Herdern, Sandstr. 2, 79104 Freiburg, Tel. 0761/55 52 62.

17,1 / 1080 m Links auf Singletrail. Nach 700 m rechts ab Richtung »Kohlerhaue«. Bei km 17,9 scharf links und auf Schotter weiter (»blaue Raute«).

18,4 / 820 m Scharf links zur »Kohlerhaue«. Dort Forstweg kreuzen, dann auf linkem Trail weiter (»blaue Raute«).

22,1 / 691 m An der Hütte links auf Pfad bergan. Nach 500 m rechts. 600 m weiter links halten. Dann bald per Treppe zum »Kibfelsen« hinauf. Dort geradeaus.

23,7 / 740 m Links halten. 600 m weiter Forstweg kreuzen, dann geradeaus zur Hütte »Brombergsattel«. Dort auf linkem Pfad bergan.

25,4 / 600 m Am »Brombergkopf« rechts und auf Trail Richtung »Sternwaldeck«. Bei km 26,5 links halten.

27,2 / 290 m Am »Sternwaldeck« erreicht man in Freiburg die Straße. Hier links. 600 m weiter, kurz nach Straßenteilung rechts auf Straße »Wohnhalde« abbiegen. Dann links auf »Luisenweg« retour zum Ausgangspunkt (km 28,7 / 328 m).

147 Schluchsee

34,5 km | 610 Hm | 1½–2½ Std. | leicht | leicht

Gleich südlich des Feldberges liegt St. Blasien, bestens bekannt für die drittgrößte Kuppelkirche Europas. Logisch, dass dieses monumentale Bauwerk, errichtet vom französischen Baumeister Michel d'Ixnard, für reichlich Massentourismus sorgt. Von dem merkt man aber auf den Trails, die hier beschrieben werden, so gut wie nichts.

km 0,0 / 760 m Ab dem Parkplatz unterhalb des Klosters bzw. gegenüber dem Sportplatz in St. Blasien auf dem markierten Weg Richtung »Blasiwald«.

1,4 / 862 m Rechts halten, dann über Blasiwald geradeaus Richtung »Eisenbreche«.

6,1 / 980 m An Straßengabelung rechts nach Eisenbreche. Am Gasthaus »Eisenbreche« erst links, dann rechts und auf Schotter weiter.

7,4 / 930 m An Staumauer des Schluchsees links auf Uferweg um den See herum.

13,5 / 930 m Links zur Landstraße. Auf der rechts zum Parkplatz »Aha«. Dort links auf »Lachenhüttenweg« Richtung »Feldberg« (»blaue Raute, weißer Strich«).

14,5 / 1060 m Rechts halten. Bei km 15,7 und 16,0 ebenfalls rechts den Hinweisen »Hochkopf« folgen.

18,5 / 1190 m An der »Hochkopfhütte« etwas links und auf Hauptweg weiter Richtung »Feldberg«.

19,5 / 1200 m Am »Caritashaus« links auf B 317. Nach wenigen Metern wieder links und auf markiertem Trail bergab Richtung »Menzenschwand«. →

Start: Von Waldshut oder Titisee auf der B 500 nach Häusern. Dort nach St. Blasien abbiegen. Die Tour startet im Ort nahe dem Kloster auf dem Parkplatz gegenüber dem Sportplatz.
Karte: Topografische Karte des Schwarzwaldvereins 1:50.000, Blatt 9 »Schluchsee, Wutachtal«, Landesvermessungsamt Baden-Württemberg.
Literatur: Mountain Bike aktiv »Schwarzwald«, Pietsch, Stuttgart.
Info: Tourist Information, 79837 St. Blasien, Tel. 07672/4 14 30, Fax 07672/4 14 38, E-Mail tourist-information@st-blasien-menzenschwand.de, Internet www.st-blasien-menzenschwand.de.
Bikeshop: Fahrradsport Kalle, Große Bachwiesen 4, 79837 St. Blasien-Menzenschwand, Tel. 07675/10 74.
Geführte Touren: Fahrradsport Kalle (s. o.) und Ferienteam, Hinterdorfstr. 40, 79837 St. Blasien-Menzenschwand, Tel. 07675/4 65.

»Schauinsland« gibt es im Schwarzwald des Öfteren.

20,5 / 1000 m Im Tal links auf breiter Piste bergab. Nach 1500 m rechts. Bald auf Teer an »Menzenschwander Alb« entlang und anschließend Menzenschwand passieren.

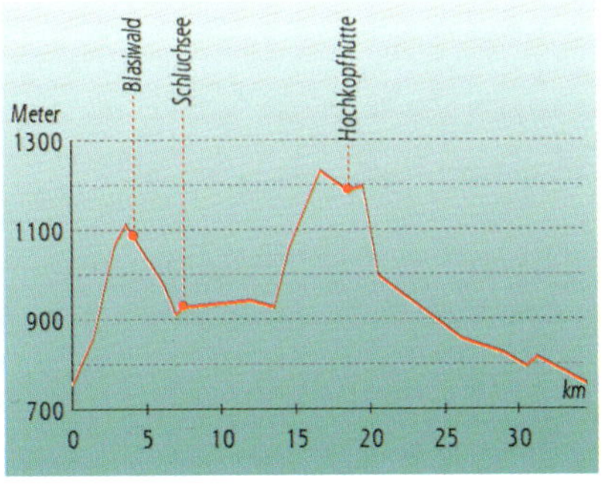

26,1 / 860 m Am Ortsausgang Menzenschwand bei der Jugendherberge die Straße nach rechts verlassen.
29,0 / 827 m Die Straße jetzt queren und weiter an der Alb entlang in Richtung »St. Blasien«. Nach 150 m dann links halten.
30,5 / 798 m An »Glashofsäge« rechts. Einige Meter weiter links an Gebäuden entlang. Bei km 30,8 links und auf markiertem »Dreiländerweg« weiter Richtung »St. Blasien«.
31,2 / 820 m An Gabelung links halten, weiter an Alb entlang. Nach 2000 m dann rechts auf Straße durch St. Blasien. Bei km 33,8 dann links, nächste rechts und wieder zurück zum Ausgangspunkt (km 34,5 / 760 m).

Schwarzwald-Süd

148 In den Südschwarzwald

25,8 km | 500 Hm | 1½–2½ Std. | leicht | leicht

Am Hochrhein, eine der sonnigsten und wärmsten Ecken Deutschlands, lässt es sich nicht nur gut leben, sondern auch gut biken. Interessant macht dieses Gebiet vor allem seine ideale Infrastruktur. Die abwechslungsreichen Routen hier finden sicher den Geschmack jeder MTB-Fan-Gemeinde.

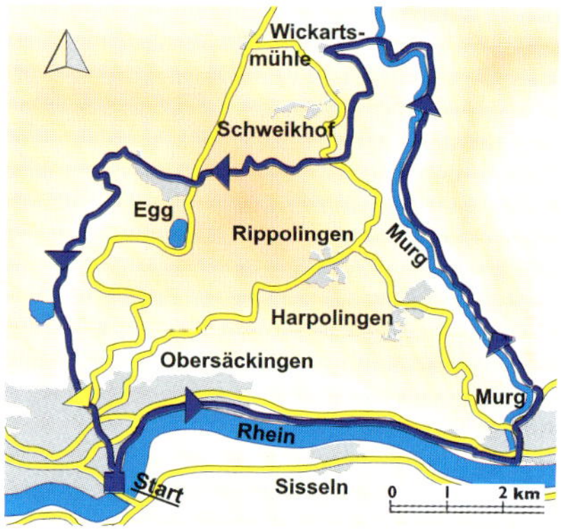

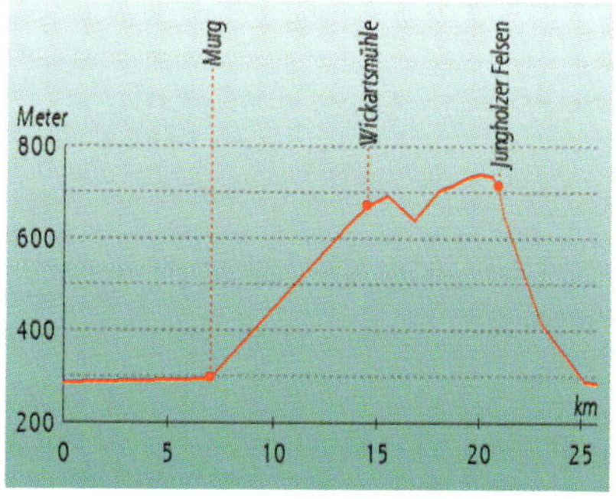

km 0,0 / 287 m Ab der Rheinbrücke auf dem »Hochrhein-Hotzenwald-Radweg« flussaufwärts. Nach 350 m links, der Markierung durch die Altstadt folgen. Danach die Stadt am Rhein entlang verlassen und auf dem Radweg weiter.
7,0 / 295 m Rheinufer verlassen und durch den Ort Murg in Richtung »Oberhof«. Nach 1200 m am Murghammer (Hinterer Hammer) links dem breiten Weg durchs Murgtal folgen. Alle Abzweige ignorieren.
13,6 / 630 m Am Zusammenfluss von Stammbach und Murg links über Brücke Richtung »Wickartsmühle«.
14,5 / 670 m In Wickartsmühle hart links (»blaue Raute, weißer Strich«) Richtung »Wieladingen«.
15,5 / 694 m In Wieladingen rechts Richtung »Schweikhof«. Nach 300 m wieder rechts.
16,8 / 640 m Erst rechts, dann Landstraße queren. Nach 500 m geradeaus Richtung »Egg« und »Hochrhein-Querweg« folgen.
18,0 / 705 m An Kreuzung etwas rechts Richtung »Egg«. 300 m weiter links.
19,4 / 735 m Rechts, Landstraße queren, am Ortsrand von Egg entlang.
20,0 / 740 m Geradeaus. Nach 400 m rechts halten. Nach weiteren 150 m links, »Hochrhein-Querweg« verlassen und Markierung (»blaue Raute, weißer Strich«) Richtung »Bad Säckingen« über »Scheffelfelsen, Bergsee« folgen.
20,9 / 712 m Links halten und bald ab dem Jungholzer Felsen auf Singletrail bergab.
21,2 / 650 m Nun links am Schöpflebach entlang talabwärts, teils knackiger Singletrail.
23,1 / 415 m Links auf breiter Piste weiter. Am Bergsee links. Danach geradeaus auf Teer durch Bad Säckingen.
25,2 / 290 m Am Rheinufer rechts und auf Radweg zurück zum Ausgangspunkt (km 25,8 / 287 m).

Start: Von Basel auf der Schweizer Autobahn N 3 bis Abfahrt Eiken. Von dort über Stein und die Rheinbrücke zurück auf deutsches Staatsgebiet nach Bad Säckingen. Die Variante ohne Vignette und Grenzkontrolle führt über Lörrach auf der B 34 nach Bad Säckingen. Diese Tour startet auf der deutschen Seite der Rheinbrücke.
Karte: Topografische Karte des Schwarzwaldvereins 1:50.000, Blatt 8 »Belchen, Wiesental«, Landesvermessungsamt Baden-Württemberg.
Literatur: Mountain Bike aktiv »Schwarzwald«, Pietsch, Stuttgart.
Info: Kurverwaltung Bad Säckingen, Waldshuter Str. 20, 79713 Bad Säckingen, Tel. 07761/5 68 30, Fax 07761/ 56 83 17.
Bikeshop: Radsport Riedl-Leirer, Friedrichstr. 92, 79713 Bad Säckingen, Tel. 07761/9 21 30.
Geführte Touren: Nach vorheriger Vereinbarung über Kurverwaltung Bad Säckingen, Waldshuter Str. 20, 79713 Bad Säckingen, Tel. 07761/5 68 30.

Am Kaiserstuhl kann man herrlich kurbeln.

149 Kaiserstuhl

28,0 km	900 Hm	2½–3½ Std.	mittel	mittel

Die höchste Erhebung des Kaiserstuhls präsentiert sich gegenüber den nahen Schwarzwald- oder Vogesengipfeln mit 557 Metern fast ein wenig mickrig. Aber dennoch stellen wir mit beschriebener Strecke eine außergewöhnlich schöne Tour vor. Sie ist gespickt mit satten Auffahrten, kernigen Downhills und edelsten Singletrails.

km 0,0 / 192 m An der Kirche Bötzingen aus Anfahrtsrichtung rechts auf Teerweg Richtung »Schambachhof«. Nach 1500 m an Teergabelung rechts.
2,2 / 336 m Links, bald auf Waldweg weiter. Nach 700 m wieder links. Nach weiteren 300 m unterhalb der Eichelspitze rechts.
3,7 / 405 m An einer Hütte links halten. 500 m weiter rechts ab und nun dem »Drei-Länder-Weg« Richtung »St. Katharina« folgen.
5,4 / 448 m Am Parkplatz »Schelinger Höhe« Landstraße Richtung »Schönebene, St. Katharina« kreuzen. Bald dem »Querweg Schwarzwald–Kaiserstuhl–Rhein« folgen.
6,0 / 460 m Links auf Singletrail weiter.

Start: Von der A 5 über Abfahrt Nimburg Richtung Bötzingen. Start gleich bei der ersten Kirche im Ort.
Karte: Topografische Karte des Schwarzwaldvereins 1:50.000, Blatt 6 »Kaiserstuhl, Freiburg, Feldberg«, Landesvermessungsamt Baden-Württemberg.
Info: Touristikinformation Bahlingen am Kaiserstuhl, Webergässle 2, 79353 Bahlingen/Kaiserstuhl, Tel. 07663/9 33 10, Internet www.europark.com/Bahlingen oder Tourismus südlicher Schwarzwald, Stadtstr. 2, 79104 Freiburg, Tel. 0761/2 18 73 04, E-Mail tss@rrz.freiburg.de, Internet www.Schwarzwald-tourist-info.de.
Bikeshops: Extratour, Karthäuserstr. 39, 79102 Freiburg, Tel. 0761/2 86 73 37 oder Fahrrad-Ecke Herdern, Sandstr. 2, 79104 Freiburg, Tel. 0761/55 52 62.

7,1 / 492 m Am Katharinenberg links (»D«) steil bergab.
9,8 / 430 m Rechts auf Singletrail über den Staffelberg.
10,7 / 400 m Bei Parkplatz »Auf dem Eck« Landstraße kreuzen. 300 m weiter links und auf Singletrail über so genannte Mondhalde.
12,7 / 340 m Bei Parkplatz auf Teer geradeaus. Bald an Teer-T geradeaus auf Singletrail (»D«) bergab. Nach 400 m auf Teer bergab nach Vogtsburg.
14,3 / 240 m Kurz vor Vogtsburg rechts auf Teer. Nach 200 m links. Danach links auf Straße durch den Ort.
15,1 / 215 m An der Kirche links. Nach 250 m rechts. Nach 150 m links, »D« hier verlassen, Bachbrücke queren, dann rechts unterhalb vom Roggenberg entlang.
17,5 / 305 m An Parkplatz Straße kreuzen. Dann rechts Richtung »Kreuzbuck«. Bei km 18,3 links. 300 m weiter wieder rechts halten. Nach weiteren 300 m links auf Schotter über den Kreuzbuck.
19,6 / 380 m An Kreuzung geradeaus bergan bis zur Hütte. Dort auf Waldweg weiter.
20,5 / 474 m Links auf »Nord-Süd-Weg« Richtung »Totenkopf«. 300 m weiter rechts halten.
23,0 / 557 m Am Aussichtsturm »Totenkopf« entlang und auf »Nord-Süd-Weg« bergab bis Landstraße bei km 24,6. Hier rechts auf Straße durch Oberschaffhausen.
27,1 / 200 m An Straßenkreuzung links und zurück zum Ausgangspunkt an der Kirche in Bötzingen (km 28,0 / 192 m).

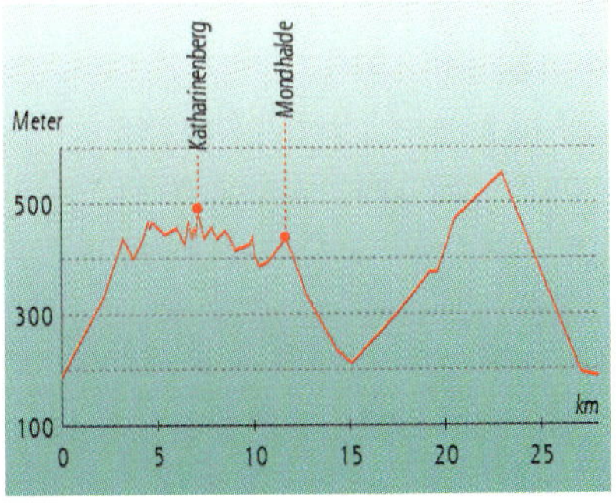

Vogesen

Optimaler als in den Vogesen kann Infrastruktur für Biker kaum sein. Man folgt einfach den Hinweisen »VTT«. Das heißt Velo Tout Terrain, die französische Bezeichnung für Mountainbike, die sogar Singletrails markiert. Dazu dann noch mächtige Felsmassive, luftige Höhen und abgrundtiefe Schluchten – und die Tour ist perfekt!

150 Hohrodberg

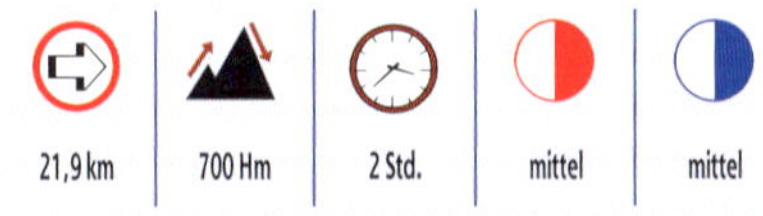

Dies ist die leichteste der hier beschriebenen Vogesentouren. Allerdings wird man recht schnell darüber aufgeklärt, dass auch die Anstiege in diesem Mittelgebirge alpine Ausmaße haben können. Schon bei dieser Runde sind also 600 Höhenmeter am Stück zu bewältigen, zwischendurch immer wieder garniert mit saftigen Singletrails.

km 0,0 / 480 m Ab der Kirche entlang der Telefonzelle zurück durch Ampfersbach. Nach 300 m bei Kriegerdenkmal geradeaus. Straße queren, rechts ab auf »Grand Rue« Richtung »PPP«.
1,3 / 445 m Kurz nach Bäcker (Boulangerie) links Teer »Chemin de Hohrod« Richtung »Centre la roche«. 100 m weiter links halten. Bei km 1,9 am »Centre la roche« auf Teer noch ein Stück geradeaus bis zu kleinem Sportplatz. Hier links, 30 m weiter rechts und auf Schotter weiter.
2,1 / 520 m Rechts auf schmalen Naturweg. Nach 80 m rechts auf Singletrail weiter. Bei km 2,5 bei Sitzbank links (»gelber Punkt«) Richtung »Hohrodberg«. 100 m weiter »gelben Punkt« ignorieren und auf breitem Waldweg bergan.
3,4 / 610 m Links (»grüner Kreis«) auf Schotter bergan. Einige Meter weiter rechts und auf Singletrail steil bergan. Nach 200 m etwas links, bald um Kurve herum und an roter Bank entlang. Bei km 3,8 an einzelnem Häuschen beim Katzenstein rechts.
3,9 / 680 m Geradeaus an roter Bank entlang und auf Trail heftig bergan. 100 m weiter rechts halten. Bei km 4,6 links auf breiter Schotterpiste weiter.
5,2 / 805 m An Hotel »Aquaviva« links. 60 m weiter geradeaus über Schotterkreuzung. Am Steingebäude kurz nach Hotel geradeaus auf breitem Weg Richtung »Obergeisberg«. Einige Meter weiter geradeaus über Wiese.

Start: Auf der A 5 bis Abfahrt Bad Krozingen. Dort Richtung Colmar und auf der N 417 über Munster nach Stosswihr. Dort an Kriegerdenkmal links am »Hotel Saegmatt« entlang zum Startpunkt an der Kirche Ampfersbach.
Karte: Carte des Vosges, 1:50.000, »Munster-Colmar«, erhältlich im Office de Tourisme (siehe Info).
Literatur: Im Office de Tourisme bekommt man für etwa 5 € den Topo Guide, in dem neun weitere, im Gelände markierte Biketouren beschrieben werden.
Info: Office de Tourisme de la Valle de Munster, 1, rue du Couvent, F-68140 Munster, Tel. 0033/(0)3/8 97 73 18, Fax 0033/(0)3/89 77 07 17.
Bikeshops: La Godille Sport, 8, Grand Rue, Munster, Tel. 0033/(0)3/89 77 08 77. Cycles Gissler, 68 rue Lattre, Munster, Tel. 0033/(0)3/89 77 34 68. Centre VTT, in der Nähe der Post im Zentrum von Munster, Tel. 0033/(0)3/89 77 29 41. Cycles Stey, Grand rue, Munster, Tel. 0033/(0)3/89 77 35 45.
Geführte Touren: Damien Freitag, 6, Cit, maison central, F-68190 Ensisheim, Tel. 0033/(0)3/89 81 78 25. Organisierte Touren bietet auch UCCA-VTT, 20, rue Sebastopol in Munster, Tel. 0033/(0)/3/89 77 29 41.

5,5 / 825 m Am Parkplatz »Balades sur le versant du soleil« links auf Schotter weiter. Nach 500 m rechts auf Trail bergan. Bei km 6,9 an der Ferme-Auberge Glasborn rechts auf Straße. In nächster Linkskurve wieder rechts Richtung »Memorial du Linge«.
7,2 / 960 m An einzelnem Gebäude entlang. Wenige Meter weiter Viehsperren passieren, etwas links halten (»gelber Kreis«) und auf breitem Weg weiter. Am Waldrand links Richtung »Le Linge«. Ein paar Meter weiter wieder links. Nach weiteren 10 m rechts auf Schotter bergan. Bei km 7,8 auf der Höhe links bergab auf ausgewaschenem Waldtrail.
8,5 / 985 m An der alten Frontlinie »Le Linge« rechts auf Straße bis zu deutschem Soldatenfriedhof (km 9,1). Hier rechts noch ein kurzes Stück auf Straße. Dann am Schild »Hohrodberg« links auf Schotterpiste bergab Richtung »Gunsbach« (»rotes Kreuz«). Bei km 14,0 rechts bergab durchs Tal.
15,1 / 415 m Geradeaus auf Teer durch Gunsbach. Nach 1000 m am Gasthaus »St. Hubert« rechts auf Straße nach Munster.
18,4 / 380 m Am »Park de la Fecht« in Munster weiter geradeaus auf Straße

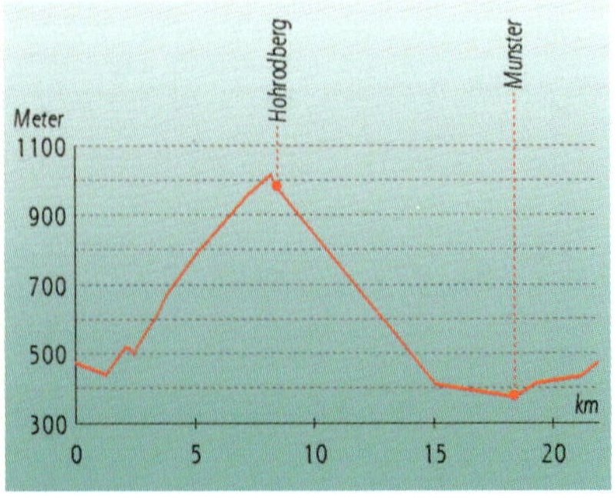

durch den Ort bis zur Feuerwehr (km 18,9). Nun geradeaus auf Straße »Chemin Dubach«. Bei km 19,2 rechts. 10 m weiter auf geschotterter »Promenade Dubach« an Storchengehege entlang.
19,3 / 420 m Rechts. 40 m weiter links und auf Teer Richtung »Soultzeren« (»gelber Punkt«). Nach 800 m links auf Teer weiter. Bei km 20,5 an Sägewerk links. Nächste rechts und auf Landstraße nach Stosswihr.
21,2 / 440 m In Stosswihr rechts von Hauptstraße auf »Grand Rue«. Nach 400 m am Rathaus (»Mairie«) links, bald an Kriegerdenkmal Landstraße queren und am Hotel »Saegmatt« entlang zum Ausgangspunkt (km 21,9 / 480 m).

Morgenstimmung über dem Munstertal

Vogesen

151 Col de la Schlucht

Über Ferme Auberge Glasborn kurbelt man hinauf zum Hauptkamm der Vogesen. Dabei erlebt man eine Mischung unterschiedlichster Wegbeläge. Oben angekommen folgt nach einer tollen Aussicht das Highlight dieser Tour: Nach dem Höhenweg hinüber zum Col de la Schlucht führt ein steiler Downhill über die Trasse einer alten Zahnradbahn retour Richtung Ausgangspunkt.

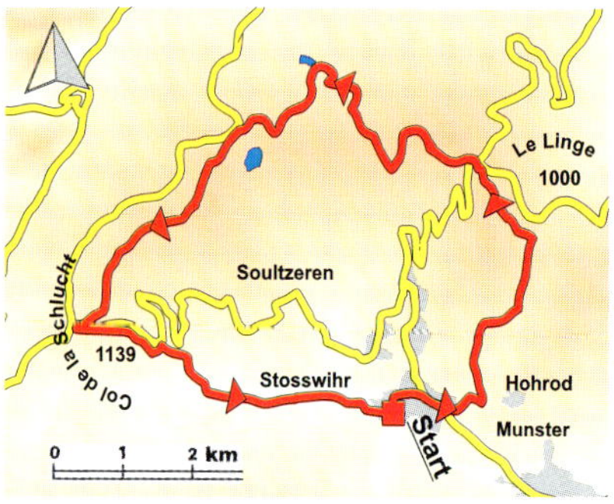

km 0,0 / 480 m Ab der Kirche an Telefonzelle entlang zurück durch Ampfersbach. Nach 300 m bei Kriegerdenkmal geradeaus. Dann Straße queren, rechts ab auf »Grand Rue« Richtung »PPP«.
1,3 / 445 m Kurz nach Bäcker (Boulangerie) links auf »Chemin de Hohrod« Richtung »Centre la roche«. 100 m weiter links halten. Bei km 1,9 am »Centre la roche« auf Teer noch ein Stück geradeaus bis zu kleinem Sportplatz. Hier links, 30 m weiter rechts und auf Schotter weiter.
2,1 / 520 m Links auf Schotter. 200 m weiter an Sitzbank rechts auf Singletrail (»roter Punkt«) bergan. Nach 300 m erst links, 5 m weiter geradeaus, auf breitem Teerweg bergan. Bei km 2,5 rechts auf Singletrail heftig bergan (»blauer Punkt«) Richtung »Hohrodberg«.
3,9 / 675 m An Wegestern halbrechts auf zweitem Weg (»gelber Punkt«) Richtung »Hohrodberg«. 400 m weiter links halten. Bei km 4,5 erneut links herum. Nach nochmals 500 m dann rechts auf breitem Schotterweg weiter.

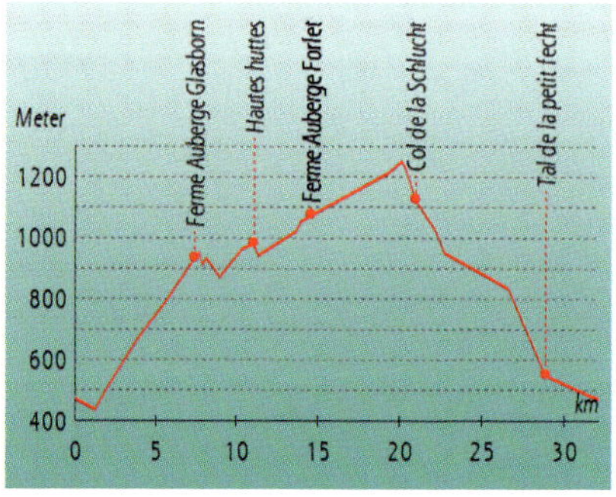

5,6 / 795 m Rechts zur Telefonzelle bei einzelnem Haus. Dort links auf Straße weiter bis Parkplatz »Balades sur le versant du soleil«. Hier links auf Trail Richtung »Wettstein«. Bei km 6,6 rechts halten.
7,4 / 940 m An Ferme-Auberge Glasborn rechts. Dann auf Teer Linkskurve mitnehmen und nach 90 m in Rechtskurve geradeaus auf Trail Richtung »Wettstein«.
9,0 / 880 m Am »Col du Wettstein« links auf Straße. Nach 100 m geradeaus auf Schotterweg Richtung »Refuge«. Bei km 9,6, kurz vor Ferme-Auberge rechts bergan. 200 m weiter rechts herum Richtung »Lac Noir«. Bei km 10,1 links auf Trail bergan. 100 m weiter geradeaus auf breitem Waldweg.
11,1 / 987 m An Wegestern »Hautes Huttes« erste Möglichkeit nach links, Richtung »Lac Vert«. Bei km 12,7 rechts auf breitem Schotterweg bergan Richtung »Lac des Truites«.
14,0 / 1060 m Am See links über Staumauer, anschließend rechts auf Schotterweg am See entlang zur Ferme-Auberge Forlet. Dann auf gleichem Weg retour zum See und am Staudamm rechts auf Steintrail (»gelber Punkt«) bergan.
15,6 / 1040 m Ganz rechts auf Waldtrail Richtung »Lac Vert«. 300 m weiter, nach megasteilem Anstieg, rechts ab. Bei km 16,0 links auf Trail. Bald an Steinhütte geradeaus. An nächster Gabelung bei km 16,8 rechts halten.
16,9 / 1150 m Rechts Richtung »Col de la Schlucht« (»roter Punkt«). 700 m weiter rechts bergan bis zu kleinem Parkplatz an der Höhenstraße. Hier nun links und auf dem teils verblockten Trail (»GR 5«) an alten deutsch-fanzösischen Grenzsteinen entlang über den Vogesenhauptkamm Richtung »Col de la Schlucht«.
21,0 / 1132 m Am Col de la Schlucht nach Treppe links und auf Passstraße bergab. Bei km 22,3 kurz nach dem Waldrand an Schotterplatz hart links von Straße auf Schotterpiste »Chemin forestier«. Bald an Hütte entlang geradeaus bergab auf Grasweg.
22,8 / 960 m An Kläranlage links bergab. 30 m weiter hart rechts und auf »Sentier du Tram« (alte Zahnradbahntrasse) steil auf rutschiger Schotterpiste bergab.
26,6 / 840 m An Kreuzung zweite rechts. Im Tal der »Petit Fecht« links Richtung »Ampfersbach« (km 32,1 / 480 m).

Start: Auf der A 5 bis Abfahrt Bad Krozingen. Dort Richtung Colmar und auf N 417 über Munster nach Stosswihr. Dort an Kriegerdenkmal links am »Hotel Saegmatt« entlang zum Startpunkt an der Kirche Ampfersbach.
Karte: Carte des Vosges, 1:50.000, »Munster-Colmar«, erhältlich im Office de Tourisme (siehe Info).
Literatur: Im Office de Tourisme bekommt man für etwa 5 € den Topo Guide, wo neun weitere, im Gelände markierte Biketouren beschrieben werden.
Info: Office de Tourisme de la Valle de Munster, 1, rue du Couvent, F-68140 Munster, Tel. 0033/(0)3/8 97 73 18, Fax 0033/(0)3/89 77 07 17.
Bikeshops: La Godille Sport, 8, Grand Rue, Munster, Tel. 0033/(0)3/89 77 08 77. Cycles Gissler, 68 rue Lattre, Munster, Tel. 0033/(0)3/89 77 34 68. Centre VTT, in der Nähe der Post im Zentrum von Munster, Tel. 0033/(0)3/89 77 29 41. Cycles Stey, Grand rue, Munster, Tel. 0033/(0)3/89 77 35 45.
Geführte Touren: Damien Freitag, 6, Cit, Maison central, F-68190 Ensisheim, Tel. 0033/(0)3/89 81 78 25. Organisierte Touren bietet auch UCCA-VTT, 20, rue Sebastopol in Munster, Tel. 0033/(0)/3/89 77 29 41.

152 Le Petit Ballon

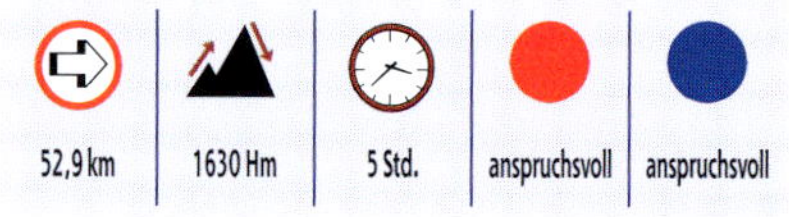

Dies ist ganz sicher die Königstour in den südlichen Vogesen. Und sie hat durchwegs alpinen Charakter. So erwartet einen eine Mischung aus schweißtreibenden Auffahrten und geradezu sensationellen Downhills. Beim Verschnaufen zwischendurch kann man zudem an klaren Tagen wunderbar die Aussicht in die südlich gelegenen Alpen genießen.

km 0,0 / 480 m Ab Parkplatz an der Kirche links auf Straße, Ampfersbach verlassen und zunächst durchs Tal de la Petit Fecht leicht bergan. Nach 2,1 km links auf Teer bergan Richtung »Gaschney«. 100 m weiter Hinweis »Gaschney« ignorieren und zunächst auf Teer, ab km 2,3 auf Schotter bergan. Dem Hauptweg (alle Abzweige ignorieren) bergan Richtung »Sattel« folgen.
3,7 / 656 m Rechts halten (»blauer Punkt«).

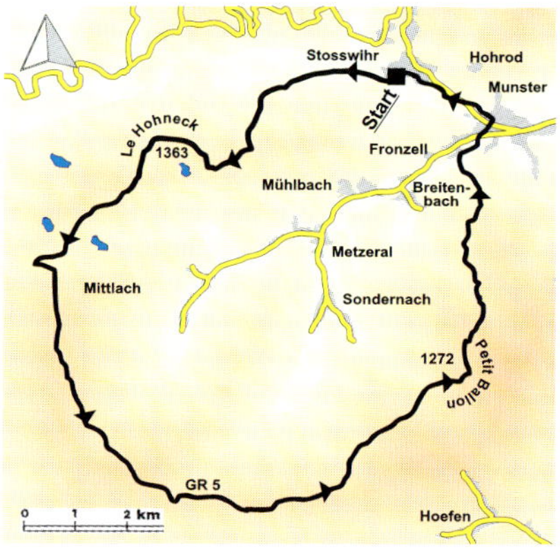

5,2 / 740 m Am Col du Sattel hinter Jugendherberge rechts auf breitem Schotterweg bergan, wieder »Gaschney« folgen. Bei km 6,5 links auf steilerem Weg bergan.
6,9 / 868 m Am Haus »Wida Nord« links auf breitem Wiesenweg, dann Waldweg, ab km 8,0 Schotter weiter bergan.
9,1 / 972 m Parkplatz »Gaschney« queren und dann auf Schotterweg Richtung »Le Hohneck«. 300 m weiter links unter Skilift weiter. Nach nochmals 100 m rechts Richtung »Le Hohneck« auf Schotterweg bergan.

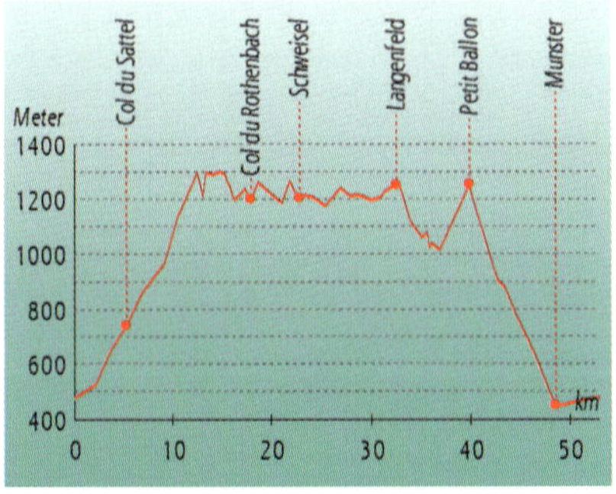

10,5 / 1136 m Rechts Richtung »Le Hohneck« zunächst auf breitem Weg, dann auf Singletrail bergan. Nach 600 m – je nach Fahrkönnen – einige kurze Trage- oder Schiebestrecken. Bei km 11,7, 30 m vor Wegespinne, links und den steilsten Weg zum »Le Hohneck« wählen.
12,5 / 1302 m Am Restaurant »Le Hohneck« links auf Singletrail (»rot-weiß-rot«). In ständigem Auf und Ab markiertem Höhenweg folgen (»GR 5«) über »Le Kastelberg«, »Rothenbachkopf«, Herberge »Ferschmuss«, »Col du Rainkopf«, »Col du Herrenberg« Richtung »Petit Ballon«. Achtung: Unbedingt auf dem markierten Weg bleiben!
25,4 / 1180 m Links auf Straße weiter (»roter Balken«) bis Herberge »Hahnenbrunnen«. Dort links auf schmalem Weg bergan Richtung »Salzbachrain« und »Schnepfenried« (»rot-weiß-rot«). 50 m weiter Schotterweg kreuzen, dann links über Wiese bergan (»Skilangläufer«). Bei km 25,8 rechts bergan auf Weide.
26,7 / 1236 m Straße schräg nach links zum Schotterparkplatz queren. Dann weiter Richtung »Petit Ballon« (»blauer Punkt«).
34,0 / 1121 m Nach schwierigem Singletraildownhill »Col du Hilsenfirst«. Hier links (»gelbes Dreieck«) auf Singletrail weiter.
35,0 / 1068 m Fast 180° rechts und auf breitem Schotterweg bergab (»gelbes Dreieck« ignorieren). 800 m weiter rechts bergan auf breitem Schotterweg.
36,8 / 1020 m Geradeaus auf Teer bergan. Bei km 38,9 am Parkplatz rechts (»gelber Balken«) auf Schotterweg bergan. Bei km 39,4, 20 m nach Jugendherberge, links und steil bergan bis auf den »Petit Ballon«. Dort auf gleichem Weg zum Parkplatz zurück.
40,7 / 1148 m Parkplatz geradeaus queren. Dann rechts durch Drehkreuz über Weide bergab (»gelber Kreis«). Bei km 41,3 Straße queren und weiter auf Wiesenweg (»blauer Punkt«) Richtung »Breitenbach«. Bei km 42,0 Weide verlassen und auf breitem Waldweg weiter (»blauer Punkt«) bergab.
42,4 / 944 m Rechts, »blauen Punkt« ignorieren. 100 m weiter für kurzes Stück auf Teer. Dann links und auf Singletrail über Wiese (»rotes X«) bergab.
43,4 / 888 m Geradeaus auf Teer bis »Auberge Ried«. Hier links auf Teer Richtung »Munster«. Bei km 43,9 links auf breitem Waldweg Richtung »Munster« (»rotes X«).
44,4 / 792 m Links. 5 m weiter hart rechts und auf schmalem Weg parallel zum breitem Schotterweg bergab. Ab km 44,8 geradeaus auf breitem Schotterweg bergab, »rotes X« kurzzeitig ignorieren.
46,6 / 628 m 100 m nach Hotel links auf breitem Waldweg (»rotes X«, »roter Kreis«) Richtung »Munster«. Bei km 47,6 rechts auf Teer bergab nach Luttenbach.

Start: Auf der A 5 bis Abfahrt Bad Krozingen. Dort Richtung Colmar und auf der N 417 über Munster nach Stosswihr. Dort an Kriegerdenkmal links am »Hotel Saegmatt« entlang zum Startpunkt der Touren an der Kirche Ampfersbach.
Karte: Carte des Vosges, 1:50.000, »Munster-Colmar«, erhältlich im Office de Tourisme (siehe Info).
Literatur: Im Office de Tourisme bekommt man für etwa 5 € den Topo Guide, in dem neun weitere, im Gelände markierte Biketouren beschrieben werden.
Info: Office de Tourisme de la Valle de Munster, 1, rue du Couvent, F-68140 Munster, Tel. 0033/(0)3/8 97 73 18, Fax 0033/(0)3/89 77 07 17.
Bikeshops: La Godille Sport, 8, Grand Rue, Munster, Tel. 0033/(0)3/89 77 08 77. Cycles Gissler, 68 rue Lattre, Munster, Tel. 0033/(0)3/89 77 34 68. Centre VTT, in der Nähe der Post im Zentrum von Munster, Tel. 0033/(0)3/89 77 29 41. Cycles Stey, Grand rue, Munster, Tel. 0033/(0)3/89 77 35 45.
Geführte Touren: Damien Freitag, 6, Cit, Maison central, F-68190 Ensisheim, Tel. 0033/(0)3/89 81 78 25. Organisierte Touren bietet auch UCCA-VTT, 20, rue Sebastopol in Munster, Tel. 0033/(0)/3/89 77 29 41.

50 m weiter links. Nach weiteren 50 m rechts auf breiter Straße am Ortsschild Munster entlang. Dann auf Straße weiter nach Stosswihr.
52,4 / 480 m Am Kriegerdenkmal links und am »Hotel Saeggmatt« entlang zum Ausgangspunkt (52,9 / 480 m).

Die Vogesen sind ein Paradies für Stollenritter.

EXTRA: Route des Crêtes

Noch ein Tipp betreffend der »Route des Crêtes (GR 5)«: Wer von diesem Fernwanderweg das gut markierte Teilstück von Nancy zur Burgundischen Pforte unter die Stollen nimmt, erlebt ein Bikeabeteuer der Extraklasse. Denn die technisch wie konditionell sehr anspruchsvolle Tour verläuft über den Hauptkamm der Vogesen, bietet ein fahrtechnisches Schmankerl nach dem anderen (je nach Können zum Teil auch Schiebestrecken) und allerfeinste Aussichten über das Rheintal. Man sollte für diesen Turn allerdings 4–5 Tage einplanen.

Hegau

Westlich des Bodensees ragen uralte Vulkane in den Himmel. Diese Gegend nennt man Hegau, und sie ist ein toller Spot, um dem Mountainbike die Sporen zu geben. Für Powerbiker führen saftige Anstiege mit 25 Prozent Steigung zu alten Burgen hinauf, die wie Adlerhorste auf den Vulkanen thronen. Für Genießer bietet sich der Bodenseerundweg an, inklusive Badestopps und Besichtigung mittelalterlicher Städte.

153 Markelfinger Winkel

28,3 km | 605 Hm | 1–2 Std. | leicht | leicht

Der Markelfinger Winkel zu Füßen des Bodanrück bietet Platz für eine wunderbare Mountainbiketour. Denn der genannte Höhenzug erstreckt sich zwischen den beiden westlichen Armen des Bodensees und bietet neben abwechslungsreichen Wegen von Schotter bis Trail auch noch fantastische Aussichten über den Bodensee.

Sonnenuntergang am westlichen Bodensee

km 0,0 / 404 m Ab Bahnhof Markelfingen am Gasthaus »See-Torkel« auf Straße zur Landstraße. Diese an Ampelanlage queren und geradeaus an Sparkasse entlang. Nach 600 m am Gasthof »Kreuz« geradeaus auf Teerweg, bald B 33 unterqueren und auf »Bodenseerundweg« Richtung »Mindelsee«.
1,3 / 424 m Am Waldrand, kurz vor Friedhof links auf breitem Schotterweg weiter. Nach 300 m zunächst geradeaus. Bei km 2,5 links am Mindelsee entlang.
3,7 / 425 m Links (»Bodenseerundweg«) auf Trail durch Wald. 100 m weiter geradeaus auf Schotterweg weiter.
4,0 / 418 m Links halten (»Mindelseeweg«). Nach 300 m links auf »Bodenseerundweg«, »Mindelseeweg« verlassen, durch Schilffelder weiter.
4,7 / 410 m Nach dem Singletrail etwas links auf Wiesenweg bergan. Kurz vor dem »Hirtenhof« rechts auf breitem Schotterweg weiter zu einem Marterl. Dort rechts halten.
5,5 / 460 m »Bodenseerundweg« geradeaus Richtung »Konstanz« (»rot-weiße Raute«) verlassen.
6,8 / 490 m Erst links, dann etwas weiter rechts auf Singletrail bergab am Sumpf entlang.
7,3 / 510 m Rechts auf Schotter weiter. Dann auf Teer geradeaus nach Langenrain. Dort an Gasthaus »Bodanrück« geradeaus, Hauptstraße queren und auf Straße »Dorfplatz« weiter. Bei km 8,9 links Richtung »Marienschlucht«.
9,6 / 510 m Am Marterl mit Bank rechts auf Grasweg zum Waldrand. Dort rechts auf Singletrail Richtung »Marienschlucht« (»Raute«).
10,5 / 500 m Kurz vor Parkplatz scharf links auf Waldweg, bald Singletrail bergab Richtung »Marienschlucht«. Nach 400 m links schiebend (!) »Marienschlucht« passieren.
11,3 / 404 m Vor Schiffanleger Marienschlucht links auf Treppe bergan und auf schönem Trail am Bodensee entlang.
15,0 / 404 m An Obstplantage links bergan Richtung »Echo«. Nächste links. An Hütte rechts auf geschottertem »Neuen Weg« bergan.
16,9 / 620 m Auf der Höhe bei Hütte zweite rechts (»B«) und auf Schotter Richtung »Bodmann«.
19,1 / 644 m Nach Schranke an Parkplatz von Gasthaus links (»Bodenseerundweg«).
20,5 / 655 m Rechts auf Waldweg weiter. Nach 300 m rechts auf breitem Schotterweg bergab. Bei km 21,0 links auf Singletrail bergab (»Bodenseerundweg«).

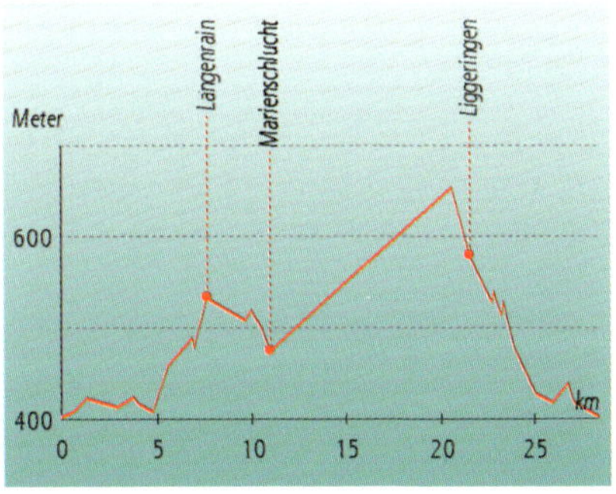

Start: Über Stuttgart auf der A 81 bis Autobahnkreuz Singen. Weiter auf der B 33 über Radolfzell bis Abfahrt Markelfingen. Hier nun Hinweisen Campingplatz bzw. Bahnhof folgen.
Karte: Topografische Karte des Schwarzwaldvereins 1:50.000, Blatt 10 »Hegau«, Landesvermessungsamt Baden-Württemberg.
Literatur: Mountain Bike aktiv »Schwarzwald«, Pietsch, Stuttgart.
Info: Verkehrsamt, 78224 Singen, Tel. 07731/8 54 73 oder Touristikinfo, 78315 Radolfzell, Tel. 07732/8 15 00 oder Tel. 8 15 01.
Bikeshop: Stroppa OHG, Friedinger Str. 3a, 78224 Singen, Tel. 07731/4 13 10.

21,5 / 580 m Auf Teer geradeaus durch den Ort Liggeringen. Nach 200 m links auf geteertem Radweg »Efeuweg« weiter. Bei Kirche rechts auf Hauptstraße bergab. 200 m weiter links auf Straße Richtung »Güttingen«. Bei km 22,6 an Straßengabelung links Richtung »Möggingen«.
22,7 / 530 m Straße nach rechts verlassen, dann bald links auf geteertem Radweg nach »Möggingen«. Dort rechts zur Kirche. Kurz danach links auf »Mindelseestr.« weiter.
25,0 / 430 m Kurz vor dem Mindelsee rechts auf Schotter weiter.
27,0 / 420 m Rechts auf Teerweg, bald Schnellstraße unterqueren und dann stets geradeaus zurück zum Bahnhof in Markelfingen (km 28,3 / 404 m).

EXTRA: Bodensee-Radwanderweg

216 km, ca. 2100 Hm, 3–4 Tage, Kondition: leicht, Technik: leicht
Wie wäre es mal mit einer wunderschönen, einheitlich beschilderten Radwandertour rund um den Bodensee? Zwar fehlen hier die kernigen Anstiege und auch jegliche Singletrails, aber ein ganz besonderes Radelvergnügen ist es dann doch. Denn während man im Frühjahr an frisch beackerten und nach feuchter Erde riechenden Gemüsefeldern und herrlich blühenden Streuobstwiesen entlang kurbelt, wo es in allen Tonlagen nur so summt und brummt, kann man im Sommer zudem den ein oder anderen Badestopp am »Schwäbischen Meer« einlegen. Im Herbst lässt sich dann oft eine traumhafte Aussicht auf die nahen Schweizer Alpen genießen. Und zu allen Jahreszeiten passiert man liebevoll herausgeputzte Orte und Städte, wo es reichlich zu entdecken gibt, vor allem Historisches.

154 Höri

38,1 km	720 Hm	2–3 Std.	leicht	mittel

Gönnen Sie sich doch mal wieder eine richtig fabelhafte Biketour am wundervollen Bodenseeufer! Vor allem im Frühling, denn der beginnt auf der Halbinsel Höri nahe Singen meist schon etwas früher als im Rest der Republik. Umso besser, wenn dann ein Traumtrail über den Schiener Berg diese Runde komplettiert.

km 0,0 / 408 m Ab Parkplatz Richtung See. Dort rechts dem anfangs geteerten »Bodenseerundweg« folgen.
1,8 / 425 m Im Ort Horn links auf Straße Richtung »Stein«. 400 m weiter, am »Schlößli« rechts auf »Am Strandweg« Richtung »Gaienhofen«.
2,9 / 410 m Rechts auf geschottertem »Radweg« leicht bergan. Nach 200 m an Parkplatz links auf Teer durch Gaienhofen. Mitten im Ort links auf Straße bergab. Ab Ortsende auf Radweg parallel zur Straße weiter.
5,5 / 420 m In Hemmenhofen nach Ortseingang links auf »Dorfstr.« bergab. 200 m weiter links in die »Torkelgasse«. Bei km 5,8 rechts auf »Uferstr.« weiter.
6,1 / 404 m Am Feuerwehrgerätehaus links Richtung »Haus Nr. 3« (»Bodenseerundweg«).
6,6 / 400 m An kleinem Strand rechts auf Schotter bergan. Nach 100 m links auf geteertem »Radweg« weiter, bald wieder an Straße entlang.
8,9 / 410 m Auf Straße geradeaus durch Wangen bis Gasthof »Auer«. Hier links (»Bodenseerundweg«). Bei km 10,8 dann links auf »Schloßstr.« durch Öhningen.
11,2 / 405 m Rechts auf geteertem »Uferweg« weiter. Bei km 13,4 an einer Gärtnerei rechts auf Schotterweg, Grenze passieren, weiter Richtung »Stein«.
14,4 / 410 m Links auf Straße weiter. Nach 500 m links an Kirche entlang durch Stein. Anschließend Fußgängerzone geradeaus passieren.
15,4 / 400 m Nach Stadttor geradeaus auf Straße, bzw. Radweg Richtung »Hemishofen«.
17,6 / 400 m Nach Ortsschild »Hemishofen« rechts. Am Waldrand geradeaus auf Teer bergan über Kuppe.
18,8 / 400 m In Senke bei Straßenbrücke rechts auf Teer Richtung »Schooss« talaufwärts. Nach 300 m links auf Schotter Richtung »Herrentisch«. Am Waldrand alle Abzweige ignorieren und geradeaus auf Hauptweg in Wald hinein.
20,0 / 470 m Links (»gelbes Rechteck«) auf breitem Hauptweg bergan bis km 20,9. Dort geradeaus, Markierungen ignorieren. Ein paar Meter weiter scharf links. 100 m weiter geradeaus.
21,4 / 545 m Rechts. An nächster Gabelung geradeaus auf breiter Schotterpiste. Nach 400 m an Wiese geradeaus, auf Schotterweg leicht bergan, alle Abzweige ignorieren.

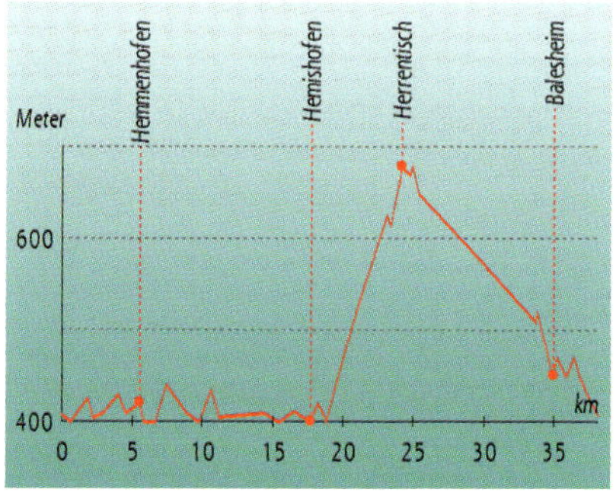

22,3 / 580 m Links auf Schotterweg leicht bergan (»Wanderweg«).
22,9 / 620 m An Gabelung geradeaus auf Waldweg (»gelbe Raute«).
23,4 / 615 m Scharf rechts und auf Singletrail knackig bergan Richtung »Herrentisch«.
24,1 / 679 m An Schutzhütte geradeaus an Grenzsteinen entlang über »Herrentisch« Richtung »Schrotzburg«.
27,8 / 630 m Schotterweg queren, weiter auf Singletrail (»grüne Raute«). Nach 400 m auf breiterem Waldweg geradeaus am Waldrand entlang. Nach weiteren 300 m an Bauernhof geradeaus (»H 1«) Richtung »Langenmoos«.

Start: Von Radolfzell nach Gundholzen. 100 m nach Ortseingang links, nächste wieder links und auf gebührenpflichtigem Parkplatz am Seebad starten.
Karte: Topografische Karte des Schwarzwaldvereins 1:50.000, Blatt 10 »Hegau«, Landesvermessungsamt Baden-Württemberg.
Info: Touristinformation Radolfzell, Bahnhofsplatz 2, 78315 Radolfzell, Tel. 07732/8 15 00, Fax 07732/8 15 10, E-Mail touristinfo@radolfzell.de, Internet www.radolfzell.de.
Bikeshop: Stroppa OHG, Friedinger Str. 3 a, 78224 Singen, Tel. 07731/4 13 10.

29,6 / 684 m Straße queren. Am Parkplatz links auf Waldweg Richtung »Gaienhofen«. Beim Grillplatz dann wieder links auf Singletrail (»H 1«). Diesem bis km 32,1 folgen.
31,7 / 690 m Am Waldrand rechts auf schmalem Weg (»HR 1«) weiter am Waldrand entlang. Nächste wieder rechts.
32,0 / 660 m Rechts am Waldrand entlang.
32,1 / 680 m Nun links auf Hohlweg (»grüne Raute«) bergab Richtung »Gaienhofen«. Nach 1000 m dann links Richtung »Balesheim«, (»grüne Raute«) ignorieren.
34,9 / 450 m In Balesheim geradeaus auf Teer. Nach 300 m Landstraße Richtung Sportplatz queren. Ein paar Meter weiter links auf Schotter (»H 3«) über die Höhe.
35,9 / 450 m In der Senke links, nächste rechts (»H 3«) Richtung »Gundholzen«.
36,4 / 470 m Teerweg queren, etwas nach links und auf Teer bergab nach Gundholzen.
37,5 / 425 m Hauptstraße im Ort queren und geradeaus auf der »Wiesenstr.« (»HR 3«) zum See. Die nächste links und zurück zum Ausgangspunkt (km 38,1 / 408 m).

EXTRA: Königsweg

600 km, 17 000 Hm, 10–14 Tage, Technik: anspruchsvoll, Kondition: anspruchsvoll
Bayernkönig Max II. querte vor mehr als 100 Jahren »seine« Berge von West nach Ost. Folgen wir seinen Spuren auf einer Route der Superlative, die allerdings nicht einheitlich ausgeschildert ist, weshalb die wichtigsten Eckpunkte hier aufgeführt werden: Lindau – Bregenz – Fluh – Pfänder – Jungholz – Langen – Thal – Tobel – Oberreute – Aach – Steibis – Hörmoos – Hochgrat – Scheidwang – Gunzesried-Säge – Ostertal – Oberalm – Sigiswang – Tiefenberg – Altstädten – Strausbergsattel – Retterschwanger Tal – Bad Oberdorf – Alte Oberjochstraße – Oberjoch – Schwendalm – Unterjoch – Rehbach – Pfronten – Falkenstein – Weißensee – Alatsee – Füssen – Hohenschwangau – Bleckenau – Ammerwald – Plansee – Griesen – Eibsee – Hammersbach – Bayern-Haus – Reintal-Angerhütte – Partnach – Schachen – Mittenwald – Fereinalm – Fischbachklamm – Ochsensitz – Galgenwurfsattel – Walchensee – Jachenau – Höfen – Leger – Fleck – Bruchstein – Wildbad Kreuth – Bayralm – Erzherzog-Johann-Klause – Valepp – Ursprungstal – Oberaudorfer Alm – Rechenau – Brünnstein – Tatzelwurm – Klammalm – Fischbach – Inntal – Windshausen – Trochenbachtal – Spitzstein Haus – Innerwald – Priener Hütte – Ottenalm – Klobenstein – Chiemhauser Alm – Hinterwössen – Rachelsattel – Laubau – Weißbach – Sellarnalm – Schneizlreuth – Mordausattel – Berchtesgaden.
Bei diese Tour benötigt man folgende topografische Karte: Blätter »Lindau–Oberstaufen«, »Allgäuer Alpen«, »Werdenfelser Land«, »Karwendel«, »Bad Tölz–Lengries«, »Mangfallgebirge«, »Chiemsee und Umgebung«, »Berchtesgadener Alpen«, alle vom Bayerischen Landesvermessungsamt, 1:50.000.

155 Zum Hohentwiel

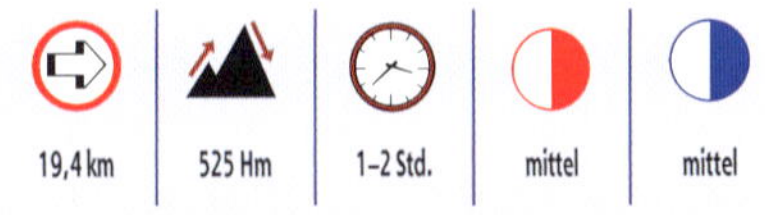

Singen, die bekannte Maggimetropole, liegt zu Füßen des steinalten Feuerbergs Hohentwiel. Ein saftiger Anstieg mit bis zu 25% Steigung führt dort hinauf. Da ist Suppe in den Waden nicht gefragt. Aber es gibt noch mehr dieser längst erloschenen Vulkane rings um die Stadt...

km 0,0 / 420 m Vom Parkplatzende rechts auf geschottertem Fußweg zum »Aachbad«. Ein paar Meter weiter links auf der B 34 (»Schaffhäuser Str.«) über Brücke, dann Bahngleise passieren.
0,4 / 430 m Am Abzweig »Hohentwiel« noch geradeaus auf B 34 (»blau-gelbe Raute«). 300 m weiter, kurz nach Bushaltestelle, rechts auf Teer (»P 3«). Dann an Kindertagesstätte geradeaus an Fußweg entlang. Anschließend links in »Virchowstr.«, kurz danach wieder rechts. Bei km 1,2 rechts: »Schorenbühl« bergan. Nach weiteren 100 m rechts, nächste links und steil auf Teer bergan. Ab km 1,4 geradeaus auf Grasweg steil bergan.
1,5 / 480 m Am Weinberg etwas links und auf Grasweg am Waldrand bergan. Nach 50 m links auf Hohlweg weiter. Bei km 1,6 rechts auf Teer bergan.
1,8 / 500 m An Teerwegende scharf rechts und auf Grasweg oberhalb Weinberge entlang. Bei km 2,2 links halten.
2,4 / 480 m Schranke passieren und weiter auf Singletrail »Ten-Brink-Weg«. Nach 200 m rechts halten.
3,0 / 480 m Teerweg queren, auf Straße bergan zum Parkplatz »Hohentwiel«.
3,3 / 530 m Rechts über Parkplatz. Geradeaus bietet sich Abstecher zur alten Burgruine an. 100 m weiter an Scheune rechts auf Schotter weiter um Vulkankegel herum.
3,7 / 546 m Beim ersten größeren Obstbaum rechts auf Wiesentrail an Obstbäumen entlang (»rot-weiße Raute«) bergab.
4,3 / 520 m Rechts auf Teer, nächste links und unter Strommasten leicht bergan (»Raute«). Am Waldrand auf Waldweg weiter steil bergan.
4,5 / 545 m Rechts auf Waldtrail. Nach 100 m links Richtung »Hohenstoffeln« (»blau-gelbe Raute«).
5,2 / 560 m Rechts auf Schotterpiste steil bergab (»Raute«).
5,5 / 528 m Am Waldrand rechts auf Teer weiter. Nach 300 m an Bauernhof links. An nächstem Hof geradeaus (»Raute«).
6,9 / 540 m Auf Teerweg Duchtlingen passieren. Ab Gasthaus »Zum Kranz« geradeaus auf »Hegaustr.«. An Gasthaus »Linde« links ein Stück auf Landstraße Richtung Ortsausgang.
8,1 / 510 m Am Ortsausgangsschild rechts »Im Zehntgarten«. Nach 200 m links.
8,9 / 524 m Am Ende des Teerwegs links, dann rechts um Kurve herum und auf Grasweg steil bergan. Nach 400 m an Obstplantage links auf Grasweg weiter.
9,6 / 590 m Scharf rechts auf begrastem Schotterweg bergan (»rot-weiße Raute«).
10,6 / 615 m Auf der Höhe rechts erst auf Teer, dann Schotter bergan. Nach 250 m rechts auf Wiesenweg weiter.
10,9 / 661 m Auf Grasweg am »Hegaukreuz« entlang, dann bergab.
11,3 / 610 m Nach Rechtskurve am Waldrand links auf Singletrail steil bergan (»Raute«) und unterhalb der Burgruine »Mägdeburg« entlang. Nach 100 m rechts auf Singletrail (»rot-weiße Raute«).
11,5 / 635 m Links bietet sich Abstecher zur alten Burgruine auf Vulkankegel an. Sonst rechts auf breiterem Waldweg bergab. Nach 500 m an Parkplatz links und für 300 m auf Sträßchen bergab. Dann rechts auf Schotter bergan und über begraste Höhe.
13,3 / 610 m Etwa 80 m vor Waldrand links an Weide entlang. 25 m weiter rechts und auf Singletrail am Waldrand entlang bergab.
13,7 / 588 m In der Senke zweite nach rechts und auf Singletrail bergab, Hinweis »Abstieg« folgen.
14,2 / 515 m Links ab, dann bergab am Fuß des alten Vulkans »Hohenkrähen« entlang.
15,2 / 450 m Direkt vor Autobahn rechts auf Teer weiter. Dann dem Radweg Richtung »Singen« entlang der Bahnlinie folgen.

Start: In Singen auf der B 34 Richtung »Gottmadingen« bzw. »Hohentwiel«: Bald links zum Parkplatz »Aachbad« abbiegen. Dort die Tour starten.
Karte: Topografische Karte des Schwarzwaldvereins 1:50.000, Blatt 10 »Hegau«, Landesvermessungsamt Baden-Württemberg.
Info: Verkehrsamt, 78224 Singen, Tel. 07731/8 54 73.
Bikeshop: Stroppa OHG, Friedinger Str. 3 a, 78224 Singen, Tel. 07731/4 13 10.

17,5 / 450 m An Gabelung links. Bald links Bahnunterführung passieren.
17,8 / 410 m Rechts auf Schotter an »Singener Aach« entlang.
19,1 / 414 m Links auf B 34, Brücke über die »Aach« queren.
19,2 / 420 m Nach zweiter Brücke über die »Aach« rechts auf Schotter zum Ausgangspunkt (km 19,4 / 420 m).

Hohentwiel

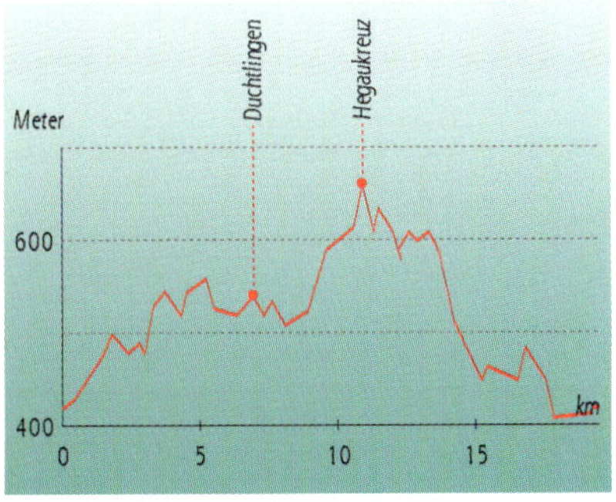

Berchtesgadener Land

Die fantastische Gebirgslandschaft mit dem imposanten Watzmannmassiv ist leider nur beschränkt zugänglich für Biker. Es gibt zwar 600 Kilometer ausgewiesene Bikestrecken, aber die verlaufen meistens auf Schotter- und Teerpisten; die Singletrails sind den Wanderern vorbehalten. Touren also, bei denen das Schauen im Mittelpunkt steht. Und das wird hier auch reichlich belohnt.

156 Vom Königssee ins Salzachtal und retour

70,4 km | 2550 Hm | 6–10 Std. | anspruchsvoll | leicht

Bei gut einem Drittel der Strecke hat man Teer unter den Stollen. Aber das macht gar nichts. Denn die reichlich vorhandenen Auffahrten, die bei dieser Runde die Wadenmuskeln stählen, lassen sich auf Teer viel leichter ertragen als auf rüden Schotterpisten. Hinzu kommen wunderbare Aussichten über das einmalige Berchtesgadener und Salzburger Land.

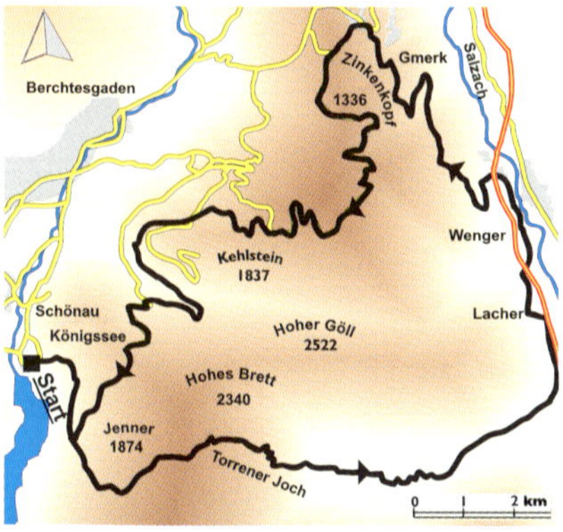

km 0,0 / 630 m Ab Talstation Jennerbahn auf Teer bergan Richtung »Hochbahn«. 200 m weiter auf »Jennerbahnstr.« bergan Richtung »Gotzenalm«. Bei km 0,4 am Haus »Maximiliana« rechts halten. 150 m weiter rechts auf »Hochbahnstr.«. Später auf Forstweg Richtung »Gotzenalm«.
3,3 / 1075 m Rechts auf Forstweg »Königsbach« weiter Richtung »Gotzenalm«.
4,3 / 1200 m An »Königbach Alm« links bergan Richtung »Schneibsteinhaus«, Radmarkierung »3« folgen.
7,5 / 1666 m Nahe »Schneibsteinhaus« links auf Trail mit Stufen bergan Richtung »Stahlhaus«.
8,0 / 1734 m Kurz nach »Stahlhaus« links auf Trail, ab km 10,1 auf Forstweg bergab, stets Hinweisen Richtung »Golling« folgen.
20,4 / 507 m Nahe Gasthaus »Bärenbrücke« am Talausgang kurz vor Brücke links Richtung »Golling«.
23,0 / 478 m Geradeaus durch »Golling-Torren«. Nach 250 m links auf Schotterpiste Richtung »Wasserfall«. Ab km 23,8 bei Gebäude geradeaus auf Trail, bald als »Salzachradweg« beschildert.

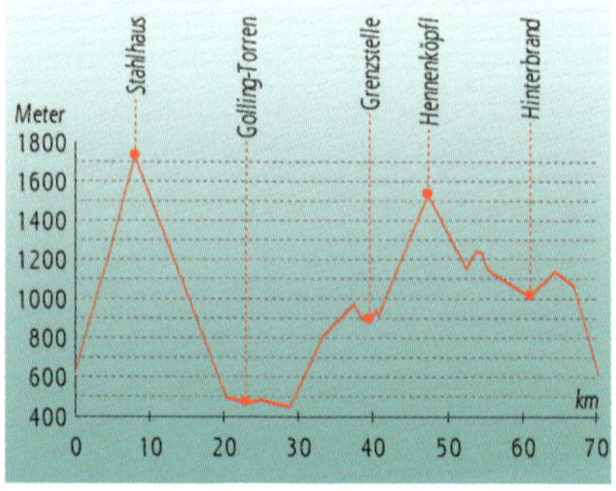

25,2 / 495 m An Kreuzung rechts, Weiderost passieren und Hinweisen Richtung »Lacher« folgen. Im Ort am Gasthaus »Torrener Hof« erst rechts, etwas weiter links auf Straße (»Radmarkierung«) Richtung »Kuchl«.
27,0 / 475 m Nach Unterquerung der Tauernautobahn auf Straße links über Brücke. In »Kuchl-Weng« an »Freundschaftsbrücke« geradeaus.
28,9 / 460 m Nach Ortsdurchfahrt Weng und Überquerung der Autobahn links auf Teer, bald Schotter Richtung »Gschwandt«, Radmarkierung »3«.
33,3 / 815 m An »Jausenstation Gschwandt« links auf kurzzeitig geteerter »Abtswaldstr.« der Radmarkierung »3« bis »Gmerk« folgen.
38,5 / 910 m Kurz vor Kehre von Teerweg links ab Richtung »Ortsmitte« und auf Trail an Schuppen entlang. Knapp 600 m weiter rechts Richtung »Grenzstelle«.
39,6 / 900 m In Gmerk links zur »Grenzstelle« und weiter Richtung »Zinkenwirt«.
40,8 / 920 m Erst links auf »Roßfeld-Höhenstr.« bergan zum Hennenköpfl (1540 m). Dort wieder bergab.
52,5 / 1163 m Kurz vor »Ofner Boden« links auf geschottertem, bald geteertem Forstweg, Eisentor passieren, Richtung »Kehlstein«. Weiter »3« beachten.
53,8 / 1254 m Rechts Richtung »Obersalzberg« halten.
54,5 / 1245 m Erst geradeaus, dann rechts weiter Richtung »Obersalzberg«.
55,2 / 1170 m Kehlsteinstrasse kreuzen und auf Teerweg Hinweisen »Königssee« folgen.
56,0 / 1140 m An Abzweig links Richtung »Scharitz« halten, später den Hinweisen »Endstal« folgen, Radmarkierung »3«.
61,1 / 1020 m Links auf Strasse nach Hinterbrand. Dort bei km 63,4 auf Forstweg bergan Richtung »Gotzenalm«.
67,1 / 1073 m Hart rechts und auf Forstweg »Hochbahn« bergab zum Ausgangspunkt an der Talstation der Jennerbahn (km 70,4 / 630 m).

Start: Auf der A 8 Abfahrt »Bad Reichenhall, Berchtesgaden«. Dann auf der B 20, ab Bad Reichenhall B 21, nach Berchtesgaden. Dort Hinweisen »Königssee« folgen und an der Talstation der »Jennerbahn« starten.
Karte: Topografische Karte 1:50.000, Blatt UK L 4 »Berchtesgadener Alpen«, Bayerisches Landesvermessungsamt.
Literatur: Mountain Bike aktiv »Berchtesgadener, Chiemgauer und Kitzbüheler Alpen«, Pietsch, Stuttgart.
Info: Kurdirektion des Berchtesgadener Landes, Postfach 2240, 83463 Berchtesgaden, Tel. 08652/96 74 00, E-Mail info@berchtesgadener-land.com, Internet www.berchtesgadener-land.com.
Bikeshops: M + R Brandner, Bergwerkstr. 52, 83471 Berchtesgaden, Tel. 08652/14 34, Fax 08652/75 89.
Radl-Laden, Rathausplatz 16, 83471 Berchtesgaden, Tel. 08652/33 99, Fax 08652/6 36 66.
Sporthaus Bittner-Adamek, A.-Fendt-Ring 1, 83483 Bischofswiesen, Tel. 08652/75 89, Fax 08652/81 67.
Mountainbike Hans Aschauer, Aschauerweiherstr. 23, 83483 Bischofswiesen, Tel. + Fax 08652/70 49.
Geführte Touren: Outdoor Club Berchtesgaden, Am Gmundberg 7, 83471 Berchtesgaden, Tel. 08652/50 01, Fax 08652/6 64 54, E-Mail outdoor-club@t-online.de, Internet www.outdoor-club.de.
Heinzelmann Mix-Tours, In der Artenreit 13, 83471 Schönau, Tel. 08652/25 30, Fax 08652/6 69 09, E-Mail mix-tours-koenigssee@t-online.de, Internet www.koenigssee.com/heinzelmann.
Treff-Aktiv, Jennerbahnstr. 19, 83471 Schönau, Tel. 08652/6 67 10, Fax 08652/6 67 34.

Kurvenrausch im Berchtesgadener Land

EXTRA: Tauernradweg

180 km, ca. 2000 Hm, 2–3 Tage, Kondition: mittel, Technik: mittel
Der Tauernradweg (er verläuft eigentlich zwischen Passau und Krimml) hat – etwas abgewandelt – auch für Mountainbiker seine Reize. Das bewahrheitet sich besonders, wenn man von der Teilstrecke durchs Pinzgauer Saalachtal spricht, wo es einen ellenlangen und beschilderten Singletrail als Mountainbike-Alternativstrecke gibt. Als Start für den Tauernradweg bietet sich übrigens Berchtesgaden ganz besonders an. So kann man nämlich über den Hirschbichl in diese berühmte Radlstrecke einsteigen, die sich ab Zell am See allerdings oft als voller Radlhighway entpuppt. Dabei ist es dann auch völlig egal, ob man entlang des Nationalparks Hohe Tauern zu den imposanten Krimmler Wasserfällen kurbelt oder an der Salzach entlang nach Salzburg düst.

157 Gotzenalm

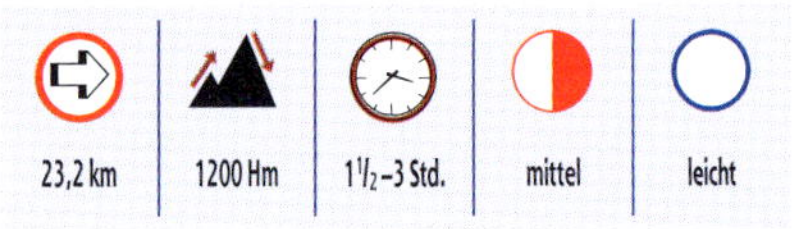

Das Berchtesgadener Land ist dank der restriktiven Nationalparkverordnung leider recht beschränkt, was Tourenmöglichkeiten für Mountainbiker angeht. Ein paar lohnenswerte Ziele gibt es aber doch. Eines davon ist die Bergpartie zur Gotzenalm. Die Strecke ist bestens markiert.

Start: A 8 über Abfahrt »Bad Reichenhall, Berchtesgaden« verlassen. Dann auf B 20, ab Bad Reichenhall B 21, nach Berchtesgaden. Dort Hinweisen »Königssee« folgen und Tour an der Talstation der »Jennerbahn« starten.
Karte: Topografische Karte 1:50.000, Blatt UK L 4 »Berchtesgadener Alpen«, Bayerisches Landesvermessungsamt.
Literatur: Mountain Bike aktiv »Berchtesgadener, Chiemgauer und Kitzbüheler Alpen«, Pietsch, Stuttgart.
Info: Kurdirektion des Berchtesgadener Landes, Postfach 2240, 83463 Berchtesgaden, Tel. 08652/96 74 00, E-Mail info@berchtesgadener-land.com, Internet www.berchtesgadener-land.com.
Bikeshops: M + R Brandner, Bergwerkstr. 52, 83471 Berchtesgaden, Tel. 08652/14 34, Fax 08652/75 89.
Radl-Laden, Rathausplatz 16, 83471 Berchtesgaden, Tel. 08652/33 99, Fax 08652/6 36 66.
Sporthaus Bittner-Adamek, A.-Fendt-Ring 1, 83483 Bischofswiesen, Tel. 08652/75 89, Fax 08652/81 67.
Mountainbike Hans Aschauer, Aschauerweiherstr. 23, 83483 Bischofswiesen, Tel. + Fax 08652/70 49.
Geführte Touren: Outdoor-Club Berchtesgaden, Am Gmundberg 7, 83471 Berchtesgaden, Tel. 08652/50 01, Fax 08652/6 64 54, E-Mail outdoor-club@t-online.de, Internet www.outdoor-club.de. Heinzelmann Mix-Tours, In der Artenreit 13, 83471 Schönau, Tel. 08652/25 30, Fax 08652/6 69 09, E-Mail mix-tours-koenigssee@t-online.de, Internet www.koenigssee.com/heinzelmann. Treff-Aktiv, Jennerbahnstr. 19, 83471 Schönau, Tel. 08652/6 67 10, Fax 08652/6 67 34.

km 0,0 / 630 m Ab Talstation Jennerbahn auf Teer bergan Richtung »Hochbahn«. 200 m weiter auf »Jennerbahnstr.« bergan Richtung »Gotzenalm«. Bei km 0,4 am Haus »Maximiliana« rechts halten. 150 m weiter rechts der »Hochbahnstr.«, später auf Forstweg den Hinweisen Richtung »Gotzenalm« folgen.
3,3 / 1075 m Rechts auf Forstweg »Königsbach« weiter Richtung »Gotzenalm«. Nach 1000 m an »Königbachalm« rechts halten, weiter auf Hauptweg.
7,2 / 1120 m An der Gotzentalalm Brücke queren und an Gabelung links bergan.
9,4 / 1440 m Etwas rechts bergan Richtung »Gotzenalm«.
11,6 / 1685 m Nach kurzer Abfahrt erreicht man das Gasthaus »Gotzenalm«. Ab hier auf gleichem Weg retour zur Talstation der Jennerbahn (km 23,2 / 630 m).

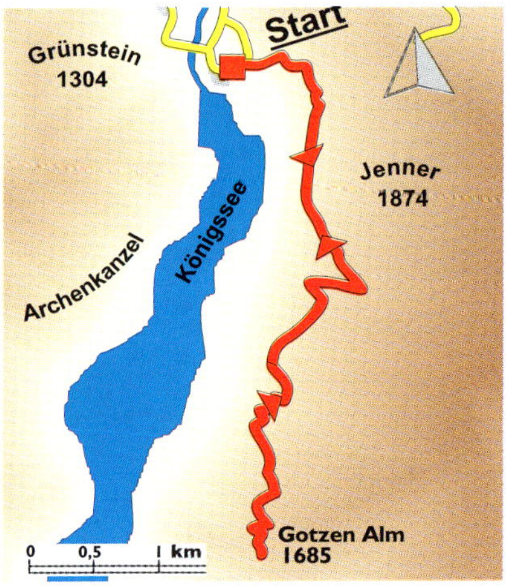

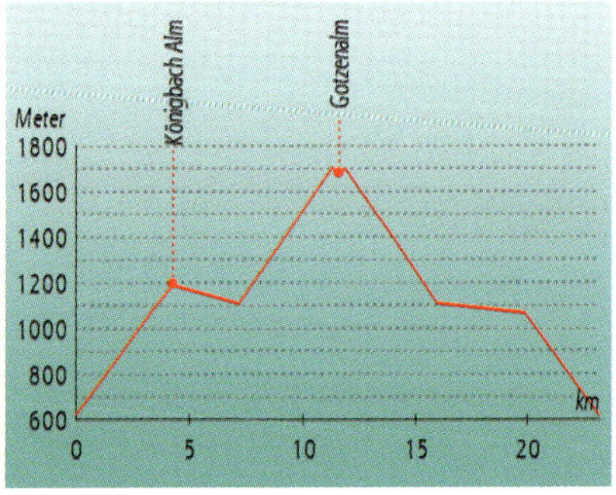

158 Rund um den Grünstein

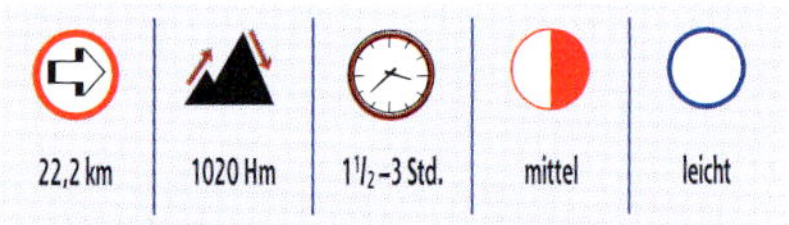

Das Ziel heißt dieses Mal Archenkanzel. Denn dort hat man ganz sicher die beste Aussicht auf den Königssee. Sonst bietet diese Tour reichlich Höhenmeter für stramme Waden. Schade nur, dass man leider ohne jeglichen Singletrail auskommen muss. Aber so ist das nun mal im Berchtesgadener Land.

km 0,0 / 630 m Ab Talstation Jennerbahn auf Straße Richtung Königssee. Nach 300 m links zum See. Dort rechts halten und auf dem »Bodensee-Königssee-Radweg« an der Königsseer Ache entlang Richtung »Berchtesgaden«.
1,2 / 600 m Links auf der Straße bis nach Unterschönau. Dort bei km 2,2 links auf der Straße bergan Richtung »Oberschönau«.
3,3 / 620 m An Straßengabelung links halten. Nach 1000 m dann links ab Richtung »Schapbach«.
4,5 / 660 m Links abzweigen. Nach 200 m wieder links und auf dem Forstweg »Schapbachstr.« bergan. Bis zur »Kühroint-Alm« dann auf diesem Hauptweg bleiben.
11,8 / 1410 m Kurz vor »Küh-

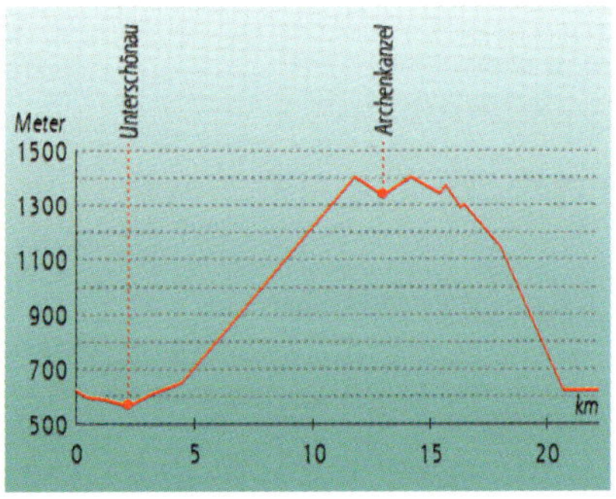

Auf die Plätze, fertig – los!

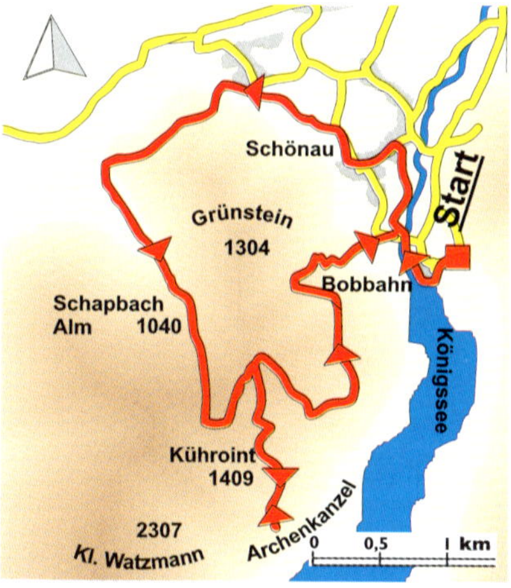

Start: A 8 über Abfahrt »Bad Reichenhall, Berchtesgaden« verlassen. Dann auf B 20, ab Bad Reichenhall B 21, nach Berchtesgaden. Dort Hinweisen »Königssee« folgen und an der Talstation der »Jennerbahn« starten.
Karte: Topografische Karte 1:50.000, Blatt UK L 4 »Berchtesgadener Alpen«, Bayerisches Landesvermessungsamt.
Literatur: Mountain Bike aktiv »Berchtesgadener, Chiemgauer und Kitzbüheler Alpen«, Pietsch, Stuttgart.
Info: Kurdirektion des Berchtesgadener Landes, Postfach 2240, 83463 Berchtesgaden, Tel. 08652/96 74 00, E-Mail info@berchtesgadener-land.com, Internet www.berchtesgadener-land.com.
Bikeshops: M + R Brandner, Bergwerkstr. 52, 83471 Berchtesgaden, Tel. 08652/14 34, Fax 08652/75 89. Radl-Laden, Rathausplatz 16, 83471 Berchtesgaden, Tel. 08652/33 99, Fax 08652/6 36 66. Oder in Bischofswiesen Sporthaus Bittner-Adamek, A.-Fendt-Ring 1, 83483 Bischofswiesen, Tel. 08652/75 89, Fax 08652/81 67. Mountainbike Hans Aschauer, Aschauerweiherstr. 23, 83483 Bischofswiesen, Tel. + Fax 08652/70 49.
Geführte Touren: Outdoor-Club Berchtesgaden, Am Gmundberg 7, 83471 Berchtesgaden, Tel. 08652/50 01, Fax 08652/ 6 64 54, E-Mail outdoor-club@t-online.de, Internet www.outdoor-club.de. Heinzelmann Mix-Tours, In der Artenreit 13, 83471 Schönau, Tel. 08652/25 30, Fax 08652/6 69 09, E-Mail mix-tours-koenigssee@t-online.de, Internet www.koenigssee.com/heinzelmann.

→ roint-Alm« links halten und zuletzt zu Fuß (rund 400 m) bis zum genialen Aussichtspunkt »Archenkanzel«. Ab dort auf gleichem Weg retour.
14,2 / 1410 m Ab Abzweig an »Kühroint-Alm« geradeaus begab.
15,4 / 1350 m An Abzweig nun Auffahrtstrecke verlassen und rechts bergan Richtung »Schönau«.
16,5 / 1310 m An Linksabzweig, wie auch 200 m später, auf Hauptweg bleiben.
18,0 / 1160 m Am Ende des breiten Forstwegs geradeaus auf schmälerem Weg bergab Richtung »Hofreit«. Diesen Weg bis dorthin nicht verlassen.
20,7 / 630 m Am Ortsrand von Hofreit geradeaus bis zur Straße. Dort bei km 21,0 rechts abbiegen und wie bei Auffahrt retour zur Talstation der »Jennerbahn« (km 22,2 / 630 m).

159 Hirschbichl

52,1 km | 955 Hm | $2^1/_2$–5 Std. | mittel | leicht

Der Hirschbichl ist ein richtiger Pass, der das Berchtesgadener Land und das Pinzgauer Saalachtal (Österreich) verbindet. Daher ist diese Strecke auch durchgehend geteert. Was fehlt, sind allerdings Kraftfahrzeuge – auch eine Folge des Nationalparks. Dadurch bleibt die auf deutscher Seite ungemein steile Scheitelstrecke Fußgängern und Mountainbikern vorbehalten.

km 0,0 / 626 m Ab Lofer auf B 311 Richtung »Zell am See«. Nach 300 m links, Bundesstraße verlassen, Richtung »Scheffsnoth«.
0,7 / 630 m Gleich nach Brücke rechts und an Saalach entlang.
3,6 / 650 m An Kreuzung hart links und

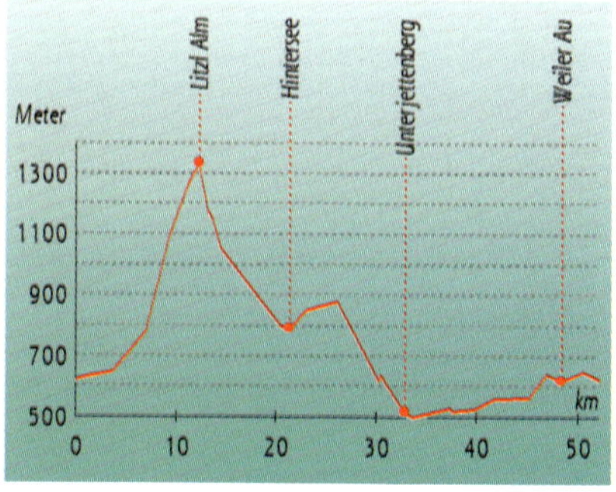

auf Fahrweg über »Wildenthal« bergan Richtung »Hirschbichl«.
6,9 / 780 m Rechts Richtung »Hirschbichl«. Nach 200 m wieder rechts und Radmarkierung »2« folgen. Bei km 9,3 links halten.
11,2 / 1270 m Links über Litzlalm, weiter Richtung »Hirschbichl«.
13,1 / 1180 m Links auf Teer über den »Hirchbichl« (Grenze) nach »Hintersee«. Auf dieser geteerten Fahrstrasse zunächst bleiben.
21,0 / 795 m Links durch den Ort Hintersee. Dort bald auch Straße bergan.
23,0 / 850 m Links auf geschottertem »König-Max-Weg« Richtung »Taubensee«. Nach 900 m links. Bei km 24,5 links auf Strasse weiter zur B 305. Dort bei km 26,1 links Richtung »Schwarzbachwacht« (Radmarkierung »2«). Dann Hinweisen »Schwarzalm« folgen.
30,4 / 640 m Links auf B 305 nach Unterjettenberg.
32,8 / 515 m In Unterjettenberg links und weiter der »2« an der Saalach entlang Richtung »Lofer« folgen.
39,7 / 527 m An Saalachbrücke links, weiter am Fluss entlang.
41,9 / 560 m Nach dem Hof »Mörtl« geradeaus an Saalach entlang Richtung »Schütterbad«. Ab dort auf Steig weiter Richtung »Reit«.
45,2 / 565 m An nächster Saalachbrücke links in den Weiler Reit. Dort rechts (»2«) Richtung »Lofer«.
46,9 / 645 m Rechts (»2«). Nach 1200 m, kurz nach Hof »Sellauer« links (»2«). Bei km 48,3 rechts durch den Weiler »Au«.
50,5 / 650 m Im Weiler »Haustaller« links, sofort rechts und weiter Radmarkierung »2« Richtung »Scheffsnoth« folgen. Dort bei km 51,4 rechts Brücke über die Saalach queren. Dann rechts und auf B 311 zurück zum Ausgangspunkt in Lofer (km 52,1 / 626 m).

Start: A 8 über Abfahrt »Siegsdorf« verlassen. Dann auf der B 306 Richtung »Inzell, Zell am See«. Nach Inzell B 305 Richtung »Weißbach, Zell am See, Lofer« folgen. Kurz vor Lofer (Österreich) Hinweisen »Zell am See« bis Ortsmitte folgen. Dort am Straßenabzweig Richtung »St. Johann« Tour starten.
Karte: Topografische Karte 1:50.000, Blatt UK L 4 »Berchtesgadener Alpen«, Bayerisches Landesvermessungsamt.
Literatur: Mountain Bike aktiv »Berchtesgadener, Chiemgauer und Kitzbüheler Alpen«, Pietsch, Stuttgart.
Info: Tourismusverband Salzburger Saalachtal, A-5090 Lofer, Tel. 0043/(0)6588/8 32 10, Fax 0043/(0)6588/74 64, E-Mail lofer.info@aon.at.
Bikeshops: Zentrasport, Lofer Nr. 15, A-5090 Lofer, Tel. 0043/(0)6588/85 96, E-Mail weissbacher@sport2000.at und Fa. Wimmer, Lofer Nr. 318, A-5090 Lofer, Tel.0043/(0)6588/83 18.
Geführte Touren: Markus Prechtl, A-5091 Unken, Tel. 0043/(0)6589/42 82.

Leoganger Achental

Leogang liegt zweifelsfrei in Österreich – mitten im Salzburger Land –, aber seit dem Mittelalter umgeben das Leoganger Achental die bayerischen Saalforste. Einst mussten die Leoganger nämlich im Tausch gegen begehrtes Speisesalz ganze Forste an Bayern abtreten. So unterschiedlich wie das Gelände sind auch die Touren, die sich bis auf Höhen von 2000 Metern winden.

160 Über den Römersattel

47,4 km	695 Hm	2½–3½ Std.	leicht	leicht

Geradezu urgewaltig erheben sich die Leoganger Steinberge mit dem mächtigen Birnhorn (2634 m). Sie bilden praktisch die westliche Fortsetzung des Steinernen Meeres, das gleich gegenüber mit dem Watzmann, Berchtesgadens Wahrzeichen, konkurriert. Gipfelstürme per Bike sind in diesen wild zerklüfteten Bergen kaum möglich. Aber umrunden kann man sie.

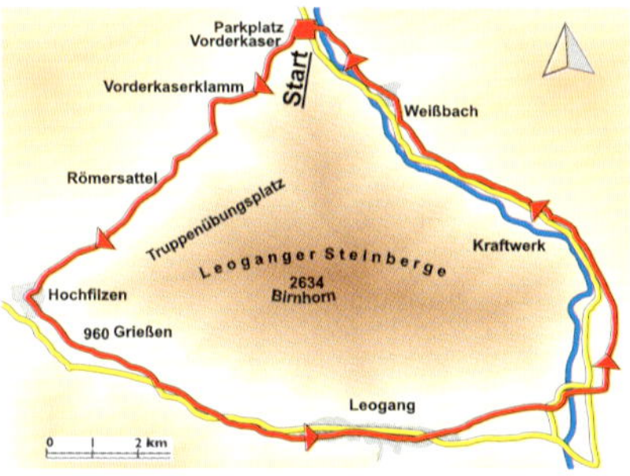

km 0,0 / 665 m Ab Parkplatz »Vorderkaser« auf Fahrweg durch Schidergraben (Schüttachgraben) am Gasthof »Vorderkaser« vorbei Richtung »Römersattel«.
4,0 / 750 m Rechts durch die Schlucht. Nach 570 m an Gabelung links und bis km 5,8 auf breitem Schotterweg. Dann rechts auf teilweise recht schwierigem Trail weiter. Je nach Fahrkönnen ein paar Schiebepassagen.
8,8 / 1202 m Am Römersattel geradeaus, erst auf breitem Schotterweg, später auf Teer bergab. Achtung: Truppenübungsplatz, der hin und wieder gesperrt wird. Infos: Tel. 0043/(0)5359/3 01.
13,8 / 990 m Kurz vor Hochfilzen bzw. gleich nach Kaserne links auf geteertem Fahrradweg bis »Leogang«.
26,0 / 750 m Rechts über Achenbrücke, Radweg verlassen. Nächste links und auf Straße durch Leogang.
26,2 / 775 m Kurz vor Pinzgauer Bikecenter links über Achenbrücke, sofort wieder rechts und auf markiertem Radweg weiter. 400 m weiter rechts, Viehsperre passieren und ganz rechts auf Radweg bleiben.
26,3 / 755 m Rechts auf Teer (»Pinzgauer Radwanderweg«) Richtung »Lenzing«.
30,7 / 720 m In Lenzing an Kirche geradeaus. 200 m weiter links auf Straße Richtung »Euring« (»Tauernradweg«). Bei km 31,7 nach Saalachbrücke rechts.
32,4 / 720 m Links Straßenunterführung passieren. Dann links Richtung »Weißbach«. 300 m weiter links halten.
34,1 / 710 m Rechts zum Parkplatz. Dort etwas links.
36,3 / 700 m Am »Brandlhof« geradeaus auf »Tauernradweg«, bald ausgeschilderte MTB-Variante, die mal über Schotter, mal auf feinem Singletrail verläuft.
42,0 / 675 m Leicht rechts auf Schotter am Schuttkegel entlang und wieder auf Trailpfad weiter. Bei km 43,7 dann geradeaus auf Teer zur Hauptstraße. Dort rechts auf Radweg bis Weißbach.

Start: A 8 über Abfahrt »Siegsdorf« verlassen. Dann weiter über Inzell und Lofer Richtung Zell am See. Kurz vor Weißbach links auf Parkplatz »Vorderkaserklamm« Tour starten.
Karte: Kompass-Karte, Blatt 30, 1:50.000, »Saalfelden, Leoganger Steinberge«.
Info: Tourismusverband Salzburger Saalachtal, A-5093 Weißbach, Tel. 0043/(0)65 82 83 83.
Bikeshops: Zentrasport, Lofer Nr. 15, A-5090 Lofer, Tel. 0043/(0)6588/85 96, E-Mail weissbacher@sport2000.at oder Fa. Wimmer, Lofer Nr. 318, A-5090 Lofer, Tel. 0043/(0)6588/83 18.
Geführte Touren: Markus Prechtl, A-5091 Unken, Tel. 0043/(0)6589/42 82.

44,3 / 670 m Geradeaus durchs Dorf. Am Gasthof »Auvogel« links, sofort rechts, weiter auf Hauptstraße. Nach 500 m vor »Wieserbrücke« rechts, nächste sofort links Richtung »Ferienwiese« und an Saalach entlang flussabwärts.
46,9 / 660 m Am Hof »Kleberauer« links über die Brücke zur Hauptstraße. Dort rechts zurück zum Ausgangspunkt (km 47,4 / 665 m).

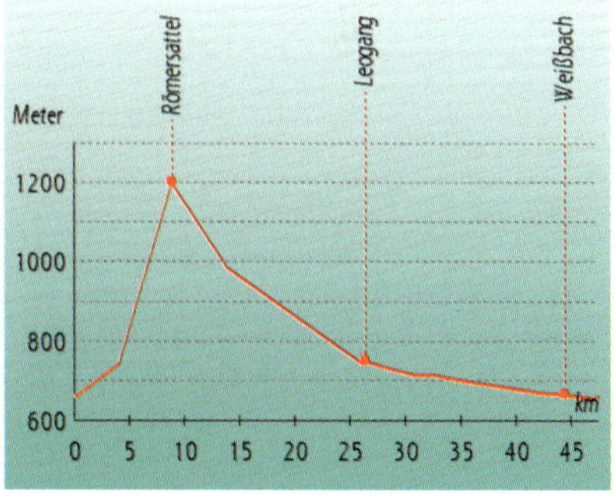

EXTRA: BikeWorld Leogang

Meterhohe Anlieger, rasante Pisten und eine perfekte Infrastruktur – so schaut das Traumterrain für Downhiller und Freerider aus. Denn ein ganzer Berg, der Asitz, steht dafür zur Verfügung. Und hier warten Superstrecken wie Downhill, Freeridecross, Bikercross, Dualslalompiste und Bikeparcours. Zudem befördert die Asitzbahn schweißfrei zum Ausgangspunkt der einzigartigen Strecken. Ein Bike-Verleih, ein Bike-Shop mit kompetenter Beratung, eine Werkstatt für eventuelle Probleme und eine Bike Schule mit Fahrtechniktraining ergänzen das Angebot.
Infos bei: BikeWorld MTS GmbH, A-5751 Maishofen, Tel. 0043/(0)6542/8 04 80 32, E-Mail Mts-ms@mts.co.at. Internet www.bike-pinzgau.at/bikeworld.html.

161 Über Spielberg und Asitz

55,7 km	1780 Hm	4–6 Std.	anspruchsvoll	leicht

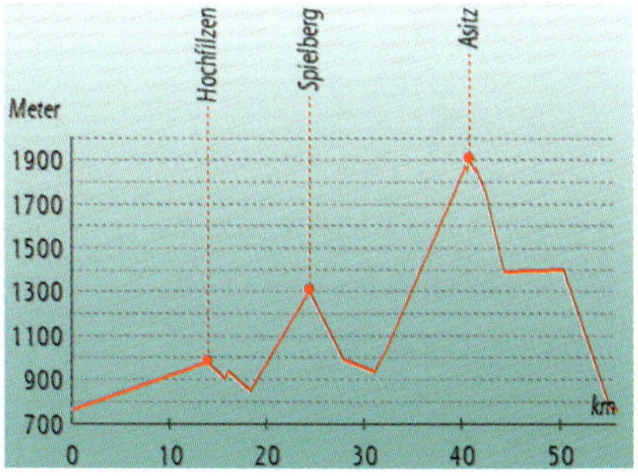

Start: A 8 über Abfahrt »Siegsdorf« verlassen. Dann weiter über Inzell und Lofer Richtung Zell am See. In Saalfelden rechts Richtung »Leogang« und dort am Pinzgauer Radcenter starten.
Karte: Kompass-Karte, Blatt 30, 1:50.000, »Saalfelden, Leoganger Steinberge«.
Literatur: Mountain Bike aktiv »Berchtesgadener, Chiemgauer und Kitzbüheler Alpen«, Pietsch, Stuttgart.
Info: Fremdenverkehrsverband Leogang, Postfach 28, A-5771 Leogang, Tel. 0043/(0)6583/82 34 bzw. SALE-Touristik GmbH, A-5760 Saalfelden, Bahnhofstr. 10, E-Mail office@sale-touristik.at, Internet www.sale-touristik.at.
Bikeshop: Pinzgauer Fahrradcenter, A-5771 Leogang, Dorf 84, Tel. 0043/(0)6583/71 53.
Geführte Touren: Für Hotelgäste bietet der »Krallerhof«, A-5771 Leogang, Tel. 0043/(0)6583/24 60, Fax 0043/(0)6583/2 46 85 geführte Biketouren an. Außerdem auf Anfrage für jedermann: Erich Hirschbichler, Tel. 0043/(0)6583/84 36.

Wer diese Tour genießen möchte, braucht ordentlich Kondition. Die Anstiege über Spielberg (500 Höhenmeter) und Schönleiten (knapp 1000 Höhenmeter) müssen nämlich erst einmal bewältigt werden. Dafür bietet dieser Alpenklassiker zwischen Leogang und Saalbach-Hinterglemm unvergessliche Panoramen.

km 0,0 / 775 m Ab »Pinzgauer Bikecenter« auf Straße Richtung »Hochfilzen«. Nach 800 m links und auf markier-

tem Radweg an Leoganger Ache entlang Richtung »Hochfilzen«.
13,8 / 990 m In Hochfilzen links und auf Straße über Bahngleise. Danach rechts auf Landstraße. Nach 850 m am Tyrolonwerk links, nächste sofort rechts, Schranke passieren und auf Feldweg weiter. Am Bauernhof links, erst auf Teer, dann auf Waldweg bis Bach. Hier scharf rechts auf Trail bergan.
15,7 / 932 m Links bergan (»roter Pfeil«). 150 m weiter rechts auf Schotter bergab. Bei km 17,0 erst links, dann sofort rechts auf Teer weiter.
18,1 / 860 m Am Gasthaus »Eiserne Hand« (gute und preiswerte Einkehrmöglichkeit) geradeaus. Nach 150 m links am Graben entlang Richtung »Spielberg« bzw. »Saalbach«.
24,2 / 1312 m Links, bald an »Spielberghaus« entlang und auf geschottertem »Spielbergweg« talabwärts (»MTB«).
27,2 / 1044 m In Saalbach vor Tunnelportal rechts durch den Ort.

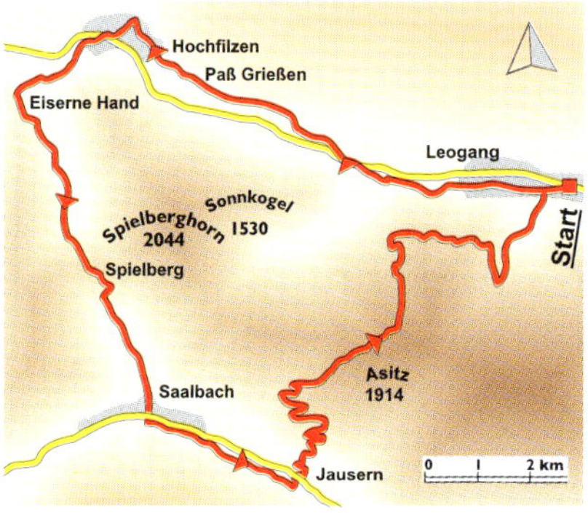

27,6 / 1003 m Flüsschen Saalach queren, sofort links und auf Radweg Richtung »Jausern«.
30,9 / 950 m An der Talstation der Schönleitenbahn rechts zum Hang, dort links nach Jausern. Nun links über Brücke, Landstraße queren und auf »Zineggweg« (»MTB«) bergan Richtung »Schönleiten«.
32,1 / 1044 m Nach Viehsperre links. Bald wieder links über Brücke und dann auf Hauptweg bergan Richtung »Schönleiten«.
39,3 / 1778 m Links zum Berghotel. Dort rechts. Nach 300 m an Schönleiten-Hütte und kleiner Kapelle entlang steil bergan (Tragepassage).
40,2 / 1880 m Nach Steilanstieg in Mulde links weiter bis nahe Gipfelkreuz. Dort rechts auf Schotter bergab, anschließend bergan zum Kleinen Asitz.
41,3 / 1872 m Am Gipfel des Kleinen Asitz links bergab.
42,3 / 1760 m An der Bergstation der Asitz-Kabinen-Bahn links bergab in Richtung »Hütten«.
44,2 / 1400 m Scharf rechts Richtung »Matzalm«.
50,2 / 1410 m Scharf links und am Schwarzbach entlang bis nach »Leogang«.
55,0 / 785 m An Holzbrücke rechts zur Kirche Leogang. Dort links auf Pflaster zur Landstraße. Auf dieser rechts zurück zum Ausgangspunkt am »Pinzgauer Radcenter« (km 55,7 / 775 m).

162 Stöcklalm

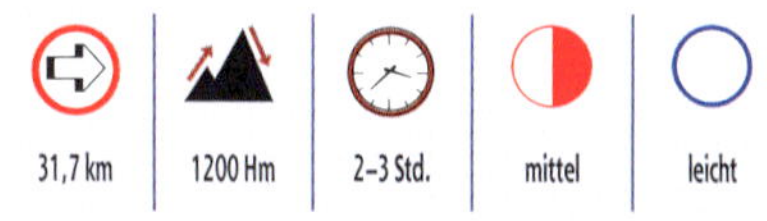

Bei dieser Einsteigerrunde summieren sich die Höhenmeter bei ständigen Up'n Downs recht schnell. Allerdings ist man dabei fast ständig auf breiten Schotterpisten unterwegs. Am Ende der Tour wartet dann noch der schnelle Schotterdownhill durch das Schwarzleotal.

Start: A 8 über Abfahrt »Siegsdorf« verlassen. Dann weiter über Inzell und Lofer Richtung Zell am See. In Saalfelden rechts Richtung »Leogang« und dort am Pinzgauer Radcenter starten.
Karte: Kompass-Karte, Blatt 30, 1:50.000, »Saalfelden, Leoganger Steinberge«.
Literatur: Mountain Bike aktiv »Berchtesgadener, Chiemgauer und Kitzbüheler Alpen«, Pietsch, Stuttgart.
Info: Fremdenverkehrsverband Leogang, Postfach 28, A-5771 Leogang, Tel. 0043/(0)6583/82 34 bzw. SALE-Touristik GmbH, A-5760 Saalfelden, Bahnhofstr. 10, E-Mail office@sale-touristik.at, Internet www.sale-touristik.at.
Bikeshop: Pinzgauer Fahrradcenter, A-5771 Leogang, Dorf 84, Tel. 0043/(0)6583/71 53.
Geführte Touren: Für Hotelgäste bietet der »Krallerhof«, A-5771 Leogang, Tel. 0043/(0)6583/24 60, Fax 0043/(0)6583/2 46 85 geführte Biketouren an. Außerdem auf Anfrage für jedermann: Erich Hirschbichler, Tel. 0043/(0)6583/84 36.

km 0,0 / 775 m Ab dem »Pinzgauer Bikecenter« auf der Landstraße am Café entlang in Richtung Zentrum fahren. Nach 250 m dann links in den Ort abbiegen. Bei der Tourist Information rechts halten.
0,4 / 780 m An der Kirche rechts, auf Pflaster weiter. Nach 250 m links auf Teer bergan durchs Schwarzbachtal.
3,1 / 925 m Rechts bergan in Richtung »Sappenmaishof«. Dort links halten und dem Hinweis »Asitz« folgen. 150 m weiter dann rechts abbiegen in Richtung »Stöcklalm«.
4,6 / 1056 m An der Gabelung rechts bergab trailen. Bei km 5,0 dann links Richtung »Stöcklalm« fahren (»rot-weiß«).
6,7 / 1132 m Jetzt eine Viehsperre passieren, dann scharf links die Treppe hinauf und auf dem Trail weiter bergan biken.
8,0 / 1325 m Kurz vor der Mittelstation der Asitzbahn bzw. Stöcklalm rechts auf Schotter bergan kurbeln. 150 m weiter dann an einigen Gebäuden links halten.
8,7 / 1355 m An Abzweig rechts auf breitem Schotterweg weiter.
9,0 / 1400 m Rechts auf Schotter steil bergab (»MTB«).
11,3 / 1295 m Links, auf Schotter wieder bergan.
14,4 / 1340 m Nach der Abfahrt an der Gabelung geradeaus und bergan. 300 m weiter dann links auf dem Hauptweg bleiben.
18,8 / 1370 m Rechts und am Schwarzleobach entlang talabwärts.
25,3 / 905 m Am Abzweig »Forsthofalm« links und weiter am Bach entlang bis Landstraße. Dort bei km 26,3 rechts auf den »Radweg« Richtung »Leogang«.
26,7 / 845 m An der Knappenkapelle rechts über die Brücke, dann sofort links, weiter auf abbiegen Radweg an der Ache entlang.
31,4 / 808 m Rechts auf die Landstraße und retour zum Ausgangspunkt (km 31,7/775 m).

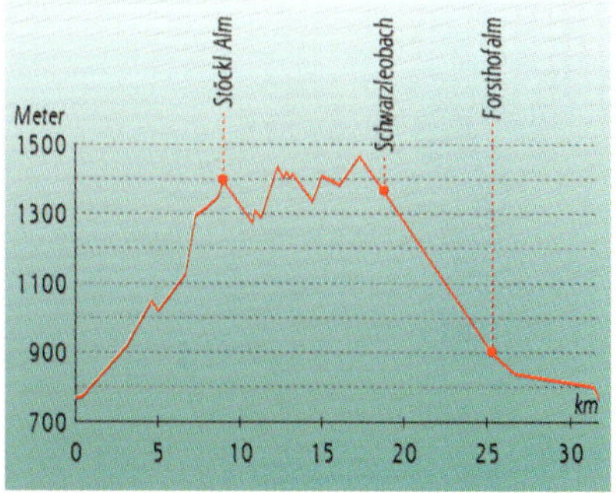

Biken kann kaum schöner sein als am Asitz.

Chiemgau

Zwischen Chiemsee und dem Tiroler Kaisergebirge findet sich eine der attraktivsten Bikeregionen am nördlichen Alpenrand mit einer grandiosen Bilderbuchlandschaft. Zu Füßen bekannter Gipfel wie Hochries, Kampenwand oder Sonntagshorn breiten sich kristallklare Seen zum Baden aus. Die wunderbaren Berge selbst garantieren für schweißtreibende Auffahrten, aber auch für herrliche Fernsichten, wenn man dann einmal oben ist.

163 Hochries

36,6 km | 1227 Hm | 3½ Std. | anspruchsvoll | anspruchsvoll

Von Nußdorf aus kurbelt man erst einmal zum Warmfahren am Inn entlang. Das beste Stück der Tour ist dann aber natürlich der Downhill, der mit einem aussichtsreichen Trail durch die Steilwand der Hochries beginnt, bevor man auf einem anspruchsvollen Pfad mit Kehren und Stufen bergab trailt.

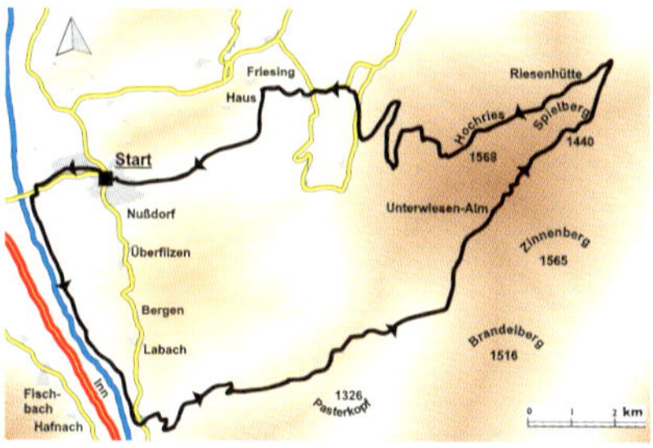

km 0,0 / 485 m Ab Ortsmitte Nußdorf zunächst auf Straße Richtung »Neubeuern«. Nach 50 m links über Parkplatz. Anschließend auf Pfad am Trafohäuschen entlang. Danach auf Straße geradeaus bis km 0,65. Dort erst rechts, sofort links und nun der Straße »Am Steinbach« folgen.
0,9 / 470 m Links auf Pfad Richtung »Innbrücke«.
1,6 / 460 m Links zur Landstraße. Dort rechts zur Innbrücke und unmittelbar davor auf »Inntalradweg« über den Inndamm Richtung »Landesgrenze«.
6,4 / 468 m Inndamm geradeaus verlassen und an kleinerem Wasserlauf Richtung Haus. Nach 200 m im Weiler Windshausen Landstraße geradeaus kreuzen und auf Teer zunächst dem Hinweis »Kranzhorn« folgen.
6,9 / 470 m Am Ortsende rechts an Abzweig Brücke queren, dann auf Schotter, bald recht steil bergan Richtung »Kranzhorn«.

Start: Die Inntalautobahn über Abfahrt »Brannenburg« verlassen. Dann per Brücke über den Inn nach Nußdorf. Dort im Zentrum an Strassen-T (Abzweige Richtung »Neubeuern«, »Überfilzen«) Tour starten.
Karte: Topografische Karte 1:50.000, Blatt UK L 7 »Chiemsee und Umgebung«, Bayerisches Landesvermessungsamt, München.
Literatur: Mountain Bike aktiv »Berchtesgadener, Chiemgauer, und Kitzbüheler Alpen«, Pietsch, Stuttgart.

8,6 / 705 m Etwas links halten und Hauptweg folgen.
9,1 / 720 m Im Bachtälchen rechts. 10 m weiter wieder rechts und weiter auf breiter Schotterpiste bergan.
9,3 / 750 m Links, Hinweis »Kranzhorn« ignorieren.
11,2 / 930 m Rechts bergan. Nach 500 m rechts Hauptweg weiter bergan folgen.
12,3 / 1020 m Hart rechts und Viehroste passieren. 400 m weiter geradeaus und bald per Trail Landesgrenze passieren.
14,5 / 970 m Vor Trockenbach links und auf breiter Schotterpiste taleinwärts.
16,4 / 1105 m An »Unterwiesenalm« rechts auf Schotterpiste. Nach dem Stall links auf breiter Schotterpiste, später Grasspur bergan.
17,1 / 1180 m Grenze erneut passieren und fast weglos durch Sumpfwiese zur »Oberwiesenalm«. Dort auf Schotterweg geradeaus bergan.
18,5 / 1282 m Kurz nach »Holzerhaus« weiter auf Hauptweg Richtung »Klausen«. 200 m weiter etwas links Richtung »Aschau«.
19,8 / 1305 m Links bergab Richtung »Aschau«.
20,9 / 1130 m An Wegeplatz links bergan Richtung »Riesenhütte« (Einkehr).
22,8 / 1348 m 400 m nach Riesenhütte bei einigen Hütten auf Schlammweg weiter. Nach 200 m an Abzweig geradeaus.
23,4 / 1377 m Am »Sattel« rechts auf Wiesenweg bergab Richtung »Grainbach«. Einige Meter weiter links auf Trail Richtung »Seitenalm«.
24,9 / 1340 m An Almhütten rechts steil bergab auf Serpentinentrail.

Info: Verkehrsamt Nußdorf, Brannenburger Str. 10, 83131 Nußdorf/Inn, Tel. 08034/90 79 20.
Bikeshop: Bikegeschäft Mohr, Rosenheimerstr. 35, 83098 Brannenburg, Tel. 08034/94 57.
Geführte Touren: Auf Anfrage beim Verkehrsamt Brannenburg, Rosenheimer Str. 5, 83098 Brannenburg, Tel. 08034/4 51 50, Fax 08034/95 81, Internet www.brannenburg.de.

25,5 / 1160 m Geradeaus auf Schotterpiste an »Lambrechtalm« entlang.
25,7 / 1160 m Geradeaus auf Hauptweg bergab.
27,2 / 985 m Rechts auf breiter Schotterpiste weiter. 200 m weiter, kurz nach Viehschranke geradeaus Betonplattenweg bergab.
28,5 / 888 m Links auf Schotter Richtung »Duftbräu«.
29,7 / 780 m An Parkplatz rechts auf Straße Richtung »Törwang« bergab. Nach 100 m geradeaus bergab.

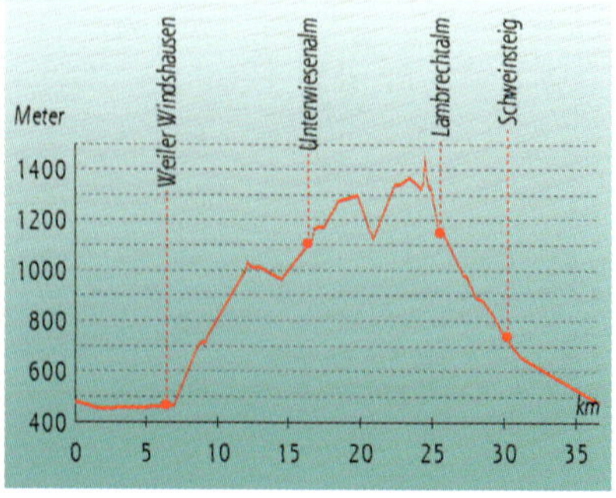

30,0 / 745 m Links auf schmälerem Teerweg Richtung »Schweinsteig«. Nach 200 m am Ortsschild »Schweinsteig« rechts auf Schotter bergab Richtung »Esbaum«.
30,6 / 700 m Links auf Teer bergab Richtung »Esbaum«.
31,2 / 660 m Geradeaus Richtung »Jägerhäusl«. Nach 100 m im Weiler am Haus Nr. 10 rechts, bald am Gasthof »Jägerhäusl« entlang bergab und durchs Mühlthal dann zurück nach Nußdorf (km 36,6 / 485 m).

164 Schwarzries

35,0 km | 1305 Hm | 3–5 Std. | anspruchsvoll | mittel

Wer den unteren Teil des Anstiegs, gleich nach Windshausen, schon als heftig empfindet und vorn auf das kleine Ritzel schalten muss, wird sich später wundern. Denn es geht noch steiler. Aber neben körperlicher Anstrengung und Schweiß in Strömen bietet dieser Hammertörn auch noch starke Trails und unvergessliche Aussichten.

Start: Inntalautobahn über Abfahrt »Brannenburg« verlassen. Dann per Brücke über den Inn nach Nußdorf und im Zentrum rechts Richtung »Windshausen«. Dort am Zollhaus Tour starten.
Karte: Topografische Karte 1:50.000, Blatt UK L 7 »Chiemsee und Umgebung«, Bayerisches Landesvermessungsamt, München.
Literatur: Mountain Bike aktiv »Berchtesgadener, Chiemgauer und Kitzbüheler Alpen«, Pietsch, Stuttgart.

km 0,0 / 468 m Ab Zollhaus zunächst auf Straße retour Richtung »Nußdorf«. Nach 100 m rechts und durch Neubaugebiet dem Hinweis »Kranzhorn« folgen.

Info: Verkehrsamt Nußdorf, Brannenburger Str. 10, 83131 Nußdorf/Inn, Tel. 08034/90 79 20.
Bikeshop: Bikegeschäft Mohr, Rosenheimerstr. 35, 83098 Brannenburg, Tel. 08034/94 57.
Geführte Touren: Auf Anfrage beim Verkehrsamt Brannenburg, Rosenheimer Str. 5, 83098 Brannenburg, Tel. 08034/4 51 50, Fax 08034/95 81, Internet www.brannenburg.de.

0,4 / 470 m Am Ortsende des Weilers rechts, Brücke queren, dann auf Schotter bald recht steil bergan Richtung »Kranzhorn«.

2,1 / 705 m Trailabzweig rechts Richtung Kranzhorn ignorieren, weiter auf Hauptweg.
2,6 / 720 m Im Bachtälchen an Abzweig rechts. Nach 10 m an »T« wieder rechts und weiter auf breiter Schotterpiste bergan (Hauptweg). Bei km 2,8 rechts Hinweis »Kranzhorn« auf zunächst breitem Weg folgen.
3,1 / 800 m An Abzweig links Richtung »Kranzhorn«.
4,6 / 980 m An Landesgrenze rechts weiter.

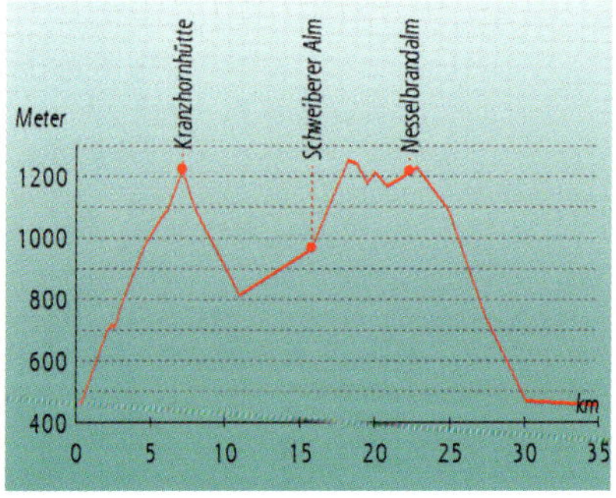

5,7 / 1072 m An Abzweig hart links, weiter bergan Richtung »Kranzhorn«.
6,2 / 1100 m Kurz nach Landesgrenze rechts in Serpentinen bergan bis Schutzhütte unterm Kranzhorngipfel. Dort bei km 7,1 zunächst auf gleichem Weg retour.
8,0 / 1100 m Wieder nahe der Grenze rechts bergab. Anschließend dem Hauptweg durch Geißgraben folgen.
11,0 / 820 m Kurz nach Parkplatz links und durchs Trockenbachtal bergan.
15,8 / 970 m Nahe Schweiberer Alm rechts auf Forststraße »Klausen« weiter.
18,2 / 1260 m An Kreuzung rechts halten, Hinweis »Klausen« hier ignorieren. Etwas weiter links halten.
21,7 / 1200 m Am Ende des breiten Weges geradeaus Richtung »Nesselbrandalm«. Von dort wieder auf breiterem Weg Richtung »Spitzstein«.
22,8 / 1235 m Links bergan zum »Unterkunftshaus Spitzstein« (Einkehr). Dort auf gleichem Weg retour und links auf Hauptweg, bald geteert, bergab Richtung »Erl«.
24,9 / 1100 m Rechts auf Teer weiter.

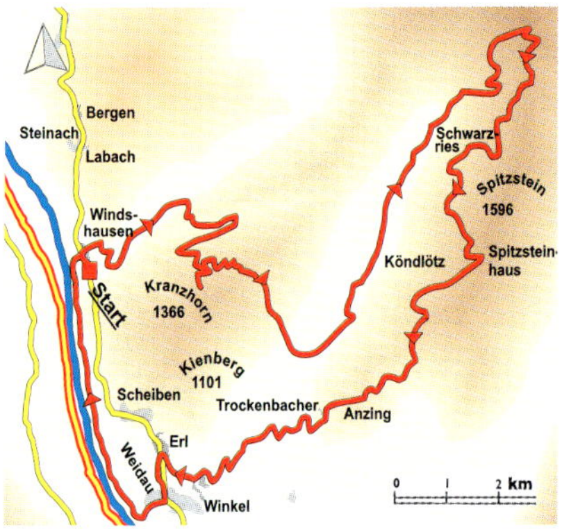

Nach 500 m wieder rechts, weiter auf Teer bergab.
27,4 / 740 m Im Trockenbachtal links auf Teer bergab Richtung »Erl«.
30,1 / 476 m In Erl links auf Straße nach Weidau. Dort rechts zum Inn. Am Fluss rechts und auf Inndamm flussabwärts.
34,7 / 465 m Kurz nach der Brücke rechts an Wasserlauf entlang zur Straße. Dort rechts zurück zum Ausgangspunkt (km 35,0 / 468 m).

EXTRA: Tour de Chiemgau

222 km, ca. 3000 Hm, 3–4 Tage, Kondition: leicht, Technik: leicht
Wer es dann ein wenig gemütlicher angehen lassen will, dem sei die ausgeschilderte Radwanderung »Tour de Chiemgau« (auch »Kammweg«) empfohlen (Infos: Tourismusverband Chiemgau, Tel. 0861/5 82 23. E-Mail geg-traunstein@t-online.de). Bei dieser gemütlichen Rundtour erlebt man reichlich Sehenswertes, kann ein Bad im Waginger See (der als wärmster See Oberbayerns gilt) nehmen und taucht natürlich auch in die Bergwelt der Chiemgauer Alpen ein.

165 Kampenwand

22,4 km | 915 Hm | 2–4 Std. | mittel | mittel

»Wann i mit mei Wampen kannt', gang i auf die Kampenwand« – so das Motto aller verhinderten Bergfexe, jedenfalls bis 1957. Denn seitdem befördert eine Seilbahn alles und jeden auf diesen Berg. Dadurch wird es droben zumindest an Wochenenden ganz schön eng. Kann man aber gut verstehen bei der Traumaussicht, die man hier geboten bekommt.

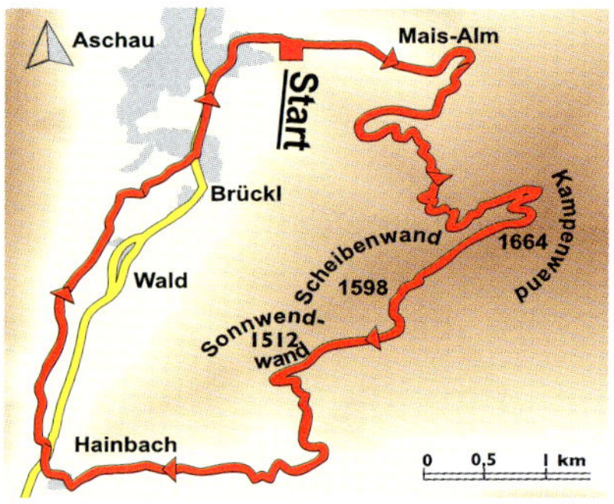

km 0,0 / 660 m Ab Parkplatz auf Teerweg bergan Richtung »Kampenwand«.
2,4 / 935 m Kurz nach Maisalm hart rechts Richtung »Kampenwand«. Nach

Start: A 8 über Abfahrt »Frasdorf« verlassen. Gleich danach links auf Landstraße Richtung »Kufstein« bis Aschau. Im Ort links auf »Aufhamer Str.« Richtung »Kohlstatt«. Dort Hinweisen »Kohlstatt-Parkplatz« bis Waldrand folgen und dort Tour starten.
Karte: Topografische Karte 1:50.000, Blatt UK L 7 »Chiemsee und Umgebung«, Bayerisches Landesvermessungsamt, München.
Literatur: Mountain Bike aktiv »Berchtesgadener, Chiemgauer, und Kitzbüheler Alpen«, Pietsch, Stuttgart.

Info: Kurverwaltung Aschau, Kampenwandstr. 38, 83229 Aschau, Tel. 08052/90 49 37, Fax 08052/90 49 45, E-Mail info@aschau.de, Internet www.aschau.de.
Bikeshop: Radius Bikeshop, Bahnhofstr. 1, 83229 Aschau, Tel. 08052/7 43.
Geführte Touren: Natur pur, Michael Paul, Am Beerweiher 4, 83229 Aschau, Tel. 08052/54 60, Fax 08052/54 27, Mobil 0171/3 40 94 72.

800 m geradeaus dem Hauptweg bergan bis Gasthof »Steinlingalm« folgen.
6,9 / 1450 m Kurz vor Steinlingalm rechts auf schmalem Weg bergan Richtung »Bergstation«.
7,7 / 1515 m Auf der Kampenhöhe etwas rechts halten und nun bergab bis »Münchner Haus«. Dort wieder rechts halten und Hinweisen »Hofbauernalm, Dalsenalm« folgen, teils Trage- bzw. Schiebestrecke.
10,5 / 1360 m Ab Hofbauernalm auf Wirtschaftsweg in Serpentinen bergab.
11,9 / 1160 m Links auf Schotter weiter. Nach 300 m hart rechts bergab dem Hinweis »Hainbach« durch Klausgraben folgen.
16,0 / 662 m Landstraße kreuzen. Dann rechts auf »Prientalweg« an Fluss entlang. 300 m weiter links über Prienbrücke. Danach rechts weiter auf Singletrail Richtung »Bach«.
18,2 / 650 m Rechts auf Trail (»Prientalweg«) weiter Richtung »Bach«.

19,1 / 640 m In Bach rechts Brücke queren. 30 m weiter links auf »Jäger-Weg« Richtung »Aschau«. 800 m weiter rechts halten und auf Trail an Waldrand entlang.
20,4 / 620 m Unterhalb vom Schloss Hohenaschau rechts auf Teer zur Landstraße. Dort links. Bei km 21,2 kurz vor Aschau rechts auf Straße Richtung »Aufham«. Dann rechts auf Straße nach Kohlstatt. Bei km 22,2 den Hinweisen »Kohlstatt-Parkplatz« folgen (km 22,4 / 660 m).

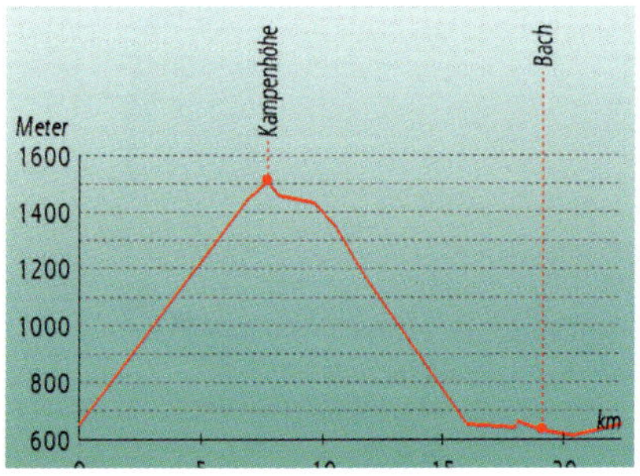

Almidylle im Chiemgau

166 Um Hochlerch, Hochgern und Bischofsstuhl

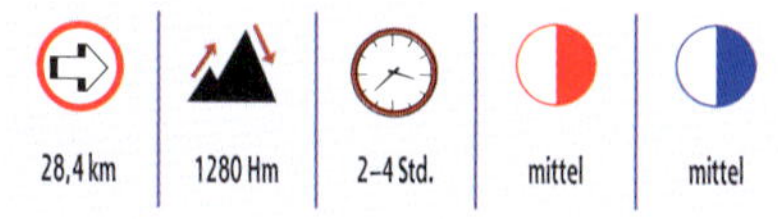

Bleiben wir doch einfach mal im Tal und zeigen allen Chiemgauer Gipfeln die kalte Schulter. Allerdings erlebt man selbst dann keine gemütliche Radltour, denn knapp 1300 Höhenmeter schleichen sich selbst bei dieser Runde noch in die Hax'n.

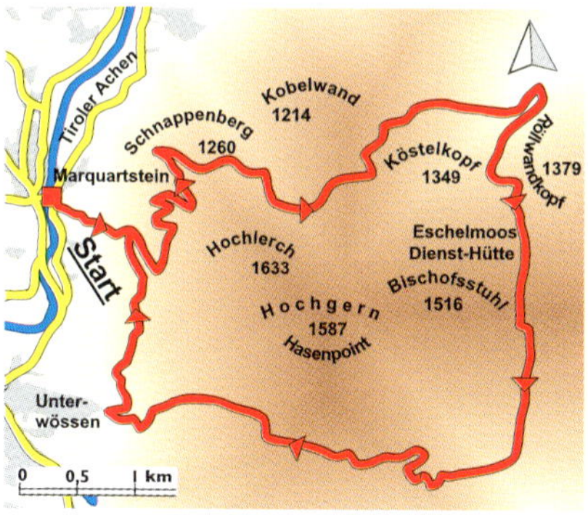

km 0,0 / 540 m Nach Brücke über Tiroler Ache rechts. 100 m weiter links bergan auf »Burgstr.« und bald auf Teer bis zum letzten Parkplatz folgen. Dort links. 50 m weiter rechts auf Schotter bergan. Nach weiteren 40 m rechts Richtung »Schnappenberg«.

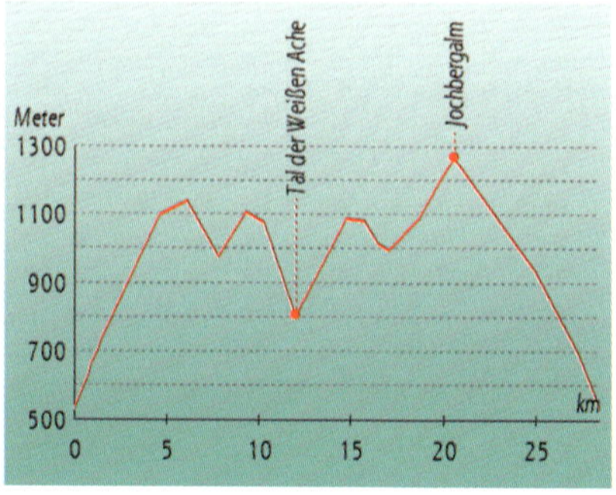

0,9 / 670 m Links bergan. Nächste wieder links, weiter Richtung »Schnappenberg«. Nach 300 m am Abzweig zum Hochgern geradeaus. Bei km 1,8 an Abzweig links.
4,6 / 1100 m Kurz vor »Schnappenkirche« rechts auf teils verblocktem Trail Richtung »Staudacher Alm«.
6,1 / 1140 m Auf Forstweg bergab Richtung »Staudach«.
7,8 / 980 m Nach Abfahrt links auf Forstweg bergan Richtung »Vorderalm«.
9,3 / 1110 m An Abzweig rechts. 250 m weiter geradeaus Richtung »Bergen«.
10,3 / 1080 m An Abzweig rechts Richtung »Bergen«.
12,0 / 805 m Im Tal der Weißen Ache hart rechts Hinweisen »Wasserfall«, später »Eschelmoos« folgen.
14,7 / 1090 m Kurz nach Weidegatter an höchstem Punkt links bergab. Nach 300 m nahe der »Eschelmoos Dienst-Hütte« rechts auf breitem Weg Richtung »Röthelmoos«.
16,4 / 1020 m An Abzweig rechts bergab.
18,6 / 1090 m Nun geradeaus bergan Richtung »Jochbergalm«.
19,7 / 1200 m Am höchsten Punkt des Schotterweges links auf unmarkierten Trail abbiegen.
20,5 / 1270 m Sattel queren. Kurz danach bei »Jochbergalm« Weg kreuzen und auf Trail, später Forstweg Richtung »Unterwössen« durchs »Kaltenbachtal«.
24,9 / 940 m An Abzweig geradeaus Richtung »Marquartstein«.
27,2 / 700 m An Abzweig links halten und an den Parkplätzen entlang bergab nach Marquartstein (km 28,4 / 540 m).

Start: A 8 über Abfahrt »Bernau« verlassen und auf B 305 über Grassau nach Marquartstein. Dort kurz vor Ortsende links und auf Brücke über die Tiroler Ache Tour starten.
Karte: Topografische Karte 1:50.000, Blatt UK L 7 »Chiemsee und Umgebung«, Bayerisches Landesvermessungsamt.
Literatur: Mountain Bike aktiv »Berchtesgadener, Chiemgauer und Kitzbüheler Alpen«, Pietsch, Stuttgart.
Info: Verkehrsamt Marquartstein, Bahnhofstr. 3, 83250 Marquartstein, Tel. 08641/82 36, Fax 08641/6 17 01.
Bikeshop: Pro Bike Schuster, Hochlerchstr. 2, 83250 Marquartstein, Tel. 08641/6 10 67, Fax 08641/6 10 86.
Geführte Touren: Serac Joe, Hochplattenstr. 5, 83224 Grassau, Tel. 08641/36 36.

Jeder See verlockt zum Baden hier.

167 Steinplatte

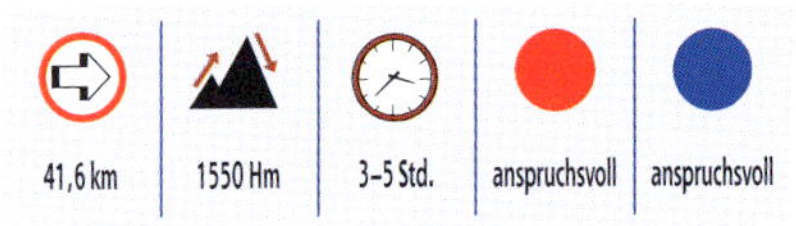

Der Gipfelsturm auf die 1869 Meter hohe Steinplatte hat es in sich. Wer einmal aus dem Tritt kommt, wird das Bike kaum wieder in Bewegung setzen können. Von oben hat man dann aber eine der besten Aussichten der Gegend, die bis zu den Hohen Tauern reicht. Und der anschließende Downhill bringt die Felgen oder Bremsscheiben zum Glühen. Was für eine Tour!

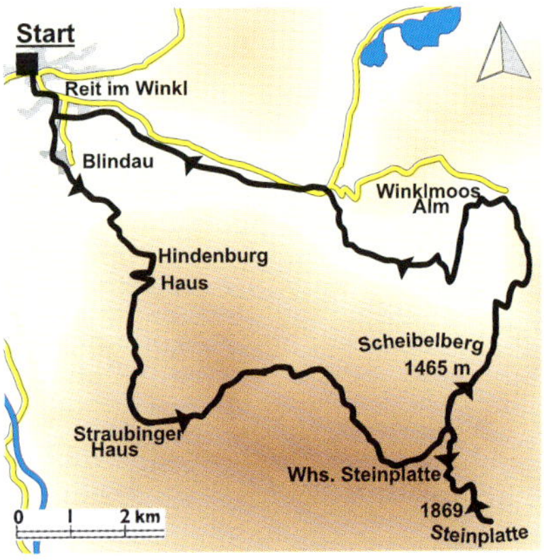

km 0,0 / 696 m Ab Kirche in Reit im Winkl zunächst auf B 305 bzw. Radweg Richtung »Ruhpolding«.
1,2 / 675 m Von B 305 rechts, bald durch Blindau. Bei km 1,7 links halten. 600 m weiter, mitten im Örtchen, links ab und auf geteertem Fahrweg bergan Richtung »Hindenburghaus«.
5,4 / 1205 m An Kreuzung nahe Gasthof »Hindenburghaus« rechts und der Forststraße Richtung »Eggenalm« folgen.

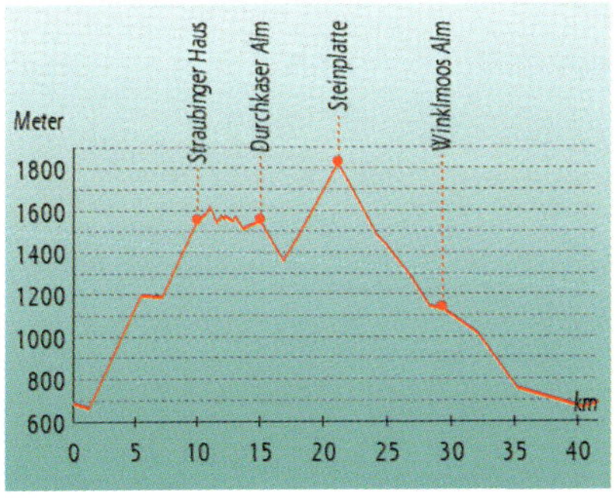

7,1 / 1200 m Rechts weiter Richtung »Straubinger Haus«.
9,9 / 1560 m Kurz nach »Straubinger Haus« links bergan Richtung »Fellhorn«. Etwas weiter, oberhalb der Almhütten, rechts und nun Hinweisen »Steinplatte« folgen.
10,6 / 1590 m Rechts an Hütte entlang und auf teils unfahrbarer Strecke weiter den Hinweisen »Steinplatte« folgen.
13,6 / 1520 m Geradeaus auf Singletrail. Nach knapp 200 m links Richtung »Steinplatte«.
15,0 / 1560 m An »Durchkaser Alm« rechts auf flacherem Weg weiter. Nach 100 m dann rechts an neuem Almgebäude entlang, weiter Hinweisen Richtung »Steinplatte« folgen.
16,8 / 1370 m An »Gasthof Steinplatte« geradeaus dem Hinweis »Kammerköhr« folgen. 600 m weiter an »Stallenalm« links.
18,0 / 1490 m An »Dreiländereck« rechts zum Gasthof »Kammerköhralm«. Kurz danach, bei km 19,8, rechts Richtung »Steinplatte«.
21,1 / 1830 m Kurz unter Steinplattengipfel zunächst auf gleichem Weg retour bis »Dreiländereck«. Dort rechts weiter Richtung »Winklmoosalm«.
24,9 / 1450 m An Landesgrenze rechts Richtung »Möser Alm«.
26,8 / 1300 m Wieder kurz vor Landesgrenze hart rechts, weiter Richtung »Winklmoosalm«.
28,3 / 1155 m An »Muckklause« links Richtung »Winklmoosalm«.
29,3 / 1145 m Nahe »Winklmoosalm« erst geradeaus, nächste links. Bei km 31,6 dann rechts halten. 500 m weiter dann links und durchs Tal des Schwarzlofergrabens bergab.
35,2 / 764 m Kurz vor der B 305 am Parkplatz »Seegatterl« links auf markiertem Radweg Richtung »Reit im Winkl«.
40,4 / 675 m Kurz nach dem Campingplatz rechts zur B 305. Bald links auf Radweg bzw. B 305 retour zum Ausgangspunkt an der Kirche in Reit im Winkl (km 41,6 / 696 m).

Start: A 8 über Abfahrt »Bernau« verlassen und auf B 305 über Grassau und Unterwössen bis Reit im Winkl. Die Tour startet mitten im Ort am Strassenabzweig von der B 305 Richtung »Kössen« (Kirche).
Karte: Topografische Karte 1:50.000, Blatt UK L 7 »Chiemsee und Umgebung«, Bayerisches Landesvermessungsamt.
Literatur: Mountain Bike aktiv »Berchtesgadener, Chiemgauer und Kitzbüheler Alpen«, Pietsch, Stuttgart.
Info: Verkehrsamt Reit im Winkl, Rathausplatz 1, 83242 Reit im Winkl, Tel. 08640/8 00 20, Fax 08640/8 00 29, E-Mail verkehrsamt@t.online.de, Internet www reit-im-winkl.de.
Bikeshops: Sport Mühlberger, Chiemseestr. 15, 83242 Reit im Winkl, Tel. 08640/98 50 13, und Sporthaus Trattler, Tirolerstr. 2, 83242 Reit im Winkl, Tel. 08640/81 11.
Geführte Touren: Sport Mühlberger (s. o.).

168 Um den Hochfelln

30,5 km | 1000 Hm | 1½–3 Std. | mittel | mittel

Rund um Ruhpolding erlebt man eine wirklich wunderbare Gebirgswelt. Das ist dann schon ein paar Tage Bikeurlaub wert. Zumal man dann auch solche Prachttouren angehen kann wie die Runde um den Hochfelln, die in Sachen Aussicht und Bergspaß einfach alles zu bieten hat.

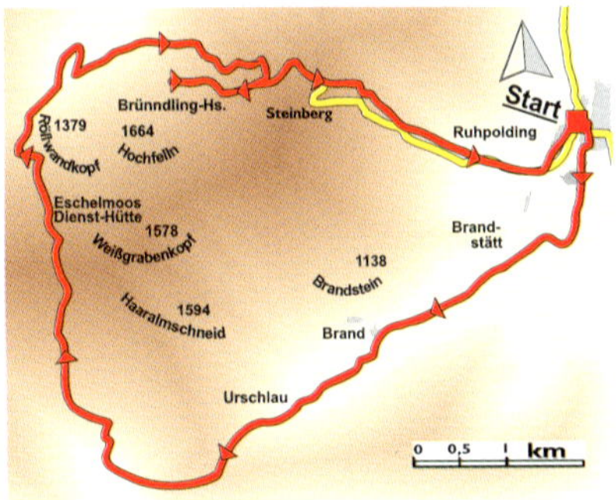

km 0,0 / 620 m Ab Bahnhof zunächst auf Straße durch Ruhpolding Richtung »Reit im Winkl«. Nach 200 m rechts auf Straße Richtung »Brandstätt«. Bei km 1,5 links auf Straße an Bach entlang.
1,8 / 680 m An Straßengabelung rechts, weiter an Bach entlang. Nach 500 m im Weiler links und weiter an Bach entlang Richtung »Brand«.
5,0 / 719 m In Brand geradeaus weiter Richtung »Urschlau«.
7,3 / 770 m In Urschlau geradeaus an Parkplatz entlang und auf Teerweg Richtung »Röthelmoos«.
8,8 / 799 m Wo Teer endet rechts weiter Richtung »Eschelmoos«.
10,5 / 945 m An Gabelung links Richtung »Längau«. Anschließend Hinweisen »Eschelmoos« folgen.
12,6 / 990 m An Hütte rechts. Nach Bachbrücke dann links weiter Richtung »Eschelmoos«.
14,1 / 1080 m Nahe der »Eschelmoos-Diensthütte« geradeaus Richtung »Hinteralm«. 350 m weiter rechts auf holprigem Weg bergab ins Tal der »Weißen Ache«.
17,4 / 745 m An der Menkenböden-Diensthütte hart rechts, fast entgegengesetzt und bergan Richtung »Hochfelln«.
18,2 / 850 m An Gabelung unter Materialseilbahn rechts weiter Richtung »Hochfelln«.
21,0 / 940 m 200 m nach Unterquerung der Seilbahntrasse rechts halten. Nach nochmals 200 m wieder rechts Richtung »Hochfelln«. Bei km 22,1 links Richtung »Bründlingalm«.

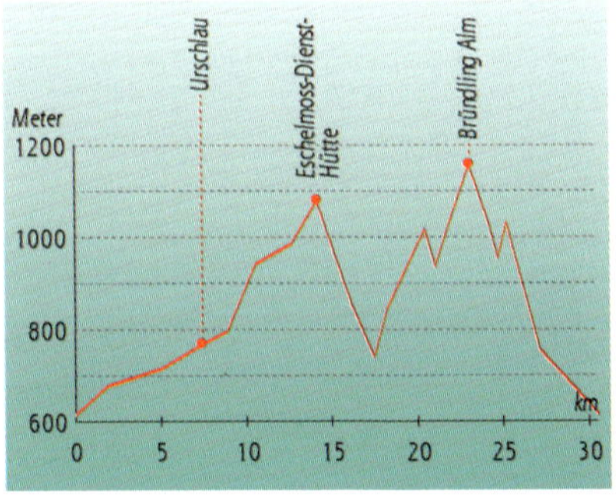

Start: A 8 über Abfahrt »Siegsdorf« verlassen. Dann zunächst Richtung »Inzell«. Bald nach Richtung »Ruhpolding, Reit im Winkl« abbiegen und über Eisenärzt nach Ruhpolding. Dort am Bahnhof Tour starten.
Karte: Topografische Karte 1:50.000, Blatt UK L 7 »Chiemsee und Umgebung«, Bayerisches Landesvermessungsamt.
Literatur: Mountain Bike aktiv »Berchtesgadener, Chiemgauer und Kitzbüheler Alpen«, Pietsch, Stuttgart.
Info: Kurverwaltung Ruhpolding , Hauptstr. 60, 83324 Ruhpolding, Tel. 08663/8 80 60, Fax 08663/88 06 20, E-Mail tourismus@ruhpolding.btl.de, Internet www.ruhpolding.de.
Bikeshops: Radl Sepp, St. Valentin 19, 83324 Ruhpolding, Tel. 08663/56 07, Ingo Schmucker, Grashofstr. 16, 83324 Ruhpolding, Tel. 08663/22 27, Radverleih Schneller, Johannesbrücke, 83324 Ruhpolding, Tel. 08663/8 00 88. Fahrrad Wagner, Hauptstr. 47, 83324 Ruhpolding, Tel. 08663/97 36, Fax 08663/14 94.
Geführte Touren: Auf Anfrage bei der Kurverwaltung Ruhpolding (s. o.).

23,0 / 1160 m Am Gasthaus »Bründlingalm« zunächst auf gleicher Strecke retour. Bei km 24,2 dann rechts Richtung »Ruhpolding«.
25,2 / 1035 m Nach Auffahrt rechts weiter Richtung »Steinberg«. Dort nach 500 m rechts halten und auf Trail Richtung »Ruhpolding«.
26,1 / 900 m An Abzweig rechts weiter. Bei km 27,1 geradeaus auf Fahrstraße.
29,0 / 680 m An Straßenkreuzung links nach Ruhpolding. Dort unterhalb Kirche rechts zurück zum Ausgangspunkt am Bahnhof (km 30,5 / 620 m).

169 Um das Sonntagshorn

46,7 km | 1350 Hm | 3–5 Std. | mittel | mittel

Mächtiger und höher als das Sonntagshorn präsentiert sich kein anderer Gipfel der Chiemgauer Alpen. Da wird gleich klar, dass es hier keine Gipfelpartien mit dem Bike gibt. Aber umrunden kann man den Riesen aus Kalk und dabei eine fantastische Tour erleben, die durch das Chiemgau und das Pinzgauer Saalachtal führt.

km 0,0 / 540 m Von der B 312 auf Fahrweg bergan durchs Heutal. Alle Abzweige ignorieren und stets Hinweis »Heutaler Hof« folgen.
7,8 / 955 m 300 m nach dem Gasthof »Heutal« rechts auf Schotterweg Richtung »Staubfall«. 200 m weiter nochmals rechts, weiter Hinweisen «Staubfall, Ruhpolding« folgen.

Start: A 8 über Abfahrt »Siegsdorf« verlassen. Dann auf B 306 Richtung »Inzell, Zell am See«. Nach Inzell dem Verlauf der B 305 Richtung »Weißbach, Zell am See« Richtung Süden folgen. Nach der österreichischen Grenze am Ende des Umgehungstunnels von Unken rechts der österreichischen B 312 parken und Tour starten.
Karte: Topografische Karte 1:50.000, Blatt UK L 7 »Chiemsee und Umgebung« und Blatt UK L 4 »Berchtesgadener Alpen«, Bayerisches Landesvermessungsamt, München. Wegen des ungünstigen Blattschnittes bei Ruhpolding sind für diese Tour beide Karten nötig.
Literatur: Mountain Bike aktiv »Berchtesgadener, Chiemgauer und Kitzbüheler Alpen«, Pietsch, Stuttgart.
Info: Fremdenverkehrsverband Salzburger Saalachtal, Ortsstelle Unken, A-5091 Unken, Tel. 0043/(0)6589/42 45, Fax 0043/(0)6589/ 45 02.
Bikeshop: Fa. Leitinger, A-5091 Unken, Tel. 0043/(0)6589/42 20.
Geführte Touren: Markus Prechtl, A-5091 Unken, Tel. 0043/(0)6589/42 82.

15,8 / 705 m An »Fuchswiese« rechts auf »Chiemgau-Radweg« Richtung »Ruhpolding«. 400 m weiter an »Holzknechtmuseum« rechts auf geteertem »Salinenweg« Richtung »Kaitelalm«. Bei km 23,6 an der Kaitelalm rechts den Hinweisen bis »Reiteralm« folgen.
27,5 / 990 m Am höchsten Punkt links bergab zur Reiteralm. Dort bei km 27,9 geradeaus bergab.
29,5 / 820 m An Abzweig rechts und bald auf Trail Richtung »Weißbach«. Nach 900 m im Litzlbachtal links weiter. →

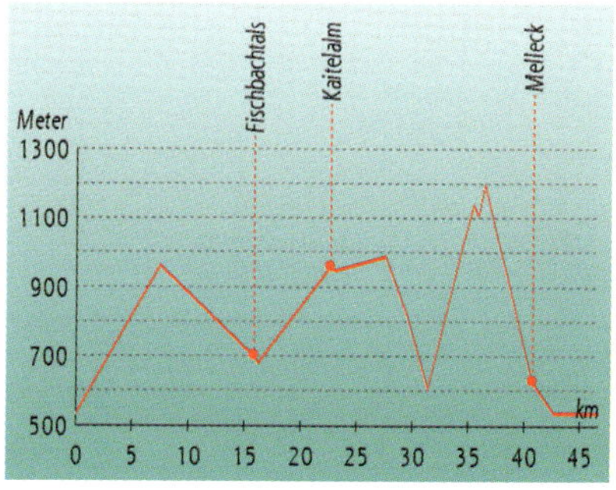

31,3 / 612 m Nahe Weißbach rechts Richtung »Melleck«. 600 m weiter links auf schmälerem Weg Hinweis Richtung »Sellarnalm, Ristfeuchthorn« folgen.
34,5 / 1030 m Weiter auf Forstweg bleiben. 900 m weiter an Wendeplatz etwas rechts bergab.
35,8 / 1110 m An Abzweig links bergan. 150 m weiter rechts auf Trail steil bergan Richtung »Ristfeuchthorn«.
36,4 / 1200 m Rechts Richtung »Melleck«. Nach 300 m Zaun übersteigen und auf Singletrail bergab. Bald an Brunnen rechts. Ab Almhütte dann auf Schotterweg bergab Richtung »Melleck«.
40,7 / 630 m Rechts und auf Straße Melleck passieren. Nach alter Grenzstation »Steinpass« auf Strasse bergab.
42,6 / 540 m Rechts auf der Bundesstraße weiter. Nach 600 m rechts ab und durch Unken zurück zum Ausgangspunkt (km 46,7 / 540 m).

Brotzeit gefällig?

170 Predigtstuhlrunde

32,8 km	820 Hm	2–4 Std.	leicht	leicht

Raus aus dem Alltag. Holen Sie einfach mal tief Luft in Bad Reichenhall und Umgebung. Denn hier zwischen dem Chiemgau und dem Berchtesgadener Land erhebt sich der Predigtstuhl auf etwas über 1600 Meter. Der Gipfelsturm hinauf bleibt zwar einer historischen Seilbahn vorbehalten, aber eine Umrundung des Aussichtsberges bietet sich auch hier an.

km 0,0 / 480 m Ab Talstation »Predigtstuhlbahn« auf markiertem Radweg an Saalach entlang Richtung »Unterjettenberg«. Nach 700 m an der Staumauer des Saalachsees rechts halten.
5,6 / 510 m Kurz nach Weiler Fronau an Gasthaus links Brücke über Saalach queren und anschließend geradeaus durch Unterjettenberg. Nach 500 m links auf B 305 weiter Richtung »Berchtesgaden«.
8,7 / 640 m Von B 305 links auf Schotterweg durch das Schwarzenbachtal erst bergab, dann bergan Richtung »Schwarzbachwacht«.
11,7 / 740 m Links, Bachbett queren, dann rechts weiter bergan.
13,0 / 880 m Nahe Schwarzbach-

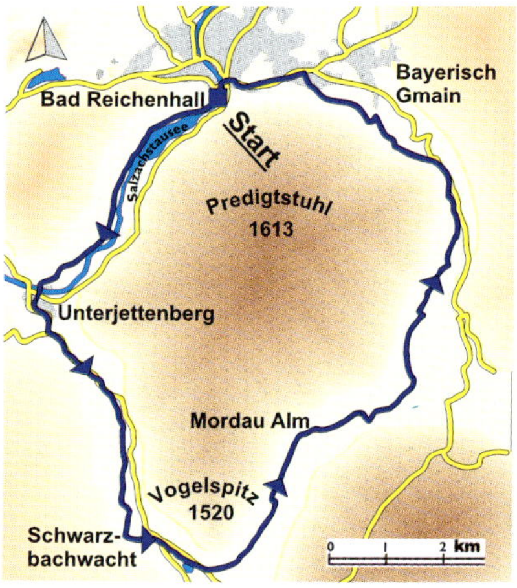

→ wacht vor B 305 rechts halten, Parkplatz queren und links auf Forstweg weiter. Anschließend Straße queren und geradeaus Richtung »Hintersee«. Bei km 13,7 vor Taubensee links Hinweis »Mordaualm« folgen.
14,4 / 890 m Nach Unterquerung der B 305 auf Teerweg geradeaus Richtung »Mordau«.
17,1 / 1191 m An der »Mordaualm« geradeaus Richtung »Fernwasserhütte«.
18,2 / 1080 m An Wegende bei Fernwasserhütte geradeaus auf Trail. Nach 300 m rechts halten. Etwas weiter auf Forstpiste bergab Richtung »Winkl«.
20,4 / 890 m An Abzweig links auf kurzzeitig geteertem Weg bergab Richtung »Winkl, Hallthurm«.
23,3 / 700 m Links auf Waldweg abbiegen. Kurz danach links auf »Panoramaweg« bergan Richtung »Hallthurm«.
26,1 / 690 m Auf Parkplatz vor B 20 etwas links, weiter auf Trail »Panoramaweg« Richtung »Bad Reichenhall«. Nach rund 30 m links auf Pfad steil bergan in den Wald.
26,6 / 730 m In Hallthurm rechts über Bachbrücke, dann links auf Teer am Tennisplatz entlang. Nach 300 m geradeaus auf Trail Richtung »Bad Reichenhall«. Anschließend ständig »M« an Bahngleis entlang folgen.
30,7 / 520 m In Bayerisch Gmain links auf B 20 Richtung »Reichenhall«. Nach 1800 m links Brücke über Saalach queren, dann wieder links und zurück zum Ausgangspunkt (km 32,8 / 480 m).

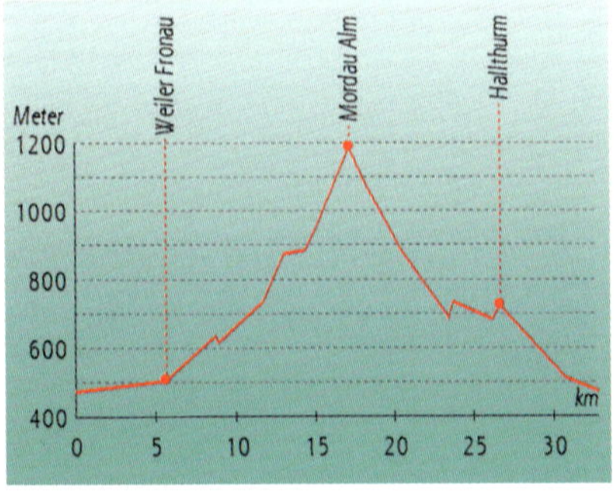

Start: A 8 über Abfahrt »Bad Reichenhall, Berchtesgaden« verlassen. Dann auf B 20 nach Bad Reichenhall. Dort Hinweisen »Predigtstuhlbahn« folgen und vom Parkplatz an der Talstation Tour starten.
Karte: Topografische Karte 1:50.000, Blatt UK L 4 »Berchtesgadener Alpen«, Bayerisches Landesvermessungsamt.
Literatur: Mountain Bike aktiv »Berchtesgadener, Chiemgauer, und Kitzbüheler Alpen«, Pietsch, Stuttgart.
Info: Kur GmbH Bad Reichenhall, Wittelsbacherstr. 15, 83435 Bad Reichenhall, Tel.08651/60 63 03, Fax 08651/60 63 11, E-Mail info@bad-reichenhall.de, Internet www.bad-reichenhall.de.
Bikeshop: Top Bike, Großgmainer Str. 23, 83457 Bayerisch-Gmain, Tel. 08651/6 46 44, E-Mail topbike@t-online.de, Internet www.topbike.de.
Geführte Touren: Club Aktiv, Frühlingsstr. 61, 83435 Bad Reichenhall, Tel. 08651/ 6 72 38, Fax 08651/98 68 44, Mobil 0171/ 2 70 28 16, E-Mail rafting@t-online.de und Top Bike (s. o.). In der »Villa Florida« und im Appartementhaus »Waldfrieden« Bikepauschalen. Infos bei Top Bike (s. o.).

171 Rund um den Geigelstein

53,6 km | 1910 Hm | 4–6 Std. | anspruchsvoll | anspruchsvoll

Diese Tour führt durch das deutsch-österreichische Grenzgebiet. Der Start befindet sich dabei am kristallklaren Walchsee, wo man wenigstens sommertags nach der Tour den Staub von den müden Knochen spülen kann.

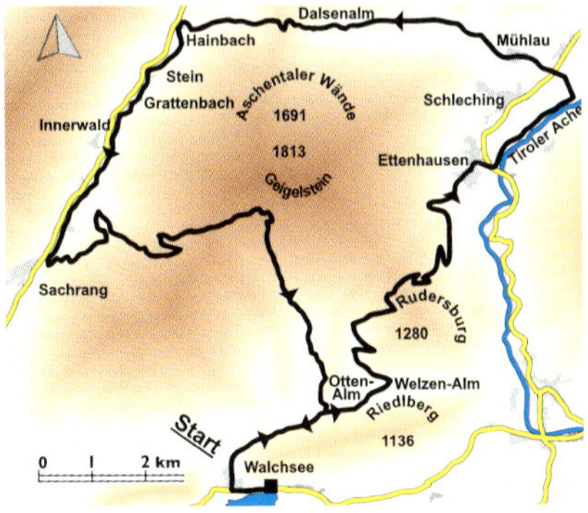

km 0,0 / 658 m Vom Parkplatz am Walchsee auf B 172 retour durch den Ort. Bei km 0,4 am Hotel »Schick« rechts auf »Hausbergstr.« Richtung »Minigolf«.
1,4 / 685 m An Gabelung auf rechtem Weg geradeaus. 400 m weiter dann rechts ab und auf Schotter Hinweisen Richtung »Priener Hütte« folgen.
3,1 / 850 m An Gabelung rechts Richtung »Ottenalm«. Nach 1600 m an Gabelung links Hinweis »Karalm« folgen.
5,7 / 900 m Vor »Welzenalm« links, wieder bergan Richtung »Karalm«.

Start: Inntalautobahn über Abfahrt »Oberaudorf«verlassen. Dann über Innbrücke und auf österreichischer B 172 Richtung »Kössen« bis Ort Walchsee. Ort fast queren und vor Ortsende auf dem Parkplatz am Walchseeufer Tour starten.
Karte: Topografische Karte 1:50.000, Blatt UK L 7 »Chiemsee und Umgebung«, Bayerisches Landesvermessungsamt.
Info: Tourismusverband Walchsee, Dorfplatz 10, A-6344 Walchsee, Tel. 0043/(0)5374/ 52 23, Fax 0043/(0)5374/51 35, E-Mail dvb.walchsee@netway.at, Internet www.walchsee.at.
Bikeshop: Happy Shop, Johannesstr. 1, A-6344 Walchsee, Tel. 0043/(0)5374/8 60.
Geführte Touren: Im nahen Kössen bietet der Adventure Club Kaiserwinkl geführte Touren: Friedl Blattner, An der Hüttwirtsbruecke, A-6345 Kössen, Tel. + Fax 0043/(0)5375/26 07, E-Mail adventurekoessen@aon.at.

8,1 / 1200 m An Abzweig rechts. Nach 300 m an Hütte geradeaus über den Sattel (»230«) unterhalb Gipfel Rudersburg. Dann bald auf Trail bergab.
9,1 / 1210 m An der Staatsgrenze links halten und auf schlecht erkennbarem Weg (»230«) Richtung »Ettenhausen«.
9,8 / 1080 m Nun geradeaus auf breitem Weg bergab. Nach 2200 m hart rechts abzweigen, weiter auf breitem Weg bergab.
14,5 / 615 m An Parkplatz von Geigelsteinbahn geradeaus bergab durch Ettenhausen. Bald links halten.
15,5 / 568 m Mitten im Ort rechts. Nach 250 m an B 307 wieder rechts, bald links und auf Dammweg an Tiroler Ache entlang flussabwärts.
18,2 / 565 m An Mündung des Mühlbachs in Tiroler Ache links. Ab Bundesstraße dann auf Straße geradeaus durch den Ort Mühlau. Dort wiederum geradeaus und durchs Dalsenbachtal auf Hauptweg Richtung »Dalsenalm«.
24,2 / 1040 m Ab »Hintere Dalsenalm« links auf Pfad bergan über Sattel. Dort bergab Richtung »Hainbach« und bald auf breitem Weg durch Klausgraben bergab.
29,1 / 662 m Direkt vor Straße Aschau – Sachrang links über Parkplatz. Dann markiertem »Prientalweg« oft an Straße entlang bis »Sachrang« folgen.
36,3 / 735 m In Sachrang links über Parkplatz und Hinweisen Richtung »Priener Hütte« über Forstweg bergan folgen. Dabei alle Abzweige ignorieren und immer auf Hauptweg bleiben.
45,3 / 1400 m 200 m vor »Priener Hütte« rechts Richtung »Walchsee«. Dabei erst einmal Hauptweg durch das Baumgartental folgen.
50,5 / 850 m Rechts Richtung »Walchsee« und entgegengesetzt wie beim Touranfang nach Walchsee. Im Ort links und auf Straße retour zum Parkplatz am Walchsee (km 53,6 / 658 m).

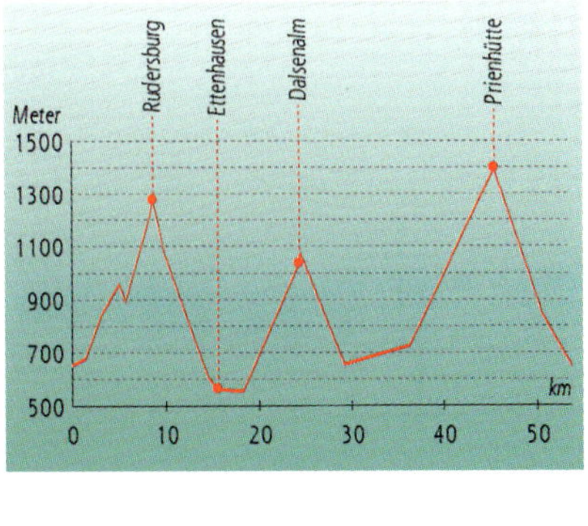

Kaisergebirge

Mächtig und erhaben wirkt der Wilde Kaiser auf den ersten Blick, ein Megaklotz aus Kalk. Er hebt sich von den umliegenden Kitzbüheler Grasbergen auch fast 2000 Meter ab. Da darf es niemanden wundern, dass der »Koasa«, wie er im Alpenslang Tirols heißt, für Bergsportler aller Kategorien ein unwiderstehlicher Anziehungspunkt ist.

172 Maukalm

21,7 km | 930 Hm | 2–4 Std. | leicht | leicht

Wild und mächtig steht er da, der Wilde Kaiser. Er überragt mit seinen bizarren Felstürmen die umliegenden Gebirgsstöcke von Chiemgauer und Kitzbüheler Alpen. Klar, dass bei so einem Anblick auch die Herzen der Alpinradler schneller schlagen und man dort hinauf will, soweit es eben geht.

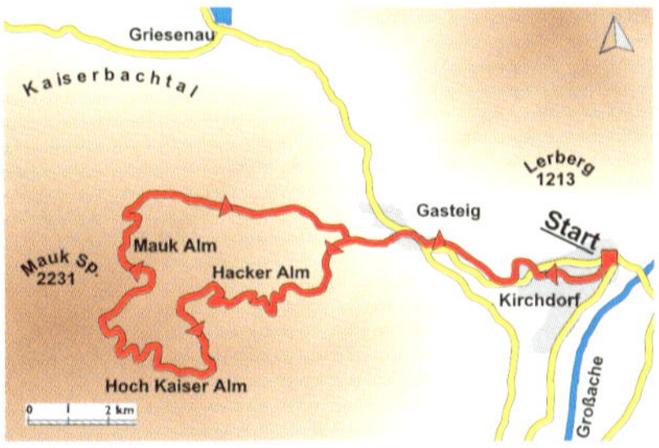

Start: Von Kitzbühel oder Lofer auf Bundesstraße nach Kirchdorf. Dort links Richtung Kirche. Dann wieder links und auf Parkplatz der Tourismusinformation Tour starten.
Karte: Mayr Wanderkarte 1:35.000, Blatt 53 »Erpfendorf« oder Freytag & Berndt 1:50.000, WK 301 »Kaisergebirge«.
Literatur: Mountain Bike aktiv »Berchtesgadener, Chiemgauer, und Kitzbüheler Alpen«, Pietsch, Stuttgart.
Info: Tourismusverband Kirchdorf, Litzlfeldenerstr. 2, A-6382 Kirchdorf, Tel. 0043/(0)5352/69 33, Fax 0043/(0)5352/6 52 08.
Bikeshop: Radsportfachgeschäft Schwabegger, Dorfstr. 9, A-6382 Kirchdorf, Tel. 0043/(0)5352/6 31 05.
Geführte Touren: Geführte Biketouren für Hotelgäste bietet der Gasthof »Neuwirt«, Wengerstr. 10, A-6382 Kirchdorf. Geführte Touren bietet auch die Sportschule Fankhauser, Dorfstr. 17, A-6382 Kirchdorf, Tel. 0043/(0)5352/6 25 87 an.

km 0,0 / 640 m Ab Touristinformation auf Straße Richtung »St. Johann«. Nach 400 m vor kleiner Bachbrücke rechts auf Singletrail am Bach entlang Richtung »Gasteig«.
1,1 / 652 m Links über Holzbrücke. Anschließend geradeaus auf Teerweg Richtung »Gasteig« über »Forstmeile«. 200 m weiter am Ortsrand von Kirchdorf rechts, Brücke queren und sofort links auf schmalem Singletrail »Forstmeile« an Bächlein entlang bergan Richtung »Gasteig«.
1,9 / 730 m Nach Auffahrt links. Einige Meter weiter wieder links bergab zum Stausee und an ihm auf »Forstmeile« entlang.
2,9 / 730 m Geradeaus auf Straße weiter. Nach 100 m rechts auf »Schwendter Str.«. Bei km 3,4 am »Club Wildbach« (Radverleih) links (»6«) Richtung »Kaiseralmen«.
3,5 / 745 m Vor Ferienhaus »Lerchenneck« rechts auf Schotter weiter. Nach 200 m an Tümpel mit Springbrunnen geradeaus. Bei km 4,1 kurz nach Grillplatz links (»weiß-rot-weiß«) Richtung »Kaiseralmen« (»6«).
5,0 / 800 m An größerem Ahornbaum mit Bank rechts halten, Viehgatter passieren und weiter Richtung »Kaiseralm«, »Hackeralm« (»6«). Nach 500 m wieder rechts.
7,6 / 1097 m Exakt vor »Hackeralm« links. Bei km 8,9 links, dann um Serpentine herum und weiter auf holprigem Schotterweg bergan.
9,6 / 1320 m Direkt an der »Niederkaiseralm« links auf Steig bergan Richtung »Kaiserhochalm«. Nach 200 m auf der Höhe an Wegweiser rechts über Wiesenweg/Singletrail (»rot-weiß«) Richtung »Maukalm«.
10,4 / 1434 m Vor der »Kaiserhochalm« rechts auf Wiesentrail Richtung »Maukalm« (»6«).
12,1 / 1290 m Links zur »Maukalm«. Dort Viehsperre passieren und rechts auf breitem Schotterweg bergab.

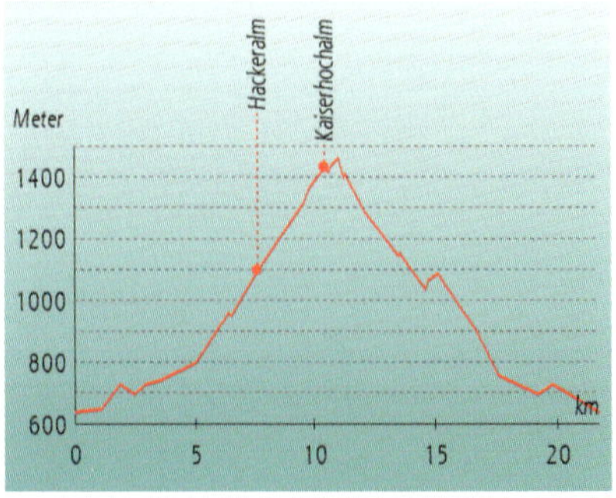

16,7 / 904 m Am Abzweig Richtung »Griesenau« weiter auf Hauptweg bergab (»weiß-rot-weiß«).
17,6 / 760 m An Holzplatz zur Straße in Gasteig. Hier rechts, nächste links und auf Spaßtrail »Forstmeile« bergab bis Kirchdorf. Dort auf Straße retour zum Ausgangspunkt (km 21,7 / 640 m).

Die Wege führen an unzähligen Almen vorbei, die so typisch fürs Kaisergebirge sind.

Kaiserliche Aussicht vom Kalkstein

173 Kirchdorfer Höhen

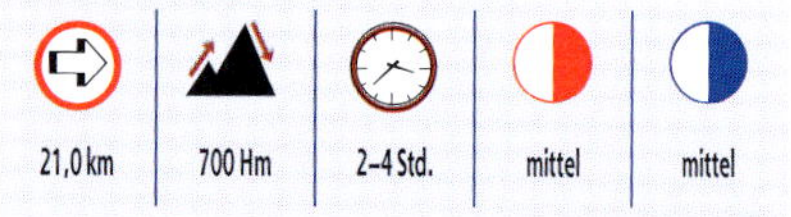

Dies ist sicher eine der ultimativen Panoramatouren der Gegend. Denn über Sprißler- und Marcheralm kurbelt man zur Prostalm, und dabei hat man das grandiose Kaisergebirge bestens im Blick.

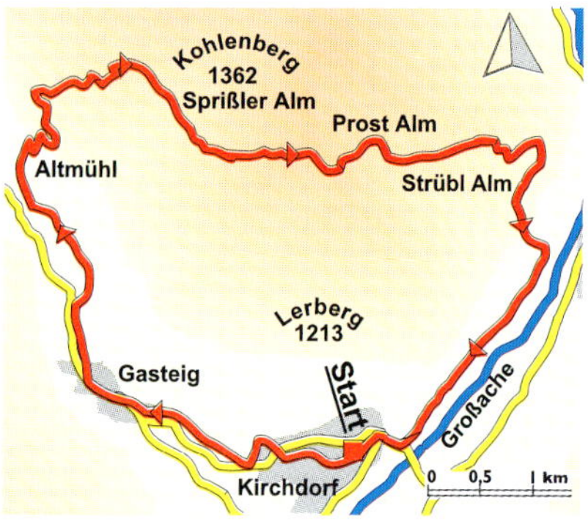

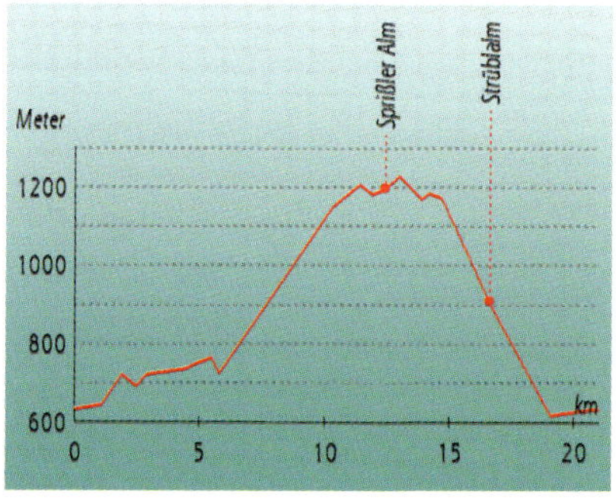

km 0,0 / 640 m Ab Touristinformation Kirchdorf auf Straße Richtung »St. Johann«. Nach 400 m rechts und auf Singletrail am Bach entlang Richtung »Gasteig«.
1,1 / 652 m Links über Holzbrücke. Anschließend geradeaus auf Teer Richtung »Gasteig« über »Forstmeile«. 200 m weiter am Ortsrand von Kirchdorf rechts, Brücke queren und sofort links auf schmalem Singletrail »Forstmeile« an Bächlein entlang bergan.
1,9 / 730 m Nach Auffahrt links. Einige Meter weiter wieder links bergab zum Stausee.

Start: Von Kitzbühel oder Lofer auf Bundesstraße nach Kirchdorf. Dort links Richtung Kirche. Dann wieder links und auf Parkplatz der Tourismusinformation Tour starten.
Karte: Mayr Wanderkarte 1:35.000, Blatt 53 »Erpfendorf« oder Freytag & Berndt 1:50.000, WK 301 »Kaisergebirge«.
Literatur: Mountain Bike aktiv »Berchtesgadener, Chiemgauer und Kitzbüheler Alpen«, Pietsch, Stuttgart.
Info: Tourismusverband Kirchdorf, Litzlfeldenerstr. 2, A-6382 Kirchdorf, Tel. 0043/(0)5352/69 33, Fax 0043/(0)5352/6 52 08.
Bikeshop: Radsportfachgeschäft Schwabegger, Dorfstr. 9, A-6382 Kirchdorf, Tel. 0043/(0)5352/6 31 05.
Geführte Touren: Geführte Biketouren für Hotelgäste bietet der Gasthof »Neuwirt«, Wengerstr. 10, A-6382 Kirchdorf. Geführte Touren bietet auch die Sportschule Fankhauser, Dorfstr. 17, A-6382 Kirchdorf, Tel. 0043/(0)5352/6 25 87 an.

2,9 / 730 m Geradeaus auf Straße weiter. Nach 100 m rechts auf »Schwendter Str.«, bald am »Club Wildbach« (Radverleih) entlang.

4,5 / 744 m Rechts auf Teer Richtung »Hinterberg«. Nach 300 m links auf Singletrail Richtung »Altmühl«.
5,8 / 732 m Rechts Richtung »Altmühl« (»5«) bergan. 300 m weiter rechts geschotterte »Sandeltalsstr.« weiter.
10,3 / 1156 m Rechts Richtung »Sprißleralm«. Nach 900 m rechts auf Singletrail, weiter Richtung »Sprißler Alm« (»5«).
12,4 / 1200 m An »Sprißleralm« auf breitem Schotterweg leicht bergan, Weidegatter passieren und bald wieder bergab. Bei km 13,1 rechts Richtung »Prostalm«.
14,7 / 1178 m An der »Prostalm« auf Singletrail bergab, Gatter passieren, Richtung »Strüblalm« (»1«, »rot-weiß«) halten. Nach 200 m links (»1«) Richtung »Strüblalm«, »Weng«.
16,6 / 914 m An »Strüblalm« auf Singletrail weiter bergab (»rot-weiß«). Nach 500 m Gatter passieren und auf Waldweg in den Wald hinein. Anschließend geradeaus durch Weiler »Weng«. Bei km 18,9 rechts auf Teer. 200 m weiter links über Brücke. 200 m weiter per Treppe zum Damm der Ache hinauf und auf Singletrail flussaufwärts.
20,7 / 640 m An Achenbrücke rechts auf Straße durch Kirchdorf zur Touristinformation (km 21,0 / 640 m).

EXTRA: Stripsenjoch

ca. 40 km, 800 Hm, 1 Tag, Kondition: mittel, Technik: anspruchsvoll
Es soll Einheimische geben, die einmal pro Jahr diese Tour angehen. Allerdings befindet man sich hier im hochalpinen Gelände und die meisten Leute in Kirchdorf und Umgebung raten von diesem Turn ab. Außerdem muss man sich die teils brutal steilen Wege zudem mit reichlich Wanderern teilen. Trotzdem – das Stripsenjoch ist so eine Art Mini-Trans-Alp und damit eine Herausforderung für Biker samt Material. Wer's probieren möchte und Trage- sowie Schiebepassagen nicht scheut, fährt ab der Mautstation Griesenau parallel zur Straße auf Schotter hinauf durchs Kaiserbachtal zur Griesner Alm und dann steil hinauf zum Joch. Dort geht's genauso steil bergab und weit hinunter ins Inntal nach Kufstein.

174 Kalkstein

49,1 km | 1050 Hm | 3–4 Std. | mittel | mittel

Und wieder hat man bei dieser Traumrunde fast ständig den Wilden Kaiser im Blick. Denn man kurbelt über »Adlerspoint« hinüber ins Pillerseetal, wo man sich bei warmen Temperaturen vom heißen Downhill abkühlen kann.

Start: Von Kitzbühel oder Lofer auf Bundesstraße nach Kirchdorf. Dort links Richtung Kirche. Dann wieder links und auf Parkplatz der Tourismusinformation Tour starten.
Karte: Mayr Wanderkarte 1:35.000, Blatt 53 »Erpfendorf« oder Freytag & Berndt 1:50.000, WK 301 »Kaisergebirge«.
Literatur: Mountain Bike aktiv »Berchtesgadener, Chiemgauer und Kitzbüheler Alpen«, Pietsch, Stuttgart.
Info: Tourismusverband Kirchdorf, Litzlfeldenerstr. 2, A-6382 Kirchdorf, Tel. 0043/(0)5352/69 33, Fax 0043/(0)5352/6 52 08.
Bikeshop: Radsportfachgeschäft Schwabegger, Dorfstr. 9, A-6382 Kirchdorf, Tel. 0043/(0)5352/6 31 05.
Geführte Touren: Geführte Biketouren für Hotelgäste bietet der Gasthof »Neuwirt«, Wengerstr. 10, A-6382 Kirchdorf. Geführte Touren bietet auch die Sportschule Fankhauser, Dorfstr. 17, A-6382 Kirchdorf, Tel. 0043/(0)5352/6 25 87 an.

km 0,0 / 640 m Von der Touristinformation zunächst zur Kirche. Dort rechts an Sparkasse entlang zur »Achenbrücke«. Hier links auf Singletrail über »Großacher Damm« flussabwärts. Nach 3,4 km rechts auf Straße über Brücke nach Erpfendorf. Dort erst rechts, 20 m weiter links, B 312 queren und auf Teerweg »Radwanderweg 1« durch Erpfendorf Richtung Kirche folgen. Dann geradeaus Hinweisen »Angerlalm« folgen.
5,9 / 630 m An Haus Nr. 48 hart rechts auf Teerweg, später Schotter (links halten) Richtung »Angerlalm«.
11,4 / 1102 m An urgemütlicher Angerlalm (bewirtschaftet) links, Viehgatter passieren und weiter auf Schotter bergan. Nach 400 m an kleinem Tümpel geradeaus auf Grastrail Richtung »Grödingalm«.
12,0 / 1135 m In scharfer Linkskurve geradeaus auf Grasweg. Dann Viehzaun queren und Hinweis Richtung »Kirchdorf« auf Grastrail, bald schönem Singletrail folgen. Ab km 12,7 geradeaus, weglos durch grasige Mulde schieben! Nach »Grödingalm« rechts auf breitem Schotterweg weiter.
13,7 / 1150 m Nach Wildgitter links auf Schotter bergan Richtung »Adlerspoint«. Dabei Hauptweg nicht verlassen.
17,1 / 1348 m An der »Bruckwirtsalm« geradeaus Richtung »Adlerspoint« (»611«). Dort geradeaus auf breitem Schotterweg weiter.
20,2 / 1501 m An der »Gerstbergalm« hart rechts auf Singletrail Richtung »St. Ulrich« (»rot-weiß«). Nach kurzer Schiebestrecke bei km 21,5 links auf Singletrail bergab zur »Wintersteller Alm«. Dort an Gabelung hart links und auf breitem Schotterweg bergab, alle Abzweige ignorieren, bis ins Tal.
26,9 / 840 m Auf Teer links durch St. Ulrich Richtung »Pillersee« Am Café »Birnbacher« links auf Hauptstraße durch den Ort. Bei km 28,3 bei »Glasmalerei« rechts. Dann Parkplatz nach rechts queren und auf Teerweg Richtung »Pillersee«. Anschließend links auf geschottertem Radweg Richtung »Waidring«, bald am Pillersee entlang.
32,1 / 840 m An Parkplatz »Teufelsklamm« rechts an Straße entlang und bald auf Singletrail (»3«) bergan Richtung »Waidring«. Ab km 32,5 geradeaus auf Teer bergan Richtung »Peiting«. Nach 800 m an einem Gehöft links auf Wiesenweg Richtung »Waidring«.
33,9 / 812 m Kurz vor Landstraße hart rechts auf zunächst breitem Schotterweg, später auf Singletrail an Bach entlang, Richtung »Waidring«. Bei km 35,6 an Sägewerk rechts auf Hauptstraße durch Waidring.
36,2 / 772 m In Waidring links auf Straße Richtung »St. Johann«. Nach 700 m, kurz vor der Brennerei »Grandner« links auf Schotter (»2«) Richtung »Erpfendorf«.
39,7 / 780 m Links (»2«) Richtung »Erpfendorf«. 100 m weiter links. Nach weiteren 50 m an einem Haus praktisch geradeaus über Wiese bzw. per Betonrinne bergab. Dann links halten und parallel zur Straße auf meist geschottertem Radweg Richtung »Erpfendorf«.
44,0 / 680 m Rechts Richtung »Sportplatz«. Bei km 44,3 links auf Landstraße Richtung »Erpfendorf«. 600 m weiter rechts am Betriebsgelände der Firma Steinbach entlang. Anschließend links auf Damm der »Großen Ache« zurück nach Kirchdorf (km 49,1/ 640 m).

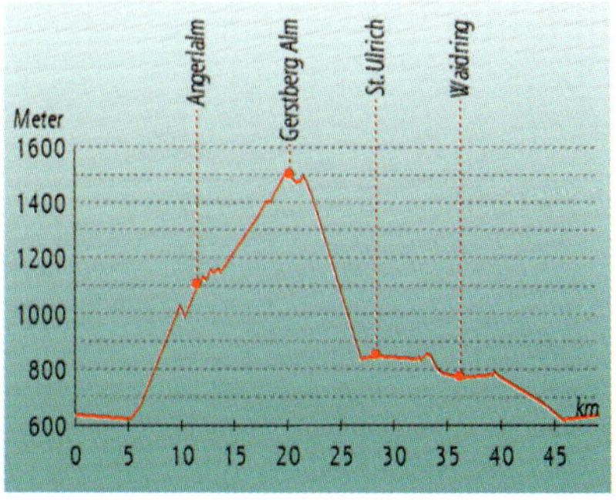

175 Wilder Kaiser

47,2 km | 2010 Hm | 3½–4½ Std. | anspruchsvoll | mittel

Schon allein wegen des überwältigenden Panoramas sollte man auch diese Tour unters Gummi nehmen. Und dann wäre da noch der Abstecher ins wunderbare Kaiserbachtal, eine der schönsten Ecken Österreichs.

km 0,0 / 640 m Ab Touristinformation auf Straße Richtung »St. Johann«. Nach 400 m vor kleiner Bachbrücke rechts auf Singletrail am Bach entlang Richtung »Gasteig«.
1,1 / 652 m Links über Holzbrücke. Anschließend geradeaus auf Teerweg Richtung »Gasteig« über »Forstmeile«. 200 m weiter am Ortsrand von Kirchdorf rechts, Brücke queren und sofort links auf schmalem Singletrail »Forstmeile« an Bächlein entlang bergan Richtung »Gasteig«.
1,9 / 730 m Nach Auffahrt links. Einige Meter weiter wieder links bergab zum Stausee und an ihm auf »Forstmeile« entlang.

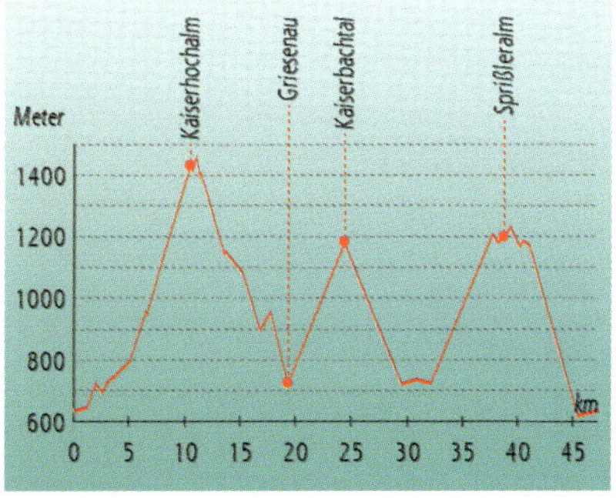

2,9 / 730 m Geradeaus auf Straße weiter. Nach 100 m rechts auf »Schwendter Str.«. Bei km 3,4 am »Club Wildbach« (Radverleih) links (»6«) Richtung »Kaiseralmen«.
3,5 / 745 m Vor Ferienhaus »Lerchen-eck« rechts auf Schotter weiter. Nach 200 m an Tümpel mit Springbrunnen geradeaus. Bei km 4,1, kurz nach Grillplatz links (»weiß-rot-weiß«) Richtung »Kaiseralmen« (»6«).
5,0 / 800 m An größerem Ahornbaum mit Bank rechts halten, Viehgatter passieren und weiter Richtung »Kaiseralm«, »Hackeralm« (»6«). Nach 500 m wieder rechts.
7,6 / 1097 m Exakt vor »Hackeralm« links. Bei km 8,9 links, dann um Serpentine herum und weiter auf holprigem Schotterweg bergan.
9,6 / 1320 m Direkt an »Niederkaiseralm« links auf Steig bergan Richtung »Kaiserhochalm«. Nach 200 m auf der Höhe am Wegweiser rechts über Wiesenweg/Singletrail (»rot-weiß«) Richtung »Maukalm«.
10,4 / 1434 m Vor »Kaiserhochalm« rechts auf Wiesentrail Richtung »Maukalm« (»6«).
12,1 / 1290 m Links zur »Maukalm«. Dort Viehsperre passieren und rechts auf breitem Schotterweg bergab.
16,7 / 904 m Hauptweg nach links verlassen und auf Schotter bis zur Mautstelle »Griesenau« (»7«).
19,2 / 727 m An Mautstation Griesenau links auf Mautstraße ins wunderschöne Kaiserbachtal. Nach 300 m links, Bach queren und auf Schotterpiste bergan.
24,3 / 1184 m Kurz nach Griesner Alm, wo Weg schmal wird, retour zur Mautstelle.
29,4 / 727 m An Mautstation Griesenau links auf Straße Richtung »Gasteig«.
30,7 / 744 m Rechts auf Teer Richtung »Hinterberg«. Nach 300 m links auf Singletrail Richtung »Altmühl«.
32,0 / 732 m Rechts Richtung »Altmühl« (»5«). 300 m weiter rechts auf breitem Schotterweg »Sandeltalsstr.« bergan.
36,5 / 1156 m Rechts auf Schotter Richtung »Sprißleralm«. Nach 900 m rechts auf Singletrail.
38,6 / 1200 m An »Sprißleralm« auf Schotter weiter bergan, Weidegatter passieren und bald wieder bergab. Bei km 29,1 rechts Richtung »Prostalm«. Bald an »Marcheralm« geradeaus entlang.
40,9 / 1178 m An der »Prostalm« auf Singletrail bergab, Gatter passieren, Richtung »Strüblalm« (»1«, »rot-weiß«). Nach 200 m links (»1«) Richtung »Strüblalm«.
42,8 / 914 m An der »Strüblalm« auf Singletrail weiter bergab (»rot-weiß«). Nach 500 m Gatter passieren und auf Waldweg in den Wald hinein. Anschließend geradeaus durch Weiler »Weng«. Bei km 34,9 rechts auf Teer. 200 m weiter links über Brücke, auf schmalen Wiesenweg. Nach nochmals 200 m per Treppe zum Damm der Ache und auf Singletrail flussaufwärts.

Start: Von Kitzbühel oder Lofer auf Bundesstraße nach Kirchdorf. Dort links Richtung Kirche. Dann wieder links und auf Parkplatz der Tourismusinformation Tour starten.
Karte: Mayr Wanderkarte 1:35.000, Blatt 53 »Erpfendorf« oder Freytag & Berndt 1:50.000, WK 301 »Kaisergebirge«.
Literatur: Mountain Bike aktiv »Berchtesgadener, Chiemgauer und Kitzbüheler Alpen«, Pietsch, Stuttgart.
Info: Tourismusverband Kirchdorf, Litzlfeldenerstr. 2, A-6382 Kirchdorf, Tel. 0043/(0)5352/69 33, Fax 0043/(0)5352/6 52 08.
Bikeshop: Radsportfachgeschäft Schwabegger, Dorfstr. 9, A-6382 Kirchdorf, Tel. 0043/(0)5352/6 31 05.
Geführte Touren: Geführte Biketouren für Hotelgäste bietet der Gasthof »Neuwirt«, Wengerstr. 10, A-6382 Kirchdorf. Geführte Touren bietet auch die Sportschule Fankhauser, Dorfstr. 17, A-6382 Kirchdorf, Tel. 0043/(0)5352/6 25 87 an.

46,9 / 640 m An Achenbrücke auf Straße rechts durch Kirchdorf. Bald links zum Ausgangspunkt an der Touristinformation (km 47,2 / 640 m).

Grandioses Kaiserbachtal

176 Rund um das Unterberghorn

46,2 km	900 Hm	2–4 Std.	leicht	leicht

Das Unterberghorn reckt sich zwischen dem wilden Kaisergebirge und dem Chiemgau in die Lüfte. Es ist dabei ein ganz markanter Berg, der der Gegend seinen Stempel aufdrückt.

Mensch und Tier im Einklang mit der Natur

km 0,0 / 589 m Ab »Bruckwirt« auf B 172 Richtung »Reit im Winkl«. Nach 900 m an Kreuzung bei »Hüttwirt« dann links auf »Unterbergstr.«.

1,6 / 607 m An Straßengabelung links. 400 m weiter, kurz nach Talstation der Unterberghornbahn links, bald auf Schotterweg an Großache entlang.
7,3 / 611 m Vor Landstraße rechts auf Fahrweg Richtung »Wohlmuting«.
9,4 / 617 m In Wohlmuting an Gabelung links, nächste rechts und auf Straße durch den Ort. Nach insgesamt 400 m links. Vor Brücke über Großache rechts und auf Dammweg bis »Kirchdorf«.
17,9 / 642 m In Kirchdorf rechts zur Kirche. Dort links, an Touristinformation entlang und auf Straße Richtung »St. Johann«. Bei km 18,6 vor kleiner Bachbrücke rechts und auf Singletrail am Bach entlang Richtung »Gasteig«. 200 m weiter geradeaus auf Grastrail.
19,3 / 652 m Links über Holzbrücke. Dann geradeaus auf Teer Richtung »Gasteig«. 200 m weiter am Ortsrand von Kirchdorf rechts, Brücke queren, sofort links und auf schmalem Singletrail »Forstmeile« an Bächlein entlang bergan.
21,1 / 730 m Geradeaus auf Straße weiter. Nach 100 m rechts auf »Schwendter Str.«, bald am »Club Wildbach« (Radverleih) entlang.
22,7 / 744 m Rechts auf Teerweg Richtung »Hinterberg«. Nach 300 m links auf Singletrail Richtung »Altmühl«.
24,0 / 732 m Rechts Richtung »Altmühl« (»5«) bergan. 300 m weiter rechts auf geschotterter »Sandeltalsstr.« bergan.

Start: Von der A 8 am Inntaldreieck auf die A 93 Richtung »Innsbruck«. Autobahn über Abfahrt »Oberaudorf« verlassen, Inn queren und auf der österreichischen B 172 über Niederndorf und Walchsee nach Kössen. Dort am Straßenabzweig B 172 / B 176 beim »Bruckwirt« Tour starten.
Info: Tourismusverband Kössen, Dorf 15, A-6345 Kössen / Tirol, Tel. 0043/(0)5375/62 87, Fax 0043/(0)5375/69 89, E-Mail koessen@netway.at, Internet www.tiscover.com/koessen.
Karte: Freytag & Berndt 1:50.000, WK 301 »Kaisergebirge«.
Bikeshop: Hilfe in der Not gibt es bei Alfred Leitner (Shell-Tankstelle Kössen), Alleestraße 34, 6345 Kössen, Tel. 00437(0)5375/62 82.
Geführte Touren: Adventure Club Kaiserwinkl, Friedl Blattner, An der Hüttwirtsbrücke, A-6345 Kössen, Telefon und Fax 00437(0)5375/26 07, E-Mail adventure-koessen@aon.at.

28,5 / 1156 m Rechts Richtung »Sprißleralm«. Nach 900 m »5« ignorieren und auf Hauptweg weiter bergan. Bei km 30,3 rechts Richtung »Schnappenalm«.
31,2 / 1200 m Links Richtung »Schnappenalm«.

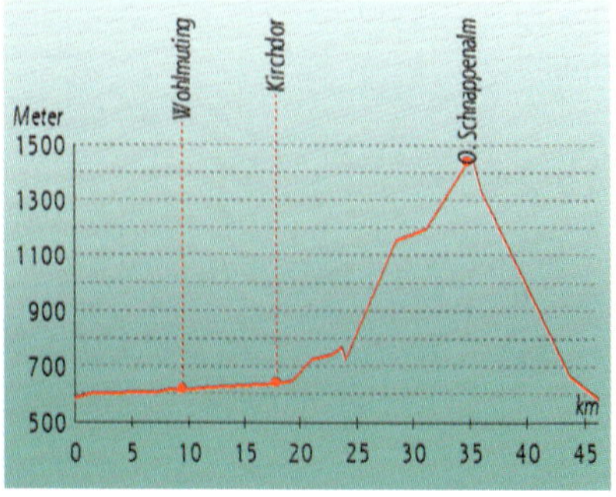

34,8 / 1439 m An »Oberer Schnappenalm« rechts halten und markiertem Weg (teils Schiebestrecke) Richtung »Lackalm« folgen.
36,0 / 1336 m An der »Lackalm« links auf Fahrweg durchs Niederhausertal bergab.
43,7 / 670 m Am Gasthaus »Lucknerhof« rechts auf Fahrstraße geradeaus nach Kössen. Dort links auf B 172 zurück zum Ausgangspunkt (km 46,2 / 589 m).

177 Rund ums Kitzbüheler Horn

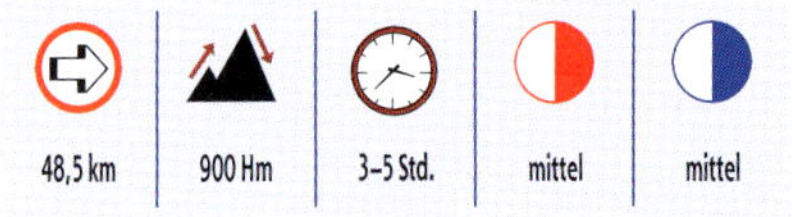

Start: In St. Johann in Tirol im Zentrum an der Kirche beginnt die Tour.
Karte: Freytag & Berndt, WK 301, 1:50.000, Kitzbühel.
Info: Tourismusverband Kitzbühel-Reith-Aurach, Hinterstadt 18, A-6370 Kitzbühel, Tel. 0043/(0)5356/62 15 50, Fax 0043/(0)5356/6 23 07, E-Mail info@kitzbuehel.com, Internet www.kitzbuehel.com.
Bikeshop: Kitz Sport GmbH, Jochbergerstr. 7, A-6370 Kitzbühel, Tel. 0043/(0)5356/6 22 04, Fax 0043/(0)5356/6 22 04 33.
Geführte Touren: Auf Anfrage beim Tourismusverband Kitzbühel (s. o.).

In Sichtweite des Wilden Kaisers erhebt sich das Kitzbüheler Horn – ideal für eine weitere Umrundung. Von St. Johann kurbelt man nach Fieberbrunn und dann durch den Pletzergraben bergan. Nahe des Horns selbst beginnt ein prima Downhill, der über Schotter und Singletrails hinunter nach Kitzbühel und locker weiter nach St. Johann führt.

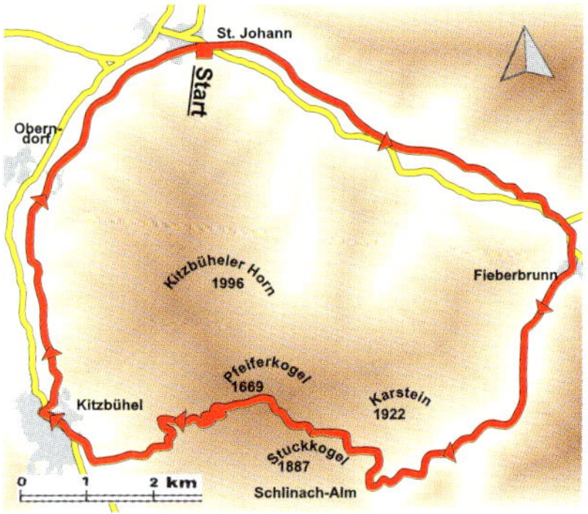

km 0,0 / 659 m An Kirche im Zentrum von St. Johann gleich rechts. 200 m weiter auf Straße links Richtung »Salzburg«. Nach weiteren 100 m rechts über die Ache.
0,5 / 680 m An »Wieshofermühle« rechts vom Pillersee Ache entlang auf markiertem Radweg (geteert) Richtung »Reitham«.
2,5 / 685 m Links, im Weiler Reitham wieder links und auf geteertem Radweg Richtung »Fieberbrunn«.
2,9 / 670 m Am Bahnhof rechts, sofort wieder rechts.
5,1 / 735 m Etwas links auf »Radweg« bergan. Nach 900 m rechts Richtung »Fieberbrunn«.
6,1 / 715 m Nach der Brücke links.
7,6 / 765 m Nach Bauernhof geradeaus auf Teer weiter.
8,9 / 780 m Rechts, Bahnunterführung passieren, bergab. Nach 300 m rechts auf Hauptstraße. Nächste links. 200 m weiter, nach einer Brücke, auf »Achenweg« an Flüsschen entlang.
10,9 / 765 m In Fieberbrunn rechts, 100 m lang auf Hauptstraße. Dann rechts Richtung »Pletzergraben«.
17,2 / 1040 m An einem Marterl rechts auf »Fieberbrunner Höhenweg«.
18,4 / 1125 m Rechts über die Brücke Richtung »Schlinachalm«.
19,8 / 1220 m Rechts und breitem Schotterweg bis Schlinachalm folgen.
22,2 / 1400 m Kurz nach Schlinachalm rechts ab. Dann auf Schotte bergan, »Fieberbrunner Höhenweg« verlassen.
25,4 / 1625 m Geradeaus an Hütte entlang. Nach 250 m links auf Schotter bis zum Kamm. Dort sichtbaren Weg geradeaus verlassen, Stacheldrahtzaun passieren. Dann sofort rechts auf Rütteltrail bergab.
27,2 / 1550 m An Lämmerbichlalm rechts auf Schotterweg. Nächste links. Dann auf Hauptweg bergab.
33,0 / 1024 m Nach Schranke rechts auf Teer bergab. 200 m weiter scharf links und auf Singletrail bergab. 600 m weiter rechts auf Schotter, bald Teer, Richtung »Kitzbühel«. Bei km 35,1 Golfplatz passieren. 500 m weiter an Tennisstadion rechts und auf Straße durch Kitzbühel.

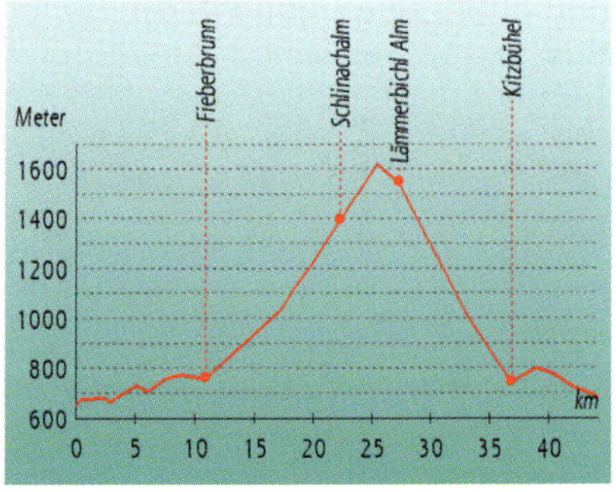

36,9 / 750 m Rechts zum Bahnhof. Dort bei km 37,6 rechts an Bahngleisen entlang Richtung »Güterabfertigung«. Nach 500 m an Stellwerk II links Bahnübergang passieren, sofort wieder links und am »Rainhof« auf schmalem Teerweg weiter. Bei km 38,5 rechts auf »Ölbergweg« steil bergan. An der Ölbergkapelle links halten.
39,0 / 805 m Nach Singletrailpassage über Wiese links auf geteertem »Römerweg« (»2«) Richtung »St. Johann«.
40,4 / 785 m An Kreuzung etwas rechts, Brücke queren, dann links auf Radweg in Richtung »Oberndorf«.
42,2 / 728 m An Bauernhof rechts auf Schotter (»Römerweg«) Richtung »Oberndorf«.
43,7 / 700 m Am Ortsrand links auf Teer weiter. Nach 300 m wieder etwas links. Nach weiteren 300 m rechts Richtung »St. Johann« zum Ausgangspunkt zurück (km 48,5 / 659 m).

Gipfelsturm zum Kitzbüheler Horn

178 Angerlalmrunde

19,6 km | 520 Hm | 1–1½ Std. | leicht | leicht

Sicherlich ist die Angerlalm eine der gemütlichsten Einkehrmöglichkeiten im Gebiet von Kirchdorf und Umgebung. Daher trifft man hier auch oft genug einheimische Biker. Kann man gut verstehen, zumal man das wunderbare Hochgebirgsmassiv des Wilden Kaisers auch stets im Blick hat.

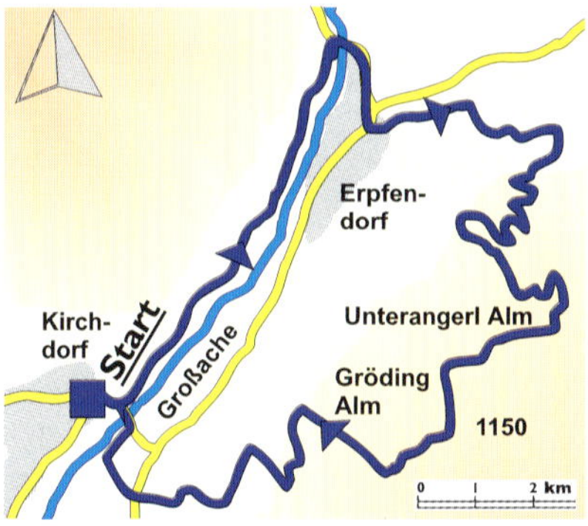

km 0,0 / 640 m Von der Touristinformation zunächst zur Kirche. Dort rechts an der Sparkasse entlang zur »Achenbrücke«. Hier links auf Singletrail über »Großacher Damm« flussabwärts. Nach 3,4 km rechts auf Straße über Brücke nach Erpfendorf. Dort erst rechts, 20 m weiter links, B 312 queren und auf Teerweg »Radwanderweg 1« durch Erpfendorf Richtung Kirche folgen. Dann geradeaus Hinweisen »Angeralm« folgen.
5,9 / 630 m Am Haus Nr. 48 hart rechts auf Teerweg Richtung »Angerlalm«.
7,1 / 775 m Etwas links und auf breitem Schotterweg weiter Richtung »Angealm«.
11,4 / 1102 m An urgemütlicher Angerlalm (bewirtschaftet) links, Viehgatter passieren und weiter auf Schotter bergan. Nach 400 m an kleinem Tümpel geradeaus auf Grastrail Richtung »Grödingalm«.
12,0 / 1135 m In scharfer Linkskurve geradeaus auf Grasweg. Dann Viehzaun queren und Hinweis Richtung »Kirchdorf« auf Grastrail, bald schönem Singletrail folgen. Ab km 12,7 geradeaus, weglos durch grasige Mulde schieben! Anschließend nach »Grödingalm« rechts auf breitem Schotterweg weiter.
13,7 / 1150 m Rechts und auf breitem Schotterweg bergab zurück nach Kirchdorf (»10«).
14,7 / 1080 m Links weiter Richtung »Kirchdorf«. 800 m weiter rechts halten.
16,7 / 780 m Am Haberberg rechts bergab nach »Kirchdorf«. Nach 500 m rechts halten.
17,8 / 650 m Rechts abbiegen, dann die Bundestraße passieren und weiter zum Damm der Kössener Ache. Dort abermals rechts und retour nach Kirchdorf (km 19,6 / 640 m).

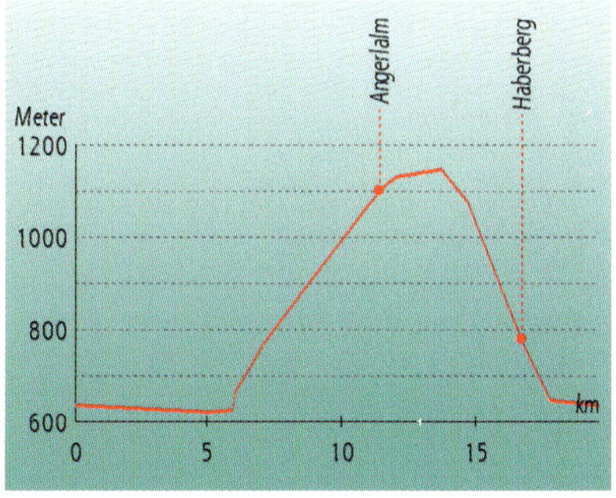

Start: Von Kitzbühel oder Lofer auf Bundesstraße nach Kirchdorf. Dort links Richtung Kirche. Dann wieder links und auf Parkplatz der Tourismusinformation Tour starten.
Karte: Mayr Wanderkarte 1:35.000, Blatt 53 »Erpfendorf« oder Freytag & Berndt 1:50.000, WK 301 »Kaisergebirge«.
Literatur: Mountain Bike aktiv »Berchtesgadener, Chiemgauer und Kitzbüheler Alpen«, Pietsch, Stuttgart.
Info: Tourismusverband Kirchdorf, Litzlfeldenerstr. 2, A-6382 Kirchdorf, Tel. 0043/(0)5352/69 33, Fax 0043/(0)5352/6 52 08.
Bikeshop: Radsportfachgeschäft Schwabegger, Dorfstr. 9, A-6382 Kirchdorf, Tel. 0043/(0)5352/6 31 05.
Geführte Touren: Geführte Biketouren für Hotelgäste bietet der Gasthof »Neuwirt«, Wengerstr. 10, A-6382 Kirchdorf. Geführte Touren bietet auch die Sportschule Fankhauser, Dorfstr. 17, A-6382 Kirchdorf, Tel. 0043/(0)5352/6 25 87 an.

Blick von der Angerlalm zum Wilden Kaiser

Oberbayerische Alpen

Die wilden Gipfel zwischen Inn und Isar sind kein geschlossenes Gebirge, sondern eine Vielzahl von eigenständigen und durch Täler getrennte Berggruppen auf deutschem und österreichischem Boden. Der bekannteste ist wohl der Wendelstein, der bayerische Symbolberg, auch »schlafende Jungfrau« genannt. Weiter im Osten schließen sich dann das Karwendelgebirge und das Werdenfelser Land an.

179 Tatzelwurm

31,8 km | 1100 Hm | 3 Std. | mittel | mittel

Bei dieser Tour finden Konditionsbären ganz sicher ihre Herausforderung. Ein megasteiler Anstieg wird von einer breiten Schotterpiste abgelöst und schließlich von einem Grastrail, der am »Tatzelwurm« endet. Und dann folgt die Wolfsschlucht – ein weiteres Highlight für engagierte Bikefreaks.

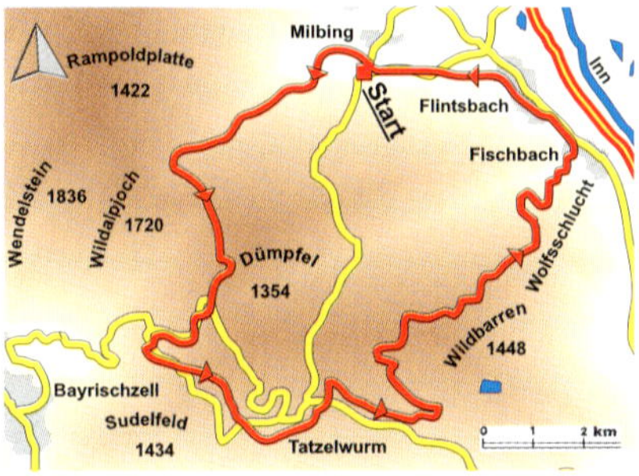

km 0,0 / 510 m Vom Bahnhofsparkplatz retour zur Straße. Dort links.
0,5 / 495 m Links auf Straße Richtung »St. Margareten« bergan.
2,5 / 675 m Rechts auf Teer steil bergan. Nach 200 m wieder rechts halten, Schotter.
3,0 / 720 m Links auf »Geolehrweg« Richtung »Wendelstein«.
5,3 / 930 m 500 m vor Bahnstopp »Aipl« an zerfallener Brücke links per Trail Bach queren. Nach 200 m links auf Singletrail Richtung »Arzmoos«. Bei km 5,7 an Singletrailgabelung links, weiter bergan.
6,3 / 1120 m Links auf Wiesenweg über den Sattel.
6,9 / 1120 m Links, bald an Diensthütte (Kronberger Alm) entlang Richtung »Arzmoos«.
10,0 / 1000 m Rechts auf viel befahrener B 307 weiter.
11,5 / 1050 m Bundesstraße nach links verlassen und auf Teerweg weiter Richtung »Sudelfeld«.
12,1 / 1020 m Links auf Trail Richtung »Tatzelwurm«. Nach 200 m an Gabelung wieder links (»blaues Viereck«).
14,3 / 895 m Schotterpiste kreuzen. 200 m weiter links, weiter an Auerbach entlang.
15,4 / 800 m Parkplatz geradeaus Richtung »Tatzelwurm« überqueren.
15,9 / 760 m Ab Gasthaus »Feuriger Tatzelwurm« links auf Straße bergan.
16,2 / 798 m An Parkplatz Straße verlassen und rechts auf Fahrweg Richtung »Zeisach«.
18,4 / 880 m An Gabelung bei Haus (Zeisach) hart links und auf Hauptweg weiter.
21,4 / 965 m Rechts auf breiter Piste bergan.
22,8 / 1100 m Rechts bergan. Nach 200 m praktisch geradeaus Richtung »Plattengraben« bergab.
23,9 / 1030 m Nahe Bachlauf Plattengraben rechts von Schotter auf bergab führenden Waldweg abbiegen. 50 m weiter links auf Grasweg abzweigen.
25,6 / 815 m Wo Weg bergan führt, rechts verfallenen Steg passieren und auf Trail bergab durch die Wolfsschlucht.
27,8 / 496 m Nach starker Abfahrt an Steinbruch links auf Teer durch Siedlung Falkenstein. Dann geradeaus weiter Richtung »Erlach«.
30,5 / 480 m Am Flugplatz links. Nach 400 m in Erlach geradeaus auf Straße zum Ausgangspunkt an der Wendelsteinbahn (km 31,8 / 510 m).

Start: Inntalautobahn bei Abfahrt »Brannenburg« verlassen und Hinweisen »Wendelsteinbahn« folgen. Auf Parkplatz der Talstation Tourstart.
Karte: Topografische Karte 1:50.000, Blatt UK L 7 »Chiemsee und Umgebung«, Bayerisches Landesvermessungsamt.
Literatur: Mountain Bike aktiv »Berchtesgadener, Chiemgauer und Kitzbüheler Alpen«, Pietsch, Stuttgart.
Info: Verkehrsamt Brannenburg, Rosenheimer Str. 5, 83098 Brannenburg, Tel. 08034/4 51 50, Fax 08034/95 81, Internet www.brannenburg.de.
Bikeshop: Bikegeschäft Mohr, Rosenheimerstr. 35, 83098 Brannenburg, Tel. 08034/94 57.
Geführte Touren: Auf Anfrage beim Verkehrsamt Brannenburg, Rosenheimer Str. 5, 83098 Brannenburg, Tel. 08034/4 51 50, Fax 08034/95 81, Internet www.brannenburg.de.

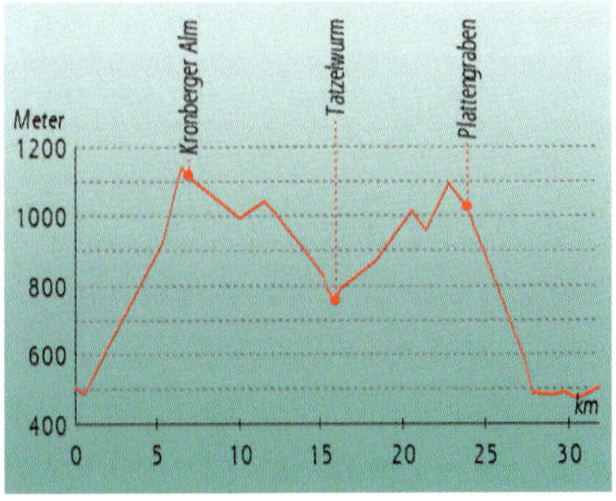

180 Rampoldplatte

30,1 km | 1135 Hm | 2½ Std | mittel | leicht

Der Wendelstein ist der »King« im Inntal. Nähern wir uns ihm ein wenig und genießen die herrlichen Aussichten wie die von der Rampoldplatte oder schnuppern an der wilden Minze, die oft gleich neben dem Weg gedeiht.

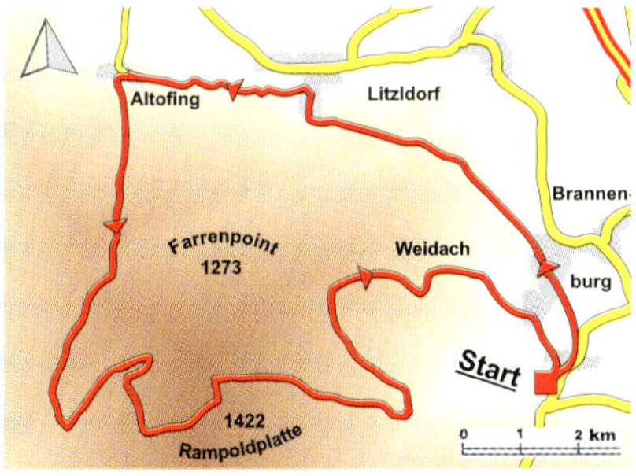

km 0,0 / 510 m Vom Parkplatz Wendelsteinbahn zunächst links auf Straße Richtung »Brannenburg«.
0,8 / 492 m An Telefonzelle links auf »Mühlenstr.« Richtung »Wendelsteinhalle«.
1,9 / 509 m An Kirche links, »Mühlenstr.« verlassen. 50 m weiter rechts, an Café »Daiser« links. Vor Schloss »Wörth« rechts. Dann links auf »Schlossstraße«. An Wendelsteinhalle geradeaus Richtung »Schwarzlack«.
2,2 / 524 m Am Ende des Instituts geradeaus auf schmalerer Schotterpiste Richtung »Schwarzlack«.
3,6 / 572 m Geradeaus an Kirche und Gasthof »Schwarzlack« entlang.
4,4 / 500 m Kurz nach Sperre in Rechtskurve links (»12«) Richtung »Litzldorf«.
4,6 / 508 m Links bergan auf Schotterwiesenweg.
5,1 / 482 m An Militärgebäude links auf Teer weiter. Nach 100 m erneut links und auf Teerweg am Nordrand der Alpen entlang.
5,9 / 488 m Links nach »Litzldorf«. Dort weiter nach Derndorf.

Start: Inntalautobahn bei Abfahrt »Brannenburg« und Hinweisen »Wendelsteinbahn« folgen. Auf Parkplatz der Talstation Tourstart.
Karten: Für das gesamte Gebiet Blatt 81 der Fritsch-Wanderkarte »Kiefersfelden« . Genauer ist die Topografische Karte 1: 50.000, UK L 12 »Mangfallgebirge«, Bayerisches Landesvermessungsamt.
Literatur: Noch mehr tolle Touren gibt es in den Büchern Mountain Bike aktiv »Berchtesgaden, Chiemgauer Alpen, Tiroler Unterland«, Pietsch Verlag Stuttgart, oder Moser Guide 1 und Moser Guide 4, Delius Klasing, Bielefeld.
Info: Verkehrsamt Brannenburg, Rosenheimer Str. 5, 83098 Brannenburg, Tel. 08034/4 51 50, Fax 08034/95 81, Internet www.brannenburg.de.
Bikeshops: An der BP-Tankstelle Bikegeschäft Mohr, Rosenheimerstr. 35, 83098 Brannenburg, Tel. 08034/94 57. Leihbikes im benachbarten Raubling im IKO Fahrradhaus, Kufsteiner Str. 72, Tel. 08035/8 70 70 für ca. 15 € pro Tag.

Mangfallgebirge

7,3 / 490 m Am Ortsanfang Derndorf links auf Teer (»Radmarkierung«) Richtung »Kutterling«.
7,5 / 500 m Im Ort erst rechts, 30 m weiter links Richtung »Altofing«.
8,2 / 525 m Rechts bergab. Nächste links auf Anliegerstraße.
8,7 / 544 m Vor Bauernhof rechts auf »Schäfflerweg«.
8,9 / 535 m Links geteertem »Mühlweg« folgen.
9,6 / 560 m An Ortsrand von Bad Feilnbach links auf geteertem Mautweg (Bikes frei) Richtung »Wendelstein«.
9,7 / 565 m Mautstraße nach links verlassen. Dann am »Jenbach« entlang talaufwärts.
12,0 / 700 m Kurz nach Schranke an Murenfront rechts auf Pfad (Tragestrecke) bergan. Anschließend links auf geteerter Mautstraße weiter.
13,4 / 820 m Am Ende der Mautstraße geradeaus. Nach 100 m etwas rechts halten Richtung »Wendelstein«. Zunächst wieder Verlauf des Jenbachs folgen.

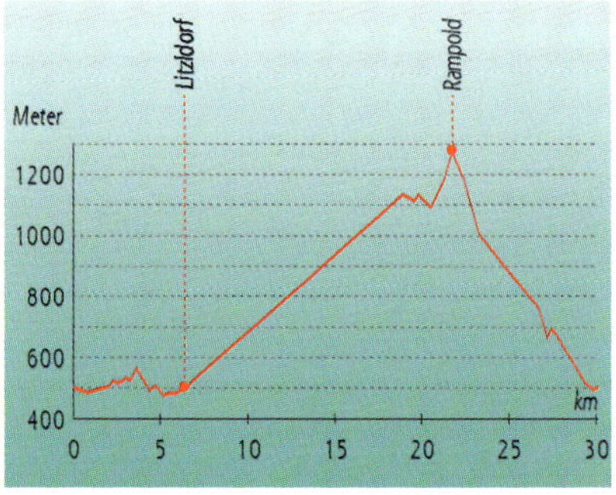

15,9 / 900 m Links, Brücke über Jenbach passieren. 50 m weiter geradeaus Richtung »Brannenburg«.
19,4 / 1128 m Geradeaus Richtung »Rampoldsplatte«.
20,6 / 1115 m Breiten Schotterweg nach rechts verlassen, Hinweis »Schuhbräualm« folgen, Tragepassage.
21,3 / 1190 m Vor Felsgruppe links und auf Singletrail, jetzt fahrbar, am Hang entlang (tolle Aussicht).
21,7 / 1280 m Ab höchstem Punkt auf steinigem Karrenweg bergab, bald an Rampold-Alm entlang.
23,3 / 1008 m An Rechtsabzweig geradeaus auf Schotterpiste. Bei km 24,5 an Abzweig »Schuhbräualm« geradeaus am Bach entlang bergab.
27,1 / 700 m An Parkplatz rechts verlassen (»6«) auf Waldweg Richtung »St. Margareten«.
29,4 / 525 m Im Ort rechts. 100 m weiter links. Nach weiteren 50 m rechts auf Schotter Richtung »Wendelsteinbahn«. Bei km 29,8 rechts halten und zurück zur Talstation der Wendelsteinbahn (km 30,1 / 510 m).

Inmitten dieser Landschaft macht das Biken (und Pausieren) doppelt Spaß.

181 Rund um den Wendelstein

46,4 km	1315 Hm	3½–5 Std.	anspruchsvoll	mittel

Man sei gewarnt: Diese Strecke beinhaltet mit den steilsten Uphill der Region! Und es kommt noch dicker, denn oberhalb der Reindleralm wird man das Bike schultern müssen, bevor die Abfahrt nach Bayrischzell ansteht. Anschließend geht es bergan Richtung Sudelfeld und dann weiter zum Tatzelwurm, bevor man durch die Wolfsschlucht hinab ins Inntal pfeilt.

km 0,0 / 510 m Vom Bahnhofsparkplatz retour zur Straße. Dort links.
0,5 / 495 m Links auf Straße Richtung »St. Margareten« bergan.
2,5 / 675 m Rechts auf Teer steil bergan. Nach 200 m wieder rechts halten, Schotter.

Start: Inntalautobahn bei Abfahrt »Brannenburg« verlassen und Hinweisen »Wendelsteinbahn« folgen. Auf Parkplatz der Talstation Tourstart.
Karte: Topografische Karte 1:50.000, Blatt UK L 7 »Chiemsee und Umgebung«, Bayerisches Landesvermessungsamt.
Literatur: Mountain Bike aktiv »Berchtesgadener, Chiemgauer und Kitzbüheler Alpen«, Pietsch, Stuttgart.
Info: Verkehrsamt Brannenburg, Rosenheimer Str. 5, 83098 Brannenburg, Tel. 08034/4 51 50, Fax 08034/95 81, Internet www.brannenburg.de.
Bikeshop: Bikegeschäft Mohr, Rosenheimerstr. 35, 83098 Brannenburg, Tel. 08034/94 57.
Geführte Touren: Auf Anfrage beim Verkehrsamt Brannenburg, Rosenheimer Str. 5, 83098 Brannenburg, Tel. 08034/45 15 0, Fax 08034/95 81, Internet www.brannenburg.de.

3,0 / 720 m Links auf »Geolehrweg« Richtung »Wendelstein«.
5,8 / 973 m An Bahnstopp »Aipl« Gleise queren, dann steil bergan Richtung »Mitteralm«.
6,9 / 1155 m Nahe Mitteralm geradeaus und weiter steil bergan.
8,9 / 1420 m Nahe Reindleralm links auf Trail am Wiesenhang entlang. Nach 65 m geradeaus Richtung »Breitenstein«.
9,9 / 1455 m Geradeaus auf Trail Richtung »Wendelstein«. Nach 200 m Tragepassage. Bei km 10,1 rechts bergab Richtung »Elbachalm«. Dann sofort wieder bergan, weiter Richtung »Wendelstein über Aiblinger Hütte«. Nach 700 m rechts bergab an Elbachalm entlang.
11,3 / 1375 m Links bergab. Nach 500 m Weg Richtung »Kesselalm« folgen. Nach weiteren 200 m geradeaus Richtung »Birkenstein«.
12,9 / 1350 m Sattel Richtung »Birkenstein« passieren.
13,4 / 1265 m Unterhalb Kesselalm links Richtung »Birkenstein«.
15,9 / 920 m Links bergab Richtung »Birkenstein«.
16,4 / 850 m In Birkenstein gleich links und Ort auf Waldweg Richtung »Geitau« verlassen.
18,5 / 785 m Nahe Kloohof links auf Teer talauswärts. 200 m weiter, kurz vor Bahnunterführung, links auf Schotter Richtung »Bayrischzell«. Nach 1300 m im Ort an Bauernhof geradeaus auf Trail Richtung »Bayrischzell«.
20,3 / 800 m In Osterhofen vor Bahngleis links auf »Bahnweg« Richtung »Bayrischzell«. Nach 350 m geradeaus. Bei km 20,7 dann ebenfalls geradeaus. Nach »Haus Schönblick« auf Trail weiter bis Straße nach Hochkreuth. Auf dieser rechts bergab. Nach weiteren 100 m links auf geschottertem »Bahnweg« Richtung »Bayrischzell«.
22,5 / 795 m In Bayrischzell zunächst rechts durch Bahnunterführung. Nach 250 m links. Bei km 23,4, kurz nach Hotel »Königslinde« etwas links auf »Sudelfeldstr.« Richtung »Andreas-Stüberl«. Bei km 24,1 rechts auf B 307. Nach 50 m rechts auf Teer Richtung »Skialm«. Bei km 24,3, an »Andreas-Stüberl« links auf Schotter am Lift entlang bergan.
25,9 / 1100 m Am »Berghotel Sudelfeld« rechts an Garagen entlang. Nach 100 m, kurz nach Gatter, links bergab.
26,7 / 1020 m Teerstraße kreuzen und auf Trail Richtung »Tatzelwurm«. Nach 200 m an Gabelung links halten (»blaues Viereck«).
28,9 / 895 m Schotterpiste kreuzen. 200 m weiter links, weiter an Auerbach entlang.
30,0 / 800 m Parkplatz geradeaus Richtung »Tatzelwurm« überqueren.
30,5 / 760 m Ab Gasthaus »Feuriger Tatzelwurm« links auf Straße bergan.
30,8 / 798 m An Parkplatz Straße verlassen und rechts auf Fahrweg Richtung »Zeisach«.
33,0 / 880 m An Gabelung bei Haus (Zeisach) hart links und auf Hauptweg weiter.
36,0 / 965 m Rechts auf breiter Piste bergan.
37,4 / 1100 m Rechts bergan. Nach 200 m dann praktisch geradeaus Richtung »Plattengraben« bergab.

38,5 / 1030 m Nahe Bachlauf Plattengraben rechts von Schotter auf bergab führenden Waldweg. 50 m weiter links auf Grasweg.
40,2 / 815 m Wo Weg bergan führt, rechts verfallenen Steg passieren und auf Trail bergab durch die Wolfsschlucht.
42,4 / 496 m Nach starker Abfahrt an Steinbruch links auf Teer durch Siedlung Falkenstein. Dann geradeaus weiter Richtung »Erlach«.
45,1 / 480 m Am Flugplatz links. Nach 400 m in Erlach geradeaus auf Straße zum Ausgangspunkt an der Wendelsteinbahn (km 46,4 / 510 m).

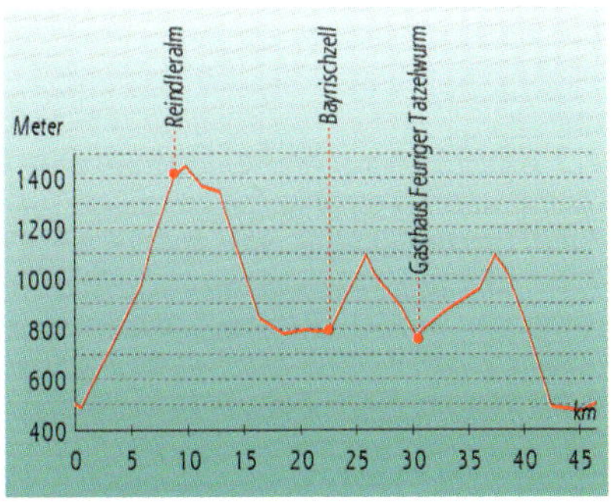

bergab (»gelbes Dreieck«) auf breiter Schotterpiste. 50 m weiter links auf Singletrail.
27,6 / 550 m Rechts. Dann rechts an Tümpel entlang, weiter auf Singletrail. 100 m weiter rechts halten.
27,9 / 570 m Rechts halten (»gelbes Dreieck«). Nächste wieder rechts.
28,6 / 580 m Rechts auf breitem Schotterweg steil bergan (»gelbes Dreieck«). Danach links an Steilabfall zur Isar entlang.
29,1 / 608 m Weiter an Steilabfall zur Isar entlang, »gelbes Dreieck« ignorieren.
29,7 / 580 m Rechts bergan. Nach 50 m auf der Höhe am Marterl links.

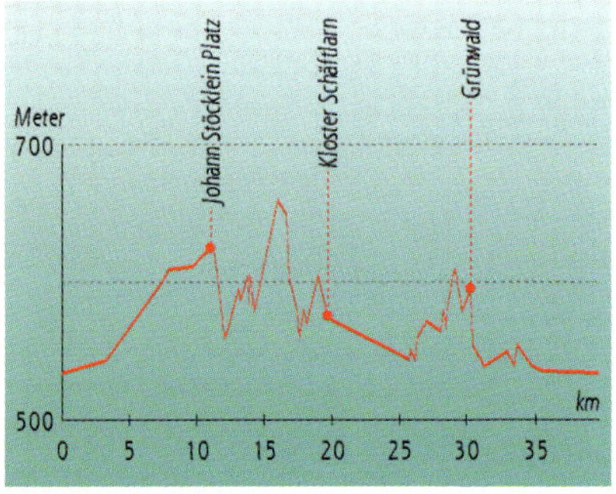

30,3 / 595 m Kurz vor Ortsrand Grünwald links auf Singletrail bergab zur Isar.
30,4 / 560 m An Häusern erst links. Dann an Gabelung Teer verlassen und rechts auf schmalem Weg bergab.
30,7 / 540 m Am Isarufer rechts auf Singletrail flussabwärts, bald BMX-Gelände »Bombenkrater« entlang.
33,6 / 555 m An Schottergabelung links.
35,9 / 535 m Links, weiter am Isarufer entlang.
36,2 / 535 m Am Isarufer rechts, Damm queren. Danach links und parallel zum Dammweg auf Singletrail weiter.
38,6 / 536 m Am Fußgängersteg geradeaus über Kreuzung Richtung »Tierpark« (km 39,6 / 535 m).

So sieht es auf den sagenumwobenen Isartrails aus.

184 Um Wallberg, Schinder und Risserkogel

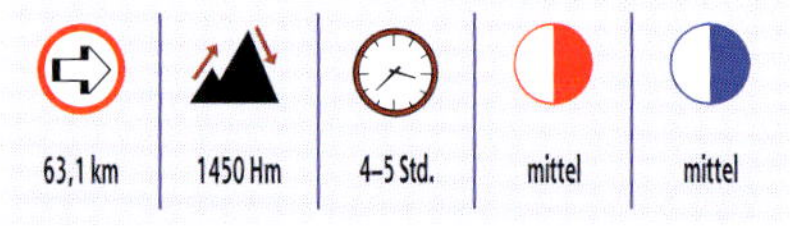

Diese traumhafte, aber recht lange Bikerunde führt in abwechslungsreicher Berg- und Talfahrt durch die schönsten Ecken der Tegernseer und Schlierseer Berge. Dabei ist die ganze beschriebene Strecke technisch gesehen leicht fahrbar.

Start: In Rottach-Egern an der Verzweigung von B 317 und B 308.
Karte: Topografische Karte 1:50.000, »Mangfallgebirge«, Bayerisches Landesvermessungsamt.
Literatur: Moser Bike Guide 1 »Tegernsee, Schliersee, Walchensee«, Delius Klasing, Bielefeld.
Info: Fremdenverkehrsgemeinschaft Tegernseer Tal, Tel. 08022/18 01 49.
Bikeshop: Radsport Zehendmeier, Tel. 08022/6 72 79.
Geführte Touren: Kuramt Rottach, Tel. 08029/18 19.

km 0,0 / 750 m Zunächst auf B 307 an östlichem Ufer des Tegernsees entlang.
3,9 / 747 m In Tegernsee rechts in »Bahnhofstr.« abbiegen. 250 m weiter, vor Alpbach-Brücke rechts auf »Waldschmidtstr.« bergan. Bei km 5,3, gleich hinter größerem, freiem Platz auf rechtem Weg am Alpbach entlang ins Alpbachtal.
6,7 / 890 m Auf Hauptweg geradeaus bergan stets Richtung »Schliersee«.
9,8 / 1150 m An Kreuzbergsattel rechts auf Schotter, bald Trail bergab, Richtung »Schliersee«. Nach 1000 m an Holzplatz links durchs Stadeltal talauswärts Richtung »Schliersee«.
14,7 / 795 m In Breitenbach vor Bachbrücke rechts auf den Weg »Rund um den Schliersee«. Bald links an Gasthof »Waxenstein« links entlang, Bachsteg passieren und rechts der »Westerbergstr.« folgen. Nach 650 m, nahe Camping, rechts über Brücke und am Seeufer entlang nach »Fischhausen«.

18,3 / 780 m An den ersten Häusern von Fischhausen rechts auf Teer. Nach 100 m an Straßendreieck rechts bergan. Bald an Bahngleis entlang und Bahnunterführung passieren.
19,1 / 800 m In Neuhaus auf

»Bodenschneidstr.« rechts bergan Richtung »Tufttal«. Nach 200 m geradeaus auf der »Bodenschneidstr.« bleiben. Bei km 19,7 links auf »Dürnbachstr.«. Nach weiteren 30 m rechts auf Pfad Richtung »Spitzingsee«. Dann auf Teer 80 m bergab, anschließend rechts bergan. Bei km 19,8 links auf Schotter, ab km 11,9 Trail 89 Richtung »Brecherspitz«.
22,4 / 900 m Rechts auf Trail bergan Richtung »Spitzingsee«. Nach 400 m, Höhe Stockeralm, links an Stockeralmhütte entlang. Nach 150 m Bachsteg passieren und auf steilem Pfad rechts bergan »Zum Spitzingsee«.
23,5 / 1032 m Links auf holprigem Weg bergan. Nach Auffahrt, bei km 23,8, rechts steil bergan zum Spitzingsattel.
24,3 / 1330 m Ab Spitzingsattel auf Straße zum »Spitzingsee«. Dort nach Parkplatz etwas links und auf geteerter Forstraße weiter Richtung »Valepp«.
31,0 / 880 m An Wegedreieck links Richtung »Valepp«. Nach 500 m am Parkplatz vor Forsthaus Valepp vorbei

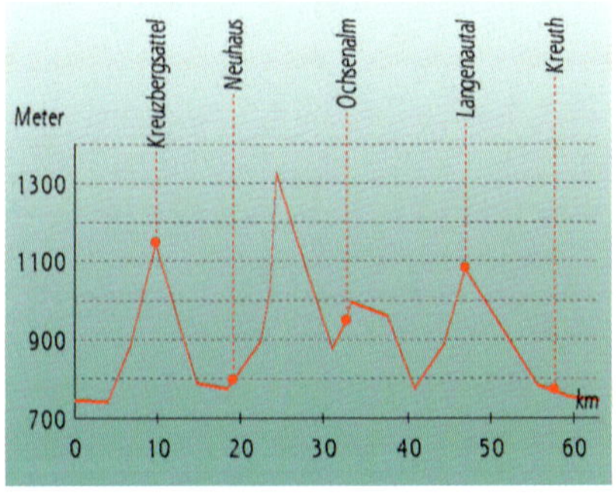

und auf dahinter beginnendem Schotterweg bald steil bergan Richtung »E.H.J-Klause«.
32,6 / 950 m Nach Ochsenalm in Linkskehre rechts Richtung »E.H.J.-Klause«. Nach 450 m rechts bergab.
37,5 / 965 m Nach Abfahrt rechts durch Marbachtal Richtung »E.H.J.-Klause«. Nach ca. 3 km bietet sich links Abstecher zum Gasthaus an. Ansonsten geradeaus bergab Richtung »Brandenberg«.
40,7 / 780 m Rechts über Brücke Richtung »Kreuth«. Nach 250 m dem flacheren Weg taleinwärts folgen.
44,3 / 890 m An Wegende Bachsteg queren und auf Pfad (Tragestrecke) steil bergan. Anschließend rechts bergan halten, bald nahe der Bayralm entlang. Ab km 46,9 bergab durchs Langenautal, Hinweise »Kreuth« beachten.
55,5 / 790 m Von der inzwischen geteerten Straße geradeaus auf Schotter weiter Richtung »Raineralm«. Dort links links vorbei und dann rechts weiter Richtung »Kreuth«.
57,6 / 775 m In Kreuth an »Café Batznhäusl« rechts auf »Mühlauer Weg«. Nach knapp 100 m links auf »Radweg« Richtung »Rottach«, »Weißachaustr.«. Am Ortsende von Kreuth erst rechts, dann links auf Teer, bald Schotter weiter Richtung »Rottach«.
59,3 / 760 m An Wirtshaus »Weißachalm« halbrechts halten.
61,6 / 755 m Nach den ersten Häusern links zur B 307. Auf dieser dann rechts retour zum Ausgangspunkt (km 63,1 / 750 m).

185 Estergebirge

55,0 km	1200 Hm	3–4 Std.	mittel	mittel

Das Estergebirge führt im Vergleich zum bekannteren Karwendel- oder Wettersteingebirge ein Schattendasein. Aber völlig zu Unrecht, wie diese Rundtour um den Gebirgsstock beweisen wird.

Start: In Garmisch-Partenkirchen an der Talstation der Wankbahn.
Karte: Topografische Karte 1:50.000, »Karwendelgebirge, Werdenfelser Land«, Bayerisches Landesvermessungsamt.
Literatur: Moser Bike Guide 2 »Karwendel, Wetterstein, Werdenfels«, Delius Klasing, Bielefeld.
Info: Verkehrsamt Garmisch-Partenkirchen, Richard-Strauss-Platz 2, Garmisch-Partenkirchen, Tel. 08821/18 07 00.
Bikeshops: Trek Pro Shop, Rathausplatz 11, 82467 Garmisch-Partenkirchen, Tel. 08821/5 48 44. Zweirad Pedalo Strauß, Hindenburgstr. 26, 82467 Garmisch-Partenkirchen, Tel. 08821/7 91 61.
Geführte Touren: Werdenfelser Sportagentur, Marienplatz 18, 82467 Garmisch-Partenkirchen, Tel. 08821/5 48 44.

km 0,0 / 750 m Ab Wankbahn-Parkplatz bergab. Nach 600 m rechts auf »Münchner Str.«. Nach 800 m rechts auf Radweg an B 2 entlang ortsauswärts.
2,4 / 690 m An Loisachbrücke rechts auf Teer (»Radweg«). Nach 100 m, genau vor Unterführung, rechts auf Schotter weiter. Nach weiteren 200 m links zur B 2. Dann Loisachbrücke queren und auf Schotter (»Radweg«) rechts Richtung »Murnau«.
4,1 / 680 m In Mühldörfl rechts über Loisachbrücke. Dann links auf »Frickenstr.« Richtung »Murnau« halten.
8,5 / 660 m In Oberau rechts Richtung »Murnau, Eschenlohe«. Nach 30 m links auf »Loisachuferweg« Richtung »Eschenlohe«.
14,5 / 639 m An den ersten Häusern von Eschenlohe links. Bei km 15,3 (nahe der Loisachbrücke) halb rechts auf »Walchenseestr.« Richtung »Walchensee«. Bei km 17,3 in einer Kehre rechts und auf Forstweg durchs Eschental stets Richtung »Walchensee«.
25,3 / 915 m Rechts Richtung »Simetsberg«. Nach 30 m auf Hauptweg links bergan.
28,4 / 1210 m Am höchsten Punkt geradeaus Richtung »Wallgau«.
34,1 / 890 m Rechts auf B 11 durch Wallgau. Bei km 35,2, zwischen Gasthof »Post« und Gasthof »Isartal« rechts ab. Dann geradeaus auf »Barmseestr.« Richtung »Barmsee«.
37,9 / 900 m Rechts auf geschottertem »Rindbergweg« Richtung »Gschwandtnerbauer«. Bei km 42,3 links bergan.
43,1 / 1210 m Kurz nach »Schweizer Alple« geradeaus. 60 m weiter rechts Richtung »Gschwandtnerbauer«.
45,7 / 1060 m Geradeaus auf Pfad. Nach 200 m links auf Forstweg bergab.
48,8 / 960 m Rechts bergan Richtung »Partenkirchen«.
49,6 / 1025 m Links an Gschwandtner Hof entlang und auf Schotter bergab.
50,5 / 910 m Im Ort Schlattan geradeaus bergan in Richtung »Pfeifferalm«. Nach 600 m links auf Schotter bergab Richtung »Partenkirchen«.

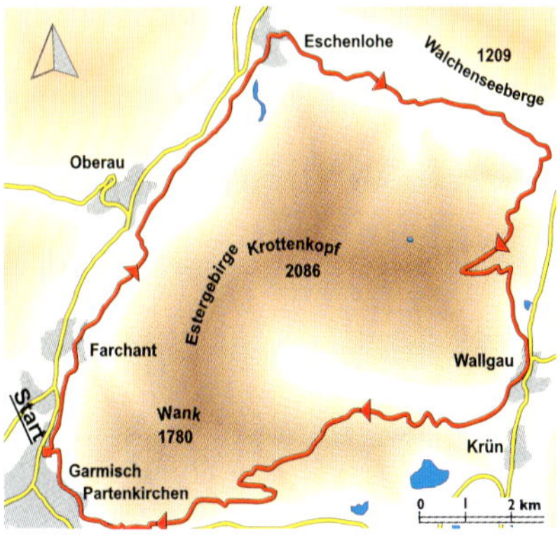

52,8 / 845 m In Linkskehre geradeaus auf breiterem Weg. Nach 550 m rechts und nach weiteren 200 m links bergab in den Ort. An den ersten Häusern auf Straße rechts bergab. Nach weiteren 500 m rechts Richtung »Wankbahn-Talstation«. Bei km 54,1 auf Teer bergan Richtung »Esterbergalm«.
54,7 / 820 m Auf Straße links bergab zum Ausgangspunkt (km 55,0 / 750 m).

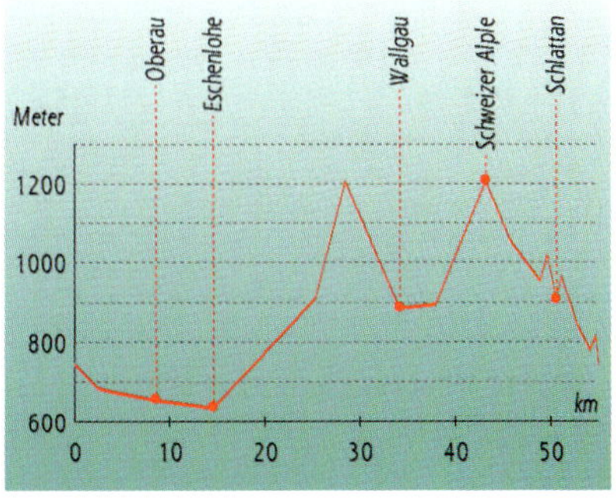

186 Karwendelumrundung

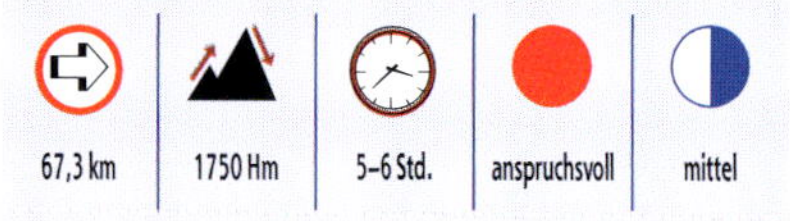

Das bizarre, fast bedrohlich wirkende Karwendelgebirge wird bei dieser Tour umrundet. Logisch, dass sich da landschaftliche Highlights und Megaaussichten aneinander reihen wie Perlen auf einer Schnur.

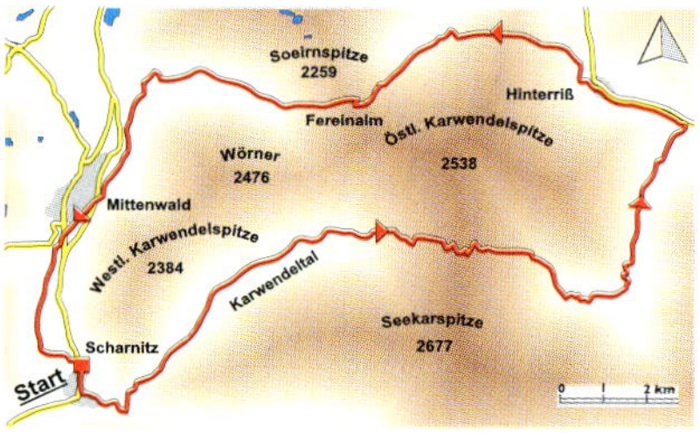

km 0,0 / 955 m Ab ehemaligem Zollamt auf Straße durch Scharnitz. Nach 770 m, direkt vor Isarbrücke, links bergan auf »Inrainstr.« Richtung »Karwendeltal«. Bei km 1,3 vor nächster Isarbrücke links Richtung »Karwendelhaus«. Nach weiteren 180 m rechts weiter Richtung »Larchetalm«. Anschließend stets geradeaus und vorerst nicht ins »Karwendeltal«.
19,6 / 1770 m Kurz nach »Hochalm« (rechts Abstecher zum »Karwendelhaus« möglich) links bergan Richtung »Falkenhütte«. Dann »Hochalmsattel« passieren und auf Hauptweg durchs Unterfilztal bergab Richtung »Kleiner Ahornboden«.
20,5 /1803 m Hochalmsattel.
31,2 / 1400 m Im Wiesengelände des Kleinen Ahornbodens rechts halten. Nach 150 m dann links über Bachgraben und anschließend auf Forstweg rechts bergab.
26,5 / 1300 m Geradeaus bergan, dann wieder bergab, nun stets talauswärts Johannestal folgen.
31,6 / 1030 m Kurz nach Johannesbach geradeaus über Holzbrücke.
33,0 / 960 m Im Rißtal links über Rißbachbrücke und an Parkplatz entlang. Anschließend links und auf Mautstraße talauswärts.
36,2 / 930 m Etwa 100 m nach Ortsschild »Hinterriß« links auf Teer. Später geschotterter »Rontalstr.« Richtung »Vordersbachau« folgen.

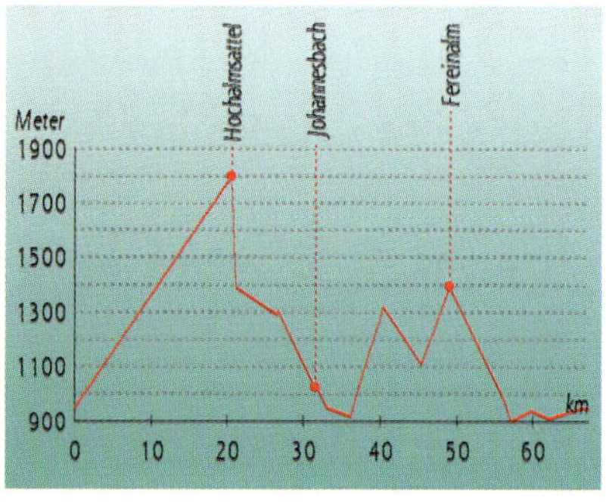

37,0 / 1015 m In Linkskehre rechts Richtung »Vordersbachau« abbiegen. Weg wird teils zum Trail.
39,9 / 1280 m Auf breitem Weg bergan, später bergab Richtung »Fereinalm«.
45,4 / 1120 m Rechts auf Grasweg weiter Richtung »Fereinalm«. Nach 200 m bergab zum Bachbett. Dieses queren. Auf andere Bachseite links auf Schotter bergan zur »Fereinalm«.
49,1 / 1400 m Nahe der Fereinalm über Sattel und auf Hauptweg stets bergab Richtung »Mittenwald.
56,3 / 980 m Links ab Richtung »Mittenwald«. 250 m weiter, nach Steg und kurzer Auffahrt, rechts halten.
57,1 / 910 m Parkplatz passieren. Nach 300 m links auf Teer bergab. Bei km 58,1, vor der Unterführung, links Richtung »Karwendelbahn«.
59,7 / 950 m In Mittenwald links Richtung »Ortsmitte«, bald B 2 unterqueren. Bei km 60,7 links Richtung »Innsbruck«. Nach weiteren 700 m an Tankstelle geradeaus über Hauptstraße.
62,2 / 920 m Ab Sportanlage Ried auf Teer, später Schotter durch den »Riedboden«.
66,4 / 960 m Am Grenzübergang im Riedboden rechts auf Pfad, bald breiter Weg.
67,0 / 955 m In Scharnitz geradeaus über Brücke. Nach 70 m rechts zum Ausgangspunkt (km 67,3 / 955 m).

Start: Am ehemaligen Zollamt Scharnitz.
Karte: Topografische Karte 1:50.000, »Karwendelgebirge, Werdenfelser Land«, Bayerisches Landesvermessungsamt.
Literatur: Moser Bike Guide 2 »Karwendel, Wetterstein, Werdenfels«, Delius Klasing, Bielefeld.
Info: Verkehrsamt Garmisch-Partenkirchen, Richard-Strauss-Platz 2, 82467 Garmisch-Partenkirchen, Tel. 08821/18 07 00.
Bikeshops: Trek Pro Shop, Rathausplatz 11, 82467 Garmisch-Partenkirchen, Tel. 08821/5 48 44. Zweirad Pedalo Strauß, Hindenburgstr. 26, 82467 Garmisch-Partenkirchen, Tel. 08821/7 91 61.
Geführte Touren: Werdenfelser Sportagentur, Marienplatz 18, 82467 Garmisch-Partenkirchen, Tel. 08821/5 48 44.

187 Um die Zugspitze

75,6 km | 2100 Hm | 7–9 Std. | anspruchsvoll | leicht

Bei dieser Tour wird Deutschlands höchster Berg, die 2963 Meter hohe Zugspitze, samt dem Wettersteinmassiv umrundet. Eine Unternehmung, die reichlich Saft in den Waden verlangt. Denn immerhin kommen auf der etwa 75 Kilometer langen Strecke kernige 2100 Höhenmeter zusammen.

km 0,0 / 970 m Ab Parkplatz »Eibsee-Hotel« auf Forstweg bergan Richtung »Eibseeblick«. In der Folge alle Abzweige und Hinweise ignorieren.
5,0 / 1380 m Nach Auffahrt links auf steilen Karrenweg abbiegen, bald Schiebestrecke. Nach 220 m links weiter. Bei km 5,3 rechts auf Trail bergan, bald Grenze passieren. Nach weiteren 700 m rechts Richtung »Hochthörlehütte«.
6,3 / 1470 m An Hochthörlehütte geradeaus bergab Richtung »Zugspitzbahn Ehrwald«.
9,9 / 1150 m 800 m nach Talstation der Zugspitzbahn links auf Straße bergab nach Ehrwald. Dort zunächst links bergab Richtung »Ortsmitte«. 600 m weiter links. Bei km 12,9 an »Gasthof Grüner Baum« links der »Ganghoferstr.« Richtung »Ehrwalder Alm« folgen. Dort geradeaus bergan.

18,8 / 1500 m 200 m nach Gasthof »Ehrwalder Alm« links Richtung »Pestkapelle«. Anschließend Hauptweg durchs Gaistal Richtung »Leutasch« folgen.
28,2 / 1241 m Ab Parkplatz »Salzbachbrücke« auf Straße nach Klamm/ Obern (km 30,6). Dort links über Brücke. Nach 50 m rechts Richtung »Weidach«.
30,8 / 1170 m Rechts über Brücke. Dann sofort links und Radweg entlang Leutascher Ache Richtung »Weidach« folgen.
33,9 / 1110 m Straße queren, weiter Radweg Richtung »Unterleutasch«. Nach 550 m in Weidach erneut Straße kreuzen. Weiter auf Radweg.
35,4 / 1108 m Links über Holzbrücke. Danach rechts auf Schotter an Leutascher Ache entlang. Nach 700 m, nahe Ahm, rechts über Brücke Richtung »Unterleutasch«. Nach 30 m links auf Schotter weiter.
38,1 / 1075 m An Campingplatz Reindlau links über Holzbrücke. Danach rechts auf Trail weiter Richtung »Mittenwald«. Nach insgesamt 70 m an Straße rechts, bald an Tafel »Holiday Camping« entlang. Bei km 38,3 rechts auf zunächst schmalem Schotterweg Richtung »Unterleutasch«.
41,1 / 1050 m Rechts bergan Richtung »Mittenwald«.
43,6 / 1030 m In Burggraben an Gasthof Mühle rechts auf Straße zum ehemaligen Zollamt Schanz und weiter bis kurz vor Mittenwald.
47,3 / 954 m In enger Rechtskehre kurz vor Mittenwald links Richtung »Lautersee«, Schranke passieren. Nach 1,4 km geradeaus auf Schotterweg bergan, später bergab Richtung »Ferchensee«.
52,0 / 1065 m Links Richtung »Elmau«. Nach 750 m rechts ab.
55,1 / 995 m In Elmau rechts auf Teer weiter. Nach 800 m links auf Schotter Richtung »Hintergraseck« abbiegen. Nach Auffahrt bei km 56,6 rechts halten. 100 m weiter rechts Richtung »Graseck«. Danach stets Hinweisen »Berggasthof Eckbauer« folgen.
59,1 / 1130 m Links Richtung »Eckbauer«. Nach 300 m geradeaus Richtung »Partenkirchen«.
60,7 / 995 m In Wamberg an Kreuzung links Richtung »Partenkirchen«.
62,7 / 750 m Am Ortsrand von Partenkirchen Hinweisen »Skistadion« folgen. Nach 400 m links auf »Auenstraße« zum Skistadion. Dort bei km 64,0 rechts auf Teer Richtung »Grainau«. Ab km 66,1 am Gleis der Hausbergbahn entlang.

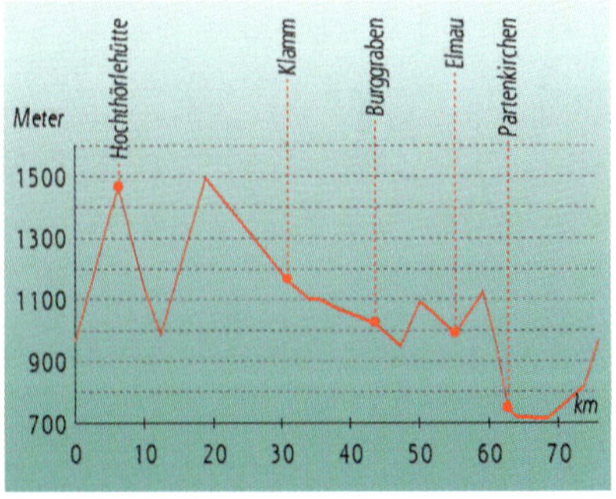

68,4 / 723 m An Parkplatz Kreuzeckbahn rechts, Gleis queren. Nach 300 m links auf Teer nach Grainau. Dort zunächst geradeaus auf »Zugspitzstr.«. Bei km 72,1 am »Oberen Dorfplatz« links bergan. Nach 80 m rechts weiter auf »Törlenweg« Richtung »Eibsee«.
73,6 / 825 m Nach Gleisquerung links Richtung »Eibsee«. Nach 200 m an Christl-Hüttn links auf Straße retour zum Eibsee (km 75,6 / 970 m).

Hochalpiner Ritt im Wettersteingebirge

Start: Direkt am Eibsee an gleichnamigem Hotel, erreichbar über B 23 Garmisch-Partenkirchen–Ehrwald (in Grainau zum Eibsee abbiegen).
Karte: Topografische Karte 1:50.000, »Karwendelgebirge, Werdenfelser Land«, Bayerisches Landesvermessungsamt.
Literatur: Moser Bike Guide 2 »Karwendel, Wetterstein, Werdenfels«, Delius Klasing, Bielefeld.
Info: Verkehrsamt Garmisch-Partenkirchen, Richard-Strauss-Platz 2, 82467 Garmisch-Partenkirchen, Tel. 08821/18 07 00.
Bikeshops: Trek Pro Shop, Rathausplatz 11, 82467 Garmisch-Partenkirchen, Tel. 08821/5 48 44. Zweirad Pedalo Strauß, Hindenburgstr. 26, 82467 Garmisch-Partenkirchen, Tel. 08821/7 91 61.
Geführte Touren: Werdenfelser Sportagentur, Marienplatz 18, 82467 Garmisch-Partenkirchen, Tel. 08821/5 48 44.

188 Eibsee

37,4 km	715 Hm	2–3 Std.	mittel	mittel

Der Eibsee liegt bekanntlich zu Füßen der 2963 Meter hohen Zugspitze. Da Deutschlands höchster Berg die blau schimmernde Wasserfläche des Sees um etwa 2200 Meter überragt, ist man hier inmitten einer gewaltigen Gebirgsszenerie unterwegs.

km 0,0 / 970 m Ab Hotel »Eibsee« auf nördlichem Eibseeuferweg um den See.
1,4 / 972 m Vom Ufer rechts steil bergan. Nach 300 m geradeaus bergab Richtung »Zierwald, Grainau«.
4,8 / 937 m Links bergab »Zur Gschwandbrücke«.
7,5 / 795 m Gschwandbrücke passieren. Dann links und Verlauf der B 23 durchs Loisachtal Richtung »Ehrwald« folgen.
14,9 / 860 m Von der inzwischen österreichischen B 187 rechts auf Forstweg abbiegen. Nach 200 m geradeaus weiter.
17,8 / 900 m Rechts B 187 folgen. 50 m nach ehemaligem »Zollamt Schanz« rechts auf geschottertem Radweg weiter.
18,7 / 920 m Nach überdachter Holzbrücke erneut auf B 187 wechseln. 450 m weiter, gleich nach Loisachbrücke, links abbiegen und bald Unterführung passieren.
20,1 / 1000 m Nahe St. Anna-Kapelle links bergan. Nach 150 m Hauptweg an der Kiesgrube entlang folgen. Bei km 20,7, nahe Ehrwald, links auf Karrenweg Richtung »Zugspitzbahn«. Nach 30 m rechts halten.
21,0 / 1050 m Vor Straße links bergan. Nach 750 m, am Gasthaus »Diana-Thörle« auf Straße bergan. Bei km 22,6 geradeaus.
23,4 / 1150 m An Teerende geradeaus bergan auf geschottertem »Thörle-Rundgang«.
27,1 / 1430 m Nach Rechtskehre links auf steilen »Thörle-Rundgang« abbiegen. Nach 500 m, kurz nach Eibseeaussicht links weiter, »Thörle-Rundgang«.
30,1 / 1505 m Links leicht bergab in die »Sackgasse«.
31,5 / 1430 m Links auf kaum erkennbarem Trail weiter, bald über Grasfläche. Dann, wieder im Wald, auf breitem Forstweg geradeaus bis zurück zum Eibsee (km 37,4 / 970 m).

Start: Direkt am Eibsee an gleichnamigem Hotel, erreichbar über B 23 Garmisch-Partenkirchen–Ehrwald (in Grainau zum Eibsee abbiegen).
Karte: Topografische Karte 1:50.000, »Karwendelgebirge, Werdenfelser Land«, Bayerisches Landesvermessungsamt.
Literatur: Moser Bike Guide 6 »Allgäuer Alpen«, Delius Klasing, Bielefeld.
Info: Verkehrsamt Garmisch-Partenkirchen, Richard-Strauss-Platz 2, 82467 Garmisch-Partenkirchen, Tel. 08821/18 07 00.
Bikeshops: Trek Pro Shop, Rathausplatz 11, 82467 Garmisch-Partenkirchen, Tel. 08821/5 48 44. Zweirad Pedalo Strauß, Hindenburgstr. 26, 82467 Garmisch-Partenkirchen, Tel. 08821/7 91 61.
Geführte Touren: Werdenfelser Sportagentur, Marienplatz 18, 82467 Garmisch-Partenkirchen, Tel. 08821/5 48 44.

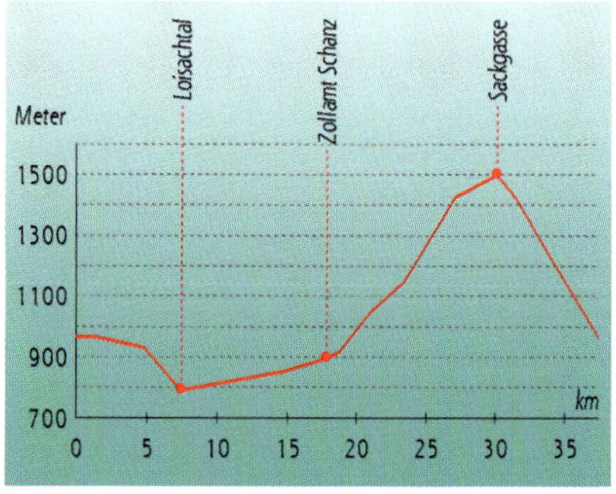

189 Rund um den Säuling

40,0 km	1015 Hm	2–3 Std.	mittel	mittel

Diese tolle Tour ins österreichische Außerfern führt durch die Berge des Ammergebirges. Sie beginnt aber auf deutscher Seite und zwar in Füssen. Eine Stadt, die bei Touristen aus aller Welt einen hohen Bekanntheitsgrad verzeichnet. Denn unweit der Stadt stehen die Königsschlösser Hohenschwangau und Neuschwanstein.

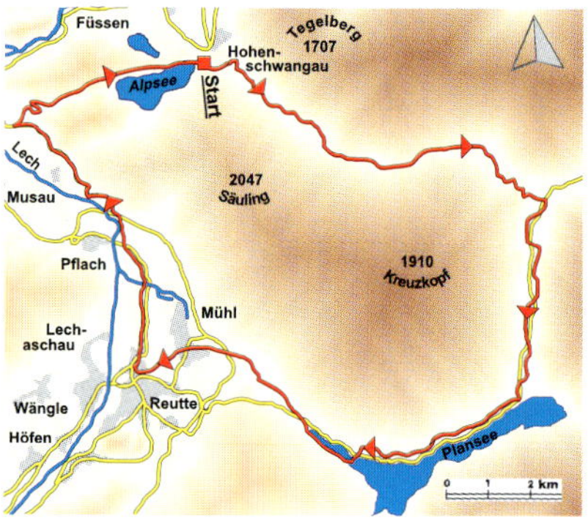

Start: Auf der A 7 Richtung Füssen. Dann durchs Städtchen Hinweisen »Hohenschwangau« folgen. Auf dortigem Parkplatz starten.
Karte: Topografische Karte 1:50.000, »Füssen und Umgebung«, Bayerisches Landesvermessungsamt München.
Literatur: Mountain Bike aktiv »Allgäu«, Pietsch, Stuttgart.
Info: Kurverwaltung Füssen, Tel. 08362/9 38 50, Fax 08362/93 85 20.
Geführte Touren: Ferienhaus Walk in Roßhaupten, Tel. 08367/2 41. Aktiv Flugsport & Freizeit GmbH, 87645 Schwangau, Tel. 08362/98 34 50.
Bikeshop: Yeti's MTB-Shop, Kemptener Str. 87, Tel. 08362/3 97 12.

km 0,0 / 820 m Vom Parkplatz Hohenschwangau links am Gasthof »Seerose« entlang. Nächste rechts und auf Teer bergan Richtung »Neuschwanstein«. Nach 500 m geradeaus. Bei km 0,6 rechts auf Schotter steilst bergan (»Radmarkierung«). Bei km 1,2 rechts bergan auf Schotter.
1,5 / 1004 m Rechts auf Teer an Kapelle entlang. Dann auf Schotterweg bergan. Nach 700 m geradeaus Richtung »Bleckenau«.
5,0 / 1167 m Kurz vor Berggasthaus rechts auf Schotter an Bächlein Pöllat entlang Richtung »Jägeralpe«.
9,1 / 1410 m Kurz nach bewirtschafteter »Jägeralpe« geradeaus auf Almweg über den Sattel, Hinweis »Schützensteig« folgen. Bald höchsten Punkt queren und auf tollem Singletrail »Schützensteig« bergab.
11,1 / 1100 m Nach Singletrail Grenze queren und auf Schotter bergab. 400 m weiter, am Hotel »Ammerwald«, rechts auf Teersträßchen (Achtung: Kfz-Verkehr!) talabwärts.
13,1 / 1050 m Geradeaus auf Schotterpiste parallel zur Straße talabwärts (»Wanderweg«). Nach 300 m Furt passieren und auf Singletrail weiter.
14,2 / 1020 m Straße queren und rechts auf Singletrail talabwärts. Nach 600 m rechts auf Schotter zur Straße und auf dieser links weiter.
15,2 / 1012 m Straße nach links verlassen, auf breitem Schotterweg weiter am Fluss entlang. Nach 30 m kurz vor Bachbett rechts auf Singletrail weiter. Bei km 15,5 rechts. Nach weiteren 60 m wieder rechts zur Straße, diese queren und auf anderer Straßenseite auf breitem, geschotterten »Wanderweg« weiter.

15,7 / 1000 m Links, parallel zur Straße und zunächst leicht bergan. Ab km 16,3 geradeaus auf Straße weiter.
16,7 / 985 m Am Hotel »Forelle« rechts auf Pfad Richtung »Hotel Seespitz«. Dann oberhalb der Plansee-Uferstraße parallel weiter.
19,7 / 980 m Nahe Kaiserbrunnen rechts bergan und weiter auf Singletrail Richtung »Hotel Seespitz«.
21,0 / 980 m Links auf Schotter bergab. Nach 50 m rechts auf Straße bis Hotel Seespitz. Dort links kurz Richtung »Heiterwanger See«. Nach Brücke rechts auf Schotter am Plansee entlang.
22,8 / 975 m Links auf Straße. Nach 15 m Straße rechts verlassen und am Archbach entlang Richtung »Stuibenfälle«, »Reutte«. Nach weiteren 300 m links. Bei km 24,0 ebenfalls links, Hinweise Richtung »Reutte« beachten.
25,3 / 870 m An E-Werk entlang nach Mühl. Durch den Ort geradeaus auf Straße Richtung »Reutte«.
27,4 / 855 m In Reutte rechts auf Radweg an B 314 entlang bis Ortsende von Pflach. Hier rechts auf öffentlichem Sträßchen Richtung »Unterpinswang«.
34,5 / 840 m An Teergabelung rechts Richtung »Schluxen«, dann Hinweis nach »Hohenschwangau« folgen. Kurz vor Gasthof »Schluxen« rechts auf Schotterweg Richtung »Albsee« (»12«).
36,1 / 895 m Auf der Höhe rechts halten und bergab Richtung »Albsee«. Nach

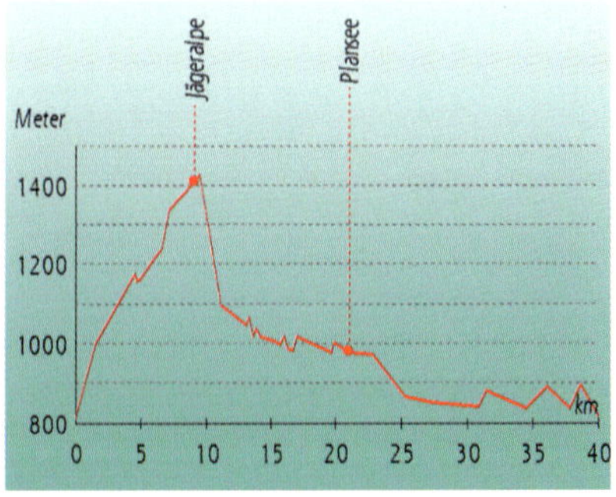

200 m Grenze passieren und auf Teer oder parallel laufendem Singletrail am Albsee entlang zurück zum Ausgangspunkt Parkplatz »Hohenschwangau« (km 40,0 / 820 m).

Blick vom Tegelberg

190 Plansee und Heiterwanger See

Start: Auf der A 7 Richtung Füssen. Grenze zu Österreich passieren und weiter über Musau und Pflach nach Reutte. Dort am Abzweig Mühl Tour starten.
Karte: Topografische Karte 1:50.000, »Füssen und Umgebung«, Bayerisches Landesvermessungsamt München.

Info: Fremdenverkehrsverband Reutte, Tel. 0043/(0)5672/62 33 60.
Bikeshop: Fahrradhaus Glätzle, Tel. 0043/(0)5672/6 27 52.
Geführte Touren: Tourismusverband Wängle, Tel. 0043/(0)5672/6 36 01.

Speziell der Singletrail um den Plansee herum ist für Bike und Mensch schon eine Herausforderung. Denn krakenartige Wurzeln und diverse Felsansammlungen verblocken den Pfad dann und wann bis zur Unbefahrbarkeit.

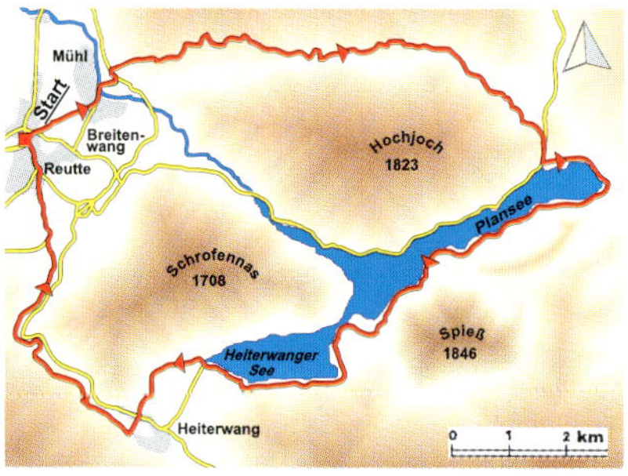

km 0,0 / 853 m Auf Straße von Reutte nach Mühl. Dort links auf Straße Richtung »Urisee«. Bei km 1,6 rechts auf Straße, Archbach per Brücke queren und recht steil bergan.
2,2 / 918 m Ab Hotel »Urisee« auf Forstweg Richtung »Melk« bergan.
4,4 / 1180 m An der Melkalpe rechts auf Pfad bergab Richtung »Kuhklause«. Nach 200 m links auf Trail weiter. Bald Bach queren und auf Singletrail steil bergan. Ab km 5,2 auf Forstweg weiter Richtung »Plansee«.
7,9 / 1010 m Ab der Kuhklause geradeaus auf Altenbergweg Richtung »Plansee«.
12,5 / 990 m Nach Downhill rechts auf Straße zum Plansee. Bei km 13,0 am Hotel »Forelle« links auf Teer Richtung »Musteralm«. Anschließend geradeaus über Campingplatz.
14,2 / 980 m Am Seeende, kurz vor weißem Haus rechts. Am Waldrand wieder rechts und auf Schotterweg um den See herum. Ab km 14,7 auf teils verblocktem, oft verwurzeltem Singletrail weiter am Seeufer entlang.
19,9 / 990 m An Schottergabelung rechts. An nächster Gabelung erst rechts, anschließend geradeaus und auf breitem Schotterweg am Heiterwanger See entlang.
23,2 / 980 m Nach grüner Schranke rechts zum Seeufer, Sperre passieren und auf Grastrail weiter. Nach 700 m Holzbrücke queren, rechts halten und auf Schotter Campingplatz passieren. Bei km 24,3, gleich nach Schranke, links auf Schotterpiste.
25,6 / 976 m Links über Holzbrücke, anschließend rechts auf Teer nach Heiterwang. 500 m weiter am Kraftwerk links.
26,3 / 990 m In Heiterwang Hauptstraße nach links queren und auf Straße Richtung »Ortsmitte«. Nach wenigen Metern geradeaus an Feuerwehr entlang. Bei km 26,5 am Gasthaus »Alpengruß« rechts, an Sportplatz entlang und auf Teer Ort verlassen.
26,8 / 990 m Direkt vor Schranke bei Sportplatz rechts. Nach 500 m am

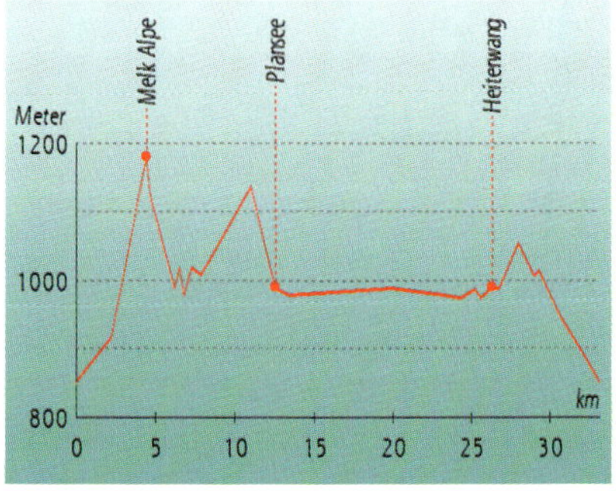

Der Plansee im Außerfern

Ortsausgang geradeaus weiter auf Grasweg bis Bahnstrecke. Bei km 27,6 am Skilift zweite rechts und auf geschotterter Forststraße Richtung »Reutte«. 200 m weiter rechts halten.
29,0 / 1008 m Erst rechts, dann geradeaus und nach knapp 100 m links auf Waldweg Richtung »Reutte«.
29,3 / 1015 m Vor Straße links auf Teerweg bergab. Nach 400 m rechts und sofort geradeaus auf Schotter Richtung »Klause«. Bald Weiler geradeaus passieren.
30,6 / 950 m Teerstraße geradeaus verlassen und auf Schotter, später Teer, Richtung »Reutte«. Dann am Campingplatz entlang und geradeaus durch den Ort bis zum Ausgangspunkt am Straßenabzweig nach Mühl (km 33,1 / 853 m).

191 Um die Ammergauer Alpen

46,2 km | 680 Hm | 3–4 Std. | anspruchsvoll | leicht

Auch in den Ammergauer Alpen gibt es leichte Runden. Selbst wenn man – wie hier – ein ganzes Stück Straße unter die Stollen nehmen muss. Allerdings ist auf der Straße zwischen dem Plansee und dem Schloss Linderhof nur wenig los.

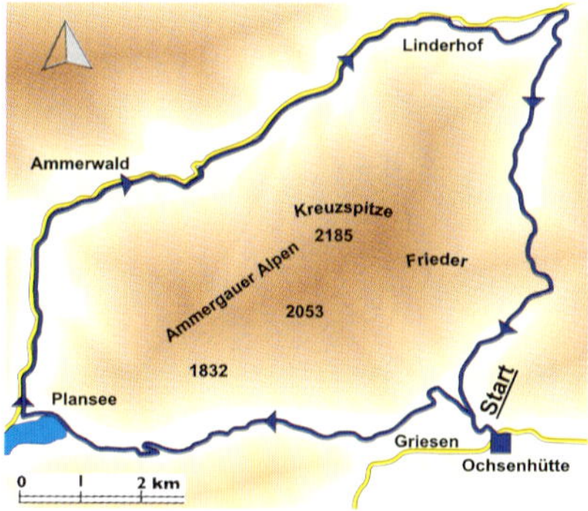

km 0,0 / 800 m Von Parkplatz »Ochsenhütte« bergan Richtung »Friedergrieß«.

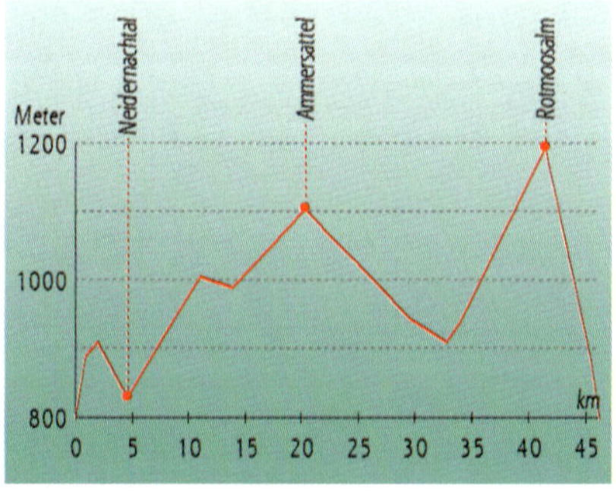

Nach 800 m links Richtung »Griesen«.
1,9 / 910 m Im Friedergrieß links halten, weiter Richtung »Griesen«.
4,5 / 830 m Im Neidernachtal rechts und auf Hauptweg bergan. Bei km 10,0 per Brücke Grenze passieren und auf Hauptweg weiter bergan.
11,0 / 1005 m Nach Auffahrt rechts, 50 m weiter geradeaus Richtung »Plansee«.
13,9 / 990 m Am Plansee an Hotel »Forelle« rechts auf Straße weiter bis Schloss »Linderhof«.
29,6 / 945 m 250 m nach Grenzübergang »Linderhof« an großer Holzhütte rechts auf geschotterten »Rundwanderweg Ettal-Linderhof« abbiegen.
32,8 / 910 m Wieder nahe der Fahrstraße an Parkplatz rechts auf Schotter weiter.

Start: Am Parkplatz »Ochsenhütte« an der B 23 (kurz vor Grenze) zwischen Garmisch-Partenkirchen und Ehrwald.
Karte: Topografische Karte 1:50.000, »Karwendelgebirge, Werdenfelser Land«, Bayerisches Landesvermessungsamt.
Literatur: Moser Bike Guide 2 »Karwendel, Wetterstein, Werdenfels«, Delius Klasing, Bielefeld.
Info: Verkehrsamt Garmisch-Partenkirchen, Richard-Strauss-Platz 2, 82467 Garmisch-Partenkirchen, Tel. 08821/18 07 00.
Bikeshops: Trek Pro Shop, Rathausplatz 11, 82467 Garmisch-Partenkirchen, Tel. 08821/5 48 44. Zweirad Pedalo Strauß, Hindenburgstr. 26, 82467 Garmisch-Partenkirchen, Tel. 08821/7 91 61.
Geführte Touren: Werdenfelser Sportagentur, Marienplatz 18, 82467 Garmisch-Partenkirchen, Tel. 08821/5 48 44.

Nach weiteren 250 m, wieder an Parkplatz, rechts taleinwärts Richtung »Kreuzspitze«.
34,0 / 940 m Links Richtung »Rundwanderweg« und breiten Graben des Elmaubachs durchqueren. Nach 150 m rechts taleinwärts Richtung »Rotmoossattel«. Dort geradeaus bergab.
41,4 / 1195 m Nahe Rotmoosalm geradeaus Richtung »Griesen«.
45,4 / 890 m Links bergab zum Parkplatz »Ochsenhütte« (km 46,2 / 800 m).

192 Tegelberg

28,2 km | 900 Hm | 3–4 Std. | anspruchsvoll | mittel

Der schon der Aussicht wegen sensationelle Gipfelsturm zum Tegelberg ist eine durchaus zwiespältige Angelegenheit. Per Seilbahn hinauf beförderte Touristenmassen lassen oft keinen Platz mehr auf den Wegen. Es sei denn, man ist früh am Morgen unterwegs und nicht an einem Sonn- oder Feiertag.

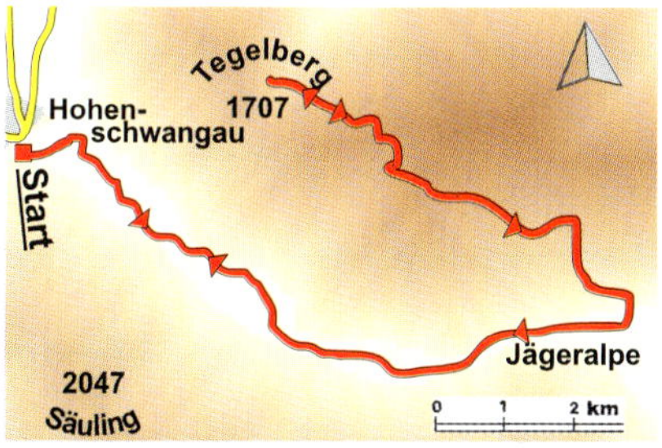

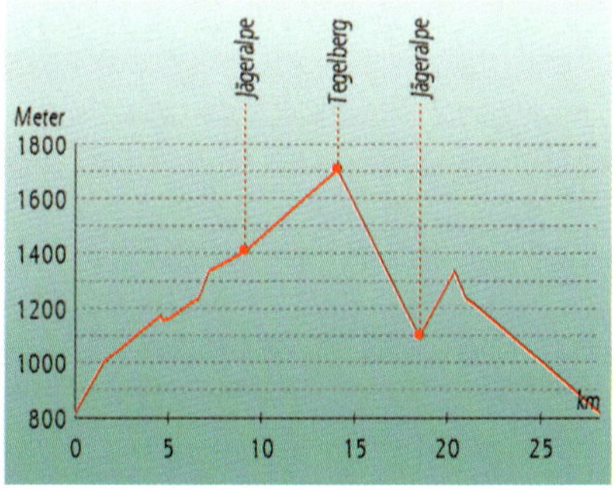

km 0,0 / 820 m Vom Parkplatz Hohenschwangau links am Gasthof »Seerose« entlang. Nächste rechts und auf Teer bergan Richtung »Neuschwanstein«. Nach 500 m geradeaus. Bei km 0,6 rechts auf Schotter steilst bergan (»Radmarkierung«). Bei km 1,2 rechts bergan auf Schotter.
1,5 / 1004 m Rechts auf Teer an Kapelle entlang. Dann auf Schotterweg bergan. Nach 700 m geradeaus Richtung »Bleckenau«.
5,0 / 1167 m Kurz vor Berggasthaus rechts auf Schotter an Bächlein Pöllat entlang Richtung »Jägeralpe«.

Start: Auf der A 7 Richtung Füssen. Durchs Städtchen Hinweisen »Hohenschwangau« folgen. Dort auf dem Parkplatz starten.
Karte: Topografische Karte 1:50.000, »Füssen und Umgebung«, Bayerisches Landesvermessungsamt München.
Literatur: Mountain Bike aktiv »Allgäu«, Pietsch, Stuttgart.
Info: Kurverwaltung Füssen, Tel. 08362/9 38 50, Fax 908362/3 85 20.
Bikeshop: Yeti's MTB-Shop, Kemptener Str. 87, Tel. 08362/3 97 12.
Geführte Touren: Ferienhaus Walk in Roßhaupten, Tel. 08367/2 41. Aktiv Flugsport & Freizeit GmbH, 87645Schwangau, Tel. 08362/98 34 50.

9,1 / 1410 m Kurz nach der bewirtschafteten »Jägeralpe« links bergan kurbeln Richtung »Tegelberg«. Nach 700 m am »Ochsenängerle« links über den »Straußbergsattel«.
10,1 / 1550 m Am Straußbergsattel geradeaus.
14,1 / 1707 m Ab Gipfelhaus Tegelberg wieder retour und auf gleichem Weg wie der Auffahrt zurück zum Ausgangspunkt (km 28,2 / 820 m).

Allgäu

Bikeurlaub im Allgäu lohnt sich ungemein. Dabei ist es egal, ob man nun nahe der Königsschlösser bei Füssen auf Tour geht oder die Höhen um Hindelang, Immenstadt oder Oberstdorf erstürmt. Überall warten Traumtouren mit hohem Erlebniswert. Eines müssen Allgäubiker allerdings in Kauf nehmen: Viele Wirtschafts- und Almwege sind geteert, damit Wind und Wetter, besser bekannt als Erosion, ihnen nicht den Garaus machen können.

193 Zwölferkopf

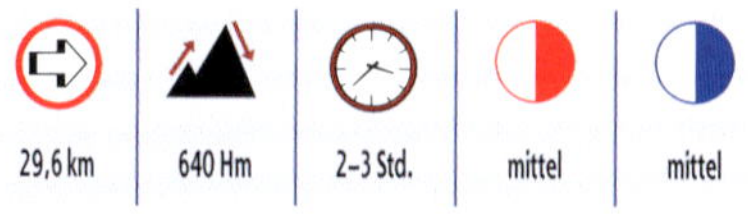

Wer kennt sie nicht, die bizarren Märchenschlösser von Walt Disney? Allerdings entstammen die keineswegs einer blühenden Phantasie. Vorlage war nämlich eine Planung des vorletzten Jahrhunderts: Ludwig II. wollte auf dem Falkenstein ein Schloss genau dieser Art bauen lassen. Und dort hinauf soll diese Tour führen.

Start: Auf der A 7 Richtung Füssen. Am Ortsanfang an der B 310 (Gewerbegebiet) EDEKA-Großmarkt mit Schotterparkplatz. Hier Start.
Karte: Topografische Karte 1:50.000, »Füssen und Umgebung«, Bayerisches Landesvermessungsamt, München.
Literatur: Mountain Bike aktiv »Allgäu«, Pietsch, Stuttgart. Moser Bike Guide 6 »Allgäuer Alpen«, Delius Klasing, Bielefeld.

Info: Kurverwaltung Füssen, Tel. 08362/9 38 50, Fax 08362/93 85 20.
Bikeshop: Yeti's MTB-Shop, Kemptenerstr. 87, 87629 Füssen, Tel. 08362/3 97 12.
Geführte Touren: Ferienhaus Walk in Roßhaupten, Tel. 08367/2 41. Aktiv Flugsport & Freizeit GmbH, Schwangau, Tel. 08362/98 34 50.

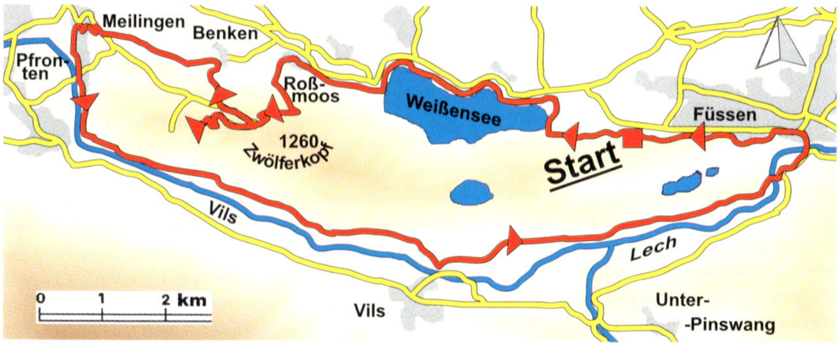

km 0,0 / 788 m Schotterparkplatz am Großmarkt bis südliches Ende queren. Dann rechts auf breitem Schotterweg Richtung »Weißensee«. Nach 500 m bei einzelnem Haus etwas links. Bald am Tunnelportal der A 7 entlang.
1,7 / 800 m An kleinem Elektrizitätswerk rechts auf Teer leicht bergab. Bei km 2,1 links auf geschottertem »Weißenseerundweg« weiter.
3,4 / 805 m Wo man zum zweiten Mal an die Straße kommt, etwas nach links auf Schotter weiter am See entlang. Dann kurz auf Teer und wieder links. Nächste rechts, an kleiner Parkanlage entlang. Bei km 4,7 an Infotafel »Weißensee« links über Brücke, dann rechts durch Badeanstalt bis Kiosk, sofort wieder links und auf Schotter am Badeufer entlang.
5,2 / 800 m An Seeende rechts bergan. Dann auf Radweg Straße entlang bis »Roßmoos«. Dort an erstem Teer-T rechts bergan. An nächstem Teer-T links Richtung »Salobersattel«. Bei km 6,7 am Bauernhaus Nr. 12 links bergan. 100 m weiter am Marterl gabelt der Weg: Hier links, praktisch geradeaus auf Teer bergan.
7,1 / 925 m Links über Viehweide samt Sperren Richtung »Falkenstein«. Am Waldrand rechts auf Schotter bergan (»roter Punkt«). Dann stets Richtung »Falkenstein«. Bei km 8,5 rechts, weiter steil bergan Richtung »Falkenstein«.
8,6 / 1112 m Links auf Teer bergan bis Gasthaus »Falkenstein«. Hier zunächst auf gleichem Weg retour. Bei km 11,1 auf Teer Linkskurve und weiter bergab Richtung »Pfronten«.
11,5 / 1090 m Rechts auf Singletrail bergab. Nach 200 m rechts. Bei km 12,3 am Ortsrand von Benken links auf markiertem Schotterweg Richtung »Pfronten«.
14,0 / 940 m Am Ortsrand von Pfronten-Meilingen links. Einige Meter weiter am Abzweig »König Ludwig Weg« ganz links auf anfangs geteertem Singletrail bergab Richtung »Hallenbad«. Nach 100 m am Bauernhof links. Oberhalb vom Schwimmbad links auf Singletrail »Manzenradweg«.
14,6 / 920 m Bei Häusern geradeaus auf Teer bergab, bald auf »Burgweg« bergab nach Ösch. Im Ort links weiter. Bei km 15,6 genau vor »Vilsbrücke« links auf »Unterer Manzenweg« Richtung »Vils« an gleichnamigem Fluss entlang. An nächster Vilsbrücke bei km 16,5 geradeaus auf breitem Schotterweg weiter.
17,6 / 848 m An Landesgrenze rechts, sofort links und auf Schottertrail, bald auf Grasweg weiter durch Österreich. Bei km 19,1 auf breiter Schotterpiste geradeaus nach Vils. Dort (km 20,8) auf Teer geradeaus durch den Ort, Hinweisen »Füssen« folgen.
22,3 / 830 m An Teer-T links. Nach 100 m an der Fabrik geradeaus auf Teer, Ort verlassen und weiter bis Südportal des Straßentunnels. Hier am letzten Haus geradeaus auf schmalem Schotterweg weiter.
26,3 / 835 m Rechts über fahrbare Treppe bergab zum Lechfall. Dort Brücke queren, auf Treppen zur Straße hinauf und nun links auf Radweg bergab nach Füssen.

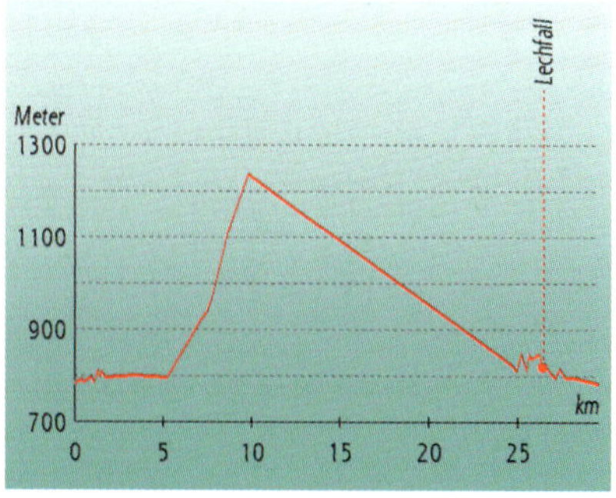

27,1 / 800 m Am Gasthaus »Schiffswirtschaft« links über Brücke. Dann geradeaus bergan in die Altstadt von Füssen. Dort am Brunnen praktisch geradeaus auf »Ritterstr.«. Anschließend geradeaus auf Radstreifen an Straße entlang.
27,7 / 800 m Am Kreisel links, nächste rechts, auf Teerstraße an Parkplatz entlang. Nach 200 m an Willkommensschild »Bad Faulenbach« rechts auf Teer bergab. Nächste links.
28,2 / 800 m Geradeaus auf Schotter, nächste rechts auf Teer an Feuerwache entlang. Anschließend links auf Radweg an Straße entlang.
28,7 / 790 m Am VW-Autohaus links auf Teer, sofort rechts und auf Schotter am Waldrand entlang bis Ausgangspunkt (km 29,6 / 788 m).

Allgäuer Ansichten

194 Rund um den Sorgschrofen

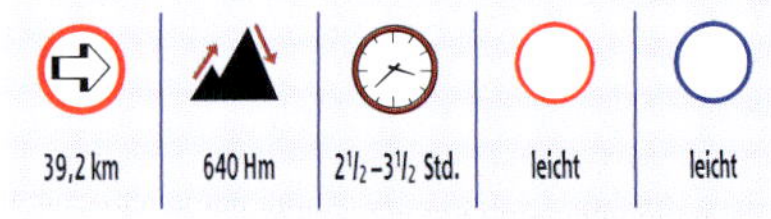

Wenn man im Vilstal an der ehemaligen Vilstalsäge diese Tour startet, sollte man die Ausweispapiere nicht vergessen. Immerhin quert man auf der Runde um Alpspitz und Sorgschrofen gleich dreimal die Grenze zwischen Deutschland und Österreich. Zwar sind die Grenzkontrollen weitgehend abgeschafft, aber man weiß ja nie…

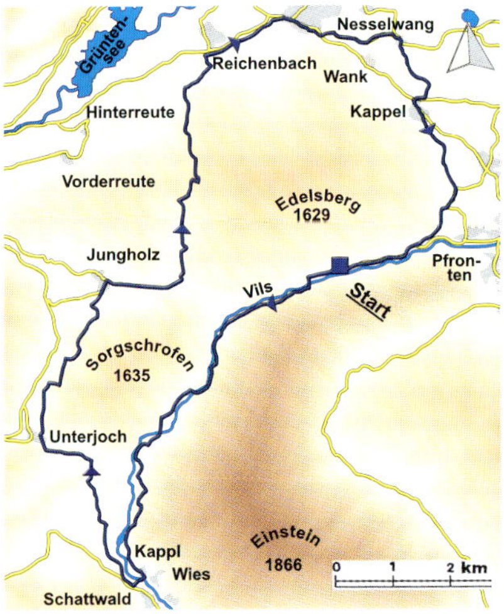

km 0,0 / 900 m Ab Parkplatz »Vilstalsäge« auf Teer 200 m talaufwärts. Dann links auf Schotter Richtung »Rehbach«. Bei km 0,3 nach Brücke über Vils rechts talaufwärts.
1,4 / 920 m Bei einzelner Hütte links auf Grasweg bergan. 150 m weiter, nach kurzem steilen Anstieg, auf Grasweg rechts auf Schotterpiste leicht bergab, »Rundweg 1«.
3,3 / 940 m Rechts über Brücke. Nächste links und auf anderer Bachseite auf Schotter Richtung »Rehbach«. Bei km 4,7 österreichische Grenze passieren und geradeaus auf Schotter an »Kalbelehofalm« entlang.
5,8 / 985 m Nach Viehgatter am Gedenkstein rechts auf breiter Schotterpiste weiter. Ein paar Meter weiter, kurz vor Furt, links auf Schotterweg über Holzbrücke und auf Hauptweg geradeaus bergan Richtung »Schattwald« (»Radmarkierung«).
9,3 / 1070 m In Schattwald-Kappel rechts auf Teer durch den Ort. Bei rotem Hydranten rechts bergab. Dann Vilsbrücke queren. Bei km 9,6 am alten Zollamt rechts auf Straße. Einige Meter sofort rechts und auf Teerweg durch den Weiler Steig Richtung »Rehbach«.
11,1 / 1080 m Oberhalb des Vilsstausees an Hütte links, weiter auf Teer Richtung »Unterjoch«. Einige Meter weiter rechts. Bei km 12,2 rechts. 350 m weiter links auf Teer durch Weiler Steineberg nach »Unterjoch«.
14,1 / 1013 m In Unterjoch an der Kirche rechts, Straße verlassen und an Bächlein Richtung »Jungholz«. Bei km 14,7 links auf Pfad. Bald Wertach queren. Danach rechts auf Schotter bis Kläranlage. Dort wieder rechts, nochmals Wertach queren und weiter Richtung »Jungholz«.
16,3 / 980 m Rechts auf Teerweg bergan Richtung »Hintere Sorg Alpe« und dort weiter geradeaus Richtung »Jungholz«. Bei km 17,4 links von Teer auf Waldweg, bald Pfad, Richtung »Jungholz« abzweigen. 400 m weiter links auf Forstweg bergab nach Jungholz.
18,5 / 1058 m Rechts auf Teer Richtung Kirche. Dort rechts über Langenschwand bergan zur »Alpe Stubental« (km 21,7). Dort rechts auf Schotter 600 m weiter. Am Wendeplatz geradeaus auf Trail Richtung »Reichenbach«.
22,6 / 1270 m Geradeaus auf Schotterweg bergab. Ab km 24,3, nahe Haslachalpe geradeaus auf geteertem Weg bergab bis Landstraße nach Reichenbach. Hier rechts an Straße entlang Richtung »Nesselwang«.
28,2 / 899 m Kurz vor B 309 rechts bergab durch Nesselwang. Nach 300 m rechts auf Hauptstraße durch den Ort. Bei km 29,4 links auf Straße Richtung »Hertingen«.
31,0 / 910 m Rechts Richtung »Hertingen«. 150 m weiter wieder rechts und auf Teerweg Richtung »Kappel, Voglen«. Bei km 31,9 links auf Schotter Richtung »Pfronten«.
32,9 / 886 m Bahngleise passieren, dann rechts auf Teerweg zur B 309. Hier links durch Kappel bis Kirche. Dort bei km 33,6 rechts ab und dem »Einfängweg« Richtung »Pfronten« folgen.
34,3 / 900 m Rechts auf Teerweg Richtung »Röfleuten«. Nach 1000 m rechts zum Ortsrand von Röfleuten. Dort wieder rechts, nächste links durch den Ort und über Halden taleinwärts ins Vilstal bis Ausgangspunkt (km 39,2 / 900 m).

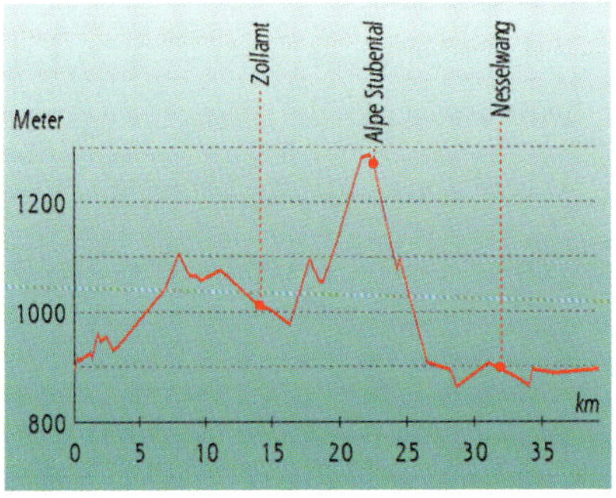

Start: Von der A 7 über Abfahrt »Oy-Mittelberg« oder aus Füssen auf der B 310 nach Pfronten. Im Ort Hinweisen »Vilstal« folgen. Auf Vilstalstraße bis Vilstalsäge, dort am Parkplatz starten.
Karte: Topografische Karte 1:50.000, »Füssen und Umgebung«, Bayerisches Landesvermessungsamt, München.
Literatur: Mountain Bike aktiv »Allgäu«, Pietsch, Stuttgart. Moser Bike Guide 6 »Allgäuer Alpen«, Delius Klasing, Bielefeld.
Info: Fremdenverkehrverband Pfronten, Tel. 08363/6 98 88.
Bikeshops: Paradeis, Vilstalstr., Tel. 08363/16 42, Sport Manhard Tel. 08363/71 82, Sporthaus Kolb, Tel. 08363/9 21 30 (alle in Pfronten).
Geführte Touren: Aktiv Center (Alpenhotel, Herr Pott), Tel. 08363/50 55.

Hoch über Nesselwang

195 Vilstal

26,9 km | 725 Hm | 2–3 Std. | mittel | mittel

Wieder rollt man durch das wildromantische Tal der Vils. Dann folgt der Anstieg hinauf zur 1575 Meter hohen Alpspitz, dem Hausberg Nesselwangs. Für Skiläufer im Winter und Fußgänger im Sommer ist dieser Berg mit Aufstiegshilfen ordentlich bestückt. Aber das kann man angesichts der einmaligen Aussicht verschmerzen.

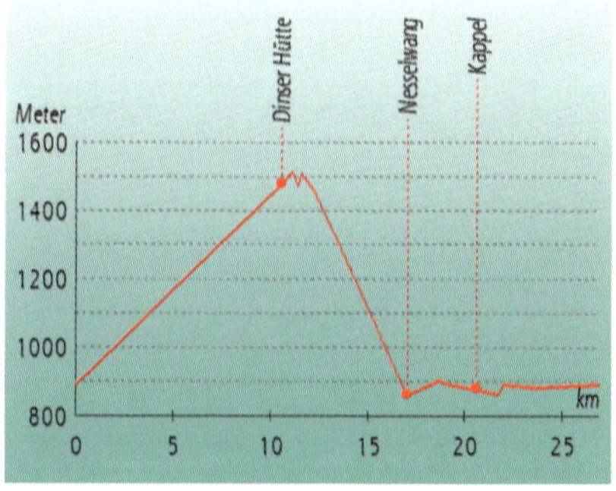

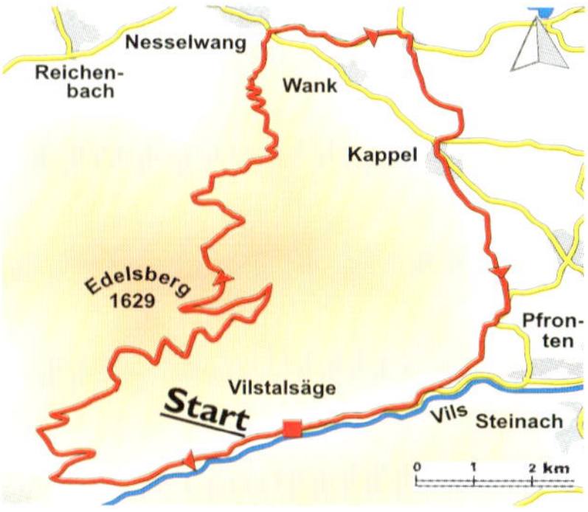

km 0,0 / 900 m Ab Vilstalsäge taleinwärts auf Teer. Nach 200 m rechts auf Teer bergan. Bei km 1,9 nahe der Schneidbachalpe rechts bergan Richtung »Jungholz«. 1000 m weiter, genau vor Staatsgrenze rechts, immer bergan auf Hauptweg Richtung »Dinser Hütte«, alle Abzweige zwischendurch ignorieren.
10,5 / 1485 m 300 m vor Dinser Hütte hart rechts, Viehsperre passieren und auf Pfad bergan Richtung »Edelsberg«. Bald links, steil bergan zur Fichtelhütte.
11,1 / 1520 m Ab Fichtelhütte auf Schotter kurz bergab. Dann bergan und weglos den Sattel zwischen Edelsberg und Alpspitz queren. Auf Schottertrail bergab Richtung »Nesselwang«.
12,3 / 1461 m Am Gasthof »Böck« links bergab Richtung »Nesselwang«. Nun bis Ort auf Hauptweg bleiben. Nach 1200 m unter der Seilbahn Gatter passieren und geradeaus weiter bergab.
17,0 / 867 m In Nesselwang rechts auf B 309. An nächstem Straßenabzweig links Richtung »Hertingen«.
18,7 / 910 m Am Straßenabzweig rechts Richtung »Hertingen«. 150 m weiter wieder rechts und auf Teerweg Richtung »Kappel, Voglen« Bei km 19,2 links auf Schotter Richtung »Pfronten«.
20,6 / 886 m Bahngleise passieren und rechts auf Teerweg zur B 309. Auf der links durch Kappel bis Kirche. Dort bei km 21,3 rechts ab und »Einfängweg« Richtung »Pfronten« folgen.
22,0 / 900 m Rechts auf Teerweg Richtung »Röfleuten«. Nach 1000 m an Gabelung rechts zum Ortsrand von Röfleuten. Wieder rechts, nächste links durch Ort, über Halden taleinwärts ins Vilstal zurück (km 26,9 / 900 m).

Start: Von der A 7 über Abfahrt »Oy, Mittelberg« oder aus Füssen auf der B 310 nach Pfronten. Im Ort Hinweisen »Vilstal« folgen. Dann auf der Vilstalstraße bis Vilstalsäge, hier am Parkplatz starten.
Karte: Topografische Karte 1:50.000, »Füssen und Umgebung«, Bayerisches Landesvermessungsamt, München.
Literatur: Mountain Bike aktiv »Allgäu«, Pietsch, Stuttgart. Moser Bike Guide 6 »Allgäuer Alpen«, Delius Klasing, Bielefeld.
Info: Fremdenverkehrverband Pfronten, Tel. 08363/6 98 88.
Bikeshops: Paradeis, Vilstalstr., Tel. 08363/16 42, Sport Manhard Tel. 08363/71 82, Sporthaus Kolb, Tel. 08363/9 21 30 (alle Pfronten).
Geführte Touren: Aktiv Center (Alpenhotel, Herr Pott), Tel. 08363/50 55.

Allgäu

196 Rund ums Wertacher Hörnle

34,5 km	1325 Hm	2½–3½ Std.	mittel	mittel

Wertacher Hörnle, Spieser und die Tannheimer Berge sind schon einmalig anzuschauen. Aber spätestens bei der Abfahrt zurück nach Hindelang sollte man wieder mehr auf das Vorderrad achten. Denn hier saust man unter anderem auf der Worldcup-Downhillstrecke von anno '94 bergab.

Start: Auf der A 7 bis zur Abfahrt Nesselwang. Dann auf der B 310 über Wertach und Oberjoch bis nach Hindelang weiterfahren. Dort auf dem Parkplatz am Kurhaus die Tour starten.
Karte: Topografische Karte 1:50.000, Allgäuer Alpen, Bayerisches Landesvermessungsamt, München.
Literatur: Mountain Bike aktiv »Allgäu«, Pietsch, Stuttgart. Moser Bike Guide 6 »Allgäuer Alpen«, Delius Klasing, Bielefeld ist empfehlenswert.
Info: Kurverwaltung Hindelang, Tel. 08324/89 20, Fax 08324/80 55.
Bikeshops: Fahrradabteilung im Autohaus Morhart, Hindelang, Tel. 08324/22 66. Radsport Riezler, Richard-Wagner-Str. 16, Sonthofen, Tel. 08321/93 10.
Geführte Touren: Wolfgang Zeller, Kurverwaltung Oberjoch, Tel. 08324/77 09.

Ein Schmankerl, wo man sein Können ausgiebig testen kann.
km 0,0 / 820 m Vom Parkplatz am Kurhaus Hindelang auf Straße Richtung »Sonthofen«. Dann bald auf geteertem Radweg an B 308 entlang. Bei km 1,7 rechts durch Vorderhindelang. Nach 250 m, nahe der Kirche, links ab

Nur nicht schlapp machen!

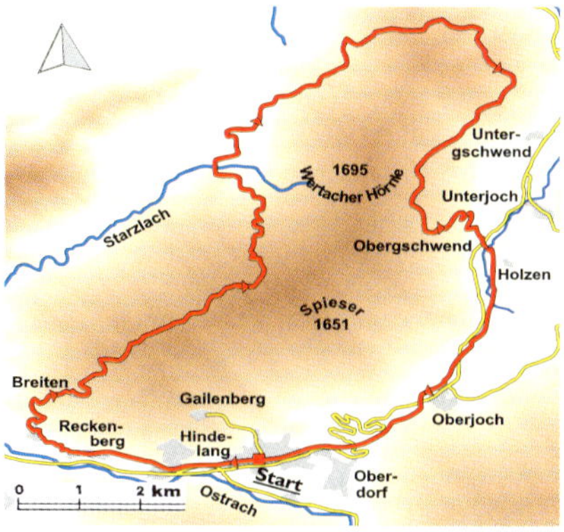

→ Richtung »Reckenberg, Tiefenbach, Sonthofen«. Nach 250 m rechts auf »Reckenbergweg« bergan.

2,8 / 830 m Geradeaus auf Fahrweg durch Reckenberg. Bei km 3,6 rechts bergan nach Tiefenbach. 500 m weiter, direkt am Ortseingang, rechts Richtung »Breiten«. Nach 250 m wieder rechts halten. Bei km 5,0 an Abzweig links weiter auf Alpweg »Breiten«.

5,6 / 940 m Rechts bergan. 500 m weiter, am Abzweig zur Alpe Breiten links Teerweg weiter bergan folgen.

9,0 / 1329 m Auf Trail geradeaus Richtung »Tiefenbacher Wald«. 1100 m weiter rechts auf Schotterpiste bergab, bald an der Tiefenbacher Hütte entlang Richtung »Dreiangelhütte«. Bei km 11,0 links auf teils geteertem Weg bergab.

14,3 / 990 m An der Dreiangelhütte rechts auf geteertem, für Autos gesperrtem »Königssträßchen« bis km 17,3. Dort hart rechts Richtung »Wertacher Hörnle«.

18,3 / 1100 m Am Abzweig »Bichler Alm« geradeaus. Bei km 19,6 rechts ab Richtung »Wertacher Hörnle«.

22,2 / 1410 m Oberhalb Schnitzelertalalpe (bewirtschaftet) am Ende des geteerten Weges links auf Schotter Richtung »Pfeiffermühle«.

22,9 / 1460 m Auf dem Sattel rechts am Hangweg entlang Richtung »Buchelealpe«.

23,9 / 1460 m Links auf Trailpfad bergab zur »Buchelealpe« (Einkehr möglich). Dort rechts bergab ins Tal.

27,5 / 1025 m An »Alpenstraße« rechts. 150 m weiter Straße Richtung »Versehrtensportheim« queren. Nächste links an Wertach entlang. 200 m weiter rechts, Wertach queren und ein Stück bergan Richtung »Hotzen«. Bald an Bauernhof rechts auf »Hotzenhöhenweg« Richtung »Oberjoch«.

28,6 / 1060 m Geradeaus auf Teer. 300 m weiter links und an B 310 entlang nach Oberjoch.

30,1 / 1150 m Am Brunnen im Ortszentrum Oberjoch geradeaus durch Salz-

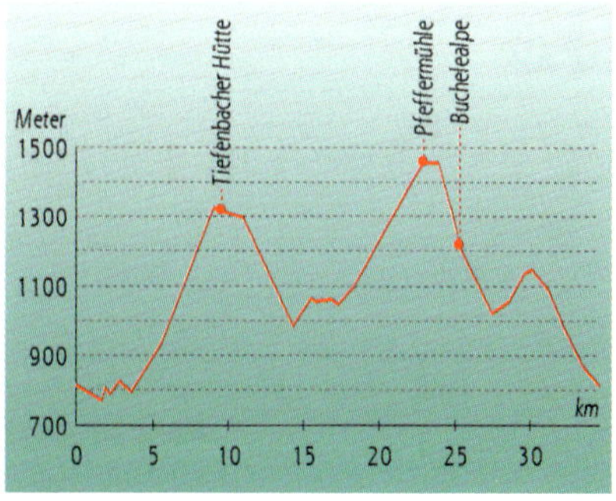

gasse. Am Skihospital links Richtung »Wildbachtobel, Hindelang«. 400 m weiter Viehgatter passieren und rechts auf der Worldcup-Downhillstrecke von 1994 bergab Richtung »Wildbachtobel«.

31,2 / 1095 m Rechts auf »Alte Paßstraße«. 100 m weiter links, gleich nochmals links und auf Schotterpiste bergab.

32,3 / 975 m Links Wiesenpfad »Bergwachtweg« folgen. Bald an einem Brunnen rechts auf Schotter Richtung »Hindelang«. 350 m weiter geradeaus und an E-Werk entlang.

33,5 / 870 m Rechts auf »Jochstraße« Richtung »Hindelang«. Nächste wieder rechts. 350 m weiter links, anschließend rechts und zurück zum Ausgangspunkt auf dem Parkplatz am Kurhaus Hindelang (km 34,5 / 820 m).

EXTRA: Illerdamm

13 km, 100 Hm, $^1/_2$–1 Std., Kondition: leicht, Technik: leicht

Der befahrbare Illerdamm stellt im Allgäu die Mutter aller Trainingsstrecken dar. Denn hier kann man auf nahezu ebener Strecke und vor allem abseits der miefigen Straßen genug für die Grundausdauer tun. Dafür besonders interessant ist das Teilstück zwischen Oberstdorf und Sonthofen, weil man fast immer geradeaus unterwegs ist.

197 Unterjocher Schnuppertour

11,7 km | 490 Hm | ca. 1 Std. | leicht | leicht

Das Gebiet von Unterjoch, Oberjoch und Hindelang, das heutzutage verwaltungstechnisch zusammengehört, bietet eine Vielzahl von Tourenmöglichkeiten. Wie zum Beispiel diese, die einen ersten kurzen Einblick in die wunderschöne Bergwelt dieser Region verschafft.

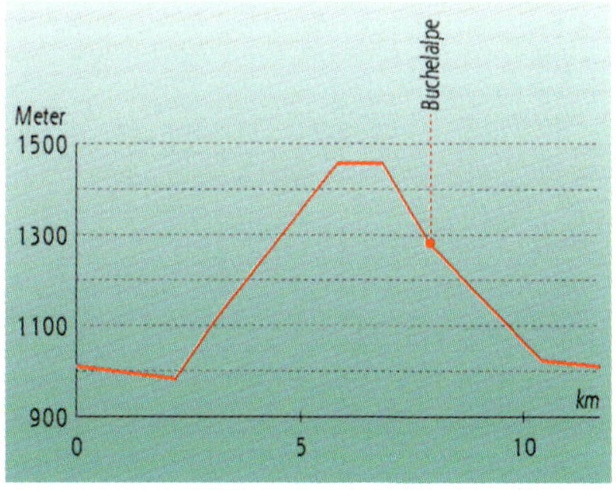

km 0,0 / 1013 m In Unterjoch an Kirche rechts, Straße verlassen und an Bächlein entlang Richtung »Jungholz«. Bei km 0,6 an Gabelung links auf Pfad. Bald Wertach queren. Danach rechts auf Schotter. Ab Kläranlage auf Teer zur »Alpenstraße«. Hier rechts und an dieser entlang.

2,2 / 985 m Links, »Alpenstraße« queren. Auf anderer Straßenseite links auf Fahrweg weiter. Nach 150 m wieder links. Nach nochmals 150 m rechts.

3,1 / 1120 m Links auf Grasweg teils steil bergan Richtung »Roßalpe«.

5,8 / 1460 m Links Richtung »Buchelalpe«.

6,8 / 1460 m Links bergab Richtung »Buchelalpe«. Nach 250 m kurze Schiebestrecke durch »Naturschutzgebiet«.

7,9 / 1280 m An der Buchelalpe rechts bergab ins Tal.

10,4 / 1025 m An »Alpenstraße« links. Nach 600 m Straße queren und auf Fahrweg nach Unterjoch zum Ausgangspunkt (km 11,7 / 1013 m).

Start: Die A 7 über Abfahrt Nesselwang verlassen und dann auf der B 310 nach Unterjoch. Dort an der Kirche starten.
Karte: Topografische Karte 1:50.000, »Allgäuer Alpen«, Bayerisches Landesvermessungsamt, München.
Literatur: Mountain Bike aktiv »Allgäu«, Pietsch, Stuttgart. Moser Bike Guide 6 »Allgäuer Alpen«, Delius Klasing, Bielefeld.
Info: Kurverwaltung Hindelang, Tel. 08324/89 20, Fax 08324/80 55 oder Fremdenverkehrsbüro Unterjoch, Tel. 08324/76 07. Kurverwaltung Oberjoch, Tel. 08324/77 09.
Bikeshops: Fahrradabteilung im Autohaus Morhart, Hindelang, Tel. 08324/22 66. Radsport Riezler, Richard-Wagner-Str. 16, Sonthofen, Tel. 08321/93 10.
Geführte Touren: Kurverwaltung Oberjoch, Tel. 08324/77 09. Bikeverleih Sonthofen, Tel. 08321/2 23 57.

200 Hochgrat

54,7 km	2000 Hm	4-5 Std.	anspruchsvoll	anspruchsvoll

Willkommen zu ein paar kräftezehrenden Stunden: Knüppelhart und extrem steil windet sich der Weg hinauf zum Gipfel. Die Abfahrt beginnt mit einer Schiebepassage und endet in Hittisau; der nächste Anstieg erfolgt zu Fuß. Ab dem Ferienhof Kojen verwöhnt ein wunderschöner Singletrail, bevor man über Weißach und Steibis retour nach Oberstaufen rollt.

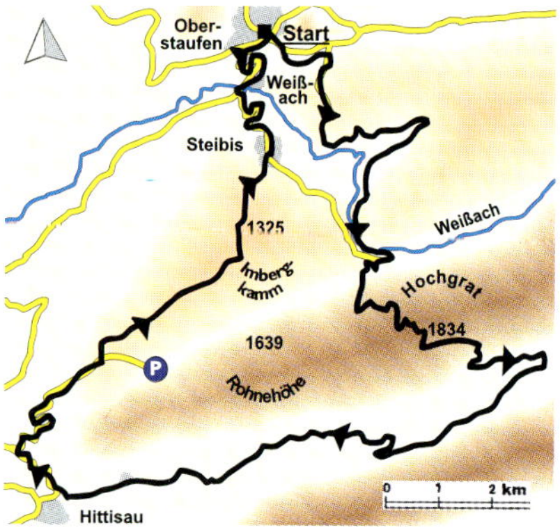

km 0,0 / 795 m Ab dem Bahnhofsparkplatz in Oberstaufen am Raiffeisenlager entlang. Dann auf Teerweg an Bahnlinie entlang. Bei km 1,8 rechts bergan Richtung »Buchenegg«. Im Ort rechts Richtung »Seppl's Biergarten«. Bei km 3,3 an kleiner Kapelle rechts (»X«). 400 m weiter links auf Teer weiter.
4,5 / 910 m Auf Teer, bald Grasweg, geradeaus bergan und Mittelbachtal umrunden. Dabei an Alpe »Sonnhalde« entlang. Danach geradeaus auf Schotter bergan. Bei km 9,5 Furt passieren und an Weißach entlang talaufwärts.
11,5 / 855 m An der Talstation der Hochgratbahn rechts auf Teer Richtung »Steibis«. Nach 100 m links Hinweis »Hochgrat« auf Teer folgen.
13,5 / 1072 m An der Alpe Schilpre links auf Schotter, teils extrem steil, bergan Richtung »Hochgrat«.

Start: Von der A 7 über Dreieck Allgäu nach Immenstadt. Dort auf der B 308 nach Oberstaufen. Start am Bahnhof mitten im Ort.
Karte: Topografische Karte 1:50.000, »Allgäuer Alpen«, Bayerisches Landesvermessungsamt, München.
Literatur: Mountain Bike aktiv »Allgäu«, Pietsch, Stuttgart. Moser Bike Guide 6 »Allgäuer Alpen«, Delius Klasing, Bielefeld.
Info: Kurverwaltung Oberstaufen, Tel. 08386/9 30 00.
Bikeshop: Oli's Bikeshop, 87534 Oberstaufen, Tel. 08386/96 10 64.
Geführte Touren: Aktivzentrum Jürgen Koch, 87534 Oberstaufen, Tel. 08386/3 63.

17,5 / 1704 m Nach kurzer Schiebepassage rechts an Bergstation der Hochgratbahn entlang. Bald wieder rechts und auf Pfad Hinweis »Obere Gelchenwang Alpe« folgen. Nach 1,7 km ab Alpe auf Schotterpiste Richtung »Scheidwang Alpe«.
21,9 / 1350 m An der Scheidwang Alpe rechts auf Schotter Richtung »Österreich«.
26,2 / 1220 Kurz nach der Alpe Helmingen rechts bergab. Nach 2300 m Grenze zu Österreich passieren und ab dem Gasthof »Höfle« auf Teerweg talauswärts. Bald Reute geradeaus passieren.
35,5 / 750 m Nahe Hittisau rechts auf Straße Richtung »Au«. Nach 1500 m rechts nach »Hochhädrich«.
41,9 / 1220 m An Weiderost links, Schranke passieren und bald am »Ferienhof Kojen« entlang. Bei km 42,7 an der »Alpe Moos« rechts auf Wiesenpfad weiter, bald wieder Grenze passieren. Anschließend geradeaus an Alpe Gluthschwanden entlang zur Hütte Häuslers Gschwend.

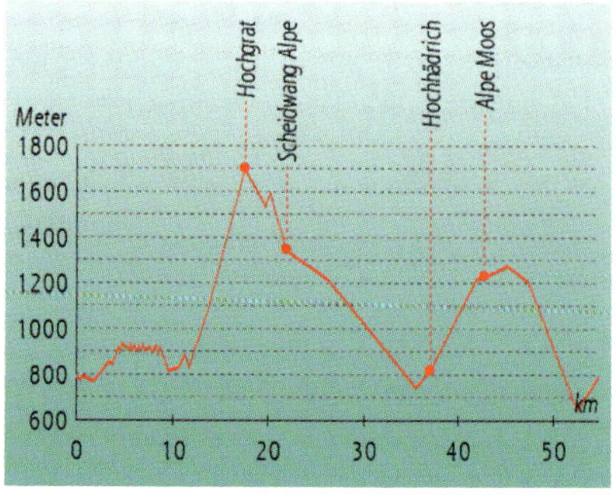

45,2 / 1280 m 300 m nach Hütte Häuslers Gschwend rechts auf Singletrail weiter. Nach 600 m links auf Teerweg Richtung »Steibis«.
47,3 / 1210 m Links auf Fahrstraße weiter Richtung »Steibis«. Bei km 49,5 an Abzweig geradeaus nach Steibis. 300 m weiter rechts, dann nächste links Hinweisen Richtung »Weißach« folgen.
52,5 / 650 m Rechts, Weißachbrücke queren und durch den Ort Weißach auf der Straße bergan nach Oberstaufen (km 54,7 / 795 m).

Da staunt die Kuh und wundert sich.

201 Rund um den Einstein

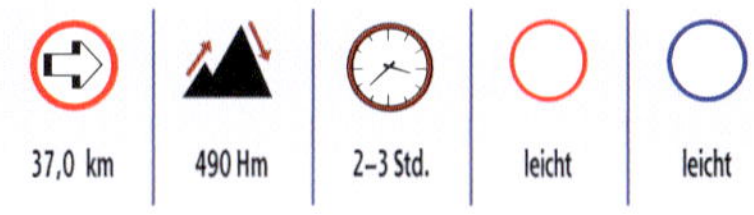

Diese zünftige Runde verläuft fast immer im Talgrund und umrundet dabei die Höhen von Einstein (1866 m), Schönkahler (1688 m) und Kienberg (1534 m). So kommen nur etwa 500 Höhenmeter zusammen – die ideale Tour für Einsteiger.

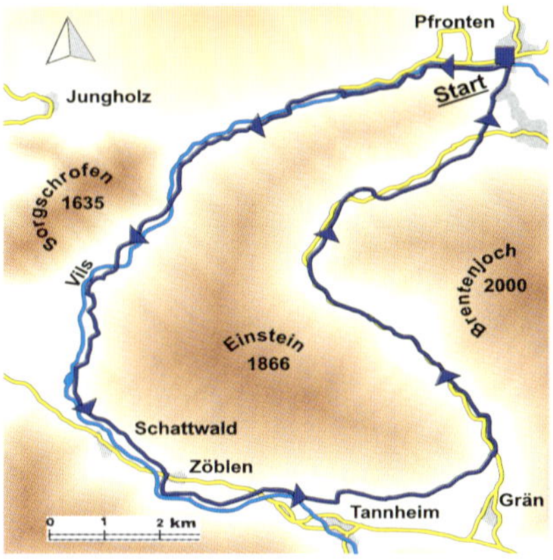

km 0,0 / 860 m Ab Polizei Pfronten zunächst auf Straße geradeaus Richtung »Steinach, Vils«. Nach 200 m, direkt nach Vilsbrücke rechts flussaufwärts. 400 m weiter nach Fußgängerschild sofort rechts und auf breitem Schotterweg weiter am Fluss entlang. Bei km 1,4 an Straßenbrücke über Vils links, nächste rechts auf »Rappenschrofenweg« Richtung »Vilstal« (»Radmarkierung«).
2,6 / 875 m Geradeaus weiter auf Schotter durchs Flusstal. Bei km 3,9 kurz nach Sägewerk rechts über Holzbrücke. Danach links auf Teerstraße Richtung »Vilstalsäge«. Dort bei km 4,9 geradeaus auf Teer 200 m weiter. An Gabelung links auf Schotter Richtung »Rehbach«. Bei km 5,2 nach Brücke über Vils an Schottergabelung rechts talaufwärts.
6,3 / 920 m Bei einzelner Hütte links auf Grasweg bergan. 150 m weiter, nach kurzem steilen Anstieg auf Grasweg rechts auf Schotterpiste leicht bergab, »Rundweg 1« folgen.
8,2 / 940 m Rechts über Brücke, nächste links und auf anderer Bachseite auf Schotter Richtung »Rehbach«. Bei km 9,6 österreichische Grenze passieren und geradeaus auf Schotter zur »Kalbelehofalm«. Dort an Gabelung geradeaus, Viehsperre passieren.
10,7 / 985 m Nach Viehgatter am Gedenkstein rechts auf breiter Schotterpiste weiter. Ein paar Meter weiter, kurz vor Furt links auf Schotterweg über Holzbrücke und auf Hauptweg geradeaus bergan Richtung »Schattwald« (»Radmarkierung«).
14,2 / 1070 m In Schattwald-Kappl rechts auf Teer durch den Ort. Am roten Hydranten rechts bergab. Vor Vilsbrücke sofort links auf Teer an Vils entlang flussaufwärts.
16,0 / 1076 m In Zöblen Straße queren, Radmarkierung »Tannheim« folgen und weiter am Fluss entlang. Bei km 16,3 an Talstation »Rohnenliste« rechts über Brücke, dann links auf Schotter weiter an Vils entlang.
18,5 / 1095 m Vor der Straße rechts, dann sofort links, Straßenunterführung passieren. An Gabelung geradeaus, Brücke über Vils passieren und rechts Richtung »Tannheim«. Bei km 19,9 links in den Weiler Berg. Dort rechts auf Teer. 100 m weiter an Kapelle dann Richtung »Grän«.
21,2 / 1100 m Kurz nach Kapelle links durch »Innergschwend«. Bei km 21,8 zweite Möglichkeit links, auf Teer leicht bergan Hinweis »Pfronten« folgen.

Start: Von der A 7 über Abfahrt »Oy-, Mittelberg« oder aus Richtung Füssen auf der B 310 nach Pfronten. Im Ort Hinweisen »Vilstal« folgen. An der Polizei bzw. Sporthaus »Kolb« Tour starten.
Karte: Topografische Karte 1:50.000 »Füssen und Umgebung«, Bayerisches Landesvermessungsamt.
Literatur: Mountain Bike aktiv »Allgäu«, Pietsch, Stuttgart. Moser Bike Guide 6 »Allgäuer Alpen«, Delius Klasing, Bielefeld.
Info: Fremdenverkehrverband Pfronten, Tel. 08363/6 98 88.
Bikeshops: Paradeis, Vilstalstr., Tel. 08363/16 42, Sport Manhard Tel. 08363/71 82, Sporthaus Kolb, Tel. 08363/9 21 30 (alle Pfronten).
Geführte Touren: Aktiv Center (Alpenhotel, Herr Pott), Tel. 08363/50 55.

Allgäuer Spätzle – wer kennt und mag die nicht?

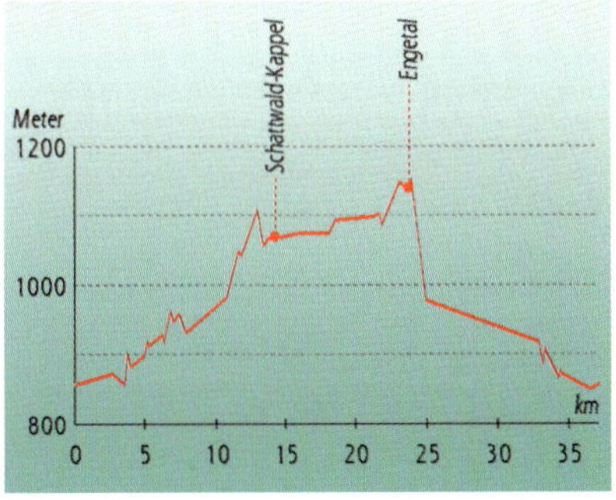

23,0 / 1150 m Links und am Campingplatz entlang. 700 m weiter links auf Teerstraße, bald parallel auf geschottertem Radweg durchs Engetal.
24,9 / 980 m Links auf Schotter an Straße entlang. Nach 100 m rechts halten, Straße unterqueren und am Bach entlang talabwärts.
32,8 / 920 m Geradeaus auf Teer weiter talabwärts. Kurz nach der Fallmühle rechts auf schmalem Teerweg »Gschönweg« nach »Pfronten« (»12«, »R 3«). Nach Straßenunterführung und Brücke links auf Schotterweg am Bach entlang talabwärts.
34,4 / 875 m Geradeaus Richtung »Pfronten«. Nach 200 m geradeaus auf Teer weiter. Bei km 35,2 links auf Teer, Brücke queren. An nächster Teergabelung links, zur Straße, diese queren, weiter Richtung »Pfronten« (»R 3«).
36,4 / 852 m An Hotel »Alpenrose« links auf Straße durch Pfronten zurück zum Ausgangspunkt an der Polizei Pfronten (km 37,0 / 860 m).

202 Sonthofner Hörnle

22,2 km	700 Hm	$1^1/_2$–$2^1/_2$ Std.	mittel	mittel

Wieder mal geht es recht steil zur Sache. Und zwar auf einer ehemaligen Rennstrecke, die selbst die Cracks bei der einst hier ausgetragenen deutschen Meisterschaft im Cross Country zum Schwitzen brachte.

km 0,0 / 820 m Vom Kurhaus Hindelang zur B 308. Diese queren und auf »Ledererstraße« bis Talstation des Sessel-

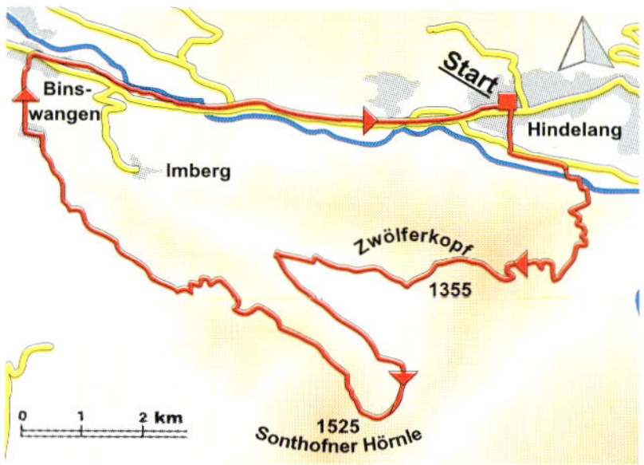

lifts. Dort Straße queren und auf Teerweg Richtung »Retterschwanger Tal«. 80 m weiter, vor Brücke, auf Schotterweg abzweigen und an Ostrach flussaufwärts.
1,4 / 808 m Ostrachsteg Richtung »Retterschwanger Tal« passieren. 150 m weiter rechts auf Wirtschaftsweg »Hornalpe« Richtung »Café Horn«.
2,7 / 980 m Rechts bergan Richtung »Imberger Horn«. Nach 1200 m links auf Hauptweg bis Bergstation der Sesselbahn bei km 4,9. Hier nun auf Schotter links weiter bergan.
5,7 / 1380 m Rechts auf Pfad durch den Wald, Hinweis »Strausbergalpe« beachten. Nach 300 m am Gipfelkreuz auf dem Zwölferkopf rechts halten und auf Pfad bergab Richtung »Sonthofen«.
7,7 / 1190 m Kurz nach bewirtschafteter Strausberghütte hart links und nun Hinweisen »Naturfreundehaus, Alpe Strausberg« folgen.

Und ewig lockt die Aussicht.

Start: Auf der A 7 bis Abfahrt Nesselwang. Dann auf der B 310 über Wertach und Oberjoch nach Hindelang. Dort auf Parkplatz am Kurhaus starten.
Karte: Topografische Karte 1:50.000, »Allgäuer Alpen«, Bayerisches Landesvermessungsamt, München.
Info: Kurverwaltung Hindelang, Tel. 08324/89 20, Fax 08324/80 55.
Bikeshops: Fahrradabteilung im Autohaus Morhart, Hindelang, Tel. 08324/22 66. Radsport Riezler, Richard-Wagner-Str. 16, Sonthofen, Tel. 08321/93 10.
Geführte Touren: Wolfgang Zeller, Kurverwaltung Oberjoch, Tel. 08324/77 09.

9,3 / 1225 m An Strausbergalpe geradeaus auf Pfad Richtung »Sonthofen«. 100 m weiter Weidezaun passieren. Nach nochmals 130 m rechts halten, weiter in Richtung »Sonthofen« (teils Schiebestrecke).
9,8 / 1240 m An Gabelung rechts.
12,2 / 1142 m Geradeaus am Wirtshaus »Sonthofner Hof« entlang. 1100 m weiter rechts Weidezaun passieren und auf Singletrail Richtung »Sonthofen«. 500 m weiter Abzweig nach rechts ignorieren. Standortübungsplatz der Bundeswehr passieren (zeitweise gesperrt).
14,8 / 905 m An Eisengitter links auf Fahrweg bergan Richtung »Sonthofen«. Bei km 15,3 kurz nach Kuppe rechts auf Schotterweg nach Margarethen. Im Ort links, 300 m weiter rechts und an Bächlein entlang bergab.

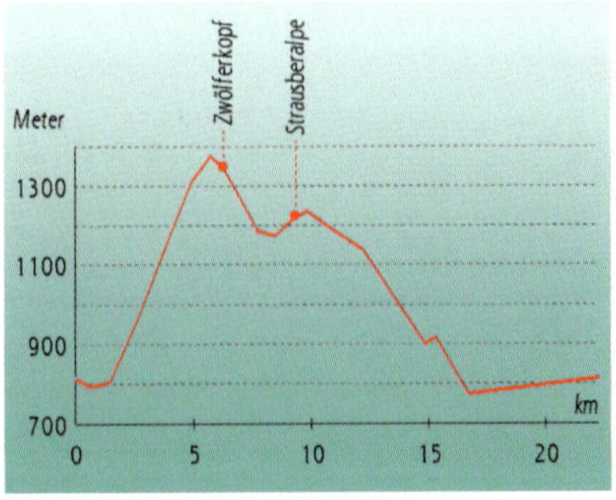

16,7 / 780 m In Binswangen rechts, nächste links und auf Straße zur B 308. Dort rechts auf Radweg retour nach Hindelang (km 22,2 / 820 m).

Allgäu

203 Hörnlepass

33,3 km | 940 Hm | 3 Std. | mittel | mittel

Start: Über A 7 via Würzburg bzw. Ulm Richtung Süden. Anschließend über A 980 und B 19 nach Oberstdorf. Am ersten großen Kreisel Start.
Karte: Topografische Karte 1:50.000, »Allgäuer Alpen«, Bayerisches Landesvermessungsamt, München.

Literatur: Mountain Bike aktiv »Allgäu«, Pietsch, Stuttgart. Moser Bike Guide 6 »Allgäuer Alpen«, Delius Klasing, Bielefeld.
Info: Verkehrsamt Oberstdorf, Tel. 08322/70 00.
Bikeshop + Geführte Touren: Radsport Heckmair in Oberstdorf, Tel. 08322/22 10.

Oberstdorf dürfte wegen der äußerst vielseitigen Bikemöglichkeiten einer der besten Spots fürs Kurbelvergnügen in ganz Deutschland sein. Und dafür liefert die hier vorgestellte Tour über den Hörnlepass gleich den ersten Beweis.

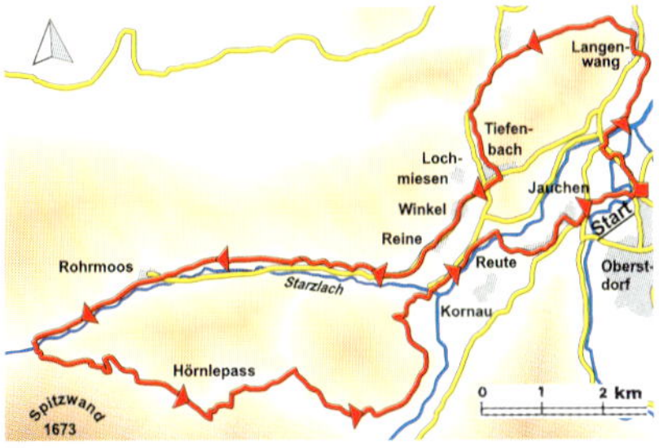

km 0,0 / 800 m Ab Kreisel in Oberstdorf auf Radweg an »Sonthofener Straße« (B 19) entlang Richtung »Sonthofen«. 500 m weiter nach Brücke links, sofort rechts an Straße entlang Richtung »Tiefenbach«. Bei km 0,8 nach Straßenunterführung rechts auf geteertem Radweg Richtung »Tiefenbach«. Dann wieder Straßenunterführung passieren, rechts und am Ende des Radwegs ein Stück auf der Straße weiter. Nach der Illerbrücke links, sofort wieder links, Straßenbrücke unterqueren und an Iller entlang. Nach Eisenbahnunterführung den Illerdamm links verlassen und auf Schotter Richtung »Langenwang«.
2,1 / 775 m An Holzhütte links auf Schotter an Bahngleisen entlang. 700 m weiter, in Langenwang links Bahngleise und anschließend Hauptstraße queren. Dann geradeaus auf geteertem »Kipseler Weg« weiter. An nächstem Teer-T rechts halten.
3,1 / 800 m Kurz nach Drechslerei links auf Schotter bergan Richtung »Hirschsprung«. Ein paar Meter weiter rechts auf schmälerem Weg auf gleicher Höhe bleiben. Nach 200 m links auf Teer weiter. Bei km 3,6 links auf »Lochleiteweg« Richtung »Obermaiselstein« bzw. »Hirschsprung«. Bei km 4,7 auf Kuppe links und bei km 5,5 geradeaus halten.
5,7 / 890 m An Scheune links. Nach 200 m auf Straße geradeaus am Hirschsprungfelsen entlang. Dann auf Radweg an Straße entlang. Nach 900 m am Abzweig »Lochstraße« Straße queren und auf Schotter bergab nach »Tiefenbach«.
7,4 / 910 m Rechts auf Schotter, bald Teer, durch »Tiefenbach«. Nach 300 m unter Stromleitung links auf Teer Richtung Kirche. Bei km 8,0 am Kindergarten rechts auf Teer bergab. Nach 400 m geradeaus über Kreuzung und auf Teer Richtung »Rohrmoos«.
10,6 / 945 m Kurz nach Mautstelle rechts auf »Rautweg« Richtung »Rohrmoos«.
14,8 / 1070 m Rechts auf Teer weiter. Kurz vor Weiler »Rohrmoos« links auf Teer durchs Tal weiter. Bei km 17,3 Teerweg links verlassen und am Schild »Landschaftschutzgebiet« entlang auf Schotter bergan. Bei km 18,5 geradeaus bergan.
20,2 / 1283 m Am Hörnlepass an Schotterwendeplatz rechts und auf Singletrail bergab Richtung Alphütten. Nach ein paar Metern an Marienkapelle links halten. Anschließend kürzere Trage- und Schiebepassagen über teils rutschige Holzbohlen.
21,6 / 1160 m Links auf »Strausbergweg« Richtung »Osterbergalpe«. Nach 300 m schmaler Weg, steil bergan. Bei km 22,3 rechts Bach queren und wieder steil bergan.
22,7 / 1210 m Rechts auf breiterem Weg bergab. Nach 900 m rechts auf Teer Richtung »Tiefenbach«. Bei km 25,0 links Richtung »Tiefenbach«, »Breitachklamm«.
25,7 / 1070 m Rechts Richtung »Sesselalpe«. Bei km 27,5 unterhalb Alpe »Dornach« rechts auf Schotter Richtung »Breitachklamm«.
28,4 / 831 m An kleiner Kapelle geradeaus. Nach Straßenbrücke rechts auf schmälerem Schotterweg Richtung »Oberstdorf«. Einige Meter weiter wieder rechts. Bei km 28,8 kurz vor Teerweg rechts durch »Trimmparcours«. Bei km 29,7 erneut rechts halten. Dann bald rechts über Breitachbrücke Richtung »Oberstdorf«. Bei km 29,8 links durchs Bachtälchen bergan Richtung »Reute«.
30,8 / 900 m An Hotel »Steinbüchler Alpenstern« kurz vor Straße links Richtung »Oberstdorf«. In Jauchen am Landhaus »Theresa« rechts auf Teer bergab. Nach 200 m links auf Straße bergab.

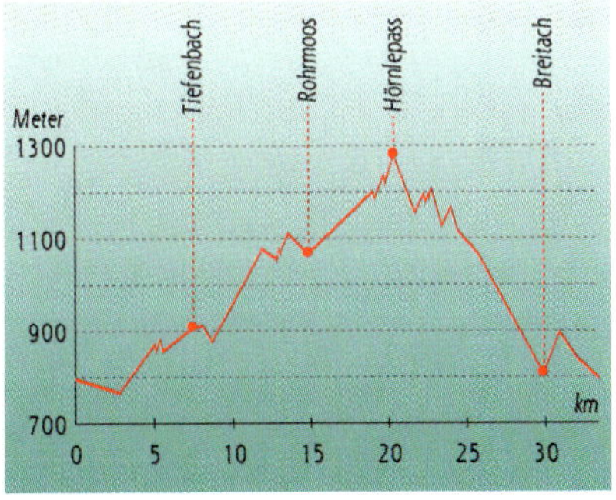

31,9 / 844 m Von Straße rechts auf Schotter bergab bis zu Marterl. Dort links, Straße queren und auf schmalem Schotterweg parallel zur Straße bergab.
32,5 / 816 m Am »Falkenhäusl« rechts auf Schotter weiter und retour zum Ausgangspunkt (km 33,3 / 800 m).

204 Gaisalpe

24,8 km	525 Hm	1½ Std.	leicht	leicht

Start: Über die A 7 via Würzburg bzw. Ulm Richtung Süden. Anschließend über A 980 und B 19 nach Oberstdorf. Am ersten großen Kreisel Start.
Karte: Topografische Karte 1:50.000, »Allgäuer Alpen«, Bayerisches Landesvermessungsamt, München.

Literatur: Mountain Bike aktiv »Allgäu«, Pietsch, Stuttgart. Moser Bike Guide 6 »Allgäuer Alpen«, Delius Klasing, Bielefeld.
Info: Verkehrsamt Oberstdorf, Tel. 08322/70 00.
Bikeshop + Geführte Touren: Radsport Heckmair in Oberstdorf, Tel. 08322/22 10.

Die Tour zur Gaisalpe ist eine ganz besondere Mischung aus lockerem Radeln, starken Trails und tollen Aussichten. So erhält man mal wieder genau die Zutaten, die eine ganz besondere Biketour ausmachen.

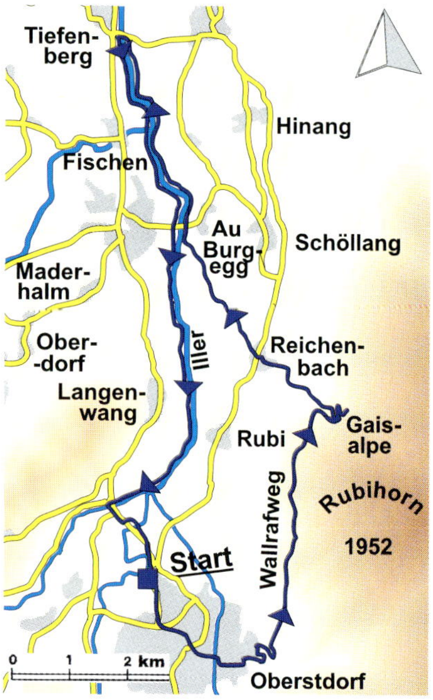

km 0,0 / 800 m Ab Kreisel zunächst geradeaus auf Straße durch den Ort. Nach 700 m links und geradeaus durch Fußgängerzone Richtung »Nebelhornbahn«. Nach Brücke bei km 2,0 geradeaus. 150 m weiter rechts Richtung »Gaisalpe«. 30 m weiter, an der »Schattenbergschanze« links auf Teersträßchen bergan Richtung »Seealpe«.
2,9 / 950 m An Teergabelung links auf »Wallraffweg« (»X«) Richtung »Gaisalpe«. Nach 200 m geradeaus auf Teer bergan. Bei km 3,2 am Gasthof »Alpenberg« rechts auf Schotter bergan.
5,7 / 1175 m Rechts auf gleicher Höhe bleiben und Trail Richtung »Gaisalpe« folgen. Bei km 6,4 Schotterpiste queren. Nach weiteren 700 m an kleiner Kapelle geradeaus auf breiten Schotterweg.
7,3 / 1115 m Nach Bachbrücke rechts auf Schotter bergan zum Berggasthaus »Gaisalpe«. Dort auf gleichem Weg retour bis zu kleiner Kapelle. Nun bei km 8,3 auf breitem Schotterweg bergab Richtung »Fischen«. Bei km 9,0 geradeaus Richtung »Reichenbach«.
9,9 / 920 m Auf Hauptweg links bergab. Nach 400 m auf Teer durch Reichenbach. Nächste rechts, dann links. Dann Hauptstraße nach rechts queren und auf Teerweg, später Schotter an Trafostation entlang Richtung »Fischen«.
11,4 / 830 m An einzelnem Gehöft geradeaus. Nach 100 m rechts auf Schotter Richtung »Fischen«. Bei km 12,4 am Schild »Wasserschutzgebiet« links. Danach geradeaus auf Schotter an Iller entlang. In Fischen Brücke queren, weiter am Fluss entlang Richtung »Sonthofen«.
15,8 / 748 m Iller über schmälere Brücke queren. Anschließend links auf Singletrail, bald breiter Schotterweg, Richtung »Fischen«. Nach 300 m an Kiesaushub links auf Singletrail weiter. Anschließend stets auf »Illerdamm« Richtung »Oberstdorf«.

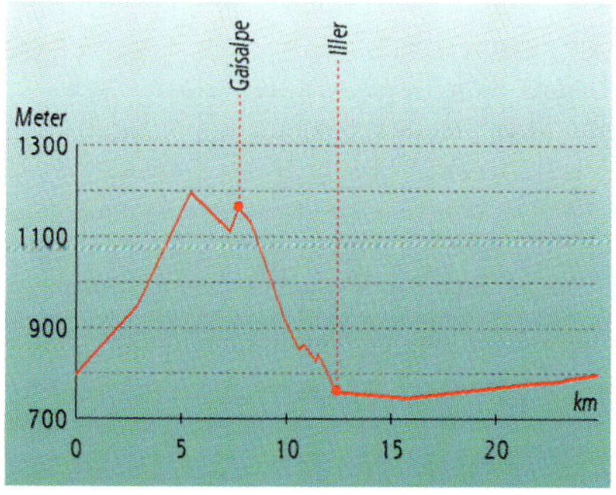

21,8 / 780 m Geradeaus Richtung »Illerursprung«. Bei km 23,2 kurz nach Eisenbahnbrücke rechts auf Schotter zur Straße.
23,3 / 790 m Links auf Radweg an Straße entlang Richtung »Oberstdorf«. Kurz vor Ampelanlage rechts, Straßenunterführung passieren. Bei km 23,8 links durch Straßenunterführung. Nach 200 m rechts über Brücke und geradeaus zum Ausgangspunkt (km 24,8 / 800 m).

205 Fellhorn und Kanzelwand

39,1 km	1425 Hm	3–4 Std.	anspruchsvoll	anspruchsvoll

Start: Über A 7 via Würzburg bzw. Ulm Richtung Süden. Anschließend über A 980 und B 19 nach Oberstdorf. Am ersten großen Kreisel starten.
Karte: Topografische Karte 1:50.000, »Allgäuer Alpen«, Bayerisches Landesvermessungsamt, München.

Literatur: Mountain Bike aktiv »Allgäu«, Pietsch, Stuttgart. Moser Bike Guide 6 »Allgäuer Alpen«, Delius Klasing, Bielefeld.
Info: Verkehrsamt Oberstdorf, Tel. 08322/70 00.
Bikeshop + Geführte Touren: Radsport Heckmair in Oberstdorf, Tel. 08322/22 10.

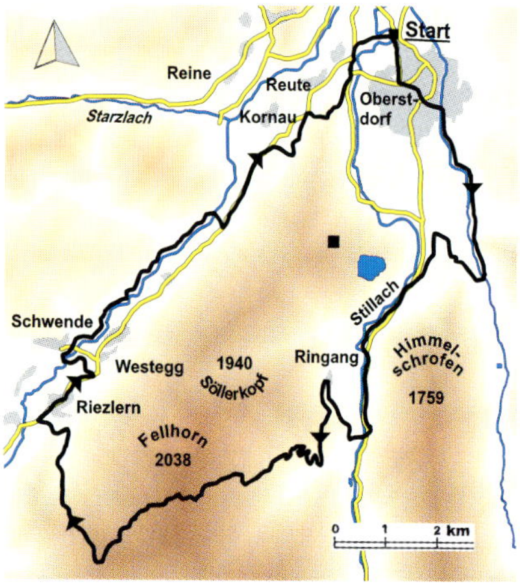

Oberstdorfs Panoramatour schlechthin beginnt mit einer recht langen, aber von der Steigung her gut zu bewältigenden Auffahrt. Die folgende Abfahrt ins Kleine Walsertal entpuppt sich dann als Downhill mit Dauerbremsung, wo Felgen oder Bremsscheiben bald mal glühen. Das absolute Highlight der Runde folgt dann im Breitachtal. Denn hier rundet ein Klassetrail diese Traumtour angemessen ab.

km 0,0 / 800 m Ab Kreisel direkt am Ortseingang Oberstdorf geradeaus auf Straße durch den Ort. Nach 700 m links und geradeaus durch Fußgängerzone Richtung »Nebelhornbahn«.
2,0 / 820 m Nach Trettachbrücke rechts auf Schotter taleinwärts Richtung »Hotel Gruben«. Bei km 3,4 an Brücke links.
5,2 / 880 m An Heuschober rechts über Trettachbrücke. Nach 300 m an Golfplatz rechts auf Teer weiter. Nach kurzer Abfahrt links, Weidegatter passieren und auf Schotter Richtung »Fellhornbahn«.
8,0 / 824 m Straße queren. Kurz vor Stahlbrücke links Richtung »Fellhornbahn«.
11,4 / 900 Rechts über geteerte Brücke. Bei km 11,7 an Fellhornbahn rechts, Schranke passieren und auf Schotter Richtung Gasthof »Laiter«.
13,0 / 940 m Am Haus »Ringang« hart links und auf Teerweg Richtung →

»Kanzelwandhaus«. Bei km 15,8 kurz nach »Schlappolthöfle« rechts auf Teerweg weiter bergan.
17,3 / 1505 m Kurz vor Kanzelwandhaus rechts auf Schotter über »Bierenwangalpe« weiter bergan.
19,2 / 1715 m Kurz vor Ende des Wirtschaftsweges bei Hütte rechts auf schmälerem Weg Richtung »Kanzelwand«.
20,2 / 1790 m Auf Grat links und auf Schotter an Bierenwanglift entlang steil bergan. 600 m weiter an Bergstation rechts auf breiterem Weg zur Bergstation »Kanzelwand«. Kurz vor dieser links auf Schotter steil bergab ins »Kleinwalsertal«.
25,2 / 1087 m An der Talstation der Kanzelwandbahn rechts auf Straße durch Riezlern. Bei km 26,7 kurz vor Straßenbrücke links auf »Schmiedebachweg« Richtung »Breitachklamm«. Bald auf Singletrail an Waldfesthalle entlang.

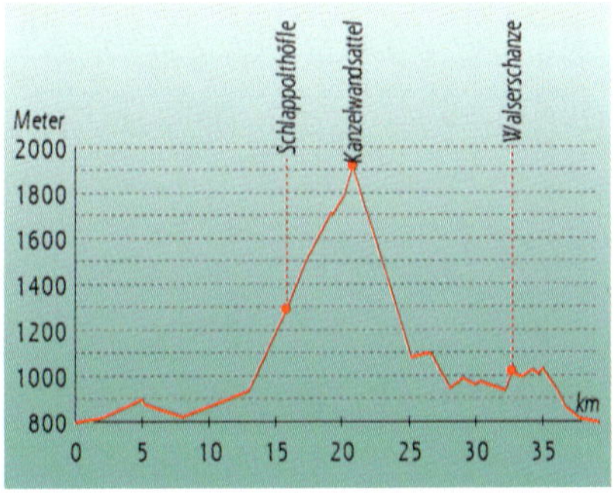

27,4 / 1015 m An Breitach zunächst rechts auf Teer, dann links über Brücke. Anschließend rechts auf Trail am Fluss entlang Richtung »Breitachklamm«.
30,3 / 980 m Rechts auf Schottertrail Richtung »Breitachklamm«. Bei km 32,2 rechts Brücke über Breitach queren. Am Eingang der Breitachklamm auf steilem Trail bergan. Nach 500 m an Gasthaus Walserschanze links auf Straße nach Deutschland.
34,6 / 1012 m Rechts auf Teer Richtung »Söllereckbahn«. Nach 400 m in Rechtskurve links und zwischen zwei Scheunen auf schmalem Weg weiter Richtung »Oberstdorf«.
36,1 / 932 m An Straße etwas rechts auf Singletrail weiter. Nächste rechts und auf breitem Schotterweg bergab Richtung »Oberstdorf«. 500 m weiter scharf links und am »Café Waldesruh« entlang. Ab km 37,1 geradeaus auf Teer, bald auf Straße an Stillach entlang.
37,7 / 815 m Rechts auf Straße über Stillachbrücke. Dann am Ortsrand links in »Baumannstr.«. Nächste rechts durch Sackgasse. Anschließend links. Nächste wieder links, »Reiserstr.«, dann in Sackgasse »Heinrich-Zirkel-Str.«. Anschließend geradeaus zum Ausgangspunkt (km 39,1 / 800 m).

Interessante Bikepfade führen zum Fellhorn.

Allgäu

206 Gerstrubental

21,6 km | 600 Hm | 1½–2½ Std. | leicht | leicht

Diese Stichtour führt von Oberstdorf ins Gerstrubental. Dabei taucht man meist locker kurbelnd in die schon hochalpine Welt südlich des Nebelhorns ab. Wer also landschaftliche Highlights über Fahrspaß setzt, ist hier genau richtig.

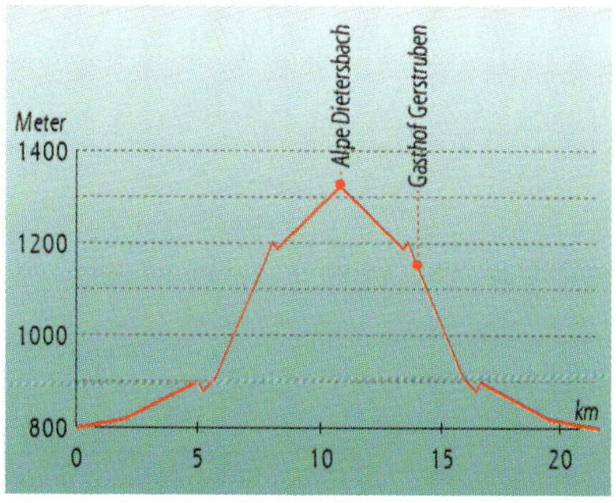

Start: Über die A 7 via Würzburg bzw. Ulm Richtung Süden. Anschließend über A 980 und B 19 nach Oberstdorf. Am ersten großen Kreisel starten.
Karte: Topografische Karte 1:50.000, »Allgäuer Alpen«, Bayerisches Landesvermessungsamt, München.

km 0,0 / 800 m Ab Kreisel direkt am Ortseingang Oberstdorf geradeaus auf Straße durch den Ort. Nach 700 m links und geradeaus durch Fußgängerzone Richtung »Nebelhornbahn«.
2,0 / 820 m Nach der Trettachbrücke rechts Richtung »Hotel Gruben« und auf Schotter taleinwärts. Bei km 3,4 an Brücke links.
5,7 / 908 m 200 m nach der »Zwingbrücke« links auf Teerweg Richtung »Gerstruben«.
7,6 / 1150 m Unterhalb des Gasthofes »Gerstruben« rechts auf Schotterweg weiter taleinwärts.
10,8 / 1325 m An der Alpe »Dietersbach« endet der fahrbare Weg. Nun auf gleichem Weg retour bis Ausgangspunkt (km 21,6 / 800 m).

Literatur: Mountain Bike aktiv »Allgäu«, Pietsch, Stuttgart. Moser Bike Guide 6 »Allgäuer Alpen«, Delius Klasing, Bielefeld.
Info: Verkehrsamt Oberstdorf, Tel. 08322/70 00.
Bikeshop + Geführte Touren: Radsport Heckmair in Oberstdorf, Tel. 08322/22 10.

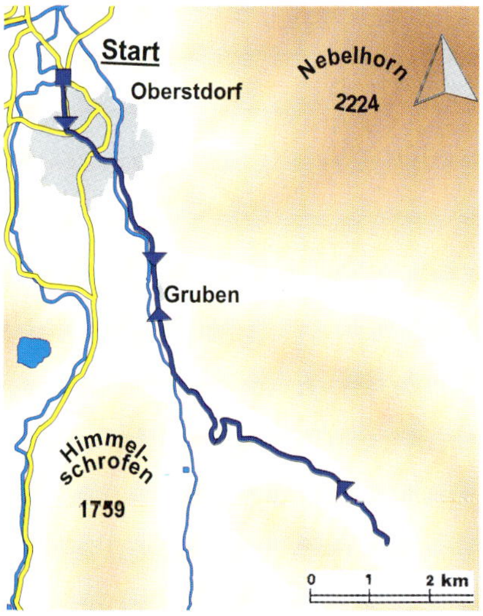

207 Freibergsee

20,0 km | 300 Hm | 1–2 Std. | leicht | leicht

Dass man in Oberstdorf nicht immer ganz weit hinauf muss, um eine tolle Runde unter die Stollen zu nehmen, beweist diese Tour par excellence. Zudem kann man auch die Heini-Klopfer-Skiflugschanze bewundern, deren Ausmaße ganz sicher den Atem stocken lassen.

Start: Über die A 7 via Würzburg bzw. Ulm Richtung Süden. Anschließend über A 980 und B 19 nach Oberstdorf. Am ersten großen Kreisel starten.
Karte: Topografische Karte 1:50.000, »Allgäuer Alpen«, Bayerisches Landesvermessungsamt, München.
Literatur: Mountain Bike aktiv »Allgäu«, Pietsch, Stuttgart. Moser Bike Guide 6 »Allgäuer Alpen«, Delius Klasing, Bielefeld.
Info: Verkehrsamt Oberstdorf, Tel. 08322/70 00.
Bikeshop + Geführte Touren: Radsport Heckmair in Oberstdorf, Tel. 08322/22 10.

km 0,0 / 800 m Vom Parkplatz am Kreisel geradeaus durch Oberstdorf. Nach 700 m rechts Richtung »Fellhornbahn«. Nächste links in die »Windgasse«. Dann rechts auf Straße weiter. Bei km 1,3 halblinks der »Weststraße« folgen.
1,9 / 804 m Vor Stillachbrücke links auf Schotterweg am Fluss entlang Richtung »Freibergsee«. Bei km 5,1 rechts über »Unterer Renksteg« Richtung »Freibergsee«. An nächster Gabelung weiter steil bergan.
6,1 / 985 m Erst rechts, 100 m weiter geradeaus Richtung »Restaurant Freibergsee«. Dort geradeaus auf Schotter Richtung »Hochleite«. Nach 400 m links weiter. Gleich wieder links und auf breitem Schotterweg Richtung »Strandcafé«.
7,1 / 980 m An Gabelung wieder links, immer um Freibergsee herum. Nach 100 m erneut links und leicht bergab. Bei km 7,9 an der Skiflugschanze rechts auf Schotter weiter Richtung »Hochleite«.

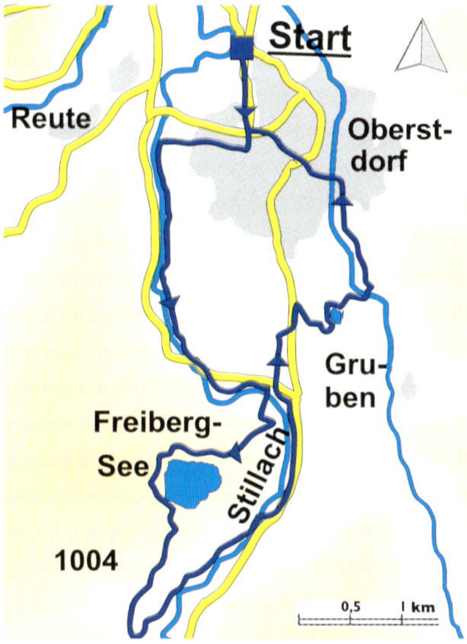

8,9 / 980 m An »Alpengasthaus Schwand« etwas links und auf Teer weiter bergab Richtung »Oberstdorf«. Nach 200 m erneut links, weiter bergab. Bei km 10,1 links auf Schotter an Auslauf der Skiflugschanze entlang.
11,0 / 875 m Vor Stillachbrücke links und auf Schotterweg weiter am Fluss entlang. Bei km 12,1 rechts über überdachte Holzbrücke »Oberer Renksteg«. Danach links an Stillach entlang.
12,4 / 850 m Rechts zur Straße, diese queren und auf Schotter geradeaus durch den Wald Richtung »Oberstdorf«. Ein paar Meter weiter rechts. Nach 380 m an Gabelung rechts halten. Nach 400 m links auf Teer weiter.
13,5 / 840 m Rechts auf Teerweg Richtung »Kinderheim«. Nach 500 m links auf Schotter, bald am Moorsee entlang. Bei km 14,5 am Seeende links Richtung »Oberstdorf« und auf schmalerem Schotterweg weiter um See herum.
14,9 / 900 m Rechts auf Singletrail Richtung »Gruben«. 100 m weiter, nach kurzem Tragestück, rechts an Trettach entlang. Bei km 15,6 links über Trettachbrücke. Anschließend links am Fluss entlang talauswärts.
18,0 / 885 m Links auf Straße über Trettachbrücke. Bald an »Radsport Heckmair« entlang. Dann Fußgängerzone passieren. Anschließend rechts und zurück zum Kreisel (km 20,0 / 800 m).

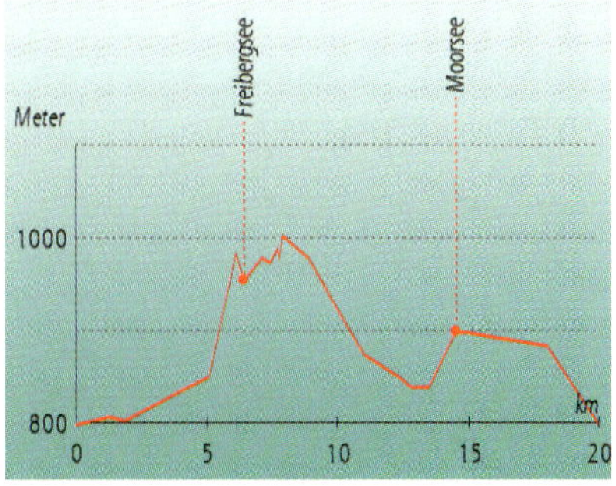

Pause im Gerstrubental

Allgäu

Bei solchen Kurven ist der Spaß garantiert.

208 Söllereck

30,5 km | 665 Hm | 1½–2½ Std. | mittel | leicht

Start: Über A 7 via Würzburg bzw. Ulm Richtung Süden. Anschließend über A 980 und B 19 nach Oberstdorf. Am ersten großen Kreisel starten.
Karte: Topografische Karte 1:50.000, »Allgäuer Alpen«, Bayerisches Landesvermessungsamt, München.

Literatur: Mountain Bike aktiv »Allgäu«, Pietsch, Stuttgart. Moser Bike Guide 6 »Allgäuer Alpen«, Delius Klasing, Bielefeld.
Info: Verkehrsamt Oberstdorf, Tel. 08322/70 00.
Bikeshop + Geführte Touren: Radsport Heckmair in Oberstdorf, Tel. 08322/22 10.

Wer sich das Trailvergnügen an der Breitach ohne die vielen Höhenmeter der beschriebenen Variante über die Kanzelwand gönnen möchte, ist bei dieser tollen Runde genau richtig. Zumal man auch in dieser abgeschwächten Form prima Aussichten über das Kleine Walsertal geboten bekommt.

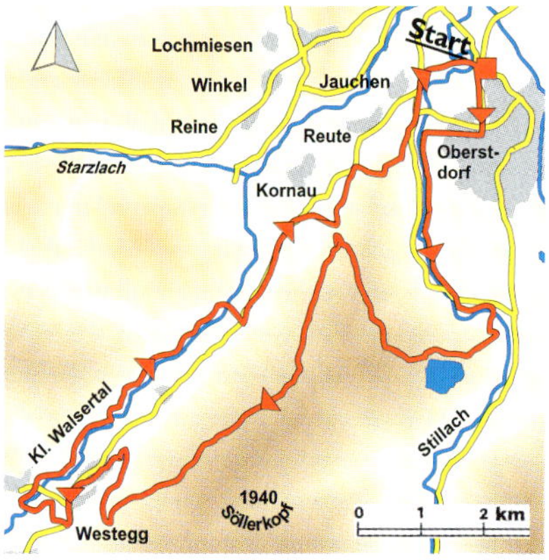

km 0,0 / 800 m Von Parkplatz am Kreisel geradeaus durch Oberstdorf. Nach 700 m rechts Richtung »Fellhornbahn«. Nächste links in die »Windgasse«. Dann rechts halten. Bei km 1,3 halblinks über Straßenkreuzung und geradeaus auf »Weststraße« weiter.
1,9 / 804 m Vor Stillachbrücke links auf Schotterweg am Fluss entlang Richtung »Freibergsee«. Bei km 5,1 rechts über Brücke »Unterer Renksteg« Richtung »Freibergsee«.
6,1 / 985 m Erst rechts, 100 m weiter geradeaus, Richtung »Restaurant Freibergsee«. Dort geradeaus Richtung »Hochleite«. Nach 400 m links, gleich wieder links und auf breitem Schotterweg Richtung »Strandcafé«.
7,1 / 980 m An Gabelung rechts Richtung »Gasthaus Bergkristall«. Dort links halten. Nahe Söllereckbahn links auf Teer bergan.
11,6 / 1350 m An »Gasthaus Schönblick« rechts auf geschottertem »Schrattenweg« Richtung »Kleines Walsertal«. 500 m weiter an Alpe Schrattenwang rechts am Hang auf Wiesenweg, später Schotter an Amannsalpe und Mittelalpe entlang Richtung »Riezlern«.
15,5 / 1250 m An Gabelung auf Teer bergab Richtung »Riezlern«. Nach 1100 m hart links und weiter auf

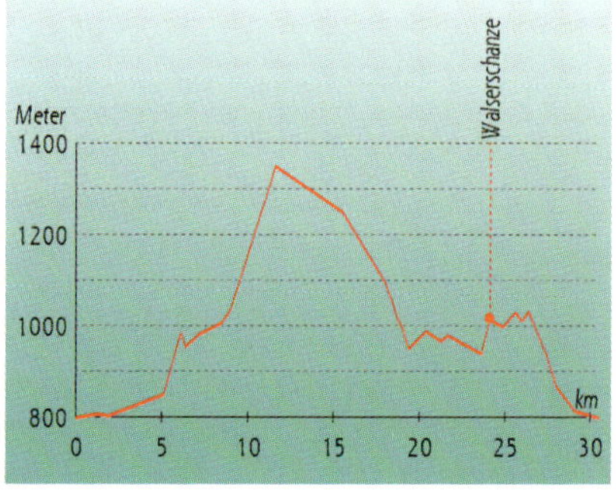

Teer bergab. Bei km 17,3 geradeaus auf Straße Richtung »Riezlern«.
18,1 / 1096 m An Straßenbrücke bei Pension »Wagner« rechts auf »Schmiedebachweg« Richtung »Breitachklamm«. Bald auf Singletrail an Waldfesthalle entlang.
18,8 / 1015 m An Breitach erst rechts, dann links über Brücke. Anschließend rechts auf Trail am Fluss entlang Richtung »Breitachklamm«.
21,7 / 980 m 400 m nach »Gasthaus Waldhaus« rechts auf Schottertrail Richtung »Breitachklamm«. Bei km 23,6 rechts Brücke über Breitach queren und am Eingang der Breitachklamm auf steilem Trail bergan. Nach 500 m an »Gasthaus Walserschanze« links auf Straße weiter.
26,0 / 1012 m Rechts und auf Teer Richtung »Söllereckbahn«. Nach 400 m in Rechtskurve links auf schmalem Weg zwischen zwei Scheunen hindurch Richtung »Oberstdorf«.
27,5 / 932 m An Straße rechts auf Singletrail weiter. Nächste rechts und auf breitem Schotterweg bergab Richtung »Oberstdorf«. 500 m weiter scharf links bergab am »Café Waldesruh« entlang. Ab km 28,5 geradeaus auf Teer, bald auf Straße an Stillach entlang.
29,1 / 815 m Rechts auf Straße über Stillachbrücke. Dann am Ortsrand links in die »Baumannstr.«. Nächste rechts in Sackgasse, anschließend links. Dann links in die »Reiserstr.«. Dann nochmals links in die »Heinrich-Zirkel-Str.«. Anschließend geradeaus zum Ausgangspunkt (km 30,5 / 800 m).

209 Über den Schrofenpass

94,3 km	2660 Hm	6–9 Std.	anspruchsvoll	anspruchsvoll

Start: Über die A 7 via Würzburg bzw. Ulm Richtung Süden. Anschließend über A 980 und B 19 nach Oberstdorf. Am ersten großen Kreisel starten.
Karte: Topografische Karte 1:50.000, »Allgäuer Alpen«, Bayerisches Landesvermessungsamt, München.

Literatur: Mountain Bike aktiv »Allgäu«, Pietsch, Stuttgart. Moser Bike Guide 6 »Allgäuer Alpen«, Delius Klasing, Bielefeld.
Info: Verkehrsamt Oberstdorf, Tel. 08322/70 00.
Bikeshop + Geführte Touren: Radsport Heckmair in Oberstdorf, Tel. 08322/22 10.

Diese Powerrunde ist ganz sicher ein Highlight der besonderen Art. Zwar ist die Strecke für eine Tagestour recht lang, aber der Erlebniswert dürfte unübertroffen sein. Für weniger Alpinerfahrene ist es keine schlechte Idee, eine geführte Tour zu buchen.

km 0,0 / 800 m Von Parkplatz am Kreisel geradeaus durch Oberstdorf. Nach 700 m rechts Richtung »Fellhornbahn«. Dann links in die »Windgasse«. Anschließend rechts. Bei km 1,3 halb links auf »Weststraße« weiter.
1,9 / 804 m Vor Stillachbrücke links auf Schotterweg am Fluss entlang. Bei km 5,1 rechts über »Unterer Renksteg« und weiter am Fluss.
6,3 / 850 m Geradeaus auf breiterem Weg, bald an Auslauf der Skisprungschanze entlang. Danach bei km 7,2 links Brücke queren. Dann rechts, weiter am Fluss entlang.
8,0 / 870 m Etwas rechts und an Straße entlang taleinwärts. Bei km 9,5 am Abzweig zur Fellhornbahn auf Teer bis km 10,0. Dort links Richtung »Einödsbach«.
12,5 / 980 m Auf Teerstraße weiter taleinwärts durchs Rappenalptal Richtung »Schrofenpass«.
22,1 / 1485 m An »Speicherhütte« noch 400 m geradeaus weiter. Dann Bach queren und anschließend hart links Hinweis »Schrofenpass« folgen. Bald 20 Minuten schieben.
23,5 / 1688 m Am Schrofenpass links halten, Grenze zu Österreich passieren und Markierung »445« bergab Richtung »Lechleiten« folgen. Bei 25,0 an »Gasthof Holzgauer« links auf Fahrweg bergab Richtung »Warth«.
25,6 / 1460 m Rechts auf Straße zunächst bergab, später wieder bergan nach Warth. Dort rechts und über Hochtannbergpass und Schröcken nach Schoppernau.
46,6 / 860 m Schoppernau passieren. Dann weiter bis nach Au-Rehmen bei km 49,9. Dort rechts dem Hinweis »Schönenbach«, »Stoggersattel« über die Stoggenalpen folgen.
53,7 / 1410 m Stoggersattel passieren, Bachlauf queren und durchs Tal des Osterguntenbachs talabwärts nach Schönenbach. Dort rechts Richtung »Haldenalpe«. Bei km 58,7 links Richtung »Iferwiesalpe«, bald Subersach queren.
60,1 / 1080 m Links, Brücke über Laublisbach queren und weiter Richtung »Sibratsgfäll«.
68,1 / 929 m In Sibratsgfäll rechts und auf Teer durchs Rohrmoostal Richtung Oberstdorf, bald Grenze zu Deutschland wieder passieren.
79,2 / 1070 m Kurz vor Rohrmoos rechts ab und Hinweis zur »Scheidthalalpe« folgen. Etwas weiter, bei km 82,5 wieder rechts. Nach 1100 m links halten. 900 m weiter rechts auf Teer Richtung »Tiefenbach«. Bei km 85,4 geradeaus auf Teer bergab. Nach weiteren 600 m links Richtung »Breitachklamm«.
86,7 / 1070 m Rechts Richtung »Sesselalpe«. Bei km 88,5 kurz unterhalb Alpe »Dornach« rechts auf Schotter Richtung Parkplatz »Breitachklamm«.
89,4 / 831 m An kleiner Kapelle geradeaus. Nach Straßenbrücke rechts auf Schotter Richtung »Oberstdorf«. Einige Meter weiter nochmals rechts. Bei km 89,8 kurz vor Teerweg wieder rechts und geradeaus durch »Trimmparcours«. Bei km 90,8 rechts. Dann bald rechts über Breitachbrücke Richtung »Oberstdorf«. Bei km 90,9 wenige Meter nach Brücke Weggabelung. Hier links und durch Bachtälchen bergan Richtung »Reute«.
91,8 / 900 m Am »Hotel Steinbüchler Alpenstern« kurz vor Straße links Richtung Oberstdorf durch Reute und Jauchen. Dort am Landhaus »Theresa« rechts auf Teer bergab. Nach 200 m links auf Straße bergab.

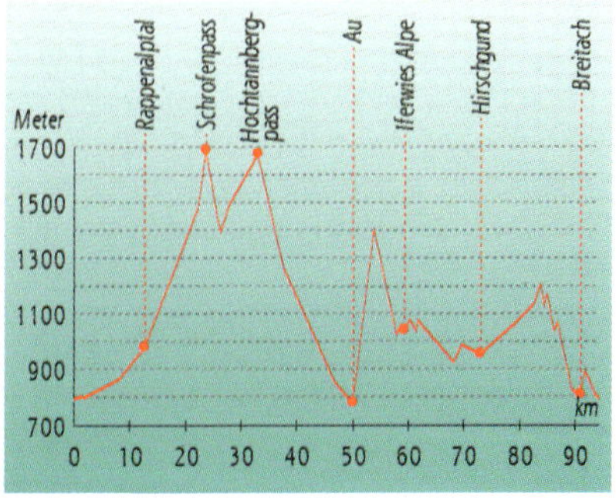

92,9 / 844 m Straße nach rechts verlassen. Auf Schotter weiter bergab bis zu Marterl. Hier wieder links zur Straße. Diese queren und auf schmälerem Schotterweg weiter leicht bergab, zunächst parallel zur Straße.
93,5 / 816 m Am Haus »Falkenhäusl« rechts auf breitem Schotterweg weiter. Nach 300 m geradeaus auf Teer bis Ausgangspunkt (km 94,3 / 800 m).

210 Oytal

24,7 km | 610 Hm | 1½–2½ Std. | leicht | leicht

Tälertouren ab Oberstdorf haben das gewisse Etwas, auch wenn man dabei kaum Trails findet, die man als fahrtechnische Herausforderung bezeichnen könnte. Aber die einmalige Landschaft entschädigt für alles, vor allem, wenn man dabei so herrlich klare Bergluft in die Lungen bekommt.

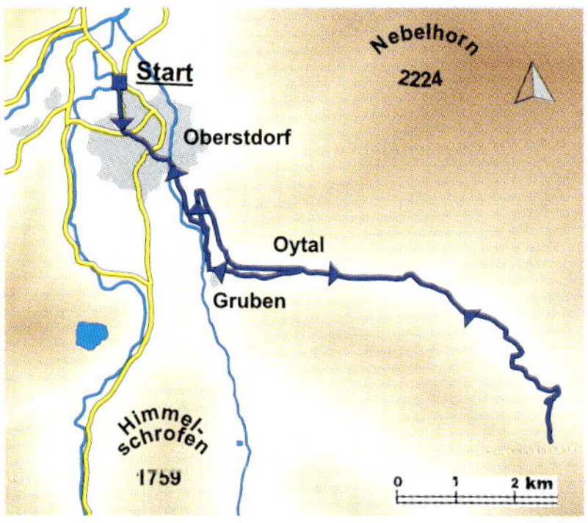

Start: Über die A 7 via Würzburg bzw. Ulm Richtung Süden. Anschließend über A 980 und B 19 nach Oberstdorf. Am ersten großen Kreisel starten.
Karte: Topografische Karte 1:50.000, »Allgäuer Alpen«, Bayerisches Landesvermessungsamt, München.
Literatur: Mountain Bike aktiv »Allgäu«, Pietsch, Stuttgart. Moser Bike Guide 6 »Allgäuer Alpen«, Delius Klasing, Bielefeld.
Info: Verkehrsamt Oberstdorf, Tel. 08322/70 00.
Bikeshop + Geführte Touren: Radsport Heckmair in Oberstdorf, Tel. 08322/22 10.

km 0,0 / 800 m Vom Parkplatz am Kreisel geradeaus auf Straße durch den Ort. Nach 700 m links und geradeaus durch Fußgängerzone Richtung »Nebelhornbahn«.
2,0 / 820 m Nach Trettachbrücke rechts Richtung »Gruben« und auf Schotter taleinwärts. Bei km 3,6 an Abzweig hart links Richtung »Café Kühberg«.
3,3 / 905 m An Café Kühberg rechts auf Teer bis »Gasthof Oytal«. Dort geradeaus auf Schotter weiter taleinwärts bis Käseralpe, km 12,5. Hier nun retour.
19,2 / 965 m 1600 m nach Gasthof Oytal links und auf »Dr. Hohenadelweg« am Oybach entlang bergab.

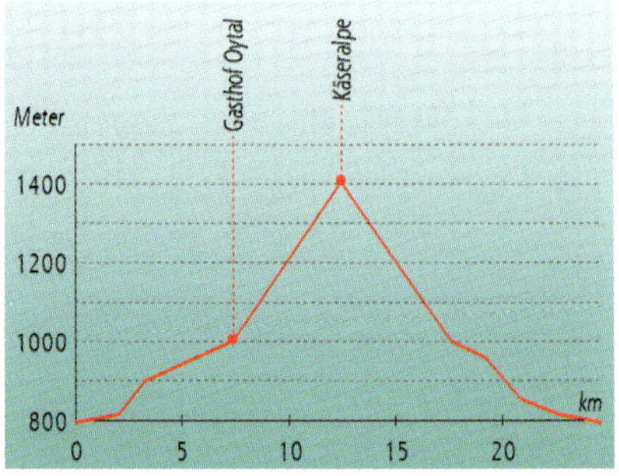

20,9 / 860 m Nach Brücke über Oybach rechts. 50 m weiter rechts über Brücke und an der Trettach entlang talauswärts.
22,7 / 820 m Links auf der Straße durch Oberstdorf. Bald Fußgängerzone passieren und zurück zum Ausgangspunkt (km 24,7 / 800 m).

211 Rappenalptal

45,4 km | 737 Hm | 2½–3½ Std. | leicht | leicht

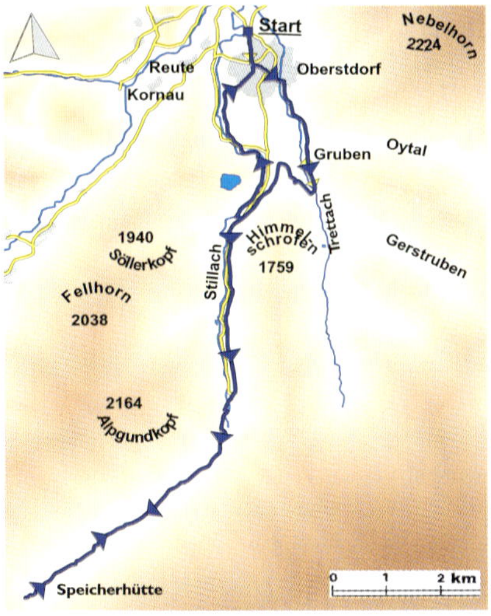

Start: Über die A 7 via Würzburg bzw. Ulm Richtung Süden. Anschließend über A 980 und B 19 nach Oberstdorf. Am ersten großen Kreisel starten.
Karte: Topografische Karte 1:50.000, »Allgäuer Alpen«, Bayerisches Landesvermessungsamt, München.

Literatur: Mountain Bike aktiv »Allgäu«, Pietsch, Stuttgart. Moser Bike Guide 6 »Allgäuer Alpen«, Delius Klasing, Bielefeld.
Info: Verkehrsamt Oberstdorf, Tel. 08322/70 00.
Bikeshop + Geführte Touren: Radsport Heckmair in Oberstdorf, Tel. 08322/22 10.

Das Rappenalptal zieht sich von Oberstdorf direkt Richtung Süden und bietet damit eine weitere Möglichkeit, locker und ohne Sauerstoffnot in eine hochalpine Region einzutauchen. Gerade das Richtige zum Einrollen für einen ultimativen Alpencross! Weiter hinten im Buch (Seite 235) finden Sie mehr Informationen dazu.

km 0,0 / 800 m Ab Kreisel direkt am Ortseingang Oberstdorf aus Richtung Sonthofen geradeaus auf Straße durch den Ort. Nach 700 m links und anschließend geradeaus durch Fußgängerzone Richtung »Nebelhornbahn«.
2,0 / 820 m Nach Trettachbrücke rechts Richtung »Gruben« und auf Schotter an Fluss entlang taleinwärts. Bei km 3,4 an Brücke links.
5,2 / 880 m An Heuschober rechts über Trettachbrücke. Nach 300 m an Golfplatz rechts auf Teer weiter. Nach kurzer Abfahrt links, Weidegatter passieren und auf Schotter Richtung »Fellhornbahn«.
8,0 / 824 m Straße queren und kurz vor Stahlbrücke wieder links Richtung »Fellhornbahn« an Stillach, bald an Straße bzw. Lawinenschutz entlang. Auch bei km 11,4 nahe Talstation der Fellhornbahn geradeaus auf Teer bis km 11,9. Dort links auf Schotter Richtung »Einödsbach«.
14,4 / 980 m Auf Teerstraße durchs Rappenalptal weiter taleinwärts Richtung »Schrofenpass«.
24,0 / 1485 m Ab »Speicherhütte« zunächst auf gleichem Weg retour.
33,6 / 980 m Rechts geht's auf Schotter weiter. Nach 2500 m dann wieder auf Teer und bald geradeaus an der Talstation der Fellhornbahn entlang. Anschließend links von der Straße auf einen Schotterweg.
38,1 / 870 m Links abbiegen. Dann auf Schotter an der Stillach entlang. Nach 950 m links die Stillachbrücke queren und sofort rechts auf einem Schotterweg weiter am Fluss entlang talauswärts. Nach 1100 m dann an einer überdachter Holzbrücke »Oberer Renksteg« geradeaus.
40,3 / 852 m Rechts über die Brücke, danach links abbiegen und weiter an der Stillach entlang. 1100 m weiter eine Straßenunterführung passieren, weiter an der Stillach entlang bis zur nächsten Straße bei km 43,5. Hier geht's rechts nach Oberstdorf.
44,7 / 808 m In Oberstdorf etwas links durch »Windgasse«. Anschließend geradeaus, »Nebelhornstraße« kreuzen und wieder zurück zum Ausgangspunkt (km 45,4 / 800 m).

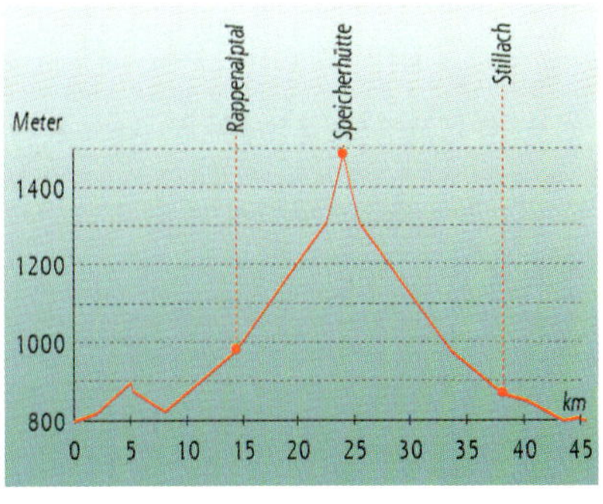

Typische Alpenidyllen findet man ziemlich oft um Oberstdorf.

Allgäu

212 Nebelhorn

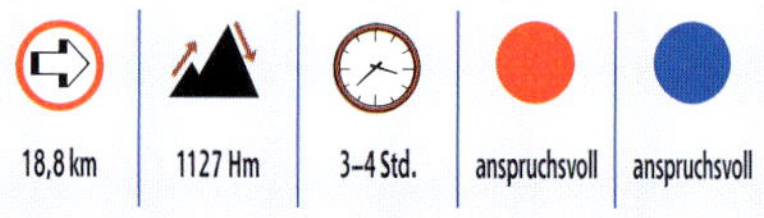

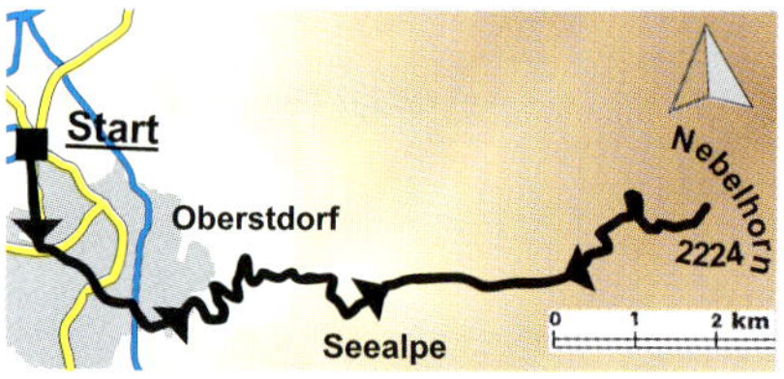

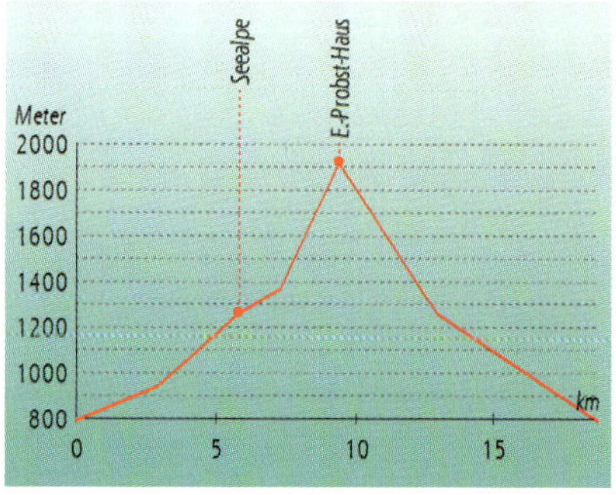

Über Sinn und Zweck einer Nebelhornbezwingung per Bike kann man sicher verschiedener Auffassung sein. Gerade weil der Gipfel so leicht per Seilbahn zu erstürmen ist, ist einem das Gespött vieler Genusswanderer sicher. Aber für die Abfahrt lohnt sich die Sache dann doch. Dabei erlebt man ein nämlich ein rasantes Downhillvergnügen, was allerdings auch nur Könnern vorbehalten ist.

Start: Über die A 7 via Würzburg bzw. Ulm Richtung Süden. Anschließend über A 980 und B 19 nach Oberstdorf. Am ersten großen Kreisel (reichlich Parkmöglichkeiten) starten alle Stichtouren.
Karte: Topografische Karte 1:50.000, »Allgäuer Alpen«, Bayerisches Landesvermessungsamt, München.
Literatur: Mountain Bike aktiv »Allgäu«, Pietsch, Stuttgart.
Info: Verkehrsamt Oberstdorf, Tel. 08322/70 00.
Bikeshop + Geführte Touren: Radsport Heckmair in Oberstdorf, Tel. 08322/22 10.

km 0,0 / 800 m Ab Kreisel zunächst geradeaus auf Straße durch den Ort. Nach 700 m links und geradeaus durch Fußgängerzone Richtung »Nebelhornbahn«. Bei km 2,0 nach Brücke geradeaus. 150 m weiter rechts Richtung »Geißalpe«. 30 m weiter, an der »Schattenberg-Schanze«, links auf Teersträßchen bergan Richtung »Seealpe«.
2,9 / 950 m An Abzweig »Wallraffweg« weiter auf Teer bergan bis Seealpe bei km 5,8. Hier nun auf Schotter weiter bergan Richtung »Edmund-Probst-Haus«.
7,3 / 1380 m Für alle Hobbyradler: lange Schiebepassage!
9,4 / 1927 m Ab Edmund-Probst-Haus auf gleichem Weg (sehr schwieriger Downhill) retour.
13,0 / 1270 m Ab Seealpe wieder auf Teer retour zum Startpunkt (km 18,8 / 800 m).

Am Nebelhorn ist die Abfahrt eine Gaudi.

Wiesenblüte im Trettachtal

213 Trettachtal

24,3 km | 690 Hm | 1½–2½ Std. | leicht | mittel

Start: Über die A 7 via Würzburg bzw. Ulm Richtung Süden. Anschließend über A 980 und B 19 nach Oberstdorf. Am ersten großen Kreisel Start.
Karte: Topografische Karte 1:50.000, »Allgäuer Alpen«, Bayerisches Landesvermessungsamt, München.

Literatur: Mountain Bike aktiv »Allgäu«, Pietsch, Stuttgart. Moser Bike Guide 6 »Allgäuer Alpen«, Delius Klasing, Bielefeld.
Info: Verkehrsamt Oberstdorf, Tel. 08322/70 00.
Bikeshop + Geführte Touren: Radsport Heckmair in Oberstdorf, Tel. 08322/22 10.

Auch das Trettachtal bietet sich für ein genussvolle Kurbelpartie bestens an. Denn ohne jede Schwierigkeit führt es schnell aus dem quirligen Touristenleben von Oberstdorf heraus. Später wartet eine kurze steile Rampe zum Traufbachtal, wo ein kniffeliger Singletrail für einen ordentlichen Adrenalinschub sorgt.

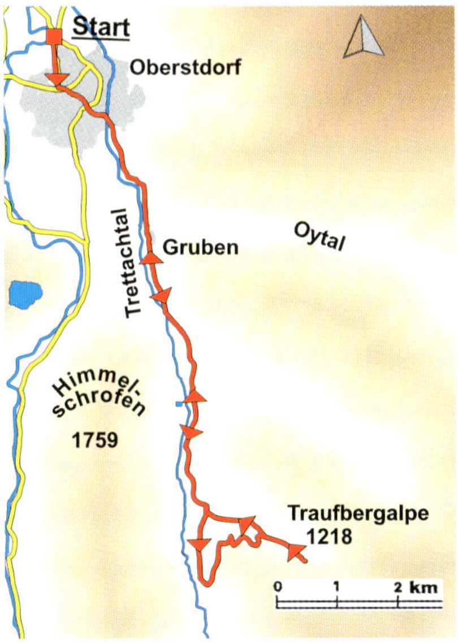

km 0,0 / 800 m Ab Kreisel direkt am Ortseingang Oberstdorf geradeaus auf Straße durch Ort. Nach 700 m links und geradeaus durch die Fußgängerzone Richtung »Nebelhornbahn«.
2,0 / 820 m Nach der Trettachbrücke rechts Richtung »Hotel Gruben« und auf Schotter taleinwärts. Bei km 3,4 an der Brücke links.
5,5 / 908 m An der Zwingbrücke geradeaus. Nach 200 m am Abzweig »Gerstruben« geradeaus auf Teer Richtung »Christlessee«.
6,7 / 920 m Nach Bachbrücke zunächst rechts weiter Hinweis »Christlessee« folgen. 100 m weiter Trettachbrücke passieren und auf Schotter links Richtung »Kemptner Hütte« weiter. Bei km 7,9 geradeaus. Bei km 9,2 am Gasthof Spielmannsau entlang und weiter taleinwärts.
10,3 / 1038 m Kurz nach Teeranfang links auf Schotter weiter. 60 m weiter auch hier Teer; sehr steil bergan.
12,6 / 1140 m Im Traufbachtal am Abzweig »Spielmannsau« Brücke queren und rechts weiter taleinwärts bis Alpe Traufberg. Hier nun 800 m auf gleichem Weg retour. Dann nach Brücke über Traufbach rechts Richtung »Spielmannsau«. Nach 500 m toller Singletrail (Fahrtechnik!).
15,3 / 990 m Nahe Gasthaus Spielmannsau rechts und auf Schotter durchs Trettachtal auf gleichem Weg retour zum Ausgangspunkt (km 24,3 / 800 m).

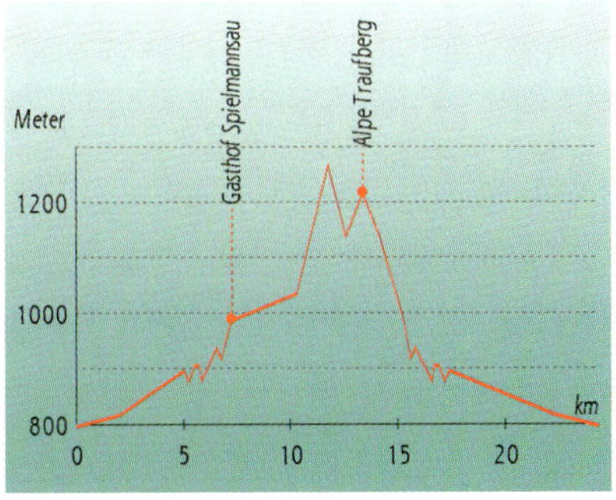

Alpencross

Mit dem Mountainbike über die Alpen – davon träumen viele Kurbelfans. Denn die Pässeräuberei auf muskelbetriebenen Zweirädern ist eines der letzten Abenteuer in unseren Gefilden. Damit aus diesem Traum aber kein Alptraum wird, sollte man ein gewisses Maß an Bergerfahrung mitbringen und auch mal gut zu Fuß sein, weil nicht alle Streckenabschnitte fahrbar sind.

214 Vom Chiemsee zum Gardasee

600 km | 17 200 Hm | 11 Tage | anspruchsvoll | anspruchsvoll

Dieser Alpencross überwindet den Alpenhauptkamm über den 2633 Meter hohen Krimmler-Tauern-Pass. Hier ist genau wie am Schlern in Südtirol eine gewisse alpine Erfahrung erforderlich.

1. Etappe: Vom Chiemsee nach Kössen 70 km – 1800 Hm
Prien am Chiemsee (Bahnanreise ideal) – Kendlmühlfilz – Grassau – Marquartstein – Jochbergalm – Röthelmoos – Weitsee – Reit im Winkl – Kössen – Lucknerhof – Schnappenalm – Gasthof Altmühl (Tel. 0043/(0)5338/24 93).
Karte: Kompasskarten Nr. 9 und 10

2. Etappe: Durch die Kitzbüheler Alpen 59 km – 1500 Hm
Gasthof Altmühl – Bärnstetten – Ellmau – Brixen im Thale – Westendorf – Rettenbach – Steinberghaus im Windauer Tal (Tel. 0043/(0)5334/25 34).
Karte: Kompasskarten Nr. 9 und 81

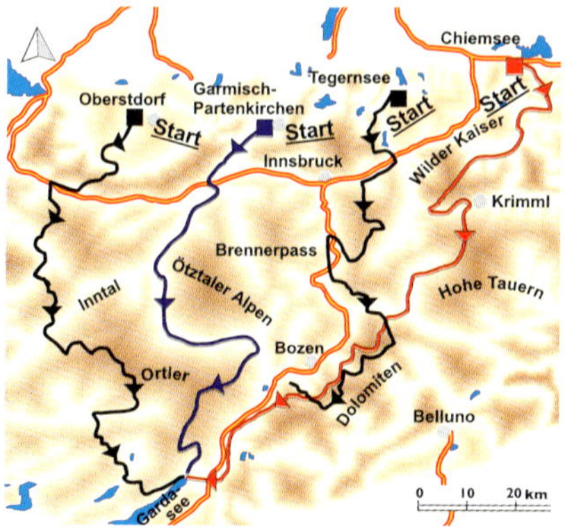

3. Etappe: Krimmler Achental 50 km – 1650 Hm
Steinberghaus – Filzenscharte – Wald im Pinzgau – Krimml – Krimmler Tauernhaus (Tel. 0043/(0)6564/83 27).
Karte: Kompasskarten Nr. 81 und 38

4. Etappe: Über die Krimmler Tauern 49 km – 950 Hm
Krimmler Tauernhaus – Windbach-Alm – Krimmler Tauern – Obere Tauernalm – Käsern – Ahrntal – Sand in Taufers (Info: Verkehrsamt, Tel. 0039/0474 67 80 76).
Karte: Kompasskarten Nr. 38 und 82

5. Etappe: Durchs Pustertal 46 km – 1650 Hm
Sand in Taufers – Gais – St. Georgen – Greinwaiden – Sonnenburg im Pustertal – Montal – Ellen – Astjoch – Starkenfeldhütte (Tel. 0039/0472/45 41 47).
Karte: Kompasskarten Nr. 82 und 56

6. Etappe: Seiser Alm 70 km – 2550 Hm
Starkenfeldhütte – Kreuzwiesenhütte – Lüsens – Passo Rodella – Russikreuz – St. Magdalena – St. Johann – Gschmagenhardtwiese – Brogles-Hütte – Flitzer Scharte – St. Ulrich – Saltriatal – Seiser Alm – Puflatschhütte (Tel. 0039/0471/72 78 34).
Karte: Kompasskarten Nr. 56 und 54

7. Etappe: Über den Schlern 30 km – 1100 Hm
Puflatschhütte – Seiser Alm – Molignon-Haus – Schlernhäuser – Sesselschwaige – Gasthaus Schönblick – Tiers (Info: Verkehrsamt, Tel. 0039/0471/64 21 27).
Karte: Kompasskarte Nr. 54

8. Etappe: Rosengarten 46 km – 1750 Hm
Tiers – Rungun – Plafetsch – Hanicker Schwaige – Tscheiner Hütte – Karer See – Bewallerhof – Obereggen – Schwarzenbach – Laabalm – Neuhütt – Auer Leger – Albergo Jochgrimm (Tel. 0039/0471/ 88 68 80).
Karte: Kompasskarten Nr. 54 und 74

9. Etappe: Trudner Horn 43 km – 1200 Hm
Albergo Jochgrimm – Radein – Kaltenbrunn – Truden – Hornalm – Weißensee – Gfrill – Lago Santo – Rifugio Alpino al Lago Santo (Tel. 0039/0461/ 68 30 66).
Karte: Kompasskarte Nr. 74

10. Etappe: Valsugana 47 km – 1350 Hm
Lago Santo – Cembra – Faver – Piazzo – Lona – Nonesi – Baselga – Miola – Faida Pergine – Valsugana – Roncogno – Passo Cimirlo – Rifugio Maranza (Tel. 0039/ 0461/9 20 05).
Karte: Kompasskarten Nr. 74 und 75

11. Etappe: Vom Etschtal zum Gardasee 85 km – 1700 Hm
Rifugio Maranza – Bus dei Lumazzi – Valsorda – Mattarello/Etschtal – Nomi – Pomarolo – Savignano – Lago di Cei – Passo Bordola – Rifugio Monte Velo – Arco – Riva (Info: Verkehrsamt, Tel. 0039/0464/55 44 44).
Karte: Kompasskarten Nr. 75 und 101

215 Von Lenggries in die Dolomiten

440 km | 14 700 Hm | 8 Tage | anspruchsvoll | anspruchsvoll

Hochkarätig ist der richtige Begriff für diesen tollen Alpencross. Da macht es auch nichts, wenn man immer wieder den brennenden Schweiß aus den Augen wischen muss, bevor man »on top of the mountain« überwältigende Bilderbuchpanoramen genießen kann.

1. Etappe: Von Lenggries ins Inntal 75 km – 1900 Hm
Lenggries (Info: Verkehrsamt Tel. 08042/50 08 20) – Fleck – Röhrelmoossattel – Röhrelmoosalm – Achenpassstraße – Achenpass (B 307) – Zollamt Achenwald – Hagenwirt (B 307) – Bretterbergalm – Rotwandhütte – Zotenalm – Durrachtal – Grasmühlalm – Bächental – Katzenschlagalm – Mantschenalm – Schleimsattel – Gerntal – Pertisau – Maurach – Jenbach – Innbrücke – Rotholz/ Buch (Info: Verkehrsamt Tel. 0043/ (0)5244/33 92).
Karte: Kompasskarten Nr. 182 und 28

2. Etappe: Tuxer Alpen 31 km – 1500 Hm
Rotholz/Buch – Schwaz – Pill – Mitterweerberg – Weerberg – Innerst/Rieder – Weerbach – Weidener Hütte (Tel. 0043/ (0)5224/6 85 29).
Karte: Kompasskarten Nr. 28 und 36

3. Etappe: Zum Brenner 60 km – 2050 Hm
Weidener Hütte – Geiseljoch – Hobarbachtal – Vorderlanersbach – Juns – Hintertux – Bichlalm (bewirtschaftet) – Sommerbergalm – Tuxer Jochhaus – Tuxer Joch – Kaserer Winkel – Käsern – Schmirn – Außerschmirn – Stafflach – Nösslach – Humlerhof (Tel. 00 43/(0)5274/8 75 00).
Karte: Kompasskarten Nr. 7 und 36

4. Etappe: Ins Pfitschtal 48 km – 1900 Hm
Humlerhof – Nösslach – Vinaders im Obernbergtal – Sattelalm – Sattelbergkaserne – Grenzkammstraße – Brennerbad – Kreut – Zirogalm – Enzianhütte – Schlüsseljoch – Pfitscher Tal (Info: Verkehrsamt St. Jakob Tel. 0039/0472/76 57 30).
Karte: Kompasskarten Nr. 36 und 44

5. Etappe: Übers Pfunderer Joch 60 km – 2500 Hm
Pfitscher Tal – Großberg-Alm – Pfunderer Joch – Weitenbergalm – Obere Lappa-Alm – Dun – Pfunders – Pfunderer Tal – Niedervintl – Obervintl – Istern – Ehrenburg – Stubaier – Ebner – Ellen – Hospalm – Tschuppwaldalm – Astalm – Astjochkammrücken – Starkenfeldhütte

Alpencross

Wiesenblüte am Sellastock

(Tel. 0039/0472/45 41 47).
Karte: Kompasskarten Nr. 44 und 56

6. Etappe: Pustertaler Berge
35 km – 800 Hm
Starkenfeldhütte – Steineralm – Raffreidalm – Kreuzwiesenhütte – Plonerbach – Persower – Turnaretsche-Hütte (bewirtschaftet) – Lüsener Joch – Welschellen – Zwischenwasser – St. Vigil – Hotel Excelsior (Tel. 0039/0474/50 10 36).
Karte: Kompasskarte Nr. 56

7. Etappe: Von St. Vigil (S. Vigilio) ins Grödner Tal (Val Gardena)
51,8 km – 2200 Hm
Hotel Excelsior – Joch (Ju) – Ju de Rit – Runch – Fornacia (Fumacia) – Armentara – Heiligkreuzhospiz – St. Leonhard (San Leonardo) – Stern (La Villa) – Corvara – Kolfuschg (Colfosco) – Edelweißhütte – Rifugio Forcelles – oberhalb Grödner Joch – Danterceppies – St. Christina (Info: Tourismusverein, Tel. 0039/0471/79 30 46).
Karte: Tabacco Carta Sentieri, 1:25.000, Blatt 031 und Blatt 07

8. Etappe: Vom Grödner Tal (Val Gardena) nach Steinegg
77,9 km – 1830 Hm
St. Christina – Monte Pana – Saltria – Tirler – Mahlknechtjoch (Passo Duron) – Durontal – Campitello – Pozza di Fassa – Moena – Karerpass (Passo di Carezzo) – Nigerpass – Schillerhof – Wolfsgrube – Bardellerhof – Lärchenwald – Stienegger Hof (Tel. 0039/0471/ 37 65 73).
Karte: Tabacco Carta Sentieri, 1:25.000, Blatt 05, Blatt 06 und Blatt 029

216 Von Garmisch zum Gardasee

380 km	6700 Hm	5 Tage	leicht	leicht

Das ist ganz sicher der Alpencross, den man auch mit Genuss und garantiert ohne Schweiß, Tränen und Blut meistern kann. Denn die Strecke folgt meist der »Via Claudia«, einer einstigen römischen Handelsroute.

1. Etappe: Über den Fernpass ins Inntal: 66 km – 1450 Hm
Garmisch – Grainau – Eibsee – Eibseeblick – Hochthörlhütte – Ehrwald – Biberwier – Weißensee – Fernpass – Fernstein-See – Nassereith – Imst (Info: Verkehrsamt, Tel. 0043/(0)5412/24 19).
Karte: Kompasskarten Nr. 3 und 35

2. Etappe: Oberes Inntal
64 km – 1550 Hm
Imst – Wenns im Pitztal – Pillerhöhe – Prutz im Inntal – Ried – Pfunds – Nauders – Reschenpass – Reschen (Info: Verkehrsamt, Tel. 0039/0473/63 46 03).
Karte: Kompasskarten Nr. 35 und 42

3. Etappe: Durchs den Vinschgau
76 km – 350 Hm
Reschen – Burgeis – Glurns – Laas – Latsch – Naturns – Meran (Info: Verkehrsamt, Tel. 0039/0436/23 52 23).
Karte: Kompasskarten Nr. 52 und 53

4. Etappe: Über das Gampenjoch
72 km – 1650 Hm
Meran – Lana – Völlan – Gampenjoch – Castelfondo – Brez – Revo – Cavizzana – Malé im Val di Sole (Info: Verkehrsamt, Tel. 0039/0463/9 11 51).
Karte: Kompasskarten Nr. 53 und 73

5. Etappe: Zum Gardasee
100 km – 1700 Hm
Malé – Dimaro – Malga Mondifra – Madonna di Campiglio – Cascata Vallesinella – Val d'Agola – Baito Stenico – Val d'Algone – Stenico – Ponte Arche – Sarche – Arco – Riva (Info: Verkehrsamt, Tel. 0039/464/ 55 44 44).
Karte: Kompasskarten Nr. 73 und 101

217 Von Oberstdorf nach Riva

410 km | 12050 Hm | 7 Tage | anspruchsvoll | anspruchsvoll

Seien Sie vorgewarnt:
Für die Heckmair-Tour von Oberstdorf nach Riva ist reichlich alpine Erfahrung notwendig. Zudem enthält sie auch längere Schiebepassagen. Kurzum – die Strecke ist eine echte Herausforderung für Mensch und Material.

1. Etappe: Über den Schrofenpass in die Lechtaler Alpen 46 km – 1700 Hm
Oberstdorf – Rappenalptal – Schrofenpass – Lechleiten – Lech – Rauhes Joch mit Freiburger Hütte (Tel. 0043/(0)5556/73540).
Karte: Kompasskarten Nr. 3 und 33

2. Etappe: Durchs Montafon nach Klosters 61 m – 1750 Hm
Rauhes Joch – Dallas – Bludenz – St. Gallenkirchen – Gargellen – Schlappiner Joch – Klosters (Info: Verkehrsamt, Tel. 0041/(0)81/4 10 20 20).
Karte: Kompasskarten Nr. 32 und 41, sowie Kümmerly + Frey-Karte Blatt »Prättigau-Albula«

3. Etappe: Durch die Albulaberge ins Oberengadin 42 km – 1550 Hm
Klosters – Davos – Dürrboden – Scalettapass – S-Chanf (Info: Verkehrsamt Zuoz, Tel. 0041/(0)81/8 54 15 10).
Karte: Kümmerly + Frey-Karte Blätter »Prättigau-Albula« und »Oberengadin«

4. Etappe: Ins Valtellina 57 km – 2200 Hm
S-Chanf – Pass Chaschauna – Livigno (zollfrei einkaufen!) – Passo Alpisella – Lago di Cancano – Bormio – S. Caterina (Info: Verkehrsamt, Tel. 0039/0342/93 55 98).
Karte: Kümmerly + Frey-Karte Blatt »Oberengadin«, sowie Kompasskarte Nr. 072

5. Etappe: Über den Gaviapass ins Val Camonica 64 km – 1100 Hm
S. Caterina – Gaviapass – Ponte di Legno – Edolo (Info: Verkehrsamt, Tel. 0039/0364/7 10 65).
Karte: Kompasskarten Nr. 072 und 94

6. Etappe: Nahe dem Adamelloeis in die Valli Giudicarie 55 km – 2000 Hm
Edolo – Cedegolo – Passo di Campo – Pieve di Bono (Info: Verkehrsamt, Tel. 0039/0465/6 47 44).
Karte: Kompasskarten Nr. 94 und 71

7. Etappe: Über den Tremalzopass nach Riva 84 km – 1750 Hm
Pieve di Bono – Storo – Ampola – Passo Tremalzo – Riva (Info: Verkehrsamt, Tel. 0039/0464/55 44 44).
Karte: Kompasskarten Nr. 71 und 102

Hoch über Meran

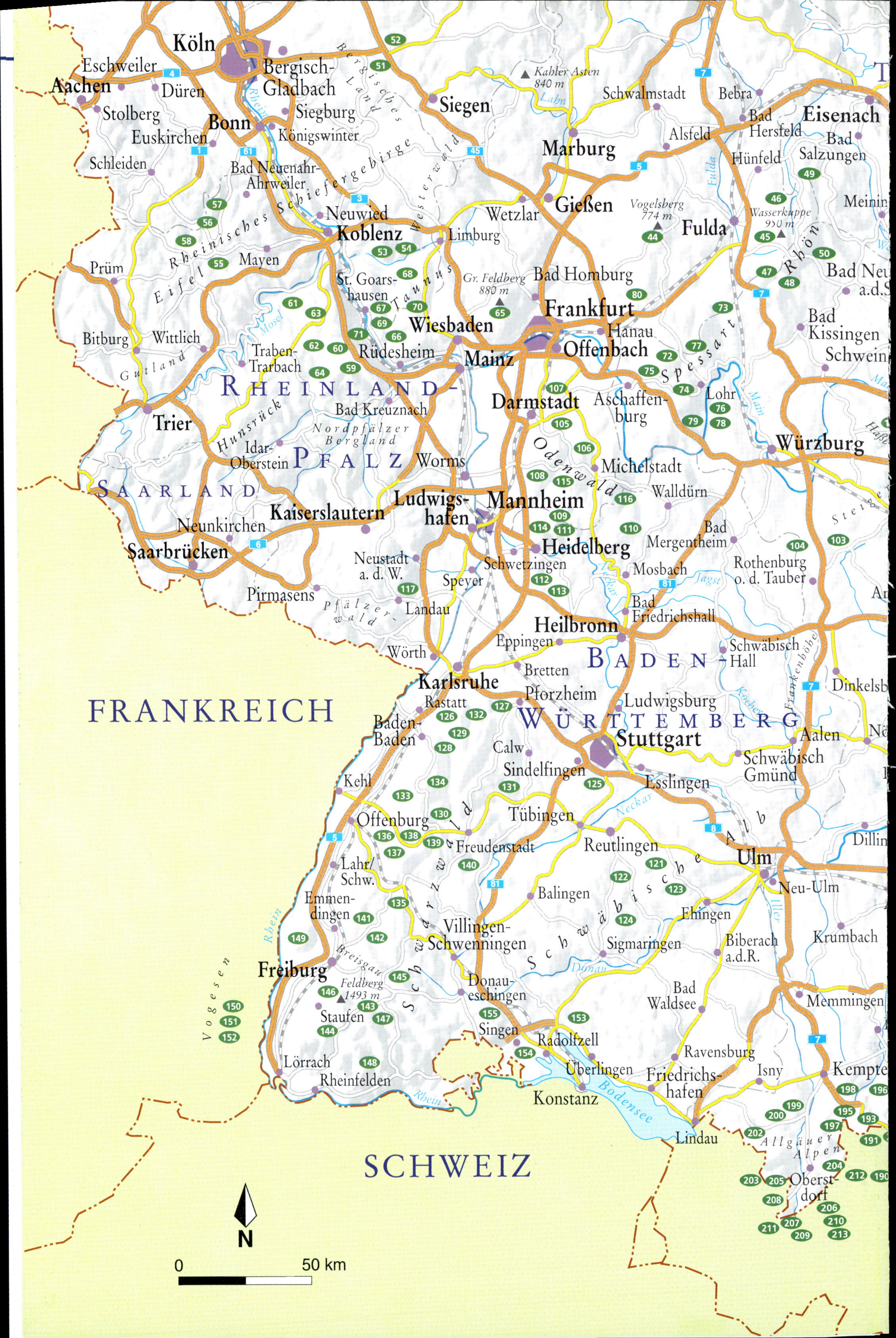

Köln
Eschweiler
Aachen
Düren
Bergisch-Gladbach
Bergisches Land
Stolberg
Siegburg
Bonn
Euskirchen
Königswinter
Siegen
Kahler Asten 840 m
Lahn
Schwalmstadt
Bebra
Bad Hersfeld
Eisenach
Bad Salzungen
Alsfeld
Marburg
Fulda
Hünfeld
Schleiden
Bad Neuenahr-Ahrweiler
Rheinisches Schiefergebirge
Westerwald
Neuwied
Koblenz
Limburg
Wetzlar
Gießen
Vogelsberg 774 m
Fulda
Wasserkuppe 950 m
Rhön
Meinin
Prüm
Eifel
Mayen
St. Goarshausen
Taunus
Gr. Feldberg 880 m
Bad Homburg
Bad Neu a.d.S
Bitburg
Wittlich
Mosel
Wiesbaden
Frankfurt
Hanau
Offenbach
Bad Kissingen
Schwein
Gutland
Traben-Trarbach
Rüdesheim
Mainz
Spessart
Lohr
Main
RHEINLAND-PFALZ
Darmstadt
Aschaffenburg
Trier
Hunsrück
Bad Kreuznach
Nordpfälzer Bergland
Würzburg
Idar-Oberstein
Worms
Odenwald
Michelstadt
SAARLAND
Walldürn
Kaiserslautern
Ludwigshafen
Mannheim
Neunkirchen
Heidelberg
Bad Mergentheim
Saarbrücken
Neustadt a. d. W.
Schwetzingen
Mosbach
Rothenburg o. d. Tauber
Jagst
Speyer
Neckar
Pirmasens
Pfälzer-wald
Landau
Bad Friedrichshall
Heilbronn
Eppingen
Schwäbisch Hall
Wörth
Bretten
BADEN-WÜRTTEMBERG
Karlsruhe
Pforzheim
Ludwigsburg
Kocher
Frankenhöhe
Dinkelsb
FRANKREICH
Rastatt
Baden-Baden
Calw
Stuttgart
Aalen
Schwäbisch Gmünd
Sindelfingen
Esslingen
Kehl
Offenburg
Schwarzwald
Tübingen
Schwäbische Alb
Freudenstadt
Reutlingen
Ulm
Dillin
Lahr/Schw.
Neu-Ulm
Balingen
Emmendingen
Iller
Ehingen
Rhein
Villingen-Schwenningen
Krumbach
Biberach a.d.R.
Sigmaringen
Breisgau
Donau
Freiburg
Feldberg 1493 m
Donaueschingen
Bad Waldsee
Vogesen
Memmingen
Staufen
Singen
Radolfzell
Ravensburg
Lörrach
Rheinfelden
Überlingen
Isny
Kempte
Friedrichshafen
Konstanz
Bodensee
Lindau
Allgäuer Alpen
Oberstdorf
SCHWEIZ
N
0
50 km